Carl Peters
Die deutsche Emin-Pascha Expedition

SEVERUS

Peters, Carl : Die deutsche Emin-Pascha Expedition
Hamburg, SEVERUS Verlag 2013

ISBN 978-3-86347-489-8
Druck: SEVERUS Verlag, Hamburg, 2013
Lektorat: Anika Gasow

Bibliografische Information der Deutschen National-bibliothek:
Die Deutsche Nationalbibliothek verzeichnet diese Publikation in der Deutschen Nationalbibliografie; detaillierte bibliografische Daten sind im Internet über http://dnb.d-nb.de abrufbar.

Die digitale Ausgabe (eBook-Ausgabe) dieses Titels trägt die ISBN 978-3-942382-50-2 und kann über den Handel oder den Verlag bezogen werden.

© **SEVERUS Verlag**
http://www.severus-verlag.de, Hamburg 2013
Printed in Germany
Alle Rechte vorbehalten.

Der SEVERUS Verlag übernimmt keine juristische Verantwortung oder irgendeine Haftung für evtl. fehlerhafte Angaben und deren Folgen.

SEVERUS

Vorwort

Wie meine gesamte kolonialpolitische Tätigkeit, ist auch die von mir geführte deutsche Emin-Pascha-Expedition Gegenstand fortgesetzter Kritik und gehässiger Angriffe gewesen. Insbesondere kann sich die sozialdemokratische Presse nicht genug tun in Entrüstung und Anschuldigungen. Man reißt eine oder die andere Episode heraus, um anklagen, Deklamationen daran zu knüpfen. Dies hat Herr Bebel wiederholt im Reichstag und auch in München getan, und seine Prek- Myrmidonen sind darin gefolgt. Man verschwieg seinem Publikum die Zusammenhänge und Notwendigkeiten, aus denen meine Maßnahmen hervorgegangen sind. Ich glaube, gegenüber diesen Machenschaften nichts Besseres tun zu können, als möglichst breiten Massen des deutschen Volkes die Darstellung der Vorgänge lebhaft zu machen. Das ist die Veranlassung für diese Volksausgabe der deutschen Enim- Pascha Expedition.

Selbstverständlich hat Jedermann das Recht der Kritik an meiner Tätigkeit. Nur, find ich, geziemt gerade dem deutschen Volke eine gewisse Billigkeitsrücksicht in dieser Kritik. Denn alles, was ich in Ostafrika getan habe, ist für meine Nation geschehen, und das deutsche Reich hat sich auch die Ergebnisse meiner Kolonialpolitischen Wirksamkeit zu Nutze gemacht. Es ist mindestens naiv, sich ein Kolonialreich einzuverleiben, gleichzeitig sich aber zu bekreuzigen vor den Mitteln, mit denen es in seinen einzelnen Teilen erworben ist.

Die Emin-Pascha-Expedition strebte die Ausdehnung unserer ostafrikanischen Interessensphäre zum oberen Nil an, die

Annexion jener Gebiete , welche den Norden des Viktoriasees und die Hochplateaus von Uganda einschließen; eines Landes, welches für die deutsche Auswanderung geeignet war, und demnach speziell auch den arbeitenden Klassen unseres Volkes von Nutzen gewesen sein würde. Millionen bedürftiger Landsleute hätten dort eine neue Heimat unter der nationalen Flagge finden können. Man sollte denken, daß besonders die Führer der deutschen Arbeiterpartei diesen Versuch anerkennen würden. Aber vielleicht liegt gerade in den Nutzen, den meine ostafrikanische Wirksamkeit in sich barg, der Grund zu der fanatischen Gehässigkeit der sozialdemokratischen Agitatoren gegen meine Person. Eine revolutionäre Partei bedarf eben der Unzufriedenheit der Massen. Die Leser der nachfolgenden Darstellung habe ich nur noch darauf aufmerksam zu machen, das sie zwar von Kämpfen mit Eingeborenen-Stämmen und von strenger Zucht in unserer Expedition erfahren; daß sie aber gleichzeitig sehen werden, wie wir selbst von den europäischen Großmächten verfolgt und von der eigenen Heimat verfemt waren; wie ein Stamm nach dem andern seinerseits uns zum Kamp herausforderte; und wie nur größte Vorsicht und Entschlossenheit die Expedition überhaupt möglich machten. Es war eben die Epoche in der ostafrikanischen Geschichte, wo in Uganda der Bürgerkrieg tobte, am oberen Nil der Mahdismus um sich griff, in ganz Zentralafrika die arabischen Sklavenhändler die Eingeborenen gegen die weiße Herrschaft aufhetzten, und in Deutsch-Ostafrika selbst die Buschiri –Rebellion bekämpft werden mußte. Auf diesem dunklen Hintergrund spielte sich die Deutsche Enim-Pascha-Expedition ab und nur auf ihm kann sie in ihrem dramatischen Zusammenhang verstanden werden. Diese Darstellung ist eine wahrheitsgetreue Schilderung der Vorgänge, wie sie sich vollzogen haben. Es ist nichts darin vertuscht oder beschönigt worden; und es braucht auch nichts beschönigt zu werden. Die

Tatsachen, in ihrem Zusammenhang, sprechen für sich selbst. Ich hoffe, daß sie in die weitesten Kreise unseres Volkes dringen wird. Das ist die einzige Antwort, welche ich für dich deutschen Kritiker dieser Expedition habe! Ob sie dieses Expedition, als Ganzen aufgefaßt, für schimpflich oder für ruhmvoll halten, ist ihre Sache und geht mich nichts weiter an. Damit sind höchstens Sie abgestempelt, nicht ich; und zwischen uns kann schließlich nur die Nachwelt entscheiden.

London, im September 1907   Peters.

I.Kapitel
In Deutschland

„Wähntest du etwa. ich
sollte das Leben hassen, in
Wüsten fliehen. Weil nicht
alle Blütenträume reiften?"

Der Gedanke, Emin Pascha auf seinem Posten in Wadelai Hilfe zu bringen, ist schon im Frühjahr 1886 von Professor Schweinfurth, welcher damals noch in Kairo wohnte, angeregt worden. Schweinfurth schrieb damals eine Reihe von Briefen an mich, in denen er Mitteilungen über die Lage Emins machte und auf die große Bedeutung seiner Stellung am oberen Nil hinwies. Diese Briefe, welche ich seinerzeit veröffentlichte, verfehlten in den kolonialen Kreisen Deutschlands auch nicht ihren Eindruck, und es regten sich damals bereits einige, wenn auch nur schwache Bestrebungen zur Unterstützung unseres Landsmannes. Ich für meine Person war im Jahre 1886 so vollständig von der Durchführung der ostafrikanischen Kolonialerwerbungen und der Begründung der Deutsch-Ostafrikanischen Gesellschaft in Anspruch genommen, daß ich beim besten Willen nicht in der Lage war, derartige ferner liegende Aufgaben ins Auge zu fassen. Es war das Jahr, in welchem Fühlke seine Somali-Expedition zur Ausführung brachte, in Berlin der Allgemeine Deutsche Kongreß tagte, die Finanzierung des ostafrikanischen Unternehmens begründet ward und das sogenannte Londoner Abkommen die englische Interessensphäre in Ostafrika schuf.

Bald darauf griff Stanley den Gedanken der Unterstützung Emin Paschas auf, und es gelang ihm auch sehr schnell, das Unternehmen in England zu finanzieren. Bereits Anfang 1887 brach er von Europa nach Ostafrika auf, und im Frühjahr desselben Jahres traf er mit seiner in Sansibar angeworbenen Schar am Kongo ein.

Ich war in diesem Jahre in Sansibar mit der Regelung der Küstenverhältnisse und der Einführung einiger grundlegender Verwaltungsmaßregeln in unserer Kolonie beschäftigt. Es gelang mir im Juli 1887, den Sultan von Sansibar zum Abschluß eines Präliminar-Vertrages zu bestimmen, welcher die Abtretung der Zoll- und Küstenverwaltung an die Deutsch - Ostafrikanische Gesellschaft im Prinzip feststellte. Indes mußte der Stanleysche Zug nach, den Gebieten des oberen Nil naturgemäß die Aufmerksamkeit der öffentlichen Kreise mehr und mehr auf sich ziehen, insbesondere aber aller derjenigen, welche an der Entwickelung der Gebiete um die mittelafrikanischen Seen praktisch interessiert waren. Zu diesen gehörte in der ersten Linie die Deutsch- Ostafrikanische Gesellschaft.

Als ich im Februar 1888 nach meiner Abberufung von Sansibar in Europa wieder eintraf, überreichte mir der Vorsitzende der Deutsch-Ostafrikanischen Gesellschaft, Herr Karl v. d. Heydt in Nervi eine Denkschrift, welche den Gedanken einer deutschen Emin Pascha-Expedition im einzelnen entwickelte und eine Zeichnung von 30 000 Mark in Aussicht stellte, falls ich geneigt sei, die Führung derselben zu übernehmen. Ich ging im Prinzip auf den Vorschlag ein, machte indes meinen endgültigen Entschluß von der Aufnahme dieses Gedankens in Deutschland abhängig.

Inzwischen hatte nun das Schicksal unseres Landsmannes in Wadelai allmählich das rein menschliche Interesse in weiten Kreisen des deutschen Volkes wachgerufen. Dieses allgemeinere Interesse kam zum Ausdruck in einem Antrag der Abteilung Nürnberg, deren Schriftführer damals mein Bruder war, welcher dem Vorstand der Deutschen Kolonialgesellschaft im April 1888 vorlag und die Unterstützung des Landsmannes, in Wadelai als eine Ehrenpflicht des deutschen Volkes hinstellte. Der Vorstand der Kolonialgesellschaft stellte sich auf den Boden dieses Antrages und erklärte, daß er eine im Sinne desselben eingeleitete Unternehmung zu unterstützen bereit sei.

Daraufhin ladete ich für den 27. Juni desselben Jahres eine Reihe von Freunden der kolonialen Sache zu einer vertraulichen Besprechung in einen Saal des Abgeordnetenhauses. Es erschienen an diesem Abend im ganzen 14 Herren, und diese beschlossen nach einer eingehenden Beratung, sich als ein „provisorisches Komitee zur Unterstützung Emin Paschas" zu konstituieren. Der einstweilige Vorsitz dieses Komitees wurde mir übertrugen; es wurde ferner beschlossen, einen vorgelegten Aufruf endgültig festzustellen und daraufhin eine Erweiterung des provisorischen Komitees vertraulich zu betreiben. Ich lasse diesen Aufruf in seiner endgültigen Fassung vom 17. September 1888 hier folgen, da er genau die Gesichtspunkte darlegt, aus welcher die deutsche Emin Pascha-Bewegung hervorging, und demnach die letzte Grundlage unserer Unternehmung überhaupt darstellt.

Aufruf!

Der Aufstand des Mahdi im Sudan hat die ersten Ansätze europäischer Gesittung am oberen Nil vernichtet; die Kulturwelt sieht mit Schirecken die Greuel einer zügellosen Sklavenwirtschaft sich immer weiter ausbreiten. Die Kunde, daß unser deutscher Landsmann Dr. Eduard Schnitzer, Emin Pascha, die ihm von der ägyptischen Regierung anvertrauten äquatorialen Provinzen im Süden des Sudan gegen den mahdistischen Ansturm zu behaupten vermochte und mit seinen Truppen dort ein letztes Bollwerk europäischer Kultur festhält, hat in Europa die Hoffnung wachgerufen, daß Emin Paschas Provinzen den Ausgangspunkt für die Zivilisierung Mittelafrikas abzugeben vermögen. Mit reichen Mitteln zog Stanley im englischen Auftrage aus, um die Verbindung mit Emin Pascha herzustellen, seine Expedition muß leider als fehlgeschlagen gelten.

Emin Pascha aber bedarf dringend der Hilfe; seine Briefe melden, daß seine Munition, seine Vorräte zu Ende gehen. Soll unser heldenmütiger Landsmann ohne Unterstützung gelassen, dem Untergänge überliefert, soll seine mit deutscher Tatkraft der Kultur gewonnene Provinz der Barbarei anheimfallen? Die Versuche, vom Kongo aus Emin zu erreichen, sind gescheitert, von Ostafrika aber führt der beste und sicherste Weg zum oberen Nil, und hier ist deutsches Gebiet, das die sichersten Ausgangs- und Stützpunkte für eine Emin Pascha Expedition abgibt. Das deutsche Volk ist berufen, dem Deutschen Dr. Schnitzer Hilfe zu bringen. Diese Hilfe aber muß, wenn sie nicht zu spät kommen soll, ungesäumt erfolgen. Das deutsche Emin Pascha-Komitee wendet sich deshalb an die Nation um werktätige Unterstützung.

Möge jeder zu seinem Teil zur Ausführung eines Unternehmens beitragen, welches nicht nur unsere überseeische Machtstellung fördern und dem deutschen Handel neue Bahnen öffnen soll, sondern vor allem bestimmt ist, einer Ehrenpflicht zu genügen, die dem kühnen deutschen Pioniere gegenüber obliegt. Namhafte Summen sind dem unterzeichneten Komitee bereits zugeflossen; um aber ungesäumt zur Durchführung der Expedition schreiten zu können, bedarf es der schleunigsten allgemeinen opferfreudigen Beteiligung weiter Kreise. Beiträge erbitten wir zu Händen unseres Schatzmeisters Karl von der Heydt in Elberfeld an die von ihm bestimmten Zahlstellen:
Die Deutsch-Ostafrikanische Gesellschaft in Berlin W., Krausenstraße 76, oder die Deutsch-Ostafrikanische Plantagengesellschaft in Berlin W., Kaiserin-Augusta-,Straße 71, oder Herrn von der Heyd t Kerften & Söhne in Elberfeld.
(Folgen die Unterschriften.)

Schließlich wurde auf Antrag von Dr. Otto Arendt bereits in dieser ersten Sitzung beschlossen, als Führer der Expedition mit weitgehenden Vollmachten meine Person in Aussicht zu nehmen. Die Herren, welche an der Sitzung teilnahmen, waren laut des Protokolls die nachfolgenden: v. Steun, J. Wagner, Gymnasiallehrer, Baron v. Langermann, v. Vedden, Landrat, v. Pilgrim, Regierungspräsident, Schultz-Lupitz, Livonius, Lucas, Generalmajor v. Teichmann und Logischen, Dr. Schroeder, Dr. Timotheus Fabri, Dr. Arendt, Ministerialdirektor Sachse. Zur Weiterbetreibung der Angelegenheit wurde aus diesen Herren ein geschäftsführender Ausschuß von fünf Mitgliedern gewählt, den Herren Arendt, Livonius, Peters, Sachse, Schroeder.

Dieser Ausschuß, welcher am 7. Juli zusammentrat, beschloß, vor allen andern Dingen Eingaben an Se. Majestät den Kaiser und an den Reichskanzler Fürsten v. Bismarck abzusenden, um deren Zustimmung zu dem geplanten Unternehmen zu erbitten. In einer Sitzung vom 18. Juli nahmen wir in diesen Ausschuß durch Zuwahl die Herren Staatsminister v. Hofmann, Professor Dr. Schweinfurth, Premierleutnant a. D. Wißmann und Assessor Lucas auf. Mit diesem Tage begannen die Versuche, ein Zusammenwirken zwischen Wißmann und mir in der Führung der Expedition zu ermöglichen. Wißmann war seinerseits in Madeira, wo er sich zur Herstellung seiner kranken Lunge drei Vierteljahre aufgehalten hatte, ebenfalls auf den Gedanken einer deutschen Emin Pascha-Expedition gekommen, und wir einigten uns nun sofort: auf den Versuch wenigstens, ob es nicht möglich sein werde, eine gemeinschaftliche Unternehmung zustande zu bringen.

Dieser Versuch hatte allerdings kaum viel Aussicht auf Erfolg, weil er die erste Voraussetzung für das Gelingen einer solchen Sache, nämlich die Einheitlichkeit des Kommandos, bedrohte. Dies war sowohl Wißmann wie mir vollständig klar, und wir einigten uns demnach sehr bald dahin, daß es sich, wenn eine solche Kooperation überhaupt ausgeführt werden sollte, nur darum handeln könne, eine Zweiteilung der Expedition selbst, oder deutlicher gesagt, zwei Expeditionen zur Ausführung zu bringen. Hier war nun wiederum die Schwierigkeit, die einheitliche Aktion an Ort und Stelle in der Äquatorialprovinz zu sichern. Um dies zu ermöglichen, gab Wißmann in Wiesbaden die schriftliche Erklärung ab, daß er sich bei der Ausführung der deutschen Emin Pascha-Expedition so weit mir unterstellen wolle, als ich dies selbst für erforderlich erachte.

In Wiesbaden waren die Vorbereitungen für die endgültige Konstituierung des deutschen Emin Pascha-Komitees bis zur Möglichkeit bestimmter Beschlußfassung vorhanden, und hier, bei Gelegenheit einer öffentlichen Vorstandssitzung der Deutschen Kolonialgesellschaft, fand denn auch diese Konstituierung statt. Der Stand der Zeichnungen hatte damals bereits 224 413 Mark erreicht, und von Se. Majestät dem Kaiser wie vom Fürsten Bismarck waren auf die Eingaben des provisorischen Ausschusses Antworten eingetroffen, welche die Ausführung einer deutschen Emin Pascha-Expedition sympathisch begrüßten. Außerdem hatte sich das Komitee bereits über ganz Deutschland ausgebreitet und umfaßte mehr als hundert Personen.

In der entscheidenden Sitzung zu Wiesbaden am 12. September 1888 waren die folgenden Herren anwesend:

Vize Admiral Livonius-Berlin.
Fürst Hohenlohe-Langenburg.
Kammerherr Graf Behr Banndelin - Gützkow.
Geh. Regierungsrat Simon - Berlin, Landtagsabgeordneter.
Dr. Irmer- Hannover.
J. Ulrich.Pfungstadt, Mitglied des Reichstags.
Prof. Dr. Fabri- Gobesberg. Rumpff- Schloß Aprath, Landtagsabgeordneter.
Palézieuz - Weimar.
Dr. Schroeder - Poggelow.
K. v. d. Heydt - Elberfeld.
Dr. Otto Arendt- Berlin, Landtagsabgeordneter.
Geh. Kom. Rat Lucius - Erfurt,Landtagsabgeordneter.
Heßler - Erfurt.

Dr.Ritter, Fürstl. Pleßscher Generaldirektor, Waldenburg,Schlesien.
Dr. Fritz Becker-Worms.
Dr. Rud. Grosse.Straßb. i. E.
Leutn. Maercker.Straßb. i. E.
Wißmann, Prem.- Leutn. a. D.
Dr. M. Busse, Kgl. Bergrat, Dortmund.
Dr. M. Lindemann - Bremen.
L. Friederichsen Hamburg.
M. Schubert, Fabrikant, Chemnitz.
G. Wittenbrinck, Kgl. Gymnasiallehrer, Burgsteinfurt.
Dr. Wibel, Arzt, Wiesbaden.
A. Kretzmann, Major a. D.,Karlsruhe i. B.
Groß, Rechtsanwalt, Pforzheim. Dr. Grimm, Ministerialpräsident a. D., Karlsruhe i. B.
Gerhard Rohlfs - Weimar, Generalkonsul.
Ehr. Frhr. d. Tucher, Kgl. Regierungsrat, Nürnberg. Sachse, Direkt, i. Reichspostamt, Berlin.
Dr. R. Sernau -Berlin.
v. Hofmann, Staatsmimster, Berlin.
Dr. Karl Peters.
Heßler, Kgl. Reg..- Baumeister. G. Truppel-Rudolfstadt. Heinrich Scharrer - Nürnberg. Wilhelm, Fürst zu Wied, Neuwied.
v. Cuny, Geh.- Justizrat, Berlin, Reichstags - und Landtagsabgeordneter.

Die Stimmung in dieser Versammlung entsprach durchaus dem großen Gedanken, zu dessen Verwirklichung sie zusammengetreten war. Fast einstimmig wurde die Überzeugung geteilt, daß es sich bei der Unterstützung unseres Landsmannes in Wabelai um eine Ehrenpflicht der deutschen Nation handle, und daß die Kreise, welche den kolonialpolitischen Gedanken auf ihr Banner geschrieben hatten, in erster Linie berufen seien, dieser Ehrenpflicht Rechnung zu tragen. Die kolonialpolitischen Gesichtspunkte haben bei dieser ganzen Bewegung stets in zweiter Reihe gestanden. Entsprechend dieser Einmütigkeit der Anschauungen wurden auch die Beschlüsse des Tages durchweg mit Einstimmigkeit gefaßt. Dahin gehört vor allem der Beschluß, das provisorische Komitee zu einem endgültigen zu ernennen und die Beschlußfassung über den Antrag des Fürsten Hohenlohe, als Präsidenten mich, Staatsminister v. Hofmann und Dr. Schroedereinzusetzen. Zum Schatzmeister wurde Herr Karl v. d. Heydt, zum Schriftführer Herr Dr. Arendt gewählt. Eine umfassende Agitation durch Wort und Schrift wurde dem geschäftsführenden Ausschuß vom Gesamtkomitee vorgeschrieben, und von allen Seiten wurde die Notwendigkeit der schnellen Ausführung unserer Absichten betont und gefordert. Als die Summe, welche wir damals für die Durchführung der Emin Pascha - Expedition hinstellten, wurde die Ziffer von 400 000 Mark bestimmt. Es kam nunmehr demnach noch darauf an, 175 000 Mark für das Unternehmen in Deutschland zu sammeln. Aber die Versammlung stand unter dem Eindruck, daß dies kaum noch erhebliche Schwierigkeiten bereiten werde, nachdem in sehr kurzer Zeit in engerem Kreise die Zeichnungshöhe von rund 225 000 Mark erreicht war. Um zu solchen weiteren Zeichnungen anzuregen, sollte der bis dahin vertraulich behandelte Aufruf, welchen das Gesamtkomitee zu unterzeichnen habe, nunmehr vor die Öffentlichkeit gebracht werden.

Die Sitzung wurde in gehobener Stimmung mit einem Hoch auf Se. Maj. den Kaiser geschlossen. Aber es war ein sehr merkwürdiges Zusammentreffen, daß ich gerade in diesem Augenblick die erste ausführliche Depesche über das Umsichgreifen der aufständischen Bewegung an der Ostküste von Afrika empfing. Der Gedanke mußte sich aufdrängen, ob nicht durch diese Vorgänge in Pangani, Baga-moyo und Dar es Salam möglicherweise der Plan, zu dessen Verwirklichung wir in Wiesbaden zusammengetreten waren, wenn nicht ganz durchkreuzt, so doch in seiner Durchführung erheblich modifiziert werben mußte. Inzwischen trat indessen noch am Nachmittage des 12. September der geschäftsführende Ausschuß zu einer vertraulichen Sitzung zusammen, in welcher auf Grund des von Wißmann vorgelegten Reverses das Kommando der Gesamtunternehmung mir übertragen ward mit einer möglichst selbständigen Kooperation Wißmanns.

Über diesen Beschluß ist in der Presse sehr viel verhandelt und gestritten worden. Wir haben ihn seinem genauen Inhalt nach damals überhaupt nicht bekannt gegeben, und, wie so oft, bewegte sich den ganzen Winter 1888/89 hindurch die öffentliche Meinung in ihren Vermutungen auf falscher Spur. Die Frage der Kommandoverteilung zwischen Wißmann und mir beschäftigte den geschäftsführenden Ausschuß von neuem am 19. September 1888. An diesem Tage wurden die Herren Livonius, Sachse und Schweinfurth beauftragt, auf der Grundlage der Wiesbadener Abmachungen mit Wißmann und mir Verträge über die Ausführung der Emin Pascha-Expedition abzuschließen. Als Grundlage für unser gemeinschaftliches Vorgehen ward hingestellt und ist im wesentlichen auch, solange Wißmann in der Kombination stand, festgehalten, daß Wißmann sofort mit einer kleinen Kolonne aufbrechen solle, um bis an den Albert-See zu marschieren. Ich sollte inzwischen die Hauptkolonne organisieren. Am Albert-Nyanza sollten wir uns vereinigen und sich Wißmann dann mit seiner Kolonne, deren selbständiges Kommando er behalten solle, einem von mir ihm zu überbringenden, vom Komitee beschlossenen Operationsplan eingliedern. Am 23. September wunde hinzugefügt, daß Wißmann am 5. oder auch am 12. Oktober nach Sansibar abreisen, die Frage der Route uns beiden Führern unter Zuziehung von Sachverständigen überlassen bleiben solle. Ebenso sollte die Auswahl der Gewehre uns beiden vorbehalten bleiben.

Zu gleicher Zeit schritt die Bewegung in Deutschland fort. Auf Grund der Wiesbadener Beschlüsse trat die deutsche Kolonialgesellschaft mit in die Bewegung ein. In Hannover begründete sich unter Vorsitz Rudolf v. Bennigsens der Nordwestdeutsche Verband zur Unterstützung Emin Paschas. Ein Vortrag, welchen Herr Ministerialdirektor Sachse in Wiesbaden gehalten hatte, wurde über ganz Deutschland verbreitet, und allerorten begannen jetzt die Sammlungen in kleineren

Kreisen, so daß sich an der Erreichung der vorgesehenen 400 000 Mark nicht mehr zweifeln ließ.

Daneben schritt aber auch die Bewegung an der ostafrikanischen Küste fort. Die Ostafrikanische Gesellschaft mußte mit Ausnahme von Nagamoyo und Dar es Salam die sämtlichen ihr am 15. August übergebenen Küstenplätze in schneller Reihenfolge wieder räumen. In Kiloa Kivindsche wurden die Beamten der Gesellschaft ermordet, und, von Europa aus angesehen, mußte es scheinen, als ob der ganze Osten von Afrika in Flammen gerate. Dies hat sich nachträglich allerdings als ein vollständiger Irrtum herausgestellt, und insbesondere ist auch die deutsche Emin Pascha-Expedition in der Lage gewesen, durch ihr Vorgehen diesen Irrtum nachzuweisen. Die Bewegung hat die eigentliche Negerwelt Ostafrikas, abgesehen von dem von Buschiri persönlich aufgewiegelten Stamme der Mafiti, überhaupt nicht ergriffen. Schon die Wapocomo am Tana hatten gar keine Kunde mehr von dieser aufständischen Bewegung, geschweige die Gallas oder gar die Massais. Indessen liegt doch auf der Hand, daß sich den Führern der Emin Pascha-Bewegung Ende September 1888 die Erwägung aufdrängen mußte, ob die Expedition im Augenblick ausgeführt werben dürfe, nachdem sich die Grundlagen, welche noch in Wiesbaden vorhanden gewesen waren, scheinbar so vollständig verschoben hatten. Diese Frage war es, welche den Ausschuß am Morgen des 30. September beschäftigte. An der Sitzung nahm außer Mitgliedern des Ausschusses auch Dr. Junker aus Wien teil. Ich hatte in dieser Sitzung mitzuteilen, daß die Deutsch-Ostafrikanische Gesellschaft die Anschauung gewonnen habe, daß sich der Aufstand in Ostafrika unter einheitlicher Führung organisiert habe und die Karawanenstraßen besetzt halte. Am Schluß meines Berichtes warf ich die Frage auf, ob sich nicht ein gemeinschaftliches Vorgehen mit England und dem Kongostaat dieser neuen Sachlage gegenüber empfehle. Wißmann erklärte in dieser Sitzung auf Grund meiner Mitteilungen, daß seiner Meinung nach die Emin Pascha-Expedition, so wie sie vorher geplant, zurzeit unmöglich geworden sei. Auch Dr. Junker stimmte bei und empfahl ein Zusammengehen mit England und Portugal, um das Arabertum niederzuwerfen. Ich empfahl daraufhin, uns zunächst mit dem englischen Emin Pascha-Komitee in Verbindung zu setzen. Gegenüber diesen Ausführungen betonte Herr Ministerialdirektor Sachse, daß unter allen Umständen mit den Sammlungen weiter fortgefahren wenden müsse, nm den geeigneten Augenblick erfassen zu können, wenn es sich empfehle, mit der Ausführung vorzugehen. Exzellenz v. Hofmann und ich, schlössen uns diesen Ausführungen an und formulierten folgenden Antrag, welcher einstimmig angenommen wurde:

„Der Ausschuß wolle, in Erwägung, daß nach dem Ausspruch der zu Rate gezogenen Sachverständigen die Ausführung der Emin Pascha-Expedition in der bisher geplanten Weise wegen der in Ostafrika ausgebrochenen Wirren in diesem Augenblicke unmöglich geworden ist, beschließen, die Ausführung derselben bis zu dem Zeitpunkte zu verschieben, wo sie nach Anschauung der Reichsregierung möglich erscheint, inzwischen aber mit den Sammlungen für das Unternehmen in den eingeschlagenen Bahnen fortzufahren."

Der Inhalt dieses Beschlusses wurde damals von uns bekannt gegeben und von der gegnerischen Presse mit großer Freude begrüßt. Man glaubte das Unternehmen gefallen.

Auf Grund dieser Sitzung ward dann an den Reichskanzler Fürst Bismarck berichtet, welcher in seiner Antwort, Friedrichsruh, den 16. Oktober, dem Wunsche Ausdruck gab, daß der geschäftsführende Ausschuß des deutschen Emin Pascha-Komitees mit der Geschäftsleitung der Deutsch-Ostafrikanischen Gesellschaft in Verbindung treten und die Verständigung über gemeinsames Vorgehen in gegenseitigen Unterstützungen versuchen wolle. Daraufhin beschloß der Ausschuß am 21. Oktober 1888, dem Reichskanzler mitzuteilen, daß er der in dem Erlaß gegebenen Anregung Folge leisten und mit der Deutsch-Ostafrikanischen Gesellschaft sich in

Verbindung setzen wolle. Solche Verhandlungen mit der Ostafrikanischen Gesellschaft haben dann auch stattgefunden und zu einer Vereinbarung geführt, welche dem Auswärtigen Amte mitgeteilt wurde; indes ging die Angelegenheit bald durch neue Stellungnahme der Regierung zu der ostafrikanischen Gesamtlage einen ganz andern Weg.

Inzwischen kam gegenüber dieser Gesamtlänge im Deutsche-Ostafrikanischen Schutzgebiet im geschäftsführenden Ausschuß die Anschauung auf, ob es nicht möglich sein werde, dieses aufständische Gebiet für die Durchführung der Expedition gänzlich zu vermeiden. Insbesondere wurde von Wißmann und von mehreren Seiten auf die Tanaroute als einen möglichen Weg zur Äquatorialprovinz hingewiesen. Dieser Weg, wenn er passierbar war, bot sicherlich den Vorteil, daß mit der Inangriffnahme der Unternehmung sofort begonnen werden konnte. Freilich konnte von einer eigentlichen Tanaroute dabei kaum die Rede sein, denn noch niemals hatte sich der Karawanenverkehr Ostafrikas diesen Gegenden bis dahin zugewendet, und man darf in solchem Fall immer darauf schließen, daß gewisse natürliche Hindernisse vorhanden sind, welche der Entwickelung des Verkehrs entlang einem so großen Flusse, wie der Tana ist, entgegenstehen. Es war doch kaum anzunehmen, daß der Handelsverkehr nicht den Tana entlang sich gezogen hätte, wenn diese Straße in der Tat für die eigenartigen Verhältnisse des ostafrikanischen Verkehrslebens geeignet gewesen wäre. Dazu kam, daß der größere Teil der Zeichnungen aus den Kreisen der Deutsch-Ostafrikanischen Gesellschaft hervorgegangen war, welche eben die Emin Pascha-Expedition gerade darum unterstützte, weil sie hoffte, daß dieselbe sich hauptsächlich in dem Deutsch-Ostafrikanischen Schutzgebiet entwickeln, werde. Diese Fragen sind Gegenstand der Erörterungen in der Deutschen Kolonial-Gesellschaft vom 22. November geworden. Wißmann empfahl damals die Tanaroute, gegen welche ich Bedenken äußerte. Diese rein sachlichen Auseinandersetzungen, welche übrigens bereits am 25. November in einem vollständigen Einverständnis sich abschlössen, gaben der gegnerischen Presse die Veranlassung zu ihren Freudenausbrüchen über den Zwiespalt im deutschen Emin Pascha-Komitee. „Wißmann kontra Peters!"

Am 25. November beschloß das deutsche Emin Pascha-Komitee einstimmig, mit der Ausführung der Expedition unverweilt zu beginnen, und zwar solle Wißmann, dem die Wahl seiner Route nach den Ausmachungen vom September freistand, sich sobald als möglich nach Ostafrika begeben, die Verhältnisse an Ort und Stelle studieren und je nach den Ergebnissen dieser Prüfung die Wahl seiner Route treffen. Als wünschenswert wurde bezeichnet, daß, wenn es ohne unverhältnismäßig großen Zeitverlust tunlich sei, der Weg durch das deutsch-ostafrikanische Gebiet genommen werden. Es wurde ferner beschlossen, daß auch ich den von mir übernommenen Teil der Expedition baldmöglichst vorbereiten und ins Werk setzen solle. Auf Grund dieses Beschlusses begannen wir beide alsbald mit dem Ankaufe der für die Expedition erforderlichen Ausrüstungen.

So war die Lage der Dinge, als sich der Reichskanzler Fürst Bismarck dazu entschloß, eine Reichsaktion in Ostafrika eintreten zu lassen und den damaligen Premierleutnant Wißmann an die Spitze derselben zu stellen. Damit trat dieser aus dem deutschen Emin Pascha Unternehmen hinaus, und nun wurde der Plan einer Zweiteilung der Expedition naturgemäß überhaupt fallen gelassen. Wurde dadurch eine wertvolle Kraft dem Unternehmen entzogen, so waren doch auf der andern Seite die sämtlichen Mittel jetzt in eine Hand gelegt, vor allem aber war die Einheitlichkeit des Kommandos gesichert, und, wie die Verhältnisse im deutschen Ostafrika sich auch anließen, so war hiermit die erste Voraussetzung für das Gelingen der Unternehmung gegeben.

Es ist bekannt, daß während dieser ganzen Zeit fortdauernd Nachrichten über Emin Pascha von England aus über Europa verbreitet wurden; bald sollte Emin Pascha mit Stanley dem Mahdi erlegen sein, bald ohne diesen sich in Gefangenschaft in Chartum befinden, bald sollten beide im Abmarsch von der Provinz von Waidelai sein. Diese Berichte, Welche zunächst hier in Deutschland geglaubt wurden, warm doch in ihrer Reihenfolge so sehr widersprechend, daß wir schließlich zu der Überzeugung kamen, welche auch durch den nachherigen wirklichen Abmarsch Emin Paschas mit Stanley nicht widerlegt worden ist, daß es sich dabei um tendenziöse Erfindungen handle, darauf berechnet, die Ausführung der deutschen Emin Pascha- Expedition zu hintertreiben. Denn von dem Abmarsch Emins und Stanleys wußte man damals in England noch gar nichts, und es gab demnach für das Auftauchen dieser Berichte keinerlei objektive Grundlage. So waren wir entschlossen, uns durch dieselben, auch nicht beirren zu lassen. Anders war unser Verhältnis zu den Plänen der Deutschen Reichsregierung in Ostafrika. Es lag uns allen naturgemäß vollständig fern, irgend etwas zu unternehmen, was der Durchführung dieser Reichsaktion hinderlich oder auch nur gar beschwerlich werden könnte. Wir hatten die deutsche Emin Pascha -Expedition doch nur geplant in der Absicht, damit auch unseren deutsch- ostafrikanischen Kolonialunternehmungen zu dienen. Wie hätte es dem deutschen Emin Pascha-Komitee, welches durchweg aus nationalen Männern bestand, beifallen können, anders als in vollster Übereinstimmung mit einer Regierung vorzugehen, welche damals gerade im Begriffe stand, den Wünschen der kolonialpolitischen Elemente Deutschlands in Ostafrika Rechnung zu tragen! Wenn auch bei dem einen oder dem andern der Wunsch bestanden hatte, das deutsche Emin Pascha-Unternehmen, an welches so viel Kraft und Zeit gesetzt worden war, unter allen Umständen zur Durchführung zu bringen, so war doch eine Beschlußfassung in diesem Sinne der großen Mehrheit des Komitees gegenüber vollständig ausgeschlossen, falls die kaiserliche Regierung demselben mitteilte, daß sie bei der gegenwärtigen Lage der Verhältnisse in Ostafrika diese Expedition nun nicht mehr wünsche.

Es kam uns demnach im Januar 1889 vornehmlich darauf an, uns genau über die nunmehrige Stellungnahme des Auswärtigen Amtes zu vergewissern. Am 3. Januar beschloß der geschäftsführende Ausschuß auf Antrag des Herrn Ministerialdirektor Sachse, „die bisher vorgesehene Zweiteilung im Kommando der Expedition fallen zu lassen, die Leitung der gesamten Expedition Herrn Dr. Peters zu übertragen, und zwar nach Maßgabe derjenigen Festsetzungen, wie sie in dem mit Herrn Hauptmann Wißmann unterm 20. Dezember 1888 abgeschlossenen Vertrage unter Ausschaltung der für eine zweite Expedition vorgesehenen Bestimmungen getroffen sind". Dieser Beschluß wurde dem Auswärtigen Amte alsbald mitgeteilt, und es ist daraufhin keinerlei Zurückziehung der früher ausgesprochenen Sympathiebezeugung gegen die Ausführung der Expedition erfolgt. Es wurde mir durch Wißmann unter der Hand mitgeteilt, daß eine schriftliche Antwort auf unsere letzte Eingabe nicht erfolgen würde, daß jedoch der Staatssekretär Graf Herbert von Bismarck mir sagen lasse, die kaiserliche Regierung stehe dieser Ausführung nach wie vor sympathisch gegenüber und ersuche mich nur, mich mit ihm für die von mir zu tuenden Schnitte im Einverständnis zu erhalten. In diesem Falle werde die deutsche Regierung die Expedition auch, soweit dies der Aktion an der ostafrikanischen Küste entspräche, gern unterstützen. Diese Erklärung, welche Herr Dr. Arendt und ich am 31. Januar 1889 in der Sitzung des Gesamtkomitees laut Protokoll abgeben konnten, erschien diesem genügend, um daraufhin die un-mittelbare Ausführung der deutschen Emin Pascha-Expedition zu beschließen.

Es waren in dieser Sitzung anwesend die Herren:

Landtagsabgeordneter Lückhoff.
Dr. Wagner, Gymnasiallehrer.
Major v. Steun
Assessor Lucas, Direktor der Deutsch – Ostafrikanischen Gesellschaft
Landtagsabgeordneter Regierungspräsident v. Pilgrim
Ministerialdirektor Sachse.
Vize-Admiral Livonius.

Reichstagsabgeordneter Graf v. Mirbach- Sorquitten
Landtagsubgeordneter Graf Hue de Grais.
Graf v. Hake.
Exzellenz v. Drigalski.Pascha.
Reichstagsabgeordneter Graf Armin - Muksau
Landtagsabgeordneter Nobbe.
Landtagsabgeordneter Professor Dr.. Friedberg
Landtagsabgeordneter Syndikus Tramm.
Landtagsabgeordneter Muhl.
Landtagsabgeordneter Geheimer Rat Simon.
Reichstagsabgeordneter Woermann – Hamburg
Reichtagsabgeordneter Rudolf v. Bennigsen.
Reichstagsabgeordneter J. Ulrich.
Landtagsabgeordneter Gerlich.
Staatsminister v. Hofmann.
Landtagsabgeordneter Dr. Otto Arendt.
Landtagsabgeordneter Regierungspräsident v. Tiedemann.
Reichs- und Landtagsabgeordneter v. Kardorff.
Dr. Irmer-Hannover.
Dr. Karl Peters

Diese Herren beschlossen einstimmig, die Expedition nunmehr sofort zu beginnen und mich zu beauftragen, mit nächster Gelegenheit nach Ostafrika abzugehen, um das Kommando daselbst persönlich zu übernehmen. Bei der Ausführung in Ostafrika sollte ich im Einvernehmen mit der bevorstehenden Reichsaktion vorgehen.
Mit diesem Beschluß hatte die deutsche Emin Pascha-Bewegung die Grundlage geschaffen, auf welcher nunmehr in Ostafrika zu arbeiten war. Es war ein sehr ernster Augenblick für mich, als ich dem Komitee meinen Dank aussprach für das Vertrauen, welches man mir bewies, indem man mich in so schwieriger Zeit an die Spitze einer solchen Unternehmung stellte. Ich legte den Vorsitz im Komitee nieder, welchen von nun an Herr Staatsminister v. Hofmann übernahm, um meinerseits jetzt als Beauftragter desselben an der ins Auge gefaßten

Sache weiter zu arbeiten. Die Vorbereitungen in Deutschland waren im Laufe des Monats Januar vollständig zu Ende geführt, die Offiziere der Expedition waren engagiert und Herr Fritz Bley in Sansibar bereits angewiesen, mit dem Engagement von Trägern vorzugehen. Schon am folgenden Tage, am 1. Februar, beorderte ich auf Grund der Beschlüsse vom vorhergehenden Abend Herrn Kapitän Ruft und Herrn Fricke, sich noch am Abend desselben Tages nach Aden zu begeben, um daselbst 100 Sonali-Soldaten für die Expedition anzuwerben. Zwar standen die prinzipiellen Gegner deutscher kolonialer Unternehmungen der Ausführung der Expedition nach wie vor abweisend gegenüber, und insbesondere war auch das Vertrauen, daß ich persönlich zur Durchführung der Aufgabe geeignet sei, in weiten Kreisen der Nation ein sehr zweifelhaftes. Aber nach den Beschlüssen vom 31. Januar handelte es sich nicht mehr um Meinungen und Stimmungen in der Heimat, da die Grundlage für die Arbeit hier vollständig gesichert war; die Verhältnisse in Sansibar und an der Küste entschieden jetzt über das weitere Schicksal der Unternehmung und die Art, wie wir die Aufgabe an Ort und Stelle angriffen. Die Stimmungen und Meinungen in der Heimat in diesem Augenblicke bedeuteten nicht mehr wie das Wehen des Herbststurmes um die Zinnen einer festen Burg. Aber schon stiegen realere neue Hemmungen am Horizont empor, welchen nur in Afrika selbst die Spitze geboten werden konnte, und sie sind es gewesen, welche den Gang der deutschen Emin Pascha-Expedition in wesentlich andere Bahnen geworfen haben, als wie wir am 31. Januar 1889 anzunehmen vermochten. Als ich am 25. Februar von Berlin nach Ostafrika abreiste, da war ich mir vollständig klar, welcher Art von Schwierigkeiten und Gefahren ich entgegenging, und der Abschied van meinen Freunden am Anhalter Bahnhof war nicht so sehr ein hoffensfreudiger als ein ernster und bewegter.

II.Kapitel
In Sansibar und im Blockadegebiet

„ Aequam memento rebus
in arduis Servare mentem."
(Horaz.)

Am 20. Februar hatte ich Herrn Leutnant v. Tiedemannn nach Aden hingeschickt, um Herrn Kapitänleutnant Rust bei der Überführung der von diesem angeworbenen 100 Somali- Soldaten nach Lamu behilflich zu sein. Ich hatte mich nach längeren Überlegungen dazu entschlossen, meine Expedition fernab von den Wogen der ostafrikanischen Wirren in Witu zu organisieren. Zwar war ich in Deutschland noch nicht vollständig entschlossen, die Tanaroute, über deren technische Schwierigkeiten ich mir vollständig im klaren war, einzuschlagen; aber ich ahnte, daß ich doch vielleicht dazu gezwungen werden könne. Auf alle Fälle boten die ruhigen Verhältnisse des Witu-Sultanats eine weit bequemere Grundlage für den Aufbau und die Zusammensetzung einer Expedition als die unruhige Lage in Sansibar und an der ostafrikanischen Küste, wo die Reichsaktion vielleicht alle Augenblicke gezwungen war, die Interessen der deutschen Emin Pascha-Expedition zurückzuschieben. Gelang es mir an Ort und Stelle doch noch, meinen Lieblingswunsch, die Expedition durch das aufständische Gebiet zu führen, durchzusetzen, so konnte ich meine ganze Truppe ja immerhin nachträglich von Witu nach Dar es Salam oder Bagamoyo hinübersetzen. So wies ich Herrn Kapitänleutnant Rust in Aden telegraphisch an und entsandte ihm entsprechende Instruktionen durch Herrn v. Tiedemann, zunächst die 100 Somalis nach Witu überzuführen und in Ausbildung zu nehmen als Grundstock der von mir zu organisierenden Truppe. Von Herrn Fritz Bley hatte ich aus Sansibar die vorläufige Mitteilung erhalten, daß er glaube, an 200 Träger beschaffen zu können. Ich gab nunmehr Herrn v. Tiedemann den Auftrag, mit Herrn Kapitänleutnant Rust zusammen die Trägerbeschaffung auch in Witu und Umgegend auf das energischste zu betreiben. Ich ließ die Herren durch gütige Vermittlung der Witu-Gesellschaft bei dem Vertreter derselben, Herrn Toppen, in Lamu einführen und durfte somit hoffen, von hier aus, wenn es nicht vom Schutzgebiet aus ginge, eine Truppe zu beschaffen, welche einen energischen Vorstoß ins Innere von Afrika ermögliche.

Für die Überführung meiner Waffen nach Ostafrika wurde mir vom Reichskommissar Witzmann Verschiffung auf einem seiner Dampfer, der „Martha", zugesagt. So konnte ich erwarten, den Unannehmlichkeiten und Belästigungen zu entgehen, wie sie aus der jüngst verhängten Küstenblockade sich andernfalls möglicherweise ergeben könnte. Übrigens nahm ich an, daß man auch englischerseits Rücksicht nehmen würde auf eine Expedition, welche von einer Nation ausging, mit der man gerade damals in Afrika, wie es schien, freundschaftlich zusammenwirkte, um so mehr, da wir entschlossen waren, in engster Fühlung mit der Aktion des Deutschen Reiches daselbst vorzugehen..

Nachdem ich diese Maßregeln angeordnet hatte, fuhr ich mit Herrn Oskar Borchert nach Ägypten, in der Hoffnung, daselbst irgendwelche bestimmtere Auskunft über die Lage Emin Paschas zu empfangen. Als mir dies nicht gelang, ging ich nach Aden weiter, um noch das Anwerben eines oder des andern tüchtigen Somali persönlich zu betreiben, insbesondere aber auch mir Kamele für meinen Expeditionsbetrieb zu beschaffen. Ich traf in Wen in der dritten Woche des März ein und fand hier zu meiner Freude den Grafen Teleki mit Herrn v. Höhnel, welche gerade von ihrer Expedition in die Massailänder zurückgekommen waren und mir sehr wertvolle Aufschlüsse über die Verhältnisse am Baringo-See, durch welches Gebiet mich jedenfalls mein Zug führen mußte, und der Länder im Norden desselben, speziell über Engabot und Turkanj gaben. Auch hatte ich die Freude, in Aden noch unsern

Freund, Professor Dr. Schweinfurth, der gerade von seiner arabischen Reise zurückkam, zu sehen und zu sprechen. Am Abend des 24. März traf auch Witzmann von Kairo in Aden ein, und wir fuhren, nachdem ich meine Angelegenheiten besorgt hatte, dann mit Wißmann und einigen seiner Herren, dem Dr. Bumüller und Herrn Janke, am 25. März 1889 nach Sansibar ab, wo wir am 31. März nachmittags gegen 2 Uhr zusammen eintrafen.

Auf dieser Fahrt bereits hatte mir Witzmann ein Telegramm seines damaligen Vertreters in Sansibar gezeigt, welches besagte, daß Ruft meine Somalis in Nagumoyo gelandet habe. Ich konnte mich nicht entschließen, den Inhalt dieser Depesche für richtig anzunehmen, da ja dies durchaus meinen Ruft gegebenen Instruktionen widersprach. Am 31. März in Sansibar empfing ich indes sofort bei meiner Fahrt von der „Mendoza" ans Land die erforderliche Aufklärung durch Herrn Fritz Bley, und diese Aufklärung warf denn auch zu gleicher Zeit ein grelles Schlaglicht auf das, was mir in Sansibar bevorstand. Ich erfuhr, daß, trotzdem Kapitänleutnant Ruft Billetts für sich und die Somalis auf Lamu in Aden verlangt und auch von der British-India-Steamnavigation-company daselbst empfangen hatte, die Agenten dieser Gesellschaft dennoch in Lamu die Ausschiffung der Leute verboten hatten. Der Dampfer der British – India- Line hatte vor dem Hafen Lamu wieder umdrehen müssen und war mit meinen Leuten nach Sansibar gegangen. Hier hatte sich, vermutlich auf Veranlassung der englischen Vertretung, der Sultan von Sansibar der Ausschiffung der Somalis ebenfalls widersetzt, und so war es gekommen, daß diese nach Bagamoyo hatten übergeführt werben müssen. Ich erfuhr auch sofort, daß der Sultan von Sansibar entschlossen sei, mir den Durchzug durch Lamu zu verbieten und zu hintertreiben, und daß damit, wie es scheinen mußte, die Tanaroute für mich verloren sei. Da mir auch das ganze Blockadegebiet, das deutsche wie das englische, verschlossen war, so schien es von der Delagoabai bis zu den Djubainseln einen Zugang ins Innere für die deutsche Emin

Pascha-Expedition nicht zu geben, und ich mußte einsehen, daß die Lage für mich in Sansibar ganz außerordentlich viel schwieriger war, als meine schlimmsten Befürchtungen in Deutschland angenommen hatten.

Am folgenden Tage entschloß ich mich, mir die Lage in Lamu selbst und eventuell auch darüber hinaus an der Somaliküste, die dann nur noch in Frage zu kommen schien, persönlich anzusehen, und ging am 2. April mit einem zufällig in diese Gegenden fahrenden Sultansdampfer, welcher indessen von der Britisch-Ostafrikanischen Gesellschaft gechartert war, in Begleitung des Kapitänleutnant Rust und des Herrn Friedrich Schroeder nach Norden ab. Vorher hatte ich indessen Herrn Fritz Bley den Auftrag erteilt, die Britisch- East-India-Steam Navigation Company wegen der Verletzung ihrer Vertragsverpflichtung gegenüber der Landung meiner Somalis nach Lamu auf einen Schadenersatz von 15 000 Pfund oder 300 000 Mark in meinem Namen zu verklagen.

Als ich mit dem Sultansdampfer, der „Kiloa", in Mombasa ankam, ward mir hier von Mr. Bucchanan, dem Vertreter der Britisch-Ostafrikanischen Gesellschaft, eröffnet, daß das Schiff, trotzdem ich Fahrt auf Lamu genommen hatte, den Hafen von Lamu nicht anlaufen dürfe, es sei denn, daß ich mich auf Ehrenwort verpflichte, im Falle eines solchen, dann nur auf einige Stunden berechneten Anlaufens in Lamu nicht an Land zu gehen. Wohl oder übel sah ich mich gezwungen, diese Verpflichtung einzugehen, weil mir dabei die Hoffnung blieb, meinen Vertreter in Lamu, Herrn v. Tiedemann, der mit der „Barawa" einige Tage zuvor dorthin abgegangen war, daselbst dann kurz an Bord sprechen zu können, um ihm neue Befehle zu erteilen. Dies traf auch zu, und außer Herrn v. Tiedemann sah ich in Lamu, wenn auch nur flüchtig, Herrn Kurt Toeppen und Herrn Gustav Denhardt. Mit Herrn Toeppen vereinbarte ich. daß er versuchen solle, gegen eine entsprechende Entschädigung von einem Araber in Takaungu mir unter der Hand Träger für die deutsche Emin Pascha-Expedition zu beschaffen. Ich wünschte, diese Träger nach Lamu geschickt zu bekommen. Herrn v. Tiedemann ersuchte ich, mir Auskunft über die Buchten und Landungsplätze nördlich von Lamu zu geben. Nachdem dies geschehen war, lief unser Dampfer wieder aus und wir fuhren nun an die Somaliküste nach Barawa, Merka und Mogadischu. Vor jedem dieser Plätze blieben wir einige Tage liegen, aber so schwächlich und feige war die dort eingerichtete arabische Verwaltung oder vielleicht auch so tückisch gegen die in Sansibar ansässigen Europäer, daß es bis dahin ganz ungewöhnlich gewesen war, daß die Kapitäne der einlaufenden Schiffe oder deren Superkargos überhaupt an Land gingen. Die Händler kamen vielmehr an Bord, wo die Geschäfte abgeschlossen wurden. Nachdem ich mir in Lamu diese Behandlung hatte gefallen lassen müssen, beschloß ich, in Merka auf eigene Verantwortung den Versuch der Landung zu übernehmen. Ich ging mit Herrn Kapitänleutnant Ruft in einem Kanoe durch die ziemlich starke Brandung. Aber es entstand am Ufer, als wir an Land kamen, ein solcher Tumult und es kam schließlich der offizielle Befehl vom arabischen Gouverneur, wir möchten zurückkehren, daß wir, die wir nur mit Revolvern bewaffnet waren, es Wohl oder übel aufgeben mußten, uns die Verhältnisse des Ortes, soweit sie für unsere Expedition in Betracht kamen, des näheren anzusehen.

Ich begab mich alsdann nach Sansibar zurück, und hier waren nun neue Ereignisse eingetreten, welche die Ausführbarkeit unseres Unternehmens immer unwahrscheinlicher gestalten mußten. Entgegen meinen ausdrücklichen Instruktionen, welche ich in Europa gegeben hatte, waren meine Jagdwaffen van Antwerpen aus mit dem Nord-deutschen Lloyd nach Aden verschifft und von hier aus auf die British-India-Line überladen worden. Sie kamen mit dieser Linie, während ich an der Somaliküste war, in Sansibar an und wurden gemäß dem formellen Wortlaut der Blockadebestimmungen sofort vom englischen Admiral Fremantle beschlagnahmt. Da die Waffen von der Firma, welche sie mir geliefert hatte, nicht als ammunition,, sondern als merchandise signiert waren, stellte sich überdies die British-India-Company so, als ob sie einen Prozeß auf Entschädigung von 15 000 Pfund oder 300 000 Mark gegen mich angestrengt hätte.

Nun wußte ich, daß meine eigentlichen Kriegswaffen und die Remingtons, welche ich Emin Pascha bringen sollte, ebenfalls in Aden lagen. Die Gefahr lag nahe, daß auch sie auf die British- India-Line kämen und in Sansibar beschlagnahmt werden würden. Ich setzte mich nunmehr mit dem deutschen Konsulat in Aden in lebhafte telegraphische Verbindung, um die Überführung dieser Kriegswaffen aus einen der Wißmannschen Dampfer, zunächst die von Hamburg zu erwartende „Martha", zu veranlassen. Der Befehlshaber der „Martha", Freiherr v. Gravenreuth, erklärte indessen dem Konsulat in Aden, das Schiff sei voll und könne meine Waffenkisten nicht mitnehmen. Ich versuchte alsdann durch telegraphische Vermittlung, bei welcher mich Wißmann unterstützte, die Waffen auf die nachher zu erwartende „Harmonie" zu bringen. Indessen bekam ich zu meiner schmerzlichen Überraschung als Antwort auf mein letztes Telegramm die Meldung vom deutschen Konsul in Aden, baß die Waffen auf der British-India-Line verladen seien. Nun versuchte ich, beim deutschen Generalkonsulat in Sansibar der Beschlagnahme auch dieses Teils meiner Ausrüstung vorzubeugen, indem ich meinen Depeschenwechsel mit Aden vorlegte und dadurch bewies, daß gegen meine ausdrücklichen Instruktionen die Waffensendung auf die englisch Linie von Sansibar geraten sei. Indessen war es nicht möglich, hier irgendeine Unterstützung zu gewinnen, und somit fiel auch dieser Teil meiner Waffen, sobald er nach Sansibar kam, in englische Hände und wurde zunächst auf einem englischen Kriegsschiff untergebracht, um hernach auf Befehl des britischen Admirals nach Aden zurückgeschickt zu werden.

Eine zweite große Enttäuschung hatte ich, als ich nach Sansibar zurückkam. Der traditionelle Ausrüstungsplatz in bezug auf Träger für alle Expeditionen, welche von Mittel-Ostafrika ins Innere gehen, ist von jeher Sansibar gewesen. Hier werden die Pagasis angeworden, und es gab bis vor kurzem keine Expedition, welche Sansibar hatte umgehen können. Ich hatte deshalb sehr bald die übliche Eingabe an das deutsche Konsulat gemacht mit der Bitte, beim Sultan von Sansibar die Erlaubnis für mich zu erwirken – was eine bloße, jeder Expedition als selbstverständlich gewährte Formalität ist –, mir daselbst Träger engagieren zu dürfen. Bei meinen alten Beziehungen mit den Arabern konnte es nicht eben schwer fallen, mir Träger in Sansibar zu gewinnen, und in der Tat hatten sich auch bereits Hunderte von Menschen bei mir zu diesem Zwecke eingefunden. Als ich am 17. April in Sansibar wieder eintraf, erfuhr ich zu meinem Erstaunen, daß ich auf meine Eingabe an das Konsulat überhaupt keine Antwort empfangen habe, und erfuhr zu gleicher Zeit, daß der Sultan habe mitteilen lassen, er werde jedem Schwarzen, welcher mit mir die Expedition machen werde, gleichviel wann dieser nach Sansibar zurückkomme, den Kopf abschlagen lassen, daß also auf Anwerbung von Trägern für mich nicht zu rechnen sei.

Gegenüber diesen Schwierigkeiten hatte mein damaliger Vertreter in Sansibar, Herr Fritz Bley, verständigerweise sich auf eigene Verantwortung nach einem Dampfer für uns umgetan, und es wur Hm auch gelungen, einen solchen in der „Neera" von der „Bombay-Steam-Navigation-Company" durch Vermittlung des Inders Sewa Hadji für mich zu gewinnen. Ich hatte ursprünglich mit Segelbooten arbeiten wollen, aber es lag vollständig auf der Hand, daß gegenüber diesen ganz unerwarteten und ganz außergewöhnlichen Hemmungen der Besitz eines Dampfers erforderlich war, wenn ich den Kampf auch nur aufnehmen wollte. So entschloß ich mich mit schwerem Herzen, die hohe erforderliche Summe für die Charterung der „Neera" aufzuwenden, und dieser Entschluß mußte dann naturgemäß eine sehr erhebliche Abänderung meines Organisierungsplanes für die Expedition zur Folge haben. War ich gezwungen, an 75 000 Mark aufzuwenden, nur um das zu erreichen, was jeder andern Expedition in der Regel von allen Seiten erleichtert worden war, die Landung an der Küste, so konnte ich nicht mehr hoffen, eine Expedition zur Ausführung zu bringen, welche auf 100 Mann Soldaten und 600 Mann Träger veranschlagt worden war.

Demnach faßte ich bereits im April den Plan, mindestens zwei Drittel der Somalis zu entlassen, und begann nunmehr, eine Expedition von 150–200 Trägern ins Auge zu fassen.

Aber das Schicksal schien mir auch die Durchführung dieses Planes vereiteln zu wollen. Die nächsten Wochen sind charakterisiert durch die Bemühungen, wenn nicht die sämtlichen Waffen, so doch wenigstens meine Jagdwaffen aus der englischen Blockade herauszubekommen und auf der andern Seite mir einen Zugang nach Lamu durch diplomatische Vermittlung des Reiches zu erwirken. Am 29. April telegraphierte ich dieserhalb an das Emin Pascha-Komitee nach Berlin mit der Bitte, beim Auswärtigen Amte zu beantragen, mir die Freiheit, nach Witu zu gehen, von den Engländern zu erwirken. Ich wiederholte, da ich einige Tage ohne Nachricht blieb, am 6. Mai dieselbe Bitte und bat am 10. Mai ferner um Vermittlung für die Herausgabe meiner konfiszierten Waffen. Darauf erhielt ich am 13. Mai die Antwort: „Auswärtiges Amt verweigert jede Vermittlung und Unterstützung." Somit war nach dieser Richtung hin für mich also jede weitere Hoffnung abgeschnitten. Ich war auf mich allein zurückgewiesen und mußte mir nunmehr ernstlich die Frage vorlegen, ob ich in der Tat glaube, die Expedition unter diesen Umständen noch ausführen zu können oder nicht. Meine Waffen waren konfisziert mit Ausnahme der Vorder- und Hinterlader, welche seinerzeit Wißmann für seinen Teil der Expedition angekauft und mir in Berlin überlassen hatte. Diese lagen in den Depots des Reichskommissariats in Bagamoyo und Dar es Salam. Aber es war doch fraglich, ob mir nicht auch die Herauslieferung dieser Waffen von Berlin aus durchkreuzt würde. So stand die Angelegenheit um Mitte Mai. Ich äußerte mich über die Gesamtlage in Sansibar unterm 17. Mai in einem Bericht an das deutsche Emin Pascha-Komitee, dem ich folgendes entnehme:

> „Wünschte die Kaiserliche Regierung die deutsche Emin Pascha-Expedition nicht, so hätte sie dieselbe verbieten

sollen, wozu sie um so mehr verpflichtet war, als sie die Bewegung von vornherein gebilligt und dadurch ja erst in Fluß gebracht hatte. Außerdem haben wir jeden unserer Entschlüsse dem Herrn Reichskanzler sofort mitgeteilt. Aber die Entwicklung bis auf den gegenwärtigen Punkt gelangen lassen und nun dulden, daß das Unternehmen unter allen möglichen Vorwänden unter dem Gelächter der sämtlichen hier vertretenen zuschauenden Nationen, ja, mit Unterstützung der deutschen Behörden selbst gehemmt wird – das ist doch eine sehr eigentümliche Art, deutsche Interessen und deutsche Ehre am Indischen Ozean zu vertreten und eine sonderliche Nutzanwendung des „Civis romanus sum", von dem Fürst Bismarck seinerzeit im Reichstag sprach."

Ich entwickelte dann meinen Standpunkt gegenüber unseren Schwierigkeiten in demselben Bericht zum Schluß folgendermaßen: „Aber gegenüber den Schwierigkeiten von allen Seiten, gegenüber den Schikanen, mit denen wir täglich zu kämpfen haben, sind wir alle hier, wie ich stolz bin, aussprechen zu dürfen, nur um so fester entschlossen, das Unternehmen bis zur alleräußersten Grenze der Möglichkeit durchzutreiben. Die Blockade reicht vom 2° 10°, bis 10° 28° südlicher Breite, und es gibt noch Eingangspunkte genug, welche die europäischen Mächte, Deutschland und England, der deutschen Emin Pascha-Expedition zu versperren keinen vollberechtigten Vorwand haben. Werden unsere Waffen uns dauernd beschlagnahmt, so werden wir uns Ersatz verschaffen. Freilich, gegen Vergewaltigung zur See werden wir ohnmächtig sein. Sind wir erst einmal im Innern, so sind wir zunächst Herren der Situation."

Der Bericht schließt mit der Überzeugung, „wenn die politischen Kreise in Deutschland und wir hier in dieser Überzeugung unbeirrt und entschlossen zusammen weiterarbeiten, so werden wir das Ziel auch erreichen, oder es müßte doch keine vorsehende Macht über der Gestaltung der menschlichen Dinge walten. In dieser festen Überzeugung verharre ich mit vollkommener Hochachtung usw."

Also der Entschluß stand fest, unter allen Umständen die Expedition erst dann fallen zu lassen, wenn die mechanischen Widerstände ein weiteres Vorgehen unbedingt ausschlössen.

Anfang Mai war inzwischen die „Neera" in Sansibar eingetroffen. Dieselbe stellte sich als ein sehr tüchtiges kleines Fahrzeug heraus, welches seine 11 Meilen die Stunde machen konnte, und auf welches ich für die Weiterentwicklung der Angelegenheit nunmehr in erster Linie rechnete. Die „Neera" gab mir die Freiheit, mir, wenn es zum Äußersten kam, neue Waffen von irgend einem andern Teile des Indischen Ozeans zu holen, vor allem aber auch die Möglichkeit, mir Träger an der Küste zu sammeln und eventuell die Blockade zu umgehen. Zunächst stellte ich das kleine Fahrzeug in den Dienst des Reichskommissariats, da die Wißmannschen Dampfer noch nicht angekommen waren und mir in erster Linie daran gelegen sein mußte, vor allem meine Vorderlader und meine Munition aus Bagamoyo und Dar es Salam herauszubekommen. Auch war ich für die Trägeranschaffung vor allem auf Bagamoyo angewiesen, wo Herr Kapitänleutnant Ruft, welcher daselbst unsere Somalis kommandierte, bereits Beziehungen in dieser Richtung mit der französischen Mission angeknüpft hatte.

Am 17. Mai fuhr ich zum ersten Male mit der „Neera" nach Bagamoyo hinüber, und auf dieser Fahrt empfand ich plötzlich, wie mir dies wiederholt auf der Expedition ergangen ist, die unbedingte Sicherheit, daß daß Unternehmen bestimmt sei, gegen alle Schwierigkeiten zur Ausführung zu gelangen und, soweit wir in Frage kamen, auch durchgeführt zu werden. Ich führte in den nächsten Tagen einige Hundert Wißmannsche Truppen mit diesem selbst an Bord nach Dar es Salam hinüber und vereinbarte mit ihm, daß ich 100 Vorderlader und 50 Hinterlader, welche in seinen Depots lagen, aus denselben entnehmen dürfe.

Als ich einige Tage darauf nach Bagamoyo zurückkehrte, wurde mir die sehr erfreuliche Mitteilung, daß Bruder Oskar aus der französischen Mission etwa 60 zentralafrikanische Träger für mich zur Hand habe. Zu den Hinterladern und den 100 Vorderladern hatte der Depotverwalter in Dar es Salam Herrn Oskar Borchert auch noch 17 Repetiergewehre übergeben, zu welchen mir Wißmann in Bagamoyo 3000 scharfe Patronen stellte. Ich brachte jetzt alle diese Wlffenvorräte in den von den Somalis bewohnten Häusern in Bagamoyo unter und begab mich am Sonntag den 26. Mai nach Sansibar zurück, um nunmehr meine Zelt- und andere Ausrüstung von dort nach Bagamoyo zu nehmen. Nach Sansibar nahm ich 73 Somalis mit hinüber, welche ich dort entließ.

Hier hatten indessen Herr Fritz Bley und Herr Borchert die Umpackung der Lasten und die Herabminderung ihrer Anzahl im wesentlichen beendigt. Von Herrn Bley mußte ich mich jedoch am folgenden Morgen trennen, weil sein Gesundheitszustand seine Rückkehr nach Europa dringend erheischte, und es ja selbstverständlich war, daß für Unternehmungen wie die uns vorliegende nur vollständig ungebrochene und frische Konstitutionen in Frage kommen konnten.

Ich blieb in Sansibar bis Sonnabend, den 1. Juni, und diese Woche war nach zwei Richtungen hin für die Durchführung der Emin Pascha-Expedition von Bedeutung. Einerseits knüpften wir in dieser Woche Beziehungen mit Herrn Gasch an, welcher in Verbindung mit den südlichen Plätzen stand, und erholten uns bei ihm Rats über weitere Trägerbeschaffung etwa in Tungi-Bucht, Mozambique oder DeIagoa- Bucht. Durch diese Besprechungen entstand in Sansibar die sichere Überzeugung, daß ich mit der „Neera" zunächst nach Mozambique gehen werde, um mir von dort Träger zu holen, und diese Überzeugung kam uns für die Ausführung meines eigentlichen Planes in der nächsten Woche ganz ausgezeichnet zu statten. Denn sie wurde, ohne daß ich selbst irgendeine darauf bezügliche Mitteilung gemacht hatte, auch von den kommandierenden Admiralen in Sansibar in gewissem Maße geteilt. Auf der andern Seite trat ich in der letzten Maiwoche persönlich mit dem Admiral Fremantle in Verbindung, um die Herauslieferung wenigstens meiner Jagdwaffen zu erzielen, und dies gelang mir auch.

Ich fuhr selbst an Bord des britischen Flaggschiffes und hatte mit dem Admiral Fremantle eine längere Unterhaltung, welche ein klares Licht auf die ganze Sachlage warf. Einige Tage zuvor hatte mir bei der Abwesenheit von Fremantle der stellvertretende Kommandant in Sansibar eröffnet, daß es mir nicht zustehe, mit der „Neera", auch wenn solche im übrigen nicht unter die Blockadebestimmungen falle, irgend einen unter Blockade stehendem Platz, insbesondere Mombasa anzulaufen, wohin ich hatte fahren wollen, um eine Besprechung mit Fremantle zu haben. Ich fragte Fremantle nach den Ursachen und Motiven dieses eigentümlichen Befehls, und er eröffnete mir mit vollster Deutlichkeit, daß ich für die Engländer in Ostafrika unbequem sei und deshalb nicht darauf rechnen dürfe, dasselbe Recht wie irgend ein anderer dort ihrerseits zu genießen. Er sprach mir zweimal offen aus, daß gegen mich Kriegszustand bestehe. „C'est la guerre!" Passe mir dies nicht, so solle ich doch an meine Regierung in Berlin depeschieren, eine Depesche von Berlin nach London und von London, an ihn würde die ganze Sachlage ändern. Dies erklärte er mir wiederholt. Er bedauere diese ganze Sachlage, aber er habe seinen Instruktionen Folge zu leisten. Indes versprach er mir zum Schluß doch, außerhalb der Blockadelinie mir nicht in den Weg zu treten, auch der „Neera" keine Schwierigkeiten zu bereiten, falls ich solche nach Lamu schicken wolle, wofern nur nicht ich selbst oder Kriegskontre-bande an Bord sei.

„C'est la guerre!" Damit hatte mir Fremantle auch meinen Standpunkt in der Angelegenheit angewiesen. Fand ich keinen Rechtsschutz, so hatte ich zu versuchen, wieviel sich in Verfolgung des mir erteilten Auftrages ohne diesen erreichen lasse. Ich hielt es unserer nationalen Ehre und unseren nationalen Interessen für angemessener, mit meiner ganzen Expedition, sei es auf der See oder auf dem Lande, unterzugehen, als vor diesem Wust von Hemmungen und Intrigen zurückzuweichen. Um dies mit gutem Gewissen zu können, mußte ich allerdings noch einmal eine Willensäußerung meiner Auftraggeber, des deutschen Emin Pascha-Komitees, vor mir haben. Es traf sich günstig, daß ich bei meinem Eintreffen in Sansibar ein Telegramm vorgefunden hatte, welches mich nach dem Stande der Expedition und nach der Lage der Bewaffnung fragte. Ich erwiderte darauf, daß die Waffen ersetzt seien, und ich hoffe, in vier Wochen abgehen zu können. Darauf erhielt ich am 30. Mai die ersehnte Rückantwort: „Alles recht, vorwärts! Hofmann." Damit hatte ich, was ich wissen wollte, und war entschlossen, nicht länger zu säumen, mich mit den Kräften, über welche ich noch verfügte, so gering sie auch warn, zunächst einmal aus dieser eingeengten Lage im Blockadegebiet herauszuziehen und den Schauplatz der weiteren Entwicklung auf einem freieren Felde zu suchen. Ich war jetzt entschlossen, meine Expedition nördlich um die Blockade herum zu werfen und mir geeignetere Stützpunkte für den Vormarsch in Witu und am Tana zu suchen.

Am 1. Juni fuhr ich mit Herrn Oskar Borchert und dem für die endgültige Verpackung der Kisten engagierten Herrn Friedenthal nach Bagamoyo hinüber, mit meinen Jagdwaffen und der übrigen Expeditionsausrüstung an Bord. Den ganzen folgenden Tag über und am 3. Juni nahm ich meine Waffen und meine Munition von Baga-moyo aus an Bord und ließ am 4. Juni die durch Bruder Oskar gestellten Träger von Kapitänleutnant Ruft in Engagement nehmen. Am 5. Juni schiffte ich meine sämtlichen Mannschaften ein und dampfte am Morgen des 7. Juni aus dem Hafen von Bagamoyo nach Dar es Salam zu. In Bagamoyo glaubte man, ich werde in Dar es Salam eine Woche liegen, um mir weitere Träger zu beschaffen, und mich alsdann nach dem Süden begeben. Es wäre mir auch sehr erwünscht gewesen, in Dar es Salam noch Träger zu bekommen, da ich in Bagamoyo nur im ganzen 53 Mann erhalten hatte. Indessen fürchtete ich, durch längeres Warten in Dar es Salam alles aufs Spiel zu setzen ohne einen rechten Gegeneinsatz. Ich begnügte mich demnach damit, am 8. Juni noch etwa 15 Mann dort zu heuern, und ging schon am Morgen des 9. Juni, einem Sonntagsmorgen, von Dar es Salam weiter.

Die Herren Teramin, Maercker, Küsel und Nabe hatten mir nach Kräften in liebenswürdigster Weise geholfen. Von ihnen verabschiedete ich mich um 8 Uhr morgens auf der Rhede von Dar es Salam und nahm zunächst meinen Kurs dem Süden zu, um sicher aus dem ganzen Blockadegebiet herauszukommen. Die Kanonen der Station salutierten die abdampfende „Neera", während wir uns mit einer Repetiergewehrsalve von unsern Landsleuten an der Küste verabschiedeten.

Es war ein herrlicher Augenblick, als die Umrisse der Inseln von Dar es Salam hinter uns zurücksanken. Eine starke Brise wehte von Südwest herauf und das Meer war in starker Erregung. Wohl lag die Zukunft unsicher, ja dunkel vor uns, aber das Gefühl, welches uns drei, Kapitänleutnant Rust, Oskar Borchert und mich, in diesem Augenblick bewegte, war doch zunächst das des Aufatmens, der Erlösung aus einem dumpfen Druck, das Gefühl der Freiheit, der Bewegung! Gewannen wir den freien Ozean, so konnten wir operieren, wie es uns beliebte, und hatten nicht zu befürchten, durch plumpe Machtmittel so ohne weiteres erdrückt zu werden. Ich hatte erst am Abend vorher dem Kapitän der „Neera" und Herrn Kapitänleutnant Ruft meine eigentlichen Pläne dargelegt. Ich wollte außerhalb der Inseln Sansibar und Pemba nach Norden zu halten und die nördlich der Blockade gelegene Kwaihubucht zu erreichen suchen. Zwar war dieses Unternehmen rein technisch kein eben leichtes, denn die Kwaihu-bucht ist durch Riffe nach außen hin verrammelt und eigentlich ohne Lotsen gar nicht anzulaufen. Einen Lotsen hatten wir uns natürlich in Sansibar nicht verschaffen können, weil damit der ganze Plan zunichte gemacht sein würde.

Aber dieses Wagnis mußte ich auf mich nehmen, wollte ich nicht die Expedition als solche lieber aufgeben. So nahmen wir es denn auf uns. Nachdem wir etwa 10 Meilen Südost gelaufen waren, ward der Kurs nach Osten umgesetzt, in welcher Richtung wir bis 6 Uhr abends etwa 50 Meilen liefen. Dann setzten wir nach Nordnordost um und liefen in der Nacht an Sansibar und Pemba vorüber, direkt auf Lamu zu. Bis 4 Uhr nachmittags dampften wir bei sehr bewegter See bis etwa auf die Höhe von Lamu, von da ab setzten wir nordwestlich direkt auf Kwaihu zu. Sansibar und die ganze Blockade blieben weit außer Sicht an Backbord.

Am 10. abends hätte unsere Expedition beinahe ein schnelles Ende gefunden. Ich saß mit Kapitänleutnant Rust und Oskar Borchert nach dem Abendessen auf dem Achterdeck bei einer Zigarre, als plötzlich aus dem Salon, wo unser gesamtes Pulver, sowie unsere Munition verstaut war, heller Feuerschein heraufleuchtete. Bei dem heftigen Schlingern und Stampfen des Schiffes War die Petroleum-Lampe heruntergestürzt und etwa 3 Fuß vom ersten Pulverfaß explodiert. Wir eilten sofort hinunter mit dem Kapitän und Maschinisten, nahmen eine Reihe von wollenen Decken, welche wir auf das Feuer warfen, packten das Ganze gewissermaßen ein und trugen die brennende Masse über Bord. Außer einigen Brandwunden an Rusts Hand war kein Unglück zu verzeichnen. Ich nahm dies für ein glückliches Zeichen, und ein unbedingtes Vertrauen in bezug auf den weiteren Verlauf der Expedition durchzuckte mein Herz.

Am 11. morgens erwachten wir in der Meinung, in der Höhe von der Kwaihubucht zu sein. Wir peilten eine Insel, welche nach den Seekarten der Kwaihubucht entsprechen mochte. Die See war schwer, der Wind pfiff aus Südwest, schwere Bülgen gingen fortwährend über unser kleines Boot, welches jeden Augenblick zu kentern drohte. Die Kisten wurden heftig hin- und hergeschleudert, und meine Leute stöhnten vor Seekrankheit und Unruhe. Bis gegen 11 Uhr loteten und peilten wir. Dann ließ ich die Gig aussetzen, um eine Einfahrt in der tobenden Brandung zu suchen. Aber das Boot ward beinahe umgeworfen, und wir mußten es schnell wieder heraufholen, um es nicht zu verlieren. Eine ungenaue Sonnenaufnahme um 12 Uhr ergab, daß wir etwa 1 Grad südlich, also 13 Meilen nördlich von dem Hohenzollerninseln oder etwv 60 Meilen von Kwaihubucht und in Sicht einer der Dundasinseln waren. So gewaltig hatte die Küstenströmung nach Norden uns versetzt.

Volldampf gingen wir bis 7 Uhr abends nach Südwest. Wir machten gegen den Monsum nur sieben Meilen und mußten ferner auf etwa drei Meilen Stromversetzung nach Norden rechnen. Die Fortbewegung über dem Grund betrug also nur vier Meilen. Bis abends 7 Uhr hatten wir einige 40 Meilen gemacht. Von da an gingen wir Halbdampf, um nicht in die britische Blockade hineinzukommen, von 4 Uhr morgens an wieder Volldampf. Lange Pei-lungen, Lotungen usw., 12 Uhr Sonnenaufnahme, und wir fanden, daß wir etwa auf demselben Platz waren wie gestern. So sehr hatten wir also die Stromversetzung nach Norden noch unterschätzt.

Nun wurde die Sache in der Tat ernst; denn es fing an, sich Wassermangel fühlbar zu machen. Ich hatte dem Kapitän in Sansibar befohlen, für etwa eine Woche Wasser zu nehmen. Er hatte dies auch getan, indessen nur für seine eigene Mannschaft, und nicht auf die von mir aufzunehmenden Leute gerechnet. In Dar es Salam hatte ich versucht, diesem Mangel abzuhelfen. Es war indessen nicht möglich gewesen, erhebliche Massen Wasser an Bord zu bringen, und so war ich, was ein schwerer Dispositionsfehler war, in der Meinung, in drei Tagen spätestens in Kwaihubucht zu sein, mit ungenügenden Wasservorräten abgedampft. Der Kapitän begann, den Mut zu verlieren. Da traf ich Anstalten, den Regen einzufangen, und wieder ging es mit forciertem Dampf südwestwärts wie gestern gegen schwere See und pfeifenden Wind. An Schlaf war nicht zu denken, da wir alle auf dem Achterdeck einquartiert waren, um so weniger, als heftige Regengüsse niederschlugen und alles durchnäßten. Wir fuhren Volldampf bis 4 Uhr morgens, dann gingen wir West zu Nord gegen Land und peilten – eine der Dundasinseln. Der Kapitän war sehr niedergedrückt und verlangte Rückkehr nach Sansibar. Ich erteilte ihm deshalb den schriftlichen Befehl, bis zu Gegenordres meinerseits auf Kwaihubucht zu kreuzen. Ich bedrohte ihn, falls er meinem Befehl nicht nachkomme, dann seine Gesellschaft für den Verlust von 20 000 Pfund haftbar zu machen. Das genügte für diesen Tag. Durch Maßregeln in größerem Umfange gelang es mir ferner, an diesem Donnerstagmorgen etwa 1500 Eimer Regenwasser aufzufangen und in den Behältern zu bergen.

Um 12 Uhr 30 Minuten hatten wir einen Strahl Sonne, und der Kapitän bestimmte die Sonnenhöhe auf 2°südl. Breite. Also mußten wir unserm Ziele nahe sein. Um 1 ½ Uhr machte ich Herrn Borchert darauf aufmerksam, daß ich glaubte, Kwaihu-Pik, das Landzeichen der Kwaihuinsel zu sehen. Gleich darauf sprang eine sehr heftige Böe mit schwarzen Regenwolken auf, daß alles verschwand und wir schnell vom Land abhalten mußten, um nicht auf die Riffe zu geraten. Um 4 Uhr kam der Kapitän aufs Achterdeck und bat mich, auf die Kommandobrücke zu kommen: ob die Insel gegenüber nicht Lamu sei! „Ja", meinte ich, und meinte mit größerer Bestimmtheit Kapitänleutnant Ruft. Wir dampften langsam, dann, wie wir vermeinten, an der Insel Manda vorbei, nördlich, bis wir den Eingang zur Mandabucht zu sehen glaubten. Nun schienen wir zu wissen, wo wir waren. Wir mußten vom Lande abhalten, weil die Sonne sank. Die Nacht kreuzten wir in Sicht der Insel. Um folgenden Morgen sollte es Patta aufwärts und nach Kwaihubucht gehen. In der Stimmung, wie ich sie als Knabe vor Weihnachtsabenden zu haben pflegte, lag ich die Nacht ohne Schlaf auf meinem schwankenden Stuhl. Am nächsten Morgen bei Grauen ging es vorwärts. Da war Manda, da Patta – nun mußten Sewy Point und Sewy Spit und Kwaihubucht mit Bottelers Ledge kommen. Richtig, da war es. Aber die Bucht war durch eine Barriere von Riffen und heftige Brandung gesperrt – und was war die Insel in der Mitte, die nicht auf der Seekarte war, und warum stimmte die Lotung nicht? Um 12 Uhr ergab die Sonnenaufnahme, daß wir 1°34" s. Br., also 29–30 Meilen nördlich von Kwaihubucht waren. Die Küstenformationen entlang dem Benadirlande sind so gleichmäßig, daß derartige Täuschungen, wie sie uns zustießen, nicht allzusehr Wunder nehmen können. Ich glaube, wir haben an diesem wehmütig schönen Freitag vielleicht Fairhead vor uns gehabt.

Wieder ging es Volldampf nach Süden! Am Abend waren wir gegenüber dem vermeintlichen „Lamu", wo wir vorige Nacht kreuzten. Am folgenden Morgen weiter Südwest! Und da stieg er vor uns auf, der eigenartige unverkennbare Kwaihu-Pik war endlich da und endlich Kwaihubucht selber!! Es ist ganz unmöglich, das Gefühl tiefster Genugtuung zu schildern, welches mich erfüllte. Man muß eben bedenken, was doch diesmal auf dem Spiele stand. Mit welchem Spott wären wir wohl wieder empfangen worden oder wie liebevoll hätte uns die englische Blockade aufgenommen, wären wir, was ja leicht möglich war, hineingeraten! Ein kleiner Unfall an der Maschine, an der Schraube konnte alles umwerfen. Indessen dies waren curae passatae, und zwischen 10 und 11 Uhr Sonnabend den 15. Juni gingen wir durch die Brandung von Kwaihubucht. Um 11 Uhr ging die „Neera" vor Anker. Hinter uns lag die Brandung von Siyu Spit und vor uns, allerdings in fünf Meilen Entfernung, das Festland von Afrika. Was mich sehr selten betrifft, trat jetzt nach dieser viertägigen Abspannung und Schlaflosigkeit ein, ich fühlte mich etwas aufgeregt. Aber es war keine Zeit zur Erholung. Wir hatten keine Boote, und eine frische Brise stand in die Bucht, mehr als 100 Menschen, sowie etwa 20 000 Pfund Kargo sollten gelandet werden. Ich ging also um 11 ½ Uhr mit Kapitänleutnant Ruft in die Gig, um nach Siyu zu fahren und mir Boote zum Löschen und Träger zu sichern. Zur Vorsicht hing ich die Jolle mit sechs meiner Soldaten an, und erst gegen 3 Uhr waren wir in dem Dorfe Siyu an der Nordseite von Patta. Es gelang schnell, freundliche Beziehungen anzuknüpfen. Aber ich erfuhr, daß Dhows nur in Pasa von Buana Mse unter Zustimmung des arabischen Gouverneurs zu haben seien. Schnell entschlossen segelte ich mit Ruft in der Jolle westlich weiter nach Pasa. Herrn Friedenthal, der inzwischen mit der andern Jolle gekommen war, befahl ich, mit derselben und zehn Mann Soldaten langsam nachzufahren und vor Pasa sich hinzulegen.

Pasa ist eine Stadt von 4- bis 5000 Einwohnern, einem Fort und einer arabischen Garnison. Hunderte umringten uns, als wir mit Pomp zum Gouverneur eingeholt wurden. In Pasa waren sehr entschieden englische Sympathien, da Mr. Makenzie vor kurzem hier mit Gold gestreut hatte. Die Bevölkerung nahm uns für Engländer, da die „Neera" unter englischer Flagge segelte. Ich hatte keine Veranlassung, sie über diese Täuschung aufzuklären, und eine halbe Stunde später segelte ich mit zwei großen Dhows auf die „Neera" zurück, wo wir gegen 7 Uhr eintrafen. Außerdem hatte mir Buana Mse 150 Träger zugesichert, die er freilich hernach nicht gestellt hat.

Noch in der Nacht bei schwerer See gelang es uns, in die eine Dhow alle Kriegskontrebande, Pulver, Munition usw., sowie zwölf Soldaten zur Deckung hineinzuwerfen. Die zweite beluden wir am Morgen mit Tagesgrauen, und da in diesem Augenblick auch noch eine dritte Dhow das Schiff anlief, so konnte ich nunmehr alle meine Leute mit eins verschiffen. Am Sonntag Morgen gegen 10 Uhr machten wir klar zur Abfahrt von der „Neera". Zwar stellte sich im letzten Augenblick, wie dies gewöhnlich ist, heraus, daß noch nicht alle Sachen aus dem Boot heraus waren; aber da die Flut schnell abebbte, ich auch nicht länger das Risiko übernehmen wollte, die ganze Sache einem Coup de main der Engländer preiszugeben, entschloß ich mich, Herrn Friedenthal zurückzulassen und den Nest der Sachen entweder noch an demselben oder am folgenden Tage nachzuziehen. Dies würde ich wohl noch viel eifriger getan haben, wenn ich gewußt hätte, was unmittelbar südlich von der Kwaihubucht sich inzwischen ereignete.

Fremantle, dem meine Abfahrt und mein Verschollen aus den Sansibargewässern doch Wohl aufgefallen sein mochte, hatte sich inzwischen mit seinem Flaggschiff und drei anderen Kriegsschiffen in Bewegung gesetzt, in der bestimmten Hoffnung, wie mir scheint, daß ich versuchen würde, die Mandabucht einzulaufen, und es ihm gelingen werde, mich dort abzufassen. Sein Flaggschiff lag ungefähr zwei deutsche Meilen von mir. Er hatte es versäumt, die Kwaihu-bucht zu besetzen, weil er die Einfahrt daselbst für ausgeschlossen erachtete, was ich für einen unverzeihlichen Fehler seinerseits halte. Daß er nicht etwa vermeinte, die Kwaihubucht liege außerhalb seines Blockadegebiets und ich habe dort ein Recht, zu landen, wie nachher englischerseits behauptet worden ist, ging aus der Tatsache hervor, daß er einige Tage später der „Neera" verbot, ihre Sachen sowohl in Lamu als auch in den anliegenden Buchten und Häfen zu landen, was sich ohne Frage auf Kwaihubucht bezog. Indessen Fremantle lagerte ruhig in der Mandabucht, während ich um etwa 10 Uhr mit meinen drei stattlichen Dhows von der „Neera" aufbrach. In der ersten hatte ich mit Kapitänleutnant Rust Platz genommen, in der zweiten saß Herr Borchert, die dritte hatte ich, etwas unvorsichtigerweise, ohne Weißen gelassen, da eigentlich Herr Friedental sie kommandieren sollte, den ich erst noch im letzten Augenblick auf die „Neera" zurückbefahl. Es war ein erhebendes Gefühl, als der Weiße Rand der Brandung allmählich hinter uns verschwand. So vielleicht mag dem viel duldenden Odysseus zumute gewesen sein, als die Insel der Circe hinter ihm hinabtauchte.

Um 11 Uhr zog ein heftiger Regenschauer herauf, welcher die Inseln Kwaihu und Fazy, sowie das Festland vor uns in Dämmerung verhüllte. Wir konnten demnach den Kurs nicht genau kontrollieren und waren nichts weniger als angenehm überrascht, als gegen 12 Uhr die Dhow plötzlich heftig ausstieß, und zu gleicher Zeit ohne unser Kommando das Segel herabfiel. Der „Kapitän" der Dhow eröffnete mir, der arabische Gouverneur hätte Befehl geschickt, wir sollten, bevor wir uns an das Festland begäben, noch einmal nach Pasa kommen. Wie ich hernach erfuhr, hatten die Herren in der Nacht Beratungen gepflogen und hatten beschlossen, nachdem sie erfahren hatten, wer wir waren, uns so lange in Pasa zu behalten, bis der britische Admiral Fremantle Entscheidung geschickt habe, was mit uns geschehen sollte. Mich hierauf einzulassen, war nun allerdings durchaus nicht meine Absicht. Ich dachte gar nicht daran, das Gelingen der ganzen Sache noch einmal den Launen von Arabern, welche in englischem Solde standen, zu überlassen. So gab ich Befehl, das Segel wieder zu hissen. Nach kurzem Widerstände gelang es meinen Leuten, diesen Befehl auszuführen, wobei die Pattaleute halb freiwillig, halb vielleicht auch erzwungen über Bord schossen und wir nun vollständig Herren der Boote wurden. Das Steuer in meinem Boot ersuchte ich Herrn Kapitänleutnant Ruft zu nehmen, die beiden ankommenden nachfolgenden Dhows, die gleich der ersten manövrierten, mußten ebenfalls umdrehen, als Herr Borchert auf meinen Zuruf energisch eingriff, und als es mir gelungen war, in die dritte einige entschlossene Somali-Soldaten durch Schwimmen hineinzubringen. Schnell hielten wir vom Lande ab, als wir Volksmassen mit lautem Geschrei herankommen sahen, und hielten nun mit vollen Segeln auf das Festland von Afrika zu.

Der Regen, welcher eine Weile aufgehört hatte, setzte wieder stärker ein, und ein grauer Nebel verhüllte den Siju-Kanal welchen wir nunmehr einliefen. Um 1 ½ Uhr gingen wir vor einem Platz vor Anker, welcher mir als Kiwani bezeichnet ward. Ich wunderte mich, keine Häuser zu sehen, ließ mich indessen schnell von drei Leuten eine weite Strecke durchs Meer tragen, um mich umzusehen. Da war das übliche Mangrove-Dickicht. Eine graue Dünung schlug unaufhörlich in die knorrigen Baumwurzeln, auf welchen wir standen. Kapitänleutnant Ruft, der mit sechs Somali-Soldaten an Land gekommen war, wie ich selbst, stimmten darin überein, entweder, daß dies Kiwani nicht fei, oder aber, daß Kiwani nicht der Platz für uns sei. Also zurück in die Boote! Ich nahm nunmehr Platz im dritten Boot, Kapitänleutnant Ruft beorderte ich in das erste, und so war jedes Boot mit einem Herrn besetzt.

Vor uns lag der Siju-Kanal, welcher in die Mandabucht ausmündet. Links schwingt sich in anmutigen Linien die Insel Patta dahin, welche mir von einem Besuch vor 1 ½ Jahren sehr wohl bekannt war. Im Norden buchtet das Festland von Afrika in kühnen Schlangenlinien. Ein sanfter Regen rieselte hernieder und hüllte alles in ein geheimnisvolles Grau. Dies lud zur Ausführung eines Planes ein, welcher mir schon in Sansibar verlockend erschienen war, den aber im Ernst ins Auge zu fassen ich nicht gewagt hatte. Wer die Karte sich ansieht, wird finden, daß der Siju-Kanal etwa gegenüber der Stadt Patta eine starke Ausbuchtung nach Norden macht. Die nördliche Ausbiegung dieses Kanals würden wir zu umgehen gehabt haben, wären wir gegenüber Kwaihu gelandet. Das würde uns bei voller Trägermasse drei Tage, bei unserer aber mindestens sechs bis sieben Tage gekostet haben. Diese Nordbucht wird aber im Westen bereits vom Sultanat Witu begrenzt. Konnten wir ungesehen von der Mandabucht in sie hineingelangen, so war das Problem der Umgehung der Blockade noch an diesem Tage völlig geglückt. Ich entschloß mich, die Gelegenheit des sichern Besitzes von drei Dhows zu benutzen, um diesen Plan nunmehr zur Ausführung zu bringen. Also vorwärts mit gutem Winde nach Westen! Die beiden vorderen Dhows ließen die Segel nieder, um die neue Marschordre entgegenzunehmen und rauschend schossen wir dann in etwa gleicher Höhe wieder dahin. Gegenüber Siju bogen wir nördlich ab, und um 4 Uhr nachmittags, allerdings bis auf die Haut durchnäßt, gingen wir bei Mbaja vor Anker. Ich ließ sofort die kleine Dhow löschen, welche ich umgehend mit Herrn Borchert zum Schiff zurückschicken wollte; inzwischen richteten wir uns häuslich in Mbaja ein.

Ich selbst dachte, noch in der Nacht nach Schimbye im Sultanat Witu hinüberzufahren, aber die völlige Ermattung der Herren und Mannschaften zwang mich, die Ausführung beider Maßnahmen ein wenig zu verzögern. Wir speisten ein bißchen kaltes Fleisch, legten genügend Soldaten in die Dhows und gingen 7 ½ Uhr alle schlafen, eine Ruhe, welche freilich bei dem unaufhörlich durch das Dach der Negerhütte rieselnden Regen recht ungemütlich ward.

Um 4 Uhr morgens fuhr Herr Borchert mit sechs Soldaten, welche den Besitz der Dhow sicherten, nach Kwaihubucht zurück. Um 5 ½ Uhr ließen der Kapitänleutnant Rust und ich die Sachen in der dritten Dhow und alle Leute auf den beiden anderen verstauen, welche tief sanken und vollgedrängt waren, und mit Sonnenaufgang stachen wir von neuem in See. Äolus war uns günstig, die Sonne schien freundlich, und schon um 7 ½ Uhr konnten wir bei Schimbye vor Anker gehen. Schimbye selbst liegt etwa 12 Minuten hinter den: Ankerplatz. Ich ging sofort in das Dorf, fand, daß es außerordentlich unserem Zweck entsprach, sicherte von dem Ältesten einige Häuser und ging an den Strand zurück, um das Landen der Sachen anzuordnen. Dasselbe ging bis etwa 12 Uhr vor sich und stellte ein außerordentlich belebtes und für uns wohltuendes Schauspiel dar. Als alles am Land war, ging ich ins Dorf zurück, um die Verstauung des Gepäcks zu übernehmen, während Kapitänleutnant Rust am Strande blieb. Die Träger gingen hin und her, und um 2 Uhr nachmittags, den 17. Juni, war alles unter Dach und Fach in Schimbye im Sultanat Witu unter der Flagge Fumo Bakaris, welche über uns wehte.

III. Kapitel
Im Sultanat Witu

„Aber sie treibens toll;
Ich fürcht`, es breche.
Nicht jeden Wochenschluß
Macht gott die Zeche."
(Goethe.)

Das brutale Hindernis der Blockade war also glücklich genommen, und zwar war die Überwindung dieser Schwierigkeit nicht gerade allzu schwer gewesen. Ein wenig kühle Berechnung und vor allem vollständige Diskretion hatte genügt, die Prophezeiungen von Feind und Freund in Sansibar zuschanden zu machen. Dort hatte man die deutsche Emin Pascha-Expedition schon für elend gescheitert erachtet und sich dieser Tatsache gefreut. Aber die Engländer hatten sich ihrer Sache allzu sicher gefühlt, was mir überhaupt ein Nationalfehler von ihnen zu sein scheint, der ihnen noch einmal teuer zu stehen kommen kann, und so war die „Neera" trotz vier englischen Kriegsschiffen in die nördlichste Bucht des Systems der Lamu Häfen glücklich hineingekommen. Das Bewußtsein, der schmählichen Erstickung der Expedition in Sansibar vorgebeugt zu haben, war naturgemäß geeignet, ein gewisses Triumphgefühl in uns hervorzurufen. Aber auf der andern Seite war die Lage, in welcher wir uns nun befanden, freilich doch kaum geeignet, Freudenempfindungen in mir lebendig zu erhalten.

Ich hatte in Schimbye alles in allem einige 60 Träger und 27 Soldaten gelandet. Mit diesen stand ich am 17. Juni der Aufgabe gegenüber, zunächst mehr als 250 Lasten von Munition und anderen Ausrüstungsgegenständen im Anblick der britischen Flotte nach Witu hinzuschaffen. Daß ich etwaigen weiteren Vergewaltigungen der Engländer gegenüber tatsächlich rechtlos war, das war mir vollständig klar. Ich war demnach auch, solange ich mich an der Küste befand, keinen Augenblick vor einem Besuch englischer Marinesoldaten in meinem eigenen Lager sicher. Hatte ich mich gegenüber den englischen Kriegsschiffen der List bedienen müssen, so war ich freilich entschlossen, solcher Vergewaltigung auf dem festen Lande das mir erheblich sympathischere vis vim vi expellit entgegenzusetzen. Aber durch diesen Entschluß wurde die wirkliche Lage der deutschen Enim Pascha-Expedition kaum gebessert.

In Schimbye mußte ich einige Tage stehen bleiben, weil es durchaus nötig war, der ganzen Kolonne ein wenig Erholung zu gönnen. Die Leute waren durch die Strapazen der Seefahrt sehr mitgenommen. Auch war es erforderlich, die Waffen, welche vom Seewasser gelitten hatten, gründlich zu reinigen, das Geschütz aufzustellen und die Zeltlasten auseinanderzunehmen. Endlich hatte ich Nachricht von Herrn Borchert und die Dhow mit dem letzten Rest unserer Sachen von der „Neera" zu erwarten. In Bezug auf diese Sachen hatte ich angeordnet, daß alles das, was unter den Begriff „Kaufmannsware" fällt, gemäß der mir von Fremantle gegebenen Erlaubnis, mit der „Neera" nach Lamu gehen solle, von wo aus ich es vermittelst der neun von mir seinerzeit in Aden angekauften und jetzt in Lamu stationierten Kamele auf das Festland an mich ziehen wollte; daß dagegen alles das, was unter den Begriff „Kriegskontrebande" und damit unter die Blockadebestimmungen fällt, mir nach Schimbye, welches nördlich von der Blockadelinie lag, per Dhow gebracht werden solle. Am 18. Juni kam Herr Friedenthal mit diesem Teil der Sachen in Schimbye an. Herr Borchert ließ mir mitteilen, daß er es für richtiger gehalten habe, seinerseits mit den Tauschartikeln nach Lamu zu gehen, um dort die Verladung auf die Kamele persönlich zu überwachen. Ich hatte mich bereits vor Eintreffen des Herrn Friedenthal von Schimbye aus am 18. Juni mit Herrn v. Tiedemann und den Herren Toeppen und Gustav Denhardt in Lamu in Verbindung gesetzt. An diesem Tage schrieb ich ei-

nen Bericht nach Deutschland, welcher im Hinblick auf die Jacksonsche Expedition mit der Bemerkung schloß:
„Wir wollen doch einmal sehen, ob die Engländer uns trotz ihres Vorsprunges überholt haben werden."

Mein ganzes Augenmerk in den nächsten Tagen war nun darauf gerichtet, mir weitere Tragkräfte zu verschaffen. Zu diesem Zwecke begab ich mich am 19. Juni allein mit einigen Leuten nach Wanga. Ich fand dort unmittelbar am Strande ein Haus, welches einen ganz europäischen Charakter trug. Ich trat ein und traf Herrn Schönert, einen Beamten des Herrn Denhardt. Dieser nahm mich freundlich auf und zeigte mir sofort in der Bucht vor seinen Fenstern die mir bekannte „Noadicea" des Admiral Fremantle, welche vor kurzem dort eingetroffen sei. Um 1 Uhr mittags begleitete Herr Schönert mich nach Schimbye zurück, und hier hatte ich die angenehme Überraschung, den Herrn v. Tiedemann zu sehen, welcher sich auf die Nachricht von unserer Landung sofort mit den Herren Toeppen, Denhardt und Gerstäcker auf eine Dhow begeben hatte, um uns in der Umgebung von Kwaihubucht zu suchen. Erst ziemlich spät hatten sie uns in Schimbye entdeckt. Schon vor Eintreffen meiner Briefe in Lamu hatte das Gerücht die Meldung von unserer Landung dorthin getragen, aber mit welcher Übertreibung! Tausend Deutsche seien in Kwaihubucht gelandet, große Aufregung bei Weißen und Schwarzen. Zu meinem Bedauern mußte ich mich bald überzeugen, daß meine Hoffnung, durch Herrn Toeppen Träger zu bekommen, kaum viel Aussicht auf Verwirklichung haben werde. Dafür aber verabredete ich mit ihm, daß derselbe die Ausrüstung meiner Expedition mit geeigneten Tauschartikeln für die Tanaroute besorgen solle. Ich hatte von Sansibar 96 Lasten Tauschartikel für eine Tanga-Massai-Route zusammenstellen lassen. Ich war damals noch in den Anschauungen der traditionellen Afrikareisen befangen, daß man auf das peinlichste für jede besondere Route eine der Geschmacksrichtung der dortigen Bewohner vollständig entsprechende Ausrüstung mit

Tauschartikeln besorgen müsse, um überhaupt in Afrika reisen zu können.

So vereinbarte ich mit Herrn Toeppen, daß derselbe meine mit- gebrachten und nach Lamu geführten Tauschartikel übernehmen solle. Das Taugliche davon solle er in die von ihm zusammenzusetzenden Bestände überführen, was nicht zu gebrauchen sei, anderweitig bestmöglich verwerten, mir dann aber aus seinem Lager und aus weiteren von Sansibar zu besorgenden Waren die Artikel für meine Route zusammensetzen.

An diesem Nachmittag erfuhr ich auch zum ersten Male, daß vier englische Kriegsschiffe ohne jeden ersichtlichen Grund in diesen Gewässern kreuzten. Der Grund hierfür war mir ersichtlich genug, und auf diese Nachricht hin beschloß ich, unmittelbar mit meiner Expedition südwestlich aufzubrechen, um erst einmal aus der Umgebung der See selbst herauszukommen. Ich schickte demnach noch am Abend 5 ½ Uhr meine Munition auf dem Landwege nach Wanga und ebenso in der Nacht zwischen 11 und 12 Uhr eine beladene Dhow mit Proviant unter Herrn Friedenthal nach Mgine ab. Der 20. und 21. Juni bat das für uns belustigende Schauspiel, daß unsere Dhows mit der Ausrüstung der Expedition in Sicht des Admirals Fremantle mit seiner „Boadicea" sich von Schimbye nach Mgine bewegten und dort alle wohlbehalten eintrafen. Die Herren hielten uns vielleicht für ganz gewöhnliche Sklavendhows, welche zu jagen, es sich nicht der Mühe verlohne, um so weniger, als dadurch möglicherweise die Interessen ihrer neuen Freunde von Patta oder Manda verletzt werden konnten. Freilich lag die „Boadicea" ja hier nach den Bestimmungen der Blockade, von uns ganz abgesehen, um den Dhowverkehr zu überwachen im Hinblick auf Kriegskontrebande, Munition und Sklaven, und die Ausflucht, sie hätte nicht wissen können, daß die Dhows meine Sachen zur See nach Mgine hinüberschafften, würde demnach nicht zutreffen. Es war in der Tat ein Achtung einflößendes System von Wachtdienst!

Ich selbst ging in der Frühe des 20. Juni in der Begleitung der Herren Toeppen, Denhardt und v. Tiedemann mit einer Reihe von Lasten nach Wanga. Die „Boadicea" schoß an diesem Tage viel Salut und hatte die Wali-Flagge gehißt, ein Beweis, daß Walis, vermutlich auch mein Freund Buana-Mse, an Bord waren. Jedenfalls mußte den Engländern die Tatsache unserer Landung jetzt vollständig bekannt sein. Trotzdem entschloß ich mich nach den Proben, welche ich von deren Wachsamkeit bereits gewonnen hatte, um die Angelegenheit in Schimbye schnell zu Ende zu bringen, an diesem Tage auch mit Dhows auf der See zu arbeiten. Wir brachten im ganzen drei solcher Dhows zusammen, von denen ich zwei mit neuen Instruktionen für Kapitänleutnant Rust nach Schimbye schickte und eine für mich behielt.

Daneben trugen den ganzen Tag über meine Leute hinter der Böschung, welche sie den Augen des englischen Kriegsschiffes entzog, die Mumtionslasten für mich von Schimbye nach Wanga. Rust brachte den Rest der Sachen auf die beiden ihm zugeschickten Dhows, und am 21. Juni abends 10 Uhr war die ganze Expedition nach Mgine, von wo der vielbegangene Landweg nach Witu führt, hin-übergeworfen. Um 9 Uhr morgens schon an diesem Tage traf Herr Friedenthal mit seiner Dhow ein, dann Herr Gerstäcker auf einer der beiden Schimbye-Dhows. Die Munition schickte ich von Wanga aus nicht bis ganz nach Mgine hin, sondern landete sie gegenüber Wanga jenseit eines Creeks unter der Obhut der Herren Toeppen und Tiedemann, um sie von dort wieder auf dem Landwege nach Mgine tragen zu lassen. Diesen Überland-Transport überwachte ich mit Herrn Denhardt selbst. Ich traf mit etwa 50 Lasten 6 ½ Uhr in Mgine ein und schickte sofort die Leute wiederum zurück, um den Rest, welchen Herr v. Tiedemann überwachte, noch in der Nacht hinaufzubringen. Abends 10 Uhr, als wir alle in sehr fröhlicher Stimmung in Mgine beim Abendessen sahen, traf zu meiner Freude die letzte Dhow unter Kapitänleutnant Rust dort ein, und ich ließ beim Morgengrauen am 22. alles in Sicherheit an Land bergen, indem ich

60 Lasten Munition sofort weiter inland nach dem vier Stunden entfernten Hindi schickte.

Hindi hatte ich ausersehen, um alles, was ich an Mitteln und Kräften besaß, dort zusammenzuziehen und meine Expedition zu organisieren. Der Platz lag mehrere Stunden von der See ab, unmittelbar hinter Lamu inmitten einer reich bebauten Gegend und schien somit allen Erfordernissen für meine Organisationsarbeiten zu entsprechen. Dorthin begab ich mich selbst am 23. in Begleitung der Herren Denhardt und v. Tiedemann, indem Kapitänleutnant Rust wiederum zur Überwachung der Reserve zurückblieb. Den ganzen 23., 24. und 25. Juni arbeiteten, wir, um alle Lasten in Hindi unterzubringen, wobei meine am Morgen des 24. Juni aus Lamu herangezogenen Kamele sich sehr nützlich erwiesen.

Am 25. Juni 1889 war die ganze Expedition in Hindi beisammen. Ich ließ die Zelte aufschlagen inmitten des Ortes, mein Geschütz laden und die Häuser ringsum besetzt halten. Auf der Straße nach Lamu hin, von wo möglicherweise weitere englische Vergewaltigungen zu erwarten waren, hielt ich Tag und Nacht einen Posten, um von solchen Besuchen rechtzeitig Kenntnis zu bekommen. Indessen verschonten uns die Herren mit ihrem Besuch. Diese letzteren Maßregeln würden übertrieben erscheinen können, wenn man nicht erwägt, welche Empfindungen die Vorgänge in uns hervorrufen mußten, welche sich mittlerweile in Lamu abgespielt hatten.

Hier war inzwischen Herr Borchert mit der „Neera", welche Havarie erlitten hatte, erst am 20. Juni eingetroffen. Es hatte unterwegs beinahe so geschienen, als ob die „Neera" in Stücke gehen werde. Man hatte den Notanker werfen müssen, und der Kapitän riet Borchert, sich auf das Schlimmste gefaßt zu machen. Indessen war sie doch am 20. Juni, also an dem Tage, an welchem ich aus dem Fenster des Herrn Schönert mit besonderem Interesse durch das Fernglas die Vorgänge an Bord des englischen Flaggschiffes „Boadicea" beobachtete, im Hafen von Lamu eingetroffen. Bei der Einfahrt kam ihr eine Pinasse des englischen Kriegsschiffes „Mariner" entgegen, deren Offizier schon von unten heraufrief: „Where is Dr. Peters? ?" Die Frage wurde in einem Tone gestellt, nicht als ob der Offizier wissen wolle, ob ich in Sansibar oder im Innern sei, sondern ob ich in der Kajüte sei oder auf dem Achterdeck. Um so verbluffender wirkte die Antwort des Herrn Borchert: „Dr.Peters? Dr. Peters is gone to the interior, to Enim Pascha.". Am nächsten Morgen erschien Fremantle selbst und ließ sich den Kapitän der „Neera" kommen. Zu unserem allseitigen Bedauern erfuhren wir in Hindi, daß Admiral Fremantle in Gegenwart des Kapitäns einen recht herzbetrübenden Anfall von Wut gehabt habe. Er sei auf dem Achterdeck herumgelaufen und habe wiederholt mit den Füßen aufgestampft. Fünf Tage, so halbe er geschrieen, habe er in den elenden Gewässern mit drei Kriegsschiffen, mit der „Boadicea", dem „Mariner" und dem „Cossak" allein zu dem Zwecke gekreust, um uns abzufangen, fünf Tage, fünf Tage! Und nun doch! Der arme Admiral Fremantle! Wir alle bedauerten ihn aufrichtig. Aber aus seinem Wutanfall heraus, welcher mir persönlich etwas unverständlich erschien, nachdem er mir erlaubt hatte, die „Neera", wenn weder ich, noch Munition an Bord wäre, in Lamu landen zu lassen, kristallisierten sich in ihm männliche Entschließungen, welche ihm Genugtuung versprachen. – Man möge die folgenden beiden Schreiben zunächst lesen, um sich ein Urteil zu bilden über das, was nach dem 20. Juni in Lamu sich vollzog. Die Schreiben sind in englischer Sprache verfaßt, und ich hänge sie meinem Text an. Ich gebe sie hier in deutscher Übersetzung:

Bagamoyo, den 9. Juni 1889. Ew. Exzellenz!

Ich habe die Ehre, Ew. Exzellenx höflichst zu benachrichtigen, daß ich höchstwahrscheinlich die „Neera" nach Lamu zu senden haben werde. Gemäß dem Versprechen, welches freundlichst durch Ew. Exzellenz gegeben ist, daß Sie keinen Widerspruch erheben wollen, falls ich dies tue, wofern nur weder Waffen, noch Kriegsmunition, noch meine eigene Person an Bord sind, bitte ich Ew. Exzellenz ergebenst, den Kommandanten J. M. Kriegsschiff zu Lamu von meiner Absicht zu benachrichtigen. Ich werde nach Lamu entweder Herrn Borchert oder Herrn Friedenthal oder beide senden, und zwar dürfte dies ungefähr zwischen dem 25. und 30. Juni stattfinden.

Mit der Versicherung meiner aufrichtigen Hochachtung verbleibe ich Ew. Exzellenz ganz gehorsamster Diener

Karl Peters.

An Se. Exzellenz Herrn Vize-Admiral Fremantle.

Boadicea zu Sansibar, 11. Juni 1889.

Mein Herr!

Ich habe die Ehre, den Empfang Ihres Briefes vom 9.d. zu bestätigen, welcher mich von Ihrer Absicht benachrichtigt, die „Neera" nach Lamu zu schicken, daß indessen in Übereinstimmung mit den, was ich in unserer kürzlichen Unterhaltung erwähnte, weder Sie selbst gehen, noch Waffen und Munition an Bord des Schiffes sein dürfen. Unter diesen Umständen werde ich keinen Widerstand erheben, daß die „Neera" nach Lamu geht, und ich werde Instruktionen für unser blockierendes Schiff demgemäß erlassen. Aber ihre Maßnahmen werden bewacht werden, und ich werde anweisen, daß ihr befohlen werden wird, den Hafen zu verlassen, wenn irgend etwas, was auch immer, getan oder vermutet wird, was fähig sein würde, Unruhe zu erwecken oder die British- Ostafrikanische Gesellschaft zu benachteiligen. Es würde dazu führen, den Verdacht zu entfernen, wenn Sie ein offenes Bekenntnis geben wollten von dem Zweck, für welchen die „Neera" nach Lamu zu gehen hat.

Ich habe die Ehre zu sein, mein Herr, Ihr gehorsamer Diener Fremantle, Vize- Abmiral.

An Dr. Karl Peters, Bagamoyo.

Diesen Brief des Admirals Fremantle empfing ich erst später in Witu und war deshalb nicht in der Lage gewesen, ihn vorher zu beantworten. Zur weiteren Kennzeichnung der Sachlage lege ich in Abschrift noch folgendes Schreiben vor:

Lamu, 21. Juni 1889.

Herrn Oskar Borchert, Mitglied der deutschen Emin Pascha-Expedition, Lamu.

Mein Herr!

Ich habe die Ehre, Sie in Kenntnis zu setzen, daß ich den Befehl von Arbotknot, Kommandeur J. M. Kriegsschiff „Mariner" bekommen, das Schiff „Neera" zu verhindern, Kargo für die deutsche Emin Pascha-Expedition in Lamu zu landen. Zugleich habe ich zu bestätigen und bescheinige hiermit, daß ich jedes Stück genau untersucht habe und daß ich weder Waffen noch Munition noch Pulver unter denselben gefunden habe.

Ich habe die Ehre zu sein, mein Herr (gez.) Roberts, Seemann J. M. Kriegsschiff „Mariner".

Als ich am 23. Juni in Hindi eintraf, war Herr Oskar Borchert persönlich von Lamu herübergekommen, um mir über den Inhalt dieses Schreibens Bericht zu erstatten. Die Sache betraf mich formell nicht mehr, da ich bereits in Kwaihubucht das Verfügungsrecht über die „Neera" Herrn Borchert übertragen und die Tauschartikel, welche an Bord der „Neera" waren, Herrn Kurt Toeppen, wie mitgeteilt, in Schimbye überlassen hatte. Indes wurde ich natürlicherweise materiell durch diese Vorgänge berührt, weil ich aus finanziellen Rücksichten die „Neera" gern baldmöglichst weiter zu verchartern gedachte, und auf der andern Seite Herr Toeppen mir aus den ab- getretenen Tauschartikeln zum Teil meine neue Expeditionsausrüstung besorgen wollte. Ich gab demnach Herrn Borchert neue

Verhaltungsmaßregeln in der Angelegenheit und hoffte, daß im Hinblick auf den Schlußsatz des Robertsschen Briefes dieselbe sich schnell erledigen würde. Wer beschreibt demnach mein Erstaunen, als mir am 24. Juni Herr Borchert Abschrift des folgenden Schreibens zuschickte:

Auf J. M. Schiff „Mariner" in Lamu, 22. Juni 1889.
Herrn Oskar Borchert, Mitglied der deutschen Emin Pascha-Expedition.

Mein Herr!
Im Auftrag des kommandierenden Admirals in diesen Gewässern und in Anbetracht der bestehenden Blockade in diesen Teilen der Ostküste Afrikas habe ich Sie Zu benachrichtigen, daß die Waren, augenblicklich an Bord Ihres Schiffes für Dr. Charles Peters (nicht einmal meinen deutschen Namen „Carl" ließen sie mir) nicht in diesem Platze oder irgend einem andern innerhalb oder anschließend an die Küste, welche augenblicklich blockiert ist, gelandet werden können. (Kwaihubucht!) Diese Waren, nun im Leichter längsseits Ihres Schiffes, müssen wieder an Bord genommen werden, und Sie haben den Hafen zu verlassen so schnell, als dieses beendigt ist. Ich werde einen Offizier nebst bewaffneter Mannschaft an Bord senden, um Sie zu unterstützen, diesen Befehl auszuführen. Der Offizier wird Sie bis Sansibar begleiten auf Befehl, um zu sehen, daß die Waren nicht an irgendeinem andern Hafen auf der Küste gelandet werden. Dessen Passage nach dem Platze wird genommen und bezahlt werden.
Kommandant Ihrer Majestät Schiff „Mariner".

Mit dieser Anordnung hatte der Admiral Fremantle augenscheinlich den Gegenstand gefunden, um seinem Groll über die Landung in der Kwaihubucht Luft zu machen. Ich darf nur eins hervorheben, daß es sich bei den beschlagnahmten Gütern keineswegs um die Ausrüstung meiner Expedition handelte, sondern lediglich um Kaufmannsgüter, aus denen Herr Toeppen Tauschartikel für dieselbe aussuchen sollte, und welche ich ja immerhin hoffen durfte, zum Teil wenigstens aus den Lagerbeständen in Lamu direkt zu ersetzen. Es handelte sich bei der Maßregel des Admirals Fremantle demnach anscheinend nicht so sehr um einen Schlag gegen die deutsche Emin Pascha-Expedition, als um einen Ausdruck seines Ärgers über das, was er nicht hatte verhindern können. Genug, es wurden 25 englische Marinesoldaten an Bord der „Neera" gelegt, die Maschine des Schiffes wurde demoliert, und dasselbe ward im Schlepptau nach Sansibar geführt. Wie sich später herausgestellt hat, ist nun allerdings durch diese Maßregel der Gang der Expedition selbst erheblich verändert worden. Es fand sich nach einigen Wochen, daß in Lamu die für die Massai-Länder erforderlichen Tauschartikel nicht zu haben waren, und im Verlaufe der nächsten Monate wurde es klar, daß ich auch in den Besitz der neu von Sansibar Herbeigezogenen Artikel, welche Herr Kapitänleutnant Rust mir nachzuführen hatte, niemals gelangen sollte. Dadurch erreichten es die Engländer, daß die deutsche Emin Pascha-Expedition einen Charakter gewann, welcher von normalen Afrikareisen allerdings in jeder Richtung abwich. Aber das Unternehmen zu durchkreuzen oder auch nur in seinen Wirkungen wesentlich abzuschwächen, das haben sie doch nicht vermocht, und so gedachte ich gerade im Hinblick auf diese Vorgänge während des Ganges der Expedition häufig des biblischen Spruches: Ihr gedachtet, es böse mit mir zu machen, aber Gott gedachte, es gut zu machen.

Praktisch hatte diese Maßnahme Fremantles dann noch die Folge, daß damit Herr Oskar Borchert, welchen ich ursprünglich bestimmt hatte, in meiner unmittelbaren Umgebung an der Expedition teilzunehmen, für den ganzen weiteren Verlauf derselben aus meinem Gesichtskreis in Wirklichkeit verschwand. Er mußte nach Sansibar gehen, weil ich entschlossen war, gegen diese plumpe Rechtsverletzung englischerseits mit allem Nachdruck mich zu wehren. Er hat dann dort mit Erfolg den sogenannten „Neera"-Prozeß durchgeführt, welcher, soweit mir bekannt geworden ist, in ganz Europa allgemeines Interesse hervorgerufen hat. Erst nach der Durchführung des Prozesses konnte Herr Borchert die zweite Kolonne der Expedition den Tana hinaufführen.

Neben diesem ersten Schlag, welcher mich in Hindi traf, trat alsbald die zweite peinliche Erkenntnis, daß es mir nicht möglich sein werde, meine Trägerkräfte im Witugebiet in der Weise zu ergänzen, daß ich hoffen könne, auch nur die mir verbliebenen Lasten in einer Kolonne den Tana hinaufzuführen. Der Suaheli von Witu und Lamu hat nicht den Unternehmungsgeist wie die Wangwana an der deutsch- ostafrikanischen Küste. Von einem Karawanenverkehr ins Innere ist hier nicht die Rede, und so meldeten sich denn eigentlich nur einzelne, um sich meiner Expedition anzuschließen, und nicht eben die Besten ihres Stammes. Allerlei verlottertes Gesindel erschien mit der Absicht, sich die Vorausbezahlung von ein oder zwei Monaten Traglohn geben zu lassen, um damit das Weite zu suchen. Ich konnte in diesen Gegenden derartigen Betrügereien auch kaum wirksam begegnen, weil die einzig mögliche Maßregel dagegen, nämlich, verdächtige Elemente in Ketten zu legen und wieder abgefaßte Ausreißer mit der rigorosesten Strenge zu bestrafen, hier aus politischen Rücksichten unzulässig war. Der höchste Trägerstand, welchen ich formell überhaupt erreicht habe, belief sich gegen 90, in Wirklichkeit haben wir wohl niemals über 70 Träger besessen. Um so mehr war ich darauf bedacht, meine Kamelkolonne zu verstärken und die mangelnden Tragkräfte auch durch den Anlauf von Eseln zu ergänzen. Es gelang mir im ganzen, meine Kamelkolonne auf 17 Köpfe zu bringen und 9 Esel zu kaufen. Damit war klar, daß ich nicht darauf hoffen dürfe, meine sämtlichen Lasten in eins den Tana aufwärts zu führen. Ich mußte die Expedition in zwei Kolonnen teilen, deren zweite ich Herrn Ka-pitänleutnant a. D. Rust unterstellte. Derselbe sollte eine Bootsexpedition auf dem Tana organisieren und in Oda-

Boru-Ruwa mit den nachzuführenden Lasten, insbesondere auch mit den von Sansibar erwarteten Tauschartikeln, dann wiederum zu mir stoßen. Da es mir nicht möglich war, unter den Suahelis mich durch neue Träger zu verstärken, so hoffte ich nunmehr auf die Wapocomo oder Gallas am oberen Tana, wo mir dieser Versuch vielleicht gelingen könne und wo ich auf alle Fälle in der Lage sein werde, falls die Tauschartitel von Sansibar zu mir kämen, eine Eselkarawane auszurüsten und mit dieser die Äquatorialprovinz zu erreichen. Dies waren Hoffnungen, welche mich in Hindi und Witu beseelten und denen gemäß ich meine Entscheidungen traf. Wie wenig ist doch auch von diesen schließlich in Erfüllung gegangen!

Was dagegen in Hindi vollständig durchgeführt ward, das war die Ordnung der Lasten. Was von Wasser verdorben war, wurde ausgeschieden, der Rest genau gebucht und unter die beiden Kolonnen verteilt. Herr Toeppen sandte von Lamu aus im ganzen etwa 30 Lasten von Pulver, Biskuits, Streichhölzern und Zeugstoffen, alles recht nützliche Dinge, von denen jedoch für die von mir ins Auge gefaßte Route durch die Massailänder nichts zu gebrauchen war, da hier nur Eisen- und Kupferdraht sowie Perlen gehen. Im ganzen berechnete ich die von meiner Kolonne hinaufzuführenden Lasten auf etwa 150 und ließ Herrn Kapitänleutnant Rust die gleiche Anzahl zum Nachführen zurück. In meiner Begleitung sollte Herr v. Tiede-mann mit hinaufgehen.

Neben diesen äußerlichen Arbeiten ließ ich mir in Hindi insbesondere auch die Disziplinierung und Organisierung meiner von Hause aus außerordentlich verwilderten Kolonne angelegen sein. War ich gezwungen, ohne eigentliche Tauschartikel den Zug ins Innere anzutreten, konnte ich mich also nicht, wie Thomson und andere Leute zu tun pflegten, durch Tribute an die eingeborenen Häuptlinge ablaufen, dann kam hier für das Gelingen der Sache in allererster Linie die Mannszucht meiner Leute in Frage und die Herrschaft, welche ich über diese ausübte. Konnte ich nicht in der hergebrachten friedlichen Weise, wie ich ursprünglich gehofft hatte, die deutsche

Emin Pascha-Expedition durchführen, dann mußte ich den Gedanken ins Auge fassen, daß ich eventuell gezwungen sein würde, unsere Kolonne als eine Kriegstruppe zu organisieren. Nun ist es ein bekanntes physikalisches Gesetz, daß man die Wirkung einer Kraft auf zweierlei Weise vollständig gleich verstärken kann: ebenso sehr durch, Vergrößerung der Masse als wie durch Vergrößerung der Geschwindigkeit. Die Masse meiner Truppen, als Kriegsmacht gedacht, zu vergrößern, lag nicht in meiner Hand; die Möglichkeit, ihre Geschwindigkeit oder Anwendungsfähigkeit zu erhöhen, bestand nur in der Durchführung einer unbedingten Disziplin. Um diese zu erzielen, war ich in erster Linie auf die Somalis der Kolonne angewiesen, durch welche ich, wenn ich sie in der Hand hatte, eine vollständige physische Herrschaft über das Trägerelement, welches hauptsächlich aus Zentralafrikanern bestand, ausüben konnte. Es lassen sich nun solche afrikanische Menschenmassen nur dann beherrschen, wenn man entschlossen ist, dem bösen Willen gegenüber rücksichtslos seinen eigenen Willen durch zusetzen. Auch habe ich gefunden, daß dies das einzige ist, was den eigenen Leuten imponiert. Die sogenannten Buana Wasuri (guten Herren) werden in kritischen Augenblicken nicht die Herrschaft ausüben, welche nötig ist, um eine Expedition durch die Schwankungen elementarer und kriegerischer Gefahren hindurchzubringen. Der Eindruck, welchen ich Expeditionsführern als erzielenswert empfehle, muß das Urteil der Leute sein: Kali sana laikini hodari sana, (sehr strenge aber sehr tüchtig). Durch diese Empfindung im einzelnen wird mit der Zeit ein fast dämonisches Band zwischen Führer und Kolonne geschlungen, welches den Krisen und Katastrophen afrikanischen Reiselebens Widerstand zu leisten vermag. Die Somalis sind von großer Sensibilität und bei richtiger Behandlung, wenn man ihre Vorurteile schont, leicht zu leiten. Freilich muß man auch bei ihnen nicht glauben, mit dem bloßen point d'honneur durchzukommen. Im Verlaufe der Expedition habe ich auch für meine Somalis Körperstrafen eingeführt und rigoros zur Vollstreckung gebracht.

Diese ganze Entwicklung, welche ja naturgemäß erst im Verlaufe der Expedition zur Entfaltung gelangen konnte, bahnte sich bereits während der Woche an, die wir in Hindi zubrachten. Es war eine wundersame Zeit von Sorgen, Arbeiten, Plänen und Hoffnungen. Die verspätete Regenzeit goß uns täglich ganze Wolkenbrüche herunter, und nur selten leuchtete die Sonne zu unseren Arbeiten an den Lasten. Ich hatte mir in diesen Tagen auch ein Reitpferd in Lamu kaufen lassen, auf welchem ich wiederholt Ausflüge in die Umgegend von Hindi machte. Da ritt ich denn wohl stundenlang die Lamustraße hinaus, bis ich die eigentümliche Düne dieses Platzes vor mir sah. Ich wußte, wenn ich nach Lamu hineingehen würde, daß ich dann die Gefahr persönlicher Verhaftung laufe. Ich hatte die Empfindung, wie sie die Verbannten haben mögen, abgeschnitten zu sein von Europa und meiner Heimat. Für mich gab es nur eines:

Nach Westen, oh nach Westen hin, Beflügle dich, mein Kiel, Dich grüßt noch sterbend Herz und Sinn, Dich, meiner Sehnsucht Ziel.

Da war von keinem zurück die Rede. Ob aber das Ziel unserer Sehnsucht erreicht werden könnte, das mußte in Hindi doch mehr als unwahrscheinlich gelten. Dann aber gab es für uns alle nur eins: den Untergang! So liegt ein eigentümlich wehmutsvoller und bewegter Zug über diesen ersten Tagen auf dem Festland von Afrika. Es gab nur einen Trost, die Seele vollständig unter die unerforschtlichen Ratschlüsse der Vorsehung zu beugen.

Am Mittwoch den 3. Juli brach ich endlich von Hindi auf, nachdem ich am Tage vorher meine Tauschartikel von Lamu bekommen hatte. Ich wollte meine Kolonne zunächst bis Witu führen, dort als dann auf die zweite Kolonne unter Rust warten, und zwar sollte der erste Marsch nur 2 ½ Stunden bis zu dem Orte Kibokoni gehen. Ich ließ zunächst die Kamele bepacken und dann den Eseln ihre Lasten aufbürden. Wie schwerfällig der ganze Betrieb damals noch war, geht aus der Tatsache hervor, daß es 10 Uhr wurde, bis wir hiermit fertig waren.

Im weiteren Verlaufe der Expedition war um 6 Uhr morgens immer auch die Bepackung der Kamele und Esel zu Ende gebracht. Überhaupt muß alles gelernt sein, ganz besonders aber die Führung einer afrikanischen Expedition. Daß auch ich noch in dieser Beziehung zu lernen hatte, bewies ich dadurch, daß ich nach Bepackung der Lasttiere mit diesen abmarschierte, anstatt, wie es sich gehört hätte, gerade an diesem ersten Tage als der allerletzte das Lager zu verlassen, und den Herren Kapitänleutnant Rust, v. Tiedemann und Friedenthal die Bepackung und Bewachung der Träger überließ. Auch dies änderte ich bereits am folgenden Tage.

Ich marschierte indessen am 3. Juli, da mein Pferd ein wenig am Satteldruck litt, 10 Uhr 15 Minuten aus dem Lager, und zwar darf ich gestehen, daß dies mit recht frohen Empfindungen geschah. Die Landschaft vor mir war gut angepflanzt mit Weizen und Mtama. Die Sonne erhellte Flur und Wald, und nun begann endlich die große Wanderung gegen Westen, wie es schien, im Ernst. Die Berechnungen, welche meine Expedition in Sansibar ersticken wollten, war ich scheinbar jetzt im Begriff, endgültig zu durchkreuzen, und dies erfüllte mich auf dem ganzen Marsche mit einer Art freudiger Genugtuung. Freilich wurde diese Stimmung sehr getrübt, wenn ich das Resultat dieses ersten Marschtages überdachte. Die Esel brachen teilweise unter schlecht verpackten Lasten zusammen, vor allem aber versagte die Disziplin der Träger. Ich war mit den Kamelen und einem kleinen Teil der Träger sowie meiner Kanone 12 ½ Uhr in Kibokoni eingetroffen, hatte sofort mein Zelt aufschlagen lassen, beorderte Kochfeuer und wartete nunmehr auf Herrn v. Tiebemann mit dem Rest der Karawane. Kein Mensch kam. Da in Kibokoni Getreide für Vieh und Mannschaften nicht zu haben war, hatte ich sofort in das eine Stunde entfernte Hidio geschickt, um solches zu kaufen. Gegen 24 Uhr erschien Herr Friedrich, der Besitzer der Plantage dort, in meinem Zelt mit der Mitteilung, daß er mir seinerseits Getreide überlassen könne. Ich schickte dann sofort zwei Kamele dorthin, um solches zu holen. Es ward 6 Uhr, bis endlich Herr v. Tiedemann eintraf mit der Meldung, daß ein Teil der Träger sich augenscheinlich um das Tragen der Lasten „gedrückt" habe oder gar fortgelaufen sei. 20 Lasten seien in Hindi zurückgeblieben, der Rest sei unterwegs mit Friedenthal. Ich beorderte sofort zwei Kamele nach Hindi zurück und beschloß für den folgenden Tag eine genaue Untersuchung der Sache. Herr v. Tiedemann mußte am folgenden Morgen nach Hindi zurück und brachte am Mittag die letzten Lasten mit der Nachricht, daß keine Träger mehr in Hindi seien. So mußten die Träger also in Kibokoni sein.

Ich revidierte nun zunächst an der Hand des Verzeichnisses unsere Lasten und stellte hernach fest, daß die Träger in der Tat alle vorhanden waren. Ich teilte dann die Lasten in drei Haufen: für Ka-mele, Esel und Träger und glaubte somit, meiner Sache ganz sicher zu sein, als ich um 2 Uhr das Signal zum Weitermarsch nach Mansa-marabu geben ließ. Aber wieder blieben 30 Tragerlasten zurück. Die Erfahrungen des vorhergehenden Tages hatten mich veranlaßt, von nun ab bis auf weiteres am Ende der Expedition zu bleiben, und ich schickte demnach Friedenthal mit den ersten Lasten und einigen Soldaten voraus. Der Weg von Kibokoni nach Mansamarabu führt durch ein Creek, welches für die Lasttiere nicht passierbar ist. Der Weg für letztere führt um das Creek herum und beträgt zwei Stunden, während man auf dem direkten Wege nur 1–1 ½ Stunde braucht. Ich wollte nach Abfertigung der Träger mit den Lasttieren um das Creek herummarschieren. Um 3 Uhr ließ ich die Kamele aufbrechen und die Umgegend nach meinen Trägern absuchen. Da sich immer noch einige einfanden, vermutete ich sämtliche Überbleibende noch in Kibokoni und ließ daher Tiedemann mit dem Befehl zurück, dem Nest der Kolonne auf direktem Wege nach Mansamarabu zu schaffen, während ich selbst mit den Eseln um 4 Uhr aufbrach. Eine Stunde vor dem Orte brachen einige beladene Esel zusammen, und ich mußte nach Kibokoni zurückkehren. Dies alles war sehr entmutigend. Um 5 Uhr war ich im abgebrochenen Lager zurück. Ich schickte sofort Briefe an die Kolonne Rust in Hindi und an Friedenthal in Mansamarabu mit dem Befehl, die Trägeranzahl festzustellen und mir alles zu schicken, was vorhanden sei. Ich ließ dann mein Zelt von neuem aufschlagen und verbrachte einige recht wenig behagliche Stunden, mit Herrn v. Tiedemann auf Nachrichten wartend. Um 11 Uhr kamen 18 Träger aus Mansamarabu, die ich noch in der Nacht unter Herrn v. Tiedemann beladen zurückschickte.

Freitag, der 5. Juli, zog trübe und regenschwer herauf. Früh am Morgen kamen 30–40 Träger, welche den Rest der Sachen schnell forttrugen. So war ich imstande, die Esel an diesem Morgen mit Viertelladungen befördern zu können, und ritt im strömenden Regen 7 ½ Uhr zu Pferde schnell auf dem weiteren Wege um das Creek herum nach Mansamarabu. Dort traf ich völlig durchnäßt um 10 Uhr ein, traf die Herren und sämtliche Lasten vor und hielt sofort, eine allgemeine Musterung der Leute ab.

Dieselbe ergab, daß. alle Träger zugegen waren. Es war demnach klar, daß eine Reihe der Leute auch am vorigen Tage sich wieder ohne Lasten fortgeschlichen hatten. Ich hielt nun an die Träger eine Ansprache, in welcher ich ihnen sagte, daß ich die guten Leute kenne, aber auch die schlechten. Ich sei ein guter Herr für die guten, aber streng gegen die schlechten. Ich gab den Leuten, welche in der vorhergehenden Nacht Lasten getragen hatten, doppeltes Poschso und es gelang mir, einen Träger festzustellen, welcher am 3. Juli seine Last in ein Maisfeld geworfen hatte und nach Hindi zurückgelaufen war. Ich ließ ihn in Ketten legen und vor allen Leuten auspeitschen. Ebenso wurden einige andere Leute bestraft, von denen ich beweisen konnte, daß sie am Tage vorher keine Lasten getragen hatten. Ich verkündigte den Trägern nunmehr eine Stufenfolge von Strafen, welche für Entlaufen und für Wegwerfen von Gepäckstücken vollzogen werden sollten. Diese Mitteilung, welche gleichzeitig durch einige Beispiele veranschaulicht ward, machte entschieden Eindruck. Ich beschloß dies denkwürdige Schauspiel mit der Austeilung eines geschlachteten Ochsen und einer Metze Mais an jeden Mann.

Um 5 Uhr abends versammelte ich die Leute von neuem. Es fehlte kein Mann. Ich hielt eine erneute kurze Ansprache, in welcher ich folgenden Befehl noch mitteilte: morgens 5 ½ Uhr auf den Klang der Trompete hat jeder Mann anzutreten. Jedem werden sofort seine Lasten ein für allemal angewiesen. Um ¾ 6 Uhr hat sich die Karawane in Marschordnung auf den Weg zu machen. Bei Ankunft im Lager ist jede Last abzugeben, wobei nach der Liste kontrolliert wird, ob ein Mann oder eine Last fehlt. Jede Last hat ihre Nummer und jeder Träger seine Last, welche in der Trägerliste vermerkt wird.

Ich habe diese Anordnungen ausführlich mitgeteilt, weil seit ihnen, dem 5. Juli, wesentliche Ordnung in der Karawane einzog. Von dieser Ordnung hat das Gelingen der Expedition in erster Linie mit abgehangen. Es dauerte zwar noch einige Zeit, bis meine Expedition sich in dieselbe so eingelebt hatte, daß sie gewissermaßen von selbst marschierte.

Unser Lager in Mansamarabu bot einen äußerst malerischen Anblick. Unsere drei Zelte waren in einem herrlichen Parke und unter prächtigen Mangobäumen und Baobabs aufgeschlagen. Vor meinem Zelte in der Mitte wehte rechts die deutsche Flagge und, solange wir uns im Sultanat Witu befanden, links die des Sultan Fumo Bakari (weiß-rot mit einem weißen Pentagramm im roten Felde). Unter der deutschen Flagge stand das Geschütz aufgefahren, bei welchem Tag und Nacht ein Posten sich befand. Hinter den Zelten auf dem grünen Rasen weiden Kamele, Esel und mein arabisches Pferd. Vor demselben find die Lasten aufgestapelt, ebenfalls von regelmäßigen Posten der Somali-Soldaten bewacht. Dahinter liegen die Häuser, in denen die Träger, teilweise mit ihren schmucken jungen Frauen, untergebracht sind, kräftige robuste Gestalten, welche sich vorteilhaft abheben von den Suahelis von Witu. Der Regen vom Morgen ist vorübergezogen, und wir bedauern aufrichtig, daß kein Maler zugegen ist, um das sonnige Bild in einer Skizze niederzulegen.

Den Tag über war Herr Friedrich aus Hidio wieder bei uns, welcher uns seine Erfahrungen von Land und Leuten in liebenswürdiger Weise zur Verfügung stellte. Am folgenden Morgen mußte ich Herrn v. Tiedemann zurücklassen, da sich herausstellte, daß wir aus dem Rustschen Lager von Hindi acht Lasten Gewehre mit Munition zuviel genommen hatten, für welche uns die Trägerkräfte fehlten. Aber ich hatte die große Genugtuung, daß um 6 Uhr der letzte Träger mit seiner Last abmarschiert war, daß um 7 Uhr das Geschütz, mit zwei Gallas bespannt, folgte, und im Verlaufe von freilich noch immer zwei weiteren Stunden Esel und Kamele bepackt abgingen. Ich folgte zum Schluß zu Pferde mit meinen beiden Hunden. Der Weg führte durch flaches Land, welches durch seine Flora ein außerordentlich charakteristisches Aussehen trug Ich ritt bald an den Lasttieren vorüber, welche ich unter der Obhut sicherer Somalis wußte, und befand mich allein in der Wildnis. Erinnerungen und Bilder aus meiner Kinderzeit mußten unwillkürlich auftauchen in dieser reizenden blühenden Landschaft, welche mit einer Staude bewachsen ist, die leibhaft an unsere Erika erinnert, auf welcher Bienen summten und bunte Schmetterlinge sich wiegten. Kein Laut unterbricht die feierliche Stille. Über mir spannt der blaue Himmelsbogen sich aus, unter dem hin und wieder ein Adler seine vornehmen Kreise zieht. So reite ich durch den Sonnabend Nachmittag. Meine Hunde werden es bald müde, durch das Blachfeld zu jagen und nutzlos Wild aufzuspüren, sie trotten hinter dem Pferde einher und lassen der Seele Muße zu ruhiger Betrachtung. Um 2 Uhr etwa reite ich an Pemba vorüber, wo der Boden einen schwereren Charakter annimmt und Mais- und Weizenfelder sich aneinanderreihen. Hier steige ich einen Augenblick ab, lasse meinem Pferde und meinen Hunden Wasser bringen und erkundige mich nach den Proviantverhältnissen von Funga Sombo (schnüre dein Bündel), das Ziel unseres heutigen Marsches. Die Auskunft wird freundlich gegeben, und ich reite weiter, immer der großen Geschützspur folgend. Um 20 Uhr führt der Weg an Masiva tato (den drei Seen) vorüber, und in einer weiteren Viertelstunde begrüßt mich der freudige Zuruf meiner Träger, welche bereits untergebracht sind und mir ohne Aufforderung Früchte heranbringen. Da sie heute ihre Schuldigkeit getan hatten, ließ ich nochmals einen Ochsen schlachten und das Fleisch unter sie austeilen. Der Abend verging mit Vorbereitungen für den folgenden starken Marsch von 7–8 Stunden, die erste wirkliche Leistung für die schwer bepackte Karawane. Ich sicherte mir noch einige Träger zur Aushilfe und ordnete den Aufbruch für Sonntag den 7. Juli 5 Uhr morgens an. Um 5 Uhr erklangen die Töne der Trompete durch das Dorf, und gleich darauf sammelten sich die Träger bei ihren Lasten, welche sie nunmehr schon kannten. Um ¾ 6 war der letzte Träger mit Herrn Friedenthal auf dem Marsch nach Witu! Um 6 ½ Uhr marschierten die Kamele und Esel mit den letzten Gepäckstücken ab. Ich wollte gerade in den Sattel steigen, als mir gemeldet wurde, es seien Leute aus Conumbi da, welche mir ein Kamel zum Verkauf bringen wollten. Der Handel dauerte eine halbe Stunde. Ich schrieb noch einen längeren Brief an Herrn v. Tiedemann, welchem ich das gekaufte Kamel zuschickte, und so wurde es 7 ½ Uhr, bevor ich selbst meiner Karawane folgte. Nach einer Stunde indessen erreichte ich die Esel und bald darauf die Kamele, welche ich, da sie in völlig sicherer Aufsicht waren, zunächst wieder zurücklassen konnte. Ich ritt vorwärts, und wiederum umfing mich der feierliche Schauer der Wildnis. Diesmal war es in der Tat eine Wildnis. Der Sultan von Witu hat es verstanden, seinen Sitz vor Angriffen vorzüglich sicher zu stellen. In Funga Gombo standen 1885 die arabischen Vorposten. Von dort bis Witu muß man stundenlang durch Sumpf und Wald. Die Einsamkeit wirkt um so unmittelbarer, als sie auch nicht einmal durch den Schrei eines Wildes unterbrochen wird. Mir war in Funga Gombo mitgeteilt worden, die Gegend wimmle von Löwen und Panthern, erst vor einigen Tagen sei ein Mann am hellen Tage von einem Löwen auf-gefressen, und ich hatte mich schon auf interessante Zwischenfälle gefaßt gemacht. Aber nicht ein Stück ließ sich blicken. Zu Träumereien war aber heute um so weniger Zeit, als ich bald meine Träger eingeholt hatte und Herrn Friedenthal einige Aufträge geben mußte. Ich blieb dann wieder zurück, um die Kamele und Esel persönlich durch Sumpf und Wald zu führen. Um dies zu ermöglichen, mußte ich einen Weg durch den Wald schlagen lassen, was zwei Stunden in Anspruch nahm. In einem Sumpf fiel ein Kamel, welches abzuladen und nachher wieder zu bepacken war. So wurde es 3 Uhr nachmittags, bevor die eigentliche Wituebene von uns erreicht ward. Daß wir Witu näher kamen, ward uns zunächst durch etwa 30 Soldaten des Sultans angezeigt, welche uns im Namen ihres Herrn Willkommen hießen. Etwa eine halbe Stunde vor Witu begrüßte mich der Sheriff Abdallah, ein äußerst gebildeter Suaheli, in dessen Begleitung Herr Dörfer, ein Beamter Herrn Denhardts, mich willkommen hieß. Ich ließ die Karawane mit unserer Flagge und dem Geschütz voran in Friedenthals Obhut weitergehen und beschloß, meinerseits die Kamele zu erwarten, welche wiederum zurückgeblieben waren. Indessen, sobald sie am Horizont in Sicht kamen, brach auch ich mit Herrn Dörfer auf ins lachende Witutal hinein. Hier ist schwerer guter Weizenboden und das Land mit Mais und Weizen bebaut. Witu selbst liegt an einem kleinen Höhenrücken und ist vollständig mit Waldbefestigung umgeben. Zwei Tore führen in den Ort hinein, massiv befestigt, an denen Tag und Nacht Wachen aufgestellt sind. Witu mag 3000 Einwohner zählen, aber durch die Menge gebildeter Suahelis wird das Gefühl wachgehalten, daß man sich hier in einem Mittelpunkt ostafrikanischen Lebens befindet. Der Hof gewährt nicht den glänzenden Eindruck von Sansibar, aber wirkt wohltuender durch die einmütige und patriarchalische Geschlossenheit der Zusammengehörigen, und auf mich interessanter wegen des für mich neuen Bevöikerungselementes. Hier drängen sich neben Suahelis Gallatypen und Somalis, und daneben erscheinen die eigenartigen Haartrachten der Waboni und die muskulösen Gestalten der Wapokomo.

Unter einem ungeheuren Volksauflauf ritt ich in Witu ein. Vor einem Hause sah ich unsere Flagge aufgezogen, und ich erfuhr, daß mir der Sultan vier Häuser für meine Leute sowie einen Ochsen zur Verfügung gestellt habe. Ich bat Herrn Dörfer, sich sofort zu Fuma Bakari zu bemühen, um ihm meine Ankunft mitzuteilen, ihm zu danken und ihm für morgen meinen Besuch anzumelden. Fuma Bakari ließ mir seine Freude über meine glückliche Ankunft aus- sprechen und mir sagen, ich möchte ihm meine Wünsche allezeit mitteilen, ich sei sein willkommener Gast, und er werde sich freuen, mich morgen früh um 9 Uhr bei sich zu sehen. Nachdem ich sodann meine Leute untergebracht hatte, ging ich mit Herrn Dörfer auf dessen Landhaus, welches 12 Minuten entfernt liegt, um einen Platz für die Unterbringung von Kamelen und Reitpferd auszusuchen. Die Zelte ließ ich inzwischen auf dem größten Platz von Witu aufschlagen. Nachdem ich mit Herrn Dörfer noch gebadet hatte, kehrten wir zu meinem Zelt zurück, wo wir in fröhlicher Stimmung gemeinschaftlich zu Abend speisten.

Das Sultanat Witu, welches ich in wesentlich nordsüdlicher Richtung durchzogen habe, stellt in seiner ganzen Ausdehnung ein sehr flaches, hin und wieder gut angebautes Land dar. Es ist in seiner nördlichen Hälfte augenscheinlich weniger fruchtbar als im Süden und hat Wohl an keinem Punkte die Üppigkeit, wie man sie in den südlichen Landschaften, z. B. in Usambara findet. Die Bevölkerung ist auch durchweg ärmlich. Nur an einigen Punkten fand ich größere Herdenbesitzer, deren Vermögen auf 100 000 Rupies geschätzt werden konnte. Die eingeborene Bevölkerung macht im allgemeinen einen schwächlichen Eindruck, was vornehmlich der schlechten Ernährungsweise zugeschrieben werden dürfte. Auffällig, wenn man von Sansibar kommt, ist das umgekehrte Kreditsystem, welches bis ins einzelne hinabreicht. Wenn ich Kokosnüsse oder irgendeine Lappalie kaufen will, muß ich zunächst das Geld auf den Tisch legen, nachher bekomme ich meine Ware. Bestelle ich mir bei einem Handwerker irgendeine Arbeit, so verlangt derselbe Vorausbezahlung. Dagegen nimmt er selbst vom Europäer alles und jedes auf Kredit. Das Ganze macht einen „pauvren" Eindruck. Übrigens bin ich überzeugt, daß die Ertragsfähigkeit des Landes erheblich gesteigert werden könnte, wenn die Arbeiterverhältnisse günstiger lägen. Es kann keine Frage sein, daß der Boden an einzelnen Punkten alles tragen kann. Auch die natürliche Flachheit des Landes sowie die überall tief einschneidenden Meeresarme stellen für die Transportfrage günstige Vorbedingungen. Wenn hier größere Kapitalkräfte eingreifen würden, könnte eine schnelle Kulturentwicklung erwartet werden. Freilich, die Hoffnungen, welche ich seinerzeit auf das Hinterland von Witu setzte, haben sich als vollständig irrig herausgestellt. Witu ist nichts als eine Oase in der großen ostafrikanischen Steppe, welche einen Kulturfaden den Tana entlang in diese Steppe hineinschiebt.

Am Montag den 8. Juli traf ich zum ersten Male mit dem Beherrscher dieses Gebietes zusammen. Der Sultan Bakari hatte mir die Zeit 9 Uhr morgens zum Empfange bestimmt. Ich beschloß, ihm bei diesem Empfange, soweit mir dies möglich war, die Ehren zu erweisen, welche einem von Deutschland anerkannten Fürsten zukommen. So ließ ich meine Soldaten antreten, mit der deutschen und der Sultansflagge voraus. Sie hatten zu präsentieren, als wir das Haus des Sultans betraten und verließen. Ich ward abgeholt von den ersten Würdenträgern des Hofes, dem Sheriff Abdallah und dem ersten Offizier der Sultanstruppe, Omar Hamadi, letzterer in der Uniform eines preußischen Artillerieoffiziers. Ich hatte zwei meiner Diener in reiche rote, mit Silber gestickte Kawaß-Uniformen gesteckt; sie mußten mir folgen und die Geschenke für Fumo Bakari tragen: ein vornehm vergoldetes arabisches Schwert mit einer echten Fellahaklinge und zwei ungebrauchte Dreysesche Repetiergewehre neuester Konstruktion mit 300 Patronen dazu. In meiner Begleitung gingen Herr Dörfer und Herr Friedenthal. Der Sultan seinerseits hatte etwa 40 Mann Soldaten zu unserem Empfange aufstellen lassen und empfing uns inmitten seines gesamten Hofes. Sein steinernes Haus machte zwar einen recht einfachen Eindruck, indes unterschied sich die Versammlung nicht wesentlich von der Umgebung des Sultans von Sansibar bei ähnlichen Gelegenheiten.

Fumo Bakari kam mir bis an die Tür entgegen und führte mich zu einem Lehnsessel links von seinem erhöhten Sessel, während rechts von ihm auf einem gleichen Stuhl wie dem meinen der Thronfolger, ein Bruder von ihm, saß. Fumo Bakari ist ein Mann von etwa 40 Jahren mit weichem, wohlwollendem Gesichtsausdruck. Seine Unterhaltung bewegte sich in Kiswahili und hatte nach den Begrüßungsphrasen und Freundschaftsversicherungen naturgemäß den Zweck meiner Expedition zum Gegenstande, welche der Sultan nach Kräften zu unterstützen versprach. Auf meine Bitte bewilligte er mir sofort ein Schreiben an seine Ortsältesten, um die Kolonne Rust umgehend zunächst bis Witu nachzuziehen. Auch erklärte er sich bereit, Tanaboote für mich zu besorgen, und überhaupt wiederholte er seine Erklärung vom vorhergehenden Tage, ich möge ihm jeden meiner Wünsche mitteilen; er sei ein zu guter Deutscher, um mir nicht in allem entgegenzukommen.

Die Audienz dauerte eine Stunde, und den Rest des Tages beeilten sich nacheinander die Großen des Ortes, mir ihren Besuch abzustatten, darunter einzelne in der Tat gebildete und vornehme Männer. Noch an demselben Abend beorderte ich meine Kamele mit dem Briefe des Sultans nach Hindi zurück, um die Kolonne Rust nach Witu zu befördern. Am folgenden Tage hatte ich zunächst die Freude, Herrn v. Tiedemann mit den zurückgelassenen Gepäckstücken bei mir in Witu zu sehen, so daß meine eigene Kolonne wieder beisammen war. Ich gab mir nun die größte Mühe, dieselbe nach Möglichkeit zu verstärken; indessen stellte sich bald heraus, daß Träger in Witu in irgendwelcher zureichenden Zahl nicht zu haben waren, und daß das Land als Stützpunkt für eine Expedition nach keiner Richtung ausreichte. Besonders fiel mir auf, wie außerordentlich gering die Kenntnis des Tanagebietes und überhaupt des ganzen Hinterlandes von Witu war. Das Land gleicht einer Insel, welche nach rückwärts keinerlei Verbindung hat. Auch die Auskunft, welche ich von einigen Gallas und Wapokomo in Witu bekommen konnte, hat sich nachträglich als vollständig ungenau, ja geradezu erlogen herausgestellt. Das war mir in Witu vollständig klar, daß ich mir andere

Stützpunkte für die Durchführung meiner Expedition, vielleicht am oberen Tana oder noch weiter im Innern, zu suchen hatte, wenn ich hoffen wollte, mein Ziel, die Äquatorialprovinz zu erreichen.

Ermutigend war dies alles nicht, ich hatte oft das Gefühl, als ob alles, was ich anordnete, gegen mich ausschlage, und die Zweifel mußten sich doch täglich mit aller Lebendigkeit aufdrängen, ob die Sache überhaupt nicht besser aufzugeben sei. Ich schrieb am 20. Juli aus diesen Empfindungen heraus an den Ausschuß:

„Ich,beehre mich, bei dieser Gelegenheit meine Erklärungen von Alexandrien zu wiederholen, daß ich nämlich das Unternehmen bis zu den alleräußersten Grenzen der Möglichkeit durchführen werde. Ich habe es mir im Sommer 1888 längere Zeit überlegt, ob ich die Ausgabe übernehmen solle. Jetzt, wo Himmel und Erde gegen uns aufzustehen scheinen, darf der Ausschuß überzeugt sein, daß ich meine Pflicht kenne"

Ich fügte in demselben Berichte übrigens noch hinzu:

„Dies eine möchte ich noch bemerken: Wenn unsere Expedition gelingt, so glaube ich allerdings, daß gerade die fast übermächtige Gegenanspannung dazu beitragen wird, dieselbe für Deutschland nutzbar zu machen. Für England ist doch der ganze bisherige Verlauf, welcher hier auch in seinen Motiven bekannt geworden ist, eine klare Demütigung. Ich glaube nicht, daß man dies in Deutschland empfinden kann und empfinden wird; dafür wird schon die gegnerische Preßmache von oben und unten Sorge tragen, aber trotzdem ist es für uns ein Glück, daß das deutsche Emin Pascha-Unternehmen den englischen Gegenanstrengungen in letzter Linie eben doch nicht unterlegen ist. Und dafür will ich stehen, daß wir das Schicksal der englischen Binnenexpeditionen nicht erleben werden; wir mögen zugrunde gehen, aber doch in etwas anderer Weise als die Herren Jackson, Last und Martin."

Ich mußte in Witu fast den ganzen Monat Juli über
liegen bleiben, einerseits, weil ich immer noch hoffte, Träger aus Lamu zu bekommen, sodann aber, weil ich erfuhr,

daß in diesem Monat am Tana überhaupt gar keine Möglichkeit sei, auch nur eine kleine Expedition zu ernähren. Es war erforderlich, Getreide von den Arabern an der Küste zu kaufen und solches auf dem Fluß für mich nach Engatana zu bringen, um es in Böten längsseits der Karawane hinaufzuführen, wenn ich überhaupt den Vorstoß in dieser Richtung unternehmen wollte. Dies alles kostete Zeit.

Der Bestand meiner Expedition in Witu, den ich mit Anspannung aller Kräfte schließlich erreichte, war der folgende:1. 16 Kamele, 2. 8 Esel (einer war gestorben), 3. ein Reitpferd, 4. 2 Hunde, 5. 85 Träger, (auf dem Papier. Die Herren Träger aus Witu machten sich in der Regel schon sehr bald nach Empfang ihrer Vorausbezahlungen aus dem Staube, was ich zum Teil erst am Tage vor meinem Abmarsch festzustellen vermochte), 6. 13 Weiber (Träger-weiber, trugen nur das Privatgepäck ihrer Herren), 7. 25 Somalis (21 Soldaten und 4 Kamelleute *); davon nahm ich für meine Kolonne 12 Soldaten und 4 Kamelleute mit, die übrigen blieben Herrn Kapitänleutnant Rust, 8. 8 Privatdiener (inkl. Küchenjungen, Koch usw.), 9. hatte ich Hamiri, einen Lamumann, als Wegführer engagiert.

Mit diesen Kräften hatte ich 150 bis 160 Lasten zu befördern. Dies sah sich von Witu aus nicht eben als eine schwierige Aufgabe an, aber es stellte sich doch bald heraus, wie unsicher der Betrieb auf Kamelen sei. Schon in Engatana fielen mir im ganzen 6 Kamele, und die Träger wurden ebenfalls am unteren Tana sehr schnell durch Desertion auf ihre ursprüngliche Zahl von 60 zurückgebracht. Während ich in Witu lagerte, traf Herr Klemens Denhardt mit Herrn v. Karnap, Herrn Gustav Denhardt und Herrn Gerstäcker dort ein, wodurch das gesellige Leben, da auch Kapitänleutnant Rust in der zweiten Woche meines Aufenthaltes erschien, ein recht angeregtes und belebtes wurde. Die Herren waren fast täglich bei uns, und in den Abendstunden pflegten die Soldaten des Sultans oder auch meine eigenen Manjemas und Waniamwesi durch Kriegstänze uns zu unterhalten. Ich blicke auf diese Wochen in Witu mit einer Art von wehmutsvoller Freude zurück. Es war gewissermaßen der letzte Schimmer europäischen Lebens, welcher uns umspielte. Oft auf der Expedition haben wir uns nach dem Komfort und der Geselligkeit zurückgesehnt, welche uns hier zum letzten Male die Tage verschönten.

Ein für mich sehr interessanter und nützlicher Zwischenfall während meines Aufenthaltes in Witu war das Erscheinen einer Gesandtschaft der Kawallala-Somalis, welche mit dem Sultan von Witu über die Eröffnung eines freien Verkehrsweges nach Wanga hin verhandelten. Diese Kawallala-Somalis wohnen zwischen Djuba und Tana und haben sich neuerdings auch südlich über den Tana hinüber in Kriegszügen ergossen. Sie drücken immer weiter auf die Gallas, welche vor ihnen Schritt um Schritt zurückweichen müssen. Das ist wie eine gewaltige Flut, welche vermutlich erst an dem robusten Damme des Massaitums Halt machen wird. Am unteren Tana zittert alles vor diesen Stämmen, und nur das Witu-Sultanat selbst ist hier der feste Wall, vor welchem sie Halt machen. Gegenüber den Hinterladern der Witusoldaten bequemen sich die Herren, wie gesagt, zu Verhandlungen, während sie im allgemeinen einfach nehmen, was sie zu haben wünschen. Am 10. Juli trafen 23 Krieger unter Sheriff Hussein in Witu ein. An diesem Tage war in Witu keine Milch zu haben, weil sich die sämtlichen Gallas, trotzdem sie unter dem Schutz des Sultans standen, in panischem Schrecken vor den nahenden Somalis mit ihren Herden in die Wälder geflüchtet hatten.

Mit uns versuchten die Somalis sofort, sich in freundschaftliche Beziehungen zu setzen. Bei der Nachricht von ihrem Herannahen waren meine Manjemas, meine zentralafrikanischen Träger, ohne Befehl zu ihren Waffen geeilt, und meine Soldaten hatten das Geschütz geladen, um die wilden Ankömmlinge zu empfangen. So gewährte unser Lager einen sehr kriegerischen Eindruck, als die Ka-wallala vorbeizogen, was seine Wirkung ersichtlich nicht verfehlte. Am 11. Juli erschien denn auch der Sheriff Hufsein mit seinen sämtlichen Leuten, um seine Aufwartung zu machen und Freundschaft mit mir zu schließen. Sein Stamm habe meine Landung in Kwaihu ver nommen, und der Sultan Ali Nur ihm ausdrücklich befohlen, mir die Freundschaft dieses Stammes zu überbringen. Ich versicherte ihn, welchen Wert ich stets auf die Freundschaft der Somalis gelegt habe. Jetzt habe ich eigentlich die Absicht gehabt, durch ihr Land zu ziehen, indessen sei der Weg durch Witu kürzer zu meinem Ziel. Er wisse vielleicht, daß die Somalis in Europa nicht beliebt seien, aber ich hoffe, er habe vernommen, daß ich stets ihr Freund gewesen sei und deshalb schon wiederholt Expeditionen zu ihnen geschickt habe. Sheriff Hussein erwiderte, dies sei ihm und allen Somalis bekannt und deshalb würden sie mir auch jetzt helfen. Meine Feinde seien die ihrigen, und, wer mein Freund sei, den würden auch die Kawallala zu den ihrigen rechnen. Ich antwortete, daß ich hoffe, Hilfe nicht nötig zu haben; er möge mein Geschütz und meine Waffen betrachten. „Ich bin stark genug, um jeden Angriff mit Gewalt niederwerfen zu können, aber was ich nötig habe, ist Proviant: Vieh und Kamele. Es ist mir bekannt, daß dein Stamm die Länder westlich zwischen Djuiba und Tana beherrscht. Dorthin will ich ziehen, bringt mir Vieh und Kamele zum Verkauf und stellt mir gute Wegführer zum Kenia." Sheriff Hussein versprach mir, mit den Seinen darüber zu beraten.

 In den folgenden Tagen haben wir dann wiederholt verhandelt, und das Resultat war, daß der Sheriff sich bereit erklärte, mir fünf Kamele sofort zu verkaufen und mir weitere zur Ansicht zutreiben zu lassen. Es kam ihm, welcher in der Nähe von Oda-Boru-Ruwa wohnt, insbesondere darauf an, daß ich mich bei einem Feldzuge, welchen er gegen die Engländer plante, neutral verhalte. Die Engländer (vermutlich Pigott) hätten einen seiner Leute erschossen, und seine Ehrenpflicht sei es deswegen, Krieg gegen sie zu machen. Also das war der Grund, weshalb die Kawallala nachher die Expedition von Mr. Smith auseinandersprengten.

 Ich habe mit den Somalis niemals zu kämpfen brauchen, und dies schreibe ich dem Friedensvertrage zu, welcher am letzten Tage meines Aufenthalts in Witu zwischen Sheriff Hussein und mir auch schriftlich vollzogen wurde, und worin die Somalis ausdrücklich anerkannten, daß sie mich nicht nur als ihren Freund, sondern auch, falls ich dies wolle, als ihren Führer anerkennen würden. Tatsächlich habe ich, als die Dinge am unteren Tana für unsere Expedition so verzweifelt standen, mich wiederholt mit dem Gedanken getragen, falls es zum Äußersten kommen sollte, dann mich in diese Somali-Stämme zu begeben und zu versuchen, ob es nicht möglich sein werde, sie zu einem Zuge gegen die Massais und bis nach Wadelai hin aufzubringen. Zu dieser äußersten Maßregel bin ich jedoch glücklicherweise durch den Gang der weiteren Ereignisse nicht gezwungen worden.

Sheriff Hussein ist eine große und stolze Erscheinung mit völlig europäischem Gesichtsschnitt, funkelnden Augen und kühner Nase. Sein Gesicht wird von einem kurz gehaltenen Vollbart umrahmt. Gleich ihm waren die übrigen Abgesandten des Kawallala-Stammes schlank und elastisch gebaut, weither kenntlich durch ihr stolzes Auftreten und ihre kavaliermäßige Haltung: geborene Krieger und Befehlshaber! Ihr Haar tragen sie lang, in der Mitte gescheitelt in Ringeln auf die Schultern fallend, so daß es fast aussieht, als ob sie in Allongeperücken einhergingen. Sie machen einen ganz ähnlichen Eindruck in ihrem Benehmen wie die stolzen Elmorán der Massais. Gerade weil sie etwas Verbindliches in ihren Formen haben, tritt der angeborene Stolz um so entschiedener hervor. Am Tage vor meiner Abreise von Witu führten sie mir zu Ehren ihren Kriegstanz auf, welcher durch Pantomimen den Kampf und das endgültige Zertreten eingebildeter Gegner in sehr charakteristischer Weise zur Erscheinung bringt.

Als den Tag meines Abmarsches hatte ich nach mehrmaligem Aufschübe schließlich den 26. Juli bestimmt. Ich hatte, um auch in Witu noch einen festen Rückhalt zu gewinnen, insbesondere im Hinblick auf die Kolonne Rust, Herrn Klemens Denhardt mit der Vertretung unserer Expedition daselbst betraut und ihm auch einen Kredit bei Hansings in Sansibar eröffnet. Ich hoffte, daß mir Denhardt vor allem die Lasten der Kolonne Rust nach Ngao an den Tana schaffen lassen werde und von dort aus dann per Boot nach Oda-Boru-Ruwa hinauf, wo ich diese Kolonne zu erwarten gedachte. Für meine Kolonne hatte ich Herrn Klemens Denhardt ersucht, mir 100 Lasten Getreide mit den zum Transport erforderlichen Booten nach Enga-tana zu schaffen, um dieselbe den Tana überhaupt entlang führen zu können.

Am 25. Juli wurde mir gemeldet, daß die Lasten in Engatana für mich bereit lägen, und nun war keine Veranlassung für mich mehr, den Aufbruch von Witu noch länger zu verschieben. An diesem Tage trennte ich mich von Herrn Friedenthal, welcher nach Sansibar zurückkehren wollte, und stellte Herrn v. Tiedemann endgültig in meine Kolonne ein. Mit ihm allein wollte ich zunächst bis zu den Gallas am oberen Tana marschieren, in ein Land, welches nach den uns vorliegenden Ravensteinschen Karten dicht an den östlichen Abhängen des Kenia liegen mußte. Dies stellte sich freilich hernach als ein sehr grober Irrtum dar. Am 25. Juli war meine Kolonne vollständig marschfähig, alle Lasten waren gepackt und dem vermeintlichen Bestand meiner Tragkräfte nach verfügte ich sogar noch über Reserve- träger. Meine Somalis waren in guter Disziplin und neun von ihnen waren mit Repetiergewehren, zu denen ich 2000 Stück scharfe Patronen mitnahm, bewaffnet. Zu meinem kleinen Buschgeschütz hatte ich 100 Stück Kartätschen und ebensoviele Granaten. Ich selbst führte eine vorzügliche Doppel-Expreßbüchfse von H. Leue in Berlin, mit Mauserpatronen Kaliber 500, daneben eine Doppel-Schrotflinte und ein Lancaster-Repetiergewehr, dazu einen sechsläufigen Revolver.

Ebenso war Herr v. Tiedemann bewaffnet. Der Rost meiner Somalis und meine Privatdiener, sowie einige tüchtige Träger hatte ich mit Hinterladern bewaffnet, für welche ich mich in Europa leider hatte bestimmen lassen, Patronen mit Papierhülsen mitzunehmen. Im übrigen hatte jeder andere Träger einen robusten Vorderlader, und hierzu hatte ich fünf Lasten Patronen und, wenn es nötig sein sollte, 600 Pfund Pulver, welches ich freilich in erster Linie für Enim Pascha mitgenommen hatte. So waren wir, wie klein auch unsere Anzahl war, gut genug ausgerüstet, und, wenn es nur gelang, diese Kolonne voll und gang zu disziplinieren, und wenn dann die nötige Entschlossenheit und Besonnenheit, worauf ja schließlich alles ankam, der Führung nicht fehlte, so durfte ich mir schon getrauen, mit dieser kleinen Truppe den Vorstoß in die Somalis, Gallas, Massais und, was dahinter saß, zu wagen.

Dazu war ich nunmehr entschlossen und am Nachmittage des 23. Juli verabschiedete ich mich von Fumo Bakari, indem ich mitteilte:
Nitapeleka bandera ako katika barani. (ich werde deine Flagge in die Wildnis tragen). Am Abend waren die sämtlichen Europäer von Witu bei mir versammelt, um noch einmal Abschied mit uns zu feiern. Die Suahelis hatten zu Ehren dieses Abschiedes einen großen Tanz auf dem Platz vor meinem Zelt veranstaltet, dessen Melodien mich ebenfalls über die Expedition hin begleitet haben. Am Morgen des 26. Juli in der Frühe erklang die Trompete durch die Straßen von Witu, welche meine Leute zum Abmarsch zusammenrief, und etwas nach 6 Uhr marschierte Herr v. Tiedemann in die Steppe, welche das Witu-Sultanat vom Tana trennt, mit den Trägern ab auf Engatana zu. Ich hatte noch im Landhause von Herrn Klemens Denhardt zu tun, wo ich Herrn Kapitänleutnant Rust meine letzten Anweisungen erteilte, mit den Somalis abschloß und die Kamele bepacken ließ. Um 8 Uhr ließ ich die Kamele nachfolgen und ritt selbst in schnellem Trabe Herrn v. Tiedemann nach, dem bezeichneten Lagerplatz zu. Die Würfel waren im Rollen. Als ich die Tore von Witu verlassen hatte, gab es ein Zurück fortan für mich nur auf dem Umwege über den Tana, Baringo, Nil und, wenn Gott wollte, durch die Äquatorialprovinz.

IV. Kapitel
Den Tana aufwärts zu den Gallas

Und laß dir raten, habe Die Sonne nicht zu lieb
und nicht die Sterne.
(Goethe.)

Als ich am 26. Juli aufbrach, hatte ich die Absicht gehabt, von Witu direkt auf Engatana zu marschieren. Die Suahelis daselbst hatten mir genaue Auskunft über den Weg gegeben und mir erklärt, daß ich in einem freilich ziemlich starken Tagemarsche ganz gut Enga- tana erreichen könne. Da mir dies indessen von anderen Seiten als fraglich hingestellt war, und der erste Marschtag ohnehin immer eine Reihe von unerwarteten Hemmungen und Schwierigkeiten bietet, so hatte ich beschlossen, für den 26. Juli mein Lager noch einmal in der Nahe von Witu, etwa 1–1 ½ Meilen Entfernung, in einer Plantage des Sultans Fumo Bakari aufzuschlagen, und dementsprechend Herrn v. Tiedemann seine Instruktionen erteilt.

Nachdem die Kamele bepackt waren, sprengte ich in schnellem Trabe resp. Galopp hinter den Trägern her, um die erforderlichen Anordnungen für das Aufschlagen des ersten Lagers selbst zu treffen. Ich traf auf dem Landhause des Sultans ein, aber dort war keine Expedition zu sehen. Ich wurde bedeutet, daß die Kolonne sich in nordwestlicher Richtung in den Wald begeben habe. Gegen 12 Uhr erreichte ich dieselbe, und Herr v. Tiedemann meldete mir, daß ein Weitermarsch in der eingeschlagenen Richtung wegen der eigenartigen Terrainverhältnisse, wie ihm von Suahelis gesagt worden sei, für die Kamele untunlich erscheine, und er mir deshalb vorschlage, an der erreichten Stelle, wo Wasser in der Nähe war, für heute liegen zu bleiben. Es war ein liebliches Tal, wo wir uns befanden: links eine Senkung, in welcher ein Wasserlauf sich hinzog, rechts langsam anschwellend und mit Mais und Mtama bestanden. Wenn auch unfreudigen Herzens, so entschloß ich mich, dem Vorschlag des Herrn v. Tiedemann Folge zu leisten, und gab Befehl, die Lasten zusammenzustellen und die Zelte aufzuschlagen.

Dies vollzog sich in den ersten Marschtagen immer mit einer gewissen Langsamkeit, da die Leute für das Aufschlagen der Zelte noch nicht genügend geschult waren. Diesmal kam dazu, daß erst ein sehr hohes Gras weggeräumt werden mußte, bevor ein Platz für das Zelt gewonnen war, und so saßen wir denn in der glühenden Sonne in einigermaßen niedergeschlagener Stimmung auf unseren Kisten. Das Niederdrückende war die Tatsache, daß, wenn die Suahelis von Witu uns nicht einmal über den Weg bis Engatana genaue Auskünfte zu geben vermochten, sich doch kaum annehmen ließ, daß das, was ich von ihnen über die Tanagebiete selbst erfahren hatte, von irgend welcher praktischen Bedeutung sein könne, daß somit der Marsch in diese Gegenden gewissermaßen einen Sprung in das Dunkle bedeute, welcher für eine Expedition wie die unsere in der Regel Verhängnisvoll zu werden pflegt. Denn bei solchen Expeditionen kommt ja in letzter Linie alles auf die Stimmung der Träger an, auf welche der Führer vollständig angewiesen ist. Der Träger ist aber außerordentlich sensibel, bevor er an die Person des Führers gekettet ist, und ungünstige Eindrücke in den ersten Tagen können sehr leicht das Schicksal einer Expedition ein für allemal entscheiden. Ich war mir ja immer bewußt, daß es Reserve für mich in keinerlei Richtung gab, daß ich also nur auf das rechnen durfte, was ich an Material unmittelbar in der Hand hatte, und das war im Hinblick auf das vorgesteckte Reiseziel an sich schon gering genug. Indes über solche Stimmungen half, wie immer, unmittelbare Arbeit hinweg.

Ich schickte sofort nach Witu zurück, um mir, da der Weg nach Engatana unpassierbar war, an demselben Tage noch einen Wegeführer für Ngao kommen zu lassen. Dies bedeutete zwar einen Umweg von zwei bis drei Tagen, aber das war am Ende bei den Zeitverhältnissen, mit denen wir überhaupt zu rechnen hatten, praktisch gleichgültig. Inzwischen war das Lager fertig geworden, meine zentralafrikanischen Träger hatten sich in überraschend kurzer Zeit aus Holz und Laub ihre Hütten hergestellt, und nachdem ich einen Ochsen hatte schlachten lassen, befand sich bald die ganze Gesellschaft beim Abkochen in sehr vergnüglicher Stimmung. Ich selbst wurde am Nachmittag durch das Erscheinen eines vornehmen Witu-Suaheli, des Wali dieses Striches, namens Buana Schamo, erfreut, welcher mir mitteilte, daß der Wegeführer noch an demselben Abend bei mir eintreffen werde, und selbst mit seiner Frau bis zu meiner Abreise in meinem Lager als Gast blieb.

Gegen Abend kamen von Witu auch die Herren Denhardt, Dörfer und Friedenthal im Lager an, und es war in der Tat für uns alle ein ebenso malerisches als erfreuliches Bild, die in der Wildnis lagernde Kolonne mit ihren vielen Lagerfeuern, den schmausenden, singenden und erzählenden Gruppen vor uns zu haben. Das war Zum ersten Male wirtlich eine binnenafrikanische Expedition, nachdem wir aus den zivilisierten Gegenden des Witu-Sultanats heraus waren, das war die Poesie des Lagerlebens, welche wir vor uns hatten! Leider wurde der angenehme Eindruck dieses frischen Bildes ein wenig gestört durch die Mitteilung der Somalis, daß das eine der 16 Kamele, welche ich bei mir hatte, sich von der Weide im Walde verlaufen habe und nicht wieder aufzufinden sei. Da ich dieses Kamel nicht im Stich lassen mochte, so beschloß ich, den Abmarsch von diesem Platze für einen Tag zu verschieben und am andern Morgen alles aufzubieten, dasselbe im Walde wiederzufinden, was ja nicht eben schwierig erscheinen konnte. Man brauchte nur der Spur des Tieres zu folgen, um, wenn dieses nicht selbst zu fassen, so doch Auskunft über sein Schicksal zu gewinnen; für den Fall nämlich, daß es in der Nacht einem Raubtier zur Beute gefallen war. In der Tat schickte der Wali auch noch am Abend Botschaft an seine Sklaven, welche schon am nächsten Morgen 10 Uhr mit dem freilich stark durch Dornen verletzten Tiere, das obendrein seinen Sattel verloren hatte, bei mir im Lager eintrafen.

Dieser 27. Juli, ein Sonnabend, war Wohl für Herrn v. Tiedemann wie für mich selbst in jeder Beziehung ein erfreulicher. Herr Friedenthal kam noch einmal zurück, um einige Lasten einzupacken, wodurch deren Anzahl auf 153 zurückgeschraubt wurde. Wir schossen an dem Morgen unser kleines Geschütz ein und am Nachmittag im Walde unsere Büchsen und Gewehre. Es war die gewaltige Poesie der Wildnis, welche überwältigend auf uns eindrang und diesem Tage noch in der Erinnerung seinen verklärten Charakter verleiht. Erst in der Nacht 11 Uhr traf der aus Witu bestellte Wegeführer oder Kiongosi im Lager ein, und um 3 Uhr morgens bereits ließ ich Alarm schlagen und die Trompete blasen. Es war mir gesagt worden, daß der Weg bis Ngao 12 Stunden betrage.

Ich wollte demnach 4 Uhr morgens aufbrechen, um 4 Uhr nachmittags dort eintreffen. Indes war die Nacht so dunkel, daß die Träger mit Tiedemann erst 5 ½ Uhr vom Platze gingen, die Kamele und Esel, mit denen ich folgen wollte, waren erst nach 7 Uhr fertig gepackt. So schwerfällig war auch jetzt noch unser Expeditionsbetrieb.

Ich ritt mit meinen Kamelen in westlicher Richtung ab, in der Hoffnung, die Trägerkolonne überhaupt erst in Ngao wiederzutreffen. Aber zu meiner unangenehmen Überraschung stieß ich bereits um
10 Uhr auf dieselbe. Der Wegeführer, welchen mir der Sultan von Nitu geschickt hatte, kannte nicht einmal den doch vielbegangenen Weg nach Ngao. Infolgedessen hatte sich die Kolonne verlaufen und lagerte nun. Ich ließ sofort von neuem aufbrechen, indem ich meinerseits die Kamele erwartete. Aber um 12 Uhr bereits traf ich wiederum auf die Tiedemannsche Kolonne, welche an einem Wasser lagerte und deren Älteste, der Manjema Nogola und der Dar es Salam-Mann Musa mich ersuchten, doch für heute Rast machen zu dürfen. Ich schlug dies ab, und nun ging es bei glühender Hitze den Sonntag nachmittag hindurch immer weiter gegen Westen.

Die Landschaft gewährt in ihrer Flachheit einen holländischen Eindruck. Weithin schweift das Auge über die Steppe, welche nur mit spärlichem Busch bestanden ist, und brütend liegt die heiße Luft über dem moorigen Grunde, das Auge durch Luftspiegelungen und phantastische Fata Morganas täuschend. Wasser nirgends zu sehen; hier und da ein ausgetrocknetes Fluhbett oder ein Graben. Die Sache fing an, langweilig zu werden. Gegen 3 Uhr ritt ich an der Karawane vorüber, um mich vorn nach dem Wege umzusehen, immer den blöden Wegeführer vor mir behaltend. Der Durst fing an, sich einzustellen, und träge hing ich im Sattel, indem meine Phantasie mir liebliche Bilder aus der Heimat vorgaukelte. Gegen 4 Uhr kamen wir in ein waldiges Terrain, wo die paar Leute, welche ich bei mir hatte – Hamiri war unter ihnen – schließlich eine Sumpflache entdeckten, auf welche sie sich mit großem Jubel stürzten. Dahinter befand sich eine Lichtung von 3000 m Breite, hinter welcher wiederum der Wald einsetzte. In diesem zweiten Walde entdeckte ich einen Lagerplatz, auf welchem augenscheinlich Wapokomo gelagert hatten.

In der Meinung, dicht an Ngao zu sein, lehnte ich den Vorschlag Hamms, hier die Nacht über zu bleiben, von neuem ab, durchschnitt den Wald und kam wiederum in buschbestandenes Terrain, welches ausgezeichnet war durch mächtige Termitenhügel, die sich aus der Ferne fast wie Wapokomohäuser und - dörfer ausnehmen. Da mein Pferd erschöpft war, so marschierte ich mit Hamiri und meinem Diener Rukua bis gegen 5 ½ Uhr, ohne irgend etwas von Ngao zu sehen. Dann war ich unvorsichtig genug, mich zur Erholung unter eine Akazie zu werfen und eine halbe Stunde dort auf dem Erdboden zu liegen, um auf meine Leute zu warten. Kein Mensch kam! Eine öde herzbeklemmende Stille über der weiten Ebene! Wo war meine Karawane? Die Sonne war im Versinken; ich ging zurück und traf bei einem Gestrüpp neun meiner Kamele mit Somalis, für welche ich in einer Viertelstunde einen Weg hauen lassen mußte. Ich befahl den Somalis, weiter zu marschieren und erst am Fluß Halt zu machen. Sie führten diesen Befehl auch aus. Ich selbst ging weiter zurück und fand einen Teil meiner Träger an dem vorhin entdeckten Wapokomolagerplatz und einen Teil an der am Nachmittag entdeckten Sumpflache im Walde. Wohl oder übel mußte ich mich jetzt entschließen, hier das Lager für 60 Träger und fünf Kamele aufschlagen zu fassen. Fünf Träger und ein Kamel waren überhaupt in der Steppe zurückgeblieben. Ich selbst lagerte in dem Wapokomolager, wo ich die Zelte aufschlagen ließ, mit meinen Privatdienern und einigen wenigen Trägern. Gegen 9 Uhr abends zog ein heftiges Gewitter mit Platzregen herauf, welches meine Kolonne vollständig durchnäßte, und in der Nacht hatten wir zum ersten Male das Vergnügen, Löwen dicht bei unseren Zelten brüllen zu hören.

Am Montag morgen 6 Uhr ließ ich zunächst alle zurückgebliebenen Kamele (das sechste war in der Frühe erschienen) nach Ngao weitergehen, dann sandte ich Nogola, einen der Manjema-Leute, und zwei der besten Somalis nach den fünf zurückgebliebenen Leuten aus. Um 7 ½ Uhr war die Trägerkarawane in voller Ordnung und brach mit Trommelschlag, die schwarz-weiß-rote Fahne voran, auf. Ich folgte wie gewöhnlich zu Pferde, aber Ngao wollte noch immer nicht erscheinen. Als wir die Holzung verlassen hatten, betraten wir von neuem die verbrannte Steppe, welche mir am Abend vorher einen so melancholischen Eindruck gemacht hatte. Kein Wasser, kein Gras, nur in der Ferne ein dunkler Streifen – vielleicht der Stromlauf des Tana? .

Um 10 Uhr ließ ich nach Süden abschwenken, so mußten wir den Fluß doch irgendwo erreichen. Da, um 11 Uhr, hatten wir ihn vor uns! Ein berauschender Anblick, dieses Wasser, welches seine gelben Fluten dem Indischen Ozean zuwälzt. Der Tana hat hier etwa eine Breite wie die Weser unterhalb Münden. Wir hatten ihn ungefähr eine Stunde oberhalb Ngao erreicht. Nun ritt ich voran, immer dem Flusse folgend, in süd-südöstlicher Richtung. Unter Trommelschlag und dem Jubel der Träger, welche auf eine gute Mahlzeit nach dem strapaziösen Marsch rechneten, hielt ich um 12 Uhr vor dem Hause der deutschen Missionare in Ngao, begrüßt von den Herren Würz, Weber, Heyer und Böcking. Um 2 Uhr traf Herr v. Tiedemann mit den letzten Trägern, um 6 Uhr Nogola mit zwei am Tage vorher verlorenen Pagasis und den Somalis ein. Für die Nerven der drei anderen waren die Eindrücke der Steppe zwischen Witu und Ngao zu stark gewesen. Sie hatten Emin Pascha-Expedition Emin Pascha Expedition sein lassen und sich selbst aus dem Staube gemacht. Vermutlich waren sie nach Witu zurückgekehrt.

Ich schickte sofort zwei Leute mit einem Esel aus, um ihre Lasten hereinzubringen, und gleichzeitig einen Brief nach Witu, um sie eventuell dort aufgreifen zu lassen. Dies alles war in hohem Maße unerquicklich.

Aber geradezu alarmierend war, daß ich sofort in Ngao erfuhr, dort sei Essen für die Träger überhaupt nicht vorhanden, die Wapo-komo selbst litten Hunger, ja stürben vor Hunger. Das war allerdings eine außerordentlich erfreuliche Neuigkeit! Es schien doch wirklich so, als ob unsere Expedition, und zwar gleich zu Anfang, in einer geradezu kläglichen Weise enden solle. Ich hörte zwar, daß Soldaten des Sultans von Witu am Tage vorher nach Engatana mit Booten gegangen seien, um Getreide für mich aus Kau dorthin zu bringen.

Demgemäß schickte ich sofort noch am Montag nachmittag Hamiri mit zwei Somalis per Boot nach Engatana hinauf, um von dem dort lagernden Getreide umgehend acht Lasten nach Ngao herunterzubringen, weil ich befürchten mußte, daß mir sonst meine ganze Kolonne schon am ersten Tage vollständig auseinanderlaufen werde. Ohne diese acht Lasten konnte ich nicht einmal hoffen, Engatana zu erreichen, da vermutlich auch auf der Strecke zwischen Ngao und Engatana keine Nahrung zu haben war. Zugleich schrieb ich nach Witu zurück an Herrn Denhardt, mit dem Auftrage, mir umgehendst zehn Schlachtochsen dort zu kaufen und nach Engatana hinzuschicken.
Ich hoffte, durch diese beiden Maßregeln die erste schwere Enttäuschung zu parieren, rief meine Leute zusammen und

stellte ihnen die Sachlage dar, teilte ihnen mit, daß in Engatana Getreide genug für sie vorhanden sei, und daß am oberen Tana bereits die neue Ernte heranreife. Aber der Neger liebt die Zukunftsmusik nicht, er ist ein Realpolitiker vom reinsten Wasser, und am nächsten Morgen hatte ich die außerordentlich erhebende Tatsache vor mir, daß sieben von den Dar es Salam-Leuten es vorgezogen hatten, ihr Glück anderweitig zu versuchen. Dazu hatten nun auch vielleicht noch die wenig erfreulichen Erscheinungen der Nacht beigetragen. Wir sind von Moskitos verhältnismäßig wenig auf der Expedition geplagt würden, aber in einer Nacht haben wir derartige Scharen von diesen kleinen Bestien zu ertragen gehabt, als wie das in Ngao der Fall war. Die Mission hatte ihr vorläufiges Haus dicht an den Lauf des Tana inmitten einer wildwuchernden Grassteppe hingestellt. Hier hausten die Moskitos zu Milliarden, und sobald die Sonne sank, stürzten sie sich heißhungrig auf die willkommenen Gäste, welche ihnen frischere Nahrung zu bieten schienen, als das, was sie bis dahin gewohnt gewesen waren. Da half es nichts, Zelte und uns selbst unter einen Tränen in die Augen treibenden Rauch zu setzen, da half es nichts, Unterhosen anzuziehen und die Hände mit Tüchern zu umwickeln. Der scharfe Stachel der Moskitos, welche sich dicht und schwarz auf uns setzten, reichte durch Beinkleid und Unterbeinkleid hindurch, und auch das Moskitonetz war keine Schutzwehr gegen die lästigen Gäste. So verliefen die Nächte in unruhigem Schlaf, und unerquickt ging man dem Tagewerk entgegen, welches eine Enttäuschung nach der andern brachte.

Ich versuchte, in Ngao wenigstens Fische für meine Leute zu bekommen, aber es ward mir erwidert, daß der Tana in dieser Zeit des Jahres keine Fische beherberge. Da war nur die Mamba, eine Art Aal, zu haben, aber auch diese leider nur in sehr geringer Anzahl. Hinter meine ausgerissenen Träger schickte ich sofort Soldaten her und hetzte insbesondere auch einen in der Gegend angesiedelten Galla-stamm darauf, deren Häuptling kam, um mir einen Tribut von fünf Schafen zu bringen, von denen ich drei sofort meinen Trägern überließ. Die Beratungen mit diesen Gallas hielt ich inmitten meiner sämtlichen Mannschaften ab. Um von noch weiteren Desertionen abzuschrecken, trug ich diesen auf, die entlaufenen Träger, falls solche nicht zurückkommen wollten, einfach niederzumachen. Ich hielt auch ein Schauri (Beratung) mit meinen Trägern ab, bei welchen ich ihnen auseinandersetzte, daß ich Leute, welche nicht gern mit mir gingen, überhaupt nicht bei der Kolonne haben wollte, und sie aufforderte, falls sie freiwillig zurückgehen wollten, dann sich jetzt bei mir zu melden. Es meldete sich keiner, aber wie ich sehr Wohl merkte, war die Stimmung der Leute eine sehr unerquickliche und unsichere. In Afrika wie überall ist die Disziplin in erster Linie eine Magenfrage. Kann man seine Leute nicht gut ernähren, zumal im Anfang der Expedition, so gehen sie eben ab, und man kann ihnen dies auch eigentlich nicht verdenken.

Der Dienstag verging und von Engatana, wohin ich hoffnungsvoll nach Getreide ausschaute, keine Nachricht! Meine Soldaten kamen zurück; von den entlaufenen Trägern war keine Spur zu finden. Ich mußte mich beschränken, die Namen der Ausreißer ebenfalls nach Witu an Kapitänleutnant Rust aufzugeben, in der Hoffnung, daß es gelingen werde, dort doch wenigstens den einen oder den anderen zur Bestrafung zu bringen. Die in Witu engagierten Leute verließen mich in diesen Tagen paarweise, unter anderen machte sich auch der Privatdiener des Herrn v. Tiedemann, den wir Fremantle nannten, auf den Weg zu seinen häuslichen Penaten zurück. Derselbe konnte sich jedoch nicht entschließen, ohne ein Erinnerungszeichen an seinen Herrn abzugehen, und nahm sich deshalb noch einige gute Hemden und Röcke und leider auch eine Geldtasche mit 700 Mark Inhalt mit. Die Sache war um so unerquicklicher, als sich nach keinerlei Richtung hin ein Hoffnungsschimmer auf Besserung zeigte. Wie konnte ich vermuten, daß es an anderen Punkten des Tana besser sein werde als in Ngao, welches doch, der Zivilisation verhältnismäßig nahe lag, und wie konnte ich annehmen, daß die Hauptmasse meiner Träger innerlich treuer sei als diejenigen, welche schon davongegangen waren? Gingen aber meine Träger ab, dann stellte das ganze Unternehmen ein Fiasko lächerlichster Art dar, dann mußte auch die Landung und das, was wir schon an Schwierigkeiten überwunden hatten, einen geradezu komischen Charakter annehmen. Dazu kam noch, daß Herr v. Tiedemann, welcher am Montag in der Sonnenhitze über den Fluß nach der englischen Mission hinübergefahren war, um nach unseren entlaufenen Trägern zu sehen, sich eine Affektion des Kopfes durch die Sonne zugezogen hatte und an heftigsten Kopfschmerzen litt.

Ich verkehrte in diesen Tagen viel mit dem Missionar Würz; aber unsere Unterhaltungen über das Evangelium St. Johannis und das lutherische Dogma waren doch kaum imstande, den Geist von den trüben Sorgen zu befreien, welche denselben beschwerten und auf die elenden Verhältnisse des Augenblicks hinlenkten.

Am 30. gegen Abend kamen endlich die bestellten acht Lasten von Engatana an. Es war mir eine wahre Herzenserquickung, sofort Reis und Mais in Menge an meine Leute austeilen zu können. Dies war sicherlich mehr geeignet als meine Ansprache, den sinkenden Mut der Leute wieder zu beleben. Am 1. August marschierte ich dann, wenn auch immer noch in sehr niedergeschlagener Stimmung, von Ngao ab, um mich zunächst wenigstens bis Engatana zu begeben, wo ich noch an 90 Lasten Getreide und die erforderlichen Boote zum Weitertransport derselben vorzufinden hoffte. Wir wollten diesen Tag in Marfano schlafen, und es begleitete mich Herr Weber, aus der Mission in Ngao, welcher sich Engatana für die Zwecke einer etwaigen Missionsniederlassung ansehen wollte.

Dieser Marschtag bestärkte die niederdrückenden Empfindungen, welche mir die Tanaroute gleich bei ihrem ersten Betreten bereitet hatte, noch ganz außerordentlich. Da war kein eigentlicher Weg, weil die Wapokomo ihren Verkehr auf Booten bewerkstelligen. Da mußten wir fortwährend durch Busch und Steppe, immer in Gefahr, den Weg zu verlieren, was auch einige Male geschah. Da gerieten wir schließlich in einen breiten und tiefen Sumpf, in welchem die Träger bis an die Hüften verschwanden und drei Kamele derart versanken, daß sie abgeladen und mit Hebebäumen emporgehoben werden mußten, wobei die ganze Trägerkolonne, ermüdet genug durch einen Marsch von 10 bis 12 Stunden, eingreifen mußte. Auch in Marfano war kein Essen, und nachts riß wiederum ein Träger aus, von dessen Schicksal ich nichts erfahren habe. Das war die Tanaroute, auf welcher wir uns nunmehr befanden!

Ich beschloß an diesem Tage, mir jetzt wenigstens auch die Vorteile dieses Weges zunutze zu machen, meine schwer bepackte Kolonne ein wenig zu entlasten und einen Teil der Sachen auf Booten aufwärts zu transportieren. Es waren 70 bis 80 Araber bereits Anfang Juli den Tana hinaufgegangen, ich weiß nicht, ob auf englische Anstiftung, jedenfalls aber zur Genugtuung derselben, um die Anwohner des Tana gegen meine Expedition aufzureizen, insbesondere sie anzuhalten, mir weder Nahrung zu verkaufen, noch Boote zu überlassen. Nun hatten die Herren, indem sie in der Weise gegen mich vorgingen, nur auf eins nicht gerechnet, nämlich daß diese fortgesetzten Hemmungen und Belästigungen mich notwendigerweise zwingen mußten, auch meinerseits alles gegen alles zu setzen, und wo man mir das, was man besaß, nicht käuflich überlassen wollte, mir solches, gestützt auf das Recht der Selbsterhaltung und auf das in Afrika allgemein geltende Recht der Waffen, einfach zu nehmen. Ich hatte hierzu ein formelles Recht, weil ich gewissermaßen auch als Mandatar des Sultans von Witu hier auftrat, dessen Flagge ich führte und dessen Einfluß gegen Westen auszubreiten ich übernommen hatte. Die Walis des Sultans haben überall das Recht, Boote und Mannschaften für die Zwecke ihres Herrn zu requirieren, und, gewissermaßen als ein solcher durch ein Schreiben Fumo Bakaris ermächtigt, trat ich in diesen Ländern auf. So nahm ich in Marfano zwei Boote und ersuchte die Besitzer derselben, unter der Bedeckung einiger Somalis mir einen Teil meiner Lasten nach Engatana hinauf zu besorgen, wo solche denn auch zur rechten Zeit eintrafen. So einigermaßen erleichtert, brach auch ich am Morgen des 2. August von Marfano wieder auf und traf mit meiner ganzen Kolonne wohlbehalten etwa 11 Uhr morgens in Engatana ein.

Hier nun traf mich erst die eigentliche Enttäuschung auf meine Maßnahmen von Witu aus, und diese Enttäuschung warf allerdings beinahe das Ganze um. Ich hatte in Witu mit dem Banianen von Kau um die Lieferung von sechs Miaus (Tana- Kanoes) mit 100 Lasten Getreide nach Engatana kontrahiert, wobei mir die sechs Miaus flußaufwärts zur Verfügung stehen sollten. Da inzwischen Herr Klemens Denhardt in Witu meine Vertretung übernommen hatte, teilte ich demselben diese Ausmachung mit. Herr Denhardt erbot sich, die Sache für mich in sicherer Weise zu besorgen, und zwar durch den Wali des Tanagebiets, Buana Schaibo in Kau. Zwei Tage vor meinem Abmarsch aus Witu schickte ich Tiedemann zu Denhardt mit der Anfrage, ob ich mich darauf verlassen könnte, Getreide und Miaus in Engatana zu finden. Als Herr v. Tiedemann mir eine bejahende Antwort brachte, brach ich meine eigenen Verhandlungen mit dem Banianen ab und marschierte nach Engatana. Aber am 2. August fand ich in Engatana anstatt der erwarteten 100 nur 54 Lasten und keine Miau. Buna Schaibo hatte geglaubt, hiermit seiner Verpflichtung genügt zu haben.

Damit war das Schicksal meiner Kolonne zunächst entschieden. Ohne Miaus hatte ich keine Mittel, das Getreide flußaufwärts zu schaffen, und mußte demgemäß in Engatana liegen bleiben. Damit beginnen die trübsten Wochen der deutschen Emin Pascha-Expedition. Unsere Lage erschien mir fast hoffnungslos. Bei der größten Sparsamkeit mußte ich doch jeden Tag zwei bis drei Lasten Getreide opfern, um nur den Hunger meiner Leute zu stillen. Das Getreide schrumpfte von Tag zu Tag mehr zusammen, und der Zeitpunkt war genau zu berechnen, wo es zu Ende war. Was bei Engatana an unreifen Bananen und sonst an Nahrungsmitteln vorhanden war, war bald aufs äußerste erschöpft.

Dazu kam, daß die Regenzeit dieses Jahres besonders hartnäckig anhielt; Nacht für Nacht stürzten Gießbäche vom Himmel, und bald rissen Krankheiten bei meinen Kamelen ein, die in kurzer Zeit nacheinander bis auf die Zahl 10 zurückgebracht wurden. Auch meine Leute wurden krank, und das Fortlaufen einzelner von ihnen hielt dauernd an, bis ich mich dazu entschloß, alles, was von ihnen unsicher war, ein für allemal in Ketten zu legen und Tag und Nacht unter die Bewachung eines Somali zu stellen. Aber schlimmer als dies alles war der Umstand, baß ich selbst anfing, die Spannkraft des Geistes zu verlieren.

Gegenüber Engatana befindet sich ein weites Sumpfgebiet, der sogen. Dumi-See. Dieser See bot für unsere eigene Ernährung ein unerschöpfliches Jagdrevier an Enten, Hühnern und Gänsen. Wir lebten in dieser Zeit fast ganz von Geflügel.

Aber der Südwestmonsum, welcher mit außerordentlicher Heftigkeit fortwährend über unser Lager hinstrich, trieb uns unausgesetzt die Sumpfluft herüber, und da wir unvorsichtigerweise nach dem Abendessen vor meinem Zelt oft stundenlang im Freien zu sitzen pflegten, so wurde ich im Verlaufe dieses Aufenthaltes in Engatana von einem rheumatischen Fieber ergriffen, welches mich zwei Tage lang mit starker Heftigkeit schüttelte und mir dann eine schmerzhafte Lahmheit sowohl im linken Knie als auch in meinem rechten Arm zurückließ. Gegen dieses rheumatische Leiden ging ich mit starken Dosen Salizylsäure vor, aber es gelang mir doch nicht, dasselbe vollständig zu beseitigen, und auf der andern Seite hatte der Genuß des Chinins und des Salizyls die unangenehme Folge, daß meine Stimmung, vor allem aber meine Willenskraft, außerordentlich herabgedrückt wurden. Wie konnte ich so hoffen, eine, auch nur normale Emin Pascha-Expedition zu kommandieren, wie aber mich den ganz ungewöhnlichen Schwierigkeiten meiner besonderen Verhältnisse gegenüberstellen? Wie aber hätte ich es über mich gewinnen können, auch nur weiter zu leben, wenn das Emin Pascha-Unternehmen in dieser Weise zusammenbrach? So saß ich brütend über meinem Schicksal und der Zukunft wochenlang in Engatana, während der Südwestwind um mein Zelt pfiff und der Himmel aus trüben Wolken Regenmassen auf unsere Expedition heruntergoß.[1]

---

[1] Die Stimmungen, welche mich zu Anfang meines Aufenthaltes in Engatana bewegten, kann ich nicht treffender zum Ausdruck bringen als durch Wiedergabe eines Schreibens, welches ich am 3. August an Herrn Regierungsbaumeister Hoffmann richtete. Dieser Brief ist für mich deshalb nicht ohne Interesse, weil er insbesondere die Hoffnungen wiedergibt, an welche ich mich damals noch klammerte. Er lautet wörtlich folgendermaßen:

„Ich muß gestehen, daß diese Emin Pascha-Expedition ungewöhnliche Anforderungen an meine Geduld und Willenskraft stellt. Die famose Tana-Route ist, genau wie ich im Herbst sagte, eigentlich für Expeditionen ganz unzugänglich. Zurzeit ist außerdem die ganze Flußsohle in Hungersnot. An dieser ist die englische Expedition (Pigott) endgültig gescheitert, und ich muß alle Kräfte aufwenden, um diesem Schicksal zu entgehen. Ich lasse mir meinen Proviant auf Booten mitführen, was natürlich zu Zögerungen Veranlassung gibt. So komme ich nur langsam vorwärts. In drei bis vier Wochen ist die Ernte reif und die Not ist vorüber. Wir sehen einer reichen Ernte entgegen. Jetzt leben die Leute hier, wörtlich! von Gras und Rinde. Es ist gar nichts zu haben als Wasser, von dem im Fluß genug ist. Sie glauben nicht, was da die Verproviantierung für Schwierigkeiten macht, insbesondere auch für meine Kamele, Esel und mein Reitpferd. Dazu kommen die ganz unregelmäßigen Tagesrouten. Wiederholt ist von morgens ganz früh bis abends 4 bis 6 Uhr zu marschieren, ehe ein Halteplatz erreicht wird. Das Tanatal gleicht ganz der Nilbildung im kleinen. Der Fluß hat in eine ganz öde Steppe, ein fruchtbares, jedoch schmales Alluvialgebiet hineingetragen. In diesem ziehe ich entlang, d. h, ich lagere darin. Den Windungen des Flusses folge ich nicht, sondern ziehe quer durch die Steppe auf meinen Lagerplatz zu. Hier muß ich wiederum einige Tage (so vermeinte ich noch am 3. August) warten auf Getreide von Kipini und Kau, sowie auf meine Boote. Sowie ich in Korkoro bin, was, Gott weiß wann, aber ohne jede Frage überhaupt eintreffen wird, dann habe ich die unmittelbare Nähe der Kawallalah- Somalis" (was ebenfalls ein süßer Wahn bleiben sollte) „und werde mich auch sofort mit den Massais in Verbindung setzen. Die ersteren haben mit mir in Witu am letzten Tage, als ich da war, indem sie mir nachkamen, noch einen Vertrag gemacht. Ich solle neutral bleiben, wenn sie die Wagalla (und Engländer bei denselben) „angreifen", dafür wollen sie mir in Korkoro, und zwar in Oda-Boru-Ruwa, Vieh und Kamele zutreiben" (was ihnen nie einfiel); „und ich solle immer ihr Sultan sein, solang ich in Afrika bleiben wolle. So lautet der Schluß des von Scheriff Hussein aufgefetzten Vertrages. Die Massais müssen mir Esel herantreiben. Dann denke ich, bequem bis an die große Baringo-Karawanenstraße. kommen zu können, wo sich weitere Hilfsmittel finden. So muß ich operieren, wie ich von Sansibar und vom Rücken abgeschnitten bin.

Ich habe schon einige Male in diesem Leben erfahren, daß vor einem stetigen Wollen unüberwindlich scheinende Hindernisse zurückweichen, und ich glaube auch, daß die Vorsehung dieses Unternehmen im Grunde will, so sehr auch alle Anzeichen dagegen zu sprechen scheinen. Denn, was dieses Unternehmen für diesen Teil von Afrika zu werden vermag, das sehe ich doch erst jetzt mit aller Deutlichkeit ein. Auf dem Tana müssen Dampfer hinauflaufen; dann zieht sich der Baringo-Handel bestimmt hierher" (was ein Irrtum war). „Die Wapotomo müssen gegen die Somalis und Massais geschützt werden, damit sie den Mut zur Viehzucht und zum Getreidebau im großen finden. Stationen müssen den Handelsweg nach Nordwesten bis in den Süden sichern. Vielleicht ist mir die Aufgabe beschieden, hier bahnbrechend zu wirken. Dann würde ich auch die mich betreffenden Widerwärtigkeiten verstehen, die mich gezwungen haben, zu Kamelen zurückzugreifen, und mich immer wieder auf den Fluß zurückzwingen. Ich habe mich ja von all den hergebrachten Traditionen mittelafrikanischer Expeditionen freimachen müssen. So aber kann dies Unternehmen in Wirklichkeit epochemachend für die Geschichte Mittelafrikas werden. In dieser felsenfesten Überzeugung arbeite ich von morgens bis abends und in diesem Vertrauen bin ich entschlossen, mein ganzes Ich gegen alle Schwierigkeiten und Sorgen zu setzen; im Vertrauen darauf, daß, wenn ich mir selbst helfe, mir schließlich Gott auch helfen wird.

Von Ngao habe ich Herrn Weber, einen der Neukirchener Missionare, mitgenommen, damit er sich dieses Land im Hinblick auf seine Aufgaben ansieht. Er wird wohl noch einige Tagereisen mit hinaufgehen" (was wegen unseres verlängerten Aufenthaltes unterblieb).

„Haben Sie und unsere Freunde in Deutschland nur mit uns Geduld. Schieben wir uns auch langsam vor — Sie dürfen überzeugt sein, daß, so schnell es irgend geht, wir immer noch vorwärts kommen —, so bleibt unsere Basis bis nach Witu für immer gesichert und eine Katastrophe vermeide ich auf alle Fälle. Dies ist meine erste Pflicht. Das deutsche Emin Pascha-Unternehmen muß jedenfalls durchgeführt werden und ein praktisches Resultat haben. Mit diesem unbeirrbaren Entschluß werde ich stehen und fallen, wenn meine Willenskraft eben nicht durch Krankheit gebrochen wird. Ich glaube dies aber nicht.

Ich habe besonderes Vergnügen, mich mit Ihnen heute in Verbindung zu setzen. Unmittelbar vor meinem Zelt flieht der Tana, etwa wie die Weser bei Hameln. Das gegenüberliegende Ufer ist üppig mit Bananen und Mais bepflanzt Weber und Tiedemann sind auf die Jagd gegangen, und es ist ein stiller, schöner Morgen, an welchem sich die Seele so recht einmal wieder zusammenfassen kann. Hinter mir liegt das Gezänk von Europa da wie das brausende Meer, von dem auch nicht ein Hauch, geschweige ein Ton herüberreicht. Vor mir aber liegt Mittelafrika und eine große, stolze Aufgabe. Laß Wind und Wellen hinter mir tosen —vor mir liegt die Zukunft, und vorwärts ist meine Losung."

„Blicke ich von diesem Briefe auf, so fällt mein Blick immer auf den Spiegel des Tana, dessen Wasser stumm und geheimnisvoll an mir vorüberziehen. Wo mag er herkommen? Vielleicht ist es mir vergönnt, seinen Ausgangspunkt zu sehen. Das liegt bei den ewigen Gewalten, welche das Schicksal der einzelnen wie des Ganzen bestimmen. Leben Sie wohl!"

Am 24. August war meine Stimmung bereits wesentlich leidenschaftlicher geworden durch die Anspannungen dieser Wochen. Ich schrieb an diesem Tage einen Brief an Dr. Denicke, dem ich einige Stellen entnehme: „Inzwischen kommt mir jeder Versuch, meinen unbeirrbaren Entschluß, meine Aufgabe durchzuführen, schwankend zu machen, sei es durch Hunger, Negerpöbel, Regen und Wind oder Krankheit, geradezu lächerlich vor. Ich denke nicht eine Sekunde daran, zurückzuweichen." „Vom Rücken bin ich abgeschlossen. Deutschland wird, wie gewöhnlich, seit ich den Vorzug habe, in deutschem Interesse zu arbeiten, ‚empört' über mich sein. Ich habe es ‚verstanden', mich dort in weiten Kreisen ‚unbeliebt' zu machen. Schlimmer ist, daß mir Sansibar und die Küste in bezug auf Träger und Proviant abgeschnitten sind. Damit bin ich wirklich auf mich selbst zurückgewiesen." „Noch einmal; was an Wellen gegen mich antobt, vermag vielleicht meine Stimmungen hin und wieder zu beirren, nicht aber meine Entschließungen. Was immer ich empfinden mag, die Tatsachen weiden mich wohl immer als Mann vorfinden." „Mein lieber Denicke, ich hoffe, und Gott wird nicht so grausam sein, es anders zu wollen, ich werde Euch keine Unehre machen und sollte ich mit allem, was ich bin und habe, hier zugrunde gehen, um dies zu vermeiden, dann geschieht es im Kampf, und ich falle, was auch immer eintreten mag, als Mann!" „Leute, wie ich, werden wohl meistens über eine gewisse Grenze, auch des Lebens, nicht hinüberkommen. Und zwar scheitern sie daran: einerseits sollen sie Eigenschaften entfalten, welche in der Tat über die Normen der gegebe-

Lieblich schwingt sich der Tana hier seiner Mündung entgegen. Dicht am Ufersrande war eine Wapokomohütte mit einer Barasa (Vorüberdachung). Hier pflegten Herr v. Tiedemann und ich unser erstes Frühstück zu nehmen, und ich schaute dann stundenlang den Fluß hinunter, ob um die Ecke herum nicht von der Küste Hilfe erscheinen werde. Des Abends saßen wir dann wiederum vor unserem Zelt, wenn die Sorgen des Tages hinter uns lagen. Gegenüber am andern Ufer stand ein knorriger Baum, der in den verschiedenartigen Beleuchtungen phantastische Formen und Wuchsgestalten annahm. Bald stellte er einen Greis mit struppigem Barte dar, welcher seine Hände drohend nach uns ausstreckte, bald erschien er im Nebel wie der Erlkönig, mit der Hand lang ausgestreckt nach Westen weisend. Immer hatte er etwas Drohendes für meine ein wenig niedergedrückte Phantasie. Aber nicht von Geistern und Gespenstern hing mein Schicksal ab. Wenn irgend etwas uns helfen konnte, so waren wir es doch schließlich allein selbst.

Ich gehe über meine vielfachen Versuche, welche ich in dieser Richtung unternahm, kurz hinwog. Ich schickte sofort Hamiri stromabwärts nach Ngao, um weiteres Getreide heranzuschaffen. Es gelang diesem in der Tat. mir 34 Lasten zu besorgen und nach Engatana zu bringen. Von Witu erhielt ich durch die Bemühungen des Herrn Denhardt neun Ochsen, und wenn irgend etwas, so war es der Anblick dieser neun Ochsen, welcher meine Leute munter erhielt. Ich pflegte zu Herrn v. Tiedemann zu sagen, solange noch einer von diesen Ochsen der Expedition voranzieht, werden die Leute demselben folgen,

---

nen Schranken hinüberreichen müssen, wenn sie ihre Aufgabe draußen lösen wollen; andererseits sollen ihre Eigenschaften innerhalb der privaten Schranken bleiben. Man verlangt Versöhnung eines konträren Gegensatzes."

wie das Eisen dem Magnet. Welche bescheidenen Anschauungen hatten wir damals doch noch im Hinblick auf Vieh, und wie ganz anders einige Monate später, als wir mit den im Kriege erbeuteten Herden von Hunderten und taufenden Stück Vieh dahinmarschierten. Unsere damals so hungernde Expedition, sie sollte noch zu einer der sattesten werden, welche jemals in Afrika vorgegangen sind. Es gelang mir ferner, von durchgehenden Arabern mir zwei große Miaus zu verschaffen.

Am 8. August schickte ich dann einige Leute flußaufwärts, um bis nach Kosi Nderani hin nach Miaus sich umzusehen und solche herunterzubringen. Indessen, wie das in der Regel geht, kamen die Somalis unverrichteter Sache zurück: Es gäbe dort keine Miaus, sie hätten keine bekommen können. Darauf sandte ich Herrn v. Tiedemann stromaufwärts, welcher mir schon am folgenden Morgen eine Miau zuschickte und dann nach mehreren Tagen zu meiner Freude mit einer zweiten Miau zurückkam. Diese zweite Miau hatte allerdings einige Menschenleben gekostet, da die Wapokomo von Nderani, welche damals unter der Aufstachelung der Araber standen, sich geweigert hatten, eine solche für uns herzugeben. Sie hatten Herrn v. Tiedemann nicht nur in einer Sitzung insultiert, sondern, als er dann doch mit der Miau abfuhr, noch obendrein nach ihm geschossen, so daß er in Selbstverteidigung dazwischenfeuern mußte, bei welcher Gelegenheit vier von den Wapokomo fielen.

So hatte ich doch immerhin zunächst eine kleine Flotille von vier Miaus in Engatana liegen, welche Tag und Nacht von einem Somaliosten bewacht wurde. Der drohenden völligen Nahrungslosigkeit gegenüber setzte ich das Poscho für die Träger auf 1 ½ Lasten per Tag herunter. Die Leute wehrten sich zwar dagegen in ihrer eigenen Art, indem sie erklärten, 1 ½ Lasten nähmen sie nicht. Es war dies am 6. August. Als ich ihnen jedoch darauf eröffnete, das sei mir noch um so lieber, dann behalte ich mein ganzes Getreide, kamen sie am Abend zu mir und baten mich, ich möchte ihnen die 1 ½ Lasten geben, sie wollten damit zufrieden sein, was ich nun meinerseits nicht tat, indem ich sie auf den folgenden Tag vertröstete. Damit war diese Art von Widerstand in meiner eigenen Kolonne eigentlich für den ganzen Rest der Expedition überhaupt erledigt. Die Leute gewöhnten sich mehr und mehr daran, es mir zu überlassen, ihnen zu bestimmen, was in der Expedition zu geschehen habe. Derartige Schauris, wie sie bei anderen Expeditionen, insbesondere den Stanleyschen, nach den Reisewerken üblich sind, habe ich in der deutschen Emin Pascha-Expedition überhaupt niemals geduldet. Ich ließ jedoch als Vorsichtsmaßregel gleichzeitig mit dieser Maßnahme m 6. August die sämtlichen aus Lamu und Witu engagierten Leute in Ketten legen.

Je länger ich in Engatana lag, um so mehr stellten sich Tag für Tag verdächtige arabische Erscheinungen um mein Lager ein. Es kamen auch schon Anfang August Gerüchte von einer heranziehenden englischen Expedition nach Engatana. Wie natürlich, verfolgte ich all diese Mitteilungen mit dem angespanntesten Interesse. Die englische Expedition sollte von Mr. Smith kommandiert sein, wie sich auch als richtig herausstellte, und hatte sich speziell in Verbindung mit den Kau-Arabern gesetzt. Da mir nun mitgeteilt wurde, das die Araber aus Kau versuchten, meine Leute zum weglaufen aufzustacheln, und da auch bereits Leute aus der englischen heranziehenden Expedition bei mir gesehen worden waren, so beschloß ich, diesem ein Ende zu machen, indem ich eines Nahmittags einige der gelben Herren aus Kau in Ketten legte und gewissermaßen als Faustpfand bei mir behielt. De Abgeordneten aus der englischen Expedition, welche nachweislich versucht hatten, Leute von mir zum überlaufen zu bestimmen, ließ ich auspeitschen und schickte sie zurück.

Damit hatte ich von dieser Seite gegen den Schluß meins Aufenthaltes einigermaßen Ruhe, aber freilich, die Gesamtlage der Expedition wurde hierdurch nur negativ verbessert, insofern als eine Gefahr weniger vorhanden war. Von Witu aus, wohin ich fortwährend um Hilfe blickte, erschien solche nicht; im

Gegenteil, man glaubt dort die Expedition schon gescheitert und suchte mir auseinanderzusetzen, daß dies ja auch gar nicht anders zu erwarten gewesen wäre, daß man es vorausgesagt habe. Aus den eigentümlichen Plänen, wie sie in diesen Tagen bei uns auftauchten , um uns aus der Sackgasse herauszuziehen, will ich doch nicht unterlassen, zur Charakterisierung der Somalis einen Vorschlag mitzuteilen, welchen mir in vollem Ernst Hussein Fara eines Morgens machte.

Ich nahm damals bei Hussein einige Stunden Unterricht in der Sprache seines Volkes, um den Somalis, welche kein Kiswahili konnten, doch Befehle erteilen zu können. Da kam Hussein eines Morgens bedächtig mit der Bemerkung heraus, meine Träger seien eigentlich recht kräftige und gut gebaute Leute. Als ich dies bejahte, sagte er, das hätte aus Sheriff Hussein in Witu schon gesagt. Ich machte Hussein darauf aufmerksam, daß das ja jeder sehen könne, und ich mich darüber nicht wundere. Ja, meinte er, Sheriff Hussein wollte sich gern eine Reihe von Sklaven kaufen. Nun rissen die Träger bei uns ja aus, und so habe er mit Sheriff Hussein vereinbart, daß, wenn wir in die Gegend kämen, wo derselbe sich mit seinen Herden befinde, ich ihm dann meine Träger als Sklaven überlasse, und er mir für jeden Träger vier Kamele übergebe. Er rate mir, mich auf dieses Geschäft einzulassen. Erstens trage ein Kamel viel mehr als ein Träger, und dann könne ich nachher die Kamele an der Küste verkaufen, wenn die Expedition fertig sei, und würde ein gutes Stück bei dem ganzen Geschäft verdienen. Hussein machte mir diesen Vorschlag am 22. August und kam im weiteren Verlauf der Expedition häufiger darauf zurück. Er konnte nicht einsehen, wie ich mich zu einer doch so augenscheinlich profitablen Sache nicht entschließen könne, da die Weißen ja an der Küste, wie er mit Verwunderung bemerkt hatte, derartige kleine Unternehmungen nicht zu machen pflegen. Hussein sprach im Verlauf dieser Unterhaltung auch seine Vermutung aus, daß, wenn ich erst einmal gesehen hätte, wie rentabel sich eine solche Unternehmung mache, ich mich vielleicht entschließen würde, häufiger in dieser Weise Geschäfte in Afrika zu betreiben. So verlockend die Sache in seinen Augen erschien, konnte ich mich doch nicht entschließen, seiner Anregung Folge zu geben.

Inzwischen marschierte die englische Expedition unter Mr. Smith tatsächlich an der andern Seite des Tana an Engatana vorüber. Aber, wenn Mr. Smith den Auftrag hatte, mir den Weg dort zu verlegen, so muß ich gestehen, daß er diesem Auftrag schon bei seinem ersten Erscheinen auf der Bildfläche sehr wenig gerecht wurde. Denn anstatt dicht an meinem Lager heranzuhalten und möglicherweise meine Träger dadurch an sich zu ziehen, schien es ihm bequemer, in einem weiten Bogen darum herumzumarschieren, so daß ich überhaupt von ihm und seiner Kolonne gar nichts zu Gesicht bekam. Dieses Verhältnis zwischen uns beiden ist aber eigentlich während der ganzen Zeit, wo wir gemeinschaftlich am Tana marschierten, dasselbe geblieben. Als ich später seinen Spuren folgte, war Mr. Smith, den ich wiederholt anzutreffen gedachte, dann immer gerade einige Tage zuvor wieder aufgebrochen, so daß ich von ihm persönlich gar nichts und von seinen Leuten nur so viele gesehen habe, als nach der Auseinandersprengung der 160 Mann starken Smithschen Expedition durch die Somalis sich zu mir hinüberflüchteten. Eines Tages passierten auch zwei Boote unser Lager, welche Getreide für die Engländer den Tana hinaufbrachten. Ich ließ das Lager Tag und Nacht während der ganzen Zeit scharf bewachen, weil fortwährend Gerüchte über arabische Gelüste, dasselbe anzugreifen, zu uns drangen, und weil ich auf alle Fälle etwaige Diebesversuche auf mein Vieh und meine Boote zurückzuweisen hatte. Daß ich dieses arabische Küstengesindel im übrigen nicht eben fürchtete, das brauche ich nicht auseinanderzusetzen. Dafür rechnete ich zu sehr auf die schon eingeführte Mannszucht in meiner Truppe, auf mein Geschütz und unsere Repetiergewehre. Malerisch genug nahm sich unser Lager in Engatana, vom Fluß aus gesehen, wohl aus. Im Vordergrund mein großes schönes Zelt mit der deutschen und der Wituflagge! Davor war das

Geschütz aufgefahren. Rechts daneben das kleinere Zelt des Herrn v. Tiedemann, hinter meinem Zelt und links davon die Somalis und weiterhin die Träger. Das Ganze gewährte einen hübschen und kriegerischen Eindruck.

Ich hatte am 23. August Hamiri noch einmal zu einem reichen Suaheli im Witu-Sultanat beordert, um mir von dort eventuell Getreide zu besorgen. Ich hatte ihm acht Kamele mitgegeben, um das Getreide dann ins Lager zu schaffen. Aber schon am Sonnabend den 24. morgens kehrte Hamiri zurück. Die Kamele hatten den Urwald nicht passieren können, und so war er gezwungen gewesen, umzukehren. Nun wollte ich nur noch die letzte Entscheidung aus Witu erwarten, von woher ich noch immer auf Nachschub rechnete, um dann meinen Entschluß zu fassen. Bereits reifte das Getreide am oberen Tana heran. Wie die erste Schwalbe im Frühling, hatte vor einigen Tagen ein Araber mit einem Boot Engatana passiert mit 20 Lasten Reis, welche er am oberen Tana „gekauft" habe. Auch die Maiskolben schimmerten bereits goldig und konnten als gute Nahrung verwandt werden. Es war gegen Ausgang August, wo die Haupterntezeit dieser Länder herannaht. Am 25. morgens kam die Meldung, daß von Witu aus nichts mehr für uns zu erwarten sei. Fünf Minuten später befahl ich, die vier Boote klar zu machen und zu beladen. Die Zeit des dumpfen Brütens sollte jetzt vorüber sein. Mußte sich das Schicksal der Expedition erfüllen, so schien es mir wünschenswerter, dem alten Virgilischen Spruch Folge zu leisten: „Tu ne cede malis sed contra audentior ito", als mit der Resignation des Mohammedaners unser Kismet entgegenzunehmen.

67 Lasten wurden in den Booten untergebracht, Wapokomo aus Engatana wurden „ersucht", als Bootsleute darin Platz zu nehmen, in jedes Boot ein Soldat mit scharf geladenem Repetiergewehr gesetzt und das Kommando der ganzen Flotille dem braven Hamiri übergeben. Gegen 3 Uhr nachmittags gingen die Boote ab, wobei auf jedem derselben die kleine schwarz-weiß-rote Flagge munter im Winde flatterte. Eine Stunde später folgten die Kamele mit 40 Lasten. Dann setzte

ich mich mit Herrn v. Tiedemann zum Frühstück, als plötzlich von dem Somali-Posten gemeldet ward, es wünsche mich ein Weißer, ein Engländer, zu sprechen. Diese letztere Bezeichnung war unrichtig; denn der Weiße, welcher jetzt ins Zelt trat, war der schwedische Missionar Heddenström aus Kulesa oberhalb Engatana, den wir am Abend vorher schon an unserm Lager per Boot vorbeifahren sahen, und welcher jetzt kam, um uns eine freilich nicht eben sehr erbauliche Mitteilung zu machen.

Die nächste Station zwischen Engatana und Nderani war ein Dorf namens Mitole, bei dem sich ein ziemlich großer Wald befindet. Missionar Heddenström teilte jetzt mit, daß er bestimmte Nachricht habe, es liegen in dem Walde 300 Mann Futulas, eines gefürchteten Somalis im Witu-Sultanat, unter einem Kau-Araber namens Buana Omari, mit der Absicht, unser Lager zu überfallen oder aber uns aufzulauern, falls wir durch diesen Wald marschierten.

Bei dieser Nachricht war ich nun zwar nicht um uns als Expedition besorgt, aber ich fürchtete, daß die Araber versuchen möchten, sich meiner Boote zu bemächtigen, falls solche in Mitole landeten, und ordnete demnach sogleich an, daß Herr v. Tiedemann sich sofort mit sechs Askaris, den Kamelleuten und dem Geschütz nach Mitole begeben möge, um den Wald zu säubern und die Boote zu decken. Herr v. Tiedemann marschierte also sofort ab, sah aber von den gemeldeten 300 Arabern nichts. Ich kann vorausschicken, daß ich zwei Tage später Zwischen Muina und Mbuji in einem Walde auf einige hundert derartiger Gestalten stieß, welche Wohl der Heddenströmschen Meldung die Unterlage geboten hatten. Ich ließ sofort mein Geschütz aufstellen und ging bloß mit dem Revolver und fünf Mann auf den Hügel zu, wo die Kerle standen, und wir brauchten gar nicht einmal einen Schutz abzufeuern, so schnell war die ganze Gesellschaft wie Spreu vor dem Winde verschwunden.

Nachdem Herr v. Tiedemann mit den Somalis am Sonntagnachmittag von Mitole abmarschiert war, rief ich meine

Träger zusammen und gab nunmehr Befehl, alles für den nächsten Morgen marschbereit zu machen. Ich eröffnete ihnen, daß ich Nachrichten habe, die Ernte am oberen Tana sei herangereift, daß ich die Zeit des Hungerns für meine Leute nunmehr satt habe und sie jetzt in Gegenden führen würde, wo es für sie Essen in Fülle gebe, falls sie bereit wären, ihre Schuldigkeit zu tun. Diese Worte verfehlten ihren guten Eindruck durchaus nicht. Maneno masuri kapissá (durchaus schöne Worte) erwiderte Nogola im Namen aller Träger, und die Stimmung im Hinblick auf den Abmarsch von Engatana war augenscheinlich eine freudig bewegte.

Es ist eine merkwürdige Eigentümlichkeit der menschlichen Natur, daß man sich zu Orten, an denen man zu leiden gehabt hat, vielleicht noch mehr hingezogen fühlt als zu solchen, wo man frohe Tage verlebte. So ging es mir am Sonntag den 25. August, als Herr v. Tiede-mann abmarschiert war. Eine tiefe Wehmut ergriff mich im Hinblick auf das Verlassen von Engatana. Ich suchte alle die Plätze wieder auf, an denen ich über die unerfreulichen Schicksalsschläge, die unsere Expedition betrafen, gebrütet hatte, und vermochte kaum die Tränen zurückzuhalten. Ich erfuhr zu meiner Freude noch am Abend, daß die Heddenströmsche Mitteilung unbegründet gewesen sei. Am nächsten Morgen bei strömendem Regen schickte ich die Trägerkarawane ebenfalls nach Mitole ab.

Die Wapokomo von Engatana heuchelten eine Art von Bedauern bei ihrem Abschied mir gegenüber und taten sehr erfreut, als ich ihnen zum Schluß einige leere Schachteln und Kisten zum Geschenk machte. Wir schieden äußerlich als gute Freunde, was sie jedoch nicht abhielt, an den Sultan von Witu eine Gesandtschaft zu schicken, mit der Meldung, daß meine Expedition sie ruiniert habe, und mit der Bitte, sich ein neues Dorf gründen zu dürfen. Undank pflegt der Welt Lohn eben auch in Afrika zu sein. Es war mir eine große Freude, daß beim Abmarsch keiner der Träger fehlte. Die gemachten Erfahrungen veranlaßten mich indessen, alles, was ich noch an Leuten aus der Lamu Gegend befaß, an Stricke zu legen und unter besonderer Bewachung bis nach Oda-Boruruwa hinaufzuführen.

Bei fortdauerndem strömenden Regen verließ ich, da alles unterwegs war, mit Hussein Fara, meinem Diener Rukua und meinem letzten übrig gebliebenen Hunde, Tell, Engatana. Der Boden war so lehmig und schlüpfrig, daß wir nur langsam vorwärts kamen und in Mitole, obwohl solches nur 1 ½ Meile von Engatana entfernt liegt, erst gegen 12 Uhr eintrafen. Zu meiner Freude konnte ich auf diesem Marsche bereits feststellen, daß auch der Rest von meinem Rheumatismus verschwunden war.

Der Weg am Tana läuft immer außerhalb des eigentlichen Flußestrüppes, welches den Strom auf seinem Unter- und Mittellauf ununterbrochen begleitet. Insbesondere am Mittellauf ist dieses Gestrüpp ein verhältnismäßig breites, so daß wir des Morgens oft ziemlich weit vom Lagerplatz durch den Wald uns heraus, nachmittags bis zu demselben zurückarbeiten mußten. Diese Waldung ist eben nur in der unmittelbaren Umgebung der Dörfer selbst durch Plantagen unterbrochen. Da gibt es Bananen, Mama, Mais, Bataten und eine Reihe von Hülsenfrüchten.

Vom Fluß aus angesehen, machen die Tanaufer durchweg einen landschaftlich sehr lieblichen Eindruck, gleichviel, ob sie von Buschwald oder von Anpflanzungen eingerahmt sind. Ist man außerhalb dieser Umrahmung, so befindet man sich in der trockenen Steppe, einem Terrain, welches für den Marsch außerordentlich bequem ist, mit Mimosen verschiedener Art bestanden, deren Dornen freilich, wenn man zu Pferde sitzt, einem oft unbarmherzig Kleider und Haut zerreißen. Oft marschiert man auch stundenlang durch Kakteenbildungen hindurch, deren harte Stacheln den Füßen der Träger und Lasttiere gefährlich werden. Diese Steppe, durch welche der Tana seine Fluten ergießt, ist ein Teil der großen nordostafrikanischen Randsteppen, in welchen die Somalis und Gallas Hausen. So unfruchtbar sie auch wegen ihrer Trockenheit für Anpflanzungen aller Art ist, so stellt sie sich doch für das Auge des Durchreisenden als im hohen Maße malerisch und lieblich dar, Zumal nach der Regenzeit, und bietet wegen ihres außerordentlichen Wildreichtums auch ein belebtes und frisches Bild. Da ist die Antilope in mächtigen Rudeln, da sieht man allmorgenlich die Losung des Elefanten und die plumpen Spuren des Rhinozeros, da ergötzen sich die Herden von Pavianen und anderen Affen, und Böcke aller Art sind ein willkommenes Ziel für die Büchse. In der Luft aber tummeln sich Perl- und andere Hühner, oder es streicht die Wildente, die Gans oder man sieht den großen Pelikan, Geier und Adler.

Man kann sich nichts Köstlicheres vorstellen als einen Marsch in dieser Tana -Steppe in einer frühen Morgenstunde. Wenn die Kolonne in guter Ordnung unterwegs war, und ich dann als letzter das Lager verließ, entweder auf meinem Pferde reitend oder aber zu Fuße mit Hussein und meinen Dienern durch die tauige Steppe schritt, dann schweifte das Auge wonnetrunken über die von eigenartigen Busche gestalten bedeckte Fläche hin. Man wird in Europa selten eine so köstliche elastische Reinheit der Luft genießen können, als wie dies ziemlich unter dem Äquator in den afrikanischen Morgenstunden der Fall ist. Links, nach unserem Übergang über den Tana rechts, windet sich der Fluß wie eine dunkelgrüne Schlangenlinie entlang, vor uns am Horizont die Trägerkolonne, wie ein kleiner in sich geschlossener Faden, und dahinter die Kamele mit ihrer seltsam schaukelnden Fortbewegung! In allen Blättern und Gräsern flimmern Milliarden von Tautropfen gleich Diamanten in der hellen und noch nicht bedrückenden Tropensonne. Da schlägt das Herz höher vor freudiger Erregung, und alle die Entbehrungen gegenüber dem europäischen Leben sind vergessen vor dieser reinen Empfindung im Anschauen dieser Offenbarung der göttlichen Größe, welche in seinem Werk uns unmittelbarer entgegentritt als da, wo der Mensch seine eigenen Zutaten zu demselben geschaffen hat. Dies waren wunderbare Stunden, welche noch verklärt wurden durch das Gefühl, uns in Fortbewegung zu wissen dem gesteckten Ziele entgegen, auf dem Wege zu Emin Pascha in der Äquatorialprovinz. Gerade über diesem ersten Teil der Expedition liegt in der Rückerinnerung ein lichter sonniger Hauch, vielleicht deshalb, weil die Eindrücke und Stimmungen von Sansibar und der Küste her als dunkle Reflexe noch lebendig in uns waren.

Ich pflegte auf diesen Märschen als der letzte das Lager zu verlassen, dann, wenn wir uns dem Ziele näherten, meine Kolonne zu überholen, um in der Regel als erster auf dem neuen Lagerplatz einzutreffen. Herr v. Tiedemann hatte unmittelbar hinter und mit den Trägern zu marschieren. Auch dies wurde im Verlaufe der Expedition mehrfach geändert. Als wir aus den Gegenden heraus waren, wo wir Wegeführer erhalten konnten, und es sich demnach darum hanelte, mit Karten und Kompaß selbst den Weg festzulegen, da Pflegte ich regelmäßig an der Spitze der Expedition zu marschieren. Aber jetzt befinden wir uns noch in dem Gebiete des Wapokomostammes, wo in jedem Dorf für einige Armlängen Zeug Wegeführer bis zum nächsten Dorfe zu haben sind. Heute lagern wir in Mitole, einem kleinen und freundlichen Orte, umstanden von Mais- und Bananenanpflanzungen.

Als ich mich ihm näherte, kämm mir schon die Dorfältesten entgegen mit der Klage, daß meine Träger ihre Maisfelder geplündert hätten. So leid mir dies für die Wapokomo tat, so war es mir doch eine angenehme Nachricht, insofern es bewies, daß die Maisernte in der Tat herangereift sei, und daß ich demnach Wohl Nahrung für meine Leute im Fortgang der Expedition am Tana finden werde. Ich habe schon erwähnt, daß ich ein Schreiben des Sultans von Witu für die Dorfältesten der Wapokomo mitführte.

Die Verlesung dieses Schreibens war stets das Bravourstück des Hamiri, welcher je nach den Bedürfnissen der Expedition mit einer Fertigkeit, die uns staunen machte, alles Mögliche aus ihm herauslas. Galt es, Getreide zu bekommen, so verkündete er den Ältesten mit erhobener Stimme, daß der Sultan von Witu durchaus den Wunsch habe, alle Wapokomo möchten sich beeilen, Getreide und Mais heranzubringen. Mußten wir Boote haben, so waren es diese, von denen der

Sultan in seinem Schreiben sprach. Staunend, wie die Hühner dem predigenden Reinecke Fuchs, lauschten die Wapokomo im Halbkreis, und Ehrfurcht ergriff sie, wenn ihnen dann Hamiri zum Schluß seiner Rede den Stempel Fumo Vakaris, welcher unter dem Briefe stand, herumzeigte. Dann pflegte er zum Schluß noch den Unterschied zwischen den Engländern und mir den Leuten klar zu machen. Die Engländer, von denen man in der ganzen Gegend wußte, daß sie die Expedition verhindern wollten, seien kidogo kapissa (außerordentlich klein), er zeigte mit der Hand etwa eine Hand breit über die Erde. Ich dagegen sei mkubua sana, er hielt die Hand ganz hoch, so hoch er konnte, und sprang dabei, da seine natürliche Körperlänge ihm nicht ausreichend schien, um zwei bis drei Fuß in die Höhe. Mit einem inneren Gruseln pflegten sich dann die biederen Häuptlinge der Wapokomo zu entfernen und brachten, wenn die Versammlung beendet war, nach Kräften heran, was Hamiri von ihnen verlangt hatte, und nur schade war es, daß dieser von den so beigetriebenen Vorräten mit Vorliebe, sagen wir die Hälfte für seine eigene werte Persönlichkeit zu beanspruchen pflegte. Was irgendwie erreichbar war, verschwand in seinem Nimmersatten Bauch, was seine Popularität in der Karawane selbst nicht erhöhte.

War es gelungen, die Kolonne in Mitole einigermaßen zu verpflegen, so war das leider sehr verschieden am nächsten Tage in Muina, einem Dorfe, welches 2 ¼ Meilen flußaufwärts liegt. Schon der Weg dorthin war außerordentlich unerquicklich und mühsam, der Ort liegt sehr versteckt im Flußwalde, und ich hatte Wapokomo heranzuholen, um einen Weg durch das verschlungene Gestrüpp für Träger und Kamele schlagen zu lassen. So trafen wir erst am Nachmittag zwischen 3 und 4 Uhr im Orte ein. Hier hatten die Wapokomo, wenn anders sie überhaupt noch etwas an Vorräten besaßen, dies sorgfältig beiseite gebracht, und ich sah mich gezwungen, einen der Witu-Ochsen, van denen ich noch sechs bei mir hatte, schlachten zu lassen, um meine Leute überhaupt ernähren zu können. Ich trat mit dem Häuptling dieses Ortes sofort in Verhandlungen um die Stellung von Bootsleuten bis nach Oda-Boru-Nuwa hin, und diese Verhandlungen hatten auch einen friedlichen Abschluß. Die zwölf Muina-Leute, welche ich mitnahm, haben die Boote bis oben zu den Gallas sicher hinaufgebracht. Ich unterstellte sie insbesondere Hamiri und hatte infolgedessen mit dem ganzen Bootsbetriebe eigentlich persönlich sehr wenig zu tun.

Doch zuvor hatte meine Expedition in Muina noch eine Trägerkatastrophe durchzumachen, welche, wenn nichts anderes, so doch eine außerordentliche Herabstimmung meines Vertrauens zur Folge hatte. Nachdem ich alle Vorbereitungen für den Abmarsch am nächsten Morgen getroffen hatte, legte ich mich um 9 Uhr zu Bett, wurde jedoch schon gegen 11 Uhr durch meinen Diener Rukua geweckt mit der Meldung: Pagsi wiote wamekimbia, (alle Träger sind fortgelaufen)! Dies stellte sich nun freilich sofort als eine Übertreibung heraus, da Nogola gleich kam und mir meldete, daß acht Träger mit ihren Weibern soeben ausgerissen seien, und zwar keine von den Küstenleuten, sondern Manyemas. In dieser Tatsache, daß die Zentralafrikaner anfingen, abzugehen, lag das Erschreckende der ganzen Sache, ganz abgesehen davon, daß wiederum acht Tragkräfte weniger in der Expedition vorhanden waren. Ich ließ sofort die Somalis zusammentreten, von denen ich nun meinerseits unmittelbar sechs auf einem Boote den Tana hinunter nach Mitole zurückschickte mit dem Befehl, die über Land herankommenden Träger entweder zu fangen oder sie niederzuschießen. Die Somalis, unter dem Befehl von Nurr, legten sich bei Mitole im Walde auf die Lauer. Da es ihnen nicht gelang, die im Morgengrauen herankommenden Träger zum Stehen zu bringen, erschossen sie Zwei von ihnen, deren Leichen in den Fluß geworfen wurden.

Ich lag inzwischen in sehr erregten Träumen im Halbschlaf in meinem Zelt. Ich befand mich im Traum in meinem Geburtsort Neuhaus an der Elbe, immer beschäftigt, die fortgelaufenen Träger wieder zu bekommen. Der Traum endigte jedesmal mit der plötzlichen Wahrnehmung, daß nunmehr alle meine Träger fortgelaufen seien. Ich bezwang mich jedoch am nächsten Morgen insoweit, daß ich Nogola, zu dessen Landsleuten die Entlaufenen gehörten, in einer launigen Weise vor den ganzen übrigen Leuten meine Hochachtung für seine Wachsamkeit aussprach. Dadurch verwischte ich den üblen Eindruck des Entweichens von acht Leuten, indem ich die übriggebliebenen zur Heiterkeit stimmte. Ich mußte nun in Muina liegen bleiben, bis meine Somalis von Mitole zurückgekehrt waren, schickte indessen gegen Mittag, nachdem es mir geglückt war, einigen Mais aus der Umgegend zusammenzubringen, Herrn v. Tiedemann mit den Trägern weiter flußaufwärts nach Mbuji. Ich lagerte unterdessen in Muina unter sehr trüben Aussichten in die Zukunft. Einen gewissen Trost bot mir die Lektüre eines Kapitels in Schopenhauers „Parerga und Paralipomena" über die anscheinende Absichtlichkeit im Schicksal des einzelnen, in welchem Artur Schopenhauer die Notwendigkeit alles Geschehenden auseinandersetzt. Freilich ist doch in Lagen solcher realen Beklemmungen die Einsicht, daß wir mit Notwendigkeit leiden, nicht gerade ein allzu starker Trost. Aber indem der Geist auf diesem Wege zur Überzeugung eines Weltplanes und einer Weltvorsehung, gelangt, vermag er doch eine Trostempfindung herauszuschöpfen. An diesem Tage war es auch, wo ich über das Goethesche: „Und laß dir raten, habe die Sonne nicht zu lieb und nicht die Sterne, komm, folge mir ins dunkle Reich hinab" nachzudenken Gelegenheit hatte. Die ersten beiden Zeilen, welche ich diesem Kapitel vorangesetzt habe,, schienen mir deshalb so sehr auf unsere damalige Lage zu passen, weil Herr v. Tiedemann durch die Sonne, ich dagegen durch das unvorsichtige dem Sternenhimmel aussetzen Gesundheit und Geistesfrische-eingebüßt hatte.

Am Abend des 28. August entschloß ich mich dazu, am nächsten Morgen den Tana zu überschreiten und auf englisches Gebiet hinüberzugehen. Einerseits schuf ich dadurch eine Barriere mehr zwischen meiner Expedition und Lamu, andererseits aber hatte ich erfahren, daß das rechte Tanaufer besser angebaut sei und demnach bessere Stützpunkte für meinen Vormarsch bot. Zwar hatte mir die Britisch-Ostafrikanische Gesellschaft seinerzeit mitgeteilt, daß sie mir den Durchzug durch ihr Gebiet nicht gestatten könne, indessen wußte ich damals so gut wie heute, daß die Britisch-Ostafrikanische Gesellschaft zu einem solchen Verbot überhaupt gar kein Recht hatte, da diese ganzen Gebiete unter die Ausmachungen des Kongo-Vertrages fallen, welcher für die Angehörigen aller mitunterzeichneten Mächte das gleiche Recht der Ansiedelungs- und durch Zugsfreiheit garantiert. Diesen Entschluß teilte ich noch an demselben Abende dem Kapitänleutnant Rust stromabwärts mit. Am nächsten Morgen hatte ich eine längere Verzögerung in Muina, weil die am Tage vorher engagierten Bootsleute nicht erschienen. Ich mußte erst die Gegend absuchen und sie aufgreifen lassen, um sie dann in sicherer Bedeckung in die Boote zu bringen. Kurz bevor ich abreiste, erhielt ich zu meiner großen Freude von Kapitänleutnant Rust aus Ngao die Mitteilung, daß dieser seine Übersiedelung dorthin bewerkstelligt habe, und auch die von Herrn Toeppen in Sansibar besorgten Tauschartikel bereits in Kau angekommen seien. Dies war eine äußerst willkommene Botschaft. Damit war das Abenteuerliche, welches die Expedition anzunehmen drohte, plötzlich wieder weggewischt, und die Sache in berechenbare Bahnen zurückgelenkt. Hatte ich nur Tauschartikel, so konnte ich mir auch Tragmittel verschaffen, und, war Rust unten am Tana, so war dies ein weiterer Riegel zwischen meinen Trägern und der Küste. Ich konnte jetzt über die wenigen Artikel, welche ich bei mir hatte, freier verfügen, und damit war etwaigen Streitpunkten zwischen den Eingeboren und meiner Expedition vorgebeugt. In fröhlicher Stimmung verließ ich also zwischen 7 und 8 Uhr Muina und machte mich auf den Weg nach Mbui.

Auf diesem Marsch hatte ich das vorerwähnte Zusammentreffen mit einigen hundert Bewaffneten, welche sich vor mir und einigen Somalis schnell aus dem Staube machten. Das Vorkommnis hatte weiter keine praktische Folge als die, daß es meine Geringschätzung vor dem Afrikanertum im allgemeinen noch erhöhte und dadurch vorteilhaft auf meine späteren Entscheidungen einwirkte. Als ich mich Mbuji näherte, kam mir Herr v. Tiedemann entgegen, und ich dachte: welche unangenehmen Nachrichten mag der mir wohl bringen wollen? Herr v. Tiedemann hatte dieselbe Empfindung in bezug auf mein Herannahen. Aber der 29. August sollte ein Glückstag für uns sein. Herr v. Tiedemann hatte mir zu melden, daß er ein arabisches Reismagazin von 20–30 Lasten entdeckt habe, während ich ihm die frohe Botschaft vom Heranmarsch des Kapitänleutnants Rust übermitteln konnte. Da das Reislager in einem Gebiete lag, wo vor einigen Wochen Herr v. Tiedemann gezwungen war, sich gegen kriegerische Vergewaltigungen zu wehren, so erklärten wir es für gute Beute nach Kriegsrecht, und nun schwelgte meine ganze Kolonne zum erstenmal nach den Leiden des Hungers in Überfluß. Menschen und Tiere füllten sich die leeren Magen mit dem köstlichen Getreide, und die Stimmung im Lager war eine freudig bewegte. Ich beschloß, noch am Nachmittag über den Strom hinüberzugehen. Gegen 1 Uhr trafen meine Boote ein; und nun begann ich, zunächst einige Soldaten mit Herrn v. Tiedemann überzusetzen, und dann wurde Bootsladung aus Bootsladung von Lasten mit Munition ans andere Ufer hinübergebracht. Die Wapokomo von Kofi Nderani, welche bei unserer Ankunft am linken Ufer sich an der andern Seite versammelt hatten, verschwanden wie Spreu vor dem Winde, sobald wir anfingen, mit den Booten zu operieren. Wir arbeiteten den ganzen Nachmittag: Kamele, Ochsen und Esel wurden hinten an die Boote gebunden und so hinübergebracht. Abends 6 Uhr war der Übergang über den Tana bewerkstelligt. Ich ließ das Lager aufschlagen und die Träger in der ganzen Nacht durch fünf Posten mit scharf geladenen Gewehren bewachen.

Als die Nderani-Leute sahen, daß es uns geglückt war, auf ihr Ufer hinüberzukommen, und da sie erfuhren, daß ich den andern Morgen bereits auf Kofi selbst marschieren werde, erschien am Abend der Sultan mit einigen Angesehenen des

Ortes, warf sich vor mir auf die Erde und flehte um Frieden. Ich trug ihm auf, am folgenden Tage einen Wegeführer zu stellen, einen Weg durch den Wald schlagen zu lassen und zwei Miaus zu liefern. Als der Mann dagegen, wenn auch in ängstlicher Weise, Geschenke für die von Herrn v. Tiedemann Erschossenen verlangte, fuhr ich ihn barsch an, und damit verschwand dieser Gegenstand von der Tagesordnung. Indessen blieb unser Verhältnis doch ein „sauersüßliches".

In der Nacht revidierte ich meine Posten, welche die Träger bewachten, dreimal. Während so meine Aufmerksamkeit ganz auf diesen Punkt gerichtet war, gelang es einem Araber aus Kau, namens Achmed, der in meinen Diensten stand, mir an einer anderen Seite einen bösen Streich zu spielen. Er löste eine Miau mit neun Lasten los, schlug die Lasten stromabwärts mit einer Axt in Stücke und warf das Boot nachher um. Zwar erlangte ich am folgenden Morgen die Miau selbst und zwei Lasten Konserven wieder, es blieben indessen verloren zwei Kisten Kartätschen und Granaten, die ganze Bibliothek, zwei Lasten mit Tee, Kakao, Kaffee, Zucker und Salz, eine Kiste mit Werg, Revolvern, Reserveteilen für Gewehre usw., die einzige Last Perlen, die ich besaß und eine Last Kognak. Nichtsdestoweniger ließ ich die Karawane am andern Morgen nach Nderani abmarschieren, wobei ich auch alle Bootslasten mitführte, die ich von nun an nachts regelmäßig ausladen ließ. In Nderani bezog ich ein festes, durch Posten vollständig zu umstellendes Lager und ging am 31. August mit zwei Booten, vier Soldaten und zwei Trägern von hier nach Mbuji zurück, wo es mir gelang, zunächst den Platz zu finden, an welchem Achmed die Lasten versenkt hatte.

Das erste, was wir heraufholten, war Thomsons „Through Massailand" welches mir später gute Dienste leisten sollte. Wir arbeiteten den ganzen Tag und brachten sofort eine Anzahl von Katatschen und Granaten herauf. Um diese Arbeiten fortzusetzen, blieb ich persönlich auch noch den 1. September in Kofi Nderani, indem ich Herrn v. Tiedemann mit Trägern und Kamelen an diesem Tage nach Makere abschickte. Kost Nderani ist eine liebliche und außerordentlich fruchtbare Halbinsel, in den Tana hineingeschoben, wo die französischen Missionen von der heiligen Maria und vom Herzen Jesu ein halbes Jahr später bereits eine Station errichteten, welche indessen wieder aufgegeben werden mußte, weil der Platz den Tanaüberschwemmungen zu sehr ausgesetzt ist. Die Wapokomo hier machen einen reichen und behäbigen Eindruck, wie wir überhaupt jetzt in die fruchtbarsten Striche des unteren Tana hineingelangen.

Am 1. September gelang es mir, etwa die Hälfte der verlorenen Güter von Mbuji an mich zu ziehen und mir in Kofi zwei weitere Miaus zu verschaffen. Ich hatte nun im ganzen sieben Miaus, von denen ich eine Kapitänleutnant Rust unter Bedeckung eines Somalisoldaten namens Horriga nach Ngao hinabschickte, mit dem Auftrage, sobald er einen kleinen Posten von Booten zusammen habe, einen Teil der Tauschartikel mir unverweilt nachzuschicken. Am 2. September morgens folgte ich mit einigen meiner Leute Herrn v. Tiedemann nach Makere, nachdem ich mich in freundschaftlicher Weise vom Sultan und den Seinen verabschiedet hatte. Auf dieser Strecke fiel mir der enorme Wildreichtum auf. Mächtige Rudel von Antilopen erregten die Jagdbegierde, und ich übte mich hier zum ersten Male darin, zu Pferde den Rudeln nachzusprengen und vom Sattel herab ein Stück zu erlegen, freilich mit negativem Erfolg. Dies ist die Art, wie die Somalis zu jagen pflegen, welche vom Pferde herab den Löwen mit Lanzen töten.

In Makere traf ich die Leute in gutem Zustande und knüpfte auch sofort freundliche Beziehungen mit den Wapokomo an. Als ich ihnen indessen auftrug, Essen herbeizuschaffen und mir Wegeführer für den andern Morgen nach Keradja zu stellen, da war die Bevölkerung mit einem Male verschwunden, und ich war nunmehr gezwungen, um meine Leute nicht wieder hungern zu lassen, mich auf eigene Faust aus den heranreifenden Maisfeldern zu verproviantieren. Als meine Leute von der ihnen erteilten Erlaubnis Gebrauch machten, versuchten die Wapokomo, sie mit Gewalt fortzujagen, bei welcher Gelegenheit zu meinem Bedauern zwei von ihnen durch meine Leute verwundet wurden. Das törichte Mißtrauen der Wapokomo führte während des ganzen weiteren Verlaufes der Expedition immer wieder zu solchen Zwischenfällen. Sie konnten sich nicht denken, daß jemand, der über so viele Gewalt verfügte wie wir, sich entschließen könne, eingegangene Verpflichtungen loyal innezuhalten, und wie echte Freund-Lampes die sie sind, lassen sie lieber Hof und Haus, wenn es sein müßte, auch Weib und Kind im Stich, anstatt sich vertrauensvoll mit uns in Beziehungen zu erhalten. Ich hatte schließlich, um sie zu veranlassen, nach Makere zurückzukommen, gedroht, falls dies nicht geschehe, ihnen ihr Dorf niederzubrennen, aber auch diese Drohung, welche ich übrigens nicht zur Ausführung brachte, konnte sie nicht dazu veranlassen, und so kam es, daß ich am folgenden Morgen zum ersten Male ohne Wegeführer nach Keradja aufbrechen mußte.

Es regnete an diesem Tage wiederum sehr stark, und meine Kolonne hatte darunter erheblich zu leiden, besonders die Kamele, welche ich nachts nicht unter Dach stellen konnte und welche den Beschwerden dieses mittelafrikanischen Klimas eines nach dem andern erlagen. Hier in Keradja aber hatte ich wenigstens freundschaftliche Beziehungen mit den Eingeborenen, welche Essen brachten und mir eine große Miau, die 40 Lasten tragen konnte, verkauften. Ich schickte von hier aus, nachdem ich diesen Kauf vollzogen hatte, zwei von meinen mitgebrachten Maius wieder an Kapitänleutnant Rust nach Ngao ab. Am 4. September traf ich dann in dem Hauptorte des ganzen unteren Tanagebietes, in Kenakombe ein. Der Ort ist so versteckt im Urwald, daß wir am Nachmittag zunächst vorbeimarschiert waren und erst auf großen Umwegen gegen 5 Uhr dort eintrafen. Hier ist ein verhältnismäßig intelligenter Sultan, welcher am ganzen Tana der einzige Mpokomo ist, der einen einigermaßen vornehmen Eindruck macht. Kenakombe ist ein großes Dorf, mit einer starken Befestigung umgeben, wo außer den Wapokomo, welche hier Herrschen, auch Gallas und Waboni wohnen. Der Sultan führte mich in ein Haus, welches Herrn Schlumke gehört, der von hier aus Jagd auf Elfenbein getrieben hatte. In diesem Hause wohnte ich die Nacht. Er erklärte sich bereit, mir Essen zu verkaufen, und bat nur, ich möge meinen Somalis verbieten, in den Ort hineinzukommen, da die Somalis auf der einen Seite und die Gallas und Wapokomo auf der andern Seite Todfeinde seien. Es wurde auch Essen in Menge gebracht, und ich beschloß, um meine Leute ein wenig herauszufüttern, am 5. September liegen zu bleiben.

Am Morgen des 6. September marschierten wir dann ab, um mit einem sehr starken Marsch bis 5 Uhr nachmittags einen Lagerplatz unweit der englischen Station Subakini zu finden. Nach den Meldungen, welche ich in Kenakombe bekommen hatte, mußte ich annehmen, in Subakini endlich die englische Expedition des Mr. Smith zu treffen, der, wie mir erzählt worden war, die Absicht hatte, meinen weiteren Vormarsch den Tana aufwärts zu durchkreuzen. Deshalb marschierte ich an dem Abend nicht bis Subakini, um mir dieses englische Problem am nächsten Morgen in aller Frische und Gemütsruhe ansehen zu können. Da die Sache mich lebhaft interessierte, so marschierte ich am Morgen mit 10 Soldaten und dem geladenen Geschütz voran auf die englische Station zu. Ich nahm an, daß ich Mr. Smith gerade beim Frühstück treffen würde, und freute mich in Gedanken schon auf unsere Begrüßung. Dicht vor dem Ort zog ich meine Kamelkolonne an mich heran, umging die englische Station und erschien plötzlich von der westlichen Seite in Sicht derselben. Lebhaftes Flintengeknatter erscholl in der Station, als sie mich sahen. Ich sprengte auf meinem Pferde heran und setzte, da meine Wapokoma gegenüber dem Gewehrlärm im Nu fortliefen, um meinen Leuten Mut zu machen, über die nicht eben sehr hohe Zäunung der Station hinüber. Dies war freilich ein nicht eben sehr kluges Verhalten, im Falle daß, wie ich zuerst vermuten mußte, das Gewehrfeuer feindlich gemeint war. Aber kaum war ich inmitten der arabischen Besatzung, den Revolver in der Hand, vom Pferde heruntergesprungen, als alle sich vor mir verbeugten und mir die Hände küßten. Das Feuer hatte, wie sie sagten, Salut bedeuten sollen, und ich erfuhr sofort, daß Mr. Smith vor einigen Tagen bereits abmarschiert und mir demnach noch voraus sei. Ich erfuhr hier auch bestimmt, daß die Pigotsche Expedition am oberen Tana gescheitert sei. Der sehr intelligente Chef der Station, ein Halbaraber aus Sansibar, erwies sich nun sehr liebenswürdig gegen uns, zeigte uns einen sehr schönen Lagerplatz unter einem mächtigen Feigenbäume in einem Maisfelde, brachte mir Reis für meinen Privatgebrauch sowie auch Geflügel herbei und besorgte mir von den Bewohnern des Ortes Miaus, von denen ich zwei weitere am folgenden Tage an Herrn Kapitänleutnant Rust nach Ngao abschicken konnte. Leider trafen an diesem Tage meine eigenen sechs Miaus nicht ein, und so entschloß ich mich, mit einigen wenigen Leuten dieselben am 8. September in Subakini zu erwarten, während ich Herrn v. Tiedemann wiederum mit den Trägern voranschickte. Er sollte auf Sissini zu marschieren, wo ich ihn am 9. September einholen wollte. Er sollte den starken Marsch bis Sissini in zwei Tagen machen, so daß ein Zeitverlust aus meinem Aufenthalt in Subakini nicht entstehen konnte. Hier, von Subakini, schrieb ich einen ausführlichen Bericht an das deutsche Emin Pascha-Komitee, schickte, wie erwähnt, die beiden Miaus an Kapitänleutnant Rust und hatte etwa um 2 Uhr die Freude, meine eigene Miau-Flotille unter Hamiri mit flatternden Wimpeln herankommen zu sehen. Ich schickte diese Flotille noch an demselben Tage auf Sissini weiter. So entwickelten sich die Sachen in Subakini in sehr erfreulicher Weise. Wie das Gerücht entstehen konnte, ich habe mich hier dauernd niedergelassen und erwarte in Subakini Waren von der Küste, wie hernach in Telegrammen nach Deutschland gemeldet wurde, ist mir nicht klar geworden. Vielleicht hatte es seine Ursache darin, daß ich mein Schreiben von hier aus durch Vermittlung der englischen Mission in Golbante befördern ließ.

Ich marschierte bereits am 9. September nach Sissini ab, wo ich mich wieder mit meiner Gesamtkolonne vereinigte. Auch hier gelang es mir, Nahrung für meine Leute in reichlichem Umfange zu beschaffen. Ich ließ jetzt zwar noch immer jeden Abend die Gewehre den sämtlichen Trägern abnehmen und stellte zwei Posten auf, um etwaigen weiteren Desertionen vorzubeugen, aber allmählich fing ich an, mehr Vertrauen den Leuten gegenüber zu zeigen, da sich die Beziehungen zwischen uns fortdauernd zu meinem Vorteil verändert hatten. Am 10. September traf ich in Malalulu ein, wo wir aus dem Einflußgsbiet des Sultans von Witu endgültig heraus waren. Hier beschloß ich, auf der nördlichen Seite des Tana zum ersten Male die deutsche Flagge aufzuziehen, um den Engländern klar zu machen, daß ihre Interessensphäre eben nur bis an die Südseite dieses Stromes hinanreiche. Auf gewaltigem Mast wurde unsere Flagge emporgerichtet und wehte in diesen Gegenden, begrüßt von Gewehrsalven und einigen Kanonenschüssen, zum ersten Male im Abendwinde. Ich hatte mir vom Sultan von Malalulu, welches auf der linken Tanaseite liegt, ein Schaf zur Feier des Tages mit herübergenommen und bewilligte meinerseits den Wapokomo ein am Tage gefallenes Kamel als Gegenspende.

Von hier an ging es nun in starken Märschen auf Massa zu, welches am 12. September von uns erreicht ward. Das Getreide war jetzt vollständig herangereift und die ganze Wapokomowelt infolgedessen in einer sehr fidelen Stimmung. In den nächsten Dörfern, welche wir erreichten, war es ziemlich schwer, nüchterne Menschen anzutreffen, mit denen sich verhandeln ließ, da das gelbe Getreide vornehmlich in der Form braunen Pombes oder Bieres genossen wird. Die Folge davon war für uns aber, daß auch wir genug zu leben hatten und die Expedition sich infolgedessen immer mehr konsolidierte. Massa ist der Name für eine ganze Landschaft, deren Ansiedelungen zu beiden Seiten des Flusses liegen. Der Hauptort liegt auf der nördlichen Seite des Tana, und sein Sultan bat mich, daselbst die deutsche Flagge zu hissen, indem er mit mir einen

Schutzvertrag abschloß. Um die Beziehungen zwischen ihm und mir inniger zu gestalten, blieb ich am 13. September in dieser Landschaft liegen, weil es mir für die Rustsche Kolonne von besonderer Wichtigkeit war, diesen letzten großen Platz vor dem Betreten der eigentlichen Tana-Steppe uns vollständig zu sichern.

Etwas oberhalb Massa Hort der eigentliche Unterlauf des Tana, wo der Strom ein furchtbares Alluvium in der trockenen Steppe .gebildet hat, auf, und wir betreten dessen Mittellauf, an welchem der Steppencharakter rein erhalten ist. Der Mittellauf wird gekennzeichnet durch das Fehlen des Alluviums und durch das unmittelbare Herantreten von hohen Steppenufern an den Strom. Wir hißten am 13. September in Massa in der Mitte des Darfplatzes die deutsche Flagge, welche ebenfalls wieder mit Salutschüssen begrüßt ward, und am Abend fand in dem Orte ein großes Volksfest statt, um dieses frohe Ereignis gebührend zu feiern. Hamiri war der Entrepreneur dieser Volksbelustigung, welche in einem allgemeinen Tanz der Wapokomo bestand, freilich nur des männlichen Teiles der Bevölkerung. Bei Trommelschlag und dem rhythmischen Händeklatschen der sämtlichen Damen des Ortes tanzten der alte Sultan und die einzelnen Wapokomo in allerlei mehr oder weniger graziösen und ungraziösen Bewegungen, voran der alte Sultan, welcher am Nachmittag in meinem Zelt mit Kognak sich gütlich getan und in seinem eigenen Orte dem Pombe schon genügend zugesprochen hatte. Wir fuhren noch nach dem Abendessen auf die rechte Seite des Flusses hinüber, um uns das Schauspiel aus nächster Nähe anzusehen, und wenn ich die Hasenfüßigkeit dieser robusten Kerle, wie sie sich den ganzen Tana entlang in einer wahrhaft komischen Weise herausgestellt hatte, betrachtete, so mußte ich unwillkürlich an Freund Lampe in seiner Familie denken, wie er harmlos und vergnügt sich des Lebens freut, aber immer auf dem Sprunge, einer wirklichen oder eingebildeten Gefahr sich durch die Flucht zu entziehen. Noch bis spät in die Nacht erschallten die Töne der „Ngoma" (Trommel) in unser Lager hinüber, bis ich schließlich den Leuten über den Strom hinüberschreien ließ, nun sei es genug und jetzt möchten sie sich schlafen legen.

Von Massa marschierten wir am 13. September nach Bura, ebenfalls am linken Tanaufer gelegen. Hier trafen wir bereits etwa um 11 Uhr morgens ein. Ich ließ dem Sultan an der andern Seite bedeuten, herüberzukommen, was auch sofort geschah, und zwar war der alte Herr, so früh die Morgenstunde war, bereits sehr im Dampf, er und seine ganze Umgebung waren tatsächlich schon um 11 Uhr morgens vollständig betrunken. Sie lachten unaufhörlich und machten die albernsten Bemerkungen. Ich schickte dem Sultan infolgedessen wieder zurück und bedeutete ihm, er möge mir jemanden schicken, der nicht betrunken sei. Da erschien nach einer Stunde sein Bruder, der den hohen Herrn mit frühem Pombegenuß entschuldigte und beklagte, daß er demselben regelmäßig zu sehr zuspreche. Leider mußte ich auch diesen Bruder darauf aufmerksam machen, daß es ihm ja gar nicht besser gehe, als seinem Bruder, aber da er mir darauf naiv erwiderte, er sei noch der wenigst Betrunkene des ganzen Dorfes, behielt ich ihn bei mir mit dem Bedeuten, daß er sich solange in meinem Lager aufzuhalten habe, bis die Wapokomo für meine Kolonne Essen herübergeschafft hätten. Dies hatte freilich seine Schwierigkeiten, und somit schickte ich gegen Nachmittag Soldaten nach Bura, was freilich nur die Folge hatte, daß das ganze Bevölkerungselement sich aus dem Staube machte. Nur die Leute des Bruders vom Sultan schafften, um diesen aus meinen Händen herauszubringen, gegen Abend einige Bootsladungen voll Mais, wofür ich bezahlte. Da auf meine wiederholte Aufforderung die Wapokomo, deren Rausch nun verflogen sein mochte, aus ihren Waldverstecken nicht wieder erschienen, so war ich gezwungen, mir eine große schöne Miau ohne ihre ausdrückliche Zustimmung zu leihen, indem ich zum Pfand eine meiner kleineren mitgebrachten Miaus in Bura zurückließ. Das Verproviantieren fing an, nunmehr eine ernste Frage für mich zu werden, da ich wußte, daß ich unmittelbar vor dem Eintreten in die Steppe stand und daß ich für einige Tage Proviant für meine Leute zusammenbringen mußte, um bis nach Oda-Boru-Ruwa gelangen zu können. Am folgenden Tage in Tscharra sah ich mich demnach veranlaßt, weil ich das Hasensystem der Wapokomo nun zur Genüge kannte, alle drei Häuptlinge des Ortes gleich nach meinem Eintreffen in Gewahrsam zu nehmen, bis genügend Getreide für meine Kolonne geliefert sei. Hier erfuhr ich zum ersten Male, daß Somalihorden in der Umgegend schweiften. Die Wapokomo erzählten mir, daß Somalis vor einigen Tagen auch ihnen einen Besuch abgestattet und sie vollständig ausgeplündert hätten. In Tscharra kamen wir zum ersten Male in das Sprachgebiet der Gallas hinein. Während bis dahin die vornehmeren Wapokomo immer ein wenig Kiswahili geradebrecht hatten, trat jetzt an dessen Stelle die Gallasprache. Hier haben von alters her die Gallas geherrscht, welche heute auf Oda-Boru-Ruwa zurückgedrängt sind. Es gelang mir mit der äußersten Anstrengung, wenigstens für einen Tag Unterhalt zu beschaffen und auch ein wenig Fleisch für den folgenden Tag zu erhalten. Gegenüber der Somaligefahr richtete ich für die Nacht einen scharfen Nachtdienst ein mit großen Feuern vor dem Lager, welche die ganze Nacht unterhalten wurden, indessen ließ sich kein Somali bei uns sehen.

Am 15. September erreichten wir Kidori, die letzte Ansiedelung der Wapokoma am Unterlauf des Tana. Ich nehme bei diesem Orte die Grenze zwischen Unter- und Mittellauf des Flusses an. Die Bewohner klagten, daß sie durch die englische Expedition des Mr. Smith ausgezehrt seien, und gaben mir genauere Details über die Besprengung der englischen Expedition durch Somalis, welche etwas oberhalb dieses Ortes stattgefunden hatte. Schon in Massa hatte ich einige Träger, welche von der Katastrophe bis dahin geflohen waren, in meine Kolonne aufgenommen und die Tatsache erfahren, daß Mr. Smith durch einen Somalihaufen überrumpelt und geworfen worden sei. Hier hörte ich, daß es am hellen Tage, nachmittags 3 Uhr, 30 Somalis gelungen war, die 160 Mann starke, mit Flinten bewaffnete englische Expedition einfach zu werfen und auf Kidori zurückzujagen. Dies mußte mir nicht so sehr ein Beweis für die Tüchtigkeit der Somalis als für den elenden Geist in der englischen Expedition sein. Für mich aber hatte es die Folge, daß ich von da ab mit außerordentlich viel größerer Vorsicht den Expeditionsbetrieb durchführen mußte.

In Kidori gelang mir nur eine sehr geringe Verproviantierung, ich mußte demnach mein Glück versuchen und ohne Getreide in die Steppe eindringen. Damit wurde die Lage der Expedition allerdings eine außerordentlich schwierige. In dieser Steppe, in welche wir am 16. September eintraten, findet man zwar hin und wieder Niederassungen jagender Waboni, aber von diesen selbst haben wir nirgends etwas zu sehen bekommen. Es hatte fast etwas Gespensterhaftes, wie diese Leute über jede unserer Bewegungen bis ins kleinste orientiert waren, ohne daß wir sie auch nur ein einziges Mal zu Gesicht bekamen. Der Waboni ist flüchtig wie die Antilope, der er nachjagt, und scharfäugig wie der Falke, den er mit Pfeil und Bogen aus der Luft herunterholt. Ich hatte mir zwei Wegeführer von Kidori mitgenommen, welche mich ursprünglich nur bis Oda führen sollten. Sobald ich erkannte, daß ich von hier aus weitere Wegeführer nicht erhalten werde, sah ich mich gezwungen, sie in Ketten zu legen und sie durch die Steppe mitzunehmen. Waren sie auch über den Steppenlandweg nicht unterrichtet, so waren sie doch den Fluß mehrere Male hinaufgefahren und kannten seine Biegungen. Mit harter Strenge erzielte ich nach einigen Tagen, daß sie mir wenigstens nur solche Angaben machten, welche sie sicher waren, vertreten zu können. Damit war ich allerdings für den Weg selbst ohne jede Erkundigung von dritter Seite.

In Oda ereignete sich ein Vorfall, welcher doch für den Geist meiner Expedition charakteristisch war und deshalb von mir erzählt werden mag. Hamiri hatte von Rechts wegen das Kommando über die Boote, aber durch seinen naiven Egoismus, welcher alles für sich .haben wollte, war in meiner Kolonne ein erbitterter Haß gegen ihn allmählich groß geworden.

Ein Manyema - Träger, Pembamoto, war zu dem Platz gegangen, wo die Boote lagen, um sich dort zu waschen. Hamiri wollte ihn wegweisen und sie beide waren ohne weiteres in eine heftige Prügelei verwickelt, welche sie widerlicherweise vornehmlich mit den Zähnen ausfochten. Pembamoto biß Hamiri in die Brust, während dieser ihm die Augenbrauen von der Stirn herunterriß. Daraufhin kamen die Manyemas zu mir und verlangten von mir Bestrafung Hamiris. Als ich Hamiri, aber auch Pembamoto, in Ketten sehen ließ, erhoben sie sich plötzlich und drohten, falls ich Hamm nicht bestrafen wolle, dann ihrerseits gegen ihn vorzuzugehen und ihn niederzumachen. Der Wortführer der Manyemas war Nogola, in der Tat eine demagogische Kraft ersten Ranges, welcher seine Leute terrorisierte und die ganze Kolonne damals noch in Schrecken hielt. In diesem Augenblick handelte es sich darum, ob Nogola oder ich der Herr auf der Expedition sein würde, und ich erließ seinen frechen Redensarten gegenüber sofort den Befehl, daß alle Leute anzutreten hätten, stellte die Somalis mit geladenen Repetiergewehren um die Träger herum, ließ ihnen ihre Gewehre abnehmen und Nogola in Ketten legen. Damit war die Sache entschieden, das Ansehen Nogolas ist von diesem Tage an schnell gesunken, und von einer Auflehnung, wie sie am 16. September stattfand, konnte hernach nicht mehr die Rede sein. Hierbei erfreute mich Hussein noch einmal durch einen recht niedlichen Vorschlag, welcher wieder für die Somalis kennzeichnend ist. „Herr", sagte er, „wün-schest du Nogola tot? Dann laß ihn nicht vor den Trägern erschießen, sonst laufen die alle fort. Sage ihm einfach, er solle morgen mit den Kamelen marschieren und dann wollen wir ihn von hinten niederschießen." Zur Kennzeichnung dieses Vorschlages muß ich noch hinzufügen, daß Hussein und Nogola sehr gute Freunde waren und dies auch im ganzen weiteren Verlauf der Expedition blieben. Hussein verstand nicht recht, weshalb ich diesen nach seiner Ansicht doch außerordentlich vernünftigen Vorschlag meinerseits ablehnte.

Dienstag, den 17. September ging nun die eigentliche Schwierigkeit des Steppenmarsches an. Nachmittags 1 ½ Uhr erreichten wir nach achtstündigem Marsch dampfend und glühend vor Hitze anstatt den vorgezeichneten Lagerplatz einen Urwald, ohne Wasser zu finden. Ich suchte jetzt fortdauernd die Spur der englischen Karawane, welche nach ihrem Überfall durch die Somalis von neuem an dieser Seite des Flusses vorgedrungen waren, und ich wußte ganz genau, wenn wir an diesem Dienstag die englische Spur nicht fanden, daß wir bei dem Mangel an Nahrungsmitteln dann bestimmt zurück mußten. Ich ließ demnach den Befehl der Expedition, welche bald darauf Wasser fand, Herrn v. Tiedemann und begab mich mit Rukua und Nogola allein auf die Suche nach dem englischen Wege. Es gelang uns, etwa um 2 Uhr einen Fußeindruck zu entdecken. Sobald ich dies hatte, schickte ich Rukua ins Lager zurück, um Herrn v. Tiedemann zu benachrichtigen, daß ich der englischen Spur folgen werde bis zu dem Lagerplatz am Wasser, mit dem Befehl, mir etwas Essen, sowie eine Decke zu verabfolgen.

Es ist sehr überflüssig die Schilderung eines Steppenmarsches, mit der Sonne in der Zenitlinie und den Qualen des Durstes, einzuschalten. Dies ist sehr oft geschehen, und der Leser würde doch aus einer Schilderung keine Anschauung bekommen können. Ich bin nach wiederholter und genauer Selbstbeobachtung zu der Meinung gekommen, daß die Qual des Durstes die engste Verwandtschaft mit der Pein des Erstickens hat. Vielleicht trifft das allgemeine Kraftgesetz zu: Die Qual des Erstickens ist in demselben Maße intensiver, wie das Verdursten länger als das Ersticken dauert. Es ist in der Tat eine fürchterliche Qual. An diesem 17. September hatte ich sie auf das schmerzlichste durchzukosten. Wir marschierten bis Sonnenuntergang, und erst gerade vor Eintritt der Dunkelheit gelang es mir, das Gestrüpp nach dem Flusse zu durchbrechen und diesen zu erreichen. Um meinen etwa nachfolgenden Dienern den Weg zu weisen, ließ ich durch Nogola den Wald in Brand stecken, und bald loderte das Flammenmeer, auf Stunden erkennbar, über die Steppe hin. Es spiegelte sich in den Fluten des Tana und sang mir mit seinem brausenden Zischen ein stolzes Schlummerlied, als ich, die Stiefel unter dem Kopf, die geladene Doppelbüchse im Arm, mich todmüde zur Ruhe streckte. Gegen 9 Uhr hörte ich Schüsse in der Ferne. Ich erwiderte dieselben und eine halbe Stunde später war ich umringt von einigen meiner Diener, welche mir Essen brachten. Herr v. Tiedemann hatte sogar eine der letzten, halben Flaschen Sekt mit eingepackt. Mit welch einem Behagen ich mich an die Arbeit des Essens und Trinkens machte, wird nur der verstehen, der solche Lagen kennt. Die Behaglichkeit wirb durch den Gegensatz der Umgebung und des Erlebten zum Wermut und zur Fröhlichkeit. Am nächsten Morgen um 5 Uhr schickte ich Nogola zur Expedition zurück, um als Wegeführer zu dienen. Ich selbst nahm die englische Spur von neuen auf. Um 10 Uhr traf ich auf den Lagerplatz dieser Expedition am Fluß und hier erwartete ich meine von Süd-Osten heranmarschierende Kolonne. Wir marschierten an diesem Tage bis 3 Uhr nachmittags.

Solcher Marsch durch die Steppe ist zwar stets heiß und in der Regel auch staubig, aber er bietet doch seine großen Annehmlichkeiten für den Expeditionsführer. Lasttiere und Menschen schreiten gleichmäßig und ohne Störung ununterbrochen dahin, zumal auch die letzteren in der schattenlosen Ebene es wenig verlockend finden, außer der Reihe Rast zu halten. Ist demnach die Karawane einmal in Bewegung gesetzt, so liegt es gegen den Nachmittag hin wenigstens nur am Willen des Führers, wo er dieselbe hindirigieren oder halten lassen will. Die Vorbereitungen zum Abmarsch begannen jetzt regelmäßig 5 Uhr morgens, und gegen ¾ 6 Uhr marschierten die Träger unter Tiedemann ab, während die Kamele und Esel meist erst um 6 Uhr folgen konnten. Ich verließ den Lagerplatz, wenn das letzte Stück und der letzte Mann davon waren. Ich blieb dann hinten, bis der Wald passiert und die Steppe erreicht war, wo ich dann in der Regel an den Lasttieren vorbeiritt, um die Träger in Sicht zu bekommen. Meist wandte ich mich nachher noch einmal zurück, um die Kamele an mir vorüberdefilieren zu lassen. Gegen Mittag pflegte ich dieselben hinter mir zu lassen, um allmählich die Tete zu erreichen. So war der Gang des Marsches unter gewöhnlichen Verhältnissen gewesen.

Anders gestaltete sich die Sache jetzt bei dem Steppenmarsch, wo ich den Weg festlegen und die Tete nehmen mußte. Diese Steppe wäre ohne den Tana für eine Trägerexpedition überhaupt nicht passierbar; nur der Tana, welcher hier ganz ohne Nebenstrom ist, bietet das Leben gebende Element des Wassers. Daß er es vermag, so reiche Wassermassen durch diese sandige Steppe hin zum Indischen Ozean zu wälzen, ließ mich damals schon auf die Gewaltigkeit der ihn speisenden Gebirge schließen. Der Tana empfängt seine Wasser von denselben Plateaus, von denen nach Norden hin der Nil entspringt. Tatsächlich ist er in seiner ganzen Bildung ein Nil im kleinen zu nennen. Wie dieser, so hat auch er sich sein eigenes Kulturland in die Wüste hineingetragen und wie beim Nil, so tragt auch der Mittellauf des Tana reinen Steppencharakter, wie ich mitgeteilt habe.

Durch diese Steppe marschierten wir in einem fünftägigen Marsch. Es war ein Marsch auf Leben und Tod. Nachdem ich am 18. September den letzten Ochsen geschlachtet hatte, waren wir drei Tage lang ohne jede Nahrung und dabei waren wir täglich der Gefahr des Verdurstens ausgesetzt. Am 17. erreichten wir die Landschaft Karkorro, welche wir an einem Tage passierten, da wir fortwährend Gefahr liefen, die englische Spur zu verlieren, keinen Zugang zum Flusse zu erzielen und dem Durst zu erliegen. Ich ließ jetzt von 5 Uhr morgens bis Sonnenuntergang fortdauernd marschieren. So ging es den 18., 19., 20. September in eins fort. Der schlimmste Tag war der 21. September, wo ich an der Spitze der Expedition von morgens früh bis 6 ½ Uhr nachts marschierte, wo ich dann endlich den Weg zum Tana noch in der Dunkelheit und nicht nur Wasser fand, sondern wo sich mir auch die Aussicht, am andern Morgen Lebensmittel zu bekommen, eröffnete. Am 21. September, einem Sonnabend, traf ich die erste Niederlassung der Gallas in Odagalla. Herr v. Tiedemann erreichte an diesem Tage mit der Mehrzahl der Träger den Lagerplatz überhaupt nicht. Er hatte unter furchtbaren Qualen des Durstes die Nacht in der Steppe zuzubringen, trotzdem ich in dieser Nacht von Sonnabend auf den Sonntag den ganzen Flußwald in Brand stecken ließ, daß die Flammen zum Firmament emporloderten als Merkzeichen für meine Leute in der Steppe und als Wahrzeichen für die Gallas vor uns, daß die Expedition der Deutschen angelangt sei. Am Sonntag gegen Mittag erst kam Herr v. Tiedcmann, und den ganzen Tag über trafen weitere Nachzügler bei mir ein. Es war mir am Morgen bereits geglückt, einigen Mais von der gegenüberliegenden Insel zu beschaffen, und hier hatte ich zu meinem Bedauern wieder das System, den Sultan bei seinem Besuch in Ketten zu legen, anwenden müssen, weil meine Kolonne sonst tatsächlich der Gefahr des Verhungerns ausgesetzt war. Es gelang am Nachmittage auch, einen Posten Hühner aus einem benachbarten Dorfe zu beschaffen, so daß Herr v. Tiedemann und ich uns wieder einmal an Fleisch erquicken konnten. Ich blieb in Odagalla Montag den 23. liegen, weil einer meiner Leute immer noch nicht von der Steppe aus eingetroffen war, ein gewisser Amdurabi, welcher die Last mit meinen Privatdecken trug. Dieser erschien überhaupt erst am 26. September, abgemagert und dreiviertel tot, bei meinem Lager in Oda-Boru-Ruwa. Am Dienstag den 24. September in der Frühe brach ich mein Lager in Odagalla ab, und nun ging es mit wehender Fahne und unter Trommelschlag nach dem 1 ½ Meilen entfernten großen Galla-Sultanat von Oda-Baru-Ruwa. Gegen 11 Uhr fanden wir den Pfad durch den Urwald an den Fluß und um ½ 12 Uhr sahen wir zum ersten Male an der andern Seite des Tana die reichen Anpflanzungen und die Dörfer der Gallas von Oda-Boru-Ruwa vor uns.

V. Kapitel
Bei den Gallas in Oda-Boru-Nuwa

„In deiner Brust
sind deine Schicksal Steine."
(Schiller.)

Gegen 12 Uhr Morgens lagerte ich mit meiner Karawane in dem Urwald des Tana gegenüber den Ansiedelungen der Gallas, welche von der andern Seite herüberschimmerten. Wir hatten die Freude, seit langer Zeit zum ersten Male wieder Maisanpflanzungen zu sehen. Aber es galt nunmehr, eine Verbindung mit der andern Uferseite herzustellen, was seine Schwierigkeiten hatte, da meine Boote noch nicht angelangt waren. Ich schickte deshalb einige Somalis über den an jener Stelle ziemlich breiten Strom hinüber, denen es gelang, eines Bootes habhaft zu werden, welches sie zu uns herüberbrachten. Die ganze Gegend sei verlassen, so meldeten sie. Ich sandte das Boot noch einmal zurück und ließ zwei weitere Gallaboote holen. Nun ging ich mit einigen Soldaten und meinen beiden Privatdienern aufs linke Tanaufer hinüber, indem ich die eigentliche Kolonne unter der Obhut des Herrn v. Tiedemann zurückließ. Da ich gar nicht wissen konnte, wie sich die Gallas zu unserer Ankunft stellen würden, so beorderte ich sofort das eine der Boote zu den Maisfeldern, um es mit Getreide zu füllen und an den noch auszusuchenden Lagerplatz zu schaffen. Wir ruderten inzwischen an einer breiten Flußgabelung vorüber, folgten dem südlichen Arme und landeten schließlich nach ½ stündiger Fahrt bei einem kleinen Dorf zur rechten Hand, wo ich einige Leute sah. Es war dies eine Sklavenniederlassung der Gallas und bestand hauptsächlich aus Suahelis des Sultanats Witu, welche von den Gallas geraubt und hierher geschleppt worden waren. Es fand sich zufällig, daß Bin Omar, den ich bei mir hatte, früher ein sehr guter Freund eines dieser Sklaven, der Mandutto hieß, war und sofort seine alten Beziehungen mit demselben erneuerte. Unter einem mächtigen Baum war eine Bank angebracht, und hier ließ ich mich nunmehr nieder, indem ich sofort meine Boote zurückschickte, um weitere Mannschaft herüberzuholen und andrerseits an den Sultan der Gallas sandte mit der Einladung, sich zu mir zu bemühen, um mit mir über unsere Lagerung zu beratschlagen. Man brachte mir Obst und Maiskolben zu essen, und die Suahelis waren augenscheinlich hocherfreut über die Ankunft unserer Expedition. Es dauerte eine Stunde, bis der Sultan Hujo mit Gefolge bei mir erschien: ein kleiner, äußerst verschlagen aussehender Mann, bekleidet mit einem braunen Togaüberwurf und geschmückt mit einer kupfernen Kette um den Hals und dicken Armringen aus gleichem Stoff. In seiner Hand trug er eine Lanze, wie dies die Sitte der Gallas ist.

Diese Gallas sind im allgemeinen von imposanter Erscheinung. hoch und schlank gebaut, tragen sie denselben Typus, welchen ich in Witu an den Somalis bewundert hatte. Der Gesichtsschnitt weicht von dem der Neger vollständig ab und erinnert in seinen schmalen feingeschnittenen Zügen durchaus an den der Kaukasier. Schwermütig schauen dunkle Augen aus denselben heraus, welche nur zu funkeln beginnen, wenn die Leidenschaft die Herzen bewegt. So gehören die Gallas zu den schönen Völkern der Erde, und sie haben auch in ihrem Auftreten etwas durchaus Adeliges. Ihrer Sprache nach sind sie eng verwandt mit den Somalis, mit denen sie jedoch in Todfeindschaft leben. Ein Somali und ein Galla, wo immer sie auch auseinandertreffen mögen, stehen ohne weiteres im Kriegszustände. Die Somalis sagen selbst, daß sie früher ein Volk gewesen seien, sich aber getrennt hätten, weil die Gallas dem alten Volksglauben treu blieben, während die Somalis die Lehre Mohammeds annahmen. Die Gallas von Oda-Boru-Ruwa insbesondere gehören augenscheinlich dem im Norden noch herrschenden Stamm der Borani-Gallas an, sind aber im Verlaufe der Jahrhunderte durch die Somaliflut heruntergedrängt bis in die Bararetta-Gallas hinein, von wo sie nach ihrer eigenen Aussage durch die Wakamba wiederum nach Norden gejagt wurden. Jetzt hatten sie sich seit langer Zeit schon auf der großen Tanainsel, die sie Oda-Boru-Ruwa nannten (Oda – Flußgabelung, Boru – morgen früh, Ruwa – Regen) niedergelassen und hielten von hier aus die Wapokomo unter ihrer Herrschaft, welche an: Tana entlang noch bis gegen Hameje hm sitzen. Diese Wapokomo haben zwar noch ihren eigenen Sultan, welcher zu den Beratungen der Gallas hinzugezogen wird, haben aber für die herrschende Gallaklasse Frondienste zu leisten, welche insbesondere in Bootsfahrten bestehen. Daneben halten, wie ich bereits erwähnte, sich die Gallas Sklaven, durch welche sie ihren Ackerbau und ähnliche Arbeiten besorgen lassen. Diese Sklaven sind in eigenen Dörfern angesiedelt und haben auch selbst einiges Ackerland für sich und ihre Familien in Besitz, aber sie sind niemals in der Lage, sich Eigentum anzusammeln, weil ihnen solches regelmäßig durch ihre Herren, die Gallas, fortgenommen wird. Äußerlich lebten die beiden Rassen in gutem Verhältnis, wobei der intelligente Mandutto die Interessen der Suahelis gegenüber den Gallas vertrat, aber unter der Decke hatte sich ein erbitterter Haß zwischen Herren und Beherrschten herausgebildet, und dieser sollte auf die Geschicke meiner eigenen Expedition in höchst merkwürdiger Weise mit einwirken. Die Suahelis vom unteren Tana hielten sich nämlich im Grunde für die überlegene Rasse und sahen es zähneknirschend an, mit welchem Stolz die hochfahrenden Gallas sie behandelten. Insbesondere erfüllte es sie mit Wut, daß sich die jungen Gallakrieger ihrer Frauen und Töchter nach Belieben bemächtigten. Unter diesen Verhältnissen hatte auch Mandutto zu leiden gehabt, mit welchem ich alsbald in enge Beziehungen trat, und welcher dann hernach ein wertvolles Mitglied meiner Expedition geworden ist. Alles in allem genommen befinden sich die Gallas von Oda-Boru-Ruwa in einer sehr eingekeilten und von allen Seiten bedrängten Lage. Im Norden haben sie sich gegen die Somalis zu verteidigen, im Westen kämpfen sie gegen die Wandorobo und von Südwesten aus machen die Wakamba Beutezüge gegen ihre Herden. Nach meiner Schätzung verfügte der Sultan Hujo im Jahre 1889 noch über etwa 1200 Krieger. „Blicke auf meine Leute", so sagte er mir selbst einmal, als ich ihm zum Vorwurf machte, daß sich der einst mächtige Stamm jetzt auf diese Insel des Tana zurückgezogen habe, „siehe doch meine Krieger! Einst zählten sie nach vielen Tausenden, jetzt sind sie zu Hunderten zusammengeschrumpft. Nach allen Richtungen hin haben wir zu kämpfen, und ich sehe den Tag voraus, wo kein Gallafuß mehr die Steppen am Tana durcheilen wird." So gleichen diese Gallas von Oda-Boru-Ruwa den trotzigen, aber zum Untergange bestimmten Indianerstämmen Nordamerikas, und es liegt ein Hauch von Wehmut über ihrem Geschick. Ich faßte von vornherein eine starke Sympathie für diesen kriegerischen, aber so sehr bedrängten Stamm, zu diesen stolzen Männern mit dem schwermütigen Blick und diesen in sich gekehrten Mädchen, welche in ihrem Äußern durchaus an den Typus der Zigeunerinnen erinnerten. Dies Interesse ist bei mir nicht erloschen, als ich hernach im Fortgang der Entwicklung durch die harte Notwendigkeit der Selbsterhaltung gezwungen wurde, den Gallas mit Gewalt entgegenzutreten, und hat meine Haltung gegenüber dem Stamme nach dem Gefecht, welches ich in der Nacht vom 6. Oktober mit ihnen zu bestehen hatte, wesentlich bestimmt.

Lieblich dehnen sich die Ansiedelungen und die Dörfer der Gallas über Oda-Boru-Ruwa aus. Da wandelt der Fuß wie durch einen Garten, Maisfeld reiht sich an Maisfeld, unterbrochen von Bananenpflanzungen und Batatenfeldern. Die Häuser sind zwar klein, rund, nach Art der Heuschober, indes reinlich und nett. Oda-Boru-Ruwa entstand durch das Alluvium des Tana und ist eine Oase inmitten der Steppe, welche sie nach Osten von dem Kulturstreifen des unteren Tana, nach Süden, Westen und Norden aber von Wapotomo, Massais und Somalis abtrennt. Die Insel mag drei Viertel Quadratmeilen groß sein. Hier würde jede Kultur möglich sein, wie z. B. der eingeborene Tabak auch schon für europäischen Geschmack durchaus genießbar ist und von uns lange Zeit geraucht wurde. Da der Strom eine billige Verbindung nach der Küste hin möglich macht, so ladet die Üppigkeit des Bodens, die entzückende Lieblichkeit der Landschaft zur Errichtung einer Station geradezu ein, um so mehr als die Gallas selbst mitteilen, daß von hier aus ein Elfenbeinhandel mit den elefantenreichen Ländern im Westen schon jetzt stattfindet und durchaus entwicklungsfähig erscheint.

In vornehmen Windungen zieht sich der Tana bei Oda-Boru-Ruwa hin, und entzückt schweift das Auge über den Strom, dessen Ufer entweder mit Anpflanzungen oder aber mit stattlichem Wald bestanden sind, und welcher auch außer O-da-Boru-Ruwa eine Reihe von Inseln und Inselchen bei dieser Stelle bildet. Es ruht ein Hauch süßer Poesie über der Landschaft und ladet den Geist zum träumerischen Versenken in sich selbst ein.

Als ich am 24. September mit Sultan Hujo in meine ersten Verhandlungen trat, da konnte ich nicht ahnen, daß diese sonnenverklärte und poesieumwundene Landschaft recht bald der Schauplatz des ersten ernstlichen Kampfes für die deutsche Emin Pascha-Expedition werden sollte. Sultan Hujo gestand von vornherein zu, daß meine Expedition sich gegenüber der Insel Oda-Boru-Ruwa an einem uns anzuweisenden Platze niederlassen dürfe. Auch wolle er mit den Ältesten des Stammes beraten, um einen regelmäßigen Markt für die Verproviantierung meiner Leute zu eröffnen. Der Sultan kann bei den Gallas keine wichtige Frage selbst entscheiden, es ist mehr ein gewählter Magistrat als ein erbliches Amt. Wenn auch, wie es scheint, im allgemeinen die natürliche Erbfolge festgehalten wird, so sind die Gallas doch nicht an dieselbe gebunden, und der Sultan ist sogar absetzbar, wenn er sein Amt schlecht versieht. Immer entscheidet die Ratsversammlung der Ältesten, von welcher auch schwere Verbrechen gegen die Stammesangehörigen abgeurteilt werden. Zu einer solchen Beratung begab sich Sultan Hujo alsbald ins Innere der Insel, indem er mir versprach, Boote senden zu wollen, um mich an den anzuweisenden Lagerplatz zu befördern. Zur weiteren Verständigung ließ er mir Gall-Galla zurück, einen Galla, welcher als Kind schon von den Arabern geraubt war und lange Zeit als Sklave im Witu-Sultanat gelebt hatte. Derselbe hat ein abenteuerliches Leben hinter sich, hatte auch jahrelang bei den Kawallala-Somalis gewohnt und beherrschte infolgedessen außer der Gallasprache das Arabische, Kiswahili und Kisomali, was für uns von großem Wert war. Auf meinen Wunsch schickte derselbe sofort Boten zu meiner Kolonne im Walde, um solche dem anzuweisenden Lagerplatz zuzuführen.

Ich wartete indes auf die vom Sultan versprochenen Boote, indem ich mit den beiden mir zur Verfügung stehenden im ganzen etwa 12 Mann zu mir über den Fluß herüberzog. Als die von Hujo versprochenen Boote nicht kamen, erklärte ich gegen 3 Uhr, nunmehr auf der Insel selbst entlang marschieren zu wollen bis zu dem Punkt gegenüber dem Lagerplatz, von wo aus die Gallas mich dann hinübersetzen sollten. Dem widersetzten sich die Gallas, und ich mußte sie mit Krieg bedrohen, um unser Ansehen nicht von vornherein zu schädigen und meinen Willen durchzusetzen. In ¾ stündigem Marsch unter Gall-Gallas Führung ging es dann die Insel aufwärts an den Niederlassungen der Gallas vorüber. In keine derselben wurden wir hineingeführt, immer standen an den Eingängen große Trupps trotziger Gallakrieger aufgestellt, welche die Fremdlinge feindlich und drohend anblickten. Endlich an einigen Wapokomo-Dörfer vorbei erreichten wir die Lichtung am Tanaufer, von wo aus ich zu meiner Freude an der andern Seite schon meine Leute und Kamele wahrnahm. Unter einem mächtigen Baum, welcher im Verlaufe der nächsten Wochen mir noch so wohl bekannt werden sollte, erwartete ich das Boot, welches mich alsbald nach der andern Seite zu meiner Kolonne hinüberführte. Hier war auch bereits das Boot voll Mais eingetroffen, welches ich am Morgen beordert hatte, und ich konnte demnach meinen Leuten sofort Essen austeilen. Aber eine rechte Freudigkeit der Stimmung konnte nicht aufkommen.

Der Lagerplatz stellte eine abgebrannte Grassteppe dar, aus welcher der Wind fortwährend schwarze Aschenmassen emporwirbelte.

Zwar war der Ausblick auf den Tana ein reizender, und auch die Landschaft im Hintergrunde stellte eine imponierende und doch wieder liebliche Waldbildung dar, aber ich erfuhr gleich nach meiner Ankunft im Lager, daß der Verschluß unseres Geschützes nicht funktioniere, und über dieser vorliegenden Sorge mußten sich sofort ernste Betrachtungen über das, was der Expedition weiter bevorstand, heranbilden. Hier hatte ich die zweite Kolonne unter Kapitänleutnant Rust zu erwarten. Was, wenn diese ein Mißgeschick befiel und sie nicht zu mir stieß! War da nicht vielleicht Oda-Boru-Nuwa der letzte Endpunkt unserer deutschen Emin Pascha-Expedition überhaupt? Ja, auch für den Augenblick selbst war ich in schwerer Verlegenheit; meine Boote mit den wenigen Tauschartikeln, die ich besaß, waren noch nicht angekommen. Würden sie ausreichen, um uns nur einen längeren friedlichen Aufenthalt in Oda-Boru-Ruwa selbst zu ermöglichen? Dies waren meine Erwägungen, als ich, auf einer Kiste sitzend, das Lager aufschlagen ließ.

Gegen ½ 6 Uhr erschien plötzlich der Sultan Hujo mit einigen Hunderten seiner Krieger am andern Ufer und ließ mich auffordern, zu einer Beratung unter den vorhin erwähnten Baum zu kommen. Ich ließ einige Soldaten in die Boote steigen und fuhr zu Hujo hinüber. Aber so schwankend sind diese kleinen Tanakanoes, und so ungeschickt waren meine Leute im Befahren derselben, daß unser Boot, noch ehe wir das andere Ufer erreichten, umschlug und ich schwimmend zur Beratung mit den Gallas hinübergehen mußte, ein etwas komischer Zwischenfall, der sich in den nächsten Wochen indes noch häufig wiederholen sollte und uns eine Last, sowie mehrere Flinten gekostet hat. Als ich wassertriefend unter den Gallas auftauchte, teilte mir Sultan Hujo mit, daß diese einverstanden seien, uns einen Markt für unsere Bedürfnisse zu eröffnen, daß er mir auch persönlich Hühner zu schenken gedenke. Als ich ihn jedoch aufforderte, mir sofort ein solches zu schicken, du ich noch nichts gegessen habe an diesem Tage, meinte er, das habe bis morgenfrüh Zeit, und ich konnte ihn auch nicht veranlassen, von dieser Meinung abzugehen. So kam es, daß wir an diesem Abend uns von gekochtem Mais mit Butter nähren mußten, und daß in mir zum ersten Male das Gefühl auftauchte, daß die von mir eingeschlagene Friedenspolitik gegenüber diesem hochmütigen Stamm am Ende doch nicht das Richtige sei, sondern daß wir hier vielleicht zum ersten Male an die Waffen zu appellieren haben würden, um festzustellen, ob es nötig sei, zu darben, wo das Land so viele Nahrung für Menschen und Vieh hervorbrachte. Ich beschloß, unter allen Umständen auch meinerseits eine hochmütigere Tonart gegenüber diesen stolzen Söhnen der Steppe anzustimmen, und schickte am folgenden Morgen, als der Sultan von neuem zu einer Beratung unter dem Baum erschien, Herrn v. Tiedemann zu meiner Vertretung hinüber.

Herr v. Tiedemann sollte dem Sultan einige Freundschaftsgeschenke von mir überreichen, und dies nur für den Fall, daß er zunächst auch mir angemessene Geschenke bewilligte. Dies geschah. Ich erhielt einige Bootsladungen voll Getreide, Bananen und mehrere Hühner, so daß wir an diesem Tage zum ersten Male wieder wenigstens regelmäßige Mahlzeiten zu uns nehmen konnten. An diesem Tage trafen zu meiner Freude auch meine Boote mit den Tauschartikeln bei uns ein, und von nun an hätten wir uns demnach bis auf weiteres durch Kauf von den Gallas regelmäßig verproviantieren können, falls solche ihr Versprechen, uns einen Markt zu eröffnen, gleich erfüllt hätten. Um sie zur Innehaltung der übernommenen Verpflichtung zu veranlassen, und vor allem, um der fortwährend bestehenden Gefahr des Verhungerns zu begegnen, ließ ich in der nächstfolgenden Nacht durch Herrn v. Tiedemann mit drei Booten noch einmal eine Razzia auf Getreide vornehmen, welche vollständig. glückte und die Gallas veranlaßte, die Eröffnung des Marktes nunmehr unmittelbar vorzunehmen.

Hier in Oda-Boru-Ruwa hatte ein halbes Jahr zuvor der Engländer Mr. Pigott mit seiner Expedition sich aufgehalten, über dessen Schicksale ich gleich am ersten Tage Näheres erfahren hatte. Nach den Berichten der Gallas hat Mr. Pigott versucht, im Norden des Tana vorzustoßen. Als er indessen die Niederlassungen der Gallastämme nordwärts gesehen habe, da habe ihn Furcht ergriffen und er sei zurückgekehrt. Nach anderen Meldungen, welche mir glaubwürdiger erschienen, sollte Mr. Pigott im Norden auf menschenleere Steppen gestoßen sein, und deshalb sei er zurückgekehrt. Er habe dann einen Vorstoß südlich vom Tana versucht, habe aber auch dort keine Nahrung gefunden und sei infolgedessen gezwungen gewesen, nach Mombassa zurückzumarschieren. Mr. Pigott habe bei den Gallas zwei Stationen angelegt und in diesen eine Besatzung zurückgelassen. Diese Besatzung habe sich indessen schon vor etwa zehn Tagen stromabwärts begeben. Mr. Smith mit seiner Expedition, sei vor etwa einer Woche eingetroffen, nachdem die englische Besatzung schon fort gewesen sei. Er habe dort einige Tage gewohnt, als aber die Nachricht von unserem Anzüge in Oda-Boru-Ruwa eingetroffen sei, da habe sich Mr. Smith ganz plötzlich eines Morgens davongemacht, er sei ebenfalls durch Ukamba nach Mombas zurückmarschiert. Eine Verbindung nach Westen hin, so fügten die Gallas hinzu, gäbe es für Expeditionen überhaupt nicht, weil dort keine Menschen mehr wohnten, sondern nur die breite Steppe uns winke. Wenn man nach Westen weiter marschiere, so komme man in die Berge hinein, welche wir bei der untergehenden Sonne schon hin und wieder am Horizonte emporsteigen sahen.

Nach dem Londoner Abkommen sollte der Tana die Begrenzung des englischen Interessengebietes sein: die Engländer hatten demnach keinerlei Recht, nördlich vom Tana Stationen anzulegen. Trotzdem hatte Mr. Pigott dies getan, woran ich nichts ändern konnte und wollte. Ich beschloß aber, um den Sinn des Londoner Abkommens hier zur Geltung zu bringen, nunmehr meinerseits systematisch darauf hinzuarbeiten, die Gallas deutscher Oberhoheit zuzuführen und den Sultan sowie die Stammesältesten zu veranlassen, zum äußerlichen Zeichen dafür in aller Form unsere deutsche Flagge im Norden des Tana zu hissen. Diese Verhandlungen haben mich in den nächsten Tagen sehr ernstlich beschäftigt und führten auch alsbald zu einem für uns sehr günstigen Abschluß.

Es war am 28. September nachmittags 2 Uhr, als ich mit dem Sultan Hujo und den Großen der Gallas unter dem bewußten Baum jenseit des Tana zu einer großen Beratung zusammentrat, um diese Frage endgültig zur Entscheidung zu bringen. Ich ließ zunächst mehrere Boote voll Soldaten vorausgehen, denen ich nachfolgte, und nach und nach mit Ausnahme der Lagerposten meine ganze Mannschaft auf die Insel hinübersetzen. Für Herrn v. Tiedemann und mich ließ ich unsere beiden Tragsessel hinüberschaffen, auf denen wir alsbald Platz nahmen. Außer dem Sultan Hujo waren auch drei Sultane der Wapokomo erschienen, um an den Beratungen teilzunehmen. Ich hatte vom Sultan Hujo, mit dem ich die Angelegenheit vorher besprochen hatte, erfahren, daß unter den Gallas eine starke Opposition gegen meine Vorschläge bestehe, und mich demgemäß von vornherein auf eine interessante Versammlung gefaßt gemacht. Neben und hinter Hujo lagerten die Krieger der Gallas, mit denen meine Somalis trotzige Blicke wechselten. Der Haß zwischen den beiden Rassen war so stark, daß es mir wiederholt nur mit großer Mühe gelang, ein plötzliches Blutvergießen zu verhindern. Alle Augenblicke sprangen die Gallas mit gezückten Speeren auf, um auf die Somalis einzudringen, oder meine Somalis warfen ihre Büchsen an die Backen, um die Gallas niederzuknallen. Um diesem vorzubeugen, riet mir der Sultan Hujo, meine Soldaten ans andere Ufer zurückzuschicken, wozu ich mich im Hinblick auf die zu vielen Hunderten versammelten Gallakrieger nicht entschließen wollte. Während wir verhandelten, fand ein fortwährendes Zu- und Abströmen von Leuten statt, so daß das Ganze einen sehr belebten Eindruck gewährte.

Ich eröffnete die Verhandlung mit einer kurzen Ansprache, in welcher ich die Gallas fragte, ob sie Frieden oder ob sie

Krieg mit mir wünschten. Darauf erklärten sowohl der Sultan Hujo als auch die Ältesten der Wapokomo in längerer Ausführung etwa folgendes: Wir wissen, daß du ein großer Mann bist, viele Gewalt hast und daß du immer noch mehr haben kannst. Wir haben auch gehört, daß weitere Deutsche dir nachfolgen und bald hier eintreffen werden. Du bist uns gegenüber wie Gott und wir wünschen mit dir Frieden. Es sind auch Engländer hier gewesen. Wir wissen aber, daß die Engländer klein sind und du groß. Gib uns Frieden, großer Herr, wir wollen alles tun, was du willst." Ich erwiderte darauf, nachdem somit die allgemeine Stimmung der Friedenspartei unter den Gallas zum Ausdruck gebracht war: „Ich bin hierher geschickt von dem großen Volk der Deutschen „Wadutschi". Wir wohnen in der Mitte von Europa und sind die stärksten von allen Völkern der Erde. Ihr kennt die Engländer und kennt uns, ihr könnt ja selbst urteilen, wer von uns der Größere ist. Aber wir machen nur Krieg gegen solche, welche uns selbst zuerst bekämpfen, die werfen wir nieder und die töten wir, aber Frieden geben wir allen denen, welche mit dem Volke der Deutschen friedlich zusammen leben wollen. Die Schwachen schützen wir, die Starken, wenn sie uns entgegentreten, werfen wir zu Boden! Ich bin jetzt hier bei den Gallas nur auf dem Durchzuge, ich will fern gegen Westen marschieren durch die Massais hindurch zu einem großen Deutschen, welcher allein mitten in Afrika wohnt, und dazu, wenn ihr unsere Freunde sein wollt, müßt ihr uns helfen. Im Westen von hier ist ein großer Berg, der weiß ist, dahin wünsche ich zunächst zu ziehen, und ich wünsche von euch, daß ihr mir Wegeführer dahin gebt. Das ist der Berg Kenia im Land der Massais, dorthin wünsche ich Wegeführer von euch. Ich weiß, daß auf dem Wege dorthin kein Essen für uns ist, deshalb wünsche ich Essen von euch und Boote, um es den Fluß aufwärts zu schaffen. Wollt ihr mir in bissen beiden Dingen helfen, so bin ich bereit, unsere Flagge hier aufzuziehen, welche die Somalis sehr Wohl kennen und welche sie abhalten wird, euch anzugreifen. Hier ist ein Schreiben der Somalis, das will ich euch hier lassen. Es ist von

Sheriff Hussein. Falls die Somalis kommen sollten, Zeigt es ihnen, und sie werden euere Freunde sein."

Es traten nunmehr längere Unterhaltungen ein, nachdem die Gallas sich bereit erklärt hatten, meine Forderungen im Prinzip zu bewilligen. Es wurden mir auf der Stelle zwölf Bootsleute besorgt, deren Namen ich eintrug und welche nur noch die Erlaubnis sich erbaten, nach Hause zu gehen, um sich von den Ihrigen zu verabschieden, und dann in‚mein Lager übersiedeln wollten. Es wurden mir außerdem drei Wegeführer vorgestellt, welche mir den Weg über Hameje und von dort nach dem Kenia zeigen sollten. Es war 3 Uhr geworden, als diese Sachen abgeschlossen waren und ich den Vertrag vorlegte, welchen nach einstimmigem Beschluß der Volksgemeinde der Sultan Huio im Namen der Gallas am nächsten Morgen unterzeichnete.

Inzwischen hatten meine Leute einen mächtigen Baumstamm beschafft und ein Loch gegraben, um die deutsche Flagge in feierlicher Form Zu hissen. Ich hielt es für richtiger, den eigentlichen Akt des Hissens durch die Gallas selbst vornehmen zu lassen. So mußten sich der Sultan und seine Großen bequemen, den Flaggenmast zu befestigen und die Flagge empor zu ziehen. Als die Sonne im Westen hinter den geheimnisvollen Bergzügen verschwand, welche nach unserer damaligen Meinung die Massailänder begrenzten, da wehte zum ersten Male die schwarz-weiß-rote Flagge im Abendwinde über dem oberen Tana, begrüßt von drei Salven meiner sämtlichen Leute und umtanzt von den schlanken Gestalten der Gallakrieger. Daß dieser ganze Akt auf die Leute einen tiefen Eindruck gemacht hat, wird u. a. auch dadurch bewiesen, baß Herr Oskar Borchert Ende Dezember, zwei Monate nach meinem Abmarsch, die Flagge noch vorfand, welche von den Gallas mit einer Art abergläubischer Scheu betrachtet wurde.

Ich hatte nun in den nächsten Tagen Gelegenheit, die liebliche Insel Oda-Boru-Ruwa und die eigentümlichen Sitten der Gallas näher kennen zu lernen. Herr v. Tiedenmnn erkrankte leider am 29. September, wir wußten nicht ob an der Milz oder an der Leber, derart, daß ich aufs äußerste besorgt um sein Leben ward und ihm den Vorschlag machte, auf unserm großen Boot an die Küste zurückzufahren. So war ich in diesen nun kommenden Wochen ganz auf mich allein angewiesen und der gewaltige Zauber der Einsamkeit liegt auch in der Rückerinnerung über diesen sonnigen Tagen von Oda-Boru-Ruwa. Sonnig waren die Tage in der Tat. Das Thermometer erreichte zwischen 2 und 3 Uhr im tiefsten Schatten regelmäßig die Höhe von 45° C. Die Hitze war hin und wieder geradezu fast unerträglich, aber der Untergrund war trocken und eigentliche Fiebererkrankungen in der Expedition fanden nicht statt. An den Nachmittagen, wenn die Sonne im Sinken war, pflegte ich mein Pferd satteln zu lassen und Ausflüge in die weite und wunderbare Steppe zu machen. Da sprengte ich wohl eine Stunde weit gegen Westen auf einen Hügel, von wo aus der Blick fern bis zu den dunklen Bergen schweifen konnte, hinter denen sich unser Schicksal erfüllen mußte. Wenn dann der Abend heraufzog und der Mond die träumerische Landschaft beschien, dann pflegte ich vor meinem Zelt zu sitzen, um dem Rauschen des Tana zu lauschen, welches geheimnisvolle Kunde von den Ländern hinter den Bergen herabbrachte. Ein tiefer Friede und süße Ruhe lagerten in solchen Tropennächten über dieser Landschaft. Wenn der Orion gerade über uns flammt oder das Kreuz des Südens am Himmel steht und das ganze hohe Firmament von Sternenglanz erstrahlt, dann erzittert das Herz vor den Schauern des Ewigen und die Gottheit wird lebendig in unserer Seele. Gegenüber den wunderbaren Wechselfällen dieser Expedition drängte das Herz mit Naturnotwendigkeit mehr und mehr auf diesen letzten Quell des Trostes zurück, und gerade hierin lag das Großartige dieser einsamen Stunden des Tages.

Um die Zeit nicht ganz müßig zu verbringen, begann ich schon am 29. September mit der Anlegung einer deutschen Station auf der Insel Oda-Boru-Ruwa. Im Verlaufe der nächsten 14 Tage entstand am gegenüberliegenden Ufer ein schmuckes kleines Häuschen, mit Stroh bedeckt und von Holz aufgeführt, welches drei Zimmer enthielt. Eine feste Umzäunung umgab die kleine Schöpfung nach drei Seiten hin, während ich nach der vierten, der Flußseite, zu einem Landeplatz für die Boote anlegen ließ. Diese Niederlassung, zu der ich auch, an meiner Seite des Flusses einen Schuppen für Güter bauen ließ, nannte ich „Von der Heydt-Haus". Ich hatte sie anlegen lassen besonders im Hinblick auf die von mir erwartete zweite Kolonne und in dem Glauben, von hier aus einen Verkehrsweg nach dem Baringo schaffen zu können, hatte ich eine zweite Station anzulegen gedachte. Mein Gedanke war, von hier aus den Elfenbeinhandel der Massaigebiete nach Deutschland leiten zu können und damit der englischen Mombasstraße Konkurrenz zu machen.

Die englische Station, welche auf der andern Seite des Flusses noch stand, ward in diesen Tagen von den Gallas verbrannt, was ich nicht verhindern konnte. Wenn sich die Hoffnungen, welche mich bei der Anlegung des „Von der Heydt-Hauses" bewegten, auch nicht erfüllt haben, so hat mir die kleine Anlage doch den vollen und reinen Genuß des Schaffens in den Oktobertagen 1889 als solchen verschafft. Als das Haus fertig war, machten wir eine kleine Tafel, auf welcher wir mit lateinischen Buchstaben den Namen „Von der Heydt-Haus 1. 10. 1889", aufschrieben und welche wir auf einen Pfahl links von dem Hause befestigten. Haus sowohl wie Tafel hat Herr Borchert im Dezember vollständig erhalten vorgefunden.

Aber das Schicksal wollte unserm Aufenthalt in Oda-Boru-Ruwa doch nicht nur diese reinen Eindrücke friedlicher Arbeit aufstempeln. Meine Beziehungen zu den Gallas, welche zunächst ziemlich herzlicher Natur waren, begannen allmählich sich zu trüben. Die Niederbrennung der englischen Station, welche ohne meinen Befehl vollzogen ward, verstimmte mich, und noch mehr wurde ich verstimmt durch den Umstand, daß, als ich am 5. Oktober nach der zweiten englischen Station schickte, um die dort befindlichen Tauschartikel bei mir in Sicherheit zu bringen, solche verschwunden und bereits in den Händen der Gallas waren. Ich ließ demnach am 6. Oktober den Sultan Hujo kategorisch um Auslieferung dieser englischen Tauschartikel ersuchen. Er kam indessen freundschaftlicherweise persönlich zu mir und blieb den ganzen Nachmittag in meinem Lager, indem er mir auseinandersetzte, daß er die Obhut der englischen Waren nicht gehabt, sondern daß die Engländer diese Sorge einem andern Galla übertragen hätten, und daß er überhaupt gar nicht glaube, es hätten sich noch englische Waren in der Station befunden. Ich war nicht in her Lage, die Wahrheit dieser Mitteilungen prüfen zu können, erklärte mich aber durch die Ausführungen Hujos befriedigt. Inzwischen war aber eine zweite Sache herangereift, welche zum Konflikt und zum Kampf geführt hat. Die Suaheli-Sklaven Mandutto und Jembamba hatten sich zunächst mit Hamiri und durch diesen mit mir in Verbindung gesetzt mit der Anfrage, ob, wenn sie mit ihren Stammesgenossen in mein Lager übersiedelten, ich bereit wäre, sie gegen die Gallas in Schutz zu nehmen. Ich erklärte nach einigen Verhandlungen, daß ich alle diejenigen Galla-Sklaven schützen wolle, welche nachweislich von den Gallas weder gekauft noch im Kriege erbeutet, sondern schlechtweg gestohlen seien. Es hatten sich daraufhin bei mir 13 Mann einschreiben lassen, welche in der Lage waren, diesen Nachweis zu führen. Ich teilte am 6. Oktober dem Sultan Hujo diesen Tatbestand mit, und er erwiderte mir, daß ich ja der Herr der Gallas sei und zu bestimmen habe, aber daß sein Stamm ein solches Vorgehen meinerseits als einen Akt der Vergewaltigung aufnehmen werde. Sultan Hujo hatte ein sehr schönes, zigeunerinartig aussehendes Weib, indes keine Kinder. Er hoffte, daß ich ihm einen Zauber geben könne, welcher diesem Übelstand abhelfe, und auch dies war der Inhalt unserer Besprechungen am 6. Oktober. Am nächsten Morgen wollte ich ihm eine endgültige Antwort geben.

Es war eine schöne Mondnacht, welche am Abend des 6. Oktober heraufzog. Ich hatte noch bis gegen 9 Uhr vor meinem Zelt gesessen und legte mich alsdann schlafen. Gegen 10 Uhr wurde ich durch den Posten vor meinem Zelt geweckt, welcher mir meldete, daß Jembamba und Mandutto auf der andern Seite des Tana erschienen seien mit der Nachricht, die Gallas hielten eine große stürmische Beratung ab und hätten soeben beschlossen, die Suaheli-Sklaven in Ketten zu legen und noch in derselben Nacht mein Lager anzugreifen. Ich habe nun von vornherein auf der ganzen Expedition die Taktik gehabt, wenn ich einmal einen Kampf für unvermeidlich hielt, dann meinerseits anzugreifen, um mir die moralischen Vorteile der Initiative zu sichern. Ich war viel zu schwach, um Nachgiebigkeit gegenüber kriegerischen Gelüsten der stolzen Stämme des nördlichen Ostafrika üben zu können, und ich bin überzeugt, daß wir alle verloren gewesen wären, falls ich versucht haben würde, durch solche Nachgiebigkeit die Kampflust der Gegner zu starken und den Mut meiner eigenen Leute herabzuschwächen. Griffen die Gallas in der Tat am 6. Oktober in der Nacht mein Lager an, so war es ja sehr wahrscheinlich, daß sie zurückgeschlagen wurden. Indessen kostete ein solches Zurückschlagen vermutlich viel mehr Patronen als ein Angriff meinerseits, und vor allem mußte die Stimmung meiner Leute außerordentlich leiden, wenn sie empfanden, daß meine Stellung nicht einmal stark genug sei, um Schwarze von dem Angriff auf unser Lager abzuschrecken. Ich entschloß mich demnach sofort, diese ganze Sache nunmehr von meiner Seite aus noch in derselben Nacht zur Entscheidung zu bringen.

Ich stand auf, ließ ein kurzes Trompetensignal geben, nahm 10 Soldaten und 25 Träger mit mir und setzte beim vollen Mondenschein, ohne den kranken Herrn v. Tiedemann, den ich im Schlaf glaubte, von meinem Vorhaben zu benachrichtigen, auf die andere Seite des Tana hinüber. Eine halbe Stunde lang marschierten wir gegen Süd-Süd-Ost auf des Sultans Kraal zu, in welchem die Beratung stattfand. Wenn ich auf die Vorgänge dieser Nacht zurückblicke, so finde ich, daß meine Haltung noch einen sehr großen Mangel an Erfahrung in diesen Dingen aufweist. Es würde mir später nicht eingefallen sein, was ich am 6. Oktober tat, mit acht Mann meiner Hauptkolonne voranzuziehen und mit diesen ersten acht, unter denen sich keiner meiner Somalisoldaten befand, ohne weiteres in die vom reichen Genuß des Bieres aufgeregte Gallaversammlung hineinzutreten. Aber ich glaubte noch gar nicht an einem Kampfe ich glaubte, daß es mir gelingen werde, durch mein Erscheinen die Leute einzuschüchtern und durch eine Beratung die Zwischen uns schwebenden Streitpunkte zu beseitigen. So trat ich in den Gallakraal hinein, dessen dumpfes Geschrei wir schon aus der Ferne gehört hatten, und rief zweimal laut in die Versammlung: amani, amani! (Friede, Friede!) Aber ich hatte die Wirkung meines Auftretens erheblich überschätzt. Die Antwort auf mein Erscheinen war, daß ein Gallakrieger seine Lanze gegen meinen Kopf schleuderte und mir das Ohr damit ritzte, daß ein zweiter nach meiner Brust stieß, welchem Stoß ich nur dadurch entging, daß Hamiri mich beseite riß, wobei ich zu Boden fiel und mein Kopf gegen seinen Flintenlauf schlug. Ich riß meinen Revolver heraus, um den Galla niederzuschießen; aber zum Unglück versagten meine Revolverpatronen, und ich mußte nach meiner Büchse greifen, um mich zu verteidigen. Die Sache war einen Augenblick kritisch; aber nachdem wir etwa im ganzen sechs Salven abgefeuert hatten, durch welche der Sultan und sieben seiner Großen niedergestreckt wurden, war die Sache in drei Minuten entschieden und der ganze Stamm auseinandergesprengt. Die Gallas warm so sehr erschreckt, daß einzelne von ihnen bis an die Küste flohen und hier das Gerücht aussprengten, daß ich meinerseits gefallen sei, wodurch dann Europa mehrere Monate unter dem Eindrucke stand, daß unsere Expedition am Tana gescheitert und ich selbst tot sei.

Als das Gefecht beendet war, empfand ich zwar den ganzen stolzen Rausch des Siegers, aber auch eine heftige Nervenerregung im Hinblick auf das erste vergossene Menschenblut. Indes zu solchen Erregungen war keine Zeit, die Verhältnisse zwangen zum Handeln. Ich erkannte sofort, daß es für die Sicherheit meiner Expedition von der größten Bedeutung sei, wenn ich gegen weitere Unternehmungen der Gallas mich durch ein Faustpfand sicherte, und somit ließ ich die sämtlichen im Kraal versteckten Weiber, 23 an der Zahl, aus ihren

Häusern herausholen, um sie mit mir in mein Lager überzuführen. Ich fand auch einige Männer, welche ich ebenfalls als Kriegsgefangene mitführte. Ich mußte auch einsehen, daß es nun wahrscheinlich nicht mehr möglich sein werde, Getreide durch Kauf von den Gallas zu erstehen, und bemächtigte mich noch in der Nacht der sämtlichen vorgefundenen Vorräte, zu denen ich in den nächsten Tagen immer noch weitere Bootsladungen voll zu mir herüberholen ließ. Im ganzen gelang es mir, gegen 80 Bootsladungen Getreide in meinem Lager anzuhäufen. Stolz wie Thusnelda zog die Gattin des Sultans Huja mit ihren Leidensgenossinnen mit mir in mein Lager zurück, als wir gegen 1 Uhr die Insel verließen. Ich war von dem Sultanskraal sofort nach dem Sklavendorf marschiert und hatte hier an 30 Sklaven: Männer, Frauen und Kinder, befreit und gleich mit ihrer ganzen Habe in mein Lager zurückgenommen.

Als ich am Morgen des 7. Oktober erwachte, stand ich einer ganz neuen Sachlage gegenüber. Jetzt war ich der wahre Herr in diesen Ländern, da „gab es nichts, was mir nicht gehörte". Aber meine Lage war doch, bei Lichte betrachtet, eine schlechtere als am Tage zuvor; denn wie wollte ich ohne die Gallas den Weg den Tana aufwärts finden? Wie konnte ich hoffen, die Verbindung mit meiner zweiten Kolonne herzustellen, wenn ich in Feindschaft mit diesem Stamme lebte, welcher die Verbindung zwischen Massa und Oda-Boru-Ruwa immerhin unterbrechen konnte? Wie kannten schließlich meine Pläne, welche ich an die Begründung des „Von der Heydt-Hauses" knüpfte, in Erfüllung gehen, wenn die Gallas auch nur die Gegend verließen,, und auch hier die Einöde eintrat, welche Oda-Boru,-Ruwa im Osten und Westen umschloß? Dazu kam, daß ich gerade am 7. Oktober die Nachricht empfing, daß sich die Somalis zwischen mich und die Küste an dem Fluß gelagert hätten und in einer Stärke von 5000 Mann die Verbindung stromabwärts abschnitten. Ich hatte einige Tage zuvor einen Bericht nach Deutschland und an Kaitänleutnant Rust abgeschickt. Am 7. Oktober kam mein Bote

Abocca zurück mit der Meldung, es sei nicht möglich gewesen, durch die Somalis hindurchzukommen.

Diese Erwägungen bestimmten Mich, den Versuch zu machen, mit den Gallas wiederum in friedliche Beziehungen zu treten, und ich entließ demnach schon am 7. Oktober die gefangenen Männer mit der Botschaft, die Gallas möchten zurückkehren, dann sei ich bereit, ihnen ihre Weiber wieder auszuliefern. Zu gleicher Zeit begann ich an diesem Tage mein Lager zu befestigen, indem ich ein starkes Verhau und eine fast undurchdringliche Dornenumzäunung um dasselbe her aufführen ließ. Drei Tore führten ins Lager, je eins oberhalb und unterhalb unmittelbar am Fluß, das andere nach hinten heraus. An diesen Toren wachten Tag und Nacht Doppelposten, welche entweder ich selbst oder aber mein braver Hussein Fara allnächtlich revidierte. Ich darf als meinen Grundsatz für den nunmehrigen weiteren Expeditionsbetrieb aussprechen, daß ich das volle Bewußtsein der Verantwortlichkeit hatte gegenüber etwaigen Überrumpelungen durch feindliche Stämme. Ich wußte, daß ich meinen Leuten schuldig war, dafür zu sorgen, daß es für die deutsche Emin Pascha-Expedition eine Überrumpelung entweder des Nachts oder aber auf dem Marsch oder irgendwie sonst nicht gäbe, und daß, was auch immer unser Schicksal werden möge, ich jedenfalls der Expedition die Möglichkeit, mit ganzer Kraft gegen den Untergang anzukämpfen, zu sichern hatte. Ich beschloß demnach, kühn zu sein in meinen allgemeinen Entscheidungen, im einzelnen aber die allergrößte und peinlichste Vorsicht eintreten zu lassen. So wurde jetzt in der deutschen Emin Pascha-Expedition ein Nachtdienst eingeführt, welcher, wie ich glaube, in der Geschichte afrikanischer Expeditionen bislang noch nicht übertroffen worden ist. In den Massailändern hernach standen Nacht um Nacht fast regelmäßig acht Posten, welche jede Stunde revidiert wurden. Vor die Posten schob ich große Feuer vor, um das Terrain überblicken zu können, während das Lager selbst dunkel gehalten wurde. Ich ging hernach ganz und gar von dem System der Umzäunung für mein Lager ab, weil dies meinen Leuten das stolze Gefühl der Überlegenheit und Sicherheit nahm, welches für meine kleine Kolonne die einzige Grundlage des Sieges war. Unsere Sicherheit beruhte ausschließlich auf dem Nachtdienst.

Die Verhandlungen mit den Gallas zogen sich einige Tage hin. Am Abend des 8. Oktober erschien Gal-Galla in meinem Lager: Sein Stamm sei zersprengt, er biete sich mir als Diener an. Der schlaue Bursche wollte nur einen Vorwand haben, um meine Stimmung im Interesse seiner Stammesgenossen zu erforschen. Ich erfuhr von Gal-Galla daß die Gallas einen neuen Sultan namens Gollo gewählt hatten und daß sie bereit wären, mit mir über den Friedensabschluß in Verhandlungen zu treten. Am 15. Oktober sollte die Volksversammlung stattfinden, in welcher ich mit den Gallas verhandeln wollte. Die Gallas erschienen auch, aber ihr neuer junger Sultan Gollo hatte es vorgezogen sich in Bier gütlich zu tun, und verpaßte demnach die Sitzung, welche nunmehr am 16. Oktober stattfand. An diesem Tage fuhr ich dann über den Fluß hinüber und fand in Gollo einen sehr kavaliermäßig aussehenden jungen Herrn, der fast das Äußere eines Gardeoffiziers hatte und keineswegs in sehr gerochener Stimmung mir gegenüber erschien. Er verlangte, bevor er in Verhandlungen mit mir über den Frieden eintrete, solle ich Blutgeld für die gefallenen Gallas bezahlen, wie das die Sitte ihres Stammes sei. Ihm gegenüber affektierte ich einen Wutanfall, indem ich meinen dreibeinigen Schemel nahm und dem Sultan nach dem Kopfe warf. Ich sprang auf und erklärte, wenn die Gallas mit solchen Forderungen kämen, dann zöge ich meinerseits den Krieg vor und ich befehle ihnen nunmehr, sich einen andern Sultan zu wählen. Mit Gollo wünsche ich nicht mehr zu verhandeln. Dies wirkte. Gollo wurde noch an demselben Tage abgesetzt, und ein deutschfreundlicher Mann, welcher von vornherein mit mir auf gutem Fuß gestanden hatte, namens Sadeh, zum Sultan gewählt. Gollo begab sich noch an demselben Tage auf „Sommerfrische", nämlich auf Elefantenjagd, und bald erfuhren wir auch, daß es ihm gelungen sei, einen Elefanten zu erlegen. Ich übertrug

Sadeh das Sultanat in meinem Namen und setzte Gal-Galla neben ihm als meinen Agenten und als Chef der Station „Von der Heydt-Haus" ein.

Am 16. Oktober kamen die Verhandlungen mit Sadeh zu Ende durch folgenden Vertrag:

> Von der Heydt.tzaus, 16. Oktober.

Die beiden Endesunterzeichneten schließen hiermit Friede und Freundschaft:
Dr. Carl Peters, Chef der deutschen Enim Pascha- Expebition, und Sadeh, Sultan der Gallas.
Dr. Peters respektiert Leben und Eigentum der Gallas. Die Gallas erkennen Dr. Carl Peters unbedingt als ihren Herrn an.

Sie Versprechen, die Station „Von der Heydt-Haus" zu respektieren und an ihrer Fortbildung mitzuarbeiten.
Sie verpflichten sich, die Expedition des Dr. Peters und seiner Herren mit allen Kräften zu unterstützen. Dr. Peters gehört aller Grund und Boden auf den Bon der Heydt-Inseln, und die Gallas wollen nur an ihn und seine Vertreter Elfenbein und Getreide verkaufen.

Gez.: Dr. Carl Peters.   Handzeichen von Sultan Sadeh.
, Für die Richtigkeit: v. Tiedemann.

Die Verhandlungen wurden an diesem Tage im Von der Heydt- Haus geführt und fanden mit dem ganzen Zeremoniell des Gallatumes statt. Sie wurden besiegelt durch das Geschenk eines Schafes, welches Sadeh mitgebracht hatte. Dieses Schaf fand hernach die etwas wunderliche Verwendung, daß es zur Hälfte als Krankensuppe für eins der Kamele verarbeitet wurde, eine Medizin, welche die Weisheit meiner Herren Somalis ausgeklügelt hatte, („Give him some Soup, Sir" sagte Hussein.)

Ich schrieb in diesen Tagen eine Reihe von Beobachtungen und Notizen über die Gallas nieder, welche ich nach Deutschland zu senden beabsichtigte. Ich halbe diese Post in Oda-Boru-Ruwa zurückgelassen, aber sie ist leider Herrn Oskar Borchert nicht ausgeliefert worden. Vermutlich fürchteten die Gallas und ja auch mit Recht, daß ich in den Berichten Mitteilungen über mein Gefecht mit ihnen gemacht habe, und zogen es vor, das ganze Paket zu unterschlagen. So kam es, daß man hier in Deutschland monatelang ohne Nachricht von mir blieb, da weitere Berichte, welche ich von Hargatzo und Murdoi aus nach Deutschland abschickte, ebenfalls über Oda-Boru-Ruwa nicht hinausgelangt sind.[2]

Ich nahm auch meine Ausflüge in die Umgegend wieder auf, auf denen ich eine Gebirgsbilbung nördlich von Oda-Boru-Ruwa schimmern sah, welche vermutlich die Wasserscheide zwischen Fuba und Tana darstellt. Ich habe diese Berge Gallaberge benannt. Insbesondere aber verwandte ich viele Mühe, den Oberlauf des Tana zu erkunden, sowohl aus geographischem Interesse als auch im Hinblick auf den Weitermarsch meiner Expedition. Denn der Augenblick dieses Weitermarsches drängte nunmehr doch mit Notwendigkeit heran. Woche um Woche verrann, und vergebens blickte ich sehnsüchtig den Fluß hinunter, auf meine zweite Kolonne unter Kapitänleutnant Rust oder wenigstens doch ein Lebenszeichen von dorther wartend. Der Vollmond kam und schwand, und keine Nachricht traf ein. Die Somalis kamen näher heran bis nach dem 24 Stunden entfernten Odagalla hin. Wo war Kapitänleutnant Rust, was war aus meiner zweiten Kolonne geworden? Bereits am 8. Oktober hatte ich noch das Opfer gebracht, Hamiri mit Muhamed, einem Somali, stromabwärts zu schi-

---

[2] Diese Auffassung ist möglicherweise nach den letzten Nachrichten aus Witu, denen zufolge halbverbrannt« „sorgfältig aufgeschnittene" Briefe von mir im Hause Fuma Bakaris gefunden sind, irrtümlich. Vielleicht schickten die Gallas meine Post stromabwärts und diese wurde erst in Witu unterschlagen.

cken, um die Verbindung mit Rust herzustellen. Zwei Wochen zogen vorüber – auch von ihm keine Kunde mehr!

Ich stand nun einer außerordentlich ernsten Entscheidung gegenüber. Tauschartikel für die Massailänder besaß ich gar nicht, abgesehen von einer Last Eisendraht und einer halben Last Perlen. Sollte ich es wagen, unbekümmert um alle afrikanischen Traditionen, ohne unsere Tauschartikel in die gefährlichen Stämme des Westens abzumarschieren, oder sollte ich unter allen Umständen in Oda-Boru-Ruwa warten, bis ich wenigstens Nachricht über das Schicksal meiner zweiten Kolonne empfing? Aber dieses Warten zehrte die eingesammelten Vorräte unnütz auf und stimmte den Geist meiner Truppe herab. Außerdem konnte jeder Monat Verzögerung das Geschick der Unternehmung in der Äquatorialprovinz selbst in Frage stellen. Eine Antwort auf diese Frage konnte ich von außen nirgends erwarten. Die Sterne, zu denen ich fragend emporschaute, blieben stumm, und kein Zeichen ward mir von der Vorsehung gegeben, es sei denn, daß ich ein Scherzorakel so auffaßte, welches ich mir eines Abends selbst stellte. Meine Expedition war noch im Besitz eines Herophon, in welches ich Platten mit verschiedenen Musikstücken hineinlegte. Eines Abends beschloß ich im Hinblick auf die Weiterführung der Expedition, mir durch dieses Instrument ein Omen zu erbitten. Ich setzte in der Dunkelheit eine beliebige Platte ein mit dem Nebengedanken, den Charakter des Musikstücks als ein Zeichen vom Himmel zu nehmen. Ich mußte lächeln, als mit einem Male der bekannte Marsch aus „Carmen": „Mut in der Brust, Siegesbewußt" erschallte. Man wird mir indessen Wohl glauben, daß hierdurch meine Entscheidung objektiv nicht weiter beeinflußt worden ist. Aber entschlossen war ich nunmehr, abzumarschieren.

Die Erwägungen, welche mich hierzu leiteten, habe ich in der Instruktion niedergelegt, die ich für Kapitanleutnant Ruft in Oda- Boru-Ruwa zurückließ. Die Instruktion für Kapitanleutnant Rust war die nachfolgende:

Oda-Boru- Ruwa. Von der Heydt-Haus, den 20. Oktober 1889.

Herrn Kapitänleutnant Rust, Hochlwohlgeboren.
Seit vier Wochen habe ich hier vergeblich auf Sie oder irgend eine Iebensäußerung von Ihnen gewartet. Ich kann mir dieses völlige Ausbleiben jeder Benachrichtigung trotz meiner wiederholten Versuche auf viererlei Weise erklären:

1. können meine Zuschriften verloren sein,
2. es hat Sie persönlich ein fataler physischer Unfall betroffen,
3. ist Ihre Kolonne durch Entlaufen Ihrer Bootsleute zum vorläufigen Scheitern gebracht,
4. sind Sie durch Machinationen von rückwärts, von denen wir so viel zu leiden hatten, an der Ausführung des Ihnen erteilten Auftrages verhindert worden.

Wie dem auch sei, beim Ausbleiben jeder Nachricht, trotzdem ich noch am 8. ds. Hamiri an Sie abbeorderte, zwingen mich jetzt meine Ehre und meine Pflicht, mit den geringen Kräften, über welche ich verfüge, den Vorstoß direkt zu Emin Pascha hin zu unternehmen,. Ich würde sonst die Expedition, da ich so gar nicht wissen kann, was hinter mir vorgefallen ist, der Gefahr des Scheiterns aussetzen. Sie werden selbst beurteilen können, mit welchem Bedenken ich mich diesem neuen Salto mortale aussetze, ohne Tauschartikel für Massailand und die dahinter liegenden Gebiete abzumarschieren. Indessen habe ich mich trotzdem entschlossen, die letzte unsichere Chance des Erfolges, welche nunmehr nur noch im schnellen Handeln liegt, gegenüber der ziemlich sichern Aussicht auf ein Mißlingen, wenn ich länger hier bleibe, mir zu sichern, und ich breche morgen früh mit etwa 90 Lasten auf.

Mein Plan ist, am Kenia vorbei, falls ich einen Wegeführer in Ukamba finde, direkt nach Kawirondo am Viktoria Njansa nach Massala zu marschieren. Finde ich einen Wegeführer nicht, so muß ich nach dem Kitui des Grafen Teleki gehen, um von dort an den Baringo und von da nach Massala zu gelangen. Da ich Wegeführer von hier mitnehme, werden

Sie erfahren, wohin ich marschiert bin, was Sie ja übrigens auf einem etwa von Ihnen vorzunehmenden Marsch immer zu jeder Zeit erfahren können. Von Massala will ich am Nordufer des Njansa entlang zum Ausfluß des Nils aus dem See und mich dort orientieren, ob die Route durch Uganda zu machen oder aber Uganda im Osten zu umgehen ist. Mein nächstes Hauptziel würde Mruli in Unjoro sein, von wo es nur noch eine Woche bis zu Emin Pascha ist. Ich rechne bis Massala, abgesehen von den Unterbrechungen 5, von dort nach Mruli 2–3 Wochen. Von dem Kenia gehe ich vielleicht die sogenannte Thomsonsche Route, welche nach dessen Buch in 4–5 Wochen nach Massala über Njemps führt. Hoffentlich finde ich indes in Kitui die Wegeführer von Teleki. Ihnen lasse ich nun folgende Instruktionen zurück: Bedienen Sie sich der Beziehungen zu den Gallas, welche ich hier geschaffen habe. Den ersten Sultan, welchen ich hier traf, Huio, habe ich infolge seiner Hinterlist, die unser Lager bedrohte, als Feind oder wenigstens als lauen Freund betrachtet, und er ist mit sieben Gallas in einem nächtlichen Gefecht gegen uns gefallen. Sein erster Nachfolger Gollo, der uns gegenüber ziemlich unverschämt auftrat und von mir in einer öffentlichen Volksversammlung schroff und barsch zum Anstand verwiesen und mit Krieg bedroht ward, wurde von seinem Volke wieder abgesetzt. Er ist als sogenannter Führer einer etwaigen Kriegspartei im Auge zu behalten. Der jetzige Sultan, Sadeh, ist unter meiner Sanktion eingesetzt. Er hat mit mir einen Vertrag gemacht, in welchem er mich als Herrn der Gallas anerkennt, Grund und Boden an mich abtritt usw. usw., ich ihm dagegen Leben und Eigentum, soweit ich in Frage komme, schenke. Er verspricht in dem Vertrage, vornehmlich auch unsere Expedition zu unterstützen. Mündlich hat er mir in Zeugengegenwart versprochen, Ihnen Träger bis zum Kenia zu stellen. Führt er dies nicht aus, so sollen drei Tage von hier Esel zu haben sein. Die Wagalla sollen Ihnen helfen, eine Eselexpedition nach dem Njansa zu organisieren.

Dazu erteile ich Ihnen den Auftrag, falls Sie bis zum 15. Dezember fertig sind und mir folgen können, über Kitui und den Baringo marschieren, so erteile ich Ihnen ferner den Auftrag, in jedem der beiden Orte Stationen anzulegen, eventuell die von mir angelegten auszubauen. Als Bewachung sind zunächst immer zuverlässige Leute von Ort und Stelle ins Auge zu fassen. In Massala würden Sie weiter von mir hören.

Halten Sie die Aufgabe der Organisierung einer Eselexpedition bis zum 15. Dezember dieses Jahres für unausführbar, so ersuche ich Sie, Ihre Kolonne möglichst schnell aufzulösen, die Station hier mit Tauschartikeln zu versehen und Hamiri mit einigen Askaris zurückzulassen. Den Rest Ihrer Kolonne ersuche ich Sie in Lamu oder Sansibar zum Besten des deutschen Emin Pascha-Komitees bestmöglich zu realisieren. Sie selbst würde ich Ihrer Verpflichtungen gegen meine Expedition entbinden, ohne Sie indessen aus unserm Unternehmen auszuscheiden. Ich übertrüge Ihnen bis zur Entscheidung die Vertretung unserer Interessen zunächst in Lamu, dann in Sansibar, bis Sie Näheres über den Ausgang meiner Kolonne erfahren. Stellen Sie es gefälligst dem Komitee anheim, Sie eventuell zur Berichterstattung nach Deutschland zu berufen. Herrn Borchert, ersuche ich Sie, unter Innehaltung meiner kontraktlichen Verpflichtung, in diesem Fall nach Abwicklung der kaufmännischen Rechnungsablage, nach Deutschland zurückzubeordern, da ich erfahren habe, daß seine Gesundheit gelitten hat. Ich ersuche Sie, Abschrift dieser Instruktion baldmöglichst auf dem schnellsten Wege nach Europa gelangen zu lassen, wie ich Sie ebenfalls bitte, die beiliegende Post baldmöglichst flußabwärts zu schicken.

Mit den besten Wünschen für Ihr Wohlergehen und die Ausführung Ihres Auftrags verbleibe ich mit freundlicher Gesinnung Ihr hochachtungsvoll ergebener   Carl Peters.

P.S. Lassen Sie ferner einen Versuch mit Aufkauf von Elfenbein machen und nehmen Sie sich, bitte, des Stationsartens und der anzulegenden Plantagen an. Gez. C. P.

Damit war der entscheidende Wurf getan. Am 18. Oktober ließ ich die Tauschartikel von neuem verpacken und zeichnen, und am 19. war meine ganze Kolonne mit Maisstampfen beschäftigt, da ich befohlen hatte, daß jeder Mann für 25 Tage Mais mit sich zu nehmen habe. Die Steppe, welche vor uns lag, hatte bislang jeden Versuch, sie zu durchdringen, starr zurückgewiesen. Zwei englische Expeditionen warm vor mir gescheitert. In dem Maismehl wollte ich den Zauberschlüssel schaffen, um mir die Pforten der Wüste zu öffnen. Am 18. erschienen acht mir von den Gallas gestellte Wegeführer, welche ich der Sicherheit halber sofort in Ketten legen ließ. Noch einmal besuchte ich am Nachmittag des 20. Oktober die schöne Insel Oda-Boru-Ruwa, welche noch immer von den Gallas verlassen war, und saß zum letztenmal auf eine Viertelstunde in meinem Von der Heydt-Haus, dessen Schöpfung mir so viele Freude bereitet hatte. Meine Stimmung war ernst, aber doch eine freudig bewegte. Die sinkende Sonne zeigte mir auch heute wieder die geheimnisvollen Bergzüge im Westen, welche die Welt der Massais für mich verschleierten. Mein Entschluß war gefaßt, alle Vorbereitungen waren getroffen. Versuchen wir, ob es uns gelingen wird, woran die beiden englischen Expeditionen gescheitert waren. Laßt uns eindringen in den Wüstengürtel, welcher die Wacht zu den Ländern des Westens hält, und laßt uns sehen, ob der Zauberschlüssel, welchen wir besitzen, imstande ist, die Pforten zum Nilgebiet für uns zu erschließen.

VI. Kapitel
Am oberen Tana nach Kikuyu

Sein oder Nichtsein, das ist hier die Frage!
(Shakespeare)

Mit dem Entschluß, ohne die entsprechenden Tauschartikel von Oda-Boru-Ruwa in die Massailänder hineinzumarschieren, war der weitere Charakter der deutschen Emin Pascha-Expedition ein für allemal bestimmt. Es war klar, daß, wenn ich nicht in der Lage war, mit den üblichen Tributzahlungen im Massailande vorzugehen, ich dann erwarten mußte, in diesem Gebiete kriegerische Zusammenstöße zu erleben. Ich zog nicht von Oda-Boru-Ruwa ab mit der Absicht, in diesem Sinne die Expedition weiterzuführen. Im letzten Fall, so dachte ich damals, hätte ich immer das Pulver, welches ich für Emin Pascha mit mir führte, als Tauschartikel in diesen Ländern verwerten können. Auch trug ich mich mit der Hoffnung, am Baringo oder am Viktoria-Njansa auf arabische Händler zu stoßen, von denen ich vielleicht gegen Gheck auf Sansibar mir Tauschartikel kaufen könne. Immerhin hatte ich am Morgen des 21. Oktober, als ich das mir so lieb gewordene Oda-Boru-Ruwa verließ, das Gefühl, daß unsere Expedition nunmehr aus den Bahnen des Berechenbaren in das Gebiet des Abenteuerlichen hinübergleite. Was mich allein tröstete gegenüber dieser Empfindung, war die sichere Überzeugung, daß der einzige Weg zur Durchführung der gestellten Aufgabe der sei, welchen ich mit diesem Morgen beschritt.

Ich hatte noch in der Nacht den Befehl an die Gallas geschickt, mir vier große Boote zu stellen, um Getreide den Fluß hinaufzuführen. Da diese Boote am nächsten Morgen um 6 Uhr noch nicht zur Stelle waren, so war ich gezwungen, meine Kolonne auf Galamba voranzuschicken und mit einigen Somalisoldaten zu warten. Ich hatte etwa 20 Sklavenweiber mit ihren Kindern in meinem Lager aufgenommen, und auch diese, entschloß ich mich im letzten Augenblick, per Boot den Tana aufwärts zu verschiffen. Gegen 7 Uhr trafen die Gallas mit den vier befohlenen Booten bei mir ein, und ich konnte alsdann meiner Kolonne nach Galamba zu Pferde nachfolgen. Wie richtig es war, noch Getreide auf Booten hinaufzuschaffen, stellte sich erst eine Woche später heraus, als ich fand, daß meine Leute das ihnen überlieferte Getreide, welches für 25 Tage reichen sollte, zum großen Teil schon in den ersten Tagen entweder weggeworfen oder gegessen hatten. Durch die vier Bootsladungen voll Mais ward ich in Hargazo noch einmal in den Stand gesetzt, meine Kolonne für mehrere Tage zu verproviantieren. Und dies trug mit dazu bei, daß es uns nicht wie den englischen Expeditionen in den Steppen erging, in welche wir nun hineinzuziehen hatten.

Die Eindrücke des ersten Marschtages von Oda-Boru-Ruwa den Tana aufwärts waren für mich sehr niederdrückende. Trotzdem ich die meisten Sklavenweiber mit ihren Kindern auf die Boote gebracht hatte, hatten es doch einzelne von ihnen vorgezogen, mit ihren Männern zu marschieren. Als ich hinter meiner Expedition her ritt, fand ich diese neuen Elemente bald hier bald dort am Wege liegen und war wiederholt gezwungen, Strafmaßregeln zur Anwendung zu bringen, um die alte Marschordnung aufrecht zu erhalten. Es wurde mir bei diesem ersten Marsche bereits klar, daß es nicht möglich sein werde, mit den Weibern und Kindern der neu gewonnenen Gallas die deutsche Emin Pascha-Expedition weiterzuführen, und demgemäß traf ich am Abend dieses Tages in Galamba meine Entscheidung. Galamba liegt gegenüber der Stelle im Fluß, wo die Insel Oda-Boru-Ruwa absetzt. Es wohnen hier Wapokomo und Gallas zusammen, und wir wurden auch gleich nach meinem Eintreffen von den letzteren in freundschaftlicher Weise begrüßt.

Ich fing hier von Galamba ab an, auf den in den damaligen Karten eingezeichneten Nebenstrom des Tana „Kiloluma" gewissermaßen zu pirschen. Ich machte zu diesem Zweck am

Nachmittag eine Bootsfahrt den Tana aufwärts, bei welcher ich feststellte, daß ein Kiloluma hier wenigstens nicht vorhanden war, und durch Erkundigungen auch bereits den Verdacht empfing, daß überhaupt ein derartiger Nebenstrom in den Tana nicht einmündet. Als ich gegen Abend von dieser Exkursion in mein Lager zurückkehrte, fand ich meine sämtlichen Leute damit beschäftigt, Fische aus dem Fluß herauszuziehen. Der Tana fängt hinter Oda-Boru-Ruwa an, sehr fischreich zu werden, eine Eigenschaft, welche meine Leute sich, immer mehr zunutze machten.

Indessen sollte dieser Tag nicht mit solchen freudigen Eindrücken abschließen. Ich ließ um 7 Uhr die mitgeführten Sklaven der Gallas zu einer Beratung herbeiholen und stellte ihnen vor, daß es ganz unmöglich sein werde, ihre Weiber und Kinder ins Innere von Afrika mit hineinzuführen. Sie hätten alle am heutigen Tage gesehen, wie ermüdend ein derartiger Marsch sei, und doch hätten wir heute nur einen halben oder einen Viertelmarschtag gehabt. Jetzt befänden wir uns noch in Ländern, wo wir friedlich dahinziehen kannten. Dem sicheren Untergange seien Weib und Kinder verfallen, wenn wir. erst in die Gebiete der Massais hineingelangt sein würden. Ich bedauere es sehr lebhaft, aber ich müsse es ihnen anheimstellen, sich mit ihren Leuten entweder zu den nunmehr ja uns befreundeten Gallas zurückzubegeben, oder aber ich sei bereit, dieselben unter Bedeckung noch am heutigen Abend auf einigen meiner Boote den Tana abwärts nach Ngao zu verschiffen. Dort sei eine Station von Deutschen, denen ich schreiben werde, die übersandten hilfsbedürftigen Menschen freundlich aufzunehmen, und welche dies auch sicherlich tun würden, da sie gekommen wären, den Schwarzen zu helfen. Die Sklaven erklärten, daß sie bereit wären, lieber mit Weib und Kind alle zu sterben, als solche noch einmal in die Hände der Gallas fallen zu lassen. Es sei ihnen klar geworden, daß sie Wohl viele der Ihrigen im Innern verieren würden, falls sie mit mir zögen; infolgedessen ergriffen sie meinen Vorschlag, die Frauen und Kinder bis zur Beendigung der Expeditton nach Ngao befördern zu wollen, mit lebhafter Freude. Jembamba und ein anderer alter Sklave sollten solche begleiten, der Rest aber mit mir weiter ziehen, um in Jahresfrist zu den Ihrigen zurückzukehren. Ich ließ nun sofort zwei große Boote ausräumen und den Gallas zur Verfügung stellen.

Es war durchaus nötig für sie, noch in der Nacht an Oda-Boru- Ruwa vorbeizufahren, weil zu befürchten stand, daß die Gallas bei Tageslicht den Booten nachsetzen und solche in ihre Hände bringen würden. Infolgedessen drängte ich zur sofortigen Abfahrt. Die nun folgende halbe Stunde stellte ein außerordentlich herzergreifendes und bewegtes Bild dar. Männer verabschiedeten sich von ihren Kleinen, welche laut schrien. Weiber packten ihre Sachen in die Boote, und meine Somalisoldaten fluchten über den ganzen Vorgang, welcher ihnen nach in den Nachtstunden so viel Arbeit machte. Tief sanken die beiden Boote, als gegen 9 Uhr alles zur Abfahrt klar war. Ich drängte zur schnellen Fahrt stromabwärts, und, wenn Jembamba diesem Drängen gefolgt wäre, so war bei der tiefen Dunkelheit, welche herrschte, gar nicht zu bezweifeln, daß man ungesehen an Oda-Boru-Ruwa vorbeikommen werde. Ganz beruhigt war ich über das Schicksal der Kolonne, als gegen 11 Uhr der Gallasultan Sadeh und sein Bruder Parisa mit Galgalla ganz harmlos in meinem Lager erschienen, um die Nacht bei uns zuzubringen. Ich mußte annehmen, entweder, daß sie die stromabwärts Fliehenden nicht gesehen hatten, oder aber, daß die Furcht vor uns noch stark genug war, um solche auch bei ihrem Abzuge zu schützen.

Über das Schicksal der Partie sollte ich erst nach drei Tagen unterrichtet werden, als Jembamba eines Morgens blutend und halb verhungert wieder bei uns eintraf. Die Boote waren in der dunkeln Nacht auf eine Sandbank geraten und hatten erst gegen Morgen wieder flottgemacht werden können. Sie waren dann von den Gallas gejagt und, nachdem Jembamba drei von diesen erlegt hatte, sämtlich ihren Todfeinden wieder in die Hände gefallen. Jembamba hatte sich schwimmend auf das rechte Ufer und von hier aus, verfolgt von den Gallas, zu meiner Kolonne zurückgerettet. Es gehörte zu den grausamen Notwendigkeiten, denen ich auf dieser Expedition ausgesetzt war, daß es mir nicht vergönnt war, noch einmal zurückzukehren, um Frauen und Kinder aus den Händen der Gallas wieder zu befreien. Schweren Herzens mußte ich meinen Vormarsch gegen Westen fortsetzen, wo größere Entscheidungen uns bevorstanden.

Der Tana, von Galamba aufwärts, stellt eine ununterbrochene Reihe von Inselbildungen dar. Zehn Meilen oberhalb Oda-Boru-Ruwa fällt derselbe aus seinem Oberlauf in den Mittellauf hinunter. Während er bis dahin in Felsbetten sich fortbewegt, tritt er bei Hargazo in die sandige Steppe ein, und dies führt bei dem schwankenden Wasserstande zu fortwährenden Neubildungen von Stromläufen und dementsprechenden Inselbildungen. Dazwischen finden seenartige Erweiterungen statt, so daß der Fluß sehr lebhaft an die Havel zwischen Potsdam und Spandau erinnert. Diese sämtlichen Inseln, deren einheitlicher Charakter von uns zuerst festgestellt ward, habe ich mit einem Gesamtnamen als Von der Heydt-Inseln auf der Karte eingetragen. Die Ufer sind hier von einem dichten Waldsaum umgeben, welcher, vom Fluß aus angesehen, teilweise als Galeriewald erscheint. Dunkelgrün heben sich die Inselbildungen aus der lichten Wasserfläche empor, so daß eine Bootsfahrt hier auf dem Tana, wie ich solche wiederholt unternahm, außerordentliche landschaftliche Reize bietet. Es finden sich am linken Ufer noch einige Wapokoma-Niederlassungen, welche sich bis Hameje hin erstrecken. Die rechte Seite des Stromes, auf welcher wir marschierten, ist bereits vollständig menschenleere Steppe, verödet durch die jahrhundertelangen Kämpfe zwischen Gallas und Wakamba, die ihre Raubzüge bis hierher ausdehnen und deren Lagerplätze wir schon am ersten Marschtage hinter Galamba wahrzunehmen, Gelegenheit hatten.

Der Strom geht hier mehr und mehr aus seiner nordwestlichen Richtung in eine westliche über, welche von Hargazo ab sich nach Süd- Westen umzukehren beginnt. Die auf der Karte eingetragenen Namen, wie Iakaschamorra, Iposa, Galangogessa, Hameje usw. bedeuten keineswegs Ortschaften, sondern nur Plätze am Fluß. Ich vermute, daß sie ehemalige Gallaniederlassungen darstellen. Der Uferwald ist hier außerordentlich breit und die Zugänge zum Fluß sind kaum zu finden, so daß meine Botschafter, welche ich vor einigen Wochen von Oda-Boru-Ruwa stromaufwärts geschickt hatte, fast verschmachtet wären. Wir hatten indes drei tüchtige Gallas als Wegeführer unter der Anführung von Parisa, dem Bruder des Sultans Sadeh. Somit gelangten wir in einem fünftägigen Marsche durch die Steppe glücklich nach dem herrlichen Hameje, wo der Strom dank seiner üppigen Inselbildung und seenartigen Ausweichungen, umstanden von prächtigen Galeriewäldern, welche von aller Art Wild und Geflügel belebt werden, einen geradezu imposanten Charakter annimmt. Hameje stellt eine Furt zum Wasser dar und bildet einen der breiten trockenen Flußarme, wo Wildspuren aller Art zum Wasser führen. Wie schon oft, so hatten wir des Nachts löwengebrüll unmittelbar vor unseren Zelten, und Herr v. Tiedemann war sogar gezwungen, in etwas beschleunigtem Tempo sein Zelt zu räumen, weil einer dieser liebenswürdigen Gäste vielleicht aus einer Art von Neugier sich bemüßigt fühlte, seinen Kopf dem Zelt ein wenig zu sehr zu nähern. Tiedemann hieb einige Male mit dem Revolver auf ihn, worauf sich beide Teile schleunigst voneinander verabschiedeten: der eine in den Wald, der andere zu den Lagerfeuern der Somalis. Ich hatte am nächsten Morgen beim Abmarsch das noch originellere Vergnügen, einen Löwen bei hellem Tage unmittelbar an unserem Marschwege liegend zu erblicken. Ich war leider zu Pferde und hatte meine Büchse einem der Diener zum Tragen gegeben, so daß auch unser Zusammentreffen ein einigermaßen platonisches blieb, obwohl der Löwe es keineswegs eilig hatte, sich zu erheben, sondern erst, nachdem er mich ziemlich lange mit den Augen gemessen hatte, sich langsam in den Wald begab.

Ich machte am Nachmittag des 25. Oktober eine mehrstündige Bootsfahrt den Tana aufwärts, immer auf der Suche nach dem Kilolumaflusse, dessen Nichtvorhandensein bis zu Hameje ich durch meine hinaufgesandten Boote bereits hatte feststellen lassen. Ich fuhr an diesem Tage bis dicht vor Hargazo immer am Nordufer des Tana entlang, ohne eine Einmündung von Norden her wahrzunehmen. Am nächsten Morgen ließ ich meine Boote ebenfalls bis nach Hargaza nachkommen, und die Bootsführer bestätigten mir, daß es eine Einmündung von Norden her bis dahin nicht gebe.

Über dem Tage in Hameje liegt für uns alle ein verklärter Schein. Hier traten zum ersten Male die Bergzüge des Westens deutlich in Sicht. Meine Leute schwelgten im Genüsse der Vorräte, welche hier auf den Booten wieder zu uns stießen, und tummelten' sich vor Vergnügen in dem flachen breiten Strom nach dem sechstägigen Marsche durch die verbrannte Steppe. Wir alle glaubten, den Kenia dort vor uns zu haben, und wähnten uns dem Ziele unserer Reise um 1 ½ Monate näher, als wir in der Tat waren. In freudigster Stimmung marschierten wir am nächsten Morgen auf Hargazo.

Die Bodenbildung beginnt hier zum ersten Male an, ihren einförmigen Steppencharakter zu verlieren und geschwungenere Formen anzunehmen. Der Buschcharakter der Flora wird üppiger. In kühlen Tälern tritt frischere Grasbildung und reicherer Blumenschmuck hervor. Bunte Schmetterlinge wiegen sich über dem schillernden Blütenschmuck und granitne Formation läßt darauf schließen, daß wir dem Gebirge sehr nahe sind. Bei Hargazo, wo wir um 11 Uhr morgens eintrafen, macht der Tana noch einmal eine weite seenartige Ausbuchtung, und da schien sie endlich zu sein, die Flußgabelung, nach welcher wir so lange ausgeschaut hatten. Der Tana fällt hier bei Hargazo aus seinem Oberlauf in den Mittellauf herunter in einer Reihe von Schnellen und einem Fall, welcher 6–7 m betragen mag. Ich begab mich sofort mit meinem Diener Rukua und einigen Wapakomo per Boot zu diesem Fall. „Kiloluma", riefen die Wapokomo, als sie ihn sahen. Links von dem Fall biegt ein weiter Arm in südwestlicher Richtung ab. Gegen Nordwesten fällt der Kiloluma herunter. Da war er also endlich, wie es schien! Voll freudiger Bewegung ließ ich mich dicht unter den Fall rudern, dessen erquickenden Sprühregen ich in vollen Zügen genoß. Ich kletterte links die Felsen aufwärts, von denen er herabstürzte, und gewann dadurch mit ziemlicher Genauigkeit seine Höhe. Zu Ehren des Präsidenten des deutschen Emin Pasch Komitees, Staatsministers v. Hofmann, taufte ich ihn Hofmann-Fall und begab mich alsdann stromabwärts ins Lager zurück, um Herrn v. Tiedemann meine Entdeckung mitzuteilen und solche sofort zu Papier zu bringen. Ich wußte an diesem Morgen eben noch nicht, daß „Kiloluma" nichts ist als das Ukambawort für einen rauschenden Strom oder Wasserfall schlechtweg, und daß der ganze obere Tana bei den Wakamba diesen Namen trägt.

Daß es sich bei dieser Gabelung, die ich am Morgen gesehen hatte, nicht um einen Strom von Norden her, sondern einfach um zwei Arme eines und desselben Tana handelte, das freilich vermochte ich bereits am Nachmittage des 26. Oktober festzustellen. Ich beschloß an diesem Nachmittage, meine Entdeckung vom Morgen aufzunehmen, und veranlaßte deshalb Herrn v. Tiedemann, sich mit zwei Booten in dem linken Flußarm stromaufwärts zu begeben, während ich selbst mit einem Trupp von Leuten zu Lande an dieser Seite dem Stromlauf folgte. Etwa eine halbe Stunde aufwärts von der Stelle, wo die Flußgabelung unterhalb des Falles statt hat, traf ich die Boote wieder, welche in den Schnellen des südlichen Armes stecken geblieben waren. Zu meiner Überraschung konnte ich aber von dem hohen Flußufer feststellen, daß diese Schnellen im südlichen Arm sich etwas oberhalb einer Flußgabelung nach Norden hin herunterwerfen, daß wir also augenscheinlich eine Inselbildung vor uns hatten. Sollte der obere Flußarm etwa identisch sein mit dem Stromlauf, den ich am Morgen von unten gesehen hatte und der in den Hofmann-Fällen sich herabstürzt? Dieser Spur mußte nachgegangen werden. Ich ließ demnach ein Boot mit großer Anstrengung zu mir herüberbringen, bestieg solches mit Herrn v. Tiedemann, einem Somali und zwei Wapokomo und ließ es dann in den nördlichen Flußarm schaffen. Mit diesem fuhren wir eine Strecke lang hinunter und gingen dann im Norden an Land, um einen allgemeinen Überblick über die Gegend überhaupt zu gewinnen. Wir bestiegen einen Hügel im Norden des Tana, welchen Herr v. Tiedemann mir vorschlug, und welchen ich nach ihm Tiedemann-Hügel benannt habe. Von hier aus hatten wir den Überblick, welchen wir suchten.

Da lag zunächst im Westen vor der untergehenden Sonne eine imposante Bergkette, Welche sich in unabsehbare Ferne im Norden verlor. Das waren die Berge, welche wir bereits bei besonders günstiger Beleuchtung von Oda-Boru-Ruwa aus gesehen hatten, jene Kette, welche uns hier anstarrte, und die wir, den alten Karten folgend, immer noch als wenigstens im Zusammenhange mit dem Kenia-Gebirgsstock annehmen mußten. Besonders großartig hob sich nordwestlich von uns eine Bergspitze hervor, welche in ihrer Gipfelung etwa die Form eines halb umgekippten runden Gartentisches hatte. Hinter den ersten Ketten ragte Bergeshaupt über Bergeshaupt empor. Wir standen tief ergriffen augenscheinlich einem ganzen Gebirgslande gegenüber, welches noch keines Weißen Auge erschaut haben konnte. Von dem glühenden Abendhimmel hoben sich die Umrisse der Berge besonders scharf und malerisch empor. Es war die erste großartige Bodenbildung, welcher die deutsche Emin Pascha-Expedition hier gegenüberstand, und im Hinblick auf das mächtige Band, welches uns beide Deutsche hier in der fernen Fremde nur um so inniger mit der Heimat umschlang, taufte ich diese Berge Kaiser Wilhelms II. - Berge, den bemerkenswertesten Gipfel aber, welcher vor uns ragte, Hohenzollernfels.

Die Sonne sank im Westen, und wohl oder übel mußten wir aus unserer Beschauung uns herausreißen, um nicht in der schnell nahenden Dunkelheit den Rückweg zum Boot und zum Lager zu verlieren. Mit einiger Schwierigkeit gelang es uns, das Boot wieder zu gewinnen, und jetzt in der grauenden Dämmerung ging es den nördlichen Tana stromab in die immer toller wirbelnden Schnellen hinunter. Zischend fuhr das kleine Fahrzeug durch den Gischt der Stromschnellen. Fortwährend mußten die Leute das Wasser ausschöpfen, welches von den Seiten über die Bootswände hinüberschlug, um das Boot vor dem Sinken zu bewahren. Bald drohte dasselbe, an einem spitzen Felsblock zu zerschellen, bald in einem zischenden Wirbel umgeworfen zu werden. Es war eine nervenerfrischende Fahrt von etwa einer halben Stunde, als wir plötzlich das Brausen des Falles vor uns vernahmen. Unsere Bootsleute waren zuerst mit Widerstreben und Grauen in die tosenden Schnellen hineingefahren. Allmählich aber hatten sie Mut bekommen, indem sie wohl dachten, wir müßten einen Zauber gegen das Umwerfen besitzen, und nun wollten sie frischen Mutes schlechtweg auch den 6 bis 7 m hohen Hofmann-Fall hinunter. Mit knapper Mühe gelang es, das Boot noch rechtzeitig an das rechte Ufer zu bringen, wo es ans Land gezogen und auf diesem Wege unterhalb des Falls geschafft ward. Wir waren richtig wieder unterhalb des Hofmann-Falls, den ich am Morgen entdeckt hatte, und somit war festgestellt, daß es sich bei diesem „Kilo-luma" nicht um einen Nebenstrom von Norden, sondern ausschließlich um eine Flußgabelung handelt, daß demnach das Land im Süden nur eine Insel ist, welche ich Hofmann-Insel genannt habe. Ich konnte dies auch weiterhin feststellen, als wir auf der Fahrt zum Lager zurück alsbald wieder die am Morgen gesehene Abgabelung nach Südwesten passierten. Damit war für die Geographie des oberen Tana am 26. Oktober 1889 immerhin ein sehr bemerkenswertes negatives Resultat gewonnen, und in sehr gehobener Stimmung kehrten wir infolgedessen ins Lager zurück, wo ich noch an demselben Abend in einer Zuschrift an das deutsche Emin Pascha-Komitee die Beobachtungen des Morgens und Nachmittags nach Deutschland hin mitteilte.

Meine Galla-Wegeführer wollten eigentlich, wie auch in Oda-Boru-Ruwa verabredet worden war, an diesem Abend nach ihrer Heimat zurückkehren. Ich befahl indessen zweien von ihnen, mich so weit stromaufwärts noch zu begleiten, bis es mir gelungen sein werde, anderweitige Wegeführer zu beschaffen. Ich schickte einen der Gallas mit einigen Wapokomo in der Nacht zu ihren Leuten, um dieselben über das Schicksal der mit uns ziehenden Stammesgenossen zu beruhigen. So ging es denn am 27. Oktober frischen Mutes in der Wanderung zum unbekannten Westen weiter.

Da ich über die Geographie dieser Länder so gar nicht unterrichtet war, so beschloß ich, den Versuch zu machen, meine Boote auch weiterhin den Tann hinauszuschaffen. Krapf hatte seinerzeit von Ukamba-Kitui aus die Vermutung ausgesprochen, der Tana möge wohl bis an seine Mündung hin schiffbar sein. Ich beschloß die Richtigkeit oder Unrichtigkeit dieser Krapfschen Vermutung in bündiger Form festzustellen. Schon der erste Tag indes bewies die vollständige Unhaltbarkeit dieser Hypothese, was gar kein Wunder nehmen kann, wenn man bedenkt, daß der Boden in Hargazo ungefähr 300 m über den Meeresspiegel sich erhebt, während wir nach dem ersten Tagesmarsche von etwa zwei Meilen uns bereits in einer Höhe von 460 m befanden. Gemäß dieses Ausstiegs von Hargazo an, welcher bis zur Quelle des Tana unausgesetzt statt hat, ist der Strom von nun ab nichts als eine fortgesetzte Reihenfolge von Katarakten und Stromschnellen, welche sich wiederholt zu einer geradezu imposanten Großartigkeit entwickeln. Von nun an geht der Abstieg terrassenförmig vor sich, und zwar fallen die Terrassen in meistens schroffer Form gegen Osten ab. Zieht man von Osten heran, so stellt sich ein solcher Terrassenrand aus der Ferne als ein scharf gezeichneter Gebirgszug dar. Hat man solchen erstiegen, so befindet man sich zunächst wieder auf einer flachen Steppe, wie die des unteren und mittleren Tana ist, um alsbald am Horizont ein neues Gebirge aussteigen zu sehen, welches sich hernach dann wiederum als Terrassenrand darstellt. So geht es von nun an unausgesetzt bis nach Kikuyu und dem Leikipeia-Plateau hin, wo wir die Kulmination dieser großartigen Hochplateaubildung, welche auf der andern Seite erst wieder zum Viktoria-Nyanza ein wenig abfällt, in der Höhe von 2200 m vor uns haben. Diese ganze massenhafte Bodenanschwellung stellt augenscheinlich eine einheitliche Bildung dar, welche zu ihrem Zentrum die vulkanischen Ausbuchtungsstellen des Baringo-Gebietes hat, und welcher die sehr gleichartigen Kegelbildungen des Kenia, des Subugu la Poron, des Tschibcharagnani und des Elgon aufgesetzt sind. Diese vier umlagern in ziemlich regelmäßigen Abständen den Baringo-See, welcher augenscheinlich nichts als ein erloschener Krater ist. Diese ganze Hochplateaumasse ist in ihrer Mitte durchrissen durch eine gewaltige Spalte, in welcher unter anderen der Naiwascha-See und der Baringo-See neben einer Reihe von kleineren Seenbildungen sich befinden. Ich werde auf diese eigenartige Bildung zurückzukommen haben. Es genügt hier, zu bemerken, daß von Hargazo aus unausgesetzt der Ausstieg sich vollzieht, und daß demgemäß der Tana von hier an sich zum Kiloluma, d. h. Lärmstrom, gestaltet, und daß demnach an eine Schiffbarkeit nicht mehr zu denken ist.

Unser Lagerplatz am 27. Oktober war ein Ort, welcher von den Gallas Jibije genannt ward. Hier setzen die Hügel der Kaiser Wilhelms-Kette über den Tana hinüber, welche sich als merkwürdige Felsbildungen darstellen. Einen solchen Hügel in der Höhe von 590 m bestieg ich am Nachmittag mit Herrn v. Tiedemann, und wir hatten von hier aus noch einmal den vollen Überblick über die Kaiser Wilhelms II.-Berge, sowie wir im Nordosten noch einmal den Zug der Gallaberge sich abheben sahen.

Die Boote hatten nicht bis Jibije hinaufgebracht werden können, und, wenn ich an diesem Abend noch solches Ausbleiben der mangelnen Energie meiner Leute zuschreiben konnte, so mußte ich mich am folgenden Tage durch Augenschein von der vollständigen Unmöglichkeit einer Befahrung des Tana überzeugen. An diesem Tage nämlich stürzte sich der Strom über ein graues und wüstes Geröll, welches sehr an die Partien unter dem Brocken erinnerte und welches ich geneigt war, als Teufelsfeld in meine Karte einzutragen. Der Fluß löst sich hier geradezu in eine Reihe wütender Wildbäche auf.

Alles verliert sich in einem grauen Gischt, von einem eigentlichen Strom ist überhaupt nicht mehr die Rede. Sowie man die Terrasse dann erstiegen hat, hat man plötzlich wiederum den im Schatten der Waldbäume sich dunkel abhebenden ruhigen Tanastrom vor sich. Von nun ab empfängt der Tana eine Reihe von kleinen Nebenflüssen von Norden aus den Bergen heraus. Es hebt sich entlang dem Strom, von Tag zu Tag höher, eine Bergkette, welche vielleicht die südliche Abdachung der Kaiser Wilhelms-Berge bildet und welche ich Bennigsen-Kette genannt habe.

Im Süden des Tana kommt man nunmehr in ein Land, welches bis dahin auf den Karten noch nicht vorhanden war, Murdoi. Drei bis vier Meilen hinter Hargazo setzt dieses Ländchen ein, dessen Ausdehnung nach Süden ich nicht habe feststellen können. Hier schweift der Massaistamm der Wandorobbo mit seinen Herden durch die Steppe, welcher, soweit mir bekannt ist, nur hier sich einer Unabängigkeit von den eigentlichen Massais erfreut. Zwischen, Wakamba und Gallas durchstreifen sie mit ihren großen Herden von Rindern, Schafen, Ziegen und Eseln das Land, einen Weideplatz nach dem andern erschöpfend. Wie die Somalis unterhalb Oda-Boru-Ruwu, so waren auch sie im Jahre 1889 durch die Dürre des Hinterlandes gezwungen, sich mit ihren Herden nahe dem Tanafluß zu halten, und dies war ein großes Glück für die deutsche Emin Pascha-Expedition.

Wir waren bis etwas über Hargazo hinaus noch auf Spuren der Pigottschen Expedition gestoßen. Plötzlich indessen hatten diese Lagerspuren aufgehört, und wir hatten feststellen können, daß die Expedition in südlicher Richtung abmarschiert war. Sie war durch Nahrungsmangel hierzu gezwungen gewesen. Dieses Schicksal würden wir freilich wohl kaum erlitten haben, da wir immer noch einige Vorräte besaßen, und ich keinesfalls auf Mombas, sondern unter allen Umständen versucht haben würde, mich nach Ukamba Mumoni, von dort nach Ukamba Kitui und von dort aus nach dem Baringo durchzuarbeiten. Indes fing die Lage doch bereits an, sehr unbehaglich zu werden, da meine Leute nur noch zum Teil die mitgegebenen Proviantmassen bei sich führten. So interessierten mich auf das allerlebhafteste die Fußspuren, welche wir zum ersten Male am 28. Oktober feststellten.

Am folgenden Tage, als ich, um den Weg festzulegen, mit den Gallas und einigen Somalis der Expedition voranmarschierte, sahen wir mit einem Male weibliche Fußspuren vom vorhergehenden Tage, welche zu einer Flußfurt führten. Nun war mein Entschluß gefaßt, der Unsicherheit, in welcher ich mich bei dem Mangel jeder weiteren Auskunft über die Länder vor uns befand, ein Ende zu machen. Waren Weiber am vorhergehenden Tage zum Flusse gekommen, so mußte ihr Stamm unmittelbar in der Nähe sein, denn derselbe würde kaum seinen wertvollsten Besitz, welchen die Weiber darstellten, weit von sich fortgelassen haben. Es war demnach anzunehmen, daß der Stamm, von welcher Rasse er auch immer sein mochte, dem diese weiblichen Fußspuren angehörten, in unmittelbarer Nähe von der Flußfurt wohnen müsse. Hierauf ließen auch die vielen Fußspuren von Schafen und Rindern schließen, welche die ganze Furt ausfüllten. Nun treiben diese Stämme ihre Herden um die Mittagszeit zum Wasser. Es war 11 Uhr. Ich beschloß demnach, Herrn v. Tiedemann mit der Kolonne vorbeipassieren zu lassen und mit der Auswahl eines geeigneten Lagerplatzes zu beauftragen, mich selbst indes inzwischen mit einigen Soldaten und kriegstüchtigen Manyemas um die Furt herum in Hinterhalt zu legen, um auf diese Weise Beziehungen mit den Eingeborenen anzuknüpfen. Meine Leute versteckten sich 5m Gebüsch, ich selbst setzte mich Wohl verdeckt auf einen Felsblock in der Flußfurt selbst. Wir hatten kaum eine halbe Stunde nach dem Abzug und Vorbeimarsch der Expedition gelegen, als sich plötzlich von Süden her munteres Mädchengeplauder hören ließ. Es waren 11 mehr oder weniger junge Mädchen, welche mit Wasserkrügen zum Tana herankamen. Aus einen Schlag waren sie gestellt, und groß war ihre Überraschung, als sie plötzlich mich, eine noch nie gesehene Erscheinung, aus der Flußsohle heraufsteigen sahen. Mit Hilfe der Gallas gelang es mir, festzustellen, daß sie zum Stamm der Wandorobbo gehörten. Merkwürdigerweise blickten sie mich mit viel mehr Überraschung und Neugier als mit Furcht an und sträubten sich auch keineswegs, als ich ihnen bedeutete, sie hatten mir in mein Lager zu folgen. Das ist das Kriegsrecht in diesen Ländern, und die Weiber wissen unter allen Umständen, daß es sich bei derartigen Überraschungen nicht um ihr Leben handelt.

Ich teilte ihnen mit, daß ich sie sofort entlassen werde, wenn ihr Stamm, der sich seit einigen Tagen schon scheu von uns ferngehalten habe, sich bequemen wolle, mit mir in Verhandlungen über den Verkauf von Nahrung und über die Stellung von Wegeführern zu treten. Nach etwa einstündigem Marsch traf ich auf unser Lager und entließ sofort zwei der Mädchen mit Geschenken, um den Wandorobbo meine Friedensvorschläge mitzuteilen.

Während sie fortgingen, wollte es das Schicksal, das wenigstens das Bedürfnis nach Wegeführern aus andere Weise erledigt ward. Plötzlich erschienen nämlich drei neue Gestalten in meinem Lager, drei junge großgewachsene Leute, vollständig nackt, nur mit einem um den Hals geschlungenen, hinten herunterfallenden Stück Zeug versehen und mit einer Art von Reisetasche an einem Strick um die Stirn gebunden. Ich ließ dieselben ersuchen, näher zu treten, was sie auch gern taten. Sobald sie indes meine Gallas sahen, sprangen sie mit einem Male in vollen Sätzen auf und wollten die Flucht ergreifen. Hieran ließ ich sie indes durch meine Somalis verhindern und die drei zur vollen Sicherheit erst einmal dingfest machen. Es waren Wakamba-Krieger aus den Mumoni-Bergen, welche auf einen Raubzug nach weiblichen Sklaven ausgezogen waren. Sie kannten die Länder vor uns sehr genau, und ich teilte ihnen in aller Freundschaft mit, daß sie die Güte haben würden, uns den Weg nach Ukamba zu zeigen, wo ich sie mit Geschenken entlassen wolle. Sie hatten aus Sklavenfang gehen wollen und waren keineswegs sehr angenehm überrascht, nunmehr selbst in die Falle geraten zu sein. Während ich sie noch hierüber beruhigte, erscholl mit einem Male Kriegsgeschrei und Flintengeknatter an der Seite, wo ein Teil meiner Somalis nit den Kamelen sich gelagert hatte. Die Wandorobbo, ohne sich auf freundschaftliche Verhandlungen mit mir einzulassen, zogen es vor, ohne weiteres mein Lager anzugreifen, wurden indes durch Repetiergewehrsalven sofort zurückgeworfen und von uns alsdann aus der Sicht des Lagers vertrieben. Nur einer von ihnen war bei diesem Versuche auf dem Platz geblieben.

Ich schickte nun zwei weitere von den mitgeführten Weibern an den Stamm ab mit der Benachrichtigung, falls sie in solchem törichten Beginnen fortfahren sollten, so würde ich meinerseits Krieg mit ihnen machen, und sie würden ihre Verwegenheit sehr bald zu bereuen haben. Wollten sie indes in Freundschaft mit mir leben, so würde ich ihnen sofort auch noch den Rest der Mädchen zurückschicken. Nur müsse ich darauf bestehen, da ich Wegeführer anderweitig besitze, daß sie mir zum wenigsten einige Schafe und Ziegen zum Verkaufe brächten. Durch die Vorgänge des Morgens war meine Kolonne so in Aufregung gekommen, daß sie wiederholt bei Tage und auch bei Nacht durch falschen Alarm sich erschrecken und zu vollständig unbegründeten Angriffen auf eingebildete Gegner sich veranlassen ließ. Jetzt kam die Meldung, einer meiner Träger sei am Fluß von den Massais ermordet worden, dann wieder wurde von einem andern blindlings aufs Gebüsch geschossen, weil dort ein Gegner gesehen worden sei. Dies alles machte mir einen sehr fatalen Eindruck, und ich ließ infolgedessen noch einmal eine Umzäunung um das Lager herum aufführen.

Gegen 3 Uhr nachmittags erschienen die Abgesandten der Wandorobbo, zwei wunderliche Erscheinungen für uns, die wir von Osten herankamen. Vollständig unbekleidet, den ganzen Körper mit Rötel beschmiert, die Haare kunstvoll in Ringeln um den Kopf herum, erschienen sie, den Köcher, mit Giftpfeilen gefüllt, und den Bogen über die Schulter, Lanze und Massaischild in der Hand. Das Gefühl mußte sich unwillkürlich aufdrängen, daß wir nunmehr in ganz neue Stämme und ganz neue Gegenden hineingeraten waren. Während bei den Gallas immer doch noch Beziehungen mit der Küste stattgehabt hatten, so fehlten diese hier vollständig, und da war auch nicht das geringste Anzeichen, daß sie geschweige von Weißen jemals überhaupt auch nur Araber oder Suahelis gesehen hatten. In einem lauten hochmütigen Tone trugen die Wandorobbo-Abgesandten ihr Begehren vor, so daß ich ihnen wiederholt bedeuten mußte, ihre Tonart ein wenig herabzustimmen, weil dies Schreien nicht der Weg zu meinem Herzen sei. Sie verlangten die Auslieferung ihrer Mädchen, ich dagegen verlangte zunächst meine Schafe, und, als sie erklärten, dazu nicht ermächtigt zu sein, beorderte ich sie, in diesem Falle morgen früh, wiederzukommen, und zwar den Sultan des Stammes selbst mitzubringen. Erst dann würde ich über die Auslieferung der Weiber mit ihnen verhandeln. Ich benutzte die Abendstunden noch, um das Lager weiter zu befestigen, und ließ in der Nacht auch scharfe Wache halten. Aber außer einigen blinden Lärmschüssen blieben wir ungestört.

Ich schrieb nun einen letzten Bericht für Europa, in welchem ich die Ereignisse bis zum Abend dieses Tages, insbesondere auch meine Entdeckungen am Tana, mitteilte. Ich wollte am nächsten Morgen die Gallas mit den von Oda-Boru-Ruwa mitgenommenen Wapokomo in ihre Heimat zurückschicken und auf diesem Wege durch Vermittlung der etwa heraufziehenden zweiten Kolonne oder aber auch des von mir mit Nachrichten von der Küste erwarteten Briefboten meine Post nach Europa gelangen lassen.

Dies geschah am Morgen des 30. Oktober schon vor Sonnenaufgang, da die Gallas fürchteten, von den Wandorobbo oder den Wakamba gesehen und totgeschlagen zu werden. Wie ich von Herrn Borchert hernach erfuhr, ist Parisa mit den Seinen auch glücklich in Oda-Boru-Ruwa wieder angelangt, hat aber von den ihm mitgegebenen Berichten für Europa nichts abgeliefert. Ich wurde gleich in der Frühe des Morgens durch die angenehme Mitteilung erfreut, daß für unser Frühstück kein Fleisch vorhanden sei, und daß unsere Privatdiener schon seit gestern keine Nahrung mehr gehabt hätten. Eine sehr liebliche Eröffnung, wenn man sich die vollständige Verlassenheit einer solchen Lage vergegenwärtigt. Es ist ja sicherlich viel bequemer, hernach Kritik zu üben über die Art, wie sich jemand aus einer derartigen verzweifelten Situation herausarbeitet, als dies herausarbeiten an Ort und Stelle selbst.

Ich warf die Flinte über die Schulter und ging, um doch wenigstens etwas für uns zu tun, mit meinem Diener Rukua aus dem Lager in die Steppe auf Jagd. Zwei magere Tauben waren das ganze Resultat des Ausflugs, von dem ich nach zwei Stunden halb verhungert zurückkehrte. Die Tauben waren ebenso schnell ge- als vergessen. Die Wandorobbo-Frage begann in der Tat eine brennende zu werden. Da, gegen 11 Uhr erschienen endlich die Wandorobbo-Ältesten mit den von mir verlangten fünf Schafen vor dem Lager. Nachdem wir durch gegenseitiges wiederholtes Anspucken bargetan und beschworen hatten, daß wir es gut miteinander meinten, traten wir in die Verhandlungen über den Austausch der Weiber gegen die Schafe ein. Die Wandorobbo mochten uns für sehr schlechte Geschäftsleute halten, da wir für die fünf Schafe ihre Weiber ihnen wiedergaben. Ein Weib in diesen Ländern kostet im allgemeinen bis zu 50 Schafen, und unser Eigentumsrecht nach afrikanischen Begriffen war nach den Vorgängen des vorhergehenden Tages unanfechtbar. Schnell wurden Zwei Schafe geschlachtet, eins an die Leute gegeben, eins wanderte für uns und die Somalis in die Kochtöpfe und war eine Stunde nachher bereits verzehrt.

Nunmehr ließ ich aufbrechen, um baldmöglichst Ukamba Mumoni zu erreichen, welches nach Aussage der Wakamba nur zwei bis drei Tage von uns liegen sollte. Durch harten Busch, über steiniges, immer ansteigendes Terrain führte der Weg. Unterwegs gelang es mir, ein Perlhuhn zu erlegen, welches ich Nogola zum Tragen gab. Der Marsch war außerordentlich ermüdend, insbesondere kamen die Kamele nur schwer vorwärts, welche von Zeit zu Zeit entlastet werden mußten, um die Höhe heranklimmen zu können. Um 4 Uhr entdeckte ich, da ich die Tete der Kolonne hielt, eine Furt am Fluß, wo ich zu lagern beschloß. Ich schickte Nogola zu der Hauptkolonne unter Herrn v. Tiedemann zurück, um ihm den Platz zu zeigen, und begab mich selbst mit einigen Somalis dorthin, um die Arbeit des Wegräumens für das Lagerschlagen vorzunehmen. Es wurde 5 Uhr, die Sonne begann zu sinken, kein Mensch kam. Ich schickte zwei Somalis zurück und hatte gegen ¾ 6 Uhr die Freude, wenigstens meine Kamele den steilen Abhang zur Furt hinabsteigen zu sehen. Aber wo waren die Träger, wo war Herr v. Tiedemann? Gegen 6 Uhr gelang es uns, festzustellen, daß die Kolonne um die Furt herummarschiert sei und bereits erheblich westlich von uns sich befinden mußte. Bei ihr befanden sich auch die Hauptlasten meines Zeltes, mein Feldbett und meine Decken. Wohl oder übel mußte ich mich entschließen, mich ohne diese Artikel für die Nacht einzurichten. Die Hauptaufgabe aber war, mich noch diesen Abend mit der Kolonne in Verbindung zu setzen. Ich schickte also einige tüchtige Leute hinter das Gros der Kolonne her und steckte nach alter Gewohnheit meinerseits auf einem Hügel westlich von uns den Buschwald in Brand. Um 10 Uhr hatte ich die Freude, einige Schüsse in der Ferne fallen zu hören, und bald darauf erschienen mehrere der Träger mit meinem Privatgepäck, welches Herr v. Tiedemann mir für die Nacht zuschickte. Wir wußten nun wenigstens gegenseitig, wo wir lagerten, so daß der Wiedervereinigung für den nächsten Morgen nichts im Wege stand, da ich Herrn v. Tiedemann beauftragt hatte, seinerseits den Abmarsch zu verschieben, bis dieselbe vollzogen sei.

So ging es am nächsten Morgen schon um 5 Uhr weiter gegen Süd-Westen, und etwa um 7 ½ Uhr traf ich Herrn v. Tiedemann, der mit seiner Kolonne mich marschfertig erwartete. Nogola, der das Mißgeschick verschuldet hatte, hatte sich seinerseits an meinem Perlhuhn gütlich getan. Vielleicht hatte er die Kolonne nur deshalb an meiner Furt, wo ich lagerte, vorbeigeführt, um dies in Gemütsruhe vollziehen zu können.

Die Sache bekam ihm aber schlecht. Ich gab ihm Brechpulver, um das gestohlene Gut soweit wie noch möglich ihm wieder abzunehmen, und ließ ihm außerdem zu Nutz und Frommen für die Gesamtheit 25 Peitschenhiebe vor allem Volk aufzählen. Den Tag über hatte der unverschämte Bursche außerdem in Ketten zu sitzen. Seit diesem Tage sank sein Ansehen in der Karawane außerordentlich schnell und ist auch bis zu seinem Todestage, am 22. Dezember, nicht wieder gestiegen.

Am 31. Oktober schlug ich mein Lager in einem herrlichen Hochwalde am Tanafluß auf. Ich hatte an diesem Tage wiederholt Wandorobbo am Wege gefunden, die ich aufforderte, mich zu besuchen und mir Schafe zum Verkauf zu bringen. Die Gesellschaft war und blieb trotzdem, was bereits vorgefallen war, dreist und unverschämt. Als ich auf dem Marsche einen dieser Leute, der nicht herankommen wollte, mit dem Krückstock bei seinen bis auf die Schultern herunterhängenden Ohrlöchern faßte und zu mir heranzog, versuchte derselbe, mich auch seinerseits bei den Ohren zu greifen. Indes, als wir bei Tisch saßen, erschien der Häuptling der Wandorobbo in meinem Lager, wie mir in mein Zelt hinein gemeldet ward. Ich stand vom Eßtisch auf und begab mich zu ihm, um ihn zu fragen, wo die Schafe seien, welche ich bestellt hatte. Er sagte, die Schafe würden morgen oder übermorgen kommen. Nun ist dies bekanntlich ein sehr schlechter Trost, wenn man eine hungrige Kolonne hat und selbst kaum noch Fleisch für einen Tag besitzt. Ich erklärte demnach dem Sultan, daß ich diese Verzögerung nicht wünschte, da ich morgen abmarschieren wolle. Er möge so lange im Lager bleiben, bis die Schafe von seinen: Stamm geliefert wären. Nun erhob derselbe plötzlich sein lautes schakalartiges Kriegsgeheul, und in demselben Augenblick wurde unser Lager von allen Seiten mit den giftigen Pfeilen der Wandorobbo überworfen, von denen einer mir ins Beinkleid fuhr und mich um ein Haar getötet hätte. Schnell ließ ich den Sultan niederschlagen und in Ketten legen, ergriff ihn sodann bei den Ohren und schob ihn als eine Art Schild vor mir her auf die schießenden Wandorobbo zu. Meinen Leuten verbot ich, auf dieselben zu feuern, da ich Frieden mit ihnen zu haben wünschte.

Da dieselben natürlich nicht auf ihren Sultan schießen mochten, waren sie gezwungen, auch ihrerseits innezuhalten, und ich konnte durch Pantomimen und durch einige Wörter, die ich radebrechte, zunächst dem Sultan und durch diesen seinen Leuten verständlich machen, daß, falls sie mir bis zum Abend fünf Schafe und vier Esel brächten, ich ihnen dann den Sultan ausliefern und Kleiderstoffe geben wolle. Dieser Vertrag wurde durch wiederholtes Anspeien zwischen dem Sultan und mir vor allem Volk besiegelt, und die Wandorobbo zogen ab, um das Lösegeld für ihren bei mir verbleibenden Häuptling herbeizuholen. Zwischen diesem und mir stellten sich im Verlaufe des Nachmittags ganz freundliche Beziehungen her, und, als gegen Abend, wenn auch keine Esel, so doch acht Schafe bei mir eintrafen, so schenkte ich dem Häuptling und mehreren seiner Großen rote Kleiderstoffe und entließ sie unversehrt zu den Ihren.

Am nächsten Morgen erwartete ich die Wandorobbo nach Verabredung vom vorhergehenden Abend noch einmal, um weiteres Fleisch von ihnen zu kaufen. Um die Zeit bis zu ihrem Eintreffen nicht ungenutzt verstreichen zu lassen, ging ich indes mit Hussein Fara und Rukua am Tanafluß aufwärts, um zu erforschen, ob es einen Weg in der unmittelbaren Nähe des Flusses für die Kamele gebe, ich demnach den lästigen Umweg durch die Steppe, da ich ja doch am Abend wieder zum Flusse zurück mußte, vermeiden könne. Nach einer zwei- bis dreistündigen Rekognoszierung mußten wir zu unserm Bedauern feststellen, daß ein solcher Weg längs des Flusses nicht vorhanden sei, da die Berge plötzlich anfingen, steil zu dem rauschenden Tana herabzufallen. Ich kehrte ins Lager um und passierte gerade den trockenen Lauf eines Zuflusses von Süden her, welcher die Wasser der Regenzeit in den Tana zu ergießen pflegte. Wir warm in der Mitte dieses wasserleeren Stromlaufes, als plötzlich vor mir aus dem Gebüsch an 100 Wandorobbo-Gestalten, ihre Pfeile angelegt, aufsprangen. Ich wollte mich von dieser unangenehmen Nachbarschaft in den Busch auf die andere Seite des Stromlaufes zurückziehen, als auch dort die Wandorobbo auftauchten, und plötzlich auch die Flußseite nach dem Tana zu besetzt ward. Ich war glücklich in eine Falle hineingeraten, und die Herren hätten nunmehr ihre Revanche für den gestrigen Tag haben können. Ich ließ sie indes meine Verlegenheit nicht merken, sondern lachte freundlich und winkte mit der Hand, sie möchten einen Augenblick warten, während ich mich mit scheinbar amüsiertem Gesicht einem Baume an der oberen Seite des trockenen Fluhlaufes näherte. Sobald ich diesen erreicht hatte, ritz ich meine Büchse, welche noch im Futteral steckte, heraus und legte an, indem ich indes fortwährend als Friedenszeichen Grasbüschel in der Luft schwenkte, welches die internationale afrikanische Form überall zu sein scheint. Ich machte den Wandorobbo nunmehr verständlich, daß mein Diener Rukua in mein Lager eilen solle, um Geschenke für sie herbeizubringen, wogegen ich von ihnen ein Geschenk an Schafen erwarte.

Rukua eilte demnach ins Lager zurück mit dem Befehl, außer den Geschenken nur auch zwölf Mann meiner Soldaten herzubringen. Da das Gift der Wandorobbopfeile, welches sie aus der Rinde eines Baumes gewinnen, unmittelbar tödlich ist, war meine Lage in den nächsten Dreiviertelstunden nicht eben die allerbehaglichste. Die Wandorobbo versuchten fortwährend, wenn auch vielleicht gar nicht in feindseliger Absicht, mir näher zu kommen, wogegen ich sie fortdauernd bedeutete, zu bleiben, wo sie wären, bis die Geschenke da seien. Endlich kamen meine Soldaten, und damit war eine veränderte Sachlage geschaffen. Ich legte dieselben mit angelegten Revetiergewehren im Halbkreise hinter mich, legte meinerseits die Büchse nieder und bedeutete nunmehr dem Sultan der Wanbarobbo, meinem Freunde von gestern, auch seinerseits Pfeil und Bogen aus der Hand zu legen und in der Mitte des Flußlaufes sich mit mir ein persönliches Rendezvous zu geben. Nachdem wir uns dreimal angespien hatten, war keine Besorgnis vor einem Überfall an dieser Stelle mehr vorhanden, und wir machten nunmehr aus, daß die Wandorobbo zehn Schafe an eine Lichtung am Fluß oberhalb meines Lagers bringen sollten, wogegen ich ihnen zugestand, daß sie ihre sämtlichen Herden unbehelligt von uns an die Furt, welche ich von meinem Lager aus beherrschen konnte, zur Tränke herantreiben dürften. Außerdem versprach ich ihnen hübsche Zeugstoffe als Geschenke. Wir schüttelten uns die Hand, wobei der Sultan und ich nicht versäumten, erst zum Zeichen der Ehrlichkeit unserer Ausmachungen jeder in dieselbe hinein zuspeien, was überhaupt bei allen Mässaistämmen unter Freunden die ganz übliche Begrüßungsform ist. Wir spien uns noch einmal ins Gesicht und gingen so beide als gute Freunde unseres eigenen Weges.

Im Lager ankommend, beorderte ich sofort die Kamele mit Herrn v. Tiedemann um den Buschwald herum in die Steppe. Ich wollte nur noch mit einem Teil meiner Leute auf die von den Wandorobbo versprochenen zehn Schafe warten, um dann den langsam marschierenden Kamelen schnell nachzufolgen. Ich begab mich demnach mit zehn oder zwölf Mann in die Lichtung am Flusse, wo auch alsbald die Wandorobbo erschienen. Die Schafe hatten sie indessen noch nicht mitgebracht. Erst müßten wir Leber zusammen essen, als Zeichen, daß auch unsere Stämme, also die Deutschen in der Heimat und die Wandorobbo in Murdoi, in Frieden lebten, dann wollten sie mir die zehn Schafe geben. Die Sonne fing an, heiß zu brennen, und da die Wandorobbo begannen, sich allerlei Zudringlichkeiten zu erlauben, verlangten, daß ich ihnen meine Brust zeigen, daß ich die Stiefel ausziehen sollte, und dergleichen Scherze mehr, so wurde meine Stimmung eine ziemlich ärgerliche, weil ich keinerlei Neigung besaß, in der klownhaften Art wie Thomson durch diese Stämme hindurchzuschleichen. Ich verbot ihnen demnach ihre Dreistigkeiten in ziemlich barscher Tonart und schickte sie weg mit dem Bedeuten, sie möchten jetzt die Schafe bringen, oder ich würde unsern Vertrag vom Morgen nicht mehr anerkennen.

Meine Stimmung wurde nicht rosiger, als ich mit einem Male die Kamele von der Flußseite wieder zurückmarschieren sah.

Herr v. Tiedemann hatte keinen Weg gefunden. So war es klar, daß ich diesen Tag noch an derselben Stelle liegen bleiben mußte, und verlegte nur mein Lager aus dem Walde heraus in die Lichtung selbst, wo ich mich befand, um der Weiterentwickelung der Dinge, welche sich doch wohl an der Furt abspielen mußte, näher zu sein. Die Zelte wurden aufgeschlagen, und ich setzte mich alsbald mit Herrn v. Tiedemann zu unserm kärglichen Mahle nieder, als plötzlich die Somalis ganz verstörten Blickes ins Zelt hineinsprangen und mitteilten, die Wandorobbo trieben unendlich viel Vieh an den Fluß heran. Verstört sahen die Somalis allemal aus, wenn sie Vieh in fremden Händen erblickten, hier aber besonders, weil das Gute so greifbar nahe war und sie selbst sich in hungrigem Zustande befanden. Ganz in Gedanken hatten fünf von ihnen 20 Zicklein mit in mein Lager gebracht, welche sie, wie sie behaupteten, am Flusse „gefunden" hätten. Da indes eine derartige Innehaltung von Verträgen unseren deutschen Anschauungen doch im allgemeinen nicht entspricht, so stand ich vom Tisch auf und brachte persönlich die 20 Zicklein Zu den Wandorobbo stromaufwärts, wo diese nun allerdings Herde um Herde ans Wasser und wieder forttrieben. Ich hatte zum Zeichen meiner freundschaftlichen Gesinnung nur zwei Mann und für mich selbst nur meinen sechsläufigen Revolver in der Tasche mitgenommen. Nun ließ ich Kleiderstoffe bringen, um auch mein Versprechen in bezug auf die Geschenke einzulösen, verlangte indes noch einmal, die Wandorobbo sollten mir ihrerseits auch die versprochenen zehn Schafe stellen. Unzufriedenen Gesichts brachten sie endlich auf Befehl ihres Sultans fünf herangetrieben. Eines von diesen wurde sofort geschlachtet, die Leber herausgenommen und ohne weiter viel Umstände ins Feuer gelegt, worauf jeder von uns ein Stück zu essen bekam. Damit war also auch der Friede zwischen der deutschen Nation als solcher und den Wandorobbo besiegelt.

Ich verlangte jetzt noch einmal meine zehn Schafe, und wurde mißtrauisch, als ich merkte, daß die Krieger oder Elmoran der Wandorobbo anfingen zu kichern, und sich auch Gestalten neben mir links zur Seite im Busch aufstellten. Die Wandorobbo wiesen meine Kleiderstoffe zurück, und ich sagte, ich würde nunmehr ins Lager schicken, um eine Last Eisendraht holen zu lassen, vielleicht zögen sie diesen vor. Ich schickte Hussein Farn ins Lager mit einem Zettel an Herrn v. Tiedemann: Ich ersuche ihn, mit 30 Mann zu dem Platz unserer Verhandlungen zu kommen, und mit dem Befehl an die Somalis, durch die trockne Furt sofort sich aufzumachen, dieselbe etwas oberhalb zu besetzen, auf ein Trompetensignal meinerseits soviel Vieh in unser Lager zu treiben, als sie bekommen könnten, und, sobald sie eine Herde hatten, einen Schuß abzufeuern, damit ich orientiert sei.

Herde um Herde der Wandorobbo zog vom Fluß ab, und, als die letzte das Wasser verlassen hatte, ließen die Leute auch plötzlich von den noch dort befindlichen vier Schafen drei springen, so daß nur ein ganz mageres Exemplar für mich zurückblieb. Mit einem Male flog auch ein Pfeil an meinem Ohr vorbei. Ich stand ruhig auf und rief ihnen zu: „nehmt euch in acht, ihr Hunde", und ließ ganz ruhig meine Sachen einpacken, welche ich befahl, ins Lager zurückzubringen. Bald erschien Hussein Fara wieder mit der Mitteilung, daß meine Befehle ausgeführt würden, und bald kam auch Herr v. Tiedemann mit 30 Mann herangegangen. Nun ließ ich plötzlich die Trompete blasen und zog mich langsam auf mein Lager zurück. Da meine Leute heraneilten, waren die Wandorobbo mit einem Schlage in dem Gebüsch verschwunden. Ich ersuchte Herrn v. Tiedemann, ihnen durch die Lichtung und den trocknen Flußlauf zu folgen und mit seinen 30 Mann denselben abzustreifen. Ich ging dann meinerseits ruhig in mein Lager zurück, als plötzlich der von mir sehnlichst erwartete Schuß aus dem Busche heraus fiel. Ich ordnete nun für die im Lager zurückgebliebenen Leute sofort den Bau einer Umzäunung für das Vieh, welches der Himmel schicken werde, an, setzte mich dann in mein Zelt zu einer Tasse Tee mit Kognak und nahm den „Mommsen" zur Hand. Ich hatte vielleicht 20

Minuten gesessen, als es herantrappelte wie eine Kavallerieattacke, Schafe und Ziegen munter durcheinander springend, und auch ein Esel hatte sich mit zu uns „verlaufen" – so meldeten die Somalis – in begeisterter Aufregung diese hinterdrein. Die Schafe wurden jetzt ans Wasser getrieben und von meinen Leuten dicht umstellt, bis die Umzäunung fertig war. Nach etwa zehn Minuten kam auch Herr v. Tiedemann, welcher die Wandorobbo eventuell hatte zwischen zwei Feuer nehmen sollen; er hatte keinen Wandorobbo mehr gesehen. Er war natürlich ebenfalls auf das freudigste bewegt, als er die Schafe sah.

Nun ging es an ein großes Schlachten und Schmausen, immer fünf Mann erhielten ein Schaf oder zwei Mann ein Zicklein. Freude, heiterer Tanz und Sangeslust zogen bei uns ein. Wir hatten 250 Stück Kleinvieh in Händen, und damit hatte die Hungerleiderei in der deutschen Emin Pascha-Expedition ein für allemal aufgehört. Das Erfreuliche für mich an den Vorgängen dieses Tages war, daß erstens gar kein Menschenblut dabei vergossen wurde, und sodann, daß ich mich moralisch so vollständig im Recht fühlte zu der von mir eingeschlagenen Handlungsweise.

Ich ließ in der Nacht das Lager gut bewachen und auch hin und wieder Leuchtraketen über die Büsche emporwerfen. Aber die Vorsichtsmaßregeln erwiesen sich als überflüssig. Die Wandorobbo, welche, wie ich von den Wakamba erfuhr, der Meinung waren, der Leibhaftige sei mit großem Gefolge persönlich in ihren Landen bei ihnen erschienen, wozu sie durch meinen herüberhängenden Schlapphut und wohl auch durch meine schwarzen funkelnden Brillen, mit denen ich bei den Verhandlungen zu erscheinen pflegte, veranlaßt wurden, machten sich bei Nacht und Nebel aus dem Staube stromabwärts mit ihren Herden. Ich habe von ihnen überhaupt nichts wieder zu sehen bekommen.

Am nächsten Morgen wollte ich den Tana an dieser Stelle überschreiten, da Herr v. Tiedemann mit den Somalis der Meinung geworden war, daß auch außerhalb des Buschwaldes kein Weg am rechten Tanaufer stromaufwärts vorhanden sei. Ich ließ demnach schon beim frühen Morgen meine Leute durch den Fluß, der hier sehr breit war, gehen, um festzustellen, ob er an dieser Stelle für uns passierbar sei. Merkwürdigerweise fand vom frühesten Morgen dieses 2. November an ein fortdauerndes Ansteigen des Tana statt, so daß am Nachmittag bereits die ganze sandige Lichtung am Wasser, wo die Verhandlungen des gestrigen Tages stattgefunden hatten, unter Wasser stand und in der Nacht das Wasser bis in unser Lager hineindrang. Meine Leute verloren die Lust zu der Arbeit im Tana, als sich plötzlich eine Reihe von verdächtigen dunklen Punkten ihnen näherten, welche sich alsbald als ebensoviele Krokodile herausstellten und welche ich durch meine Büchsenkugeln zwar von der Oberfläche zu verscheuchen, aber doch wohl kaum ganz aus der Nähe zu entfernen imstande war.

Ich machte mich demnach von 9 Uhr ab mit vollem Eifer an den Bau eines Floßes, zu welchem meine Leute 50 möglichst gleichmäßige Baumstämme heranbringen mußten. Gegen 12 Uhr war das Floß fertig, aber, als ich den Versuch machte, auch nur allein mich mit demselben der Strömung anzuvertrauen, sank das schwere Holz unter die Oberfläche. Der Versuch war vollständig mißlungen. Nun blieb nichts übrig als den Rest des Tages mit der Auffindung eines Weges für meine Karawane an unserer Tanaseite zu verwenden. Ich schickte dazu die besten meiner Leute aus, und ihnen gelang es auch, die Möglichkeit eines Marsches für den folgenden Tag festzulegen. Am Morgen des 3. November ging es demnach unter Trommelschlag wieder vorwärts, immer bergauf, bergab, durch Busch und Wald. Aber wir kamen doch vorwärts, und, was das Erfreulichste war, das war die Tatsache, daß auch unsere Schaf- und Ziegenherde recht munter mit fortkam. Alle diese Herden sind das Nomadisieren gewohnt und dürfen demnach nicht völlig mit europäischem Maßstäbe bemessen werden. Ich habe von nun ab für den ganzen weiteren Verlauf der Expedition Herden mit mir getrieben. So fiel doch die häßliche Sorge um des Leibes Nahrung und Notdurft fort, man konnte sich auf dem Marsch, auf die Ankunft im Lager und auf das Mittagessen freuen, anstatt mit einer Art von Grauen dieser Ankunft und der sich daran knüpfenden häßlichen Szenen zu gedenken. Damit gewann der Vormarsch einen viel freundlicheren Charakter. Das schwere Unrecht, welches uns die Engländer durch die Wegnahme unserer Tauschartikel in Lamu getan hatten, war durch die Vorsehung einigermaßen ausgeglichen, und ich begann, die Zweifel an der technischen Durchführung der übernommenen Aufgabe mehr und mehr fallen zu lassen.

An diesem Tage lagerte ich an einem lieblichen Tanawasserfall unmittelbar unterhalb desselben an einer Furt zum Fluß, so daß wir den kühlenden Sprühregen vor unserm Zelt genießen konnten, wenn wir wollten. Auf der andern Seite des Tana wies die Bennigsen- Kette von Tag zu Tag imposantere Formen auf. Lieblicher Buschwald umgab meinen Lagerplatz, in welchem sich ein munteres Treiben abspielte, da die Leute jetzt im Hinblick auf die Herde fröhlicher Stimmung waren. Ich schrieb an diesem Tage wiederum Berichte für Deutschland, in denen ich unsere Wandorobbo-Abenteuer darlegte.

Als ich gerade damit beschäftigt war, kam mit einem Male der Manyema Varakka, umgeben von den Seinen, laut heulend auf mein Zelt zugelaufen. Meine Leute pflegten die Nachmittagstunden regelmäßig mit Fischfang auszufüllen. Auch Barakka hatte einen, und zwar einen sehr großen Bewohner des Tana aus der kühlen Flut durch einen Angelhaken herausgeschleudert. Der Fisch hatte den Spaß aber übelgenommen und Barakka gehörig in den Finger gebissen. Der Schwarze, wenn er Blut sieht, meint, er müsse heulen, und die Leute waren sehr überrascht, als ich die Sache nicht so tragisch nahm, was sie auch gar nicht war, denn ein wenig Eisenchlorid genügte, das Blut zu stillen.

In der Nacht zog ein schweres Gewitter herauf, dessen rollender Donner sich harmonisch mit dem tosenden Wasserfall verschmolz, das erste energische Anzeichen, daß die kleine Regenzeit nunmehr bevorsteht.

Immer großartiger gestaltete sich die Landschaft, immer tobender der Tana, immer gewaltiger die Bergformen am andern Ufer und der Urwald, welcher uns umschloß. Der Tana stürzt hier auf kurze Strecken ununterbrochen in mächtigen Katarakten in die Tiefe. Terrasse um Terrasse hatten wir emporzuklimmen. Wir stiegen täglich wohl mehr als 100 m in die Höhe. Dabei umschloß uns der ganze geheimnisvolle Zauber der Wildnis. Aus Murdoi waren wir heraus, und keine Menschenspur durchstreifte den Buschwald, in welchem wir uns befanden. Hier gab es wohl Pfade, aber es waren die sauberen Wege, welche die Flußpferde zu machen pflegen, und denen wir immer nur kurze Strecken folgen konnten, da sie sich stets zum Fluß wieder zurückwenden. Hier bricht das Rhinozeros seine Straße durch das Gestrüpp, und Nacht um Nacht brüllt der Löwe und heult der Schakal um unser Lager. Dazu brauste der Südwestmonsum durch die Wipfel der Urwaldbäume den Chorus zu diesen Stimmen der Tierwelt, und der Tana grollte dazu, so daß wir oft die Felsen an seinen Ufern unter uns beben fühlten. Ein mächtiges Konzert in seinem Zusammenklang, wie es großartiger auf der Welt nicht gefunden werden kann. Auch in der Rückerinnerung noch klingen diese gewaltigen und vornehmen Akkorde in der Seele wieder.

Am 4. November wäre ich um ein Haar, als ich eine Stelle zum Tana auf ihre Zugänglichkeit untersuchen wollte, auf einen Löwen gesprungen, welcher sich indes schleunigst aus dem Staube machte. Wieder hatte ich keine Büchse bei mir, so daß ich auch diesmal nicht zum Schuß kam. Im Tana wimmelt es in diesen Gegenden von Tausenden, man möchte sagen Hunderttausenden von Flußpferden. Dieselben lagen zuweilen so dicht gedrängt im Strom, daß man meinte, man hätte auf ihren Köpfen an die andere Seite hinübergehen können. Die Lust dazu verlor man allerdings, wenn man ihre guten Freunde, die Krokodile, in nicht minder großer Anzahl oft friedlich auf einer Sandbank, oft auf einem Stein im Strome neben ihnen schlafen sah. Sie wurden häufig das Ziel meiner guten Doppelbüchse, wenn es mir auch nicht gelungen ist. eines dieser Krokodile zur Strecke zu bringen, was mir bei den Flußpferden doch häufiger gelang.

Am 6. November morgens 8 Uhr erreichten wir den Wasserfall Kiloluma, wo die Straße von Mombas durch Ukamba Mumoni über den Tana nach Mbe und weiter östlich an dem Kenia vorbei nach Lorian führt.[3] Diese Stelle ist es, welche Krapf zu der Behauptung veranlaßte, Wakamba hätten ihm erzählt, sie hätten den Fluß Kiloluma überschritten, um nach Mbe zu gehen, aus welcher Stelle ich die ganze irrtümliche Theorie des Zustromes Kiloluma in den Tana herleite. Schon eine halbe Stunde, bevor wir den Kiloluma erreichten, fühlten wir die Berge unter uns erbeben, und in der Tat, wenn man oberhalb des Wasserfalls steht und in den gähnenden Schlund hineinschaut, welchen die herabstürzende Masse dort eröffnet, so ist es, als wenn man in den Schlund der Hölle hineinblickt. Und doch ist dieser Fall weitaus nicht der größte im Tana, wir sollten noch ganz andere zu sehen bekommen. Wie meistens, so stellte er auch hier mehrere Katarakte übereinander dar, deren bedeutendster 25 m hoch sein mag. Aber die Wassermasse im Tana ist eine so kolossale, daß durch den Absturz eine Kraftmasse entwickelt wird, welche nach Pferdekräften abzuschätzen ich freilich nicht imstande bin, deren Leistungsfähigkeit aber eine enorme sein muß. An diesem tobenden Fall verbrachten wir den ganzen 6. November. Leider war die Brücke nach Mbe, von der wir noch Spuren sahen, durch das ansteigende Tanawasser weggerissen worden. Wir schleuderten einige von den Balken in den Strudel hinunter. Es war interessant zu sehen, wie der Balken zunächst ganz verschwand und dann nach langer, langer Zeit dicht neben dem Strudel am andern Ufer wieder erschien. Es mochten wohl fünf Minuten

---

[3] Ich brauche kaum daran zu erinnern, daß man sich unter Karawanenstraße nicht etwa einen Weg nach europäischer Art vorzustellen hat. Es ist ein kleiner im Gestrüpp sich hinziehender Pfad, auf dem alle paar Jahr einmal eine Mombas- Karawane oder aber ein Zug von Eingeborenen Wakamba dahinpilgert. Die „Straße" trägt zur Belebtheit der Landschaft nicht eben bei

darüber hingehen, ehe er wieder zum Vorschein kam. Ich besuchte den Hauptstrudel mit Herrn v. Tiedemann und Hussein Fara am Nachmittag gegen Sonnenuntergang. Hussein Fara meinte, das sei gerade so wie im Somalilande, was er immer zu sagen pflegte, wenn ihm irgend etwas imposant erschien. Was er eigentlich damit meinte, habe ich nicht recht verstehen können, da es im Somalilande weder derartige Flußläufe noch wahrscheinlich auch Katarakte gibt. Dieselbe Bemerkung machte er mir übrigens nachträglich, als er mich in Berlin besuchte und im Kaiserhof wohnte. Da sagte er auch, das sei gerade so wie im Somaliland.

Am folgenden Tage machten wir einen starken Marsch und hatten den ganzen Nachmittag hindurch einen strömenden Platzregen zu erdulden, wie er sich von nun ab für die nächsten 1 ½ Monate fast regelmäßig täglich bei uns einstellte. An diesem Tage fanden wir zum ersten Male wieder menschliche Spuren. Meine Leute glaubten, in der Ferne Schambas (Plantagen) zu sehen, und die angenehme Erwartung wurde am Nachmittag bestärkt durch das Erscheinen von zwei Wakamba, welche sagten, daß wir morgen in bewohnte Gegenden kommen würden.

Meiner Gewohnheit gemäß behielt ich sie die Nacht im Lager. Da ich sie aber am andern Morgen ihren Landsleuten nicht am Strick vorführen mochte, so entsprangen sie gleich, als ich meine Kolonne in Bewegung setzte, mit einem der von Murdoi mitgebrachten Wakamba. Ich hatte am 7. November ein leichtes Unwohlsein, welches mich veranlaßte, starke Dosen von Jpicaquana zu nehmen, durch welches ich dasselbe auch in einigen Stunden vollständig beseitigte. An diesem Tage erkrankte auch der Somali Daud Wais an der Dysenterie, an welcher er bis zum Schlüsse der Expedition gelitten hat. Das Land, auf welches wir den nächsten Morgen zuzogen, war zu meiner Überraschung nicht Ukamba, wie ich nach den Karten annehmen mußte, sondern das Land Dsagga, welches sich in lieblichen, vornehm geschwungenen Bergzügen über den Tana herüberzieht. Das Land ist reich bebaut und gewährt mit seinen im Schweizer Stil aufgeführten und mit von Umwallungen abgeschlossenen Dörfchen einen geradezu pittoresken Eindruck. Es liegt immer nach den Bennigsenbergen vorgelagert und ist gewissermaßen ein Gegenstück zu Kikuyu, welches dem Kenia Plateau vorgelagert ist, nur daß in Kikuyu die Bergzüge höher und die Luft infolgedessen noch reiner wird.

Die Wadsagga sind wiederum Bantu und nahe verwandt mit den Wakamba und den Wakikuyu, sowie den Leuten von Mbe, mit denen sie eine gemeinsame Sprache besitzen. Nach Erkundigungen, die Krapf einzog, sollen die Wakamba früher am Kilimandscharo gesessen haben und von dort durch die Massais nach Norden vertrieben worden sein. Vielleicht hängt hiermit der gleiche Klang des Namens Dsagga und Dschagga am Kilimandscharo zusammen. Die vorderen Stämme dieser Auswanderung drangen bis über den Tana vor in ein Land, welches dann von den Hinteren Mbere, Mbele oder Mbe (vorn) genannt ward. Es ist dies das Land, welches von Dsagga ab an der linken Seite des Tana sich hinzieht und ganz derselben Stammesart wie Ukamba angehört.

Die Wadsagga, ebenso wie die Wakamba, haben etwas Sanguinisches in ihrem Auftreten. Sie lieben es, sich ritterlich herauszuputzen, mit mächtigen Federn sich zu schmücken und Eisenstücke an den Füßen zu tragen, welche beim Schritt gleich Sporen klirren. Ihre Frauen sind üppige und lebenslustige Erscheinungen, reich geschmückt mit Perlen und Ringen. Sie liebten es, kokett mit ihren Anbetern vor unserm Lager zu lustwandeln, um sich in ihrer Schönheit bewundern zu lassen. Auch in dieses Land war noch keine Kunde von Weißen Leuten gedrungen. Ich glaube, man kannte hier auch nicht einmal Araber oder Wangwana. Unsere Flinten hielten sie für Knüppel, und als sie unsere Füße mit hohen Stiefeln bekleidet erblickten, fingen sie an, laut zu lachen, weil sie der Meinung waren, wir hatten unsere Füße in Eselsbeine gesteckt, um besser marschieren zu können, oder wir besäßen wohl gar selbst Eselsfüße. An den Abhängen des lieblich geschwungenen Landes reiht sich Plantage an Plantage, zwischen denen große

Viehherden von Ochsen, Schafen und Ziegen in friedlichen besonnten Gruppen weiden. Das Ganze vom Tanastrom durchzogen, gewährte einen idyllischen Eindruck, und wir vermeinten, als wir am 8. November diesen Leuten zum ersten Male gegenübertraten, in ein „friedliches Hirtenvölkchen" gelangt zu sein.

Diese Empfindung änderte sich dann freilich sehr bald, als ich mit ihnen um den Ankauf von Getreide in Handelsbeziehungen trat. Ich verlangte, sie sollten eine große Masse Getreide in eins mir liefern, wofür ich dann ein entsprechendes Gegengeschenk zu machen bereit sei. Aber da hier jede monarchische Zusammengeschlossenheit fehlte, so war es nicht möglich, mit dieser Forderung durchzudringen. Jeder einzelne brachte ein Töpfchen, ein Bündelchen voll Mtama und verlangte dafür seinen eigenen ganz übermäßigen Preis. Da ich vor allem für mein Reitpferd und für die Kamele dringend des Kraftfutters bedurfte, so machte ich schließlich kurzen Prozeß, indem ich das hierher gebrachte Getreide beschlagnahmte und dafür einen durchaus entsprechenden Preis in Zeug auslieferte. Nun war das Geschrei groß, so daß ich die ganze Gesellschaft, um Ruhestörungen zu vermeiden, aus dem Lager hinausweisen ließ. Indessen blieben die Beziehungen doch ganz freundschaftlicher Natur. Die Wadsagga stellten freiwillig einen Wegeführer, welcher uns bis Mbe geleiten sollte, so daß ich den noch vorhandenen Mkamba nunmehr reich beschenkt entlassen konnte, und am Morgen des 9. November zogen wir, freundlich begrüßt von allen Seiten, durch das herrliche Land. Jetzt an Dörfern vorbei, aus denen Männer und Frauen hervoreilten, uns anzuschauen, dann auf schön gehaltenen Waldwegen hügelauf, hügelab bis wir gegen Mittag schließlich in einen zweiten Distrikt des Dsagga-Landes hineingelangten. Bevor wir die Grenze überschritten, verabschiedeten sich noch Hunderte der nunmehr vertraulich gewordenen Wadsagga von uns, und wir marschierten in den zweiten Distrikt mit der Empfindung hinein, daß wir als Freunde durch das ganze Land ziehen und auf diese Weise in behaglicher Weise Mbe erreichen könnten. Nach Mbe sollte nämlich eine Furt über den Fluß hinüberführen, die ich zu überschreiten gedachte.

Als ich in den zweiten Distrikt von Dsagga von einem hohen langsam herabfallenden Hügel hineinstieg, erblickte ich an der andern Seite des Ufers einen mächtigen Berg, welcher hernach als Landmarke für uns tagelang sichtbar gewesen ist. Die Bennigsen-Kette, welche bis zu diesem Berge südwestlich gelaufen war, schwenkte hier ein wenig nach Westen ab und lief südwest, so daß der erblickte Berg die Ecke dieser Kette bildet. Ich beschloß, denselben Krupp-Berg zu benennen, und schlug gegenüber um 1 Uhr mittags an einer Furt zum Tana mein Lager auf. Bald fanden sich viele Wadsagga ein, bei denen uns die frechere Tonart des Verkehrs sofort in unliebsamer Weise auffiel. Ich ersuchte sie, innerhalb einer Stunde Essen zum Verkauf herbeizuschaffen, erfuhr aber alsbald zu meiner größten Überraschung, daß einer meiner Träger, Ajabajir, welcher etwas kränkelte und deshalb hinter der Kolonne marschiert war, verschwunden und wahrscheinlich von den Wadsagga aufgefangen sei. Zur näheren Feststellung dieses Tatbestandes schickte ich alsbald Soldaten nach rückwärts, welche mit der Bestätigung der Nachricht zurückkamen.

Wir saßen eben beim Frühstück, als plötzlich gemeldet ward, die Herren Wadsagga hatten sich daran gemacht, meine fünf Esel abzu»treiben. Sie seien zwar durch das schnelle Eingreifen der Somalis verjagt Horden, indessen scheine die Absicht vorzuliegen, unser Eigentum überhaupt nicht zu respektieren. Dem gegenüber beschloß ich nun doch, durchgreifend vorzugehen, und gab als Antwort den Befehl, von den benachbarten Weiden so viel Vieh ins Lager hineinzutreiben, als sich auf friedlichem Wege ergreifen ließe. Dieser Befehl ward schnell ausgeführt, und bis ½ 5 Uhr hatten wir 600 Stück Schafe und etwa 60 Ochsen in der Umzäunung. Die Hirten waren durch einige in die Luft gefeuerte Schüsse vertrieben worden.

Gegen Sonnenuntergang kam einer der patriarchalischen Ältesten der Gegend und bat aus der Ferne um Frieden. Da es kaum möglich schien, die etwas unbändigen Ochsen die Nacht bei uns festzuhalten, so schickte ich den größeren Teil von diesen an den Ältesten zurück mit der Bemerkung: Frieden solle er haben. Wenn er verhandeln wolle, möge er am nächsten Morgen wiederkommen. Am nächsten Morgen erschien denn auch der alte, in der Tat ehrwürdig aussehende Mann mit einigen jüngeren Kriegern. Ich stellte ihn zur Rede, wie die Wadsagal dazu gekommen wären, einen meiner Leute fortzunehmen und meine Esel fortzutreiben. Bevor ich mit ihm weiter verhandele, möge er meinen Mann ausliefern, und ferner wünsche ich, daß die Wadsaggal Getreide für meine Lasttiere herbeibrächten. Dies hätte ich ihnen schon gestern befohlen, aber nicht ein Körnchen sei mir freiwillig gebracht worden. Der Älteste entfernte sich darauf, kam aber etwa 1 Uhr mittags, als ich von einem Streifzuge in die Umgegend zurückkehrte, bloß mit der Flinte meines Trägers wieder. In seiner Begleitung befand sich diesmal eine Gestalt, welche nachher wochenlang eine der Hauptfiguren meiner Expedition gewesen ist. Es war Marongo, ein lang aufgeschossener Mkamba, welcher sich, um Bier einzukaufen, von Ukamba nach Dsagga begeben hatte mit einem Bündelchen von Sachen, welches noch bei den Wadsagga lag, mit einem Mund, welcher sich beinahe von einem Ohr zum andern hinzog. Ein halb verschlagener, halb gutmütiger Ausdruck um die Augen kennzeichnete sein Gesicht, während seine Arme bis beinahe auf die Knie am Körper herunterschlottern. Der Mann sprach ein wenig Kiswaheli und erregte demnach sofort mein Verlangen, ihn für meine Expedition zu sichern, weil damit das lästige Radebrechen und mimische Unterhaltungssystem mit diesen Stämmen aufhörte.

Ich schenkte dem Ältesten eine meiner rot und weiß karrierten Jacken, welche ich ihm anzog. Auf meine Frage nach Ajabajir glaubte er, mir mitteilen zu dürfen, daß dieser nicht mehr bei ihm sei, er sei zu den Wakamba entflohen, hier aber sei seine Büchse. Ich teilte den: Ältesten mit, daß ich diese Erzählung nicht glaube, auch beklagte ich mich noch einmal darüber, daß immer noch kein Getreide gekommen sei. Ich habe Frieden mit den Wadsagga gewollt, sie schienen aber den

Krieg vorzuziehen. Wenn dem so sei, so könnten sie auch den Krieg haben. Wir sehten uns alsdann zu Tisch, indem der Sultan mit Marongo und den Wadsagga vor dem Zelt sitzen blieb. Hernach setzte ich mich wieder zu ihnen, und nun kam es schnell zur Peripetie dieses ganzen Zwischenfalles. Marongo, im Namen des Ältesten, fing nämlich plötzlich von Schafen an zu sprechen, welche ich wieder ausliefern solle. „Was für Schafe?" sagte ich. Nun die Schafe, die gestern abend in mein Lager getrieben wären. Darauf erwiderte ich, er hätte Aiabajir gestern gegriffen, „und heut', wo ich ihn wieder haben will, sagt ihr, er sei zu den Wakamba entlaufen. Nun, so will ich euch sagen, daß es sich genau so mit euren Schafen verhält. Ich fürchte, daß eure Schafe ebenfalls mit mir nach Ukamba entlaufen werden. Bringt ihr Ajabaiir zurück, so läßt sich über eine Entscheidung für die in meinen Händen befindlichen Schafe verhandeln. Tut ihr dies nicht, so bleibt die Sache, wie sie ist. Wir können dann immer noch im Frieden auseinandergehen, wenn ihr wollt. Wenn ihr dies nicht wollt, so mögt ihr tun, was ihr könnt. Plötzlich sprangen die Wadsagga auf, griffen nach ihren Speeren und eilten aus dem Lager hinaus."

Da auch Marongo ihnen nachfolgen wollte, ließ ich diesen durch meine Somalis ersuchen, noch zu bleiben, da ich ihn für die weiteren Verhandlungen nötig habe. Und nach einigem Sträuben fügte er sich auch mit guter Laune in die Sache, indem er nur bat, ihm sein Bündel von den Wadsagga kommen zu lassen. Ich entließ jetzt die Wadsagga-Wegeführer, da Marongo den Weg nach Mbe kannte, und schickte sofort fünf Mann zu den Wadsagga ab, um dessen Bündel in mein Lager kommen zu lassen. Ich ahnte nichts Böses, sondern setzte mich, da die Sonne heiß wurde, mit einem Buch in mein Zelt, um den Sonntag nachmittag friedlich zu verbringen. Mit einem Male sprangen meine Leute in das Zeit und meldeten mir, die Wadsagga griffen unsere Herden an und drängten auch schon von den anderen Seiten aufs Lager ein. In demselben Augenblick hörte ich auch bereits Flintenschüsse von der Seite der Herde her und sah, wie meine Gesandtschaft von fünf

Mann in eiliger Flucht von der andern Seite aufs Lager zustürzte.
Von allen Seiten, mehr als 1000 Mann stark, griffen die Wadsagga unser Lager an. Ich übertrug Herrn v. Tiedemann das Kommando auf der oberen Seite des Flusses und warf mich selbst mit einigen Leuten den von der unteren Seite Herandrängenden entgegen. Mit einem Male erfuhren die Wadsagga, was für eine Art Knüppel unsre Flinten seien. Eine Reihe von ihnen schossen plötzlich kopfüber den Hügel herunter, die anderen blieben zunächst verdutzt stehen, aber, da einer nach dem andern heruntergeholt ward, zogen sie sich plötzlich in wilder Flucht zurück. Auch an der andern Seite gelang es Herrn v. Tiedemann, der Sache schnell ein Ende zu machen, und in einer halben Stunde war alles entschieden. Hinter einem Hügel im Südosten sammelten sich die Wadsagga wie die Ameisen, wenn der Bau gestört ist. Die Sonne stand bereits tief, und ich hielt es für richtiger, die ganze Sache noch bei Tageslicht zu vollenden, als etwa noch einmal des Nachts durch einen Angriff geweckt zu werden.
So nahm ich gegen 20 meiner Leute, indem ich Herrn v. Tiedemann das Kommando des Lagers ließ, und beschloß, den Hügel anzugreifen, auf welchem die Wadsagga sich befanden. Unterhalb des Lagers lief ein tief eingerissener Regenstrom in den Tana. In diesem schlichen wir uns lautlos entlang, da dessen Richtung auf den bewußten Hügel zuführte. Aber wir mußten doch wohl bemerkt worden sein, denn als wir den Hügel von hinten hinaufschlichen war derselbe mit einem Male verlassen. Ich wandte mich nun in die benachbarten Dörfer der Wadsagga, um noch vor Einbruch der Nacht den Leuten eine ernstliche Lektion zu erteilen. Bei unserm Anmarsch wurden auch die Dörfer schnell verlassen. Ich befahl, alles, was für uns von Wert war, schnell herauszuräumen, und ließ dann nacheinander sechs von diesen Dörfern in Brand stecken. Es schien mir nötig, den Leuten klarzumachen: C′est la guerre, weil darauf die Sicherheit unseres weiteren Vormarsches in letzter Linie allein beruhte. Als die Sonne sank, lohte der

Schein der Flammen über das weite Hügelland hin, genau erkenntlich vom Lager aus, wo unsere Kolonne diese Vorgänge natürlich mit dem größten Interesse verfolgte.

Schwer beladen kehrte ich mit meiner Schar ins Lager zurück, aus welchem mir die übrigen Leute tanzend und singend entgegenkamen. Ich konnte in der Nacht noch meine Lasttiere füttern und auch einiges Getreide an die Kolonne austeilen. Jetzt kam mehr und mehr die Stimmung in meiner Expedition auf, welche ich als die „Kupanda Scharo - Stimmung" zu bezeichnen pflegte. „Kupanda Scharo", d. h. Erklimmer von Befestigungen, war der Name, welchen ich von vornherein in meiner Expedition getragen hatte, und welcher jetzt auch mehr und mehr unter den eingebornen Stämmen bekannt ward. Meine Leute hatten sich eigene Liedchen auf diesen Namen gedichtet, welche sie bei solchen Gelegenheiten zu singen pflegten, besonders die Wanjamwesi-Mädchen. Ich erinnere mich gerade von diesem Abend her, daß eines derselben beim Schroten des Getreides ein Liedchen sang, dessen Refrain immer lautete: „Andere haben nichts zu essen, uns gibt Kupanda Scharo Essen."

Von jetzt ab konnte ich mehr und mehr auf den unbedingt zuverlässigen Geist in der Expedition, wenigstens der überwiegenden Mehrheit nach, zählen. Am Abend machte ich den Leuten das Schauspiel, daß ich die letzte Last mit Petroleum über einen ausgetrockneten Mimosenstrauch ausgießen und das Ganze in Brand stecken ließ. Am Morgen dieses Tages war eins der Trägermädchen von einem Knaben entbunden worden, und deshalb hatte ich eingewilligt, einen Tag gegenüber dem Krupp-Berg zu lagern. Am nächsten Morgen ging es jedoch vor Sonnenaufbruch weiter gegen Südwest auf Ukamba zu, welches ich an diesem Tage zu erreichen hoffte. Von den Wadsagga war zu Anfang nichts zu sehen. Bald jedoch tauchten einzelne, dann Hunderte von ihnen auf den Hügeln rechts und links von uns auf, wie Schakale immer unserm Zuge folgend, um zu versuchen, ob sie nicht eine Gelegenheit zum Angriff fänden. Es ward an dem ganzen Marschtage fortwährend geplänkelt, und das Knattern der Flinten hörte nicht auf. Leider gelang es den Wadsagga, das erwähnte Trägerweib, welches mit dem neugebornen Kindlein nicht gleichen Schritt mit uns halten konnte, aufzufangen und wegzuschnappen. Zwar ward blutige Vergeltung geübt, indes ist ein solcher Verlust an einen feindlichen Stamm für das Gefühl des Führers immer etwas sehr Peinliches. Was an Dörfern der Wadsagga erreichbar war während des Marsches, wurde in Brand gesteckt. Um 12 Uhr bewegte sich der Zug durch einen Engpaß. Ich hatte geglaubt, die Wadsagga seien endgültig zurückgegangen, und sprengte deshalb auf meinem Pferde vom Ende an die Spitze der Kolonne, um das Aufsuchen eines geeigneten Lagerplatzes für uns vorzunehmen. Aber gerade vor diesem Engpaß hatten sich die Wabsagga in den Hinterhalt gelegt und hätten es um ein Haar fertig gebracht, unsere Viehherde abzutreiben. Dies scheiterte jedoch an der Geschicklichkeit der Somalis im Treiben der Herde. In wildem Galopp wurde solche durch den Engpaß gebracht, welchen Herr v. Tiedemann mit einigen Somalis inzwischen deckte.

Ich fand einen sehr geeigneten Lagerplatz in einer verlassenen Plantage, in welche ich mich mit meiner Karawane hineinwarf. Da die Wadsagga alsbald die Höhen ringsum besetzten, ließ ich unter Husseins Führung die Somalis eine Umgehung eines derselben vornehmen. Sobald die Repetiergewehrsalven vom Rücken her in die Wadsagga hineinfuhren, wobei einige von denselben, welche in den Bäumen saßen, wider ihren Willen außerordentlich schnell zur Erde herunter kamen, räumten diese auf das schleunigste das Feld und wurden nicht mehr gesehen. Nur auf dem Hügel gegen den Westen zu blieb den ganzen Tag über einen Wadsaggaposten stehen. Nach dem Essen ging ich meinerseits gegen diesen Posten vor, aber die Leute ließen mir sagen, weshalb wir eigentlich fortwährend gegen sie schössen, sie hätten ja gar keinen Krieg gegen uns. „Warum sitzt ihr denn da oben?" rief ich hinauf. „Ja", riefen sie „Wir sind im Kriege gegen die Wakamba, welche auf der andern Seite des Hügels sitzen, und wehren uns gegen diese."

„Ah so", „ rief ich hinauf, „dann wünsche ich vergnügten Nachmittag!"

Auch mit den Wadsagga jenseit des Flusses ward um die Mittagszeit Frieden geschlossen. Diese erklärten ebenfalls, sie hätten mit dem Wadsaggastamm, mit welchem wir im Krieg lägen, nicht das geringste zu tun. Sie wollten unsere Freunde sein und würden uns auch am andern Morgen den Weg nach Ukamba zeigen. Es war ein wunderbar schöner Nachmittag, welchen wir in dieser Plantage verlebten. Genau wie die Donauberge zwischen Passau und Wien zieht sich die westliche Fortsetzung der Bennigsen-Kette hier den Strom entlang.

An der andern Seite stromaufwärts traten von Süden Gebirge an den Tana heran, welche mich mit einer gewissen Unruhe erfüllten, weil sie unserm Vormarsch neue Schwierigkeiten zu bereiten drohten. Indes hoffte ich noch, daß es mir gelingen würde, einen Weg zwischen diesen Bergen und dem Fluß aufzufinden, und verließ mich im übrigen auf die Wegekenntnis, welche Marongo von der Gegend zu haben behauptete. Diese Berge waren die Mumoniberge, und in sie marschierten wir am 12. November hinein. Zunächst gab es in der Tat einen Weg zwischen ihnen und dem Fluß, bald aber traten die Felsen so unmittelbar und so schroff an den Tana heran, daß ich wohl oder übel gezwungen war, mich von demselben ab und in die Quertäler der Berge hinein zu begeben. Da ich des Wassers wegen am Fluß zu schlafen liebte, so wandte ich mich nach etwa dreistündigem Marsche zu demselben zurück, und jetzt begann eine Kletterpartie, wie sie unbehaglicher und schwieriger wohl kaum gedacht werden kann. Die Berge nahmen alsbald einen sehr steilen und abschüssigen Charakter an. Durchweg warm sie bestanden mit urwaldartigem Busch und dornigem Gestrüpp, welches das Vorwärtsmarschieren äußerst peinlich und schwierig machte. Nun bedenke man, daß wir hier nicht nur mit Trägern, sondern mit einer Kamelkolonne von immer noch 7 Stück und mit vielen Hunderten von Schafen zu marschieren hatten. Bald mußten wir steil einen Berg hinan-, bald abschüssig wieder hinunterklettern und fortwährend mit der Axt uns einen Weg bahnen.

Ermüdet bezog ich etwa um 3 Uhr auf einem weniger abschüssigen Platz, welcher mit der Axt gereinigt ward, mein Lager und sammelte hier allmählich meine gesamte Kolonne. Die Stimmung meiner Leute war eine sehr wenig freudige. Sie verbesserte sich auch kaum dadurch, daß ich ihnen zu ihrer normalen Tageskost eine Reihe von Schafen als Extrageschenk ausgeben ließ. Ich sah Wohl ein, daß ein Vormarsch auf diese Weise nicht möglich sei. Ich ließ demnach den ganzen Nachmittag über durch verschiedene kleinere Expeditionen feststellen, in welcher Richtung ein besserer Weg für uns aufgefunden werden könne, und erfuhr noch am Abend durch den Somali Musa und meinen Diener Rukua, daß, wenn man zunächst in südöstlicher Richtung vollständig vom Fluß abhalte, man dann aus freieres Terrain gelange.

Der Tana wendete sich hier mehr und mehr direkt gegen Süden, so daß zu allen Schwierigkeiten des Vormarsches noch das unbehagliche Gefühl hinzutrat, daß wir mit jedem solchen Marschtage unserm eigentlichen Ziel, der Äquatorialprovinz, ferner kamen, anstatt näher. Am nächsten Morgen marschierten wir dann in südöstlicher, also in genau von Emin Pascha entgegengesetzter Richtung ab. In der Tat kamen wir auf diese Weise, wenn auch unter strömendem Regen, aus dem Urwald heraus und in freieres Terrain. Dann wandte ich mich allmählich gegen Süden, dann gegen Südwest um, den Waldessaum immer zur Rechten behaltend.

Gegen 10 Uhr nahmen wir Leute in der Ferne wahr, und Marongo teilte mir mit, es seien dies Wakamba Mumoni. Marongo, der für uns jetzt geradezu von Lebensbedeutung war, pflegte an einem Strick um den Hals unter Bewachung eines Somali der Kolonne vorangeführt zu werden. Nun bat er, vor seinen Landsleuten den Strick verbergen zu dürfen. Es wurde ihm demnach aus einem großen Stück roten Stoffes eine hübsche Halskrawatte gemacht, die nur hinten unter dem Zeuge in möglichst zarter Weise durch einen Strick zusammengehalten wurde. Nachdem diese Toilette beendigt war, winkte Marongo seine Landsleute heran und teilte ihnen mein Verlangen an sie mit, uns einen Weg durch die Berge zu zeigen. Wir vereinbarten ein Geschenk an Zeug, und alsbald setzten sich die Wakamba uns voran in Bewegung.

Sie wollten mir eine Stelle am Fluß zeigen, wo die Eingebornen-Karawanen denselben zu überschreiten pflegten, um nach Mbe zu gelangen. Ich hatte ihnen ihre Vorausbezahlung bereits gegeben, aber alle hundert Schritt setzten sich die Burschen hin und verlangten neue Bezahlung, ehe sie weiter gingen. Ich war entschlossen, in diesem Lande möglichst Geduld zu üben, um in Frieden hindurchzukommen, aber ich mußte doch theoretisch einsehen, wie unmöglich es ist, einem Charakter wie dem dieser Neger gegenüber ohne Anwendung von Körperstrafen vorzugehen. Man ist andernfalls tatsächlich ganz waffenlos gegenüber derartigen Vertragsbrüchigkeiten und Hemmungen aller Art, und für die Leute selbst ist es auch viel besser, wenn ihnen vollständig klargemacht wird, daß Lüge, Diebstahl und Betrug nicht eben das ist, was da sein soll in dieser Welt; sondern daß die menschliche Gesellschaft auf einer gewissen Gegenseitigkeit von Verpflichtungen und Dienstleistungen beruht. Damit wird man der Erschließung von Afrika ohne jede Frage am allerbesten und sichersten vorarbeiten. Sich selbst zum Gegenstande eingeborner Unverschämtheiten zu machen, das muß die Schwarzen ja in ihren niedrigen Charaktereigenschaften nur weiter befestigen und insbesondere unsere Rasse in ihren Augen herabsetzen. Dem Verfahren, derartige Verpflichtungen zu übernehmen und nachher solche nicht auszuführen, alle möglichen Ausreden vorzugeben, liegt eben immer eine gewisse Geringschätzung des andern Teils zugrunde. Es ist ein ganz falscher Wahlspruch der Reisenden, in Afrika müsse man Geduld lernen, und wenn man keine Geduld habe, so könne man dort nicht reisen. Unseren Interessen und der Zivilisation entspricht es sicherlich viel mehr, wenn man sich zum Wahlspruch nimmt, den Eingebornen von Afrika umgekehrt etwas von unseren

Eigentümlichkeiten beizubringen, anstatt sich ihren Fehlern einfach anzuschmiegen. Der große Grundsatz, der durch das ganze Weltall, auch schon in der unorganischen Natur gilt, das ist der Grundsatz der unbedingten Gerechtigkeit. Solche wird aber ebenso sehr verletzt, wenn der Schwarze sich Übergriffe gegen den Weißen erlauben darf, als umgekehrt. Ich bin mir bei der ganzen Expeditionsdurchführung bewußt gewesen, immer nach diesem Grundsatz gehandelt zu haben.

Um Mittag, zwischen 1 und 2 Uhr, trafen wir endlich auf einem sehr steil herabfallenden hohen Hügel am Tana ein, von welchem mit vieler Mühe die Kolonne an die von den Wakamba bezeichnete Furt heruntergeführt ward. Wir fanden hier in der Tat Kochsteine und andere Anzeichen der Lagerung von Expeditionen und Karawanen.

Es treten an dieser Stelle die Wakamba in Handelsbeziehungen mit den Leuten von Mbe. Zurzeit aber war der Tana so hoch, daß an ein Übersetzen auch nur der Träger mit ihren Lasten, geschweige des Viehs gar nicht gedacht werden konnte. Es wurden den Tag über verschiedene Versuche gemacht, eine Stelle ausfindig zu machen, aber sie alle mißglückten. Die Wakamba erzählten, daß Expeditionen hier oft viele Monate lang warten, bis der Fluß sich wieder verlaufen hat.

Das ist so ganz die Art der Schwarzen- anstatt sich gemeinschaftlich an die Arbeit eines einfachen Bootsbaues zu machen, warten sie ein halbes Jahr, bis der Fluß abgelaufen ist. Ich war nun wohl oder übel gezwungen, meinen Vormarsch am rechten Ufer fortzusetzen Der nächste Marsch stand an Beschwerlichkeit und Resultatlosigkeit dem des vorhergehenden Tages in nichts nach. Immer ging es bergauf, bergab, durch Urwaldgestrüpp hindurch, wo nur die Axt einen kümmerlichen Pfad herzustellen vermochte. Es war in der Tat sehr deprimierend, zumal immer dann, wenn man an das endgültige Ziel der Reise dachte. Wohin mochte nur der Tana, der fortdauernd in südlicher Richtung lief, schließlich führen? Es hatte in der Tat etwas Lächerliches, in einer dem Ziel entgegengesetzten Richtung reisen zu müssen, bloß weil es nicht möglich war, über einen bestimmten Fluß hinüber zu kommen. Das erinnerte an gewisse Feldzüge der Türken südlich der Donau. Ich begann, mich immer ernstlicher mit dem Gedanken zu tragen, einige Tage daran zu setzen, um eine Brücke über den Fluß zu schlagen.

Am 14. November lagerte ich auf einer kleinen Waldlichtung, und hier wurden wir am Abend durch den Besuch von etwa 100 Wakamba im Lager außerordentlich freudig überrascht. Wenn jemand, so konnten sie uns aus der unbehaglichen Situation, in welcher die Expedition sich befand, heraushelfen. Sie erklärten sich auch dazu bereit und behaupteten, die Berge seien nun bald zu Ende. Am nächsten Morgen marschierte ich auf den Rat dieser Wakamba ganz vom Fluß ab, zunächst wieder nach Osten, dann nach Südost, dann wieder nach Süden und allmählich nach Südwest und Westen zu. Wir machten an dem Tage geradezu eine Kreisbewegung, und obwohl wir 1 ½ Meilen Vorwärtsbewegung über dem Grund gehabt hatten, mochten wir doch kaum um 1000 m von unserm alten Lagerplatz am Nachmittag entfernt liegen. Ich wurde von den Wakamba wieder zu einer Erweiterung des Tanaflusses geführt, an welcher, wie sie behaupteten, die Leute von Mbe in der trocknen Zeit dm Fluß überschritten. Hier entschloß ich mich zu dem Versuch eines Übergangs über den Strom oder, wie wir es zu nennen beliebten, ich beschloß, den „Tana zu forcieren".

Eingekeilt zwischen Fluß und Höhenzug mit dicht bestandenem Wald, ließ ich hier nun ein lang ausgestrecktes Lager aufschlagen. Mit Hilfe Marongos und der mich begleitenden Wakamba setzte ich mich sofort mit Mbe-Leuten an der andern Seite des Flusses in Verbindung. Ich bot ihnen reiche Geschenke an, Vieh und Zeug, falls sie mich mit meiner ganzen Expedition über den Tana hinüberbringen wollten. Die Unterhaltung hier zwischen beiden Ufern wird von den Eingebornen in sehr merkwürdiger Art betrieben. Sie sprechen eigentlich mit kaum stark erhobener Stimme, und doch versteht man sich an beiden Seiten vollkommen. Jeder Satz wird mit einem eh beantwortet als Zeichen, daß er verstanden sei. Genau so fanden wir es hernach in Kikuyu, in Kamasia und Elgejo.

Da der Tana zum Durchwaten weitaus zu hoch war, so beschloß ich, um erst einmal eine Verbindung zum gegenüberliegenden Ufer zu bewerkstelligen, zunächst ein Seil nach einer im Fluß liegenden Insel hinüberzuschaffen, von wo aus nur noch ein schmalerer Arm, der kaum Schwierigkeiten zu bieten schien, uns vom gegenüberliegenden Ufer trennte. Die Mbe-Leute erklärten sich bereit, uns zu helfen, und ihnen gelang es schon am Nachmittage, watend, wenn auch bis an die Schultern im Wasser stehend, von der gegenüberliegenden Seite aus die Insel zu erreichen. Eine zweite Ablagerung befand sich etwa 50 m oberhalb dieser Insel an unserer Seite. Von hier aus unternahm ich nun den ganzen Nachmittag Versuche, die unterhalb gelegene Insel zu erreichen. Bei diesen Versuchen geriet Hussein einmal in die Schnellen und schoß pfeilschnell Tana abwärts an der kleinen Insel vorbei, so daß ich um sein Leben fürchtete. Aber mit äußerster Kraftanstrengung gelang es ihm, das rechte Ufer wieder zu erreichen. Endlich gelang es dem Somali Omar Idle, die Insel zu erreichen, so daß er sich mit den Leuten von Mbe dort begrüßen konnte. Aber dies war an sich kaum von praktischer Bedeutung für uns. Ich hatte an diesem ersten Tage jedenfalls eine genaue Kenntnis der Wasserverhältnisse an dieser Stelle bekommen und entschloß mich am folgenden Morgen, mit dem Bau eines großen Floßes vorzugehen, welches ich stark mit Stricken befestigt zwischen der Insel an unserer Seite und der kleinen Insel am gegenüberliegenden Ufer unterhalb hin und her zu ziehen gedachte, um so nach und nach die Kolonne hinüberzubringen.

Meine Leute arbeiteten mit vollem Eifer, da ich Belohnungen ausgesetzt hatte, und ein Floß, vielleicht sechsmal so groß wie das in Murdoi konstruierte, ward im Laufe des Tages hergestellt. Zu gleicher Zeit machte ich den Versuch, ein Seil auf die Insel hinüberzuziehen, an welchem sich hernach Leute und auch Gerätschaften hinüberbringen lassen sollten. Mit äußerster Anstrengung arbeiteten die besten Schwimmer der

Expedition, unter ihnen auch Herr v. Tiedemann, mit dem Seil auf die Insel zu gelangen. Sie banden sich dasselbe entweder um die Brust, was schon deshalb wichtig war, um sie vor dem Hinabschießen in die Strudel zu bewahren, oder zwei Leute nahmen es in die Hand, um schwimmend mit ihm die Insel zu erreichen. Immer riß, sobald sie eine gewisse Entfernung von der Insel ab waren, die starte Strömung Seil und Mann beiseite oder tauchte sie unter Wasser.

Inzwischen war der Tana stetig im Sinken begriffen. Ich hatte mir einen Pegel konstruiert, den ich im Fluß befestigte und an welchem ich den Wasserstand genau ablesen konnte. Da der Fluß in der Nacht vom 16. auf den 17. November um etwa 1 Fuß gefallen war, setzte ich die Versuche mit dem Seil fort. Zugleich ließ ich die Mbe-Leute an der andern Seite auffordern, uns einen Platz zu zeigen, wo der Tana eng sei, und wir hoffen könnten, eine Brücke über den Fluß zu schlagen. Ein solcher Platz befinde sich etwas oberhalb, sagten sie. Ich schickte einige Leute hin, und, als diese mit der Nachricht zurückkamen, daß ein Brückenbau dort möglich scheine, gab ich um Mittag die Versuche, mich mit der Insel durch Seil in Verbindung zu setzen, auf, sah mir den Platz zum Brückenbau an und beschloß, da bei der reißenden Strömung und dem schweren Holz das Überflößen unter allen Umständen außerordentlich gefährlich blieb, an Stelle dessen mit dem Bau der Brücke vorzugehen.

Diese Brücken werden in Afrika meist derart gemacht, daß man schwere Pfeiler von beiden Seiten in den Fluß hinein vorschiebt, soweit die Strömung dies irgendwie gestattet. Es werden dann die Pfeiler durch Querbalken verbunden und über diese, immer von unten nach oben strebend, lange schmale Bäume hinübergestreckt. Es wird, wenn man mit Pfeilern nicht weiter vorgehen kann, dann zunächst mit Flechtwerk fortgefahren, indem Schicht auf Schicht vorgeschoben wird so lange als die Tragkraft des Holzes reicht. Genügt dieses Flechtwerk, welches von beiden Seiten zugleich gearbeitet wird, noch nicht, so wird die letzte Strecke durch zähe, aus Baumrinde verfertigte Seile überbrückt. Man erhält auf diese Weise eine zwar schwankende, aber doch innerlich feste Brücke, wenn nämlich die Träger imstande sind, der Strömung Widerstand zu leisten.

An diesem Brückenbau wurde mit äußerster Energie und wirklich heroischer Anstrengung von meinen Leuten in Verbindung mit den Mbe - Leuten vom 18.–22. November eifrigst gebaut. Am 21. November war das Flechtwerk so weit von beiden Seiten vorgeschoben, daß nur noch eine Strecke von etwa 15 Fuß durch Seile zu verbinden war. Am Nachmittage waren drei derartige Seile von einer Seite zur andern gezogen. Zwar hing das Ganze ziemlich dicht auf die Oberfläche des Wassers herab, aber ich beschloß, wenn die Seile durch ein Quergeflecht in sich zusammengefügt seien, dann an beiden Seiten noch eine Umzäunung anbringen zu lassen, um meine Leute vor dem Herabgerissenwerden in die Strömung zu bewahren. Natürlich konnte ich das Kleinvieh über eine solche Brücke nicht treiben lassen, sondern mußte jedes einzelne Stück hinübertragen lassen. Indes bedeutete dies ja schließlich, wenn man eine Kette von Trägern zu diesem Zwecke bilden ließ, welche die Schafe oder die Ziegen von Hand zu Hand reichten, da es sich nur um den mittleren Raum der Brücke handelte, nur den Zeitverlust von einigen Stunden.

Am 21. abends legte ich mich mit der festen Hoffnung zu Bett, daß am andern Morgen die Brücke beendigt und der Übergang bewerkstelligt werden könnte. Wir hatten das große Glück gehabt, daß seit dem Beginn des Brückenbaues der Regen plötzlich wieder aufgehört hatte, was die Wakamba meiner Zauberkraft zuschrieben. Am 21. abends indes sah ich mit Unbehagen, daß der ganze westliche Horizont dicht bewölkt war. Indes stand am nächsten Morgen die Brücke noch vollständig über Wasser, wenn auch der Tana in der Nacht um einiges gestiegen war. Augenscheinlich hatte es oberhalb geregnet. Um 7 Uhr ging ich nach dem Brückenbau und fand meine Arbeiter frischen Mutes mit der Ausfüllung der letzten Lücke beschäftigt. Sechs Seile waren hinübergezogen, und durch diese wurde nun Querholz um Querholz durchgeflochten, welche fest mit den Seilen verbunden wurden. Über die Querhölzer sollten wieder Langhölzer gebunden und das Ganze alsdann durch ein festes Staket an den Seiten gesichert werden. Die Querhölzer wurden gelegt, und ich begab mich gegen 9 Uhr ins Lager zurück mit dem Befehl, alles für 11 Uhr zum Übergang bereit zu setzen.

Ich zog mich noch auf eine Stunde in mein Zelt zurück, um einige Schreibereien zu besorgen, als ich mit einem Male durch ein merkwürdiges Rauschen und Plätschern vor demselben aufmerksam gemacht ward. Ich sehe hinaus und finde, daß der Tana plötzlich bis zu meinem Zelteingang gestiegen ist. Schnell eile ich meinem Brückenbau zu. Die ganze Talsohle, welche zum Teil bis dahin trocken gewesen war, steht unter Wasser. Dort kommen mir auch bereits Leute von der Brücke selbst entgegengeeilt. Dieselbe ist fortgerissen und in den Fluß hinabgetrieben, die anspannende Arbeit von sechs Tagen in einem Nu durch den tückischen Strom vernichtet. Der Tana war in einer halben Stunde um etwa vier Fuß gestiegen. Mit der weggerissenen Brücke waren meine Leute, welche an der andern Seite des Flusses gearbeitet hatten, plötzlich von uns abgeschnitten, ja, da sie keine Waffen hatten, geradezu in Lebensgefahr. Mit äußerster Mühe gelang es nach wiederholten vergeblichen Versuchen endlich unserm braven Somali Muhamed Ismael, ein Seil hinüberzubringen und am andern Ufer zu befestigen, so daß ich die Leute wieder zu mir herüberziehen konnte.

Um den Geist der Karawane aufrecht zu erhalten, setzte ich jetzt trotz des Fehlschlagens für die Tüchtigsten der Leute Belohnungen für ihre Arbeiten an dem Brückenbau aus und faßte den ganzen Zwischenfall mehr von der humoristischen Seite auf. Auch schickte ich sofort eine Kolonne stromaufwärts, um einen Weg für den Abmarsch am nächsten Morgen festzulegen. Aber ich war doch sehr schweren Herzens, als ich mich in mein Lager zurückbegab. Wiederum sollte das ganze Elend des Urwaldmarsches in einer von unserm Reiseziel abgekehrten Richtung anheben, und ich wußte nicht einmal, wohin uns dieser Marsch schließlich, führen werde, da mir die Lage der Tanaquelle noch unbekannt war. Am Nachmittag begann der Fluß mit einem Male wieder zu fallen, und wiederum umgaukelte mich die trügerische Hoffnung, da ich nun einmal meinen Willen darauf gesetzt hatte, doch den Tana zu überschreiten, um von ihm frei zu werden. Ich begab mich zu einer Rekognosgierung am folgenden Morgen stromabwärts und entdeckte einen Platz, wo sich von unserer Seite aus mächtige Felsblöcke bis etwa ein Drittel in den eingeschnürten Strom hineinschoben, von der andern Seite aber, wie die am entgegengesetzten Ufer mitziehenden Mbe-Leute feststellten, eine lange stäche Sandbank in den Fluß hineinragte. In der Mitte war das Wasser natürlich um so tiefer und taste mit ungeheurer Kraft dahin, aber diese Strecke betrug nur etwa 30 Fuß, und es ließ sich annehmen, daß sie durch Flechtwerk und Seile zu überbrücken sein werde.

Ich gehe über die Arbeiten der nächsten Tage hinweg. Am Abend des 25. November glaubte ich noch einmal, am folgenden Morgen den Strom überschreiten zu können. Herr v. Tiedemann war an diesem Tage unpäßlich, und ich saß allein vor meinem Zelt. An diesem Abend hatte ich das seltene Schauspiel, nicht etwa das Untergehen des Mondes, sondern vielmehr die Umdrehung der Erde wahrnehmen zu können, wie ich es niemals sonst erlebt habe. Der Mond stand in der durch Gewitter oberhalb des Tana völlig gereinigten Atmosphäre wie ein fester Punkt genau am Horizont. Wenn ich mein Auge scharf auf ihn heftete, so nahm ich wahr, nicht etwa, daß der Mond weggehe, sondern daß sich wie ein mächtiger Ballon die Erde von Westen nach Osten empordrehte, wodurch mir der Anblick des Mondes entzogen ward.

Gegen 9 Uhr zogen gewaltige Wolkenmassen von Westen herauf, und bald krachten die Donner und zuckten die Blitze unaufhörlich, während ein sündflutartiger Platzregen auf uns herniederfiel. Meine Leute schrieen teilweise in der Wasserflut, und ich hatte geradezu ein etwas beschämendes Gefühl, daß ich so trocken in meinem Zelt lag, während alles draußen in wildestem Aufruhr sich erhob und zu leiden hatte.

Mit trüben Ahnungen ging ich am nächsten Morgen dem Brückenplatz zu. Der Fluß war über Nacht um fünf Fuß wieder gestiegen, und von fern sah ich schon, daß die Brücke vollständig unterhalb der Oberfläche des Wassers sich befand; nur an der gegenüberliegenden Seite ragten einige Balken daraus hervor. Wie Friedrich der Große in der Schlacht von Kollin wollte ich jetzt, da ich keinen meiner Leute bewegen konnte, aufs andere Ufer hinüberzugehen, mich allein am Strick in die tobende Strömung werfen. Aber ich war kaum auf den äußersten Felspunkt gekommen und hörte das Toben, Heulen und Pfeifen der Fluten, als ich einsehen mußte, daß ein jeder derartige Versuch bewußter Selbstmord sei, und nun gab ich sofort den Befehl, das Lager abzubrechen und stromaufwärts weiter zu marschieren.

In einer halben Stunde war die Expedition unter Trommelschlag, die schwarz-weiß-rote Flagge voran, auf dem Marsch. Ich war der letzte im Lager mit sehr seltsamen Empfindungen: „Machtlos sieht er seine Werke und bewundernd untergehn". Ich befahl, mein Pferd zu satteln. Aber mein Pferd, von den Regenfällen der letzten Tage zu Tode getroffen, stand mit zitternden Knien da, und als wir versuchten, es mit Peitschenhieben zum Ausschreiten zu bestimmen, sank es plötzlich mit halberloschenen Augen zu Boden. So mußte ich mich von dem treuen Tiere trennen und mit dem Wanderstabe in der Hand mich auf den weiteren Weg begeben.

Der Marsch führte bald durch hohen Laubwald bergan immer höher, bis wir gegen 11 Uhr etwa 500 Fuß über der Flußsohle uns befanden und nun senkrecht auf die Strömung hinabschauten. Welch ein großartiger Anblick eröffnete sich uns! Unter uns warf der Strom einen mächtigen Katarakt herab, und wir hörten das Tosen dieses Falles in seiner ganzen Stärke. Schaute man nach Nordosten, so schweifte das Auge eine weite Strecke über die Schnellen unterhalb des Falles, und wie ein silberner Faden wand sich der Tana durch die kühn geschwungenen Berge mit grünem Waldbestand. Ich mußte zugeben, daß, wenn der Tana vom praktischen Standpunkte aus in seiner gewaltigen Stromkraft unbequem genug war, er doch, so objektiv angeschaut, einen geradezu erhebenden und überwältigenden Eindruck gewährte. Und hier oben unter dem tiefblauen Himmels' Zelt gegenüber der Kraftentfaltung in der Tiefe ruhte der Friede Gottes. Nach dem Gewitter der vorigen Nacht strahlte die Sonne um so klarer, spielte mit den Wipfeln und Kronen der Bäume und malte bunte Schatten an den Boden, welcher mit frischem Gras und Blumen aller Art geschmückt war. In den Zweigen hörte man den Schrei der Vogelwelt, und über den Blüten im Waldesdunkel wiegten sich bunte und schillernde Schmetterlinge. Reinigend und kräftigend drang die frische Waldesluft in die Lungen. Über die Armseligkeit des Augenblicks hinweg mußte sich die Seele unter diesen Eindrücken wieder emporraffen, und neue Hoffnung zog in das Herz ein.

Ich beschloß, diese Verbindung von gewaltiger Majestät und herzbewegender Lieblichkeit, wie sie sich in der Landschaft darstellte, für die Karte des Tana festzulegen, und benannte den Katarakt mit seinen Schnellen nach Ihrer Majestät der deutschen Kaiserin „Auguste- Viktoria-Fall".

Gegen 1 Uhr fand ich Herrn v. Tiedemann mit der Kolonne im Walde liegend, um mich zu erwarten. Der Weg war zu Ende. Ich machte mich nun mit Hussein und Rukua und dem Trägerältesten Musa auf, um einen Lagerplatz zu finden. Gegen 3 Uhr hatten wir einen solchen gefunden, und ich schickte Rukua zurück, um die Kolonne dorthin zu führen. Die Träger kamen, aber die Kamele blieben aus, und als sie um 7 Uhr eintrafen, da erfuhr ich, daß zu den Opfern des Tages außer meinem Pferde noch ein Kamel, ein Esel und ein Träger, Omari Waschikuru, aus Lamu gehörten. Es war wenigstens Vollständigkeit in den Verlusten dieses Tages.

Am nächsten Tage marschierten wir unter fürchterlichem Regen etwa 7000 Schritt weiter. Ich bezog mein Lager an einer Lichtung am Fluß, wo die Strömung in der Mitte so stark war, daß sie am Ufer geradezu einen Meereswellenschlag hervorrief. Da der Tana an diesem Tage auch wiederholt stieg und wieder fiel, so konnte man in der Tat glauben, am Gestade des Ozeans sich zu befinden.

Der folgende Tag verdiente, rot angestrichen zu werden. Wir bewegten uns anfänglich noch immer über Berge fort. Mit einem Male aber wurden die Abhänge weicher, und dann hörten sie plötzlich ganz auf. Wir befanden uns auf platter Erde. Das Gebirge war passiert, und wir hatten von neuem die Steppe vor uns. Wir waren jetzt etwa 800 m über dem Meeresspiegel. Ich kann nicht aussprechen, welch ein Gefühl der Genugtuung es war, diese Mumoniberge mit ihren Schwierigkeiten und Unbequemlichkeiten, welche unsere Expedition eine Zeitlang fast zu ersticken drohten, jetzt hinter uns zu haben.

Ich schlug mein Lager wiederum an einem trockenen Zufluß zum Tana auf. Ein herrlicher Nachmittag voll Sonnenschein trocknete die erschöpfte Kolonne und brachte bald die alte erfolgesbewußte Stimmung auch bei den Leuten zurück. Da Omari Waschikuru, zu dem ich gleich am folgenden Tage seinen Bruder Bin Omari geschickt hatte, sich als vollständig unfähig, uns nachzufolgen, herausgestellt hatte, kehrte sein Bruder an diesem Tage zu mir zurück mit der Bitte um die Erlaubnis, bei seinem kranken Bruder bleiben und mit demselben, sobald er hergestellt sei, an die Küste zurückkehren zu dürfen. Diese Erlaubnis erteilte ich ihm und stattete ihn reich aus mit fünf Schafen, Patronen und Zeugstoffen. Ich gab ihm auch Briefe an die Küste mit, aber leider sind die beiden Brüder niemals wieder in Lamu angelangt. Vermutlich sind sie von den Wakamba erschlagen oder auch zu Sklaven gemacht worden.

In der Nacht vom 28. auf den 29. November erschienen zum Erschrecken meiner Leute drei Löwen in unserm Lager, welche sich indessen bald wieder davonmachten. Nun umschloß uns noch einmal wieder in den nächsten Tagen die volle Einsamkeit afrikanischer Buschsteppen. Wir kamen jetzt in Gebiete, wo der Tierreichtum alles überbot, was wir hierzulande gesehen hatten. Auf dem Marsche am 29. hörten wir andauernd Löwengebrüll dicht neben der Kolonne, und wir begegneten wiederholt Rhinozerossen, welche in ihrer Dummheit direkt auf uns zustürzten, bis die in der Augengegend einschlagenden Kugeln meiner Doppelbüchse sie zum Umkehren bewogen. Links tauchte jetzt ein Bergland auf, welches von Marongo das Tia-Bergland genannt wurde. Er teilte mir mit, daß es von dort bis zu dem Platz Kitui noch 1 ½ Tagereisen sei.

So kamen wir wiederum in Gebiete, wo schon einmal ein Weißer vor uns, wenn auch nur flüchtig, gewesen war: der alte treue Krapf.

Ich begann nun zu hoffen, daß wir die von diesem angegebenen Flußfurten bald erreichen würden.

Die Vegetation nahm einen immer frischeren und herrlicheren Charakter an. Prachtvolle Fächerpalmen schlossen den Tana lieblich ab, und große Kakteen-Kolonien unterbrachen die Akazien-Arten der Steppe. Am 30. November gelang es mir, in einem kleinen Nebenarm des Tana Zwei Flußpferde zur Strecke zu bringen, eine willkommene Zugabe zu den Fleischvorräten für meine Waniamwesi.

Am 1. Dezember gelangten wir an eine Stelle im Fluß, wo derselbe sich in sieben Gabeln spaltet. Hier müssen wir hinüber, dachte ich, und begann sofort, die Tiefe der einzelnen Flußarme festzustellen. Meine Kolonne kam inzwischen heran, und wir lagerten uns alle am rechten Ufer, indes meine Leute einen Arm nach dem andern durchwateten. Während wir so lagen, erhob sich von einer der kleinen im Fluß liegenden Inseln plötzlich ein gewaltiges Nashorn, welches über den uns von der Insel trennenden Flußarm direkt auf unsre Kolonne zu durch den Fluß gehen wollte. Meine Leute sprangen im Schrecken auf, aber ein Schuß aus meiner Büchse in den Kopf bewegte den Koloß, zurückzugehen und den Übergang dann etwas stromabwärts zu versuchen. Dadurch kam das Tier aber erst recht in Schußlinie, und nun feuerten nicht nur ich und Herr v. Tiedemann, sondern auch mehrere von den Somalis, so daß das Rhinozeros nicht weit von der Übergangsstelle zusammenbrach. Dies war eine kleine Auffrischung, welche indes nicht genügte, den Mißerfolg des Übergangs zu versüßen.

Sechs von den Armen waren passierbar, der siebente aber stellte den eigentlichen Tanalauf dar, und, so sehr meine Leute sich bemühten, eine Stelle zum durchwaten zu finden, so erwies sich auch diesmal wieder die Sache als unmöglich. Ich lagerte an dieser Flußgabelung den ganzen Tag und marschierte am folgenden Tage unter wiederholten Regenschauern weiter stromaufwärts. Renkontres mit Nashörnern gehörten jetzt zu den regelmäßigen Erscheinungen jedes Marschtages. An diesem 2. Dezember verlor ich außerdem meinen letzten treuen Hund Tell, welcher plötzlich hinter mir zurückblieb und, als ich ihn lockte, mit einem Male zitternd mit erloschenen Augen zusammenbrach, so daß ich Rukua zurücklassen mußte mit der Bitte an Herrn v. Tiedemann, das arme Tier zu erschießen. Man sollte auf solchen Expeditionen eigentlich gar keine Hunde mitnehmen, überhaupt nichts, woran sich das Herz hängt, da man sich von einem nach dem andern trennen muß und jedesmal das Herzeleid des Schadens durchzukosten hat.

Nach Marongos Aussage sollten wir an diesem Nage in Kikuyu eintreffen. Dies stellte sich jedoch als ein großer Irrtum heraus. Wir kamen zwar wieder an eine waldige Gebirgspartie, vor welcher der Tana eine starke seenartige Erweiterung hat. Diese ließ ich den ganzen Tag über an verschiedenen Stellen auf ihre Tiefe hinuntersuchen und gelangte dadurch zu einer ungefähren Bemessung der Wasserfläche, welche ich auf einen Querschnitt von ungefähr 3000 qm feststellen konnte.

Diese Wassermasse stürzte sich nun etwas oberhalb dieser seenartigen Ausbuchtung in einem Katarakt in die Tiefe, welcher zwar terrassenartig abfällt, in seiner gesamten Höhe indes nach dem Aneroid-Barometer etwas mehr als 100 m beträgt und demnach sicherlich zu den gewaltigsten Wasserfällen der Erde überhaupt gehört. Da es gegen Mittag zu regnen anfing, bezog ich mein Lager an einem Hügelabfall etwa 30 m unterhalb des Gipfels dieses Kataraktes, und hier zitterte tatsächlich der Felsen unter uns. Das Getöse war so laut, daß wir uns kaum zu unterhalten vermochten. Wenn dieser Wasserfall sich in einem der anderen Eckteile befände, würde er sicherlich alljährlich das Reiseziel der gebildeten Welt sein. Ich habe ihn nach Seiner Königlichen Hoheit dem Großherzog von Sachsen „Karl Alexander-Fall" getauft.

Von der Höhe aus gewahrte ich im Norden ein ganz eigentümlichgeformtes Gebirgsland, welches ich einige Tage später als Kiuyu Muea festzustellen, vermochte, Mbe lag also jetzt hinter uns, und die Hoffnung, des lästigen Tanas ledig zu werden, war im Wachsen.

Aus den Bergen, welche uns am 2. Dezember so erschreckt hatten, kamen wir am folgenden Tage wieder heraus. Außerdem begann der Tana nunmehr, die Südrichtung aufzugeben, sich zunächst gegen Westen, bald gar ein wenig westnordwestlich zu wenden. Auch dies war hoffnungerweckend

An diesem Tage, den 3. Dezember, schoß ich einen herrlichen Wasserbock und eine Antilope, und jetzt war es, wo ich Herrn v. Tiedemann plötzlich mit einer Kunst überraschte, welche er am allerwenigsten von mir vermutet hätte. Ich begann, mich nunmehr selbst mit der Küche zu befassen, und richtete die Rückenstücke des Wasserbocks in einer Sauce her, welche Herrn v. Tiedemann fast zur Bewunderung hinriß. Er meinte, so etwas bei Hiller oder Uhl doch noch nicht genossen zu haben. Da wir immer im Besitz von Milch und Sahne waren, die Fleischmasse zur Kraftbrühe keinerlei Rolle spielte, auch noch Salz und Pfeffer vorhanden waren, so bereitete die Herstellung einer kräftigen Sauce nicht eben allzu große Schwierigkeiten. Von jetzt ab befleißigten wir uns mehr und mehr selbst der Arbeiten in der Küche, indem wir den braven Koch Hamsin, welcher der Meinung zu sein schien, in unseren Kochtöpfen für etwaige wissenschaftliche Untersuchungen in Europa alle Arten ostafrikanischer Reste aufhäufen zu müssen, praktisch zur Rolle des Küchenjungen degradierten. Hamsin war eins der Originale der Expedition, welcher das Dogma von der erziehlichen Bedeutung der Flußpferdpeitsche vollständig zu Schanden gemacht hat. Mit der größten Gutmütigkeit widersetzte er sich allen Maßregeln meinerseits, die auf Reinlichkeit oder auch nur auf regelmäßige Arbeitsinnehaltung gerichtet waren. Tanzte die Flußpferdpeitsche auf seinem Rücken, so betete er zu Allah, was sonst nie geschah. War der unangenehme Zwischenfall erledigt, begab er sich mit freundlichem Lächeln wieder zu seinen Kochtöpfen, welche für eine Faustaufführung vielleicht als Retorten der Hexenküchen-Szene verwendet werden konnten. Im weiteren Verlauf der Expedition ernannte ich ihn zum Trommelschläger, und da er sich dieser Aufgabe völlig gewachsen zeigte, sich auch vorzüglich in den Gefechten schlug, so entwickelte sich gegen den Schluß ein Gefühl gegenseitiger Hochachtung zwischen ihm und uns.

Am 3. Dezember, etwa zwei Meilen oberhalb des Karl Alexander-Falles, entdeckte ich noch einen Wasserfall, welcher sich wie ein Fragezeichen herunterstürzte. Er wendete sich nach Norden, dann nach Osten, fiel in dieser Richtung herunter, um sich gleich unterhalb des Falles nach Süden und dann über Westen direkt nach Norden zurückzuwenden. Diesen Fall habe ich nach dem Namen unseres hervorragendsten wissenschaftlichen Afrikaforschers als „Schweinfurth-Fall" eingetragen. Am Mittag dieses Tages bezog ich das Lager unterhalb eines Steinkegels, welcher etwa an der Stelle liegt, wo Krapf den Fluß erreicht haben muß. Diese Stelle ist mit vollständiger Genauigkeit nicht festzustellen, da die Angaben bei

Krapf zu unbestimmt sind. Zu Ehren des alten deutschen Missionars und ehrlichen Forschers benannte ich diesen Hügel „Krapf - Hügel".

Der Uferwald des Tana trat zu meiner großen Freude jetzt mehr und mehr zurück und hörte am folgenden Tage ganz auf. Statt dessen dehnte sich die weite mit Gras bestandene rote Steppe aus, über welche das Auge auf viele Meilen weit hinschweifte, wo sich nur am Horizont große Rudel von Antilopen oder Böcken, auch Zebras und Giraffen abhoben, wo das Rhinozeros hintoste, wo des Nachts der Löwe sich hören ließ. Dies ist die eigentliche Hochsteppe von Ukamba Kitui, welche wir jetzt betraten und deren Anblick das Herz höher schwellen machte im Hinblick auf die Tatsache, daß wir von hier aus direkt in das Land Kikuyu gelangen mußten.

In dieser Steppe fing der Tana an, auch von Süden Zuflüsse zu empfangen, ein Beweis, daß wir den westlichen Vergnügen uns näherten. Am 6. Dezember passierten wir einige solcher südlichen Nebenflüsse, tief eingerissen in den roten Tongrund, aber meistens nur wenig Wasser führend. Ich hatte von Leuten von Mbe erfahren, daß die Wakamba von Kitui, wenn sie nach Kikuyu und dem Baringa gingen, den Tana an einer Stelle überschritten, wo aus ihm zwei Flüsse würden (mito mbili). Als der Name des zweiten Flusses, der von Süden kommen solle, wurde der Dika genannt. Seit Tagen schauten wir bereits nach dieser Flußspaltung aus. Am 6. Dezember machte ich zu diesem Zweck eine weite Exkursion mit Hussein Fara stromaufwärts. Der Tana hatte hier vollständig westnordwestliche Richtung eingeschlagen, und mein Diener Rukua hatte auch bereits am Tage zuvor behauptet, den Kenia gesehen zu haben, was bei seinen scharfen Augen nicht eben unwahrscheinlich ist. Hussein und ich entdeckten am 6. Dezember in weiter Ferne die ersehnte Flußgabelung, und wir kehrten, hierdurch sehr zufriedengestellt, am Nachmittag ins Lager zurück.

Am 7. Dezember nach zweistündigem Marsche wurde diese Flußspaltung nach Südwesten auf die Berge um den Naiwascha See zu in der Tat erreicht und der Übergang über den Dika, welcher den Leuten bis an die Brust reichte, mit allem Vieh und allen Lasten im Verlaufe von etwa zwei Stunden glücklich vollzogen. Ich ließ die Leute durch den Dika, welcher etwa 30 m breit ist, eine Kette bilden, und so wurde ein Schaf nach dem andern, von Hand zu Hand gereicht, ans andere Ufer befördert. Von hier an wendet sich der Tana mehr und mehr gegen Norden herum.

Wir sind jetzt ungefähr 1500 m hoch, und die Nächte fangen an, eine erquickende Kühle zu zeigen. Das Thermometer sinkt des Nachts bis auf 15° C., die Abende sind angenehm und erfrischend. Das Firmament erscheint in den Nachtstunden so unendlich hoch wegen der dünner werdenden Atmosphäre, wie man es nirgends sonst zu sehen vermag. Die Gräser und Kräuter werden süßer und frischer, nie gesehene Baumarten treten auf. Der Wildreichtum ist enorm. Oft sieht man Zebras, Antilopen, Rhinozerosse, Wildschweine und Wasserböcke friedlich nebeneinander weiden. Jeder Marschtag bietet Ertrag für die Büchse. Die Umrandung des Tana nimmt wieder zu, aber sie hat den starren Charakter verloren, welcher der unteren Steppe eigen ist, und bietet bequemen Zugang zum Wasser. Links von uns fängt das Gebirge an, seine Ausläufer bis an den Fluß zu erstrecken. Es kann nur das Kenangop-Gebirge sein, welches den Naiwascha-See in Nordosten begrenzt. Schon am 6. Dezember hatten wir plötzlich zu unserer unendlichen Freude wieder menschliche Spuren getroffen, einen Platz mit Kochsteinen und zurückgebliebenen Zeltpflöcken. Diese Spur war bald wieder verschwunden, wir konnten wahrnehmen, daß sie über den Fluß hinüberführte. Ich erfuhr in Kikuyu, daß sie von einer arabischen Karawane herrührte, welche von Mombassa nach Lorian marschiert war.

Alles dies ließ daraus schließen, daß die Zeit des mühevollen Tanamarsches sich ihrem Ende nahte, daß wir Kikuyu nahe sein mußten. Nach dem Dika-Übergang war, wie ich zu sagen pflege, dem Strom der „Giftzahn" ausgebrochen. Seine Wassermassen waren um die Hälfte vermindert, und er floß bescheiden und still dahin. Am 8. Dezember trafen wir plötzlich auf Menschen selbst. Sie befanden sich zwar an der andern Seite des Tana, indes vermochten wir durch die Vermittlung von Marongo, uns mit ihnen zu verständigen. Es waren Leute aus Kikuyu, welche ihre Herden stromabwärts getrieben hatten und uns mitteilten, daß wir ihr Land am nächsten Tage erreichen würden.

An diesem Tage sahen wir zum ersten Male, wenn auch noch etwas verschleiert, den gewaltigen Kegel des Kenia gerade im Norden von uns am Horizont dastehen. Als gegen Abend die Wolken zerrissen, war auch deutlich seine Schneekappe zu erkennen. Das war ein imposanter Anblick, und das Herz schlug höher, wenn wir bedachten, wieviel Sorgen, Mühe und Anstrengungen uns bis hierher geführt hatten. Am 25. Oktober hatten wir geglaubt, den Kenia vor uns zu sehen, jetzt war es der 8. Dezember geworden, bevor unser leidenschaftliches Verlangen sich erfüllt hatte. Welch eine Fülle von Eindrücken und Erfahrungen lag nicht zwischen diesen beiden Tagen! Leider blick an diesem Abend einer meiner Träger aus Dar es Salam, Amdallah, zurück. Er hatte lange an der Auszehrung gelitten, und ich hatte ihn längst von seiner Last befreit. Die Löwen, welche des Nachts lauter denn sonst hinter uns brüllten, ließen über das Schicksal des Armen leider keinen Zweifel übrig.

Am 9. Dezember, wendete sich der Tana wiederum ein wenig weiter gegen Norden um. Wir überschritten einen zweiten westlichen Zugstrom und verließen nunmehr den Tana überhaupt, welcher von hier aus in mächtigen weithin sichtbaren Bogen nach Norden direkt dem Kenia sich zuwendet, wo er entspringt. Wir erreichten an diesem Tage um die Mittagszeit einen kleinen Wasserteich in der Nähe des Marawa, nachdem wir den ganzen Morgen hindurch über langgestreckte und sanft abfallende Hügelrücken hingezogen waren. Halb rechts vor uns ragte fortdauernd der Kenia, links die Berge des Naiwascha-Sees, von Thompson Aberdare Range genannt.

Wir befanden uns jetzt in Kikuyu, einer Hochplateau-Mulde zwischen Kenia und den westlichen Bergzügen, in welcher der Tana recht eigentlich seinen Stromlauf zusammensetzt. Am Nachmittage stand zum ersten Male der stolze und vornehme Kenia-Berg in seiner ganzen keuschen Reinheit im Sonnenlicht vor uns da mit seinen Schneefeldern, welche im Glänze funkelten. Gegen 4 Uhr dieses Tages brachten meine Somalis und Rukua, welche ich ausgeschickt hatte, um den Weg für den folgenden Tag festzustellen, plötzlich fünf Wakituyu in unser Lager. Seit länger als zwei Wochen die ersten fremden Menschen wieder, welche uns gegenübersaßen! Zum ersten Male auch wieder Pflanzenkost für uns und unsere Leute! Sie teilten uns mit, daß sie uns morgen früh zu ihren Dörfern führen würden, und erklärten sich bereit dazu, die Nacht im Lager zu verbleiben. Sie fragten auch sofort, ob ich gekommen wäre, um Sklaven bei ihnen zu kaufen, für deren Verkauf in beiden Geschlechtern sie sich bestens empfohlen hielten.

Heftige Regenschauer, wie schon bei Tage, stürzten in der Nacht auf uns herunter. Am nächsten Morgen ging es in der Frühe weiter in nordwestlicher Richtung. Die Wakikuyu zeigten mir in der Ferne den Ort, an welchem Graf Teleki gewohnt habe. Um 11 Uhr, als wir einen weit ausgestreckten Hügelabhang hinaufgestiegen waren, trafen wir auf die ersten menschlichen Niederlassungen. Die Leute waren herangeeilt, brachten Mais, Zucker und Mtama zum Verkauf, von denen meine Leute gierig so viel erstanden, als sie nur irgendwie zu tragen vermochten. Dann ging es unter einem nach Tausenden zählenden Volksauflauf einen andern Höhenzug hinauf, durch ein dickes Grasmeer hinunter zum Ufer eines kleinen Flusses, des Morawa, den wir hier zu überschreiten hatten. Die Wakikuyu kannten die weiße Rasse, und zwar in einer für uns vorteilhaften Weise, da hier Graf Teleki und Herr v. Höhne! gewohnt hatten. Diese beiden hatten den Leuten von Kikuyu einige gute Sitten beigebracht, und es amüsierte mich, wie infolgedessen jetzt natürliche Frechheit fortwährend mit Angstausbrüchen gemischt war.

Davon erlebte ich gleich eine Probe, als mir am Fluß Marawa Leute entgegentraten mit dem Ersuchen, ich solle zunächst Tribut bezahlen, ehe ich hinüberginge. Ich teilte den Leuten mit, daß dies nicht unsere Sitte sei, aber ich mußte sie erst mit barschem Ton bedeuten, von der Furt wegzugehen, ehe sie sich plötzlich vollständig bereit erklärten, uns auch ohne Tribut über den Marawa zu lassen. Hier vollzog sich nun in den Nachmittagsstunden des 10. Dezember ein sehr origineller Flußübergang, an welchem meine Leute und die Kikuyu-Leute gleichmäßig arbeiteten. Das Wasser reichte ungefähr bis an den Hals, und man kann.sich denken, welche Schwierigkeiten das Übersetzen des Viehs und der Pulverlasten in der reißenden Strömung verursachte. Ich hatte sofort einen Strick über den Strom legen lassen, an welchem die Männer sich festhalten konnten. Aber der Strom war so stark, daß die Leute sich nur mit der größten Anstrengung an demselben festzuhalten vermochten und die Schwächeren tatsächlich wiederholt abgerissen wurden. So konnte ich für das Übersetzen der Lasten und des Viehes nur aus meine tüchtigsten Träger und die stets unermüdlichen Somalis rechnen, zu denen ich ein Dutzend robuster Wakikuyu hinzunahm. Mit unendlicher Anstrengung wurden Zunächst die Munitions-, dann die Zeltlasten aufs andere Ufer geschafft, und dann ging es ans Hinübertragen der Schafe und Ziegen, Die letzteren sind widerstandsfähiger als die ersteren und können in ruhigem Wasser auch schwimmen, was die ostafrikanischen Schafe nicht verstehen. An diesem Tage mußte indes jedes einzelne Stück, und oft mit Lebensgefahr der Leute, ans linke Ufer hinübergetragen werden, was über eine Stunde in Anspruch nahm. Dann ging es an die Beförderung von Kamelen und Eseln. Ein dicker Strick ward um Hals und Kopf geschlungen und an der entgegengesetzten Seite von 3–4 Mann ergriffen; 8–10 Leute schoben das sich sträubende Tier in den Fluß hinunter, und nun wurde vom gegenüberliegenden Ufer gezogen, so schnell es gehen wollte. Halb erstickt, bald den Kopf über, bald unter Wasser, traf ein Stück nach dem andern drüben ein. Nur ein unglücklicher Esel wurde für tot aus dem Wasser herausgezogen und ist den Folgen dieses unfreiwilligen Bades am folgenden Tage erlegen.

Mit großer Neugierde verfolgten Männer und Frauen von Kikuyu unsere Arbeit. In dichter schwarzer Menge umstanden sie unsere Schar, oder sie schlichen sich auch bedenklich nahe an letztere heran.

Hier offenbarte nun der brave Marongo alle die edlen Eigenschaften seines Charakters. Seine Leidenszeit war jetzt vorüber, ich wollte ihn von Kikuyu aus, mit Geschenken belohnt, in seine Heimat zurückschicken. Zum ersten Male ging er an diesem Tage ohne Bewachung als „Gentleman" mit uns. Sein dankerfülltes Herz schlug hoch auf, als ich ihm auch gleich ein altes Gewehr und etwas Munition schenkte. Hoch hob er das Gewehr über den Kopf gleich einer Lanze, die er auf die Kikuyu-Leute richtete, und drang mit weit ausgreifenden Schritten auf diese ein, wenn sie während des Übersetzens den Gepäckstücken zu nahe kamen. Er hielt die Ordnung aufrecht und hatte das Vollgefühl von der Wichtigkeit seiner Person. „Die Wakikuyu halten mich für einen Europäer", sagte er, grinsend auf seine europäische Kleidung blickend.

Etwas oberhalb der Furt, wo die Karawane übergesetzt war. befand sich eine hoch über den Fluß geführte schwankende Brücke, auf welcher ich selbst mit einigen Soldaten und Herrn v. Tiedemann ans andere Ufer hinüberging. Bereits waren unsere Zelte drüben aufgeschlagen. Eine nach Tausenden zählende Menschenmenge umstand neugierig und zudringlich unser Lager. Halb im Übermut beschloß ich einen feierlichen Einzug. Zwei Somali voran mußten fortwährend die Trompete blasen, während hinter ihnen der Trommelschläger den Marsch schlug. Dann folgte Rukua mit der großen schwarz-weiß-roten Flagge, dahinter ich und hinter mir Herr v. Tiedemann. Den Schluß bildeten wiederum zwei Somalisoldaten. In dieser Weise zogen wir die etwa 100 Schritt dahin, welche wir bis zu unserm Lagerplatz hatten. Das Erste, was ich anordnete, war die dicht herandrängenden Kikuyu-Leute, welche der Schafherde bedenklich nahe kamen, durch die Somalisoldaten um etwa 20–30 Schritt nach allen Richtungen hin zurückjagen zu lassen und dem Ältesten zu eröffnen, daß ich bei Raubanfällen auf unsere Herde oder auf die Güter der Expedition mit Flintenschüssen antworten lassen würde. Dann trat ich in mein Zelt. Wir befanden uns in Konse, etwa zwei Stunden von Kitara oder dem Ritui des Grafen Teleki. Der Weg zum Baringo schien uns offen zu stehen, und wir hatten, wie wir vermeinten, den technisch schwierigeren Teil der deutschen Emin Pascha-Expedition nunmehr hinter uns.

Expedition mit Flintenschüssen antworten lassen würde. Dam: trat ich in mein Zeit. Wir befanden uns in Konse, etwa zwei Stunden von Kitara oder den: Kitui des Grafen Teleki. Der Weg zum Baringo schien uns offen zu stehen, und wir hatten, wie wir vermeinten, den technisch schwierigeren Teil der deutschen Emin Pascha-Expedition nunmehr hinter uns.

VII. Kapitel

Durch die Massais über das
Leikipia-Plateau zum Baringo-See

> Wer half mir wider der Titanen Übermut, Wer rettete vom Tode mich, von Sklaverei? (Goethe,)

In Kikuyu erquickten sieben Tage der Freude die durch die Märsche am oberen Tana arg mitgenommene Expedition. Kikuyu ist ein Land, welches seinen Mann ernährt, in welchem tatsächlich Milch und Honig fließt. Ein Gebirgsland mit sanft abfallenden Formen, dem Kenia im Süden vorgelagert, reich bewässert, grün und frisch in seiner ganzen Erscheinung.

Es gibt zwei Abteilungen dieses Landes: Kikuyu Mbe an der rechten Seite des Tana (Kituyu 2), wo wir uns befanden, und Kikuyu-muea am linken Ufer des Flusses (Kikuyu 1). Thomson erzählt viel von der unbezähmbaren Grausamkeit der Bewohner, übertrieben wie alle Schilderungen welche Thomson von den Gefahren unter den Bewohnern dieser Steppe dem staunenden Europäer entwirft. Graf Teleki und Herr v. Höhne! hatten den diebischen Wakikuyu die Überlegenheit der europäischen Waffen gründlich klargemacht, und so standen wir hier, wie bereits erwähnt, einem eigenartigen Gemisch von frechen Diebsgelüsten und eingeschüchterter Gesinnung gegenüber. Die eingebornen Häuptlinge beeilten sich, ihren Frieden mit uns zu machen, was durch das Schlachten einer Ziege oder eines Schafes vollzogen ward. Die jungen Einwohner dagegen konnten die durch lange Vererbung großgezogene Sucht zum Diebstahl nicht unterdrücken, auch dann nicht, als ich mit Zustimmung der Ältesten auf jeden Raubversuch die Todesstrafe gesetzt hatte, und nachdem bereits eine Reihe von ihnen ihren diebischen Gelüsten zum Opfer gefallen war. wurden die Herden durch das mit üppigem Gras bestandene Land getrieben, so fuhr mit einem Male ein schwarzer Arm, dessen Besitzer indes durch das Gebüsch vollständig verdeckt ward, von der Seite in die Herde hinein, packte einen Hammel beim Hinterbein und suchte ebenso schnell, wie er herausgefahren war, mit diesem zu verschwinden. Dann pflegten die Somalis in das Gebüsch zu schlichen, aus dem in der Regel ein Wehgeheul erscholl und bewies, daß die gerechte Strafe den Missetäter erreicht habe.

So zogen wir sieben Tage durch dieses schöne Kikuyu, welches in seiner Flora bereits die Formen der gemäßigten Zone aufweist. Hier fand sich eine Baumart, welche ganz an unsere europäischen Eichen erinnerte. Hier fand ich den frischen grünen Klee norddeutscher Marschen, an welchem Esel, Ziegen und Schafe sich gütlich taten. Klare Bäche strömten in jeder Senkung mit einer Durchschnittstemperatur von nur 14–15° C. Die Nächte waren bereits bitterlich kalt, das Thermometer sank bis 10 Uhr abends auf 8–9° C. Des Morgens lag Reif über der frischen Landschaft. Am 16. Dezember wies das Minimalthermometer in der Nacht zum ersten Male 0° C. auf.

Die Wege führen hier meistens an den weitgestreckten Hügeln entlang. Hatten wir die Höhe erreicht, dann ward uns allmorgenlich der Ausblick auf die stolzen und ernsten Formen des Kenia vergönnt, welcher immer greifbarer im Norden hervortrat. Die Wakakuyu griffen gierig nach den bunten und weißen Stoffen, welche wir noch mit uns führten, und brachten uns dafür Massen von Hühnern, Mich und Honig, auch Getreidemassen aller Art ins Lager, und Weiße wie Schwarze labten sich an den Schätzen dieses herrlichen Landes.

Kikuyu ist ohne jede Frage die Perle des englischen Besitzes, wenn man von Uganda absieht. Es ist nur schade, daß dieses kühle und fruchtbare Land so weit von der Küste liegt, sonst würde es sich ohne jede Frage zur Ansiedelung für europäische Bauern eignen.

Am 17. Dezember näherten wir uns der westlichen Umwallung, Kikuyus. Ich hatte an diesem Morgen versucht, 15 neue Kikuyuträger bis zum Baringo zu engagieren. Die frechen Burschen, nicht gewitzigt durch die Erfahrungen der vorhergehenden Tage, hatten geglaubt, uns derart überlisten zu können, daß sie sich die Zeugstoffe bis zum Baringo vorab geben ließen, dann aber mit denselben das Weite suchten. Ich war aber auf einen derartigen naheliegenden Versuch gefaßt gewesen. Die Weglaufenden wurden durch einige Schüsse sofort von uns niedergestreckt, und es gelang uns, noch elf von den Kikuyu-Leuten zu greifen und dingfest zu machen, welche sich nunmehr entschließen mußten, mit uns den Marsch in die von ihnen verabscheuten Massai-Länder anzutreten. Dies geschah inmitten einer Volksmasse, welche nicht nach Tausenden, sondern sicherlich nach Zehntausenden zählte, wie überhaupt Kikuyu von einem außerordentlichen Menschenreichtum ist. Aber so eingeschüchtert war doch die Menge, daß sie es nicht wagte, uns anzugreifen, trotzdem wir nur noch einige 50 Menschen zählten.

Wir wurden geführt von dem Oberpriester, dem Laibon Kikuyus, welcher mit allen möglichen mysteriösen Formeln die Brücken einsegnete, über die wir gingen, und die Wege besprengte. Auch wir wurden veranlaßt, alle Augenblicke bei einem Doppelwege auszuspeien, um, wie die Wakikuyu sagten, das böse Omen abzuwenden, wie ich vermutete, um den bösen Geistern überantwortet zu werden. Wir zogen noch an einer Reihe von lieblichen Kralen und Weilern vorbei, im blinkenden Sonnenlicht den Kenia halbrechts zur Seite. Allmählich hörte die Kultur auf. Ein dichter Urwald schließt Kikuyu gegen das Land der Massai ab. Lianen durchziehen das Urgestrüpp und bissige Brennesseln machen einen Marsch abseits vom Wege eigentlich zur Unmöglichkeit. Über den einzigen Pfad, welcher aus Kikuyu hinausführt, haben sie feste Verhaue gezogen, zwischen denen tiefe spanische Reiter, dem Wanderer unerkenntlich, sich befinden, auf deren Boden scharfe Pflöcke den ahnungslos Hineinfallenden aufnehmen. Ich ließ eine solche Fallgrube öffnen und fand, daß sie zum mindesten 15 m tief war. Wer in die scharfen Pflöcke fällt, ist ohne jede Frage verloren. Links durch den Wald mußte ich einen Weg schlagen lassen, um solche Gefahren für meine Kolonne zu umgehen. Wir gerieten alsbald auf eine Lichtung, wo wir zum ersten Male seit einer Woche wieder große Herden von Wild sahen. Hier nahmen wir Platz und verabschiedeten uns von den uns begleitenden Häuptlingen der Wakikuyu. Nur drei Wegeführer nahm ich weiter mit mir, sie sollten uns aus dem Urwald hinausbringen auf die Hochplateaus von Leikipia bis zu den Grenzen der Massai-Länder. Im Westen links von uns – wir marschierten jetzt andauernd Nordwestrichtung – hoben sich scharf und bestimmt die Berge des Naiwascha Sees ab, von den Massais Subugu la Poron genannt. Rechts ragte, andauernd sichtbar, der Kenia, eine unschätzbare Landmarke für die Weiterführung der Expedition. Da ich wußte, daß er genau auf dem Äquator liegt und daß der Baringo-See, wohin ich strebte, etwa ¾° nördlich sich befindet, so hatte ich. abgesehen von der Wasserfrage, mit der Innehaltung der Marschroute in den nunmehr folgenden Wochen keinerlei Schwierigkeiten.

Am Saume des Urwaldes, an einer zweiten Lichtung des Waldes, ließ ich gegen Mittag das Lager aufschlagen an einer Wasserlache, aus welcher die Kolonne zu schöpfen vermochte. Die Wasser von Kikuyu ergießen sich sämtlich in den Tana hinein. Wir standen nun an einer Wasserscheide, da wir mit diesem Tage an das Flußgebiet des Guaso Nyiro kamen, welcher aus den Bergen des Naiwascha-Sees nach Norden strebt, an dem Kenia und den Endika-Berger vorbei, wo er sich gegen Osten umwendet. Wir standen hier am 17. Dezember an einer Scheide, von wo aus ein Teil der Gewässer nach Norden strebt, dicht daneben aber der vom Kenia entspringende Tana nach Süden seine Fluten ergießt. Der Tana trägt in Kikuyu den Namen Sagana; der Kenia heißt Kilenia, was identisch ist mit Kilima oder Berg schlechtweg.

An diesem Tage verließen uns die Wegeführer der Wakikuyu, die uns weiterhin von keinem Nutzen mehr sein konnten, da sie das von den Massais durchstreifte Gebiet des Leikipiaplateaus nicht kannten.

Das Thermometer sank in dieser Nacht auf 2° unter Null, in der Tat das wirkliche Weihnachtswetter für die Festzeit, welche herannahte. Die leicht bekleideten Leute schrien vor Kälte und Schmerz, und auch ich, trotzdem ich in vier wollene Decken eingehüllt war, wollene Unterhosen und wollene Hemden trug und meinen Winterüberzieher über mich ausbreitete, erwachte von jetzt ab regelmäßig zwischen 3 und 4 Uhr, schüttelnd vor Frost. Des Morgens, wenn wir durch das bereifte Gras marschierten, schnitt die Kälte förmlich in die Füße hinein, trotzdem wir wollene Strümpfe und Kniestiefel trugen. Dann, wenn die Sonne höher stieg, hatten wir das herrlichste deutsche August und Septemberwetter. Die Luft war oben so dünn, daß das Auge in unermeßliche Fernen zu schweifen schien. Greifbar hebt sich ein Hügel, ein Baum, ja, ein Blatt am Baume in der kristallnen Luft ab. Das Wild, welches in dichten besonnten Gruppen äst, scheint so greifbar nahe zu sein, daß man unwillkürlich immer wieder die Büchse anlegt, um es niederzustrecken. Aber siehe da! Die Kugel schlägt in der Mitte zwischen uns und ihrem Ziel ein! Zur Rechten aber den ganzen hellen Morgen hindurch immer der Kenia, mit seiner siebenzackigen – so erscheint es uns – in den blauen Himmel emporragenden Eiskrone sich stolz und vornehm emporhebend über die mitstrebenden Erhöhungen ringsum. Keusch und rein steht er da, nicht wie eine Schöpfung, nein, wie eine Verkörperung des Ewigen selbst und unwillkürlich hebt er die Seele zum Ewigen empor aus den kleinlichen Sorgen und Gedanken der Alltäglichkeit. Steigt die Sonne um die Mittagszeit ins Zenit, so erhebt sich auch die Temperatur bis auf 30° über Null. Aber nun beginnt der Kenia, sein Eishaupt in den Wolken zu verhüllen, und bald am Nachmittag fällt ein Hagelschauer oder ein Platzregen über unser Lager nieder, wodurch die Temperatur alsbald wieder auf 17–13'° C. . abgekühlt wird, so daß wir von 5 Uhr ab unfreundliches und kühles Novemberwetter haben.

So vollzieht sich der Marsch durch das Leikipia-Plateau, solange wir uns unter dem vom Kenia hinstreichenden Nordostmonsum befinden. Dieses ganze Land hat etwas Gespensterhaftes und Überirdisches an sich. Wir befinden uns hier vielleicht auf dem ältesten Stück Erde, welches sicherlich seit Millionen Jahren der Sonne zugekehrt war. Leikipia stand über der Meeresoberfläche, seitdem Südamerika zweimal in den Grund der Wellen hinuntertauchte, und so starrt es auch den schauenden Wanderer an. Ein uraltes runzeliges Weib, lebensmüde und ausgedörrt, bereit, auch seinerseits lieber heute als morgen hinunterzutauchen von neuem in den erquickenden Abgrund des Todes. Zur Rechten wie zur Linken hat es seine gleichartigen ebenfalls uralten Söhne aufgesetzt, Subugu la Poron und den Kenia. Aber der Kenia ist der erstgeborne. Er trägt die Königskrone, welche gleich Diamanten funkelt, und auf ihm ist der Sitz der dunklen Urweltgestalten, welche hier ihr Unwesen treiben. Auf dem Kenia wohnt nach Anschauung der Massais die Gottheit selber, und unnahbar schließt sich dieser Göttersitz von jeder Berührung des Endlichen starr ab. Ihn zu ersteigen mit seinen 20 000 Fuß Höhe wird ein Problem sein, welches nur unseren kühnsten und beherztesten Alpinisten gelingen dürfte. Keusch zieht er um sich den dreifachen Gürtel starrenden, undurchdringlichen Urwaldgestrüppes, wüsten Gerölles und endlich ehernen Gletschereises. Hätten die Hellenen den Kenia erblickt, sie würden den Olympos entthront und hierher die Behausung der Ewigen verlegt haben. Wäre Shakespeare auf diesem Plateau gewandelt, hier hätte er die Hexenszenen aus dem Macbeth sich abspielen lassen, hier, nicht auf den schottischen Hochplateaus, ist der großartigste Hintergrund für die Gestalten Ossians.

Dieses Plateau erreichten wir am 18. Dezember, durchrieselt von den ganzen Schauern der Ewigkeit vor diesen geheimnisvollen und drohenden landschaftlichen Bildungen. Am 19. Dezember hatten wir noch eine Reihe von Waldgebieten zu durchziehen über mehrere rauschende Bäche hin, welche über vulkanisches Geröll dem Norden zustrebten. Wir schlugen an, diesem Tage unser Lager am Guaso Nyiro auf, welcher, tief eingerissen in vulkanisches Gestein, links am Kenia nordwärts strebt. Ich bestieg am Nachmittag dieses Tages einen Hügel, welcher die Gegend beherrschte. Da dehnte sich mit einem Male der Blick unfaßbar in die unendliche Ferne des Nordens. Das Land ist leicht gewellt, und nichts beschränkt das forschende Auge. Die Phantasie wird lebendig, man glaubt, bis nach Abessinien, bis nach Ägypten hin schauen zu können. Allerdings eine Täuschung, veranlaßt durch die absolute Durchsichtigkeit und Elastizität des Luftmeeres.

Ich beschloß, diese Steppe zunächst in nördlicher Richtung zu durchziehen, bis der Kenia südöstlich peile, dann mich nach Westen zu wenden, um einen der südlichen Zuströme zum Baringo-See zu fassen.

Das Land schien verlassen. Von den Köpfen der Hügel ragten die eigenartigen Umwallungen der Massaikrale. Menschen waren nicht zu sehen. Dies alles mußte den unheimlichen Charakter der Landschaft auf das äußerste steigern. Die Gefahr bei diesem Marschieren durch wegeloses Land ohne ortskundige Wegeführer liegt hauptsächlich in der Wasserfrage. Das Auffinden des Wassers ist völlig dem Zufall überlassen. Wie konnte ich, wenn ich am Morgen aus meinem Lager aufbrach, wissen, wo und ob ich überhaupt Wasser finden werde. Zu diesen: Zwecke pflegte ich mich in diesen Tagen immer mindestens eine Marschstunde mit einigen Leuten vor der Kolonne zu bewegen, immer auslugend nach einem Bachlauf oder einer Lache stehenden Wassers.

Am 20. Dezember gelang es mir freilich, meine Aufgabe in überraschend günstiger Weise zu lösen. Wir lagerten an diesem Tage ganz genau östlich vom Kenia an einem Zustrome zum Guaso Nyiro, dem lieblichsten Lagerplätze, welchen wir auf der ganzen Expedition innegehabt haben. Das Ufer ist hier umsäumt von zartem Graswuchs, welcher herbstlich in allen möglichen Farben schillert. Dieser Teppich ist bestanden mit malerischen Baumgruppen, unter denen scharfgeschnittene Akazien sich besonders charakteristisch hervorheben. Seiner Lieblichkeit wegen habe ich dieses Tal, welches ich späteren Reisenden als Lagerplatz empfehlen kann, Gretchen-Tal genannt. Dieser Name schoß mir durch den Kopf, als ich bei einer Rückkehr von einer Rekognoszierung nach Norden auf das anmutige lieblich Bild meiner lagernden Kolonne, welche abkochte, und auf die weidenden Herden, die Kamele und Esel, auf die vergnügten Menschen hinabblickte. Am Nachmittage des 20. Dezember, gerade als ich an einem Bericht für Deutschland arbeitete, in welchem ich ausführte, Leikipia scheine verlassen zu sein, es scheine, als ob die Massais sich vor uns geflüchtet hatten – warf mir der Kenia zum letzten Male plötzlich wieder einen Hagelschauer auf mein Zelt herunter, daß dasselbe fast zertrümmert zu werden drohte, gleich als wolle er höhnen über den Wahn, in welchem ich mich befand. Der Kenia, dessen Söhne die Massais sich nennen, kannte seine Kinder besser! Er wußte genau, daß sich dieselben vor keinem Menschen, am wenigsten vor einer kleinen Expedition wie der unsrigen zurückziehen, und hiervon sollten wir am folgenden Tage überzeugt werden.

Bevor ich in meiner Erzählung fortfahre, habe ich eine kurze Ausführung über die Gesamtanlage der von mir geleiteten deutschen Emin Pascha-Expedition einzufügen. Die Massairoute galt vor meiner Expedition im allgemeinen als praktisch fast unpassierbar. Man hatte durchaus übertriebene Anschauungen von den Gefahren dieses Weges. Stanley hatte sich auch im Hinblick auf diese Schwierigkeiten entschlossen, den weiten Umweg ums Kap herum und den Kongo hinauf zu machen, trotzdem er doch, mit uns verglichen, über ungemessene Mittel verfügte und de Unterstützung aller in Afrika arbeitenden offiziellen Kreise für sich hatte. Mir ist eine Äußerung von Stanley mitgeteilt worden, wonach derselbe der Meinung war, um kriegerisch durch die Massais zu gelangen, müsse man eine Macht von mindestens 1000 Europäern hinter sich haben. Unter ähnlichen Anschauungen stand noch ein großer Teil des deutschen Emin Pascha-Komitees. Sowohl Wißmann wie Reichardt erklärten die Massairoute für undurchführbar, und Wißmann insbesondere, als er seinen Plan des Marsches den Tana aufwärts dem Komitee darlegte, hatte die Umgehung des Massai-Landes und Ugandas als ganz selbstverständlich in denselben aufgenommen.

Diese Anschauung konnte auch nicht vollständig unberechtigt erscheinen, wenn man die Berichte der beiden Reisenden las, welche bis dahin das Massailand durchzogen hatten, nämlich des Dr. Fischer und insbesondere Thomsons. Thomson kommandierte im Massailande eine Expedition, mit welcher verglichen unsere Hilfskräfte geradezu lächerlich erscheinen mußten, und doch hatte er sich in diesem Lande eine Behandlung gefallen lassen, welche nach europäischem Maßstäbe nicht nur nicht unter den Begriff „gentlemanlike" fällt, sondern geradezu als unwürdig bezeichnet werden muß. Der Beweise dafür gibt es in seinem Reisewerke eine Masse. Thomson glaubte, den Massais durch allerhand Faxen imponieren zu können, z. B. damit, daß er sich als großen Zauberer aufspielte, daß er sein falsches Gebiß herausnahm und wieder einsetzte, daß er Enos Fruit salt als Brauselimonade präparierte und behauptete, der Teufel säße darin. Ich habe versucht, den Massais durch Waldbrände, durch Leuchtraketen, ja durch eine zufällig am 23. Dezember eintretende völlige Sonnenfinsternis zu imponieren, aber ich habe gefunden, daß diesen wilden Söhnen der Steppe schließlich doch nur die Kugeln der Repetiergewehre und der Doppelbüchse, und zwar in nachdrücklicher Anwendung gegen ihren eigenen Körper, imponiert haben.

Man glaubte bislang, daß die Massais der großen hamitischen Rasse im Nordosten Afrikas angehören, und mit Somalis und Gallas verwandt seien. Nach neueren Forschungen sollen sie einer großen zentralafrikanischen Rasse aus den Gegenden vom Oberen Nil und Mambuttuland angehören. Ich muß dies dahingestellt sein lassen. Gleich den Hunnen Attilas und anderen Nomadenvölkern haben sich auch bei ihnen die Eigenschaften der Raubsucht und Blutgier auf das äußerste entwickelt. Die stete Fleischkost, von .welcher sie sich nähren, hat die natürliche Wildheit physiologisch gesteigert, und die Gefühlsverrohung, welche bei den Leuten entstehen muß, die seit Jahrhunderten darauf angewiesen sind, das Haustier, welches sie selbst emporgezogen und gepflegt haben, dann kaltblütig abzuschlachten und zu verzehren, tritt hier mit besonderer Schärfe auf. Eine Hirtenbevölkerung, wo der Hirte nicht zugleich der Schlächter des Viehs ist, wird die sanften Empfindungen des Herzens zur Entwickelung bringen können, wie wir sie in den arkadischen Gesängen so oft ausgeführt finden. Wo aber der Hirte seit Hunderten von Generationen zugleich der Schlächter seines Viehs ist, wie das bei den Mongolen auf den Hochplateaus von Zentralasien und bei den Massais auf den zentralafrikanischen Plateaus der Fall ist, da muß durch Vererbung ein fast absoluter Grad von Herzensverrohung eintreten. Dieses Gesetz hat zu allen Zeiten die Hirten der Nomadenstämme zu den wildesten Erscheinungen der menschlichen Geschichte gemacht, wie wir sie in Europa durch Gestalten wie Attila und Dschingis Khan verkörpert gesehen haben.

Es kommt nämlich zu diesem psychologischen Gesetz hinzu, daß solche Rassen durch die Eigenart ihrer Beschäftigung an jeder dauernden Seßhaftigkeit verhindert werden. Die großen Herden, welche sie besitzen, erheischen eine fortwährende Veränderung des Wohnplatzes. Während der Ackerbauer gezwungen ist, auf seiner Scholle fest zu sitzen, an welche sein Herz sich hängt, ist der Nomade gleichgültig gegen die Reize des eigenen Heims. Dort, wo Weide für sein Vieh ist, wo Wasser zur Tränke vorhanden, dorthin zieht er sich mit seinen Herden, und diese Übung von Jugend auf macht ihn dann andererseits wieder befähigt zum Kriegszuge über weite Räume hin. So sind die Massais der Schrecken des gesamten Ostafrika geworden. Wohnhaft auf den Hochplateaus östlich der Seen, wo Winter und Sommer nicht im Umkreis von 12 Monaten, sondern im Laufe von 24 Stunden jahraus, jahrein nebeneinander wohnen, wo der Winter die Nacht für sich genommen hat, die Tropenhitze bei Tage herrscht, ist er abgehärtet gegen alle Unbilden der Witterung. Schnellen Fußes durcheilt er die Steppen bis in die reichen Länder der Bantu im Süden, ja, bis in die Küstenplätze hinein. Entsprechend dem natürlichen Charakter seiner Art, hat er sich eine Religionsvorstellung gebildet, wonach nur die Massais Söhne der Gottheit sind und ein natürliches von Gott bestätigtes Anrecht auf alles Vieh der Erde haben. Wer als Nicht-Massai im Besitz von Vieh betroffen wird, ist des Todes schuldig, und schonungslos mordet der Massai nicht bloß die wehrhaften Männer, sondern das Kind an der Mutterbrust, Mädchen und Greisinnen. Sklaven aus anderen Stämmen verschmäht er durchaus.

Aber, wenn so alle Bedingungen hier vorhanden sind, um die wilden und rohen Eigenschaften des Mannes zur vollen Entfaltung zu bringen, so ist doch bei den Massais auf der andern Seite der veredelnde Einfluß erkennbar, welcher das durch Vererbung gewonnene Bewußtsein des Herrschens überall in den Völkern hervorruft. Gewohnt, daß alles um ihn herum bei dem Namen „Massai" erzittert, hat sich unter den Kriegern des Stammes ein natürlicher Stolz herausgebildet, welcher nicht anders als aristokratisch bezeichnet werden kann. Wie junge hochmütige Adelige sind mir die Massais von vornherein entgegengetreten. Für sie gibt es nur eine Arbeit, das ist der Krieg und der Schutz der Herden. Alle dienenden Beschäftigungen, wie: den Handel mit durchziehenden Karawanen und die Verfertigung von Waffen und Gerätschaften, das eigentliche Treiben der Horden besorgen die Wandorobbo, ebenfalls eine Massaiart, welche gemischt mit den kriegerischen Stämmen hier wohnen.

Der angeborne kriegerische und hochmütige Sinn der Massais wird noch erheblich verstärkt durch die eigenartigen ehelichen Verhältnisse und die Verfassung dieses Stammes. Die Verfassung ist die uralte patriarchalische, welche uns auch im Alten Testament entgegentritt. Die Familienältesten besorgen die großen Angelegenheiten des Stammes in ihren Beratungen und vertreten den Stamm gegen außen. Die Familie und die aus ihr hervorgegangene Erweiterung, der Stamm, ist nach außen hin solidarisch, und infolgedessen hat sich hier wie überall in gleichen Verhältnissen, die Blutrache in ihrer reinsten Form entwickelt. Wird ein Stammesangehöriger von einem andern Stammesangehörigen ermordet, so wird umgelehrt an dem andern Stamm als solchem Vergeltung geübt, gleichviel ob der Mörder betroffen wird oder ein andrer.

Aber, was dein Massaitum vor allem andern eigentümlich zu sein scheint, ist die scharfe gesellschaftliche Trennung der verheirateten und unverheirateten Elemente. Der unverheiratete Massai, Elmorän genannt, ist Krieger schlechtweg. Er darf sich nur von Milch oder von Fleisch, jedenfalls nur von animalischer Kost ernähren, und zwar darf er nur das eine o d e r das andere zu sich nehmen. Will er von der Milchkost zur Fleischkost übergehen und umgekehrt, so hat er vorher ein Vomitiv zu nehmen, so daß niemals in seinem Magen beide Teile sich treffen. Auch dies ist eine Einrichtung, welche durch religiöse Weihe geheiligt ist. Daneben liebt er es, das Blut aus dem lebendigen Ochsen auszusaugen, welchem ein Loch in den Hals oder in den Nacken geschnitten wird, aus dem der Massaikrieger in vollem Laufe das Blut trinkt, um das Loch hernach wieder mit Gras zu verstopfen. Pflanzenkost ist nur den verheirateten Massais und den Weibern gestattet. Dem Krieger dünkt sie zu weichlich. Aber inmitten der großen Plateaus, fernab von den Grenzen Ackerbau treibender Stämme, ist dies sicherlich auch für den älteren Teil der Bevölkerung eine sehr seltene Unterbrechung der täglichen Milchkost. Die Milch wird vornehmlich sauer genossen in der Form von Molken und bietet als solche allerdings eine außerordentlich gesunde und schmackhafte Kost.

Tritt man in ein Massaikral hinein, so sieht man dies köstliche Getränk in einer Masse von Kürbissen in den von Lehm und Kuhdünger aufgeführten Häusern an den Wänden stehen in verschiedenen Stufen der Säuerung, bis zu zehn Tagen.

Die Elmorän, die unverheirateten Massaikrieger, wohnen in Dörfern für sich selbst, mit ihnen verbunden durch freie Liebe die Mädchen des Stammes, welche das Recht haben, ihren Geliebten nach Neigung sich zu wählen. Dies ist ein neuer Ansporn für den kriegerischen, raubgierigen Geist der Elmorän, denn das Mädchen wählt den, welcher am wildesten und tollkühnsten sich in die Schlacht stürzt, welcher die meisten Feinde erschlägt und die größten Massen von Vieh erbeutet. So treibt auch das zarte Moment der Liebe den Massaikrieger zu seinem Beutezuge, und, wenn er heranschleicht an die Dörfer der Wasagara oder bis in die Straßen von Mombassa, trägt er vielleicht ein schönes Kind von den Hochplateaus unter dem Kenia im Herzen, welchem er Ehre zu machen wünscht.

Während die Massaikrieger tatsächlich nackend einherschreiten mit ihrer breiten schönen Lanze in der Rechten, den fast den ganzen Oberkörper bedeckenden breiten, mit heraldischen Zeichen bemalten Schild am linken Arm, vielleicht ein kurzes Fell mit Perlen gestickt über die Schulter geworfen, welches bis an die Hüften herabfällt, sind die Mädchen äußerst dezent bis über den Busen hinauf in Felle gekleidet, wie ich dies bei all den kriegerischen und stolzen Stämmen des nordöstlichen Afrikas gefunden habe. Nackend lassen ihre Mädchen umgekehrt die schlafferen und weichlicheren Bantustamme im Nordosten des Viktoria-Njansa einhergehen, wie die Leute in Kawirondo. Somalis, Gallas und Massais ziehen es vor, die Reize ihrer Schönen für sich selbst zu behalten.

Völlig getrennt von diesem poesievolleren Verhältnis zwischen den beiden Geschlechtern in den Kralen der Elmorän ist die eigentliche Ehe bei den Massais. Diese ist ein reines Kaufgeschäft, welches der Vater für den Sohn besorgt, der auch nicht immer sehr erbaut ist, das freiere Leben in dem Elmoränkral mit der Übersiedelung in den Kral der verheirateten Alten zu vertauschen. Im Gegensatz zu den eifersüchtigen Regungen, welche die Beziehungen in dem Elmoränkral abstempeln, soll der Massai in der Ehe außerordentlich gleichgültig gegen die Treue der Frau sein. Möglichst viele Kinder und besonders Söhne zu erhalten, gleichviel auf welche Weise, ist das Hauptziel des herangereiften Mannes, der überhaupt in

praktischer Nüchternheit, was den Besitz anbetrifft, mich sehr an unsere Bauern aus den niederdeutschen Marschen erinnerte.
Am 21. Dezember sollte ich die persönliche Bekanntschaft dieser merkwürdigen Rasse machen. Ich hatte an diesem Tage den Kurs meiner Expedition nordnordwestlich gehalten, um den vom Naiwascha-See nach Norden auslaufenden Bergen, an deren Ecke ich den Guaso Narok zu treffen hoffte, mich ein wenig zu nähern. Als ich unterwegs mit Hussein und zwei meiner Diener allein der Kolonne vorauszog, stieß ich auf große Herden von Zebras, von denen ich zwei erlegte. Bei den gefallenen Tieren ließ ich einen Diener zurück, um der nachrückenden Kolonne den Befehl zu übermitteln, die Tiere zu zerlegen und das Fleisch mit nach dem Lager zu bringen. Ich allein zog mit Hussein und Rukua weiter auf die Suche nach Wasser für einen solchen Lagerplatz. Unterwegs teilte mir Hussein mit, daß die Somalis nach Zebras nichts fragten, und ich versprach ihm infolgedessen, für die Somalis und mich eine Antilope zu schießen. Gegen 11 Uhr kamen wir an einen Stromlauf, den wir hernach als Gnare Gobit feststellten. Miteiniger Mühe gelang es, einen Übergangspunkt zu finden, worauf ich Rukua zurückschickte, um die Kolonne hierherzubringen. Ich selbst befestigte für Herrn v. Tiedemann ein Blatt Papier an einem Baum mit dem Auftrag, an dieser Stelle das Lager aufschlagen zu lassen, und begab mich dann in nördlicher Richtung weiter, um die versprochene Antilope für Hussein zu schießen. Der Gnare Gobit ist in seinem ganzen Lauf von einem Hochwaldstreifen eingerahmt, welcher indes nicht über das vom Fluß befeuchtete Gebiet hinausreicht. In diesen Hochwaldstreifen an der Flußfurt fällte das Lager aufgeschlagen werden, und durch ihn schritten wir jetzt hinaus, um nach Antilopen zu spähen. Derselbe mag auf der linken Seite etwa 100 m, breit sein. Wir hatten ihn noch nicht durchkreuzt, als ich auf einer Lichtung linker Hand plötzlich große Massen von Rindvieh wahrnahm. Auf einer Anhöhe jenseits des Waldes sah ich ebenfalls mächtige Herden.

Ich machte Hussein auf diese Erscheinung aufmerksam, welcher mir auch alsbald in seinem gebrochenen Englisch mitteilte, er sähe „too much men „. Dies konnten nur Massais sein. Ich pfiff durch die Zähne und meinte, wir wollen Antilopenjagd lieber Antilopenjagd sein lassen. Es wäre am Ende doch richtiger, nach dem Lagerplatz zurückzugehen und die heranziehende Kolonne dort zu erwarten. Wir hatten kaum den Baum mit dem Papierstreifen für Tiedemann wieder erreicht, als auf einen Schlag fröhlich singend: „O ho! O ho!" von unsrer Seite des Flusses und von oberhalb und unterhalb des Stromes auf der andern Seite in Gruppen von drei oder vier Mann Massaikrieger auf uns herankamen. Da wir keinerlei Beziehungen mit diesem Massaistamm hatten, befahl ich Hussein, den Rücken zu decken, und legte selbst auf die Gruppe an, welche auf uns heranschritt. Meinen Revolver hatte ich neben mich zur Erde gelegt, um ihn ebenfalls sofort zur Hand zu haben. Die Massais sahen kaum diese meine Maßnahmen, als sie ihrerseits Schilder und Speere niederlegten und unbewaffnet in freundschaftlicher Weise auf mich heranschritten. Ich legte ebenfalls meine Büchse ab, und mit liebenswürdigem „Wadsak" begrüßten mich die Massaikrieger, nachdem sie mich zum Zeichen der freundschaftlichen Gesinnung angespieen hatten, und ebenso Hussein Fora. Auf mein Befragen erfuhr ich, daß ich mich in dem Gebiet von Elbejeto befände. Im Nu waren wir von 12 bis 15 jungen schlankgewachsenen Massaikriegern umringt, welche auch alsbald anfingen, ein einförmiges Lied zu singen und im Gänsemarsch einen Tanz um uns herum aufzuführen.

Nach und nach traf zu meiner großen Freude meine Kolonne ein, zunächst einige Somalis, welche den Massais an Hochmütigkeit im allgemeinen nicht nachstehen und von ihnen auch sofort als gleichberechtigt anerkannt wurden, während kein Massai sich dazu herbeiließ, einen meiner Träger zu begrüßen. Die Massais suchten meine Leute einzuschüchtern, indem sie ihnen die Wirkung ihres Lanzenstoßes vor Augen führten und auch die Wirkungen der Giftpfeile. Ich freute mich sehr, zu sehen, daß meine Somalis einfach darüber lachten, indem sie umgekehrt den Massais pantomimisch die Wirkung der Repetiergewehre zu veranschaulichen versuchten.

Plötzlich kamen weitere Massaikrieger mit der Forderung, ich möge mir einen andern Platz zum Lagern aussuchen, da dies die Furt sei, an welcher sie ihr Rindvieh zu tränken pflegen. Ich eröffnete den Massais, daß ich dazu keine Lust hätte. „Im übrigen könnt ihr euer Rindvieh auch, trotzdem wir hier lagern, an die Furt treiben." Nach langem Zaudern gaben sie nach, und so ließ sich an diesem Morgen alles freundschaftlich genug an.

Ich nahm nun meinen vorhin unterbrochenen Jagdzug aus dem Walde heraus wieder auf, indem ich vier Mann von meinen Leuten mit mir beorderte. Tritt man aus der Waldumzäunung heraus, so sieht man vor sich einen flachen, vollständig mit Weidegras bestandenen Hügel, welcher dem Gnare Gobit parallel läuft und sich nach Südwesten und Nordosten allmählich abdacht. Auf diesem Hügel im Südwesten liegt das Hauptkral von Elbejet, auf der nordöstlichen Abdachung das dazu gehörige Elmoränkral. Weitere Krale befinden sich auch am rechten Ufer des Gnare Gobit, und nach Norden hin sind alle Höhlen mit solchen besetzt.

Diese Krale sind zum Teil nur aus in sich zusammenhängenden, kreisrund aufgeführten, von innen offenen Lehmhütten hergestellt, zum Teil aber auch außerhalb der Außenwände dieser Lehmhütten noch mit einer wohl 1 in dicken, 3–4 m hohen Umzäunung von Dornen und Gestrüpp umgeben, durch welche Tore ins Innere hineinführen und welche den Platz nach afrikanischen Verhältnissen, falls er gut verteidigt wird, geradezu uneinnehmbar machen. Die Massais, welche auf ihren Raubzügen immer ohne Umzäunung schlafen und sich nur auf ihre Wachsamkeit verlassen, haben in ihrem eigenen Lande zum Schutz der Weiber und des Viehs die beste Umzäunung, welche man vielleicht in ganz Afrika findet, und auch hierin zeigt sich der praktische kriegerische Sinn des Volkes.

An den Abhängen des Hügels am Gnare Gobit weideten Tausende von Rindern und Schafen, bewacht von Elmorän-Kriegern oder auch von Wandorobbo. Die Elmorän sind ausschließlich! mit Lanzen und Schild, die Wandorobbo und älteren Massais mit Pfeil und Bogen bewaffnet.

Unser Erscheinen vor den Toren von Elbejet rief naturgemäß große Überraschung hervor. Von allen Seiten kamen Krieger herbeigeeilt, um uns zu begrüßen, und neugierig drängten sich auch die Massaimädchen heran, welche uns ebenfalls mit Händedruck willkommen hießen. Unvorsichtigerweise schoß ich zweimal mit der Büchse nach einem Geier, beide Male vorbei, worauf ein höhnisches Gelächter insbesondere bei den alten Massaiweibern entstand. Der Dünkel der Massaiweiber im Hinblick auf ihre Söhne überbietet alles, was man an Affenliebe finden kann, und sie lieben, dies in möglichst auffälliger Weise durch geringschätzige Behandlung anderer Männer zum Ausdruck zu bringen.

Als ich gegen 2 Uhr ins Lager zurückkehrte, begegnete ich einigen wildgewordenen Bullen der Massais, während von rechts her einige Massai-Ältesten auf uns zueilten. Da einer der Bullen Anstalt machte, uns feindlich anzugreifen, so streckte ich ihn durch einen Büchsenschuß zu Boden, was auf die Massais augenscheinlich einen recht unangenehmen Eindruck machte. Ich forderte dann die Ältesten auf, mich in mein Lager zu begleiten, um mit mir Beratung zu halten. Als wir uns diesem näherten, bemerkte ich unter einem Baume große Haufen der Massaikrieger aufgestellt, welche uns durch einen Kriegsgesang erfreuen wollten. Ich wußte, daß die Folge davon das Einfordern eines Tributes für sie sein würde, welchen nicht zu zahlen ich entschlossen war. Ich hatte außerdem viel zu sehr die Mißhandlungen vor Augen, welche Thomson gerade an dieser selben Stelle erlitten hatte, und wollte einige Angelegenheiten zwischen mir und den Massais ohne weiteres klarlegen. Infolgedessen schoß ich auf dem Baume, unter welchem die Massaikrieger saßen, nach einem Geier, und als ein dicker Massai-Ältester dann zu mir vor mein Zelt kam, wo ich in meinem Lehnstuhle saß, um mir das Schießen zu verbieten, feuerte ich meinen Büchsenlauf zweimal über seinem Kopfe ab. Ich gab dann sofort Befehl an meine Somalis, sämtliche Massais aus dem Lager zu werfen, folgte ihnen jedoch und rief sie zu mir zu einer Beratung außerhalb desselben.

Da ich nur sehr wenig van der Massaisprache radebrechte, mußte die Verhandlung durch die Vermittelung eines der gefangenen Kikuyu-Leute geführt werden, mit denen sich wieder mein Diener Rukua einwenig verständigen konnte.

Ich schlug den Massai-Ältesten vor, sie sollten mir Wegeführer bis zum Baringo-See stellen und mir einige Esel verkaufen. Dafür wollte ich ihnen meine einzige Last Eisendraht geben, welche ich besaß, und auch einige Perlen, von denen ich ein kleines Beutelchen mit mir führte. Wir wollten uns gegenseitig unsern Besitz garantieren und als Freunde uns voneinander trennen.

„Ihr müßt wissen, „ sagte ich, „daß auch unter den Weißen Unterschiede vorhanden sind. Hier ist vor fünf Jahren ein Weißer bei euch gewesen, dessen Stamm von unserem Stamme ebenso verschieden ist, wie z. B. die Wakikuyu von dem eurigen. Der Weiße, welcher hier war, war ein Engländer (Inglese) und ihr habt ihn schlecht genug behandelt. Ich aber gehöre zu dem Stamme der Deutschen (Badutschi), und wir sterben lieber, als daß wir uns eine derartige Behandlung gefallen lassen. Wollt ihr demnach auf alle friedlichen Vorschläge nicht eingehen, so dürft ihr es mir nur sagen und ihr könnt dann auch den Krieg mit uns haben." Die Massais ließen mir darauf mitteilen, daß ich zunächst Tribut für ihre jungen Krieger bezahlen solle, bevor sie sich auf weitere Verhandlungen ,mit mir einließen. Als ich dies kurzweg ablehnte, erhoben sie sich plötzlich, ohne ein Wort des Abschiedes zu sagen, und der Kikuyumann sagte mir, daß wir jetzt den Krieg haben würden.

Ich ging zum Frühstück ins Lager und beschloß, die Sache noch am Nachmittag zur Entscheidung zu bringen. Ich ließ Herrn v. Tiedemann das Kommando des Lagers und begab mich mit 30 Mann zum Hauptkral von Elbejet, um Klarheit über die Absichten der Massais zu bekommen. Ich legte meine Leute im Halbkreise hinter mich und begab mich nur mit Rukua und einem Kikuyu-Dolmetscher in den Vordergrund, wohin ich die Ältesten der Massais winkte. Ich ließ die Forderung eines Eselverkaufs meinerseits jetzt fallen und verlangte nur einen Wegeführer nach dem Baringo, wofür ich bezahlen wolle. Die Erbitterung auf Seiten der Massais, welche am Morgen an sich gehalten hatten, war so groß, daß mehrere von den Elmoräns mit gezückter Lanze heransprengten, um mich niederzustoßen. Aber es war mir angenehm, wahrzunehmen, daß meine Leute diesen Versuch mit einem schallenden Gelächter beantworteten. Tatsächlich hätten zwei, drei Salven genügt, um das, was von Massais zur Hand war, in einer Minute niederzustrecken. Während ich mit den Massais also unterhandelte, stellte sich ein altes Massaiweib neben uns, welches bei jedem Worte, das ich aussprach, in ein höhnisches Gelächter ausbrach. Ich ließ dieselbe durch zwei meiner Somalis beseitigen und kam mit den Massai-Ältesten zum Abkommen!, daß wir gegenseitig Frieden halten wollten, daß sie mir einen Wegeführer zum Baringo am nächsten Morgen stellten, wofür ich zu zahlen habe, daß sie mein Eigentum respektierten, und ich dagegen das ihrige. Mein Kikuyumann hatte viel dazu beigetragen, dieses Abkommen zu erreichen. Als er die Massais einzuschüchtern versuchte: „Ihr könnt den weißen Mann nicht bekriegen, er kommt von Gott. Sehet, er führt 11 von uns Wakikuyu an Stricken", antworteten die Massais kurz und hochmütig: „Wir sind auch keine Wakikuyu, sondern wir sind Massais."

Nachdem der Vertrag, welchen ich mit ihnen abgeschlossen hatte, durch Anspeien besiegelt war, begab ich mich in mein Lager zurück mit dem Gefühl, von diesem hochwütigen Massai-Ältesten diplomatisch doch geschlagen zu sein. Mein Versuch, in ihre letzten Pläne einzudringen, war an dem kalten Hochmut dieses Mannes gescheitert, welcher an Unerschütterlichkeit in der Tat seinesgleichen suchte und ganz zum Schluß, als er die Verhandlungen mit mir beendet hatte, seiner Verachtung gegen meine Träger, welche im Anschlag dasaßen, dadurch Ausdruck gab, daß er dicht vor die Front trat, mit einer verächtlichen Handbewegung auf sie hinzeigte und ein kurzes höhnisches Gelächter ausstieß.

Er mochte Wohl manchmal Sansibarkarawanen mit auseinandergesprengt haben. Den Massais imponiert die einfache Feuerwaffe eben gar nicht. Noch im Jahre 1887 machten sie eine arabische Karawane von 2000 Flinten bis auf den letzten Mann nieder, legten die sämtlichen Leichen in Reih und Glied nebeneinander und jedem höhnischerweise seine Flinte über die Schulter. Meistens schießen nämlich die Karawanen einmal ab, um dann sofort die Flucht zu ergreifen, wobei sie von den schnellfüßigen Massais bis ans den letzten Mann regelmäßig niedergestoßen werden. Der Massai versteht es, sich gegen den ersten Schuß durch Niederwerfen auf die Erde oder auch durch Bäume zu decken, und ist, bis der Vorderlader wieder schußbereit ist, längst herangesprungen, um mit seinem Lanzenstoß die Sache zu, beendigen.

Ich ließ am Abend vier Posten um das Lager herumstellen und begab mich gegen 9 Uhr noch selbst bis an den Rand des Waldes, um blaue und rote Raketen emporzuschleudern als Zeichen für die Massais, daß wir wach seien. Ich hörte das tobende Brüllen der Massais in beiden Krals, als ich mich zu meinem Lager zurückwandte.

In der Nacht erwachte ich mehrere Male von Schüssen meiner Posten. Als ich nach der Ursache fragte, wurde mir gesagt: Massais strichen um das Lager herum und hätten soeben versucht, eine Last Patronen aus demselben zu stehlen. Schon in dieser Nacht kam mir der Gedanke, ob es nicht am besten sei, ohne weiteres Elbejet anzugreifen. Unsere Leute hatten alles geschlagen, was sich bislang ihnen entgegengestellt hatte, aber die Massaifurcht war bei einem großen Teile der Träger noch lebendig, und ich wußte sehr wohl, daß gerade der erste Erfolg hier entscheidend werden mußte. Ich ließ den Gedanken indes fallen, in der Hoffnung, daß die Massais am andern Morgen die übernommene Verpflichtung der Stellung des Wegeführers innehalten würden, und daß ich die ganze unangenehme Sachlage dann durch einen tüchtigen Marsch hinter mich bringen könne. Als ich am andern Morgen aufstand, ward mir gemeldet erstens, daß der versprochene Wegeführer nicht gekommen sei, sodann, daß zwei Lasten Zeug in der Nacht trotz aller Wachsamkeit mitten ans dem Lager gestohlen seien, und drittens, daß wir mit Pfeilen beworfen worden waren. Eine ganze Anzahl solcher Pfeile wurde mir zum Beweise gezeigt.

Nun war mein Entschluß gefaßt. Respektierten die Massais so wenig unsere Ausmachungen vom vorhergehenden Tage, so war es klar, daß, wenn ich nach meinem eigenen Auftreten vom Sonnabend diese Vertragsverletzung ungeahndet ließ, sie dann noch zu ganz anderen Übergriffen schreiten würden. Es war eine der kritischsten Entscheidungen auf der ganzen Expedition, und ich fragte auch Herrn v. Tiedemann um seine Meinung. Als dieser mir Zustimmte, gab ich den Befehl, 35 Mann schlachtbereit zu halten. Stillschweigend durchschritten wir dm Uferwald, als plötzlich die Somalis insgesamt auf ihre Knie fielen und Allah um Schutz anflehten für das, was uns jetzt bevorsteht. Am Waldessaum angelangt, formierten wir eine lange Linie. Den rechten Flügel nahm ich, den linken übergab ich Herrn v. Tiedemann, und die Mitte führte Hussein Fara. Die schwarz-weiß-rote Flagge trug Rukua, welcher der Linie um einige Schritte vorauseilte. So stürmten wir direkt nordwärts auf das Kral zu. Zwischen dem Kral und uns befand sich eine große Hecke, deren Hirte uns im frechsten Tone anrief, wir möchten um die Herde herumgehen, wir würden sonst das Vieh wegtreiben. Daß wir wenige beabsichtigten, Elbejet anzugreifen, das ahnte der gute Bursche in seinem Dünkel nicht, bis eine Kugel ihm durch die Rippen fuhr und seine freche Zunge dauernd zur Ruhe brachte.

Die Massai lieben es der Kälte am Morgen wegen, lange zu schlafen, und wir überrumpelten demnach Elbejet vollständig. Unsere Schüsse weckten sie auf. Mit einem Male stürmten die Männer aus dem Tore uns gegenüber heraus uns entgegen, während Weiber und Vieh in wilder Wucht an dem entgegengesetzten Abhänge hinunterflohen. Mir gegenüber stellte sich insbesondere der Älteste, mit welchem ich am vorhergehenden Tage verhandelt hatte, und sein Gefolge. Sie versuchten, den Eingang ins Kral zu verteidigen. Drei Pfeile des Ältesten flogen zur Seite an mir vorbei, während ich zweimal ebenfalls mein Ziel verfehlte. Meine dritte Kugel fuhr ihm durch die Schläfe, und nun ergossen sich die Massais in wilder Flucht den andern Abhang hinunter. Es gelang, im ganzen, bei dem ersten Gefecht sieben von ihnen zu erlegen, und wir hatten bislang noch keinen einzigen Verlust auf unserer Seite.

Ich war jetzt Herr von Elbejet, der beherrschenden Stellung dieser ganzen Gegend, und hatte außerdem eine Viehherde von über 2000 Stück in meinen Händen. Ich beschloß nun, einen Teil meiner Leute zurückzuschicken zu dem Lagerplatz am Flusse und sofort meine an sich ohne Frage richtige Entscheidung konnte indes nicht zur Ausführung gebracht werden, weil mit einem Male Flintengeknatter vom Lager her erschallte, und, ich sah, wie von allen Seiten große Massaihaufen diesem Zustürmten. Wurde das Lager von den Massais genommen und war damit unsere Munition in deren Händen, so waren wir sämtlich verloren. Also schleunigst zurück zum Lager, um dieses zu halten! Ich persönlich hatte mich außerdem vollständig verschossen und mußte schon deshalb meinen Munitionslasten zueilen. Die Trompete blies zum Rückzug, welcher von uns auch in voller Ordnung vorgenommen ward. Trotzdem wurden auf diesem Rückzug drei von meinen Leuten, u. a. der Manyema-Älteste Nogola von den Massais niedergemacht.

Im Lager angekommen, ließ ich sofort zunächst Munition austeilen, für die Somalis so viel, als jeder von ihnen an Patronen auch nur zu tragen vermochte, für mich 75 Patronen, von denen ich 59 Rukua zum Tragen gab. Im Nu waren die Zelte niedergelegt, und der Befehl zum Abmarsch halbrechts aus dem Walde heraus erteilt. Ich ging voraus mit Musa Somal, Alo Agal und meinen beiden Dienern Rukua und Buana Mku, um den Weg für die Kolonne festzustellen. In die Mitte wurden die großen Herden, die Kamele, Esel und Weiber genommen, und den Schluß bildete Herr v. Tiedemann wiederum mit einer Abteilung Somalis.

Wir hatten uns etwa 30 m vor der Kolonne drei Minuten durch den Wald fortbewegt, als Alo Agal plötzlich meldete: „Nimanka brenjehei" (viele Männer). Und da kamen sie heran, die stolzen Elmorän der Massais, gleich einem großen Rudel von Wölfen, zu Hunderten, Baum um Baum sich gegen uns vorschiebend. Gleich nachdem Alo mir seine Meldung gemacht hatte, fiel er tot, von einem Pfeile durchbohrt, neben mir zu Boden, Rukua und Buana Mku hatten kaum gesehen, was für uns heranzog, als sie, von Entsetzen gepackt, die Flucht ergriffen rückwärts auf die Kolonne zu. Ich wußte genau, wenn ich dasselbe tat, daß dann die Massais mit Schlachtgeschrei hinter uns her eindringen würden, und wir im Nu sämtlich geworfen und niedergemacht worden wären. Ich war demnach entschlossen, den Kampf an Ort und Stelle aufzunehmen, und es war mir vollständig klar, daß jetzt jeder Schuß sein Ziel treffen müsse, wenn dieser Tag nicht mein Ende, oder gar das der deutschen Emin Pascha-Expedition werden solle.

So entspann sich denn ein sehr seltenes Einzelgefecht hier in dem Flußwalde des Gnare Gobit. Von Baum zu Baum avancierten die Massais, immer mit Bedacht, sich gegen die Kugeln zu decken. Ich darf sagen, daß ich in diesen nächsten Minuten mein Leben und uns alle für verloren gab und trotzdem bei dieser tadellosen Art, anzugreifen, ein Gefühl von Bewunderung für unsere Gegner, welche ich doch zu gleicher Zeit tödlich haßte, nicht zu unterdrücken vermochte. Es gelang mir wiederholt, durch einen Doppelschuß zwei der vordersten Massais niederzustrecken, wodurch die übrigen stutzig wurden und mir Zeit zum erneuten Laden ließen. Vor allem aber wirkte auch das Repetiergewehr Musas ganz außerordentlich auf sie. Die Hinterlader kannten sie, aber das System der Repetiergewehre mußte ihnen als übermenschlich und demnach unheimlich erscheinen. Inzwischen rief ich nach Hussein, und nach fünf Minuten der peinlichsten Spannung hatte ich die freudige Überraschung, meine Leute endlich von hinten zur Unterstützung Heraneilen zu sehen. Ein Massai, welcher sich zum Stoß auf mich vorbereitete, wurde zunächst von unserm Küchenjungen Farjalla durch einen Schuß ins Gesicht niedergestreckt, und nun ging ich meinerseits mit Hurrah gegen die Massais vor. Dieselben blieben anfangs stehen, wichen dann allmählich zurück, und nach halbstündigem Gefecht erreichten wir den Waldessaum, von dem die Massais, immer die Brust uns zugewandt, sich langsam, auf Elbejet und nach beiden Seiten hin abschwenkend, rechts und links vom Waldessaum zurückzogen.

Inzwischen war auch die Kolonne hinten bei Herrn v. Tiedemann angefallen, und das Flintengeknatter nahm dort zeitweilig einen für mich alarmierenden Umfang an. Herr v. Tiedemann kam in unmittelbare Lebensgefahr durch ein plötzliches Versagen des Mechanismus seines Repetiergewehrs, während die Massais ebenfalls auf ihn eindrangen. Doch das Eingreifen der Träger, zu deren Formierung auch hier das Vorgefecht Raum gegeben hatte, entschied an dieser Seite ebenfalls die Sache alsbald, und nun drang ich meinerseits immer weiter auf Elbejet, verjagte die Massais rechts und links, bis ich zwei Drittel des Hügels in meiner Gewalt hatte.

Das Kommando: „Misigo miote embele" (alle Lasten nach vorn), welches ich in den Wald hineinrief, war Herrn v. Tiedemann die willkommene Nachricht, daß das Gefecht vorn zu unseren Gunsten entschieden sei, und alsbald erschienen zunächst meine Kamele, dann die großen Herden und alle Träger mit ihren Lasten am Waldessaum.

Diese Lasten ließ ich jetzt wieder auf zwei Drittel Höhe des Hügels niederlegen und formierte die Leute zum zweiten Angriff auf Elbejet selbst.i

Vorsichtig bewegten wir uns zunächst dem einen Tore zu, vor dem wir Posto faßten, und dann um das Kral herum auch zu den übrigen Toren. Als wir langsam uns der Kraltür näherten, stellten wir zu unserer Freude fest, daß Elbejet verlassen sei. Bei der zweiten Attacke hatten wir auch unsere beiden in der Nacht vorher gestohlenen Lasten wiedergefunden. Jetzt gab ich Befehl, Elbejet zu plündern und an acht Ecken in Brand zu stecken.

Heulend und brüllend vor Wut bemerkten die im Waldgebüsch rings um den Hügel zu Tausenden versammelten Massais unser Vorhaben : daß das, was sie sonst ihrerseits zu tun gewohnt waren, nunmehr einmal ihnen selbst in ihrem eigenen Lande geschehe.

Als die Adventsglocken in Deutschland zur Kirche riefen, prasselten die Flammen über das große Kral an allen Seiten gen Himmel. Ein kurzes Triumphgefühl für uns, welches freilich durch die Erwägung über das, was nun zu geschehen habe, sehr schnell vollständig beseitigt ward.

An der Seite, wo ich gefochten hatte, fanden wir 43 Massaleichen, sämtlich die Kugeln von vorn. Der Verlust der Massais muß aber sicherlich mehr als das Dreifache betragen haben, da hinten mit gleicher Erbitterung wie vorn gekämpft ward, und dieselben in den meisten Fällen imstande waren, ihre gefallenen Stammesgenossen fortzuschleppen. Da die Massais die auf unserer Seite Gefallenen, sieben an der Zahl, in schmachvoller Weise verstümmelt hatten, wurden Repressalien ergriffen, indem unsere Leute den Massaileichen die Köpfe abschnitten und solche in weitem Bogen unter deren Stammesgenossen unten am Hügel hinunterschleuderten.

Wir hatten in dem Gefecht sieben Mann verloren, ein Verlust, welcher im Hinblick auf unsere geringe Anzahl empfindlich genug war. Aber weitaus bedenklicher war die Tatsache, welche ich feststellte, während die Flammen von Elbejet emporlohderten, daß nämlich die Somalis 900 Patronen aus ihren Repetiergewehren verschlossen hatten, und daß mir demnach nur noch 600 Patronen übrig geblieben waren. Auch die Träger hatten unverhältnismäßige Massen von Munition verschossen. In der Tat, ich konnte mit Pyrrhus ausrufen: Noch ein solcher Sieg, und ich bin verloren! Denn ich war ja nicht einmal mehr imstande, ein zweites Gefecht wie das soeben gelieferte durchzuführen. Die Massais brauchten nur immerfort anzugreifen, um uns so mit mathematischer Gewißheit schließlich zu Tode zu Hetzen.

Dazu kam, daß ich vollständig ohne Wegeführer war und in einem feindlichen Lande keinerlei Auskunft über die Wasserverhältnisse mehr erwarten durfte.

Es war 11 Uhr vormittags. Meine Kolonne war auf das äußerste erschöpft. Einige von den Leuten waren überdies durch Pfeilschüsse verwundet worden. Der Gedanke lag nahe, für den Rest des Tages oben auf dem Hügel zu lagern. An der andern Seite desselben stand noch das Elmoränkral, in welches ich meine Kolonne hineinwerfen konnte. Aber in diesem Falle hätte ich den Zugang zum Wasser zurück vermutlich, von neuem erkämpfen müssen und war außerdem überdies der weitaus größeren Gefahr ausgesetzt, daß die Massais Verstärkungen aus dem benachbarten Distrikt von Laschau herüberzogen, daß wir demnach am folgenden Morgen einen weitaus gefährlicheren Kampf als heute auszufechten haben würden. In einer Lage wie der meinigen zucken auch wohl momentan Rückzugsgedanken durch das Gehirn. Wie, wenn ich nach Kikuyu zurückmarschierte und von dort aus einen Vorstoß in irgendeiner andern Richtung unternähme? Der süße Friede der vorhergehenden Abende trat mit verführerischer Gewalt vor die Seele.

Ich verwarf beide Vorschläge, welche an mich herantraten, und befahl um ½ 12 Uhr den Aufbruch in nordnordöstlicher Richtung. Dort durfte ich hoffen, einen Wasserlauf zu gewinnen, entweder den Gnare Gobit oder aber den Guaso Nyiro. Vor allem aber kam ich aus dem Zentrum der zur Wut erbitterten Massais heraus und konnte hoffen, das ganze Gebiet im Bogen zu umgehen.

Also vorwärts! Die großen Herden in der Mitte, alle Lasten verpackt, setzte ich die Kolonne den Hügel entlang in Bewegung. An der andern Seite ließ ich zunächst das Elmoränkral in Brand stecken und marschierte dann in langsamem Tempo an der nordöstlichen Abdachung dies Hügels hinunter. Auch nicht ein Nagel von unseren Sachen blieb den Massais zur Beute, nicht ein Stück Vieh von den genommenen Herden wurde zurückgelassen. Die Massais, welche unsere Bewegungen anfänglich, nicht verstanden, setzten sich alsbald in gebührender Entfernung hinter uns in Schritt. Indes die Kugeln meiner Doppelbüchse und Tiedemanns Repetiergewehr-Kugeln, welche wir ihnen von Zeit zu Zeit zuwarfen, hielten sie fernab von der Kolonne.

Gegen 3 Uhr nachmittags gelang es mir, einen Zugang zum Wasser zu gewinnen, wo ich meine dürstende Karawane, Vieh und Menschen, zu tränken vermochte. Im Norden von dieser Stelle sah ich einen die Gegend beherrschenden Hügel über dem Fluß, wo ich das Lager beziehen wollte. Ich machte mich mit der Vorhut auf den Weg und fand, daß er von vielen Hunderten von Massais besetzt sei. So abgespannt waren die Nerven, so gleichgültig gegen die Gefahr hatten die Ereignisse der Nacht und des Tages uns gemacht, daß ich, ohne die eigentliche Kolonne abzuwarten, mit den wenigen Somalis der Vorhut ohne weiteres gegen den Hügel vorging und in die Massais hineinfeuerte. Und einen derartigen Eindruck hatte die Niederlage vom Morgen auf diese gemacht, daß sie in wilder Flucht den Platz räumten und auf die rechte Seite des Guaso-Nyiro hinübergingen.

Oben fand ich eine Umzäunung für Vieh. Ich ließ sofort zwölf Posten um den Hügel herum aufstellen, um die Massais, welche die Höhen ringsum besetzt hielten, zu beobachten, schlug die Zelte auf und richtete meine Kolonne häuslich ein. Jedermann bekam die Erlaubnis, soviel Vieh zu schlachten, als er mochte, und alsbald begann ein fürchterliches Gemetzel unter den Rindern und Schafen. Die Verdauungskraft des Negers ist von einer Größe, von welcher man sich in Europa kaum eine Vorstellung machen kann. Hat er ein Schaf, so ißt er dasselbe auf, werden ihn dagegen mehrere gegeben, so vertilgt er sie ebenfalls.

Gegen Abend begab ich mich mit einem Teil meiner Soldaten an eine Furt unterhalb des Hügels an den Fluß und ließ nun für die Kolonne große Quantitäten Wasser zum Abkochen hinausschaffen. Kein Massai ließ sich sehen.

Unsere Stimmung war eine sehr ernste, aber keineswegs unglückliche. Herr v. Tiedemann schloß an diesem Tage sein Tagebuch ab, weil er vermeinte, wir würden die Nacht nicht überleben. Auch ich glaubte, daß die Massais in der Nacht einen Massenangriff versuchen würden, und hielt demnach bis um 12 Uhr die eine Hälfte der Kolonne unter Herrn v. Tiedemann, die andere Hälfte unter meinem Kommando von 12 Uhr ab bis zum Morgen unter Waffen. Weit vorgeschoben hielt ich Vorposten, welche fortdauernd revidiert wurden, und Lagerfeuer wurden möglichst an den Abhängen des Hügels hintergeschoben.

Die Nacht war tiefschwarz. Wiederholt fielen Regenschauer hernieder. Ich ließ auch Leuchtraketen in die Luft steigen, um den Massais darzutun, daß wir auf dem Posten waren. Bei dem Geprassel derselben ging leider ein Teil der erbeuteten Viehherden ab, von denen wir nichts wieder zu sehen bekommen haben.

In allen diesen Sorgen war der einzige Trost die Ergebung in den unabänderlichen Ratschluß der Vorsehung und die Überzeugung, daß, was auch kommen möge, ich den verhaßten Feinden keinesfalls den Triumph zu gönnen brauchte, mich persönlich niederzumachen. In diesem Falle glaubte ich ein volles Anrecht auf meine letzte Revolverkugel für mich selbst zu haben.

Vor Tagesanbruch marschierte ich in nördlicher Richtung ab. Was von erbeuteten Massaigerätschaften nicht fortbefördert werden konnte, ließ ich zertrümmern, um es den Feinden nicht wieder in die Hände fallen zu lassen. Den ganzen Morgen ging es entlang dem Stromlauf in nordnordwestlicher Richtung. Kein Massai war zu sehen. Die endlose Steppe schien ausgestorben zu sein wie zwei Tage zuvor.

Nach siebenstündigem langsamem Marsch, da die Viehherden rechts und links von der Kolonne gehalten werden mußten, trafen wir an einer Biegung des Flusses ein, wo dieser plötzlich scharf nach Westen umwendet. Hier befand sich eine Furt, wo ich die ganze Kolonne auf das rechte Ufer hinübersetzen ließ, um mein Lager wiederum in einem Massaikrale auf einem Hügel des jenseitigen Ufers zu beziehen.

Sollten die Massais es aufgeben, Rache für ihre Niederlagen vom vorhergehenden Tag zu nehmen? Wir versuchten es, uns dieser Hoffnung hinzugeben, und, um uns ein wenig zu zerstreuen, setzten Herr v. Tiedemann und ich nach eingenommenem Frühstück uns in meinem Zelte zu einer Partie Scartét nieder.

Gegen fünf Uhr trat einer meiner Diener ins Zelt mit der Meldung: „Massai wanakuja!" (Die Massais kommen.) Wir begaben uns vor die Tür des Zeltes, und richtig, da zogen sie heran über die am Ufer liegenden Hügelketten, kolonnenweise, immer von Osten nach Westen, lautlos marschierend. Eine Truppe zog dicht an den andern Flußrand heran und ließ sich unter einem Baum am gegenüberliegenden Ufer gerade gegenüber unserem Lager nieder. Ich ließ mir meine Büchse reichen und schoß hinüber, traf auch einen der Burschen ins Bein, worauf sich die ganze Kolonne schleunigst entfernte.

Ich war nunmehr auf den letzten Entscheidungskampf gefaßt. Wenn die Massais nach ihrer Niederlage vom vorhergehenden Tage noch einmal angriffen, so konnte ich nur annehmen, daß dies in der vollen Entschlossenheit geschah, koste es, was es möge, unsere Kolonne zu vernichten. Das war nur möglich, wenn sie, unbekümmert um das, was auf ihrer Seite fallen mochte, einfach heranstürmten und uns mit ihren Lanzen niederstachen.

Da mit einem Male trat etwas ein, was ich bis dahin nur in romanhaften Reiseschilderungen zu lesen gewohnt gewesen war. Um 5 Uhr 12 Minuten etwa begann plötzlich die Sonne sich zu verdunkeln. Wir wußten anfangs selbst nicht, was dies zu bedeuten habe, erkannten jedoch sehr schnell, daß eine totale Sonnenfinsternis heraufzuziehen begann. Mehr und mehr verdüsterte sich die weite öde Landschaft, aus welcher der Kenia und der Subugu la Poron immer noch drohend sich emporhoben. Als wolle die Erde hinabstürzen in die uralte Mutter Nacht, aus welcher sie entstanden ist, so lag das Hochplateau von Leikipia vor unseren starren Augen da. Das Grauen der Unendlichkeit durchrieselte selbst unser Herz und hob es auf einen Augenblick empor über die vorliegenden Sorgen. Meine eignen Leute waren von Entsetzen ergriffen über das Zeichen der Gottheit, welches sich am Himmel vollzog. So sehr fühlt sich der einzelne recht eigentlich im Mittelpunkt der Weltschöpfung, daß er auch, die großen Naturereignisse mit seinem kleinlichen Schicksal verflicht.

Die Massais, denen ich zwei Tage zuvor den Glauben gelassen hatte, daß ich von ihrem Engai ernannt sei, glaubten, wie ich einige Tage später erfuhr, in der Himmelserscheinung einen großen Zauber meinerseits vor sich zu haben. Oder sie mochten vielleicht vermeinen, in der Sonnenfinsternis eine Warnung ihres Gottes für sich selbst erhalten zu haben. Genug, als die Sonne die weite Landschaft wieder beschien, da sahen wir sie lautlos, wie sie gekommen waren, in einzelnen Trupps westwärts wiederum abmarschieren, und ein Angriff unterblieb an diesem Abend. Nur ein einziger Posten lagerte sich auf dem Hügel jenseit des Flusses. Die Massais steckten eines ihrer eigenen Krale in Brand, vermutlich, um sich zu wärmen und, wie ich annahm, um uns wach zu halten. Am Abend servierten meine Diener mit den Büchsen über die Schulter geworfen, als wir bei Tisch saßen, und ich war wiederum gezwungen, die halbe Kolonne die Nacht über unter Waffen zu halten. An eigentlichen Schlaf für uns war natürlich nicht zu denken.

Am nächsten Morgen durchsuchte ich die Niederungen am Flusse auf feindliche Kundschafter, und es gelang mir auch, am gegenliegenden Ufer einige aufzustöbern, auf die ich schoß, ohne sie indes zu treffen.

Ich brach um 6 Uhr mit dem Bewußtsein auf, daß die Massais durchaus auf dem richtigen Wege waren, um uns zu vernichten. Sie hatten, uns nur immer wach zu halten, damit unsere Nervenkraft erlahmte, und von Zeit zu Zeit anzugreifen, damit wir unsere Patronen verschossen, und es konnte gar nicht fehlen, daß wir ihnen schließlich, zum Opfer fielen.

Es war der 24. Dezember, ein Tag, an welchem man in Deutschland den Christbaum anzuzünden pflegt. Wir marschierten an diesem Tage bis 1 Uhr mittags immer in nordnordwestlicher Richtung. Auf dem Marsche fielen eine Menge von Schafen und Ziegen, welche ich töten ließ, um sie den Massais nicht lebendig in die Hände fallen zu lassen. Meine Aufmerksamkeit wurde an diesem Morgen fortdauernd durch sieben Massais wachgehalten, welche am gegenüberliegenden Flußufer immer längsseits unserer Expedition marschierten. Ich schoß einige Male hinüber, aber vergebens, da die Entfernung zu groß war.

Um 1 Uhr ließ ich das Lager wiederum auf einem die Gegend beherrschenden Hügel an der rechten Seite des Guaso Nyiro aufschlagen. Ich verteilte eine Last Pulver unter die Träger und ließ den ganzen Nachmittag über Kugeln gießen. Ich ergänzte auch die Vorräte der von den Somalis getragenen Repetiergewehrpatronen, so daß jeder Mann wieder 60 Stück in seinem Beutel hatte. Ferner gab ich jedem meiner Träger von den mitgeführten Flaggenstoffen ein Stück rotes Tuch als Kopfbedeckung, um ihre Erscheinung nach außen hin kriegerischer zu machen und ihnen selbst mehr das Gefühl des Soldaten einzupflanzen.

So war die Stimmung im Lager eine recht angeregte, und die Fröhlichkeit wuchs noch, als es mir gegen 3 Uhr gelang, den Führer der sieben Massais, welche am gegenüberliegenden Ufer ebenfalls Halt gemacht hatten, durch einen guten Schuß auf 800 m kopfüber herunterzuholen.

Der Guaso Nyiro umfließt den Hügel, auf welchem wir lagen, ziemlich genau in einem Halbkreise. Ich legte am Abend acht Posten um das Lager herum und schob auch wiederum Feuer vor die Posten.

Um 6 Uhr aßen wir zu Abend, und es kam dann etwas wie Weihnachtsstimmung in unser Herz. Ich ersuchte Herrn v. Tiedemann, einige Stunden zu wachen und mich gegen Mitternacht zu wecken. Ich wollte mich zur Feier des Christabends schon um ½ 8 Uhr, wenn auch vollständig angekleidet, auf mein Feldbett strecken und versuchen, einige Stunden Schlaf zu gewinnen.

Um 10 Uhr wurde ich durch einen Schutz geweckt, welchem eine ganze Salve folgte. Gleich darauf hörte ich das hyänenartige Schlachtgeheul der Massais aus Südsüdost.

Die Massais waren von Norden im Flußlauf herangekommen und glaubten, unser Jäger von Süden her überrumpeln zu können. Sie waren auf Daud Wais gestoßen, welcher hier die Wache hatte, und dieser hatte sofort einen von ihnen niedergestreckt, wodurch die Somalis alarmiert wurden. Ich trat aus meinem Zelt hervor und schrie zur Ermunterung meiner Leute den Massais zu: „Karibu Elmorän mutakufa wiote !" (Heran Elmorän, ihr sollt alle sterben!)

Ich ließ sofort alles, was an Lagerfeuern da war, auslöschen übergab Herrn v. Tiedemann das Kommando an der Flußseite, wo wir nicht angegriffen wurden, und eilte selbst an die Außenseite, wo die Massais heulten. Ich ließ alles, was wir an Koffern und Lasten besaßen, vorschieben und befahl meinen Leuten, sich dahinter zu legen um uns gegen den Pfeilhagel von außen zu decken. Bis dies geschehen war, hatten sie ein laues Salvenfeuer auf die Massais zu unterhalten, um solche vom Anstürmen auf unser Lager zurückzuschrecken. Dann ließ ich Leuchtraketen holen, und zischend flog nun eine Rakete nach der andern zum schwarzen Nachthimmel empor, gerade genug Licht gebend, daß unsere besten Schützen sich beim Dämmerschein ihre Ziele unter den drohenden Gestalten außerhalb suchen konnten. Ein phantastisches Bild, welches seinen Eindruck auf sensible Nerven nicht verfehlen konnte. Dazu stimmten meine Leute einen rhythmischen Gesang an, welcher immer mit dem Refrain schloß: „Kupända Kupäna Scharo !"

Diese Nacht war in der Tat eine herrliche Illustration des biblischen Wortes: „Ehre sei Gott in der Höhe und Friede auf Erden und den Menschen ein Wohlgefallen!" Das Knattern der Raketen, das Gebrüll meiner eignen Leute und das

Knallen der Schüsse vereinigten sich zu einem Lärm, der wahrlich mehr in die Walpurgisnacht des 1. Mai gehört hätte, als in den feierlichen Ernst der Geburtstagsfeier Christi.

Bis 1 Uhr dauerte der Spuk. Dann hörten wir das Geheul der abziehenden Massais im Süden allmählich verhallen. Auf unserer Seite war nur ein Träger, namens Boma, und zwar durch die Somalis, in deren Schußlinie er sich törichterweise begeben hatte, durch den Arm geschossen worden. Die Massais hatten viele Verluste gehabt, wie zahlreiche Blutlachen und mehrere zurückgelassene Schilde am andern Morgen bewiesen.

Die Überrumpelung war also mißglückt, aber unsere Lage am nächsten Morgen war noch trüber als am Tage vorher. Die Massais hatten es in ihrer Hand, anzugreifen, wann sie wollten. Wurden sie geschlagen, so blieb die Sachlage für sie immer noch dieselbe. Wurden wir aber nur ein einziges Mal geschlagen, so waren wir sämtlich verloren. Dazu kam es, daß ich nun schon die vierte Nacht ohne eigentlichen Schlaf gewesen war.

Gegen Sonnenaufgang brach ich mit meiner abgespannten Kolonne wieder auf, marschierte eine Stunde lang am rechten Ufer des Guaso Nyiro weiter, den ich alsdann in einer Furt überschritt. Ich wollte an diesem Tage versuchen, einen Vorstoß in mehr westlicher Richtung über die Steppe hin zu machen, da ich ja gar nicht wissen konnte, wohin der Guaso Nyiro mich führen werde.

Wir waren jetzt aus den Gegenden heraus, welche durch die vom Kenia herunterstreichenden Winde berührt wurden. Wir kamen in vollständig ausgetrocknete Plateaus, welche von den Massais erst vor kurzem verbrannt worden waren. Die Plateaus, welche im Süden von Leikipia leicht gewellt erscheinen, treten hier massiger und kompakter auf. Es sind wirkliche Randplateaus, von denen das höher aufgesetzte gewissermaßen immer fransenartig wie eine steile Wand in das tiefer liegende hinabfällt. Im Norden sind eigentümlich geformte Steingruppen diesen Flächen aufgesetzt, welche der Landschaft den Charakter des Wunderlichen und Seltsamen verleihen.

Gespensterhaft wirbelte der Wind, der von Norden über die trostlose schwarze Steppe pfiff, Aschenmassen empor, welche gleich Gestalten der Unterwelt weithin sichtbar über die Ebene dahinzogen. Melancholisch orgelte oder vielmehr jammerte der Nordwind durch die halb verbrannten Flötenbäume eine geisterhafte Weise zu dem Zuge dieser Aschenphantome.

Ein Gefühl unendlicher Verödung und Vereinsamung durchdrang, das Herz, als wir am linken Ufer des Guaso Nyiro diese Plateaus erklommen hatten. Bis ins Unendliche schien die schwarze Fläche sich auszudehnen. Nirgends ein Flußlauf, eine Wasserlache sichtbar. Hier und da am Horizont tauchten Massaigestalten auf, welche verschwanden, sobald ich meine weithintragende Doppelbüchse auf sie abfeuerte.

So ging es immer fort in westnordwestlicher Richtung, bis die Sonne senkrecht herunterschien. Da plötzlich leuchtet frisches Grün vor uns auf, und entschieden findet ein Abfall des Massenplateaus statt. Sollten wir einen Wasserstrom vor uns haben? Ach nein! Eine genaue ängstliche Untersuchung ergibt, daß die Senkung trocken ist, und daß weit und breit Wasser nicht vorhanden zu sein scheint.

In ihrer ganzen herben Grausamkeit tritt die Natur uns hier entgegen, und die Seele, der ehernen Notwendigkeit gegenüber und nur im Wechselgespräch mit dem unerbittlichen Schicksal, möchte fast in Verzweiflung versinken. Wenn hier kein Wasser ist, so laufen wir alle bei weiterem Vordringen Gefahr, zu verdursten. Also zurück zum Fluß! lautet der Befehl. Und aus der nordwestlichen Richtung biegen wir gegen Nordosten ab.

Zwei weitere Stunden wird marschiert. Da sehen wir mit einem Male den Guaso Nyiro wieder vor uns. Wenigstens haben wir für den Nachmittag Wasser!

Plötzlich meldet Rukua: Massai Tele! (viele Massais!) Richtig, die ganzen Hügel wimmeln von Gestalten! Also muß von neuem gekämpft werden! Ich sage: Dann wollen wir hier die Massais schlagen! Aber Rukua machte mich auf eine Umzäunung am Fluß aufmerksam, in welche wir unsere Herden treiben könnten, und wo wir günstigere Aussichten für das Gefecht hätten.

Vorwärts denn! Die Herden hinein in die Umzäunung, welche sofort geschlossen wird. „Bunduki teare?" (die Flinten bereit) rufe ich meinen Leuten zu. „Teare „ ist die einzige Antwort.

So warten wir denn auf dm Entscheidungskampf, vielleicht mit dem geheimen Wunsche, daß er die Quälerei endlich zu Ende bringen möge.

Aber kein Massai greift an. Plötzlich naht sich ein altes Massaiweib, den Grasbüschel schwenkend.

„Was ist das?" sage ich.

„Die Massais wollen Frieden", antworteten mir die Wakikuyu.

Ich bin Wohl niemals einer Dame mit größerem Vergnügen entgegen geschritten, als dies nunmehr mit Aufwand meiner ganzen Galanterie diesem alten widerlich aussehenden Massaiweib gegenüber geschah. Ich ergriff ebenfalls einen Grasbüschel und trug Sorge dafür, daß eine Blume darunter war. Möglichst graziös schritt ich der Dame entgegen und ergriff sie bei der Hand, um sie auf einen Platz neben mich zu nötigen.

Bald war denn auch die Unterhaltung im Gange. Ich erfuhr, daß die Massais Frieden mit mir wünschten, falls ich davon Abstand nähme, ihnen weitere Dörfer niederzubrennen, auf sie zu schießen oder ihnen Herden zu rauben.

Ich erwiderte dem Massaiweib, dazu sei ich gern bereit, wenn die Massais mir Wegeführer zum Baringo stellen wollten. „Aber", sagte ich, „wohin läuft dieser Fluß, an dem wir uns befinden?"

Sie deutete an, daß der Guaso Nyiro zunächst noch nach Norden, dann aber nördlich der Endikaberge sich nach Osten herumwende.

„Wie weit ist der Guaso Narok von hier?"

„Gegen 1^ Tage, wenn du dem Guaso Nyiro folgst, einen Tag, wenn du quer zum Guaso Narok hinübermarfchierst."

„Und wo kommt der Guaso Narok her?"
Sie deckte in der Richtung auf den Baringo zu.
„Wie weit ist der Baringosee von hier?"
„Fünf Tage, wenn du gut marschierst."
„Leben dort auch Massais?"
„Die Massais leben überall", antwortete sie.
„Es ist doch nicht Sitte bei euch, daß die Weiber über Krieg und Frieden beschließen. Wenn die Massais Frieden mit mir haben wollen, so laß sie mir Männer ihres Stammes schicken, denen ich Geschenke geben kann und mit denen wir den Friedensbund in aller Form vollenden wollen."

Sie verspricht, daß gegen Abend elf Männer der Massais zu mir ins Lager kommen sollen, und entfernt sich, einen Ring am Finger, den ich ihr angesteckt habe, und die Blumen in der Hand, um ihrem Stamm die Friedensbotschaft zu überbringen.

Bei dem nunmehr folgenden Mittagsmahl nahm ich Gelegenheit, Herrn v. Tiedemann einen kleinen Vortrag über Artur Schopenhauers „Negativität der Lustempfindung" zu halten. So sollte scheinbar doch noch an uns die Weihnachtsbotschaft ihre Erfüllung finden. Ein köstlicheres Weihnachtsgeschenk hätte uns selbst Europa nicht bescheren können.

Leider stellten sich bei Herrn v. Tiedemann an diesem Tage zum ersten Male die Anzeichen einer ernstlichen Erkrankung ein, der Dysenterie, von welcher er zwei Tage später betroffen ward. Ich habe zu erwähnen vergessen, daß wir seit unserm Abmarsch van Kikuyu eigentliche Pflanzenkost überhaupt nicht mehr besahen, sondern ausschließlich auf Fleisch angewiesen waren. Dazu kamen die kalten Nächte, die aufregenden Ereignisse, so daß mehrere Erkrankungen unter meinen Leuten eintraten.

Abends um 6 Uhr erschienen elf Massais, wagten sich jedoch in unser Lager nicht hinein. Ich hatte keine Lust, mich unbewaffnet ihren Lanzen auszusetzen, da ich die Tücke der Burschen genügend kannte. Somit nahm ich einige Leute mit Büchsen mit mir, legte diese demonstrativ nieder, ersuchte die Massais, dies auch ihrerseits mit ihren Lanzen zu tun und mich in der Mitte der beiderseitigen Waffen zu treffen. Dies geschah, und alsbald waren die Friedensbedingungen nach Maßgabe des am Mittag ausgemachten von den beiden Teilen vereinbart und durch dreimaliges Anspeien von Mann zu Mann besiegelt. Ich schenkte darauf jedem der Massais einen Fingerring und einige Perlen und schlachtete zum Zeichen, daß auch Stamm und Stamm in Frieden und Freundschaft leben wollten, eines meiner ihnen selbst abgenommenen Schafe, welches ich den Massais überließ. Sie baten um die Erlaubnis, die Nacht im Lager schlafen zu dürfen. Dies lehnte ich indes vorsichtigerweise ab, indem ich ihnen mitteilte, es sei besser, sie schliefen abseits. Wenn sie die Nacht ans Lager kommen würden, so hätten meine Posten Befehl, auf sie zu schießen. Ich war um so vorsichtiger, gerade weil wir Frieden geschlossen hatten, und stellte in der Nacht an Stelle der üblichen acht einfachen Posten acht Doppelposten auf. Auch blieb ich selbst den größeren Teil der Nacht auf meinem Sessel vor dem Zelt im Freien, bei welchen Gelegenheiten ich mit Hussein Fara astronomische Betrachtungen anzustellen pflegte.

Am nächsten Morgen erschienen tatsächlich die Massais, um den von ihnen übernommenen Teil der Verpflichtung, uns nach dem Baringo zu führen, scheinbar zu erfüllen. Die Verhandlungen mit ihnen vermittelte fortdauernd ein äußerst würdiger junger Kikuyumann, welcher dem alten Voltaire so frappant ähnlich sah, daß ich ihm diesen Namen zuerteilt hatte, der auch alsbald in meiner ganzen Expedition und unter den Massais populär wurde.

Die Kikuyuleute fingen an, sich bei der Kolonne ziemlich wohl zu fühlen. Zunächst war es ihnen eine besondere Herzensfreude gewesen, zu sehen, daß die hochmütigen Massais, ihre Todfeinde, so nachdrücklich auf den Kopf geschlagen waren. Sodann taten sie sich gütlich an der Menge von Schafen und Ziegen, die ich ihnen überreichen ließ. Sie schlachten solche nicht, sondern ersticken sie, so daß alles Blut im Fleisch bleibt. Geschlachtetes Vieh ist ihnen ebenso widerlich wie uns ersticktes. Der Anblick, wenn sie eine Ziege oder ein

Schaf an der Gurgel hatten und so erdrosselten, hatte für mich immer etwas geradezu Abstoßendes.

Wir erstiegen nun Wiederum, den Fluß verlassend, das Hochplateau zur Linken, auf welchem wir immer in nordwestlicher Richtung uns vorwärts bewegten. Bald bekamen wir in Westwestnord-westlicher Richtung vor uns Höhenzüge in Sicht, welche uns von den Massais als Subugu la Baringo (Subugu bedeutet eine Bergumrandung) bezeichnet wurden. Das also mußte der Donjö Gelescha sein. Auf dem Plateau fanden wir große Massaiherden, und ich willigte des lieben Friedens willen gern ein, Halt zu machen, bis die Massais sie aus unserer ihnen unbequemen Nähe fortgetrieben hatten. War dies geschehen, so eilten junge Massaikrieger an uns heran, um uns mit üblichem Sotua (Freund) zu begrüßen. Das alles ließ sich recht hübsch an.

Gegen Mittag stiegen wir von dem Plateau rechts ab auf ein wasserleeres Flußbett zu und kamen nunmehr auf vollständig schwarzes vulkanisches Terrain. Der Guaso Narok bedeutet in der Massisprache „schwarzer Fluß", eben weil er über schwarzes Gestein fließt; für mich war also dieses Terrain ein erfreuliches Merkzeichen, daß wir uns in der Tat seinem Flußlaufe näherten.

Eine düstere, hoch emporragende vulkanische Felspartie, welche wir zur Rechten ließen zwischen der Ginmündung des Guaso Narok und des Guaso Nyiro, benannte ich nach meinem Vorgänger in diesen Ländern, dem Grafen Teleki, „Teleki-Fels".

Die Hitze fing auf dem schwarzen Gestein an, unangenehm zu werden. Wir kamen jetzt auf eine breite Schafspur. Die Massais teilten mir mit, ich möge ihr nur immer folgen und werde dann in einer Stunde den Guaso Narok erreichen. Sie wollten inzwischen nach ihren Häusern gehen, um sich Lebensmittel zu holen. Also zog ich mit Hussein und Rukua der Kolonne voran auf die Suche nach dem Guaso Narok.

Das Verhalten der eingebornen Bevölkerung veränderte sich in diesen, Mittagsstunden derart, daß alles in unverständlicher Flucht sich vor uns aus dem Staube machte. Das war sehr mißtrauenerweckend.

Gegen 2 Uhr fand ich acht von ihren Herren verlassene Esel und einen beladenen Ochsen, welche Hausgerätschaften und Milch trugen. Immer der Ochsenspur folgend, kam ich in ein enges Tal hinein. Es war 3 Uhr geworden, und die Sache fing an, mir sehr verfänglich zu erscheinen. Ich beschloß, Halt zu machten und meine Kolonne zu erwarten, inzwischen aber Hussein und einen andern Somali, der herangekommen war, auszuschicken, um festzustellen, ob in einem sich vor uns aufwenden Längstal der Lauf des Guaso Narok sich befinde. Die Boten waren noch nicht zurück, als plötzlich von hinten Flintengeknatter erschallte.

Mit einem Schlag bedeckten sich die umliegenden Höhen mit Massaikriegern. Jetzt war alles klar. Schnell ließ ich die Lasten zusammensetzen und befahl 15 der inzwischen eingetroffenen Träger, mir nach rückwärts zu folgen. Aber so müde und stumpf waren meine Leute durch den glühenden Marsch geworden, daß ich keine sechs Mann zusammenbekommen konnte. So eilte ich, von nur einem Somali begleitet, allein rückwärts, um zu sehen, was sich ereignet habe.

Ich traf alsbald auf Herrn v. Tiedemann mit den Kamelleuten. Er berichtete, daß die Massais vom vorhergehenden Abend plötzlich unsern erkrankten Träger Saburi meuchlings niedergestoßen hatten. Sie seien zwar sofort durch ihn und die Somalis verscheucht worden; indes sei Saburi unter entsetzlichen Qualen verstorben. So sollte also die Knallerei von neuem beginnen! Wie abgespannt ich mich auch vorhin gefühlt hatte, es ergriff mich doch im Hinblick auf den gemeinen Meuchelmord eine solche Empörung und zugleich eine derartige Verachtung gegen diese Massais, daß mir der Gedanke an den Kampf geradezu angenehm war.

„Vorwärts! Treibt die Esel zu den Trägern", rief ich den Somalis zu, als ich die acht Massai-Esel noch erblickte, welche ich vorhin geschont hatte, „und dann laßt uns das feige Gesindel gleich Hunden niedermachen!" Die Somalis waren nicht eben erbaut von dieser Aussicht, auch konnten sie meine Entrüstung über die Massaitaktik, welche ihnen völlig berechtigt erschien, da die Blutschuld vom 22. Dezember noch nicht gesühnt sei, nicht verstehen. Indes gelang es, fünf von den Eseln zu greifen, eine sehr willkommene Beute für die überladene Kolonne.

Als ich zu dem Rastplatz zurückkam, meldete mir Hussein, das Längstal vor uns sei trocken. Zwar befinde sich rechter Hand, senkrecht auf dasselbe zustoßend, ein Flußlauf; indes führe derselbe keinen Tropfen Wasser.

Hier lag die wirkliche Gefahr! Nach allem, was sich zugetragen hatte, mußte ich annehmen, von den Massais vollständig hinters Licht geführt zu sein. Das Thermometer zeigte über 50°. Wir dampften vor glühender Hitze. Trocken klebte die Zunge am Gaumen. Und hier lagen wir, umringt von feindlichen Kriegern, welche nur den Augenblick erwarteten, wo wir völlig erschöpft schienen, um über uns herzufallen. In solchen Augenblicken nimmt die Natur etwas Erbarmungsloses, ja Grausames an, wie ich dasselbe einmal im englischen Kanal empfand, wo ich von den tobenden Wellen, scheinbar rettungslos hinab geschleudert wurde. Rettung von außen her gibt es nicht; man fühlt sich schonungslos auf sich selbst zurückgewiesen. Aber gerade in derartigen Lagen überkommt das verzweifelnde Herz plötzlich oft das unbedingte Gefühl höheren Schutzes. Auch die einzelnen Entschließungen erscheinen wie Eingebungen von oben.

So ging es mir in diesem Augenblicke. mit einem Male durchzuckte mich der Gedanke, wenn ich über eine Abdachung im Westen des Tales vordränge, müsse ich Wasser finden. Also vorwärts, „Blast die Trompete! Schlagt die Trommel! Die Flagge voran und nieder mit den Massais!" Diesen, welche uns von allen Seiten beobachteten, muß diese plötzliche, völlig richtige Bewegung auf das wirkliche Wasser zu, einen geradezu spukhaften Eindruck gemacht haben. Ein eigentlicher Widerstand fand überhaupt nicht statt, als wir so plötzlich im rechten Winkel von unserm Wege abbogen. Was sich an den Felsen blicken ließ, ward herabgeholt, und nun ging es in einem Marsch auf Leben und Tod gegen Westen.

Hinter uns folgten die Massais wie die Hyänen. Aber sie hielten sich vorsichtig außer Schußweite. Ich vernahm hinter mir hin und wieder den von den Hügeln widerhallenden Schall der Gewehre genau wie der Doppelknall meiner Büchse hinten vernommen ward. Aber, was waren uns allen in diesem Augenblick die Massais! Wasser, Wasser schrie es in unserm Innern! Da taucht ein Flußlauf auf! Webegi! Schreien die Somalis. Madji! die Träger. Wir kommen heran – der Flußlauf ist leer. Es ist augenscheinlich! derselbe, welchen Hussein weiter unterhalb vorhin gesehen hat.

Die Sonne sinkt tief! Es ist 5 Uhr nachmittags! Was tun?

„Wir wollen noch den nächsten Höhenzug überschreiten, um zu sehen, ob vielleicht an der andern Seite Wasser zu finden ist", rufe ich Hussein und Musa zu, mit denen ich die Vorhut bilde! Also weiter. Als ich den Hügel zur Hälfte emporgeklommen war, kam Tiedemann herangeeilt, mir von unten zurufend: „Herr Doktor, kommen Sie zurück; die Massais greifen uns von hinten an!" „So schlagen Sie die Massais zurück; ich suche nach Wasser."

Oben auf der Höhe stand ein breiter Massaikral, neben dem ein Mann saß. Wie Wölfe sprangen wir auf ihn zu; die Somalis packten ihn, und ich hielt ihm die Mündung meines sechsläufigen Revolvers an die Schläfe. „Zeig mir den Guaso Narok, oder wandere in die Unterwelt." „(Guaso Narok", antwortet er, bebend vor Angst, „Guaso Narok hana" (Guaso Narok dort), mit der Hand in die Tiefe weisend. Es war ein Wandorobbo, welcher uns diese Glücksnachricht gab; ich glaube, keines Engels Stimme hätte mich in diesem Augenblick zu inbrünstigerem Dank gegen den Höchsten begeistern können! „Wer rettete vom Tode mich, von Sklaverei! Hast du nicht alles selbst vollendet, heilig glühend Herz?" Ach, wie demütig ich an diesem Abend des 26. Dezember solchen Ausdruck titanenhaften Trotzes von mir zurückwies! Wie inbrünstig ich mich, beugte vor jener geheimnisvollen Gewalt, welche die Schicksale des Menschen lenkt, und auch uns noch einmal vor elendem Untergang gerettet hatte!

Nach und nach trafen die Träger ein, von denen ich sofort 25 mit Krügen unter entsprechender militärischer Bedeckung mit dem Wandorobbo zum Fluß hinunterschickte, um Wasser heraufzuholen. Dann kam Herr v. Tiedemann. Ich hatte mich auf meinen Lehnsessel am Eingang zum Kral niedergesetzt, hatte meinen Durst bereits aus dem Kruge des Wandorobbo gelöscht und rauchte eine Pfeife: „Nun, Herr v. Tiedemann, ein wenig müde?" „Wasser, haben wir Wasser?" „Wasser!" erwiderte ich mit geheuchelter Nonchalance, „wie sollten wir kein Wasser haben? Unten ist ja der Guaso Narok! Inzwischen nehmen Sie dies dafür", indem ich ihm den zur Seite stehenden Krug reichte. „Oder wünschen Sie einen Schluck Kognak dazu?" Mit beiden Händen ergriff Herr v. Tiedemann die meine: „Gott sei Dank! Dann kommen wir auch vielleicht noch an den Baringosee!"

Ich warf meine Trägerkolonne sowie die Viehherde in das Massaikral, welches ich durch Abbrennen einiger Außenbauten verteidigungsfähig machte. Unsere Zelte, sowie das der Somalis ließ ich außerhalb aufschlagen. Ich stellte sodann wiederum acht Posten auf, da die Lagerfeuer der Massais drohend von allen Hügeln ringsum herunterglühten. Um 9 Uhr saßen wir im Mondenschein behaglich hinter einem Hammelkotelett bei Kognak und Wasser; und ich hatte noch einmal Gelegenheit, Herrn v. Tiedemann die Schopenhauersche Theorie von der Negativität der Lustempfindung deutlich zu machen.

In dieser Nacht hatte ich seit vielen Tagen zum ersten Male wieder einen längeren Schlaf, da ich meinen Diener Rukua vor die Zelttür legte, und die Somalis mir garantiert hatten, daß sie ihrerseits die Posten in hinreichender Weise wach halten wollten. Ich hatte auch angeordnet, daß die Kolonne am nächsten Morgen erst um 6 ½ Uhr aufbrechen solle, und so erwachte ich am 27. Dezember erquickt, wie ein neugeborner Mensch.

Leider ging dies Herrn v. Tiedemann nicht so. Er hatte in der Nacht nicht schlafen können, und am nächsten Morgen brach denn auch die Dysenterie bei ihm tatsächlich aus.

Gegen 7 Uhr setzte ich mit meiner Herde und meiner ganzen Kolonne über den Guaso Narok, der unten klar und frisch über die Felsen rauscht, hinüber.

An der andern Seite des Flusses kamen einige Wandorobbo auf mich zu, welche mir mitteilten, die Esel, die ich am Tage vorher hatte nehmen lassen, gehörten ihnen. Da sie indes keinerlei Beweis für diese Behauptung zu erbringen vermochten, wies ich dieselbe als „unbegründet" zurück. Meinen Vorschlag, etwas näher heranzukommen, um mit mir über den Weg zum Baringo zu verhandeln, lehnten sie ihrerseits ab, da sie wohl befürchteten, daß ich sie eventuell mit Gewalt zur Wegeführung zwingen werde.

Der Guaso Narok stießt hier durch einen tiefen Kessel seiner Vereinigung mit dem Guaso Nyiro entgegen. Ich beschloß, die steile Wand, welche ihn nach Westen hin eingrenzt, zu ersteigen und den Versuch zu machen, ob es nicht möglich sein werde, über das Massenplateau hinüber direkt auf die am Tage vorher gesehenen Baringoberge zu marschieren. Ich befahl meinen Leuten, für den heutigen Tag Wasser mitzuführen. Das Vieh war alles getränkt, und so durfte ich hoffen, durch einen eventuell zweitägigen Marsch über die Steppe irgendwo von neuem auf eine Wasserlache zu stoßen und den Baringo zu erreichen.

Unter ungeheuren Schwierigkeiten, teilweise durch hartes und torniges Gestrüpp, gelangten wir gegen 9 Uhr auf die Höhe. Vor uns lag eine schwarze verkohlte Steppe, über welche der Nordwind strich, und wo hier und da ein verlassenes Massaikral sich befand. Blickten wir den erklommenen Abhang hinab, so vermochte das Auge bis in scheinbar unabsehbare Fernen dem nach Südwesten abbiegenden Laufe des Guaso Narok zu folgen, hinter dem in der weiten Ferne die Abhänge des Elbejetdistriktes herüber schimmerten.

In westnordwestlicher Richtung ging es nun vorwärts. Von Massais war keine Spur zu sehen. Alle Krale waren leer. Bis 1 Uhr marschierte ich nach dem Kompaß immer genau in der eingeschlagenen Richtung. Bald ward mir gemeldet, die Herde vermöge nicht mehr zu folgen und sei teilweise schon am Wege liegen geblieben. Dies zwang mich, Halt zu machen, um die Kolonne wieder zusammenzuziehen. Ich vergönnte den Leuten eine Rast von einer halben Stunde, in der Absicht, hernach bis zum Abend weiterzuziehen. Aber Herr v. Tiedemann meldete mir, daß er krank sei und nicht in der Lage sein werde, einen solchen Parforcemarsch mitzumachen. Dies war natürlich entscheidend.

Ich hatte durch Rukua das Plateau weit voraus untersuchen lassen. Als derselbe um 2 Uhr mit der Meldung zurückkam, daß Wasser nirgends vorhanden sei, gab ich den geplanten Vorstoß auf und wandte mich in südlicher Richtung dem Guaso Narok zu.

Um 4 Uhr traf ich, meiner Kolonne weit voran eilend, auf ein verlassenes Massaikral, in welchem ich unsre Flagge aufpflanzte und das ich für uns in Besitz nahm. Bald war dasselbe durch meine Leute gereinigt und durch einige Nachhilfe in verteidigungsfähigen Zustand versetzt. Sobald Herr v. Tiedemann dort war, begab ich mich mit einigen meiner Leute auf die Suche nach Wasser in südlicher Richtung.

Gegen fünf Uhr fanden wir eine Wasserlache innerhalb eines Steingerölls, und so konnte die ganze Kolonne sich am Abend noch Essen kochen.

Ich brauchte in der Nacht nur drei Posten um das Kral herum aufzustellen und hatte zum zweiten Male einen gesunden Schlaf, da wir innerhalb der Umzäunung bei richtiger Bewachung in vollständiger Sicherheit waren.

Für den 28. Dezember beschloß ich, der auf das Äußerste erschöpften Kolonne, insbesondere Herrn v. Tiedemann einen Ruhetag zu geben. Ich beschränkte mich darauf, das Lager nur um etwa 1000m an das am Abend vorher gefundene Wasser zu verlegen, und warf die Karawane wiederum in ein festes

Massaikral, welches ich durch Abbrennen der Vorwerke und durch Verstärkung der Umzäunungen in der Tat zu einem vollständig uneinnehmbaren Bollwerk umgestaltete.

Es war graues und ödes Wetter, und von den Massais war beii Tage auch nicht eine Spur zu sehen. Aber das Unheimliche war, daß regelmäßig des Nachts ihre Lagerfeuer auf den nahe gelegenen Hügeln aufleuchteten, ein Zeichen, daß sie unsre Kolonne nach wie vor gleich Hyänen der Nacht umschlichen, und daß die größte Vorsicht für uns dauernd geboten war.

Da Herr v. Tiedemann jetzt bettlägerig war, so war ich mehr als zuvor auf mich selbst angewiesen, und in diesen Wochen fand ich meinen Trost an der Lektüre von Carlyles „Friedrich II.", dessen leuchtendes Vorbild in schweren Zeiten bis auf die Neikipiaplateaus hinüberwirkte.

Am 29. Dezember drangen wir durch ziemliches Waldgestrüpp wieder bis zum Guaso Narok vor, dessen Lauf ich nun in einem starken Tagesmarsch immer in südwestlicher Richtung verfolgte. Immer noch starrte der Kenia hinter uns im Südosten. Der Berg, welcher vor einigen Wochen mein Entzücken gewesen war, hatte jetzt etwas geradezu Fatales für uns alle. Wir mochten ihn nicht mehr sehen, weil wir zuviel zu leiden gehabt hatten unter seinen Abhängen. Aber unbeweglich schaute er auf uns hernieder. Was kümmerten ihn, den scheinbar für die Ewigkeit Geschaffenen, die kleinlichen Regungen menschlichen Leides?

Wohin wir jetzt kamen, hatten die Massais sich vor unsrer Expedition geflüchtet. Die Krale auch am gegenüberliegenden Ufer des Guaso Narok waren sämtlich verlassen, trotzdem sie noch Spuren ganz kürzlicher Einwohnerschaft, z. B. rauchende Feuer, bargen. Dies war ein recht erfreuliches Anzeichen.

Dafür griff am 29. Dezember einmal wieder ein dummes Rhinozeros unsre Karawane an, bis eine Kugel aus meiner Doppelbüchse in seinen Kopf es veranlagte, von der Richtung auf uns zu abzubiegen und nach einem wütenden Kreislauf nach Norden hin das Weite zu nehmen. Leider ließ sich ein großer Teil unserer Leute dazu hinreißen, nutzlos eine Anzahl von Kugeln und Pulver hinterherzuknallen.

Um 1 Uhr legte ich meine Kolonne wiederum in ein Massaikral, welches vom Subugu la Poron, der sich von hier aus gerade wie der Kenia ausnahm, in genau nördlicher Richtung peilte. Zu meiner Freude begann der Kenia an diesem Tage bläulich zu schimmern, wogegen an der westlichen Seite die Randberge des Leikipiaplateaus schärfer sich hervorhoben. Wenn nicht die ewige Fleischkost ohne vegetabilische Zutat angefangen hätte, sich widerlich zu gestalten, so hätte unsere Lage allmählich wiederum den Charakter der Behaglichkeit annehmen können, da wir uns an das Wachsystem allseitig gewöhnt hatten.

Am folgenden Tage erreichten wir durch einen siebenstündigen Marsch ein großes schmuckes Massaidorf etwa an der Stelle, wo der Guaso Narok beginnt, entschieden um die nördlichen Ausläufer der Oberdarekette herum seine Südrichtung einzuschlagen. Wir waren an diesem Tage an einer Reihe von großen Papyrussümpfen vorbeimarschiert, welche nichts sind als Stauungen des Guaso Narok auf der hier vollständig waagerechten Ebene. Es scheinen dieselben Papyrussümpfe zu sein, welche Thomson an ihrer südlichen Seite gesehen hat.

Am Nachmittage schickte ich elf meiner tüchtigsten Leute aus, um festzustellen, ob der Guaso Narok hier in der Tat nach Süden abbiegt. War dies der Fall, so hatten wir den Punkt erreicht, von dem aus seinerzeit Thomson in nordwestlicher Richtung zum Baringosee abgebogen war, und mußten dann am nächsten Morgen dasselbe Salto mortale unternehmen. Salto mortale nämlich deshalb für uns, weil Thomson in der Regenzeit marschiert war, wir uns jetzt aber in der trocknen Zeit befanden und der Gefahr ausgesetzt waren, kein Wasser zu finden. Vor Aufbruch ließ ich unser sämtliches Vieh demnach tränken, und nach etwa einstündigem Marsche traten wir in das dichte Dornengestrüpp hinein, von welchem auch Thomson in seinem Reisewerk eine klagende Beschreibung macht. So schlimm, wie Thomson die Sache schildert, erschien sie uns zwar nicht.

Einige Somalis mit scharfen Schwertern und Äxten voran brachen uns Bahn immer in nordwestlicher Richtung, von welcher ich jedoch gegen Mittag nach Westen abbog, weil ich auf diese Weise schneller den Guaso Tien zu erreichen hoffte, der bereits in den Baringosee fließt und mir zur Grundlage für den weiteren Vormarsch dienen sollte.

Während wir uns so durch das Gestrüpp hindurcharbeiteten, warfen mit einem Male die Kikuyuleute ihre Lasten nieder und verschwanden rechts ab. Ich glaubte zuerst, daß dieselben Massais gesehen hätten, und sprang demnach der linken Seite zu. Als indes dort kein Mensch sich blicken ließ, wurde mir mit einem Male klar, daß es sich nicht so sehr um die Furcht vor den Massais als um ein einfaches Ausreißen der Herren handelte, was ich ihnen übrigens nicht weiter übel nehmen konnte. Nur zwei von den Kikuyuleuten waren von den Somalis festgehalten und mußten bis an den Baringo mit. Die weggeworfenen Lasten dagegen war ich jetzt gezwungen, wiederum den Kamelen aufzubürden, wodurch der Vormarsch noch verlangsamt wurde.

Was wir an Waldbächen hier fanden, war trocken, und die Stimmung ward um so niedergeschlagener, als keinerlei Anhaltspunkte vorhanden waren, wann und ob wir überhaupt aus dem Gestrüpp uns wieder herausarbeiten könnten.

Am Mittag gönnte ich der Kolonne eine kurze Rast. Die Somalis, insbesondere Hussein, beteten laut zu Allah um Hilfe, wozu ich sie in solchen Lagen immer ermunterte, um ihre Stimmung hoch zu halten. Die Träger zeigten, wie in diesen Tagen überhaupt, ein mich rührendes Vertrauen zu meiner Person. Sie sagten: wir werden Wasser finden, denn der Chef hat es gesagt, daß wir heute Wasser finden würden.

Den ganzen Nachmittag über arbeiteten wir weiter. Endlich von 4 Uhr an fing das Gestrüpp an, sich ein wenig zu lichten. Wir kamen an eine breite Rhinozerosspur und um 5 Uhr in ein offenes, leider aber vollständig trocknes Tal, augenscheinlich das, was Thomson als Marmosetal bezeichnet. Hier schlug ich das Lager auf.

Herr v. Tiedemann teilte mir sofort nach Eintreffen im Lager mit, daß er jetzt bestimmte Anzeichen der Dysenterie festgestellt habe. Ich hatte für uns beide einen Kübel Wasser mitführen lassen, von welchem ich für Herrn v. Tiedemann Kakao kochen ließ. Aber mein Herz war sehr schwer. Wie konnte ich ihm helfen? Die Dysenterie bedarf, einer eigenartigen Kur. Thomson war durch dieselbe bei seinem Ausmarsch aus Afrika fast bis zum Tode heruntergebracht worden, und wir hatten kaum die Hälfte des Hineinmarsches hinter uns.

Aber wichtiger für den Augenblick war es, Wasser für die Karawane zu finden. Ich schickte zu diesem Zweck zwei Kolonnen in südlicher und südwestlicher Richtung, während ich mich selbst mit Hussein Fara in nordwestlicher Richtung auf die Suche begab. Gegen 6 Uhr kamen wir unverrichteter Sache zurück, und ich nahm ein kärgliches Abendmahl allein vor meinem Zelt ein, nachdem ich die Posten ums Lager herum aufgestellt hatte. Auch Rukua mit seiner Truppe war von Süden her erfolglos zurückgekehrt.

Es war Sylvesterabend, und meine Freunde in der Heimat saßen jetzt wohl in dem Kreise ihrer Lieben um die Punschbowle versammelt.

Die Temperatur war in den Nächten immer noch kühl, und über mir flammten gleich Tausenden von geheimnisvollen Fragezeichen die Sterne der Äquatorwelt. In dem Dickicht ringsum ließen sich die Stimmen der Wildnis vernehmen. Der Schakal heulte, und in der Ferne grollte das Gebrüll eines Löwen.

Am Abend ward mir gemeldet, daß Amdurabi aus Lamu, welcher schon lange Zeit krank gewesen war, nicht eingetroffen sei. Wo und wie mochte der Ärmste sein Ende gefunden haben?

Ich stellte trübe Betrachtungen an über diesen Abschluß des Jahres 1889, als gegen Mitternacht mit einem Male freudige Rufe von der Südseite des Lagers her erschallten und gleich darauf der Gallamann Mandutto im Triumph von einigen Trägern zu mir herangeführt wurde. Er war soeben von seinem Streifzuge nach Südwesten zurückgekehrt und auf seinen Schultern trug er zwei Krüge voll Wasser. „Mandutto hat Wasser gefunden", das war die freudige Kunde, welche sofort von Mund zu Mund durch das ganze Lager eilte und die Stimmung aus trübem Brüten mit einem Male in helle Freudigkeit verwandelte.

Dankerfüllten Herzens legte ich mich nunmehr zur Ruhe nieder. In etwas wunderbarer Weise war auch diese Gefahr wiederum abgewendet worden, und voll freudiger Zuversicht schlummerte ich in das Jahr 1890 hinüber.

Das von Mandutto gefundene Wasser stellte eine Regenlache am Abhange der westlichen Umrandung des Leikipiaplateaus dar. Es war im Schilfgras verborgen und dadurch vor dem Austrocknen durch die Sonne bislang bewahrt worden. An diese Lache, welche etwa eine Meile von unserm Lager in südwestlicher Richtung sich befand, verlegte ich am Morgen des 1. Januar mein Lager und machte dort wiederum einen Rasttag, um von hier aus am folgenden Morgen den Vorstoß bis zum Guaso Tien zu vollziehen. Der Wind pfiff rauh und kalt von Norden, ein echtes Januarwetter. Aber wir hatten Wasser! Wir konnten Kakao trinken und Suppe kochen, und so verbrachte ich im Hinblick auf das, was hinter uns lag, einen schönen Festtag. Ich begann an diesem Tage meinen Massaibericht für Europa auszuarbeiten, und schrieb auch Briefe an meine Lieben in der Heimat.

Wir waren jetzt über 8000 Fuß hoch und mußten am nächsten Morgen sicherlich den Abfall des Leikipiaplateaus nach Westen hin erreichen. Als ich am Nachmittag in meinem Zelte saß, wurde mir plötzlich gemeldet, daß Menschen in der Nähe seien, welche scheinbar mit uns in Verhandlungen zu treten wünschten. Ich ließ sie heranwinken und fand, daß es jugendliche Wandorobbo waren.

„Kennt ihr den Weg zu dem Guaso Tien?" fragte ich, sie, als sie in meinem Lager Platz genommen hatten.

„Der Guaso Tien ist sehr nahe," sagten sie.

„Er führt zum Baringo, nicht wahr?"
„Der Baringo ist dort." Sie zeigten gegen Nordwesten.
„Dann ist dieser Berg dort wohl, den wir sehen, der Dönjo Gelescha?"

Sie winkten, erstaunt, daß ich den Namen kannte, lebhaft ihre Zustimmung.

„Nun will ich euch etwas sagen, meine guten Wandorobbo. Ihr zeigt mir den Weg zum Guaso Tien und nach Njemps. Dafür will ich euch einige Stück Vieh und hübsche Kleider schenken, wenn wir in Njemps ankommen."

Sie sahen sich an und schienen mit diesem Vorschlag nicht einverstanden zu sein. Ich fuhr demnach fort:

„Bei uns zu Hause ist es Sitte, daß man die Fremden, die ins Land kommen, die Wege zeigt, wenn sie darum bitten. Wer das nicht freiwillig tut, der wird dazu gezwungen. Das ist unsere Sitte. Ihr scheint keine Lust zu haben, diesem Brauche Folge zu leisten. Da muß ich euch denn ersuchen, die Nacht bei meinen Somalis zu schlafen, damit ihr mir nicht wieder bei Nacht und Nebel davongeht. Im übrigen werdet ihr gut behandelt werden."

Als die beiden plötzlich versuchten, trotz meiner freundlichen Worte davonzugehen, wurden sie von den Somalis gegriffen und dingfest gemacht. Wir sind dann an den folgenden Tagen sehr freundschaftlich mit ihnen bis Njemps marschiert, von wo sie reich beschenkt zu ihrem Stamm zurückkehren durften. Damit war die Hauptsorge der letzten Woche beseitigt, und heute zum ersten Male blickte ich mit vollem Vertrauen wieder auf den weiteren Gang unserer Expedition hin.

Am nächsten Morgen überschritten wir unter der Führung der beiden Wandorobbo die westliche Umrandung von Leikipia, zunächst über verbranntes waldiges und rauhes Gestrüpp, dann plötzlich gegen Westen hin auf einem breiten, fast alleeartig sich ausnehmenden Wege den Abstieg hinunter.

Mit einem Male brach meine ganze Kolonne in ein lautes Entzücken aus. Vor uns öffnete sich ein grünes Tal, in welches der Abhang des Leikipiaplateaus senkrecht hinabfiel. In diesem Tale aber wund sich die Umrandung eines Flusses dahin: „Guaso Tien", erklärten die führenden Wandorobbo auf meine Frage. So war also das Flußgebiet des Baringo erreicht. Hinter uns lag das rauhe und unwirtliche Plateau von Leikipia und wahrscheinlich jetzt auch für immer die Sorge der Massaikämpfe.

Durch mannshohes Gras ging es eine Viertelstunde hindurch bis an den Guaso Tien. Derselbe war im wesentlichen ausgetrocknet und nur an den Stellen, wo hohes Schilfgestrüpp die Sonnenstrahlen abhielt, fand sich einiges Wasser, aus welchem die Karawane sich erlabte. Ich beschloß demnach, weiter stromabwärts zu marschieren, wo nach Aussage der Wandorobbo besseres Wasser vorhanden sei.

Gegen 3 Uhr kamen wir an einen gewaltigen Schlund, wo der Guaso Tien anfängt, sich steil in die Tiefe hinabzustürzen. Über wüstes Geröll und mächtige Felsblöcke, oft nur mit Mühe den Abstieg findend, kletterten wir hinunter. Aber endlich wurde der Pfad sehr schmal und hörte ganz auf, als wir an einen Felsblock kamen, der das ganze eingeengte Flußbett vollständig ausfüllte und einen senkrechten Abfall von wenigstens 20 m darstellte. Hier war ein Weiterklimmen vollständig ausgeschlossen, und so entschied ich mich, an einer kleinen Ausbuchtung oberhalb, wo ein wenig Wasser unter dem Felsen stand, für diese Nacht das Lager aufzuschlagen.

Schroff erheben sich an beiden Seiten die Ufer, so daß jedes auch nur leise gesprochene Wort einen lauten Wiederhall in dein Schlünde findet. Ich brauchte hier nur zwei Posten oberhalb und unterhalb aufzustellen, um vor jedem feindlichen Überfall sicher zu sein, und, als am Abend die Lagerfeuer der Expedition an den Felsen und in der Flußsenkung emporloderten, da hatten wir fürwahr die großartigste Szenerie der Wolfsschlucht vor uns, wie sie nur gedacht werden kann.

Meine Somalis hatten am Tage vorher, da sie den Abstieg mit den Kamelen versuchten, einen Pfad zur Rechten des Guaso Tien entdeckt, den ich am nächsten Morgen beschritt. Er führte uns zunächst 2500 m hoch auf die äußerste Umrandung des Baringosees, von wo der Dönjo Gelescha sich nur noch wie eine kleine Hügelerhebung nahm.

Auf einem im Zickzack sich herunterwindenden Pfade stiegen wir ihn jetzt hinab, um den Guaso Tien an dem Punkte wieder zu erreichen, wo derselbe aus seiner südlichen Richtung in fast rechtem Winkel nach Westen abspringt. Von hier an hatten wir dem Flußlaufe selbst zu folgen. Die Felsen rechts und links, welche ihn vollständig abschließen, erreichen eine Höhe von etwa 800 Fuß. Sie treten bald dichter, bald etwas weiter auseinander. Es scheint, als ob hier der Fels durch irgendeine Erdkatastrophe auseinandergespalten ist und einen großen Riß gebildet hat, in welchem der Guaso Tien sich hinunterstürzt. Das Merkwürdige bei diesem Flußlauf war obendrein, daß überall da, wo er in tiefem Schatten stand, er sofort einen Wasserstand entwickelte, in den Teilen dagegen, wo die Sonne ihn senkrecht beschien, nur ein trockenes Flußbett vorhanden war. Woher das Wasser immer gleich wieder kam, war kaum ersichtlich.

An einer Stelle traten die Felsen so eng zusammen, daß kaum ein Esel durch die Rinne zu dringen vermochte, und die Kamele hier tatsächlich stecken blieben. Infolgedessen ließ ich das Lager noch einmal unterhalb dieser Stelle an einer Erweiterung im Schlunde selbst aufschlagen, und hier habe ich einen ganzen Tag gelagert, um die Kamele herauszuarbeiten, was auch mit großer Anstrengung gelang.

So verließen wir erst am 5. Januar die Schlucht des Guaso Tien, welcher die Südostecke des Baringosees erreicht, um uns selbst mit westlichem Kurs auf den Rand des Abfalls unmittelbar über der Njempsebene zuzuwenden. Der Dönjo-Gelescha peilte jetzt Nordost und lag, von unten aus gesehen, in seinem ganzen imposanten Abfall vor uns da. Ich ließ an diesem Tage das Lager noch unterhalb des Dönjo-Gelescha an einem kleinen Zustrom zum Guaso Tien aufschlagen. Während dies geschah, fiel einem der Träger ein brennen des Holzscheit in das zunderartige Gras. Dasselbe griff Feuer und fast mit der Geschwindigkeit eines Kurierzuges breitete es sich (glücklicherweise vom Lager weg) über die Abhänge und die Grassteppe aus. Diese Wahrnehmung veranlaßt mich glücklicherweise dazu, einen Lagerplatz zu suchen, welcher bereits abgebrannt und demzufolge nicht mehr feuergefährlich war. Ich sage „glücklicherweise", denn gegen Abend sprang der Wind um, und nun kehrte mit einem Male das Feuer, welches am Mittag auf die Steppe hinausgezogen war, auf einem Umwege zu uns zurück, und zwar mit einer Geschwindigkeit, vor welcher es eine Flucht, wären wir inmitten der Grasmassen selbst gewesen, kaum gegeben haben würde. Es gelang mit Mühe, Esel und Munition in den Mittelpunkt des von mir aufgesuchten kleinen graslosen Lagerplatzes zu bringen. Herr v. Tiedemann, welcher sein Zelt am Runde der Grassteppe und noch in dieser aufgeschlagen hatte, mußte in wilder Flucht unbekleidet aus demselben herausspringen, weil die Gefahr vorlag, daß er mit demselben verbrennen würde. Wie immer da, wo starke Gegensätze von hoch und niedrig zusammentreffen, waren auch hier au diesem Tage geradezu tückische Windbildungen vorhanden, so daß wir die ganze Nacht hindurch in Gefahr waren, plötzlich unsere Zelte umgeweht zu sehen.

Gern verließen wir demnach am folgenden Morgen den unwirtlichen Platz, in der Hoffnung, heute noch den Baringosee selbst erblicken zu können. Mit solcher Sehnsucht mag Moses ausgezogen sein, als ihm verheißen ward, er werde das Gelobte Land nun schauen.

Vom Baringosee hatte Thomson verführerische Beschreibungen gemacht. Wir hofften, hier Überfluß an Essen zu finden und das Gefühl der Sicherheit für Leib und Leben wiederzugewinnen. Geduldig nahmen wir demnach in den Kauf, daß wir stundenlang durch die ausgetrocknete Prärie und wiederum zu der letzten Umrandung des Baringosees aufwärts zu marschieren hatten. Gegen 11 Uhr war solche erreicht und da in der Tat, da lag er vor uns! Unter uns dehnte sich eine grüne Grassteppe aus, welche freilich auch in bräunlichen und rötlichen Tinten abgefärbt war. Gerade uns gegenüber ragte eine steile Felspartie auf, welche nach den Karten nur Kamasia sein konnte, was auch die Wandorobbo, immer voller Staunen, wenn ich ihnen solche Namen nannte, mir bestätigten. Zur Rechten aber buchtet gleich dem Golf von Sorrent oder Neapel das liebliche Becken des Baringosees, aus welchem nach Norden hin einzelne Inseln sich emporheben. Dunkelblau schlägt der Baringo sein Auge dem leuchtenden Himmel entgegen. Man weiß nicht, ist dort unten der wirkliche Himmel, oder das, was sich über uns ausspannt. Gleich einer Landschaft aus dem Märchenlande dehnt sich vor uns aus, was wir da unten erblicken.

So soll es uns doch wirklich vergönnt sein, die unwirtlichen Steppen der Massais lebend zu verlassen! Ja, es ist uns vergönnt! Kein Traum ist's! Wir haben nur hinabzusteigen, um die Wirklichkeit selbst zu fassen.

Etwa eine Stunde schwelgten wir alle im Anschauen des Poesie verklärten Bildes. Ob freilich meine getreidebedürftigen, Träger nicht mehr im Hinblick auf das, was für ihre Kochtöpfe zu erwarten war, in Begeisterung gerieten, das will ich unentschieden lassen. Jedenfalls war die freudige Stimmung ganz allgemein, und in dieser Stimmung wurde auch der sehr beschwerliche Abstieg schneller und leichter vollzogen, als dies sonst wohl zu geschehen pflegt.

Wir hatten etwa 1200 Fuß fast senkrecht hinunterzuklettern, was für die Kamele und auch für die Träger mit ihren 60 Pfund schweren Lasten in der Tat nicht eben ein Vergnügen war. Am äußersten Fuße der Kraterumrandung angelangt, machte ich Rast, um die ganze Kolonne zu sammeln. Ein Kamel war leider an diesem Morgen eingegangen, so daß ich nur noch drei derselben besaß.

Aber was bedeutete das gegenüber der Tatsache, daß wir nun mehr doch das Baringogebiet bestimmt erreicht hatten?! Gegen 2 Uhr marschierten wir unter Trommelschlag durch die Grassteppe nach Westen ab. Am Horizont vor uns tauchten zum ersten Male seit langer Zeit wiederum Akazien und Mimosen auf. Es waren die Umrandungen des Guaso na Nyuki, dem wir zustrebten. Gegen 5 Uhr war er überschritten, und wie einst in den ruhigen Tagen am Tana bezog ich mein Lager unter weithin schattenden Mimosenbäumen, und es war das Gefühl innerer Herzensfreudigkeit, mit welchem ich mich um 7 Uhr, als der Mond friedlich und still heraufgezogen war, zu meinem Abendessen vor meinem Zeit niederließ.

Von den Eingebornen sahen wir an diesem Abend noch nichts. Die beiden Massainiederlassungen Njemps ndogo und Njemps nkubua (das kleine und das große Njemps) befinden sich am Guaso Tigerisch, welcher etwa eine Stunde westlich vom Guaso na Nyuki dem Baringo zustrebt. Es war wieder einmal ein Gefühl wie am Vorabend vor Weihnachten, mit dem ich an diesem Abend mich zur Ruhe legte.

Am nächsten Morgen in der Frühe ging es unter Trommelschlag weiter in westsüdwestlicher Richtung. Bald kamen wir auf einen breiten Weg, und plötzlich hörte ich Zurufe von Menschen zu meiner Linken. Fast heimatlich berührte es uns, das alte „Jambo" von der Küste hier mitten in Afrika zu vernehmen. Wir halten auf einen Schlag das Gefühl, wieder im friedlichen Verkehr mit der Außenwelt uns zu befinden. Noch einige hundert Schritte und die dichten Dornenumwallungen von Njemps nkubua tauchten vor uns auf. Die Ältesten des Stammes kamen heraus. Auf mein „Jambo" erfolgte ein freundliches „Jamba Sana". Die Hände wurden bespien und geschüttelt.

Bald setzte sich ein Trupp der Eingeborenen an die Spitze der Kolonne, uns um Njemps im Bogen im Osten herumführend. Wir überschreiten den Guaso Tigerisch und befinden uns im Schatten kühler Mimosenbäume an der nördlichen Umwallung des Ortes, auf dem alten Lagerplatz der durchziehenden Karawanen, wo seinerzeit auch Thomson und Dr. Fischer gewohnt haben. Schnell sind die Lasten geordnet, die Zelte aufgeschlagen, und alsbald haben wir das süße Gefühl des behaglichen Ausruhens bei einen uns befreundeten Stamme.

Die Strapazen und Gefahren unter den Massais vom Leikipiaplateau beginnen, wie Gewitterwolken, nachdem ein Unwetter sich ausgetobt hat, auch am Horizont unseres Bewußtseins sich allmählich herabzusenken.

VIII. Kapitel
Vom Baringo zum Viktoria Nyansa-Gebiet

In die Traum- und Zaubersphäre Sind wir,scheint es, eingegangen, (Goethe.)

Njemps liegt eine Meile südlich vom Baringosee entfernt. Leider kann ich in die Thomsonschen Preishymnen über diesen Ort und seine Bewohner nicht mit einstimmen. Ihn entzückte die Sicherheit des Lebens, welche er hier genoß, und das mag seinen Geist bestochen haben. Wir hatten uns unsere Sicherheit bis dahin erkämpft und Tribut hatten wir auch vorher nirgends bezahlt, so daß diese beiden Gesichtspunkte für unser Wohlbehagen nicht allzusehr ins Gewicht fielen. Was aber die wichtige Frage von Leibes Nahrung und Notdürft anbetrifft, so gelang es uns nur durch den Umstand, daß wir Essen mit Essen bezahlen konnten, Getreide, Honig und Fische von den Massais zu erhalten. Sie litten selbst Hunger und hätten gegen Zeugstoffe oder gar Schmuckgegenstände sich kaum bereit erklärt, Nahrung abzulassen. Aber ich zahlte mit Ziegen und Schafen, und so gelang es, eine entsprechende Menge einer kleinen rötlichen Hirseart, Weri-Weri, für mich und meine Leute zu erstehen, auch etwas Honig zu bekommen und einen täglichen Bedarf an Fischen zu beschaffen. Aus dem Getreide wurde eine Art Mehl gemacht, welches, in Salzwasser gekocht, eine recht schmackhafte Zutat zur Milch darstellte.

Die Massais erkannten in den von uns mitgebrachten Schafen hin und wieder Exemplare, welche ihnen ihre Vettern von Leikipia, mit denen sie in Todfeindschaft leben, geraubt hatten. Natürlich konnte ich mich auf eine Herausgabe ohne Gegenleistung nicht einlassen, da ich sonst wohl alsbald meine ganze Herde losgeworden wäre. Alles in allem lebten wir recht freundschaftlich miteinander, da wir durch gemeinsame Feindschaft gegen dritte verbunden waren.

Ich hatte die Strapazen des Marsches über Ieikipia sehr bald verwunden, aber Herr v. Tiedemann konnte seine Gesundheit in den sechs Tagen, welche wir am Baringosee zubrachten, leider nicht wiederherstellen.

Die Senkung zwischen dem Dönjo Gelescha im Osten und dem etwa in gleicher Höhe steil abfallenden Kamasiaplateau im Westen ist 1300 m über dem Meeresspiegel hoch, und wir hatten seit langer Zeit wieder behagliche wärmere Nächte, während die Tage immer noch erträglich kühl waren.

Diese ganze Einsenkung ist mit einem rötlichen Ton ausgefüllt, in welchen die Sonnenhitze tiefe Risse und Spalten hineinsprengt.. Der Nachteil der Landschaft ist die außerordentliche Trockenheit, welche sehr oft die Ernte vernichtet und Hungersnot herbeiführt. Zwar haben die Massais, welche hier im Gegensatz zu ihren Brüdern auf den Hochplateaus Ackerbau treiben, ein sehr kunstvolles System von Berieselung eingerichtet, aber diese Berieselung ist angewiesen auf den Guaso Tigerisch, welcher ebenfalls zu dieser Jahreszeit ziemlich austrocknet.

Den Baringosee besuchte ich am Sonntag den 12. Januar. Wir erblickten große Massen von Wild aller Art am Wege. Vom See indes war nicht viel zu sehen, da er an seinem südlichen Ufer mit einem breiten Schilfrand umgeben ist, welchen man zunächst zu durchdringen hat, um die Wasserfläche zu erblicken.

So lieblich er sich, von der Höhe aus angesehen, ausnimmt, so wenig landschaftlichen Reiz bietet er an seinen Gestaden selbst. Die Bewohner dieser Gegenden, von den Wanjamwesi Wakuafi, d. h. Händler, genannt – ein Name, welcher übrigens bei den Massais selbst nicht bekannt ist – sind durch Kriege sehr zusammengeschmolzen und eingeschüchtert und infolgedessen im Verkehr bescheidener als ihre frechen Vettern auf den Plateaus. Sie gehören dem großen Stamme an, welcher, wie es scheint, zu Anfang dieses Jahrhunderts von den übrigen Massais vollständig zu Boden geworfen und nach allen Richtungen hin auseinander gesprengt wurde, zum Teil noch weiter nach Norden an die von Graf Teleki entdeckten Seen, zum Teil nach Useguha, zum Teil nach Kawirondo und dicht an die Ufer des Viktoriasees. Die Leute sind intelligent und sicherlich bildungsfähig. Sie sind auf die Fremden angewiesen, weil sie durch diese Schutz gegen die Massaistämme, welche von Zeit zu Zeit wieder über sie herfallen, erwarten. Die handeltreibenden Fremden, gleichviel ob es Araber oder Europäer sind, haben ihrerseits ebenfalls ein Interesse daran, diese Kolonie von friedlichen und freundlichen Massais hier dauernd zu erhalten.

Ich äußerte mich über diesen Punkt in einem bislang nicht veröffentlichten Bericht, welchen ich am 10. Januar von Baringo aus für das deutsche Emin Pascha-Komitee verfaßte: „Eine Baringostation wäre für die Gesamterschließung Zentralafrikas und die großen Plateaus, über welche unser Weg geführt hat, von der allergrößten Bedeutung. Hier in einer friedlichen Oase gewissermaßen können die Expeditionen, welche, von Osten kommend, dem Norden oder Westen zustreben, sich erholen und zu den vor ihnen liegenden weiteren Schwierigkeiten ausrüsten. Auch ist es bekannt, daß Niemps und der Baringo einer der großen Mittelpunkte des ost- und zentralafrikanischen Elfenbeinhandels ist. Ich halte es ebenso für ein zivilisatorisches wie für ein allgemein europäisches Handelsinteresse, die Kolonie der hier wohnenden intelligenten und bescheidenen Wakuasi vor der Vernichtung durch Massai und Wasuk, von welchen sie stets bedroht sind, zu schützen und dauernd zu sichern. Mit einem Wort, ich halte die Anlegung einer starken europäischen Station am Baringo im Interesse der ganzen weiteren zivilisatorischen Entwickelung Ost- und Mittelafrikas für geboten. Fünf Weiße und 25 gut bewaffnete Askaris mit einem Geschütz würden nach meiner Schätzung völlig genügen, nicht nur dieses liebliche Tal militärisch zu sichern, sondern ich glaube auch, daß eine solche Anlage als Handelsfaktorei sich sehr bald bezahlt machen würde. Welche Nation eine solche Station hier einrichtet, das ist für die zivilisatorische Seite der Sache gleichgültig. Ich würde dies ohne jede Frage selbst tun, wenn ich meine Kräfte nicht völlig für meine weitere Aufgabe nötig hätte. Mir sind ja meine meisten Mittel in Sansibar und an der Küste durch plumpe Gewalt entrissen worden.

Inzwischen, um doch einiges zu tun, habe ich mit den Wakuasi einen Vertrag abgeschlossen, welcher sie der Freundschaft der Deutschen versichert, und ihr Land behufs weiterer Schritte in der Sache mir zur Verfügung stellt. Zugleich habe ich in Njemps am 9. Januar die deutsche Flagge gehißt. Ich glaube annehmen zu dürfen, daß die schwarz-weiß-rote Flagge zurzeit die gefürchtetste bei den Massais ist, und, bis in Europa die Sache entschieden wird, halte ich es für das Nützlichste, daß gerade diese Flagge hier weht. Ich proklamiere dadurch Njemps für einen europäischen und ins besondere deutschen Besitz. Dies letztere zu tun, glaube ich deshalb befugt zu sein, weil der Baringo mit Njemps nördlich des Äquators in den Londoner Vertrag nach objektiver Auslegung augenscheinlich nicht mit eingeschlossen ist.

Von hier würde, wie ich annehme, am besten nördlich des Kenia eine dauernde Verbindung mit Oda-Boru-Ruwa herzustellen und fest' zuhalten sein, und, wenn Emin Pascha noch in Wadelai und gewillt ist, an diesem Plane mitzuarbeiten, so würde sich eine europäische Postenkette ins Herz von Afrika hinein herstellen lassen, welche sich auf die Schiffbarkeit des Tana stützte und sowohl in Merkantiler wie zivilisatorischer Beziehung von außerordentlicher Bedeutung für Ost- und Mittelafrika werden könnte."

In der Folgerung aus dieser Gedankenkette hatte ich bereits am 8. Januar den nachfolgenden Vertrag mit den Ältesten abgeschlossen:

Njemps am Baringo, 8. Januar 1890

Vertrag

Die Ältesten der Wakuasi zu Njemps und am Baringo kommen und bitten Dr-. Carl Peters um seine Freundschaft.

Sie haben erfahren, daß er die Massais geschlagen habe, welche ihre Feinde seien.

Sie erklären, Dr. Peters als ihren Herrn anzuerkennen, und bitten ihn, bei Se. Majestät dem Deutschen Kaiser um Einverleibung des Baringolandes in das deutsche Schutzgebiet nachzusuchen. Dr-. Peters erklärt sich nach mehrstündiger Verhandlung in einer Versammlung der Wakuasi bereit, denselben seine Freundschaft zu gewähren und sie gegen die Massais zu schützen, solange er am Baringo verweile. Er erklärt sich bereit, die deutsche Flagge zu hissen, um damit den Massais auch fernerhin zu zeigen, daß er das Baringogebiet als das seinige betrachtet, und daß dasselbe unter seinem Schutze steht. Die Regelung der späteren Verhältnisse von Njemps und dem Baringogebiet behält sich Dr. Peters vor.

Am 9. Januar war dann die deutsche Flagge innerhalb der Umzäunung von Njemps gehißt worden, welche weithin über die Gegend sichtbar war. Ich hatte hier eigentlich eine englische Expedition erwartet, nachdem Mr. de Winton bereits im Winter 1888 uns Deutschen abgeraten hatte, mich hinauszuschicken, eben weil ich am Baringo einer dann schon von Emin Pascha zurückkehrenden englischen Expedition begegnen werde. Auch über diesen Punkt äußerte ich mich in dem oben angeführten Bericht, und ich gebe meine Ausführungen hier wörtlich, weil sie immerhin meine Stimmung in jenen Tagen deutlich kennzeichnen.

„Ich hatte einen Weißen, etwa Mr. Martin hier erwartet, aber da war nirgends ein Mr. Martin zu sehen. Ich hatte vermutet, daß hier doch endlich die Prophezeiung Mr. de Wintons in Erfüllung gehen und die von Emin Pascha zurückkehrende englische Hilfsexpedition auf der Bildfläche erscheinen müsse. Englische Expeditionen, im zurückkehren begriffen, waren mir ja freilich in ihren Spuren wiederholt entgegengetreten. Schon in Aden, als ich noch auf der Reise nach Sansibar begriffen war, begegnete mir Mr. Swaine, der als Führer der englisch-ostafrikanischen Expedition genannt worden war. In Mombas sah ich im April Mr. Last, der von Ukamba zurückkam, um neu auszurüstend Als ich Anfang Juli in Witu war, erfuhr ich, es sei jemand von Mr. Jacksons Expedition „in Eile aus dem Innern zurückgekommen und rüste in Malindi neu aus". Hernach war es mir vergönnt, das Zurückkehren der Herrn Pigott und Smith am mittleren Tana mit eigenen Augen wahrzunehmen.

Da waren in der Tat zurückkehrende englisch-ostafrikanische Expeditionen genug, aber, indem Mr. de Winton und seine Freunde den Rat erteilten, auf keinen Fall mir das Kommando der deutschen Emin Pascha-Expedition zu geben, hatten sie doch gesagt, eine englische Emin Pascha-Expedition lagere bereits am Baringo, und der werde ich hier begegnen, wenn ich meinerseits zu Emin Pascha marschiere. Hier am Baringo hat niemand von dieser Expedition etwas gesehen.

Wenn ich nun auch annehmen möchte, daß die englischen Führer derselben vielleicht durch eine Art spiritistischer Manipulation ungesehen sich fortbewegt hätten, so kenne ich die Kauwerkzeuge von Sansibarträgern doch zu genau, als daß ich glauben könnte, 400 von ihnen ließen sich ohne handgreifliche Spuren am Baringo vorbei' schieben. Ich bin demnach geneigt, zu glauben, daß hier niemals eine englische Emin Pascha-Expedition gewesen ist. Wie kommen dann aber Mr. de Winton und seine Freunde dazu, der Welt dies zu erzählen? Und welche Veranlassung hat die Welt, etwaigen anderen Erzählungen dieser Herren mehr Wert beizumessen als dieser?"

Es ist mir hernach in Kawirondo von Ali Somal bei der Jacksonschen Expedition erzählt worden, Mr. Pigott sei ursprünglich für den Baringo bestimmt gewesen. Ob dies wahr ist oder nicht, vermag ich nicht zu sagen. Jedenfalls hatten wir der englischen Wettbewerbung an diesem Punkte den Rang abgelaufen, und ganz naturgemäß waren wir darüber nicht eben traurig.

Für den weiteren Vormarsch nach Westen ließ ich die Lasten erheblich zusammenpacken, so daß im Prinzip von jetzt ab nur die Träger für die Beförderung herangezogen wurden, die Lasttiere, insbesondere die drei Kamele, aber nur für den Notfall benutzt werden sollten. „Sir, let them go like Gentleman", sagte Hufsein Fara.

Daneben besorgte ich die Verproviantierung der Kolonne, da ich sehr wohl wußte, daß die menschenleere Angata na Nyuti jetzt von uns zu passieren war. Wie ich schon früher hervorgehoben habe, ist die Verproviantierungsfrage bei afrikanischen Expeditionen eigentlich die Hauptaufgabe des Führers, welcher er gerecht werden muß, wenn er seiner Stellung überhaupt sich gewachsen zeigen will. Ich darf an dieser Stelle ganz offen aussprechen, daß mir eine Expeditionsführung nicht imponieren kann, welche diesem wichtigsten Gesichtspunkte andauernd nicht gerecht wird. Stanley erzählt viel von den Leiden, welche seine Expedition bei ihrem Marsche am Aruwimi aufwärts vom Hunger zu erdulden hatte. Ich habe mich bei der Lektüre dieser Erzählung des Gefühls nicht erwehren können: Ja, empfindet denn Stanley gar nicht, daß er in diesen Schilderungen von einem unverantwortlichen Fehler seinerseits Kenntnis gibt? In der Darstellung tritt dieses mit keiner Silbe hervor. Nun gebe ich zwar zu, daß man nicht immer für ein derartiges Unglück verantwortlich gemacht werden kann, wiewohl ich doch im allgemeinen der Überzeugung bin, ein Expeditionsführer solle sich gerade nach dieser Richtung hin zunächst über seine Route erkundigen, ehe er Hunderte von Menschen in solche Gegenden hineinführt, oder, falls ein solches Einziehen von Erkundigungen nicht möglich ist, sich durch Mittreiben von Herden oder beziehentlich vorherige Anlagen von Proviantstationen gegen das Verhungern der Leute schützen. Daß aber Stanley sogar bei seinem dritten Zuge durch den Wald, wo er doch die Verhältnisse ganz genau kannte, noch einmal von einem „Hungerlager" erzählen muß, das, so muß ich gestehen, entspricht nicht der Höhe der Bewunderung, welche ich früher Stanley gerade als Expeditionsführer zu zollen geneigt war. Ich meinerseits würde es mir sehr überlegen, eine große Expedition einem Manne anzuvertrauen, welcher ein derartiges Versäumen der Hauptpflicht des Expeditionschefs für etwas ganz Ordnungsgemäßes erachtet und gar noch der Meinung zu sein scheint, durch die Schilderung der Heiden, welche die Folgen einer derartigen Nachlässigkeit waren, das Mitgefühl von Europa erwecken zu dürfen.

Ich gab am Baringo jedem meiner Leute für 12 Tage Mehl, und da ich immer noch über etwa 400 Stück Vieh verfügte, so konnte ich am 13. Januar den Vormarsch nach Westen auf Kawirondo zu mit gutem Gewissen antreten.

An diesem Tage lagerten wir etwa 1 ½ Meilen westlich von Njemps an einer lieblichen Windung des Guaso Tigerisch, wo seinerzeit Graf Teleti wochenlang sein Lager aufgeschlagen hatte.

Am folgenden Morgen galt es, die steil in die Ebene hinabfallende Wand des Kamasiaplateaus zu erklimmen. Wir machten uns schon vor Sonnenaufbruch auf den Marsch, und nun ging es bei der immer glühender herabscheinenden Sonne fortdauernd bergauf.

Das Kamasiaplateau ist in jeder Beziehung das Gegenstück zu dem Dönjo Gelescha und dem Leikipiaplateau. Wie dieses fällt es schulterartig oder terrassenförmig herab.

Ich hatte meinen Freund Laonania bewogen, uns den Weg bis zum ersten Wasserplatz in Kamasia zu zeigen. Wir marschierten den ganzen Mittag über, da Wasser nirgends zu finden war. Endlich machten wir an einer sehr spärlich fließenden Quelle im ausgetrockneten Bett des Guaso Kamnje Halt, wo wir das Lager dicht zusammengepfercht an einem Bergabhange aufschlagen mußten, vor uns die sehr steil ansteigende Schlußpartie des östlichen Aufstiegs von Kamasia.

Die Leute dieses Landes sind ebenfalls Massais und haben viel von der Frechheit der Leikipiabewohner. Trotzdem sie wußten, daß wir diese geschlagen hatten, drängten sie sich lärmend an uns heran und betrugen sich ziemlich ungebührlich, so daß ich sie aus dem Lager hinauswies. Indes brachten sie uns herrlichen Honig zum Verkauf herbei. Auch gingen ihre Dreistigkeiten doch nicht so weit, daß es zu einem Gefecht kam.

Am 15. Januar ging es alsdann in Zickzackwindungen auf den Kamm von Kamasia, eine wirkliche Kletterpartie, welche zu meiner Überraschung indes sogar von den Kamelen ausgeführt ward, die freilich als „Gentleman" ohne Last dahinzogen, nur mit dem an der Rippenfellentzündung erkrankten Somali Achmed beladen.

Während die östliche Abdachung von Kamasia sehr trocken ist, finden sich an der westlichen Seite eine Reihe von Bächen und infolgedessen auch frische Plantagen.

Ich hatte in Njemps das erkrankte Weib meines Trägers Pemba moto auf dessen Wunsch in der Obhut der dortigen Massais zurückgelassen, und am vorigen Tage war mein Träger Chamsin, welcher einige Eisengerätschaften trug und hinkte, nicht im Lager eingetroffen. Am Morgen des 15. Januar ergriff Pemba moto plötzlich Sehnsucht nach seiner Frau, und er hatte sich gleich vor Aufbruch der Expedition unter Zurücklassung seiner Last aus dem Staube gemacht.

Ich schlug an diesem Tage mein Lager wiederum an der Ecke eines Bergabhanges unmittelbar über einem kleinen Bach auf dicht gedrängtem Raum auf. Die Leute von Kamasia hatten bis dahin sich der Feindseligkeiten gegen uns enthalten. Um die Mittagszeit wurde gemeldet, daß sie versuchten, aus unserer Schafherde zu stehlen, aber durch die Flintenschüsse der Somalis schnell verjagt seien. Gegen 3 Uhr erschien plötzlich Pemba moto vollständig unbekleidet und ohne Waffen in wilder Flucht wieder bei uns mit der Meldung, die Wakamasia hätten Chamsin niedergemacht, ihm seine Last abgenommen und auch versucht, seiner selbst habhaft zu werden, und nur mit Zurücklassung aller seiner Sachen habe er es möglich machen können, zu entkommen und die Expedition wieder zu erreichen.

Trotzdem hier ein offenbarer Kriegsfall vorlag, konnte ich mich doch nicht entschließen, den schwierigen Marsch über den Kamm des Kamasia rückwärts noch einmal zu machen, sondern beschränkte mich darauf, an meine Leute den Befehl zu erteilen, jeder von den Wakamasia von nun an vollzogenen feindseligen Handlung mit Gewalt zu begegnen.

So zogen wir am Morgen des 16. Januar immer über hügeliges und teilweise abschüssiges Terrain weiter gegen Westen. Die Wakamasia versuchten wiederholt, in unsere Viehherde einzudringen, wurden indes durch die Somalis zurückgeworfen, wobei mehrere von ihnen fielen.

Gegen 12 Uhr erreichten wir den westlichen Abfall des Kamasiaplateaus und waren nicht wenig unangenehm überrascht, vor uns, wiederum durch ein breites Tal von uns getrennt, noch einmal eine scheinbar ganz senkrecht in die Tiefe fallende steile Felswand zu erblicken, welche sich scheinbar unbegrenzt nach Norden und Süden ausdehnte. Ich erfuhr, daß dies das Land Elgejo sei, wo die Leute sehr böse wären, viel schlimmer als in Kamasia, so meinten die Wakamasia. Ich befand mich nun in südöstlicher Richtung oberhalb Kapte, der Landschaft, welche den westlichen Abhang von Kamasia umfaßt.

Nachdem ich mit den Leuten oben eine Friedensziege geschlachtet hatte, begann ich den Abstieg, welcher sich sanfter vollzog, als wir oben vermuten konnten. Plötzlich sah ich eine grüne Barriere über den Weg gezogen und dahinter lagen 50–60 Eingeborene mit ihren Lanzen in der Hand und mit angelegtem Pfeil und Bogen. Die Leute waren naiv genug, Tribut von mir zu verlangen, gaben indes diese freundliche Absicht sofort auf, als ich meine Flinte anlegte und sie mit Krieg bedrohte. Sie waren durch Thomson verwöhnt, welcher über dieses Tributsystem folgendes erzählt (Seite 271):

„Wir hatten mehr als einmal Halt zu machen, um den Tribut zu erledigen, bevor wir die Erlaubnis zum Fortgehen erhielten. Die Straße würde geschlossen, indem man einige grüne Zweige über den Fußweg legte, und es war genügend, über jenes geheiligte Symbol zu schreiten, bevor die Erlaubnis dazu gegeben war, um die Leute in Anfälle unkontrollierbarer Erregung zu treiben."

Als die Wakamasia sich nachher auf eigene Faust in den Besitz des von ihnen verlangten Tributs auf Kosten meiner

Viehherde setzen wollten, wurden, im Hinblick auf den Meuchelmord an Chamsin, hernach noch drei von ihnen bei dieser Räuberei niedergeschossen, und damit war der Friede im Lande hergestellt. Sie kamen jetzt, um uns zu erklären, auch ohne Tribut unsere Freunde sein zu wollen.

Ich schlug mein Lager an diesem Tage etwas südlich von Kapte am westlichen Abhange des Gebirges auf. Die Kamasialeute, welche sich jetzt vollkommen liebenswürdig benahmen, brachten uns Eßwaren aller Art zum Verkaufe herbei, und wir sahen so einem ruhigen Nachmittag entgegen, als unsere ganze Aufmerksamkeit plötzlich durch Gewehrgeknatter von etwas unterhalb der Terrasse, auf welcher unser Lager sich befand, erregt ward.

Was konnte es sein? Sicherlich eine Küstenkarawane, wenn nicht gar Europäer. Eine englische Expedition? Gar Stanley oder gar Emin Pascha selbst?

Die herumstehenden Wakamasia erlösten mich bald aus meinem Zweifel, indem sie mir mitteilten, das sei eine Karawane des Juma Kimameta, mir sehr wohl bekannt aus Thomsons und auch Telekis Reisebeschreibung.

Da erschienen bereits auf dem Hügelabhange unmittelbar vor uns die ersten Gestalten. In schneller Folge feuerten sie ihre Gewehre in die Luft, worauf ich mit einem Schuß aus meinem Zelt heraus antwortete. Ich schickte meinen Trägerältesten Musa und meinen Diener Buana Mku den Ankommenden entgegen, um sie zu begrüßen. Bald darauf erschienen sechs malerisch gekleidete Araber in meinem Lager, die Führer der heranziehenden Expedition.

So mag dem Seefahrer zumute sein, welcher auf einem vollständig unbefahrenen Meere, etwa in der Polarsee, plötzlich eines andern Schiffes ansichtig wird. Die Araber erschienen uns fast wie Landsleute. Sprachen sie doch das Kiswahili, welches uns geläufig war, und waren sie doch aus Pangani, mir so wohl bekannt aus früheren Jahren. Hier in den Massaistämmen verschwinden die Interessengegensätze zu der arabischen Rasse. Wir haben alle ein gemeinschaftliches Interesse, nämlich der Behauptung unser selbst gegenüber den wilden Eingeborenen, welche auch kaum einen Unterschied zwischen Europäern und Arabern machen.

Die Ankömmlinge teilten mir mit, daß sie von Turkanj herunterkämen und längere Zeit in Engabot verweilt hätten.

Ich fragte sie naturgemäß, ob sie irgendwelche Kunde von Emin Pascha hätten.

„Emin Pascha, wer ist das?"

„Ein Weiher, der jenseits Turkanj am Nil sitzt. Haben euch die Leute von Turkanj niemals von einem solchen erzählt?"

„Nein, niemals."

„Haben sie euch nicht mitgeteilt, daß an der westlichen Grenze ihres Gebiets die „Turki" sitzen?"

„Nein, auch nicht."

„Was für Kunde bringt ihr vom Norden herunter?"

„Turkanj ist ein trockenes Land. Die Bewohner sind friedlich, aber im vergangenen Jahre sind die Massais heraufgekommen und haben die Kamele der Eingeborenen weggetrieben."

„Ihr waret auch in Engabot. Hattet ihr dort Essen?"

„Die Leute von Engabot waren früher gut, sind jetzt aber schlecht geworden."

„Habt ihr irgend welche Kunde von Kawirondo?"

„In Kawirondo in Kabaras soll ein Weißer sitzen, welcher um den See herum, gekommen ist, so erzählten die Leute uns gestern in Elmuttiey."

„Ein Weißer? Was für ein Weißer? Kommt er von der Küste oder aus dem Innern?"

„Von der Küste kommt er nicht. Er soll viele Weiber und Soldaten bei sich haben. Wer aber bist du und wo kommst du her?"

„Ich bin ein Deutscher und mein Name ist Kupanda Scharo, in Europa Dr. Peters. Wir sind den Tana aufwärts gezogen durch die Gallas und über das Leikipiaplateau durch die Massais. Wir halben die Massais geschlagen und Ebejet verbrannt. Siehe dort die Reste der Herden, welche wir ihnen weggetrieben haben."

„Die Massais geschlagen? Das ist sehr schön (ngema sana). Die Weißen schlagen jetzt alles. Buana Mkubua (Graf Teleki) hat voriges Jahr die Wasuk im Norden geschlagen."

„Wir haben uns überall zu schlagen, da wir keinen Tribut zahlen wollen, und die Leute uns angreifen. Auch hier in Kamasia hatten wir heute noch wiederum Scharmützel."

„Sehr gut. Aber wohin wollt ihr ziehen?"

„Ich will zu dem Weißen am Nil und zunächst nach Uganda. Hast du Kunde von Uganda?"

„Von Uganda nicht, aber du erhältst alle Kunde in Kawirondo. Dort sind die Leute sehr gut. Du kannst ohne Flinte mit dem Stock spazieren gehen. Dort ist auch vieles Essen, und du erhältst alle Kunde, welche du nur haben willst. Es wohnen dort auch Wangwana, von denen du Stoffe kaufen kannst."

Das waren interessante Mitteilungen, besonders aber erregte unsere Phantasie die Nachricht von dem Weißen. Mysteriös klang die Kunde, welche die Araber brachten, und wir ahnten, daß sie in irgendwelchem Zusammenhang mit unserem Expeditionszweck stehen müsse. Ich beschenkte die Araber mit einigen Ochsen und fragte sie, ob sie ein Schreiben von mir an die Küste mitnehmen wollten. Sie bejahten und entfernten sich unter allgemeiner Begrüßung seitens meiner Leute zu ihrer Kolonne zurück mit dem Versprechen, am Abend wieder zu kommen.

Groß war die Freude unter meiner Mannschaft über die Kunde, welche wir vernommen hatten. Wenn ein Weißer mit großen Viehherden in Kawirondo war, das war die allgemein ausgesprochene Anschauung, so konnte dies nur ein Deutscher sein, da andere Leute keine Viehherden trieben – so dachten meine Träger und Soldaten.

Nach dem Frühstück schrieb ich einen kurzen Bericht über den bisherigen Gang der Expedition an das deutsche Emin Pascha-Komitee, welcher auch richtig anfangs April in

Sansibar anlangte und die erste tatsächliche Bestätigung brachte, daß unsere Expedition nicht niedergemacht worden sei. Mit dieser angenehmen Arbeit war ich bis 6 Uhr abends beschäftigt.

Nach dem Essen kamen die Araber, unter denen besonders der sehr intelligente Buana Mku aus Pangani die Unterhaltung leitete, noch einmal zu uns. Ich traktierte sie mit Kakao und Zucker, und wir verplauderten, während draußen der Regen niederfiel, mehrere angenehme Stunden in meinem Zelt, indem nunmehr sie mich über die Verhältnisse von Leikipia ausfragten, welches sie geneigt schienen, der Naiwascharoute vorzuziehen. Unsere Unterhaltung wurde im Dunkeln geführt.

Ich habe vergessen, an früherer Stelle zu erwähnen, daß wir seit Massa vollständig ohne Licht waren. Was für ein Maß von Entbehrungen in diesem einem kleinen Umstand liegt, läßt sich in Europa kaum fassen. Man ist vollständig auf Sonne und Mond angewiesen, und wir waren bei mangelndem Mondlicht gezwungen, vor 6 Uhr zu essen und alsbald dann ins Bett zu gehen. Erst in Uganda kam mir der Einfall, mir aus dem vielen Fett, welches wir besaßen und gedrehtem Baumwollstoff selbst eine Leuchte zu verfertigen.

Ich will bei dieser Gelegenheit noch hinzufügen, daß die Engländer in Lamu mir auch 6000 Stück Zigarren fortgenommen hatten, so daß wir für diesen narkotischen Genuß völlig auf Pfeifen und einheimischen Tabak angewiesen waren. Am Baringo war auch die letzte Flasche Kognak vertilgt, und nunmehr hatten wir als Getränke nur Kaffee, Tee und Kakao, was übrigens, nebenbei gesagt, unserer Gesundheit ganz vorzüglich bekam.

Beim Abschied beschenkte ich Buana Mku mit einem Fäßchen Pulver und einem neuen Gewande, und mit unserer Post beladen trennten sie sich von uns für die Nacht. Am nächsten Morgen beim Abmarsch an der Straße ward noch einmal Abschied genommen, und mit frommen Segenswünschen entliehen wir uns gegenseitig, wir, um nach Uganda zu ziehen, sie, um den Rückweg durch die Massais am Kilimandscharo vorbei vorzunehmen.

Dieses Zusammentreffen mit der arabischen Expedition war wie das erste schwache Aufdämmern des Tages für uns im Hinblick auf den Expeditionszweck. In dem Weißen, der Kawirondo bewohnen sollte, hatten wir einen Gegenstand, welcher die Phantasie während des Marsches und oft auch hernach unsere Unterhaltung belebte. Wir waren jetzt beide jeder sehr auf sich selbst angewiesen, da Herr v. Tiedemann andauernd krank war und meistens nach dem Marsche sofort zu Bett ging.

Von Kapte aus zogen wir nach Elmuttiey in einem achtstündigen Marsch. Elmuttiey liegt an der großen Senkung, welche zwischen Kamasia und Elgejo sich in nordsüdlicher Richtung ausdehnt und vom Neiweifluß durchzogen wird.

An diesem Tage verschied der Somali Achmed, welcher am Abend bei lodernden Feuern von seinen Stammesgenossen beerdigt ward, eine sehr phantastische Szene! Sie beteten ihre muhamedanischen Gebete in einer Art wilder Verzückung. Jeder band dem Toten auf die Seele, seinen Namen vor Allah zu erwähnen. Fremde, welche dieses sonderbare Schauspiel sich ansahen, mußten vermeinen, es handele sich um einen grauenhaften Spuk, um Zauberformeln und Teufelsbeschwörungen.

Sehr sonderbar nahmen sich in solch einer Senkung zwischen zwei aufsteigenden Felswänden des Nachts die Feuer der Dörfer aus, welche an den Bergen aufgebaut sind. Dies hatte uns schon am Baringo-See unterhalten, und trat noch eigentümlicher hier hervor.

Ich hatte gehört, daß in Elgejo viel Essen sei, aber die Leute hier hielten sich in einer eigentümlichen Weise fern von uns. Von Haus aus zu Frechheiten geneigt, genau wie die Wakamasia, trauten sie sich doch nicht recht an uns heran, da sie das Schicksal ihrer Stammesverwandten von Kamasia, vor allem aber das Schicksal der Massais vernommen hatten. Sie sind bekleidet wie die Wakamasia, dem sie auch in ihrer Erscheinung gleichen, nämlich mit einem kurzen Überwurf über die Schultern, welcher indes den eigentlichen Körper vollständig nackt läßt. Sie tragen den etwa 7 Fuß langen schmalen Speer und daneben Pfeil und Bogen. Die Sprache ist hier, wie in all den Ländern dieser Gegend, die der Massais.

Auf Empfehlung von Buana Mku hatte ich mich gleich bei meinem Eintreffen nach einem Wegeführer, Kirobani, erkundigt, welcher den Weg nach Kawirondo kenne und gegen entsprechende Bezahlung in Vieh vielleicht geneigt sein werde, uns dorthin zu führen. Kirobani erklärte sich auch dazu bereit, nachdem wir als Preis 5 Schafe und eine entsprechende Menge von Zeug vereinbart hatten.

Da die Nahrungsmittel der Kolonne für den bevorstehenden Steppenmarsch nicht auszureichen schienen, beschloß ich, am folgenden Tage hier liegen zu bleiben, um uns weiter zu verproviantieren. Ich schickte sofort am Morgen Leute in die am Bergabhange hinauf liegenden Dörfer zum Einkauf, aber sie kamen am Nachmittag unverrichteter Sache zurück. Die Leute hatten nichts verkaufen wollen, und auch alle meine eigenen Versuche in dieser Richtung bis zum Abend hin mißlangen.

An diesem Tage traf zu meinem Bedauern auch ein Ausreißer von der arabischen Expedition bei uns ein, den ich leider nicht zurückschicken konnte, da die Entfernung zwischen den beiden Expeditionen bereits zu groß war, und den ich demnach in meine Kolonne aufnehmen mußte. Der Mann, hieß Buana Marumba und war aus Mombassa gebürtig.

Als ich am 18. Januar mit meiner Kolonne aufbrach, war Kirobani trotz seines emphatischen Versprechens nicht erschienen. Ich schickte infolgedessen Leute aus, um ihn zu suchen, setzte mich indessen mit meiner Kolonne der Felswand zu, welche wir erklimmen mußten, in Bewegung.

Kirobani, der seine Zahlung zum Teil schon empfangen hatte, wurde von meinen Leuten in einem Mtamafeld versteckt gefunden. Ich ging auf ihn zu und sagte: „Nun vorwärts, alter Knabe! Zeig uns den Weg nach Kawirondo." Ein kurzes abgestoßenes „ä, ä, ä" war die Antwort auf meinen ermunternden Zuspruch. Ich sagte „Vorwärts!" Wiederum das pfauchartige: „ä ä a". Darauf faßte ich ihn an die Schulter und schüttelte ihn ein wenig. Nun pfauchte er, genau wie eine Katze sich gegen einen Hund zur Wehre setzt. Da riß meine Geduld. Ein wohlgezielter Faustschlag ins Gesicht und ein Strick um den Hals, den die Somalis ihm anlegten, taten Kirobani dar, daß ich nicht gewillt war, so ohne weiteres meine getroffenen Ausmachungen brechen zu lassen. Sofort nahm er eine sehr höfliche bescheidene Miene an und schritt nunmehr seelenvergnügt den Weg bergan, indem meine Kolonne folgte. An diesem Morgen mußte ich das vorletzte meiner Kamele töten lassen, da es schlechterdings nicht mehr imstande war, den Felspfad hinaufzumarschieren.

Ich lagerte gegen 12 Uhr auf einer Bergschulter halbwegs des Ausstiegs, wo ein kleiner Bach vorbeirieselte.

Unseren nunmehr sehr guten Freund Kirobani ließ ich zur Vorsicht an die Kette legen, und er empfing in dieser Lage auch Besuche von seiner Familie. Ich gab ihm gut zu essen, und er sagte, ich könne ihn ganz ruhig freilassen, er freue sich darauf, mit uns nach Kawirondo zu gehen. Von dieser Freudigkeit seines Herzens aber war ich doch noch nicht genügend überzeugt und so ließ ich es bei meinen Maßregeln bewenden.

Um unser letztes Kamel zu kräftigen, kochten die Somalis einen ganzen Hammel für dasselbe. Zu unserer großen Überraschung fraß das Kamel diese Fleischkost geradezu mit Heißhunger bis auf das letzte Stück.

Auch heute mißlangen alle Versuche, Essen für die Karawane zu bekommen. Die Leute wollten nichts verkaufen, und sie benahmen sich auf der anderen Seite an diesem Tage auch nicht derart, daß ein Kriegsfall sich ergeben hätte.

Am Abend fiel ein mächtiger Regenschauer auf uns herab, freudig begrüßt von uns, weil er die Hoffnung bestärkte, daß es uns gelingen werde, auf der Angata-na-Nyuki (rote Ebene) Wasser zu finden. Aber die Nacht war pechschwarz, so daß man keine Hand vor Augen sehen konnte, und vor den

Regenmassen waren die Posten unter das Zeltdach der Somalis geeilt. Das war eine Gelegenheit für Kirobani, welche derselbe nicht unbenutzt ließ. Am nächsten Morgen war er mitsamt seiner Kette an den Füßen verschwunden. Er hatte zwar nur ganz kleine Schritte machen können, etwa wie das Gretchen in der Blocksbergszene, welche vom Faust in der Ferne gesehen wird, aber er war doch nirgends aufzufinden. Somit sah ich mich denn der unangenehmen Notwendigkeit gegenüber, nun doch ohne Wegeführer auf Kawirondo zumarschieren zu müssen.

Die ganze Nacht über hatte in den Dörfern über uns ein wildes Gejohle und brüllender Lärm stattgehabt. Die Bewohner hatten die Nacht hindurch ein Zechgelage gehalten und sahen auch, als wir am andern Morgen den Aufstieg auf die Felswand hinauf fortsetzten, noch recht übernächtig aus.

Immer steiler ward dieser Aufstieg. An den Dörfern vorbei erreichten wir alsbald einen Waldstreifen. Es gelang mir hier, mit drei Leuten aus Elgejo zu vereinbaren, daß sie mich gegen eine entsprechende Anzahl Armlängen von Stoffen zum Plateau hinaufführen und dann wieder umkehren sollten. Nachdem der Waldstreifen passiert war, kamen wir von neuem an eine Schulter des Berges, wo ich Halt machte, um meine Herde und die Esel zu erwarten. Es wurde mir hier gemeldet, daß zwei Esel zusammengebrochen seien und nicht weiter könnten, und auch ein Teil des Viehs zurückgeblieben sei.

Von allen Seiten rannten Wa-Elgejo herbei zu vielen Hunderten, ja Tausenden, deren Haltung uns gegenüber erheblich unbescheidener war als an den vorhergehenden beiden Tagen. Endlich tauchte die Herde aus dem Waldgebüsch auf, und nun ging es weiter, den schwindelnden Pfad am Rande des Felsens entlang aufwärts.

Dom Elgeioplateau auf seiner höchsten Spitze ist eine Lavakappe aufgesetzt, welche senkrecht hinabfällt und ganz unbesteigbar sein würde, wenn nicht ein Riß sie durchzöge, in welchem man treppenartig hinaufklimmen kann. Aber um dies zu können, muß man natürlich erst Wissen, wo dieser Riß ist.

Wo die Lavakappe auf dem Fels aufsetzt, findet sich noch einmal eine Schulter, auf welcher für eine Karawane Platz zum Lagern ist. Diese Schulter war dicht mit Wa-Elgejo besetzt, und, als ich mit der Vorhut dort erschien, traten mit einem Male meine drei Wegeführer zur Seite und weigerten sich, den Zugang zu der Felsentreppe mir zu zeigen. Alle meine Zureden wurden mit einem störrischen „ e e e" beantwortet, und als ich schließlich die Hand auf einen legte, um ihn zu zwingen, seine Verpflichtungen, für welche er bereits bezahlt war, innezuhalten, da erhob sich mit einem Male ein wildes Kriegsgeschrei unter den Wa-Elgejo. Sie schwangen ihre Speere, drangen in demonstrativer Weise an mich heran, und von Fels zu Fels hallte das Kriegsgeheul ins Land hinaus.

Mit einem Male knatterten unten Schüsse. Die Wa-Elgejo hatten sich den Somalis und meiner Herde in den Weg geworfen, um solche zu rauben. Nun war es genug! Da die Wa-Elgejo jetzt auch oben anfingen, mit Pfeilen auf uns zu schießen, feuerten wir dazwischen, wodurch drei von ihnen getötet wurden, wonach der Rest schleunigst nach rechts hinter Felsblöcke davonging. Doch gelang es uns, wenigstens einen der Wegeführer zu ergreifen, den wir an einen Strick legten, um ihn so zu zwingen, uns den letzten Aufstieg zu zeigen.

Die Wa-Elgejo setzten von ihren Felsblöcken aus ihr Kriegsgeheul und ihre übrigens völlig wirkungslose Pfeilschießerei fort. Ich beschränkte mich darauf, von Zeit zu Zeit einen Schuß aus meiner Doppelbüchse, für welche immer noch 500 Patronen vorhanden waren, dorthin zu richten, um uns die Gesellschaft vom Leibe zu halten. Die Somalis unten hatten ebenfalls sehr schnell die Leute beiseite geworfen, und nach einstündigem Warten hatte ich die Freude, nicht nur meine Herde, sondern auch das letzte Kamel und die Esel bei unserm Halteplatz erscheinen zu sehen.

Nun ging es weiter, dem letzten Felsaufsatze zu. Der Wegeführer, wohl oder übel gezwungen, mußte uns den Zugang zeigen, und wir begannen. Schritt um Schritt emporzuklimmen. Leider sprang er jedoch, trotz meiner Warnung, plötzlich beiseite, vom Felsaufstieg direkt in die Tiefe, sich am Gestrüpp anklammernd, um zu fliehen. Einer meiner Leute schoß hinterher, und so fiel zu meinem Bedauern auch noch dieser Elgejo-Mann, was mir um so mehr leid tat, als wir den Weg jetzt wußten, und das Scharmützel mit seinen Stammesgenossen als beendigt gelten konnte.

Endlich waren wir oben, und vor uns auf der Höhe von Elgejo, 2500 m hoch lag ein dichter Wald von Juniperen, in welchen ein Pfad hineinführte. Hier machte ich Halt, um die ganze Kolonne zu erwarten. Nach und nach kamen die Träger keuchend an, welche ich sofort zurückschicken mußte, um die Lasten der Tiere heraufzuschaffen. Leider ward nur gemeldet, daß das Kamel in der Treppe stecken geblieben sei und weder vor noch rückwärts gebracht werden könne. Ich mußte den Befehl erteilen, ihm den Hals durchzuschneiden, und es nicht in die Hände der Wa-Elgejo fallen zu lassen und Raum für die Kolonne zu schaffen. Nach zweistündiger angespannter Arbeit war alles oben.

Unter uns in schwindelnder Tiefe lagen die Ansiedelungen der Wa-Elgejo, von denen wir jetzt frei waren, vor uns der Wald, welcher uns auf die Angata na Nyuki führen mußte. Also vorwärts auf dem Pfade, an dessen Eingang wir lagerten und den ich in der Zwischenzeit durch Rukua und einen Somali bereits bis zur andern Seite des Waldes hatte erforschen lassen. Der Weg wurde sehr erschwert durch eine Art scharfer Brennessel, welche von beiden Seiten herüberhing.

Indes führte uns eine halbe Stunde an das entgegengesetzte Ende, und da lag nun die Angata na Nyuki vor uns, welche Elgejo von Kawirondo trennt. Der Nachmittag war grau und kalt wie auf den schottischen Hochebenen. Hin und wieder fiel ein kleiner Regenschauer auf uns herab, und ein kalter herbstlicher Wind pfiff von Norden her über die vor uns liegende Steppe.

Das Lager bezog ich an diesem Tage eine Stunde weiter am Rande eines dichten Waldes. Wasser fanden wir nicht, aber ich entdeckte einen schwarzen moorigen Grund, aus welchem meine Leute ein wenn auch sehr sandiges Feucht herausdrückten, welches uns die Möglichkeit bot, am Abend wenigstens eine Suppe und Fleisch kochen zu lassen und eine Tasse Tee zu trinken.

Und nächsten Morgen ging es dann in genau westlicher Richtung auf die vollständig kahle Angata na Nyuki hinauf (rote Ebene). Zur Rechten, gerade im Norden, peilten wir den Tschibscharagnani und halb rechts im Nordwesten den Elgon, die beiden Gegenstücke zum Kenia und Subugu Ia Poron an der andern Seite des Baringo-Absturzes. Diese Angata na Nyuki ist ihrem ganzen Charakter und ihrer Bauart nach vollständig das Gegenstück zum Leikipiaplateau, welches sie an Höhe sogar noch etwas übertrifft. Dem, Leikipia im Süden vorgelagerten, Kikuyu entspricht an dieser Seite das Land Nandi im Süden. Der ganze gewaltige Buckel fällt nach Westen hin zum Viktoria Nyanza allmählich bis auf etwa 4000 Fuß herunter, und, wenn man ihn denkenden Auges durchschreitet, so drängt sich sein einheitlicher geologischer Charakter unabweisbar auf. Die treibenden zentralen Kräfte, welche ihn vor unermeßbaren Zeiträumen emporgeworfen haben, müssen im Baringogebiet angenommen werden.

Aber, wenn das Leikipiaplateau von Menschen bewohnt war, so gerieten wir hier auf der Angata na Nyuki in vollständig unbewohntes Gebiet hinein. Hier wohnten vor nicht allzulangen Zeiten noch Stämme, welche mit den Wakamasia und Wa-Elgejo verwandt waren. Dieselben sind bis auf den letzten Mann durch die südlichen Massaistämme ausgerottet worden, und heute durchstreicht nur der flüchtige Fuß der Antilope und des Zebras, das Rhinozeros und der Büffel in gewaltigen Herden die kahle Steppe. Scharf hebt sich jede Höhe und Senkung in der durchsichtigen Luft ab. Vor uns am Horizont steigen die Gurrongaihügel auf, welche wir zu durchziehen haben werden, um Kawirondo zu erreichen. Eine traumhafte Stimmung beschleicht das Herz in dieser großartigen Einsamkeit, welche nur alle paar Jahre einmal von einer nach Westen strebenden Karawane durchbrochen wird. Dort der Elgon, welcher uns so greifbar nahe zu sein scheint, daß man vermeint, ihn in einigen Stunden erreichen zu können; scheint er nicht höhnisch und verächtlich herabzublicken auf uns kleine Sterbliche und zu fragen, was wir hier zu suchen haben, wo die Ewigkeit selbst ihren Wohnsitz aufgeschlagen hat und auf uns herabstarrt?

Im Elgon befinden sich nach Thomson die seltsamen Höhlenbauten,, welche ihn zu der Vermutung führten, daß hier vor Urzeiten einmal ein Kulturvolk gearbeitet habe. Welch eine geschichtliche Vergangenheit hat sich dermaleinst auf diesem wunderbaren Schauplatz abgespielt! Sind es die Geister alter Heldengeschlechter, welche aus den seltsamen Tönen des Nordwindes zu uns sprechen, der über die Ebene dahinfährt?

Wir sind aus der trockenen Zone jetzt heraus. Phantastisch ballen sich die Wolken am Horizont, die mit dem Sturm über die Angata na Nyuki heraufziehen. Täglich entladet sich der dunkle Himmel in schweren Regenschauern über die durstende Erde, welche sich bereits mit einer neuen saftig grünen Grasfläche überzieht. Gleich Trommelwirbeln fallen die schweren Regentropfen auf die Zelte hernieder, und pfeifend orgelt der Wind durch das Röhricht am Flußufer. In der Natur spielen sich heftigere Kämpfe ab. Der Himmel ballt seine Wetterwolken zusammen, um die dunklen Gewalten im Erdinneren zum Kampfe aufzurufen. Drohend zieht er das Wolkenheer heran, und nun zuckt Blitz auf Blitz, bald grellweiß, bald bläulich flimmernd über das dunkle Blachfeld und gleich Kanonenschlägen rollt Schlag auf Schlag ein kurzer echoloser Donner, oder wir haben auch nun allabendlich das Schauspiel, im Südwesten vor uns am Horizont das Wetterleuchten vom Viktoria Nyansa-Gebiet her beobachten zu können.

Die Temperatur ist angenehm und kühl. Die Nächte sind nicht so kalt wie auf dem Leikipiaplateau, sie stehen bereits unter dem mildernden Einfluß des Viktoriasees, und dementsprechend sind auch die Tage weniger heiß. Wir haben fast die Temperatur der zweiten Hälfte des Septembers in Nordeuropa. Auch die Wasserfrage hat einen befriedigenden Charakter angenommen.

Gleich am ersten Tage erreichten wir einen südlichen Zufluß zum Nsoia, und je weiter wir nach Westen hinmarschierten, um so mehr häufte sich Bach auf Bach, von denen wir oft wohl ein Dutzend an einem Morgen zu überschreiten hatten. Die Sorgen der hinter uns liegender Wochen sind dahin, und beruhigend hält die Seele Einkehr in sich selbst.

Dort vor uns im Nordwesten links vom Elgon öffnet sich das Tor, welches uns zu den Ländern Emin Paschas führen könnte. Wie, wenn wir unmittelbar dorthin vordrängen? Die Versuchung liegt nahe genug, aber wir sind immer noch ohne jede Nachricht von dem, was sich inzwischen in der Äquatarialprovinz ereignet haben mag, und anderseits winkt uns Kawirondo und die mysteriöse Gestalt des Weißen, von welchem wir in Kamasta Kunde erhielten. Also vorwärts in immer gerader Richtung auf die Surrongaiberge zu!

Aus solchen Erwägungen heraus ward ich auf der Angata na Nyuki von einem Traum überrascht, welcher einen fast hellseherischen Charakter an sich trug. Ich träume im allgemeinen wenig oder gar nicht, aber schon am oberen Tana hatte ich dreimal einen und denselben Traum, gehabt, welcher, wenn nicht auf meine Entscheidung, so doch auf meine Stimmung einwirken mußte. Dreimal hatte ich am oberen Tana, als die fortdauernde Barriere des Flusses anfing, uns alle zu ermüden, geträumt, ich hätte die Expedition in diesem Stadium aufgegeben, sei nach Mombas zurückmarschiert und befände mich nunmehr in Deutschland. Alle drei Male war auf die erste Freude des Wiedersehens in der Heimat ein außerordentlich schmerzliches Gefühl getreten darüber, daß die Expedition hier in der Mitte unterbrochen worden war, und sofort der lebhafte Wunsch erwacht, sie an der Stelle, wo sie aufgegeben war, wieder aufzunehmen. Jedesmal war ich mit dem beklemmenden Gefühl aufgewacht: Wie, komme ich nur wieder durch die Blockade ins Innere und an den Platz zurück, von wo ich heimgekehrt bin! Auf der Angata na Nyuki lag ich eines Nachts im Schlummer und träumte, ich befände mich an demselben Platz, wo ich in der Tat an diesem Tage lagerte, aber das Aussehen Afrikas habe sich verändert. Ich befand mich nicht in meinem Zelt, sondern in einem steinernen Hause, welches von Deutschen gebaut war, und wo außer dem Regierungsbaumeister Hoernecke noch einige andere Ingenieure und auch mehrere Damen wohnten. Ich trat in das Haus hinein, nannte meinen Namen und erzählte, daß wir unter schweren Kämpfen mit den Massais hierhergekommen seien, und daß ich beabsichtige, zu Emin Pascha zu marschieren. Ich wurde von allen sehr liebenswürdig aufgenommen, aber auf meine letzte Bemerkung wurde mir einstimmig geantwortet: „Zu Emin Pascha? Aber der ist doch in Berlin. Was suchen Sie denn Emin Pascha hier in Zentralafrika?" – Ich! sagte: „Emin Pascha ist in Berlin? Aber was machen Sie denn hier?" – „Das wissen Sie auch nicht? Wir sind ja hier, um eine Eisenbahn nach Uganda zu bauen." – „Und was macht Emin Pascha denn in Berlin?" – „Er hat die Äquatorialprovinz längst verlassen." – „Das glaube ich nicht. Jedenfalls muß ich das an Ort und Stelle selbst sehen."

Während dieses letzten Teils der Unterhaltung vernahmen wir fortdauernd ein unzufriedenes Grollen wie von etwas Überirdischem. Es war, als ob etwas Gespensterhaftes heranbrauste, immer näher.

In der Beklemmung darüber erwachte ich und fand mich inmitten eines der tropischen Gewitterschauer, von denen ich vorhin sprach.

So endete dieser Traum, welcher auf meine Phantasie einen gewissen nachhaltigen Eindruck beibehielt. Es ist hier nicht am Platz, das Geheimnis des Traumlebens zu berühren, aber vielleicht mag es doch hin und wieder zutreffen, daß die rätselhafte Gewalt, welche das Lebende umspannt und in sich trägt, auf die Weise in gewissen Lagen auf die Entscheidungen des einzelnen einwirkt.

Als Landmarke für meinen Marsch hatte ich gleich vom ersten Tage an eine hervorragende Erhebung in den Surrongaihügeln genommen, welche im Gegensatz zu den anderen Höhen ganz weiß aussah und augenscheinlich den östlichen Vorsprung dieser Berge bildete. Die weiße Farbe kam, wie ich hernach feststellte, daher, daß das Gras auf den übrigen Hügeln abgebrannt und nur auf diesem einen stehen geblieben war.

Am 22. Januar überschritten wir den Guaso Marim und traten am folgenden Tage in die Surrongaihügel selbst hinein. Die Angata na Nyuki wird, je weiter man nach Westen kommt, um so üppiger. Es treten gegen Westen hin wieder herrliche Waldpartien auf, und an den Bachläufen nehmen wir auch seit langer Zeit wiederum die Fächerpalme wahr. Der Wildreichtum wird immer großartiger. Büffelherden, nicht nach, Tausenden, nein, ich möchte sagen nach Zehntausenden, weiden am Waldesrande, um sich in donnerndem Galopp davonzumachen, sobald die Büchsenkugel unter ihnen einschlägt. Ich schoß am 24. Januar fünf Büffel, welche alle zusammenbrachen, von denen ich indes nur ein gewaltiges Exmplar zur Strecke bekam, da eine Verfolgung auch nur von einer Viertelstunde den Expeditionsbetrieb zu sehr unterbrochen haben würde. Um meinen Leuten Zeit zum Zerlegen des mächtigen Tieres zu geben, schlug ich am Mittag mein Lager nahe dem westlichen Abfall der Surrongaihügel noch einmal diesseit Kawirondo auf.

Es war ein trüber regnerischer Tag, aber wir alle waren doch in froh bewegter Stimmung. Wußten wir nunmehr doch bestimmt, daß wir am nächsten Morgen das fruchtbare Land Kawirondo erreichen würden, wo wir Nachrichten über unsern Expeditionszweck zu erhalten hofften.

Gegen 2 Uhr erschienen mit einem Male vier Wandorobbo bei unserm Lager, welche ich einlud, die Nacht dort zu bleiben, um uns am andern Morgen einen bequemen Abstieg in das erheblich tiefer liegende Kawirondo zu zeigen. An diesem Tage, dem 25. Januar stellte sich heraus, daß der Kurs, welchen ich von Elgejo aus unverändert innegehalten hatte, durchaus richtig gewesen war. Wir trafen ziemlich genau direkt auf Kabaras zu, von dessen Hauptort wir nur eine Viertelstunde nach Norden abgewichen waren.

Ein Marsch von dreiviertel Stunden brachte uns an diesem Tage zunächst bis an den Rand der Surrongaiberge, und da sahen wir mit einem Male die Dörfer und Plantagen von Kawirondo vor uns, von denen aus muntere, viel verheißende Rauchwolken gen Himmel emporstiegen.

Die Wandorobbo bezeichneten genau den Hauptort von Kabaras und baten dann um die Erlaubnis, zurückkehren zu dürfen, da sie im Kriege mit den Kawirondoleuten lägen, was ich ihnen auch gestattete.

Nun aber blieb die schwierige Aufgabe für uns, einen Abstieg in die Tiefe zu finden. Die Angata na Nyuki fällt hier fast senkrecht 1400 Fuß in die Tiefe, und es schien auf den ersten Anblick unmöglich, überhaupt einen Abstieg zu beginnen. Zweimal hatten wir umzukehren, weil der Abfall immer wieder geradezu senkrecht Brüche aufwies, welche unpassierbar waren. Endlich entdeckte ich einen sanfteren Abhang, und hier brach ich nun, mit dem Somali Omar Jdle vorangehend, zunächst über felsiges Geröll, sodann durch mannshohes Gras für meine Karawane Bahn.

Nach zwei Stunden war alles unten angelangt, und nunmehr nahm ich meinen Marsch in genau westlicher Richtung nach einer von mir oben festgelegten Landmarke wieder auf. Ich marschierte bis gegen 3 Uhr nachmittags und machte Halt, als ich mich an einem Bachlaufe gegenüber den ersten Plantagen der Wa-Kawirondo befand.

Meiner Sitte gemäß wollte ich den Bewohnern des Landes nicht mit einer ermüdeten und hungernden, sondern am nächsten Morgen mit einer ausgeruhten und satten Karawane zum ersten Male gegenüber»treten.

Ich war mit Rukua, Hussein und zwei anderen Somalis vorausmarschiert und schickte jetzt zwei Somalis rückwärts, um meine Leute nachzuholen. Erst nach länger als einer Stunde gelang es, die Herde heranzubringen, und es war fast 6 Uhr, als es dem später abgesandten Rukua gelang, die Träger mit Herrn v. Tiedemann aufzufinden, welche den Weg verloren hatten und in einer falschen Richtung südwärts abgeschwenkt waren. Es war gerade noch Zeit, um vor der Dunkelheit die Zelte aufzuschlagen, als plötzlich der übliche Gewitterregen bereits auf uns hemiederprasselte. Aber die Küche war unter einem Zeltdach, und so konnten wir immer noch eine kräftige Suppe und Hammelbraten, freilich jeder von uns allein, da Herr v. Tiedemann immer noch krank war, zu uns nehmen und bei einer Pfeife hernach, während ein sanfterer melodischer Regen herabrauschte, angenehme Betrachtungen über die zum Besseren veränderte Lage unserer Expedition anstellen.

Ein kurzer Marsch von knapp einer halben Stunde brachte uns am nächsten Morgen an die ersten Dörfer der Leute von Kabaras. Ich feuerte zur Begrüßung zwei Schüsse ab, und dann ging es, die Flagge voran, bei Trommelschlag nach dem Hauptort, dem mit einer roten Lehmmauer umwallten Kabaras, an dessen nördlichem Eingang die Ältesten zum freundlichen Willkommen bereit saßen. „Jambo Sana" erklingt es. Wir schwenken links um den Ort herum, und unter mächtigen Baumwollbäumen etwas unterhalb der südlichen Umwallung von Kabaras schlagen wir alsbald unser Lager auf.

Meine erste Frage ist natürlich nach dem Weißen in Kawirondo. „Gibt es Weiße in Kawirondo?"

„Ja", wird mir einstimmig geantwortet.

„Wieviele?"

„Die einen sagen zwei, die anderen vier."

„Haben die Weißen viele Soldaten?"

„Ja, unendlich viele, und jeden Morgen blasen sie auch die Trompete, genau wie bei euch."

„Kennt ihr die Namen der Weißen? Heißt vielleicht einer von ihnen Emin Pascha? Und sind Turki dabei?"

„Emin Pascha? Den kennen wir nicht."

„Wo kommen denn die Weißen her? Kommen sie von der Küste oder sind sie aus dem Innern gekommen?"

„Sie sind vom Süden um den Nyansa herum gekommen."

„So heißt ihr Führer wohl am Ende Stanley?"

»Ja, ja, ganz recht, Stanley!"

Diese Fragen richtete ich an verschiedene der Wa-Kawirondo wiederholt, und immer wurde mir geantwortet: „Jawohl, Stanley. Sie haben auch Vieh bei sich, eine große Herde, und ihr Großer heißt Staney!"

Das war allerdings eine höchst bemerkenswerte Nachricht für uns. Sollte Stanley, von dessen Bewegungen ich weiter nichts wußte, als daß er das erstemal von Mwutan Nzige an den Kongo zurückmarschiert sei, vielleicht auf der Ujidji Tabora-Straße an den Viktoria Nyanza und von dort nach Kawirondo marschiert sein, um von hier aus wieder Fühlung mit Emin Pascha zu nehmen, oder war gar Emin Pascha bei ihm, und kannten die Eingebornen nur dessen Namen nicht?

Ich setzte mich sofort nieder und schrieb folgenden Brief, den ich in Übersetzung gebe.

Kabaras, 26. Januar 1890.

Mein Herr!

Bei meiner Ankunft hier an diesem Morgen erhielt ich die Nachricht, daß Europäer in Kwa Sundu sind. Da ich in Kwa Sundu am nächsten Mittwoch oder Donnerstag eintreffen werde, werde ich entzückt sein, irgend einen Herrn zu treffen, welcher an diesem Platz sich befinden mag, und werde für eine kurze Nachricht verbunden sein, welche mir mitteilt, wen ich das Vergnügen haben werde, zu sehen.

Ich habe die Ehre zu sein, mein Herr,

Ihr sehr ergebener

Dr. Carl Peters.

Diesen Brief schickte ich sofort durch die beiden Somalis Sameter und Jama Ismael unter Führung eines Kaiwirondomannes nach Kwa Sundu ab mit dem Befehl, mir die Antwort nach Kwa Sakwa zu schicken, wohin ich am nächstfolgenden Tage marschieren wollte.

Inzwischen stellte ich, mit aufrichtigem Interesse Beobachtungen an den wunderbaren Figuren der Kawirondoleute an, welche sich in mein Lager drängten. In mächtigen Kürbisflaschen brachten sie Getreide aller Art und Honig heran, dazu Eier, Hühner und Milch. Die Männer sind mit einem Schurzfell bekleidet, die Damen des Landes aber so unbekleidet wie nur irgend möglich, ein merkwürdiger Gegensatz zu den Massailändern, wo dies gerade umgekehrt gewesen ist. Nur die verheirateten Frauen tragen eine kleine Schürze, etwa von der Größe eines Feigenblattes, auch außerdem Ringe an Armen, Beinen und Ohren, sowie Ketten um den Hals. Die unverheirateten Mädchen gehen umher, wie der liebe Gott sie geschaffen hat.

Mit der Bantubevölkerung gemischt sitzen hier überall Bruchstücke des ehemals mächtigen Baringo-Massaistammes, Wakuasi genannt, welche von den südlichen Massais aus der Angata na Nyuki geworfen waren. Sie tun hier meistens für die eingebornen Sultane Landsknechtsdienste und stellen in der Tat das hauptsächliche Kriegerkontingent für ganz Kawirondo.

Thomson erzählt viel von der Gefährlichkeit seiner Lage in Kawirondo. Er hatte große Furcht, niedergemacht zu werden. Ich kann gestehen, daß wir bei diesen harmlosen und geselligen Leuten von derartigen Besorgnissen auch nicht das Geringste empfunden haben. In der Tat war es so, wie die Araber in Kapte gesagt hatten, hier konnte man ohne Waffen und bloß mit dem Spazierstock spazieren gehen.

Die üppige Fülle an Nahrung in diesem Lande hatte für uns und meine Leute etwas geradezu Begeisterndes. Die Hühner waren fett und zart, und kaum reichten drei von ihnen aus, den Appetit eines von uns zum Frühstück zu stillen. So stark war das Bedürfnis unseres Körpers, nach den Strapazen der letzten Monate sich von neuem auszuflicken. Der Honig war vollständig weiß wie Zucker und duftete köstlich nach Blüten. Dazu Milch und Eier, welche in der Form von oeufs pochés, besonders aber als Rührei genossen wurden. Bohnen und Getreide und Kornfrüchte aller Art als Brei in Milch genossen oder zum Braten mit kräftiger Sauce verspeist, bildeten eine angenehme Abwechselung der gewöhnlichen Fleischkost, und herrliche Bananen, roh gegessen oder in Fett und Zucker gebacken, boten einen köstlichen Nachtisch. Die ganze Welt sah sich in neuen Farben an, und dabei immer die geheimnisvollen Weißen so unmittelbar in der Nähe.

Am 27. Januar feierten wir durch ein besonderes Diner Kaisers Geburtstag, und unter Trommelschlag ging es dann am 28. Januar, Wegeführer voraus, auf Wohl gebahnten Pfaden gegen Süden. Immer bebauter gestaltete sich die Landschaft, Dorf drängte sich an Dorf, und wohlgenährte Rinderherden waren auf den Weiden sichtbar. Marschierten wir an einer Ansiedelung vorüber, so kamen Leute und boten Getreide, Milch und Honig feil. Hier wirkte der Ruf der Massaibesieger in seiner ganzen Stärke. Ich kann sagen, auf diese Tatsache hin waren wir in Kawirondo populärer als wie in irgendeinem andern Teile unseres Marsches. Hier kennt man eben die Massais in ihrer ganzen brutalen Grausamkeit und gefährlichen Wildheit zur Genüge.

Zwischen zwei Dörfern an einem lieblichen Abhange in eine reich bebaute Ebene hinein schlug ich an diesem Tage das Lager aus und entfaltete die große Expeditionsflagge am Rande des Abhanges, weithin sichtbar für die ganze Landschaft.

Ich hatte kaum die Zelte aufschlagen lassen, als mit einem Male Flintenschüsse in der Tiefe unter uns abgefeuert wurden, und gleich darauf fünf mit weißen Hemden bekleidete Leute im vollen Laufe unter freundlicher Begrüßung hereneilten.

„Da kommen die Boten von den Weißen!" sagten die Wa-Kawirondo, und gleich darauf wurden durch meine Somalis die Ankömmlinge zu mir vor meinen Sessel geführt.

„Wer seid ihr?" fragte ich.

„Wir sind Wangwana von der Küste, und dies sind die Söhne und die Leute des Sultans Sakwa von Kawirondo. Der Sultan schickt uns, um euch in seinem Lande willkommen zu heißen."

„Was für Weiße gibt es im Kawirondo, und was wißt ihr von ihnen?"

„Es sind Engländer, Mr. Jackson, Mr. Martin und zwei andere."

„Seit wann sind sie hier?"

„Seit vielen Monaten. Aber vor kurzem sind sie nach Elgumi gegangen und weiter hinauf, um Elefanten zu schießen."

„Was machen sie hier?"

„Sie haben in Kwa Sundu eine Station gemacht und kaufen Elfenbein auf. Es sind auch Boten aus Uganda zu ihnen gekommen, aber in Uganda ist Krieg, und kein Mensch kann dorthin gehen. Die Araber haben Muanga verjagt und alle Christen getötet. Die Eng'länder mögen nicht in dieses Land hineingehen."

„Sind sie befreundet mit eurem Sultan?"

„Sakwa, unser Sultan, ist groß und reich. Er liebt die Leute nicht, welche hierherkommen, um Elfenbein zu kaufen und Wild zu schießen. Sakwa liebt die tüchtigen Leute, welche den Krieg verstehen.

„Wir wissen, daß du, o Herr, die Massais geschlagen hast, und deshalb ‚will Sakwa dein Freund sein. Er schickt uns, dir dies zu melden, und ladet dich ein, morgen in seine Residenz nach Kwa Sakwa zu marschieren, um dort eine Station zu machen. Sakwa will die Engländer nicht, er liebt die Deutschen. Aber wohin willst du ziehen?"

„Ich will ins Land der Turki zu Emin Pascha. Besitzt ihr Kunde von ihm?"

„Die Turki sollen dort sein (nach Norden zeigend), aber sie sind sehr weit. Wir haben keine Kunde von ihnen. Emin Pascha kennen wir nicht."

„Kennt ihr den Weg nach Unjoro?"

„Unjoro ist sehr weit. Wir kennen den Weg dahin nicht. Vor sechs Jahren kam ein Weißer hierher, der wollte nach Uganda. Aber die Waganda haben ihn und alle seine Leute getötet. Die Waganda sind sehr schlecht, und keiner von uns geht nach jenen Gegenden aus."

„Schickt Boten zurück zu eurem Sultan und sagt ihm, ich werde morgen zu ihm kommen. Ich wolle nach Unjoro gehen und komme als Freund. Alles Weitere würde ich morgen mit ihm persönlich besprechen."

Damit hatten wir die Aufklärung über unsere Weißen in Kawirondo; und in der Tat, es war wie das „nascetur ridiculus mus". Wir sahen uns der jacksonschen Emin Pascha-Expedition gegenüber, und wahrscheinlich hatten die Leute von Kabaras den Namen „Stanley", mit welchem diese Expedition zusammen arbeiten sollte, in derselben nennen hören.

Weitere Aufklärungen mußten uns die folgenden Tage bringen, und somit nahmen wir von Vermutungen für heute vollständig Abstand.

Am nächsten Morgen ging es weiter in südwestlicher Richtung über einige Höhenzüge. Überall sahen wir ungeheure Viehherden. „Das gehört alles dem Sakwa", sagten die Wegeführer. Die das Vieh hütenden Massais eilten heran, um uns respektvoll zu begrüßen, und da, nachdem ein Zustrom zu dem Nsoia überschritten war, stiegen mit einem Male die gewaltigen roten Mauern und die hohen Tore von Kwa Sakwa nicht dorf-, sondern stadtartig vor uns auf.

Eine dichte Menge strömte aus dem Tore uns entgegen, und es ward mir auch gleich mitgeteilt, daß der Sultan selbst mit seinen Brüdern uns entgegenziehe, uns gebührend zu bewillkommnen. Da ich jedoch die Absichten dieser Leute noch nicht zur Genüge kannte, gab ich den Befehl, für alle Fälle die Flinten kampfbereit zu halten.

So zogen wir geschlossen den nordöstlichen Tore der Stadt zu. Etwa 300 m rechts am Wege befand sich ein mächtiger Baum, und unter diesem saß Sakwa mit den Seinen. Eine große bronzene Kette hing ihm um den Hals herunter, und reich waren seine Arme mit kunstvollen kupfernen Ringen geschmückt. Er trug eine Lanze in der rechten Hand, und ein Hemd aus Baumwollstoff bekleidete seinen Körper. Als ich, heranmarschierte, erhob er sich mit seinem gesamten Gefolge von seinein Sessel und schritt mir entgegen, mir die Hand reichend. Hand in Hand bewegten wir uns alsdann mit feierlichem Ernste der Eingangstür von Kwa Sakwa zu. Ein breiter Graben umgibt die Mauern des Ortes, über welchen ein Damm ins Tor hineinführt. Betritt man das Innere der Ummauerung, so kommt man zunächst auf einen' großen freien Platz, umgeben von den Häusern der kriegerischen Besatzung des Ortes. Von dort aus gelangt man auf einen zweiten großen freien Platz, welcher in mächtigem Kreise von den vielen Häusern des Sultans eingefaßt wird. Alle diese Häuser sind angefüllt mit seinen Hunderten von Weibern, in deren Mitte er selbst wohnt. Dieser Platz, so bedeutete mich der König, sei mein eigener. Ich könne entweder in seinen Häusern wohnen oder auch meine Zelte aufschlagen lassen. In gleicher Zeit wies er auf zwei fette Ochsen hin, welche meine Nahrung für heute bilden sollten, und jeden Morgen, solange ich da bleibe, würden wiederum zwei Schlachtochsen für uns bereit stehen. In großen Krügen wurde alsdann braunes Bier für uns herausgebracht, zu dem Honig, Eier, Hühner und Milch, sowie goldgelbe Bananen hinzugetragen wurden. Bald waren Häuser für meine Leute freigemacht, die Zelte aufgeschlagen und mitten in Kwa Sakwa wehte um die Mittagsstunde zum ersten Male die schwarz-weiß-rote Flagge.

Ich hatte mich kaum in meinem Zelte häuslich niedergelassen, gebadet und mich rasiert, was ich an jedem Tage gleich nach Beendigung des Marsches zu tun pflegte, als mit einem Male Flintenschüsse von dem südlichen Tor her neuen Besuch anmeldeten. Es erschienen Träger von der englischen Expedition, um uns zu begrüßen, und von ihnen erhielt ich genauere Mitteilungen über die Absichten derselben, insbesonderle über Ali Somal, der während der Abwesenheit der vier Weißen Chef der Station sei. Die Expedition sei 500 Träger stark und mit Remingtongewehren bewaffnet. Munition sei reichlich vorhanden. Sie hätten noch mehr als 50 Lasten Patronen.

Am Nachmittag kam Ali Somal selbst mit meinen beiden Somalis von Kwa Sundu herüber, um uns zu begrüßen, ein intelligent aussehender, fast gentlemanlike auftretender junger Somali in vollständig europäischer Kleidung, der uns außerordentlich verbindlich willkommen hieß und sofort die Einladung aussprach, wir möchten doch so bald als möglich zu ihm in die englische Station übersiedeln. „Mr. Jackson würde es mir sehr übel nehmen, wenn ich euch hier bei Sakwa wohnen ließe. Er wird es lebhaft bedauern, daß er gerade abwesend ist, aber ihr müßt jedenfalls so lange warten, bis er wiederkommt."

„Wohin ist denn Mr. Jackson gegangen? Ist er vielleicht durch Elgumi zu Emin Pascha marschiert?"

„Keinesfalls. Wäre er zu Emin Pascha gegangen, so würde er jedenfalls mich mitgenommen haben. Nein, er ist auf Jagd. Er hat längere Zeit, einige Wochen, am Elgon dort drüben gejagt und auch mehrere Elefanten erlegt und ist nunmehr wahrscheinlich zu demselben Zweck weiter gegen Norden marschiert."

„Aber wenn er bloß jagen will, wozu nimmt er dann 450 Mann und sämtliche Weiße mit nordwärts? Ist er denn nur zum Jagen in diese Gegend gekommen?"

„Das nicht. Wir hatten den Auftrag, uns von hier aus mit Stanley in Verbindung zu setzen, um dessen Expedition in den Nilländern zu unterstützen. Aber Stanley ist an der westlichen Seite des Viktoriasees an die Küste zurückmarschiert, und so konnten wir ihm nicht helfen."

„Stanley ist an der westlichen Seite des Viktoriasees abmarschiert? Aber ist er dann zum zweiten Male zu Emin Pascha zurückgekehrt, und ist Emin Pascha etwa gar mit ihm fortgezogen?"

„Nein, Emin Pascha ist in seinem Lande zurückgeblieben. Mit Stanley ist ein anderer Weißer gegen Süden gezogen. Emin Pascha hat Krieg mit den Wanjoro gehabt, welche seine Leute geschlagen und ihn nach Norden hinaufgetrieben haben.

Er ist jetzt ganz allein in der Äquatorialprovinz, und ein Zugang von hier aus zu ihm ist nicht möglich."

„Woher weißt du das?"

„Mr. Jackson wäre außerordentlich gern zu Emin Pascha oder doch wenigstens nach Uganda marschiert, aber er durfte dies nicht tun, da die Stämme im Westen von uns sämtlich feindselig sind, und wir einfach in unsern Tod gegangen sein würden, wenn wir dorthin marschiert wären. Die Wanjoro wollen von den Weißen nichts wissen, und in Uganda herrschen die Araber. Die Waganda töten jeden Weißen, der ins Land kommt, und eine Expedition, welche in diese Länder geht, ist von vornherein verloren."

„Habt ihr Nachrichten aus Uganda?"

„Ja, wiederholt. Es sind sogar jetzt noch die Leute der letzten Wagandadeputation in meinem Lager, und du kannst sie selbst befragen. Die Christen von Uganda haben bereits mehrere Male zu uns geschickt, wir möchten ihnen Hilfe bringen, dann wollten sie die englische Flagge annehmen, aber Mr. Jackson hat dies immer abgelehnt, weil er zu schwach hierzu sei. Warte auf Mr. Jackson, er wird dir dies alles selbst genauer mitteilen. In 14 Tagen muß er zurück sein."

„Vierzehn Tage kann ich hier nicht warten, denn ich werde bereits in einigen Tagen von hier nach Westen abmarschieren."

„Du wolltest von hier nach Westen abmarschieren!?"

„Ganz gewiß. Wenn Emin Pascha jetzt allein in seiner Provinz ist, hat er die Hilfe um so nötiger."

„Aber nach Westen zu gehen, ist ja ganz unmöglich, du führst dich und deine Leute alle in den Tod. Emin Pascha ist geschlagen und nicht mehr, was er war."

„Wenn Emin Pascha geschlagen ist, so hat er die Hilfe nur um so nötiger. Übrigens woher wißt ihr denn so genau, daß ein Vormarsch nach Westen unausführbar ist?"

„Wir haben gute Nachrichten von allen Seiten. Ich kann dir die Briefe aus Uganda selbst zeigen, wenn dir daran gelegen ist. Du wirst dann alles selbst sehen und den Plan aufgeben, alle deine Leute in den Untergang zu führen. Ich habe ein besonderes Interesse daran, da sich zwölf meiner eigenen Brüder bei deiner Expedition befinden, deren Leben ich retten möchte. Lies morgen die Briefe aus Uganda selbst und du wirst mir Recht geben."

„Schön. Jetzt gehe zu den Somalis, welche dir Nachrichten aus deiner Heimat geben werden. So lange du bei mir in Kwa Sakwa bleibst, bist du mein Gast."

Was waren das für Nachrichten, die ich hier bekam? Die große englische Emin Pascha-Expedition lag hier bereits seit Monaten an den Grenzen der Nilländer, ohne einen Vorstoß in dieser Richtung zu wagen. Emin Pascha von den Wanjoro geschlagen und einsam auf seinem Posten zurückgeblieben, während sein weißer Begleiter, also augenscheinlich Casati, mit Stanley an die Küste abgezogen war! Uganda in Händen der Araber, und Kaba-Nega, den ich aus Emins Schilderungen als seinen treuen Freund kannte, nunmehr der Feind der Europäer und Emins selbst! Man wird verstehen, daß wir durch diese Mitteilungen, an denen zu zweifeln für uns keinerlei Grund vorlag, auf das äußerste erregt wurden. Aus dem Chaos von Emp'findungen tauchte aber immer wieder die einsame Gestalt Emm Paschas empor in einer Welt von feindlichen Gewalten, von allen verlassen, im Norden vom Mahdi, im Süden von den Wanjoro bedrängt, nur den Untergang vor Augen und, wie es uns scheinen mußte, entschlossen, denselben auf sich zu nehmen. Wie hätten wir auch nur eine Sekunde schwankend werden können in dem Entschluß, nunmehr erst recht zu ihm zu eilen, entweder um ihm zu helfen, oder wenn es sein mußte, mit ihm zu fallen.

Doch warten wir zunächst ab, was der folgende Tag uns an weiteren Aufklärungen bringen wird. Derselbe brachte zunächst eine eigenartige Forderung seitens des Sultans Sakwa. Dieser erschien schon am frühen Morgen mit großem Gefolge vor meinem Zelt, um mir folgendes vorzuschlagen:

„Zwei Stunden nördlich von hier", sagte er, „sitzt der räuberische Stamm der Mangati in einem Lande, welches wir Njoro nennen. Diese Leute machen fortwährend Einfälle in mein Gebiet, bedrohen meine Herden und brennen meine Dörfer nieder. Den ganzen Westen vom Nsoiafluß haben sie verheert. Ich habe die Engländer wiederholt gebeten, diese Mangati zurückzuschlagen, und ihnen angeboten, falls sie dies tun, dann ihre Flagge für Kawirondo anzunehmen. Aber die Engländer sind Leute der Furcht, sie haben sich in ihre Station eingeschlossen und scheuen den Kampf mit den Mangati. Nun seid ihr Deutsche gekommen, welche ihr sogar die Massais geschlagen habt. Ich gebe euch meine sämtlichen Askaris, du schlägst dann die Mangati, worauf ich eure Flagge annehme und dir die Hälfte des von den Mangati erbeuteten Viehs abgebe."

„Aber was habe ich mit den Mangati zu tun? Ich denke gar nicht daran, mich mit den Mangati zu schlagen. Wir haben mit den Massais kämpfen müssen, weil solche uns zuerst angriffen. Wir Deutsche kämpfen überhaupt nur, wenn wir angegriffen sind, oder wenn Leute angegriffen sind, welche unter unserm Schutz stehen."

„Nun, Wir wollen unter euren Schutz treten. Du sollst unser Herr sein, wenn du die Mangati für uns schlägst."

„Wenn ich dir auch diesen Gefallen tun möchte, so kann ich das doch in diesem Augenblick nicht. Ich muß nach dem Westen marschieren zu einem großen Weißen, welcher daselbst wohnt. Wenn ich meine Patronen hier verschieße, wie soll ich dann zu meinem Freunde am Nil gelangen?"

„An den Nil kannst du überhaupt nicht kommen. Dort wohnen die Waganda, welche sehr böse sind und jeden töten, der zu ihnen kommt. Vor einiger Zeit war ein Weißer hier bei uns, der wollte ebenfalls in diese Länder ziehen. Die Waganda haben ihn und alle seine Leute getötet."

„Aber sind denn die Wasoga ebenfalls so böse? Wenn ich dies»seit des Nils durch Usoga und später an dieser Seite des

Flusses an Unjoro vorbeimarschiere, dann brauche ich doch die Waganda nicht zu fürchten."

„Die Wasoga und Waganda sind ganz dasselbe", sagte er. „Die Wasoga sind Sklaven des Mfalme (König) von Uganda und müssen alles tun, was er sagt."

„Aber bis die Nachricht von unserm Durchmarsch nach Uganda kommt, haben wir längst Usoga passiert, und wenn die Wasoga uns daran hindern, wollen wir sie schlagen, gerade wie wir die Massais geschlagen haben!"

„In Usoga gibt es viele Waganda, und sie haben dort sehr viele Flinten. Alle Stämme rückwärts konntest du schlagen, aber, wenn du versuchen wirst, die Waganda und die Wagosa zu bekriegen, dann wirst du untergehen. Schlag die Mangati für uns und nimm unsere Gastfreundschaft an. Inzwischen schicken wir Nachricht an den weißen Mann. Wenn er so groß ist, wie du sagst, wird er dir Soldaten schicken, daß du sicher zu ihm kommen kannst. Wir wissen wohl, daß dort drüben gegen die sinkende Sonne hin die Turki wohnen, und daß sie viele Gewehre haben. Wenn ihr Sultan ein Weißer ist, so erwarte hier Nachrichten von ihm, dann wirst du sicher zu ihm gelangen."

„Ich habe nunmehr alle deine Worte verstanden; geh jetzt und laß mich allein, damit ich, mit meinem Gott Rücksprache nehme. Die Antwort werde ich dir heute nachmittag geben."

Das Verlockende an dem Vorschlage Sakwas war, daß ich durch seine Annahme mir einen festen Rückhalt in Kawirondo schuf. Schlugen wir die Mangati, so mußte außerdem unser Ansehen nach Westen hin erheblich wachsen, und dies konnte möglicherweise für den Durchmarsch durch Usoga wiederum entscheidend werden. Auf der andern Seite entsprach es nicht meinen Prinzipien, unter deutscher Flagge einen Stamm anzugreifen, welcher nicht vorher Feindseligkeiten gegen uns begangen hatte. Infolgedessen beschloß ich, allerdings dem Sultan Unterstützung für die Unterwerfung des räuberischen Stammes im Süden zu gewähren, aber weder unsere Flagge, noch einen von uns Weißen an der Angelegenheit teilnehmen zu lassen.

Ich bewilligte ihm unter der Führung Husseins 35 Mann für den nächsten Morgen unter der Voraussetzung, daß er ebenfalls seine sämtlichen Askaris, seine Massais wie seine Bantu unter den Befehl Husseins stelle und ihnen die Möglichkeit gebe, noch in der Nacht an die Mangati heranzudrängen, um dieselben am nächsten Morgen vor Sonnenaufgang anzugreifen und zu schlagen.

Sakwa bewilligte alles, aber führte seine Versprechungen, wie diese Neger tun, nur halb aus. Anstatt daß Hussein, wie ich verlangt hatte, zwischen 5 und 6 Uhr an den Feind herangeführt war, wurde es 7–8, bis sie in das nicht 2, sondern 3–4 Stunden entfernte Njoro gelangten. Die Mangati waren alarmiert, hatten ihre Herden zurückgetrieben und erwarteten meine Leute in Kampfesstellung. Es entspann sich nun ein äußerst erbittertes, ja mörderisches Gefecht, bei welchem Hussein den Fehler machte, nicht die von uns stets angewandte Taktik zu befolgen, nämlich nach einigen Salven mit „Hurrah", aber immer vorsichtig doch wieder Distanze haltend, vorzugehen und den Feind zu werfen.

Wir vernahmen den ganzen Morgen das lebhafte dumpfe Knattern der Perkussionsgewehre und den schärferen Ton der gezogenen Läufe, sahen auch einige Dörfer im Süden in Brand aufgehen.

Gegen 3 Uhr nachmittags kamen zunächst die Soldaten Sakwas in großen, nach Hunderten zählenden Trupps unter einem dumpfen Kriegsgesange, welcher etwa folgenden Rhythmus inne hatte: hu, hu, hu, hu, hü – hu, hu, hu, hu, hu, und dann meine eigenen Leute mit ihrem eigenen Kriegsgesang zurückmarschiert. Die Mangati waren zwar total geschlagen, hatten 2 Dörfer und 56 Mann eingebüßt, aber es war Hussein nicht gelungen, sich in den Besitz von Viehherden zu setzen, und der schon so sehr eingeschrumpfte Patronenvorrat der Expedition war durch dieses Gefecht auf das äußerste herabgemindert. Ich hatte jetzt für die Repetiergewehre pro Mann noch 40–45 Stück. Außerdem hatten wir mehrere Verwundete. Dagegen war allerdings ganz Kawirondo der Bewunderung voll für unsere kleine Truppe, und dies sprach sich auch sehr schnell weiter nach Westen bis nach Uganda hin aus. Sakwa brachte noch am Abend Schlachtochsen für meine Leute und zog am folgenden Nachmittag auf einem Hügel in seiner Residenz an einem 15 m hohen Flaggenmast die große schwarzweiß-rote Flagge auf. Seine Weiber führten Tänze zu unseren Ehren auf. Indes s bedeutete dies am Ende gegenüber der Tatsache, daß wir nur noch so wenig Patronen hatten und mit dieser Macht nunmehr in das gefährliche Nilgebiet abmarschieren mußten.

Der Vertrag, welchen ich mit Sakwa, am 1. Februar abschloß, hat folgenden Wortlaut:

Kwasakwa in Kawirondo, den 1. Februar 1690
Sultan Sakwu von Kawirondo bittet Dr. Carl Peters um seine Flagge. Er erkennt Dr. Peters unbedingt als seinen Herrn an. Dr. Carl Peters verspricht Sultan Sakwa nach Kräften zu schützen und ihm bei der Eroberung des ganzen Kawirondo so weit behilflich zu sein, als dies sich mit seinen anderweitigen Plänen verträgt.
Sultan Sakwa hißt am heutigen Tage feierlichst die deutsche Flagge in seiner Residenz. Beide Teile vollziehen diesen Vertrag durch, Unterzeichnung von Zeugen.
Handzeichen des Sultans Sakwa.   Dr. Carl Peters

Auf Grund dieses Vertrages ließ ich dem Sultan für die Engländer folgendes englische Schreiben zurück, welches ich in deutscher Übersetzung wiedergebe:

Kwasakwa, Kawirondo, den 1. Februar 1890.
Sultan Sakwa hat mich um meine Flagge gebeten, welche ich ihm gewährte, um einen Platz hinter mir für meinen ferneren Vormarsch auf Emin Pascha zu haben. Sultan Sakwa hat mir eingeräumt, seinen Platz als mein Eigen-

tum zu betrachten für die Zwecke meiner Expedition und irgendwelche andere Pläne, welche ich in diesen Teilen von Afrika haben mag. Ich erkläre demnach das Land von Kawirondo für mein Eigentum, bis ich mit der Zustimmung des Sultans Sakwa anderweitig darüber verfügen mag. Irgendeine Verletzung der Rechte des Sultans Sakwa werde ich demnach als eine Verletzung meiner eigenen Rechte behandeln. (gez.) Dr. Carl Peters.

Am nächsten Morgen marschierte ich trotz der stehenden Bitten Sakwas, noch zu bleiben, unter Trommelschlag über gut angebautes Land nach Süden weiter, um mein Lager an diesem Tage in der englischen Station Kwa Sundu zu beziehen. Hier mußte ich endgültige Aufklärung über die Verhältnisse des Westens empfangen und demgemäß mich dann entscheiden, ob ich den Durchmarsch durch Uganda wagen könne, oder ob es geboten sei, mit Umgehung dieses Landes direkt auf Unjoro vorzustoßen.

IX. Kapitel
Vorstoß auf Nnjoro und Abschwenkung nach Uganda zur Unterstützung der christlichen Partei

> Denn mit Göttern Soll sich nicht essen
> Irgendein Mensch, (Goethe,)

Wir waren in der englischen Station sehr schnell häuslich eingerichtet. Der junge Sultan empfing uns mit einem Ehrengeschenk von drei Schlachtochsen, denen freilich die naive Bitte angefügt war: Wir hätten die Mangati in der Nähe von Kwa Sakwa geschlagen, er bitte, daß wir nun morgen die Mangati in der Nähe von Kwa Sundu schlügen. Es kamen außerdem die Häuptlinge der Massais in Kawirondo mit Ehrengeschenken und der Bitte, mit mir in ein Vertragsverhältnis und freundschaftliche Beziehungen treten zu dürfen. Sie alle seien bereit, mich als ihren Herrn und Häuptling anzuerkennen. Ich vertröstete sie sämtlich auf meine Rückkehr von der Äquatorialprovinz. Sobald ich meinen deutschen Bruder daselbst erreicht habe, wolle ich mit größerer Macht zurückkehren, und wir wollten dann eingehende Beratungen über ihr Verhältnis zu meinem Stamme abhalten.

Aus den von Ali Somal mir vorgelegten schriftlichen Mitteilungen erfuhr ich zunächst folgende authentische Nachrichten über die Verhältnisse in Uganda aus einem Schreiben Mr. Mackays aus Usumbiro vom 25. August 1889 an Emin Pascha, welches augenscheinlich zur Weiterbeförderung hier in der englischen Station lag, und das ich auszugsweise in Übersetzung wörtlich folgen lasse:

„Muanga, der Sohn und Nachfolger Mtesas, König von Uganda, entwickelte sich im Jahre 1887 mehr und mehr als ein

Wüterich und Tyrann, bis im September oder Oktober 1888 nach dem Versuch, von seiner Seite, seine Leibgarde zu morden, von denen die meisten entweder Christen oder Mohammedaner waren, diese plötzlich meuterten und ihn vom Throne trieben. Der entthronte König entkam mit einem Kanoe nach der südlichen Seite des Viktoriasees.

Ein Bruder Muangas, namens Kiwewa, wurde in die Macht eingesetzt, und dieser proklamierte zunächst Freiheit für alle Bekenntnisse, wandte sich aber bald hernach gegen die Christen und nach einer Schlächterei derselben trieb er sie insgesamt hinweg. Sie nahmen Zuflucht in Busagalla (Usagara), welches auch Ankore genannt wird, dessen König Antari sie als Kolonisten empfing. (S. hierzu Stanleys „Im dunkelsten Afrika", Bd. II 32. Kap. S. 333–337.) Nur wenige entkamen auf Kanoes nach der Südseite des Sees und wurden zum Teil durch die römischen Priester in Ukumbi und zum Teil durch die Engländer in Usumbiro aufgenommen. Die Herren Gordon und Walker, sowie die römischen Missionäre in Uganda wurden für eine Wache gefangen genommen, und beide Missionsstationen geplündert und zerstört, und hierauf wurde allen Missionaren erlaubt, in dem christlichen Boot Uganda zu verlassen. Natürlich warn die Araber die hauptsächlichen Anstifter und Hauptagenten in der Zubodenwerfung der christlichen Missionen, aber sie selbst genossen ebenfalls nicht lange die Gunst von Kiwewa. Er fand sie zu eifrig in ihrem Verlangen, ihn zu beschneiden, und eines Tages ließ er alle ihre Häupter, erklärte Mohammedaner, in Burgah verhaften und tötete mit eigener Hand drei von ihren Führern. Auf irgendeine Weise gerieten die anderen indes gleich darauf in Freiheit, und nun hatte Kiwewa um sein Leben zu fliehen.

Dann wurde ein anderer Bruder, genannt Karema (oder Kalema) zum König gewählt, und seinen Truppen gelang es, die Armee, welche durch Kiwewa gesammelt war, zu vernichten. Dieser fiel in Kalemas Hand, wurde in Ketten gelegt und getötet. Muanga nahm zuerst Zuflucht bei den Arabern von Muju, verließ diese indes in der Folge, degoutiert durch die schlechte Behandlung, welche er gefunden hatte, und begab sich zu den Franzosen in Ukumbi, wo er bis April 1888 residierte. Inzwischen kam Mr. Stokes, früher ein Mitglied der englischen Expedition, jetzt ein Handelsmann, von der Küste mit einem eigenen Boot an. Muanga drang in ihn, ihn nach Buganda zurückzunehmen und einen Versuch zu machen, seinen verlorenen Thron wieder zu gewinnen. Das Boot landete in der Nähe der Kageramündung, wo Muanga die Standarte der Rebellion aufpflanzte und bald einen großen Anhang gewann, insbesondere in der gesamten Körperschaft der verbannten Christen in Bufagalla oder Ankore. Karema schickte eine starke Armee, um Muanga zu begegnen, und vernichtete die Streitkraft des letzteren.

Muanga selbst entkam zu den Sesseinseln, wo er von den Insulanern anerkannt wurde. Er fand sich von neuem an der Spitze einer nicht unbeträchtlichen Streitkraft mit allen Kanoes des Landes. Mit ihnen ging er nach der Murchisonbucht vor und schiffte an einer kleinen Insel gegenüber Munyonyo, einer vormaligen Residenz, aus. (Bulingogwe.)

Kalema schickte eine Streitmacht herbei, um die Landung Muangas zu verhindern, unter der Führung eines Arabers mit Namen Hamis Belul, aber diese Streitmacht zog sich bald zurück. Muangas Truppen landeten und verbrannten Munyonyo. Ebenfalls fand eine Schlacht in Kyagore statt, in welcher Kalemas Armee geschlagen ward. . . ."

Bis hierher reicht die Nachricht aus dem Schreiben Mr. Mackays. Er fährt fort, daß Mr. Stokes bald darauf nach Ukumbi zurückgekehrt sei und nun, also im August 1889, im Begriff stehe, mit einer neuen Ausrüstung von Waffen, Munition, zur Hilfe Muangas zurückzukehren. Muanga habe eine Einladung an die Franzosen und die Engländer gerichtet, zu kommen und sich auf den Sesseinseln niederzulassen. Einige Franzosen seien bereits gegangen, während Mr. Gordon und Walker am morgigen Tage in Kanoes nach Seffe abgehen würden.

Mr. Mackay fügt seine eigenen Betrachtungen hinzu: „Natürlich können die Missionäre Muanga im Gefecht nicht unterstützen, aber ihre Gegenwart vermag seinem Namen Prestige zu geben, während dies ihre gegenseitigen Gemeinden, ermutigen kann, welche zur Zeit Muangas fast alleinige Macht darstellen. Protestanten und Katholiken zählen insgesamt etwa 1500, nach ihrer eigenen Schätzung über 2000 Mann. Sie haben, glaube ich, alles in allem 1000 Flinten, aber sehr wenig Pulver. Außer diesen hat Muanga mehrere tausend heidnische Anhänger, bewaffnet mit Speer und Schild, während Karema mehr als 2000 Flinten und alle Araber und ihre Sklaven hinter sich hat. Aber Karema ist, glaube ich (was ein Irrtum von Mackay war), dem Islam nicht geneigt und benutzt jene Partei nur als sein Hauptverteidigungsmittel. Er ermordete vor kurzem sämtliche Prinzen und Prinzessinnen, welche er in seine Hände bekommen konnte, im Falle, daß einer oder der andere von ihnen etwa als Rival für den Thron auftrete." „Das hat seine Popularität nicht vermehrt, während ich höre, daß verschiedene seiner leitenden Anhänger rebellisch sind. Aber sie fürchten sich, sich Muanga anzuschließen, da dieser erbittert gegen alle ist, welche den Mohammedanismus bekannt haben. Mein Rat an Muauga ist, inzwischen ruhig im Besitz der Sesseinseln zu bleiben und mit Hilfe der zahlreichen Kanoes, welche er hat (während Karema keine besitzt) die Küste von Uganda (Buganda in der Kigandasprache) zu blockieren und die Araber zu verhindern, frische Zufuhr zu bekommen. Auf diesem Wege wird er allmählich viele Anhänger gewinnen. In der Tat haben die meisten seiner früheren Häuptlinge, gemißbilligt durch Karema, sich, ihm bereits angeschlossen, allerdings nur mit wenigen Anhängern." „Als Mr. Stokes Uganda verließ, war die Nachricht dorthin gekommen, daß einige Weiße in Usoga in der Nähe von Wachores Lande angelangt seien. Das, glauben wir, muß die Vorhut der britisch - ostafrikanischen Expedition auf ihrem Wege nach Wadelai mit Proviant und Munition für Sie (Emin) sein, um deren Unterstützung Muanga geschickt hat, um sich mit ihnen in Verbindung

zu setzen, aber wir haben keine Neuigkeiten mehr von ihnen."
(Diese Nachricht bezog sich augenscheinlich auf die englische Expedition in Kawirondo, in deren eigenem Lager wir uns gerade befanden.)

Mr. Mackay fährt nunmehr mit einem ziemlich naiven Vorschlag an Emin Pascha fort, welcher diesem, als ich ihm denselben hernach in Mpuapua mitteilte, nicht minder naiv vorkam wie mir, als ich ihn zuerst las:

„Jetzt nun ist die Zeit, einen scharfen Streich für das Recht, Uganda zu gewinnen, zu tun. Wenn Sie nämlich (Jackson und Genossen) Muanga unterstützen in Entthronung Karemas und seiner Araber und ihn selbst auf den Thron zurückbringen, dann wird das Land hernach faktisch in Ihrer Hand sein, und so werden Sie den Schlüssel der ganzen westlichen Umgebung des Viktoriasees besitzen. Aber ich fürchte, die Expedition der britisch-ostafrikanischen Gesellschaft hat Sansibarträger, auf welche man sich wenig verlassen kann, als Soldaten."

Nun kommt die Pointe:

„Sie (Emin Pascha) haben die Armee, und nur durch die Unterstützung eines oder zweier Regimenter Ihrer Truppen unter geeigneten Führern ist es möglich, daß Karemas fanatische Kriegsmacht zu Boden geworfen und der Exkönig Muanga wieder zur Macht gebracht werden kann, nicht als ein unabhängiger Souverän wie zuvor, sondern als ein Agent der britisch-ostafrikanischen Gesellschaft. (Gewiß ganz außerordentlich verlockend für Emin Pascha; man denke sich, ein deutscher Missionär mache einem Engländer von Geburt einen derartigen Vorschlag, um einer deutschen Kolonialgesellschaft ein Königreich zu gewinnen!) Seine Absetzung und Verbannung scheint ihm eine Lektion beigebracht zu haben, und ich wenigstens habe einige Hoffnung, daß er, wenn er einmal wieder in Macht ist, weiser regieren wird als früher. Indes ist es nach meiner Überzeugung besonders wünschenswert, daß es ihm nicht überlassen wird, sich auf seine eigenen Hilfsquellen z,u verlassen, sondern daß er von außenstehenden abhängig wird für sein Königtum, das will sagen, von Ihnen selbst und der britisch-ostafrikanischen Gesellschaft. Auf diese Weise wird seine zukünftige gute Haltung gesichert sein.

„Ich habe die Herren Walker und Gordon ersucht, Ihnen nach ihrer Ankunft in Sesse zu schreiben und den Stand der Angelegenheiten genau auseinanderzusetzen, wie Sie sie fänden. Ich bin durch den Generalkonsul in Sansibar sowohl wie durch die Agenten der Kompagnie (Mr. Smith, Mackenzie und Kie.) und durch Mr. Mackinnon selbst aufgefordert worden, soweit als ich kann, die Interessen der Kompagnie zu fördern (d. h. doch, als deren politischer Agent zu arbeiten). Ich sehe nicht, wie ich dies besser tun kann von meinem Standpunkt aus, als wenn ich Sie und die Herren an der Spitze der Expedition mit der genauen Lage der Dinge zurzeit in Uganda bekannt mache, in der Meinung, daß jetzt eine seltene Gelegenheit vorhanden ist, welche niemals zu unserer Lebenszeit zurückkehren könnte, um nicht nur den Markt in Uganda zu sichern, sondern auch die Kontrolle über das ganze Land in die Hand zu bekommen. Die Tatsache, daß meine Brüder sowohl wie die französischen Missionäre vorbereitet sind, sich Muanga anzuschließen, wird für Sie, wie ich sicher bin, eine genügende Garantie sein, daß diese Seite vorgezogen werden muß. Karema ist fanatisch, und, solange er in Macht ist, wird er immer der Feind aller derer sein, welche gleich uns und der britisch-ostafrikanischen Gesellschaft die Wohlfahrt des Seegebietes im Herzen tragen."

Dieser Brief wird zunächst einen nicht uninteressanten Kommentar zu der Behauptung Stanleys geben „im dunkelsten Afrika", S. 345:

„Die christlichen Konvertiten stellen ihnen (den Missionären) ein vorzügliches Zeugnis aus und wiederholen mir viele von den guten Lehren, welche Herr Mackay ihnen gegeben hatte und die unzweifelhaft als Beweise gelten konnten, daß die Missionäre sich vollständig jeder Einmischung in die Politik des Landes enthalten hatten."

Ich bringe ihn hier vollständig zum Abdruck, weil er in der Tat ein sehr klares Bild von den Verhältnissen von Uganda und insbesondere von den englischen Plänen auf diese Länder gewährt.

Aus weiteren Dokumenten, die ich in Kwa Sundu einsehen konnte, entnahm ich ferner, daß Muanga mit der Hilfe von Stokes m der Tat am 4. Oktober 1889 Karemas Anhang geschlagen und sich wieder in den Besitz des Thrones gesetzt, daß er zwei Gesandtschaften an die englische Expedition in Kawirondo geschickt hatte mit der Bitte an Mr. Jackson, ihm Unterstützung zu bringen, und mit dem Anerbieten, falls dies geschehe, werde er bereit sein, der britisch-ostafrikanischen Gesellschaft nicht nur das Handelsmonopol in Uganda und allen seinen Ländern einzuräumen, sondern sich selbst sogar unter britisches Protektorat zu stellen.

Diese Korrespondenz war unterzeichnet von Muanga selbst, von den englischen Missionären und auch von père Lourdel. Aus ihrer Reihenfolge vermochte ich festzustellen, daß Mr. Jackson zuerst diese Sache verzögert, dann schriftlich ganz abgelehnt hatte. Dessen Antwort habe ich erst später in Uganda einsehen können, und dort ersah ich, daß er sich mit seinen 500 Remingtons nicht stark genug fühlte, auf Uganda, wo nach allem, was er wußte, die Parteien doch ungefähr sich das Gleichgewicht hielten, zu marschieren, sondern es eben vorzog, nach Norden auf die Jagd zu gehen, wo er sich zurzeit befand. Aus dem letzten von père Lourdel gezeichneten Schreiben vom 1. Dezember von der Insel Bulingogwe ging hervor, daß Ende November die Armee Muangas von neuem geschlagen sein mußte, (was sich tatsächlich am 22. November ereignet hatte) daß die Christen sich wiederum auf die Inseln des Viktoriasees geflüchtet hatten und von hier aus dringender als je die Bitte um Unterstützung an die englische Expedition richteten. Das hierauf bezügliche Aktenstück gebe ich in deutscher Übersetzung wieder:

Bulingogwe,
1. Dezember 1889.

Sehr lieber Herr!

Wir haben mit Schmerzen vernommen, daß Sie nicht kommen können, wenigstens zurzeit nicht, um Muanga und den Christen von Buganda Hilfe zu bringen, wie wir es hatten.

Der König Muanga hatte mich beauftragt, Ihnen in seinem Namen den Kiswahilibrief zu schreiben, als er die Nachricht der Niederlage seiner Armee noch nicht erfahren hatt e. Nachdem er gezwungen war, sich auf die Insel Bulingogwe zu flüchten, verlangt er mehr als je Ihre Unterstützung mit Flehen. Zur Entschädigung bietet er Ihnen außer dem Handelsmonopol als Geschenk hundert Frasilah (oder 35 Zentner) Elfenbein, welches er Ihnen geben wird, nachdem er wieder auf den Thron gesetzt sein wird. Er verpflichtet sich, ferner zum Unterhalt Ihrer Leute und nimmt Ihre Flagge an. Was uns katholische Missionäre anbetrifft, so werden wir sicher glücklich und sicher dankbar sein, von dem Schütze Nutzen ziehen zu können., welchen Sie, wie ich hoffe, den Missionaren und Christen dieses Landes werden gewähren können, wenn Sie dazu kommen, die Mohammedaner zu verjagen.

Haben Sie die Güte, meine lebhaften Grüße Ihren unerschrockenen (wohl ein wenig Ironie von père Lourdel) Marschgenossen zu übermitteln. Ich bete zu Gott, daß er fortfahren möge, Ihre Unternehmungen zu segnen und zu begünstigen.

Gestatten Sie usw.

gez. Simeon Lourdel.

Soweit, einschließlich der Kenntnis, daß die Engländer auf solche Mitteilungen hin nicht in dieses unangenehme Uganda, sondern auf Elefanteniagd nach dem Norden gegangen waren, reichten meine eignen Nachrichten in Kawirondo.

Ich habe diese Tatsachen hier mitgeteilt aus die Gefahr hin, dadurch in den Verdacht zu kommen, das Briefgeheimnis in Kawirondo verletzt zu haben, aber ich hoffe, daß dieser Vorwurf für ungerechtfertigt erachtet wird. Zunächst handelt es sich nicht um das Erbrechen von Briefen meinerseits, sondern um Aktenstücke, welche mir von dem damals offiziellen Chef der englischen Station mit dem Bemerken vorgelegt wurden, er wisse, daß auch seine Herren, „meine Brüder", mir alle diese Mitteilungen und noch weitere gern machen würden, falls sie zur Stelle wären, und mit der ausdrücklichen Ermächtigung, Abschrift von denselben, zu nehmen. Sodann muß man meine Lage in Betracht ziehen, die Verantwortlichkeit, welche ich für meine Expedition und meine Leute hatte, und welche es mir einfach zur Pflicht machte, mir jede Erkundigung zu beschaffen, welche ich über die vor uns liegenden Länder nur irgendwie erhalten konnte.

Nachdem ich mich so im allgemeinen orientiert hatte, ließ ich mir die Wasoga, welche die letzte Ugandapost ins englische Lager gebracht hatten, zu einer ausführlichen Ausfragung herbeibringen.

„Ihr seid Wasoga. Wer hatt euch hierher geschickt?"

„Wir sind von den Waganda gezwungen, ihnen den Weg nach dem englischen Lager in Kawirondo zu zeigen."

„Was für Nachrichten habt ihr von Uganda?? Wer ist der Herr dort?"

„In Uganda ist Krieg. Vor einiger Zeit hatte Muanga die Araber geschlagen. Zuletzt aber war Karema wiederum König, und Muanga mit den Seinen auf die Inseln geflohen."

„Was für ein Land ist Usoga? Gehört ihr zu Uganda oder habt ihr eigene Häuptlinge?"

„Wir haben eigene Häuptlinge, aber sie alle sind dem Kabaka von Uganda Untertan."

„Ist es Fremden gestattet, ohne Erlaubnis des Kabaka von Uganda durch Usoga zu ziehen?"

„Wenn ein Fremder nach Usoga kommt, müssen unsere Sultane an den Mfalme[4] von Uganda berichten. Wenn dieser es erlaubt, können sie weiterziehen. Wenn er will, müssen sie in Usoga bleiben, oder, wenn er befiehlt, müssen sie zurückkehren."

„Gibt es in Usoga Essen?"

„Essen wie Sand am Meer." Sie machten die Bewegung des Sandaufhäufens in beiden Händen.

„Was für Essen?"

„Bananen, Getreide und Fleisch aller Art."

„Lieben die Wasoga die Weißen, oder machen sie Krieg mit ihnen?"

„Die Wasoga lieben die Weißen, aber sie müssen tun, was die Waganda ihnen sagen."

„Gibt es Waganda in Usoga?"

„Ja, sie kommen jedes Jahr, um den Tribut von dort zu holen, und jetzt sind viele von ihnen dort, welche vor dem Kriege in Uganda geflohen sind."

„Gehören die Wasoga zur Partei Muangas oder hängen sie Karema an?"

„Muanga ist der Mfalme von Uganda, und Karema nur ein Bösewicht, welcher Krieg gegen diesen macht."

„Nun will ich wissen, wie eine Reihe von Ausdrücken der Kiswahilisprache in Kisogo heißt."

Ich notierte mir eine Menge von Vokabeln und schickte alsdann die Wasoga hinweg.

Nun ließ ich mir den Sultan mit seinem Gefolge kommen und fragte ihn:

„Kennst du ein Land, welches Unjoro heißt?"

Er zeigte in nordwestlicher Richtung.

„Sind die Wanjoro deine Freunde oder deine Feinde?"

---

[4] Kabaka oder Mfalme ist der Titel des Königs von Uganda. Ich vermute, Kabaka ist Bantuwort, während Mfalme vielleicht semitischen Ursprungs ist. Der Titel Kabaka ist augenscheinlich derselbe, wie das Kaba im Titel des Königs Kaba Rega von Unjoro.

„Die Wanjoro sind unsere Freunde, die Waganda unsere Feinde."

„Wenn ihr nach Unjoro marschieren wollt, müßt ihr dann durch Usoga oder Uganda gehen?"

„Nein, wenn wir nach Unjoro wollen, müssen wir über Kwa Telessa gehen. Bon dort gehen wir nach Akore oder Akola und von dort direkt nach Unjoro. Bis nach Akore sind es vier Tage, von dort bis zum Nil nach Unjoro wiederum vier Tage, über den Nil ein Tag, also marschieren wir von hier bis nach Unjoro neun Tage."-

„Habt ihr viel Verkehr mit den Wanjoro?"

„Ja. Die Wanjoro kommen nach Kwa Telessa und bringen uns Pulver und Munition dorthin. Wir treiben dorthin Vieh und Getreide und bekommen dafür ihr Pulver."

„Ist Kwa Telessa ein großer Ort?"

„Kwa Telessa ist eine große Stadt, und dort erhält man Kunde von allen Ländern im Westen."

„Kannst du mir Wegeführer nach Kwa Telessa geben?"

„Gewiß, ich bin dem Freund, und du kannst hier befehlen. Wenn du Wegeführer nach Kwa Telessa haben willst, werde ich sie dir geben."

„Wieviele Tage marschieren wir von hier nach Kwa Telessa?"

„Wir schlafen den ersten Tag in Kwa Tindi, den zweiten in Kwa Tunga und kommen den dritten Tag nach Kwa Telessa."

„Was für Leute wohnen in diesen Ländern?"

„Dort wohnen die Walukuma."

„Seid ihr befreundet mit diesen oder lebt ihr mit ihnen in Krieg?"

„Die Walukma sind unsere Freunde. Dicht neben ihnen aber wohnen die Walundu. Das sind sehr schlechte Leute, und mit ihnen haben wir Krieg."

„Also wenn ich nach Kwa Telessa marschiere und von dort nach Unjoro gehe, dann brauche ich Usoga und Uganda nicht zu berühren?"

„Nein, diese Länder bleiben linker Hand liegen, und du kommst direkt nach Unjoro."

„Dann besorge mir Wegeführer nach Kwa Telessa. Morgen werde ich hier bleiben und übermorgen will ich von hier nach Unioro marschieren. Wenn ich zurückkomme, werde ich dir auch deine Mangati schlagen." [5]

Am folgenden Tage setzten sich die Verhandlungen fort, deren Endresultat war, daß ich drei Wegeführer Gosia, Amaquaja und Waschitoba für Kwa Telessa engagierte.

Der 3. Februar ist für mich einer der unerquicklichsten Tage der ganzen Expedition gewesen. Zwar hatte ich die Freude, Herrn v. Tiedemann jetzt vollständig wiederhergestellt zu sehen; aber an diesem Tage trat ein Zwischenfall ein, welcher meine ganzen weiteren Pläne umzustoßen drohte und mich mit Schrecken erkennen ließ, daß ich meiner eigenen Expedition nicht so unbedingt sicher war, als ich bis dahin vermutet hatte. Am Morgen bereits kam Ali Somal mit Hussein, um in mich zu dringen, den Vormarsch nach Westen nicht zu unternehmen. „Der Doktor ist sehr heiß, ist die allgemeine Stimmung", so sagten die Beiden, „er fürchtet sich nicht, aber er wird uns alle in den Untergang führen." „Wartet doch hier", fügte Ali Somal hinzu, „bis Herr Jackson und seine drei Herren mit unseren Leuten zurückkommen. Dann könnt ihr gemeinschaftlich Beratungen pflegen, und ich weiß, daß Herr Jackson sich sehr freuen wird, mit dir gemeinsam einen Plan auszuführen."

„Aber Herr Jackson hat doch hier bereits über 4 Monate gelegen, und du hast mir gestern erzählt, sobald er von Norden wieder eintreffe, würde er an die Küste zurückmarschieren. Wie kannst du sagen, er werde sich freuen, mit mir einen gemeinsamen Plan auszuführen?"

„Herr Jackson wäre gar zu gern selbst nach Uganda gegangen, aber er fürchtete sich, der Unsicherheit aller Verhält-

---

[5] Ich bin nachträglich zu der Vermutung gelangt, daß diesen Mitteilungen des Sultans eine Verwechslung von Wanjoro mit Wachore zugrunde liegt.

nisse wegen, dies zu tun. Wenn er sieht, daß du entschlossen bist, vorzugehen, so wird er sich dir wahrscheinlich anschließen."

„Nun, dann ist es doch noch besser, ich gehe voran und sehe zu, ob die Wege sicher sind. Ich schreibe dann an Herrn Jackson und werde mich freuen, wenn er mir nachkommt."

„Ich kann dies nicht bestimmen", sagte Ali Somal, „aber ich möchte das Leben meiner Brüder, der Somalis retten, die alle sagen „du seiest zu heiß" und lieber hier warten würden, als jetzt schon mit dir gehen."

„Ist dies wahr?" fragte ich Hussein.

„Ja, Herr. Ich gehe gern mit dir, um mit dir zu sterben, die anderen aber meinen, du sollst lieber hier warten. Sie haben es satt, jeden Tag Krieg zu führen."

„Nun, dann gehe und sage deinen Leuten, daß ich deine Worte gehört hätte. Ich habe geglaubt, Soldaten und Männer bei mir zu haben, aber ich sehe jetzt, daß dies nicht der Fall zu sein scheint. Sage den Somalis, daß ich jeden von ihnen, welcher es vorziehe, hier bei den Engländern zu bleiben, die Erlaubnis geben werde, dies zu tun, und ihm auch nichts von dem Lohn zu verkürzen gedenke, welchen er bislang verdient hat. Aber füge auch hinzu, daß ich aus der Entscheidung, welche die einzelnen treffen werden, erkennen werde, ob wir Deutsche uns in den Somalis getäuscht haben oder nicht. Und frage sie, was ich denn dereinst in Aden über eure Brüder berichten soll."

„Sehr gut, Herr."

Hussein ging und kehrte nach einer Stunde zurück mit der Antwort, die Somalis glaubten annehmen zu dürfen, weil ich sie gefragt hätte, ob sie bleiben wollten, daß ich sie nicht weiter nötig habe. Nun, dann bäten sie um die Erlaubnis, insgesamt hier zu bleiben. „Hussein, willst auch du hier bleiben?"

„Nein, Herr, ich möchte mit dir gehen, aber ich möchte, daß auch alle die anderen Somalis mitgingen."

„Nun, dann rufe deine Leute zu einer Besprechung zu mir."

Die Somalis erschienen darauf vor meinem Zelt, und ich sagte ihnen etwa folgendes:

„Ihr wißt, daß ich euch in Aden habe engagieren lassen, um einen großen Deutschen, welcher im Lande der Turki herrscht, mit mir aufzusuchen. Wir sind den Tana zusammen aufmarschiert, wo die englische Expedition zurückkehren mußte, und kamen eher als diese am Baringo an. Wir sind diejenigen gewesen, welche die hochmütigen Massais von Leikipia geschlagen haben, und jeder Stamm, welcher sich uns in den Weg stellte, ist von uns zu Boden geworfen. Habt ihr jemals auf der Expedition Entscheidungen von mir vernommen, welche zur Folge hatten, daß unser aller Leben in Frage stand? Habe ich euch nicht durch alle Schwierigkeiten bis hierher glücklich hindurch-geführt?"

„Du sagst die Wahrheit, Herr."

„Haben wir nicht immer Essen in Fülle gehabt? Habe ich euch nicht durch Länder geführt, wo es keinen Weg und Steg gab, und ich nur aus den Büchern die Richtung feststellen konnte?"

„Jawohl, Herr."

„Glaubt ihr nicht, daß euer Leben mir ebenso wert ist, als das meinige, und daß ich ebenfalls untergehen würde, wenn ihr sterbet?"

„Du warst überall der erste, Herr."

„Nun, und glaubt ihr denn, daß ich wünsche, hier in diesem infernalen Lande Afrika zu sterben? Glaubt ihr, daß ich jetzt in Länder marschieren würde, wo der sichere Tod unser harrt, und meint ihr nicht, daß, wenn ich trotzdem jetzt nach Westen weiterziehe, ich Kunde besitze, welche besser ist als alles das, was ihr darüber hört? Ich habe die großen Briefe gelesen, welche Ali Somal mir gegeben hat, und ich weiß ebensogut wie dieser, daß wir Krieg in den Ländern, in welche wir nun hineinkommen, nicht mehr führen können. Aber wißt ihr nicht, daß ich, wenn ich es will, auch Frieden machen kann, wie mit den Gallas und am Baringosee? Nun, was sagt ihr?"

Es antwortete Musa Somal:

„Herr, als Hussein heute Morgen fragte, ob wir hier bleiben wollten oder mit dir gehen, da haben wir geglaubt, du seiest unserer überdrüssig und wolltest jetzt ohne die Somalis weiterziehen. Da wir aber jetzt hören, daß du deine Somalis noch liebst und nach wie

vor Vater und Mutter für sie sein willst, so können wir dich nicht verlassen, sondern wir wollen mit dir gehen und mit dir sterben."

„Was sprecht ihr von Sterben? Ich habe euch doch eben gesagt, daß ich nicht wünsche, hier zu sterben. Wir alle sind in Gottes Hand. Wenn Allah es will, so stecken wir, sei es hier, sei es irgendwo sonst. Wenn Allah aber es nicht will, so werden wir auch nicht sterben, wohin wir auch immer gehen."

Ein Gemurmel der Übereinstimmung beantwortete diesen Ausspruch, und ich, fuhr fort:

„So will ich euch denn auch meine Pläne mitteilen. Es gibt von hier einen Weg zu Emin Pascha, welcher Usoga und Uganda links liegen läßt und direkt auf Unjoro zuführt. In Unjoro ist ein König, Kaba Rega, welcher früher der Freund Emins war, und mit welchem ich Freundschaft zu machen hoffe. Gelingt mir dies, und erhalte ich Kunde in solchem Sinne, so will ich bei einem Orte namens Mruli über den Nil gehen. Gelingt es nicht, so marschieren wir an der rechten Seite des Nils herab auf Fauvera, eine Station Emins, zu. Wenn wir tüchtig marschieren, können wir in 9 Tagen am Nil sein, und von dort wird uns Gott weiter helfen, und nun geht, Soldaten der Somalis und erwägt die Worte, welche ihr vernommen habet!"

Inzwischen hatten die Träger Wind von dem, was unter den Somalis vorging, erhalten, und somit traten auch diese zusammen und schickten zu den Somalis eine Deputation mit der Mitteilung: „Wenn ihr mit Kupanda Scharo nicht weiterziehen wollt, so werden wir auch nicht gehen. Laßt uns wissen, was ihr beschlossen habet."

Darauf erwiderten die Somalis:

„Wir Somalis und die Träger sind zweierlei. Wir folgen den Befehlen unseres Chefs, und wenn ihr dies nicht wollt, so werden wir auf seinen Befehl euch bekämpfen und jeden der fortläuft, niederschießen." Diese Antwort wurde mir hernach durch den Trägerältesten Musa aus Dar es Salam, welcher die Deputation geführt hatte, bestätigt.

Der Plan, welchen ich den Somalis dargelegt hatte, war die Folge der verschiedenartigen Erkundigungen, welche ich in Kwa Sundu einziehen konnte, und beruhte auf der wiederholten Versicherung Ali Somals, daß Emin Pascha allein in seiner Provinz zurückgeblieben sei. In diesem Fall war es natürlich ausgeschlossen, daß wir nicht alles aufbieten sollten, zu ihm zu gelangen, und ich war fest gewillt, zu diesem Zwecke noch einmal va banque zu spielen. Eine andere Entscheidung würde mir vorgekommen sein, als wenn ich den Auftrag übernommen hätte, das Innere des Vesuvs zu erforschen, mir große Mittel zusammengebracht habe, damit bis an den Rand des Kraters gekommen, und dann wieder umgekehrt sei mit dem Bericht nach Hause hin: Es geht nicht!

Nach den Mitteilungen von Uganda mußte ich davon Abstand nehmen, dieses Land zu durchziehen, weil ich dadurch das Risiko unnützer Weise verdoppelt hätte. Gelang es mir, lebend durch Uganda zu kommen, so waren dadurch die Gefahren Unjoros noch um nichts verringert.

Auf der andern Seite aber durfte ich hoffen, falls ich das Glück hatte, mit Emin Pascha zusammenzutreffen, dann mit diesem gemeinschaftlich in Erwägung zu ziehen, was sich vielleicht für die christliche Partei in Uganda tun lasse. Es war ja klar, daß wir die Uganda-Frage in erster Linie in Erwägung ziehen mußten, weil sie die schnellste Möglichkeit, für den Pascha Munition herauszuschaffen, in sich barg. Diesen Erwägungen entsprang der Plan meines weiteren Vormarsches, welchen ich bereits am folgenden Morgen in Ausführung zu nehmen beschloß. Länger hier in Kawirondo zu warten, hatte gar keinen Zweck für uns. Das hieß nur die Güter der Expedition nutzlos aufzehren und den Geist meiner Leute schwächen.

Ich würde mich in letzter Linie vollständig abhängig von den Entscheidungen der Engländer gemacht haben.

Da indes die Aussichten des Vormarsches ja freilich ganz unübersehbar waren, so beschlossen Herr v. Tiedemann und ich, unsere bisherigen Briefe und Berichte für Europa zur Weiterbeförderung an die Küste in der englischen Station zurückzulassen, ein verhängnisvoller Beschluß, welcher den Verlust dieser ganzen Post zur Folge gehabt hat. Es ist mir mit dieser Post genau so gegangen wie mit allen Briefen, welche mir nach Sansibar mit der englischen Mail geschickt waren – Roß und Reiter sah man niemals wieder. Da es mir wünschenswert schien, wenn irgend möglich, die reichen Munitionsvorräte der Engländer für Emin Pascha zu sichern, so hinterließ ich für Mr. Jackson einen Brief in seiner Station, in welchem ich ihm von meinem Vormarsch in der Richtung auf Uganda Kenntnis gab und ihm eine freundschaftliche Kooperation anbot. Ich erbot mich, ihn über die Eigentümlichkeiten des Weges dauernd auf dem Laufenden zu erhalten und hoffte, er werde sich dann entschließen, im Interesse der Zivilisation und Humanität mir mit seiner Expedition in die Äquatorialprovinz nachzufolgen, um gemeinschaftlich mit mir an der Unterstützung Emin Paschas zu arbeiten.

Mit Sonnenaufgang am 4. Februar ließ ich unter Trommelschlag von der englischen Station in Kwa Sundu ausbrechen. Ich hatte vorher noch dem Sultan und seinen Verwandten klarzumachen gesucht, daß sie besser täten, uns gegenüber das Ränkespiel und die Wortbrüchigkeit der schwarzen Rasse, über welche von allen Reisenden geklagt wird, nicht zur Anwendung zu bringen. Als ich abmarschieren wollte, erklärten mit einem Male die Wegeführer, daß sie keine Lust hätten, heute mitzugehen. Und als ich nun in sie drang, die übernommene Verpflichtung mir gegenüber innezuhalten, wurde ich wieder durch das störrische 'e 'e erfreut, welches ich schon früher gekennzeichnet habe. Ein paar wohlgezielte Fausthiebe inmitten der gesamten Bevölkerung und der englischen Mannschaften deuteten nach kurzer Unterhaltung der Familie des

Sultans in zarterer Weise an, daß diese Haltung uns gegenüber nicht am Platze war. Aber es bedurfte erst der Drohung, ihnen ihren Platz über dem Kopf anzustecken, bis sie sich entschlossen, die Wegeführung, für welche ich bereits am Tage vorher bezahlt hatte, zu übernehmen.

Meine Stimmung war an diesem Morgen besonders deshalb noch gereizt, weil mir gemeldet ward, daß einer meiner Somalis, Ismael Ali mit Namen, ausgerissen sei. Dies war nur möglich, wenn entweder die englische Besatzung oder die eingeborene Bevölkerung mit im Spiel war. Aber wir hatten besseres zu tun, als hier weiter liegen zu bleiben, um auf einen Deserteur zu jagen, und so zogen wir denn gegen 6 Uhr in nordwestlicher Richtung ab. Von 7 Uhr an setzte ich mit ziemlicher Mühe über den steinigen Fluß Nsoia, welcher unterhalb Kwa Sundu in den Viktoria Nyansa fließt, nachdem er oberhalb die Angata na Nyuki entwässert hat.

Die Wakawirondo, unter dem Schütze unserer gefürchteten Expedition, drängten sich mit ihren Herden an den Fluß, um die Weideplätze am andern Ufer aufzusuchen, was sie bisher voller Furcht vor den westlichen Stämmen vermieden hatten.

Der Nsoia ist hier ziemlich reißend, und das Übersetzen hatte große Schwierigkeiten. Wiederholt wurden Stücke von meiner Herde heruntergerissen, welche mit Mühe wieder eingefangen werden mußten. Um 9 Uhr war alles am rechten Ufer, und nun ging es hinein in den fernen, unbekannten Westen.

Die Landschaft, durch welche wir marschierten, bot in der Tat einen sehr unerfreulichen Eindruck. Überall zerstörte Plantagen, ganz oder halb verbrannte Dörfer, Hier hatten die Mangati „gearbeitet", und, wenn ich bis zu diesem Morgen ziemlich ärgerlich mit mir selbst gewesen war, weil ich mich dazu hatte hinreißen lassen, an dem Kampfe gegen dieselben teilzunehmen, so freute ich mich jetzt doch darüber, daß diese Räuber und Banditen einmal eine gehörige Lektion erhalten hatten.

So ging es sechs Stunden hindurch immer über langgestreckte Hügelflächen hin. Die Gebirge, welche Kawirondo im Osten und Samia im Norden abschließen, lagen fortdauernd in südwestlicher Richtung vor uns.

Gegen 3 Uhr nachmittags erreichten wir ihre nordöstlichsten Ausläufer, und hier bezog ich das Lager an dem kleinen Fluß Manieni, welcher zum Viktoriasee fließt, etwa drei Meilen westlich vom Nsoia. Die Landschaft nimmt hier plötzlich wieder einen frischeren Charakter an. Wir kamen wiederum in bewohnte Gegenden und an Krale, welche von Getreidefeldern umgeben waren.

Das war die Landschaft Kwa Tindi, das will sagen, die Landschaft des Sultans Tindi, welcher den westlichsten Teil von Kawirondo beherrscht. Hier war noch niemals ein Weißer vor uns gewesen, aber die Bevölkerung hatte von uns gehört, und so drängten sich die Weiber, sowohl die unbekleideten Töchter Kawirondos als auch die bis an den Hals bekleideten Massaifrauen alsbald um meine Expedition herum, Brennholz und Lebensmittel aller Art zum Verkauf anbietend. Auch der Sultan Tindi hatte nicht sobald unsere Ankunft vernommen, als er von seiner etwa eine Stunde weit westlicher liegenden Residenz aus Boten an mich abschickte mit der vorwurfsvollen Frage: „Warum schlägst du dein Lager so weit von meiner Hauptstadt auf? Warum kommst du nicht zu mir, der ich doch gern dein Freund sein möchte?"

Ich antwortete den Boten:

„Sagt euerm Sultan, meine Leute seien heute zu ermüdet, um noch bis Kwa Tindi marschieren zu können. Übrigens möge der Sultan überzeugt sein, daß ich durchaus in freundschaftlicher Absicht in sein Land gekommen bin. Ich will morgen durch dasselbe hindurchziehen dem Westen zu. Fragt euern Herrn, ob dies in Frieden geschehen kann, oder ob er es vorzieht, sich im Krieg mit uns zu messen."

„Tindi wünscht deine Freundschaft, aber wir eilen, ihm deine Worte zu überbringen."

Nach 1 ½ Stunden gegen Abend kamen sie zurück:

„Der Sultan läßt dir sagen: Warum spricht der große Weiße, welcher die Massais, die unsere Feinde sind, und die Mangati, die unsere Dörfer plündern, geschlagen hat, mit mir von Krieg? Ich und mein Land gehören ihm, und ich wünsche nur, daß er morgen kommt, um bei meiner Residenz sein Lager aufzuschlagen. Wir werden ihm alles geben, was er wünscht und ihm alle Ehren erweisen, welche ihm zukommen."

Ich erwiderte den Boten:

„Sagt euerm Sultan, ich habe seine Worte des Friedens gehört und solche angenommen. Morgen werde ich an seiner Residenz vorbeimarschieren, da ich weiter auf Unjoro zuziehe, aber wenn ich zurückkomme, dann will ich bei ihm wohnen, und dann wollen wir Geschenke der Freundschaft miteinander austauschen."

Am Abend dieses Tages sollte ich noch Gelegenheit haben, mich von den „geordneten" Verhältnissen dieser Gegend durch Augenschein zu unterrichten. Ich hatte mich oben zu Bett gelegt, als mit einem Mal an dem Kral, 10 Minuten östlich von unserem Lager, an welchem wir des Nachmittags vorbeimarschiert waren, ein Höllenlärm anhob: Hörner, Trommeln, Pfeifen, Kreischen, wildes Geheul mischten sich zu einem Chaos von Tönen. Von Zeit zu Zeit trat Ruhe ein, dann aber erhob sich das Getöse mit erneuter Kraft. Ich rief meinen Posten ins Zelt und fragte, was los wäre. Er brachte mir die Wegeführer aus Kawirondo, und von diesen erfuhr ich, Räuberscharen von Elgumi aus hätten soeben das Kral angegriffen, und seine Verteidiger befänden sich nunmehr im Kampf.

„So haben die Massais Tindis erzählt, sagten sie, welche soeben vorbeigezogen sind, um die Wa-Elgumi zurückzuwerfen."

Ich ließ Hussein kommen und sofort an 100 Patronen für meine Leute austeilen. Die Gefahr für unser Lager war eine doppelte. Es war sowohl möglich, daß sich die Wa-Kawirondo, falls sie geschlagen wurden, zu uns flüchteten, und wir dadurch in den Kampf verwickelt würden oder aber die Wa-Elgumi, auch wenn dies nicht geschah, im Übermut ihres etwaigen Sieges sich auch über uns herwarfen. Kennzeichnend für die Gleichgültigkeit, mit welcher wir damals sämtlich gewohnt waren, derartige Möglichkeiten zu betrachten, ist vielleicht, daß wir alle ruhig im Bett blieben. Erst als der Lärm auch an der andern Seite des Krals, und zwar in sehr unmittelbarer Nähe anhob, stand ich auf, ließ meine Waffen zurechtlegen, zündete mir eine Pfeife an und setzte mich in meinem Sessel vor das Zelt. Ich ließ auch Herrn v. Tiedemann ersuchen, sich zu mir zu bemühen, und so hatten wir von 10–1 Uhr das eigentümliche Schauspiel, einen Kampf zwischen Eingebornen wenigstens in seinem Getöse in unmittelbarster Nähe beobachten zu können.

Der Mond schien, hell über die Landschaft hin, die Grillen zirpten, Frösche quakten in dem Bach unter uns, und nur der Mensch bewies einmal wieder seine „Gottähnlichkeit" in diesem süßen Frieden der Natur durch das Getöse und Angstgeschrei, welches fort und fort an unsere Ohren gellte.

Gegen 1 Uhr gingen die Massais, welche im Solde Tindis standen, ihrerseits zum Angriff vor, und allmählich verlor sich das Schlachtgeheul im Norden, wo die Eingeborenen ebenfalls wach waren und die zurückweichenden Feinde ihrerseits mit Getöse und Gekreisch, empfingen.

Wie ein Spuk war das Ganze verschwunden, und alsbald lag die Erde in süßer Ruhe und tiefstem Frieden mondbeschienen wieder zu unsern Füßen. Meine Leute hatten der ganzen Sache so wenig Beachtung geschenkt, daß sie während des ganzen Kriegsgetöses friedlich um uns herum schnarchten.

Mit Tagesgrauen am nächsten Morgen ließ ich die Trompete zum Aufbruch blasen, und alsbald ging es weiter in nordwestlicher Richtung. Etwas nach 6 Uhr überschritten wir den Sio, und gegen 7 Uhr erreichten wir Kwa Tindi. Der Ort liegt malerisch auf einer Höhe zwischen Basaltfelsen. Er ist mit einer festen roten Steinmauer und einem breiten Graben umgeben, die Tore malerisch und kühn geschwungen und durch Dämme mit der Außenwelt verbunden. Sobald wir in die Nähe eines Ortes kamen, hatte der Trommelschläger ein für allemal Befehl, Wirbel zu schlagen. So zogen wir auch an Kwa Tindi vorüber. Massenhaft strömte die Bevölkerung vor die Tore, um uns anzustarren, und ich glaubte auch, in dem Haufen, durch feinen Schmuck erkennbar, den Sultan mit seinem Gefolge wahrzunehmen. Indes ließ ich mich auf Begrüßungen nicht ein. In einer kurzen Entfernung zog ich an der Stadt vorüber, und bald lag das Ganze wie eine Fata Morgana hinter uns. Wir überschritten nun zwei weitere Stromläufe, Zuflüsse zum Sio, von denen einer Nogombe hieß. Als wir diesen überschritten hatten, wendeten sich die Wegeführer plötzlich von der nordwestlichen in eine westliche Richtung ab. Als ich hiergegen Verwahrung einlegte, sagten sie mir:

„Im Norden von uns wohnen die Walundu, mit denen wir Krieg haben. Dorthin können wir nicht gehen. Aber sei guten Muts, wir werden dich auf diesem Wege morgen nach Kwa Telessa führen."

Ich fragte: „Welches Land liegt denn links dort vor uns?"

Sie sagten: „Das ist das Land Samia, und dahinter liegt Usoga. Dorthin werden wir dich nicht bringen, sondern nach Kwa. Telessa, von wo du nach Unjoro weitergehen kannst."

„Wie heißen die Berge dort links, hinter denen Samia liegt?"

„Das ist der Fukulu."

„Und die Berge hier rechts von uns, welche von Elgon herüberreichen?"

„Das ist der Eschekulu."

(Kulu jedenfalls derselbe Stamm wie im Kiswahili Kili – Berg.)

Zwischen diesen beiden Höhenzügen, welche wir bereits von Kwa Sundu aus gesehen hatten, und welche sich von dort aus wie ein unterbrochenes einheitliches Randgebirge im Westen von Kawirondo ausnahmen, zogen wir jetzt hindurch. Zwischen beiden befindet sich eine Lücke von 3–4 Meilen Breite, welche ein gut angebautes, noch immer 1200 m hohes

Hochplateau darstellen. Ich habe als erster Weißer, welcher durch diese Lücke hindurchmarschiert ist und die Bildung dieser Berge erforscht hat, die Gebirgsmasse im Süden nach unserm Landsmann, zu dem wir jetzt hinstrebten, „Emin Pascha-Berge" benannt, während ich, die Kette im Norden nach dessen Freund und Genossen Junkerkette" getauft habe. Beide haben in ihrer Bildung gar nichts miteinander gemeinsam. Die Emin Pascha-Berge erstrecken sich in westöstlicher Richtung, kehren sich nur mit ihrer schmäleren Seite nach Kawirondo zu und gehören voll und ganz der vulkanischen Umrahmung des Viktoriasees an, während die Junkerkette nichts ist als ein südwestlicher Ausläufer des Elgon. Natürlich gehören sie beide zu dem großartigen vulkanischen System, welchem die gesamte Hochplateaubildung, über die wir gezogen waren,, ihre Entstehung verdankt. Als ich am Morgen des 5. Februar diese Bezeichnungen vornahm, hatte ich das Gefühl, daß wir in der Tat nunmehr in die Regionen hineinzogen, in welchen die Wirksamkeit dieser beiden Männer sich abspielte.

Kawirondo lag jetzt hinter uns, und die Landschaft nahm allmählich einen neuen Charakter an. Die Dumpalme trat wieder auf, und allmählich ward auch der Charakter der Bewohner ein anderer. Wir zogen über Berg und Tal und durch Bäche und Sümpfe hindurch bis 2 Uhr nachmittags.

Dann erreichten wir den großen Ort Kwa Tunga, ebenfalls mit stolzen Mauern und hochgeschwungenen Toren umgeben, über welche Giebel und Hausbücher emporragten, die mich fast an Indien erinnerten. „Habesch" riefen meine Somalis, als sie des Ortes ansichtig wurden, und als ich sie fragte, was sie damit meinten, erwiderten sie mir: „Genau wie in Kwa Tunga sind die Dörfer in Abessinien gebaut."

Kwa Tunga liegt gerade nördlich von den Emin Pascha-Bergen und zeigt etwa die Mitte derselben. Ich bezog mein Lager an der südlichen Umwallung des Ortes, dem Gebirgszuge gegenüber, welchen ich diesen ganzen Nachmittag vor Augen hatte.

Unterhalb des Hügels, auf welchem der Ort und mein Lager sich befanden, ergießt sich ein kleiner Bach. Die Luft war klar und rein wie an einem Augusttage in Deutschland. Die Beziehungen mit der Bevölkerung waren freundschaftlicher Natur, und in hoffnungsfreudiger Stimmung verbrachten wir Nachmittag und Abend.

Trotzdem auch Essen in Fülle vorhanden war, machte sich am folgenden Morgen einer meiner Träger mit seinem Weibe davon. Uganda stand eben immer noch als drohendes Schreckgespenst vor meinen Leuten da.

An diesem Tage ging es in westnordwestlicher Richtung auf Kwa Telessa weiter. Immer bebauter, immer fruchtbarer gestaltete sich die Landschaft. Dorf reihte sich an Dorf an grünen Abhängen, auf denen große Herden von Rindern und Schafen weideten. Die Freundlichkeit der Bevölkerung ward eine geradezu demonstrative. Unsere Wegeführer hatten ihnen nur mitzuteilen, daß wir die Leute seien, welche Massais und Mangati geschlagen hatten, um stürmische Salven von Beifall von ihrer Seite hervorzurufen. Die Form der Begrüßung hier ist ein Knipsen mit Daumen und Zeigefinger, welches sich, zumal in größeren Gruppen, außerordentlich gefällig und anmutig ausnimmt.

Wenn wir an einem Kral vorüberzogen, kamen Frauen und Mädchen heraus, um uns Wasser und dampfende Bataten zu bringen.

Eigentümlich ist die Art, wie diese Walukuma ihre Dörfer befestigen. Die Tonmauer, welche noch in Kwa Tunga aufgetreten war, verschwindet jetzt, an deren Stelle mächtige Umwallungen von Kakteen gemacht werden, welche in Höhe von 8–42 m den ganzen Ort umgeben, sicherlich eine ebenso geschmackvolle wie sichere Umzäunung. Um 1 Uhr erreichten wir Kwa Telessa.

Kwa Telessa ist mit einer dichten lebendigen Hecke umzäunt und liegt selbst vollständig in einem Bananenhain versteckt, in welchem die Hütten malerisch verstreut sind. Immer mehr hatten wir das Gefühl, in Zentralafrika uns zu befinden.

Auf Kwa Telessa paßten zum ersten Male die Schilderungen, welche Emin Pascha und Schweinfurth von den Seriben Zentralafrikas entwerfen. Daneben traten hier mit einem Male die Bekleidungsstoffe Ugandas uns entgegen, nämlich die braunen, aus der Rinde einer wilden Feige hergestellten Rindenstoffe. Auch der Dialekt wird ein anderer. Mit den Lauten, welche wir in Kawirondo vernommen hatten, vermischten sich bereits die dunkleren Akzente Ugandas.

Unter einem mächtigen Baumwollbaum innerhalb der Umzäunung des Ortes schlugen wir unsere Zelte auf, während die Leute in den benachbarten Hütten im Schatten der Bananen untergebracht wurden. Freundlich und liebenswürdig eilten die Eingebornen heran. Als ich bald nach meiner Ankunft, in meinem Sessel liegend, mich ein wenig ausruhte, wurde ich plötzlich durch ein Gekicher an der Hinteren Zelttür aufmerksam gemacht. Ich drehte mich um und sah drei in der Tat allerliebste, mit roten Stoffen bekleidete und perlengeschmückte junge Mädchen stehen, welche, sobald ich meinen Kopf nach ihnen umdrehte, mich fast schelmisch mit dem üblichen Knipsen der Finger begrüßten. Die Mädchen erinnerten mich in ihrem Auftreten fast an europäische junge Damen.

Essen war hier in Fülle vorhanden, und alsbald kam auch der Sultan Telessa von einer benachbarten Plantage zu meiner Begrüßung, ein alter fast niedersächsisch aussehender Mann mit robusten dösigen Gesichtszügen, welche indes einen hohen Grad von Willenskraft an sich trugen.

Telessa drängte sich mit seinem Gefolge vor mein Zelt, indem er mich mit aufrichtigem Erstaunen, aber doch mit einer gewissen taktvollen Zurückhaltung musterte.

„Friede sei mit dir", redete ich ihn an. „Ich freue mich, in dem Lande Telessas zu sein. Ich habe von dir bereits in Kawirondo vernommen und bin hierher gezogen, um dich kennen zu lernen und Auskunft über die Länder des Westens von dir zu erhalten."

„Der Msungu (Weiße) möge fragen, was er zu wissen wünscht."

„Ich wünsche zu wissen, ob du Nachrichten über die Länder des Westens hast. Kennst du Unjoro und seinen König Kaba Nega?"
„Die Wanjoro kenne ich, aber Kaba Rega kenne ich nicht."
„Kennst du den großen Strom im Westen, den Nil, welchen die Leute hier Kyira nennen?"
„Ich kenne den Kyira wohl. Die Söhne meines Landes gehen sehr oft dahin."
„Und wieviel Tage ist es von hier bis zum Kyira?"
„Fünf Tage. In wieviel Tagen bist du von Kwa Sundu hierher gekommen?"
„In drei Tagen."
„Dann hast du noch fünf Tage bis zum Nil."
„Und wie weit ist es bis zu den Wanjoro?"
„Zu den Wanjoro kommst du in vier Tagen von hier aus."
„Hast du Kunde von Weißen, welche in Unjoro leben?"
„Jawohl, ich besitze solche Kunde. Es wohnen dort zwei große Weiße, welche viele Soldaten und große Häuser besitzen. Einer meiner Leute ist lange Zeit im Dienste der Weißen gewesen."
„Sind die Soldaten dieser Weißen die Turki oder welcher Art sind sie?"
„Ich glaube, es sind Turki. Aber mein Mann wird dir dies alles besser verkünden können."
„Ist dieser Mann hier in Kwa Telessa zu finden?"
„Er wohnt nicht weit von hier."
„So schicke zu ihm und lasse ihn kommen und teile ihm mit, daß ich reiche Geschenke für ihn besitze. Heute Abend, wenn die Sonne im Westen sinkt, dann komm mit ihm zurück, und dann wollen wir ein weiteres Schauri in der Angelegenheit abhalten."
Ich war entschlossen, am folgenden Morgen in Kwa Telessa liegen zu bleiben, um alles an Nachrichten entgegenzunehmen, was an diesem Orte zu haben war. Wenn ich auch nicht geneigt

war, den Spuren, welche sich zu öffnen schienen, Glauben beizumessen, so lag es doch auf der Hand, daß ich jetzt, bevor ich weiterschritt, mich mit ganz besonderer Umsicht über die Verhältnisse vor mir immer, und immer wieder orientieren mußte, um nicht etwa meine Kolonne blindlings dem Untergänge entgegen zu führen.

Am Abend kam Telessa zurück, und wir tauschten zunächst die üblichen Freundschaftsgeschenke miteinander aus. Er brachte Vieh, Eier und Milch, Honig und Bananen, während ich ihm bunte Stoffe, ein wenig Pulver und Perlen verabreichte.

„Nun, hast du den Mann mitgebracht, welcher im Dienste der Weißen in Unjoro war?"

„Ich habe zu ihm geschickt, aber er wird erst morgen früh hier sein können."

„Also, daß Weiße in Unjoro wohnen, das ist dir genau bekannt?"

„Ich weiß es so genau wie die Tatsache, daß wir hier zusammen sind."

„Weißt du denn auch die Stelle, wo dieselben wohnen?"

„Ja, die kenne ich wohl. Sie haben ein großes Haus und viele, viele Leute."

„Dann bist du also auch wohl bereit, ein Schreiben von mir an diese Weißen zu befördern, wenn ich deine Boten bezahle und dir selbst weitere Geschenke gebe?"

„Das will ich sehr gern tun, und du kannst hier auf die Antwort warten, um zu sehen, ob ich die Wahrheit sage oder lüge."

„Und in wieviel Tagen denkst du, daß die Boten zurück sein können?"

„In drei Tagen können sie vom Weißen wieder hier sein."

„Nun, so will ich dir etwas sagen. Gib mir Boten, welche mein Schreiben vorantragen, und gib mir Wegeführer, welche mich denselben Weg nachführen. Dann werden die rückkehrenden Boten mich an der Straße treffen, so daß ich ihre Kunde auf dem Wege entgegennehmen kann. Wenn der Weiße so nahe ist, dann werde ich bald zu dir zurück sein, und dann wollen wir weitere Geschenke miteinander austauschen. Du sollst meine Flagge haben, und wir wollen dauernde Freundschaft machen."

„Deine Flagge nehme ich gern, denn ich weiß, daß du die Massais geschlagen hast. Vor zwei Jahren sind die Massais bis hierher gekommen und haben mir mein Vieh weggetrieben."

„Schön, so tue morgen, was ich dir aufgetragen habe."

Ein lebhaftes Knipsen des gesamten Volkes bewies, mit welcher Freude der Schluß unserer Ausmachung in der Bevölkerung aufgenommen ward.

Am folgenden Morgen 7 Uhr war eine erneuerte große Volksversammlung. Der geheimnisvolle Diener der Weißen von Unjoro war zwar immer noch nicht da, dafür aber hatte Telessa zwei Boten gebracht, welche, wie er sagte, den Weg genau kannten und meine Briefe forttragen wollten. Ich verfaßte innerhalb der großen Volksmenge dann zwei Schreiben, welche im Verlaufe des Morgens noch abgingen. Ich war zwar nicht geneigt, die Nachrichten Telessas auf Emin Pascha zu beziehen, immerhin konnte doch eine Spur in dieser Richtung hin gegeben sein.

Als Emin Pascha Kunde vom Anmarsch Dr. Fischers erhalten hatte, so erzählt er selbst, schob er seine Truppen bis nach Mruli vor. Konnte er nach dem Abmarsch Stanleys nun nicht Gerüchte vom Heranziehen ostafrikanischer Hilfsexpeditionen empfangen haben und konnte er nicht durch vorgeschobene Stationen in dieser Richtung einer Verbindung mit ihnen entgegenarbeiten?

So schrieb ich denn, da ich nicht annehmen konnte, daß Emin Pascha selbst hier im Osten sich befinde, sondern da ich höchstens Casati oder aber ägyptische Offiziere hier vermutete, in englischer und französischer Sprache folgenden Brief, welchen ich in deutscher Übersetzung beifüge:

Kwa Telessa, 7. Februar 1890
An irgendeinen Herrn oder irgendeinen Beamten Sr.
Exzellenz Dr. Emin Paschas, welcher sich in Unjoro aufhält.

Bei meiner gestrigen Ankunft in Kwa Telessa auf dem Wege zu Seiner Exzellenz Dr. Emin Pascha habe ich die Nachricht empfangen, daß ein Europäer sich im östlichen Unjoro befindet. In diesem Falle würde ich für eine kurze Benachrichtigung sehr verpflichtet sein.
Ich werde diesen Brief heute absenden und ihm morgen mit meiner kleinen Expedition auf demselben Wege folgen. Eine Antwort wird mich auf dem Wege finden, welchen dieser Brief gemacht hat.
Diese Antwort wird sehr verpflichten
Dr. Carl Peters.

Nachdem dieser Brief abgesendet war, fertigte ich meine Wegeführer von Kwa Sundu ab, denen ich Nachrichten an die Herren der englischen Expedition über die Eigenart unseres Vormarsches und ein Schreiben für die Herren Hansing & Ko. in Sansibar mit auf den Weg gab.

Im weiteren Verlaufe des Tages wurden meine Leute wiederum durch Nachrichten von Kriegsgefahren im Westen beunruhigt. Die Walundu sollten den Durchzug gegen Nordwesten unmöglich machen. Ich kannte meine Leute nicht wieder. Durch die Angstmeierei, welche in den Reihen der englischen Expedition herrschte, waren auch sie vollständig angesteckt worden. Es war, als ob ihnen plötzlich die Binde von den Augen gerissen sei, und sie nunmehr sahen, an welchem Rande des Abgrundes sie mit mir dahinwandelten. Sie vergaßen, daß auch zuvor der Pfad nicht eben ein sicherer gewiesen war. Um weiteren Ausreißereien vorzubeugen, ließ ich sie abends zusammentreten, nahm ihnen ihre Flinten ab und legte die verdächtigen Elemente noch einmal wieder in Ketten. Trotzdem ward mir am andern Morgen gemeldet, daß wiederum einer von ihnen nach Kawirondo zurückgelaufen sei.

Am nächsten Morgen hatte ich zunächst die übliche Auseinandersetzung mit Telessa, welcher sein Versprechen, mir Wegeführer zu stellen, nicht zur Ausführung zu bringen gedachte, indes mit den üblichen Argumenten alsbald zur Erfüllung seiner Verpflichtung veranlaßt wurde. Wir sehten uns dann gegen den Westen in Bewegung auf einen Höhenzug zu, welcher sich etwa genau unter dem 34. Grade östlicher Länge bis 1° nördlich vom See aus in nordsüdlicher Richtung vor uns erhob. Ich befahl den Wegeführern, uns an die nördliche Ecke dieses Höhenzuges zu bringen, aber sie erklärten, das gehe nicht, denn dort sei Krieg. Wir würden alle getötet werden, wenn wir dort marschierten. Tatsächlich hörten wir während dieses Marsches wiederholt das Getöse des Kampfes im Norden von uns, und im Hinblick auf den erschütterten Geist meiner Leute willigte ich ein, die Hügel vor uns, etwas unterhalb der Nordecke zu überschreiten. Diese Hügel, welche das eigentliche Usoga im Osten begrenzen, habe ich „Wißmannhügel" genannt. Wenn man von Osten heranzieht, machen sie einen abschüssigen und steilen Eindruck, indes, wenn man näher herankommt, wird man gewahr, daß der Überstieg ein sehr bequemer ist. Tatsächlich vollzieht er sich fast unmerklich inmitten von Bananenhainen und anderen Plantagen.

Der Morgen war ungemütlich für mich, da meine Leute wiederholt in mich drangen, ich möge doch in Kwa Telessa erst die Beantwortung meiner gestern an Emin Pascha vorausgesandten Briefe abwarten, ehe ich ins Ungewisse weiterziehe. Ich verbat mir schließlich das Einreden in meine Expeditionsführung sehr energisch, und so ging es an Volksmassen, welche uns ebenfalls warnten, weiterzuziehen, vorüber den Wißmannhügeln zu. Als wir bis etwa an den Fuß derselben gelangt waren, gab Herr v. Tiedemann plötzlich das Trompetensignal zum Halten. Ich war gespannt, was sich zugetragen halben möge, als ich, mit einem Male die Kolonne entlang einen prächtig gekleideten jungen Mann mit einem kleinen, ebenfalls stattlich aussehenden Gefolge auf mich zueilen sah. Der junge Mensch war bekleidet mit einem goldgestickten dunklen arabischen Kaftan und trug einen roten Turban. Als er sich mir näherte, fiel er vor mir auf die Erde und küßte meine Füße. Zu verständigen, wer er sei, und was er wolle, vermochten wir uns gar nicht, aber er setzte sich alsbald an die Spitze meines Zuges, zog eine Flöte heraus und führte den Weg, indem er bald wehmütige, bald kurze seltsame Weisen dazu blies, welche seine Umgebung mit einem rhythmischen, ebenfalls eigenartigen Gesang begleitete. So ging es durch ein sehr wüstes Terrain auf gewundenen Wegen in südwestlicher Richtung weiter. Es lag etwas Geheimnisvolles in diesem ganzen Vorgänge. Der junge Fremdling kam mir vor wie der Märchenprinz, welcher, uns auf sein Schloß zu führen, gekommen war, und die Phantasie ward lebendig, hinter das Geheimnis seines Erscheinens zu dringen. Es begann mir plötzlich die Ahnung aufzudämmern, daß dasselbe in irgend einem Zusammenhange mit dem Zweck meiner Expedition stehe, und daß mir entscheidende Aufklärungen in dieser Richtung bevorständen.

Als wir den Kamm der Wißmannhügel erreicht hatten, war, wie in einem Märchen, der Charakter der ganzen Landschaft mit einem Schlage verändert. Aus der Steppe heraus, welche uns drei Stunden umschlossen hatte, betraten wir mit einem Male fruchtbares, wohl bebautes Gebiet. Der Weg führte durch Bananen und immer wieder Bananen, in denen wir heute auch zum ersten Male den grauen Papagei bemerkten. Meine Leute taten sich gütlich an den reichen Schätzen, und wie im Märchen war uns auch mit einem Schlage alles zu Diensten. Aus den Häusern strömten die Leute, uns fette Wachteln in kleinen Körbchen oder Masthühner oder auch Getreide und Früchte zu reichen. In gewaltigen Humpen ward schäumender Bananenwein kredenzt, und überall vernahmen wir munteres Flötenspiel oder feurigen Trommelschlag. Vor meinem geheimnisvollen Wegeführer verbeugte sich alles tief, und ich konnte sofort wahrnehmen, daß er hier in diesen Gegenden zu befehlen habe.

Am westlichen Fuße der Wißmannhügel schlug ich mein Lager auf und machte meine Toilette, wobei mein junger unbekannter Freund mir wieder ein Flötenkonzert gab, als mit einem Male zwei Schüsse von Süden her erschallten, und zwei neue Gestalten auf der Bildfläche erschienen. Es waren dies die Waganda Marko und sein Genosse Talabanga, und jetzt plötzlich sollte der geheimnisvolle Schleier, welcher unserer Lage ihren reizvollen Charakter verlieh, fallen. Marko war eine Erscheinung von schmalen und außergewöhnlich intelligenten Gesichtszügen. Er sowohl, wie sein Begleiter Talabanga waren römisch-katholische Christen und sprachen das Kiswahili.

Sie hatten kaum vor mir und Herrn v. Tiedemann an der Erde Platz genommen, als ich sie nach Namen und Stand fragte. Nachdem sie mir darauf geantwortet hatten, fragte ich:

„In welchem Lande befinden wir uns hier?"

„Wir find hier im Machtgebiete Muangas, des Mfalme von Uganda, in Usoga. Der dort (auf meinen Freund vom Morgen zeigend) ist MIamba, Sohn des Sultans Wachore, dessen Land Akola nördlich von uns liegt und in einem Tage zu erreichen ist."

„Was macht ihr hier in Usoga?"

„Uns hat Muanga, König von Uganda, zu den Engländern nach Kwa Sundu in Kawirondo geschickt, sie um Hilfe für die Christen anzuflehen. Aber die Engländer fürchten sich, sie sind nicht gekommen. Nun erhielten wir die Kunde, daß Badutschi heranzögen, welche die Massais geschlagen haben, und deshalb haben wir auf dich hier gewartet. Die Briefe, welche du gestern von Kwa Telessa geschickt hast, kamen in der Nacht hier an. Ich habe sie weiter zu Muanga geschickt."

„Wo ist Muanga jetzt?"

„Muanga ist auf Bulingogwe, einer Insel des Viktoriasees. Bei ihm sind fünf Weiße. Schreibe ihm, daß du in Usoga, seinem Lande, angekommen seiest, wie dies Sitte bei den Waganda ist. Muanga wird sich freuen, wenn du zu ihm kommen willst."

„Gern will ich zu Muanga gehen und gern will ich ihm und meinen christlichen Brüdern in Uganda helfen. Aber um dies zu können, muß ich zunächst mehr Hilfskräfte heranholen, und deshalb marschiere ich jetzt direkt nach Unjoro zum Häuptling der Turki, welcher ein Deutscher und Bruder von mir ist. Mit ihm will ich Rücksprache nehmen, und er soll mir mehr Menschen geben, mit welchen ich dann den Christen Ugandas zu Hilfe kommen will."

„Du willst nach Unjoro? Aber weißt du denn nicht, daß Kaba Rega der Feind der Europäer ist und daß er Krieg mit dir machen wird?"

„Ja, aber mit Hilfe von Emin Pascha werde ich doch Wohl in der Lage sein, mit Kaba Rega fertig zu werden?"

„Emin Pascha? Wer ist Emin Pascha? Weiße gibt es in Unjoro nicht mehr, sie sind sämtlich mit Stanley abgezogen."

„Du irrst dich", sagte ich, „nicht alle Weiße aus Unjoro sind mit Stanley fortgegangen. Der Große von diesen, Emin Pascha, ist zurückgeblieben. Kennst du Emin Pascha nicht?"

„Ich spreche die Wahrheit. Alle Weißen sind abgezogen, und es gibt keinen Weißen mehr in Unjoro. (wiote wametoka na hapanaa wasungaaaaau katika Unjolo.) Schicke Briefe und frage die Weißen bei Muanga. Wenn ich die Unwahrheit sage, so nimm mein Leben."

„Aber woher weißt du das?"

„Wie sollte ich es nicht wissen? Bin ich doch selbst bei Stanley in Busagalla (Ankore) gewesen, um ihn zu bitten, den Christen von Uganda Hilfe zu leisten. In seinem Lager habe ich nicht nur seine Offiziere gesehen, sondern auch Amdallah, dessen Tochter, seinen Weißen und außerdem viele, viele Turkis. Amdallah schickte vor einiger Zeit nach Uganda, um Stoffe von uns zu kaufen, aber die Leute wurden von den Wanjoro angefallen und ausgeplündert, und er hat die Stoffe nicht bekommen. Deshalb waren er und alle seine Leute, die ich bei Stamuley gesehen habe, in Felle gekleidet. Ich habe sie alle gesehen, da ist kein Weißer mehr in Unjoro."

„Du hast Stanley aufgefordert, Muanga Hilfe zu bringen? Hat Stanley denn dies nicht gewollt?"

„Nein, er sagte, er müsse an die Küste gehen. Die Engländer fürchten sich, und deshalb kommen sie nicht nach Uganda. Aber du, schreibe du an Muanga, bevor du nach Unjoro weitergehst. Schreibe an deine weißen Brüder beim König, dann werden sie dir bestätigen, was ich erzählt habe. Wir wollen zusammen zu Wachores Residenz marschieren, und du kannst dort die Antwort abwarten. Wenn noch ein Weißer in Unjoro ist, kannst du dorthin gehen. Wenn aber alle Weißen von Unjoro fort sind, dann komm und hilf den Christen in Uganda, und dann, wenn du willst, wollen wir später alle gemeinschaftlich gegen die Wanjoro ziehen."

„Wann kann ich Antwort von Muanga haben?"

„In sechs bis sieben Tagen."

„Gut, so will ich Briefe nach Bulingogwe schicken. Jetzt gehe, deine übrigen Worte will ich in Erwägung ziehen und dir die Antwort heute Nachmittag geben."

Zu diesen Mitteilungen Markos habe ich zu bemerken, daß die Stanleysche Darstellung über die Aufforderung der Waganda, ihnen zu helfen, den ganzen Vorfall scheinbar abzuschwächen versucht. Jedenfalls entspricht das, was er Band II S. 338–337 darüber mitteilt, nicht dem, was mir hernach auch in Uganda von anderer Seite bestätigt ward. Stanley sagt gar nichts davon, daß König Muanga sich mit ihm in Verbindung gesetzt hatte, und doch schrieb mir schon père Denoit unter dem 13. Februar von Bulingogwe aus:

„Quant á Emin Pascha il doit etre arrivé en compaignie de Stanley par la route d Qunyoro, Ousagara, Oucaragwe etc. sans toucher à l'Ouganda quoique les chrétiens de ce pays l'appelassent à leurs sécours."

Also père Denoit sagt hier, die Christen Ugandas hätten Stanley um Hilfe gerufen, während Stanley die Sache so darstellt, als ob nur die Christen von Ankore bei ihm gewesen wären. Wie mir Muanga selbst hernach erzählte, hatte er Marko, genau wie später, zu den Engländern in Kawirondo, zunächst zu Stanley nach Usagara gesendet mit der formellen Bitte um Unterstützung. Zu der Geschichte der Ablehnung dieser Bitte seitens Stanley hat mir Emin Pascha später in Mpuapua, einige außerordentlich interessante Mitteilungen gemacht. Demgemäß drang Emin Pascha in Stanley, das Gesuch der Waganda anzunehmen, aber Stanley sei hierüber geradezu aufgebracht gewesen. „Dazu sind wir viel zu schwach", habe er wiederholt erklärt. „Sie kennen Uganda nicht, wenn Sie meinen, mit unserer Macht (beiläufig gesagt gegen 1000 Mann) könnten wir nach Uganda ziehen." Darauf erbot sich Emin Pascha, mit seinen eigenen Leuten allein dem Gesuch der Wagandachristen nachzukommen. Da aber sei Stanley aufgefahren. Zu solchen Eigenmächtigkeiten habe der Pascha kein Recht mehr, er werde ihn unter Bewachung setzen lassen, falls er versuchen sollte, einen derartigen Plan zur Ausführung zu bringen. Er, Stanley, sei verantwortlich für die sichere Rückkehr des Pascha und seiner Leute nach der Küste, und ohne Befehl der Königin von England sei er nicht gewillt, in Uganda sich einzumischen.

Diese Mitteilungen, welche Stanley in seiner Darstellung fortläßt, werfen doch auf den ganzen Vorgang eine wesentlich neue Beleuchtung. Sie tun jedenfalls dar, daß Stanley sich nicht stark genug fühlte, nach Uganda zu ziehen, und deshalb diese ausgezeichnete Gelegenheit, das Land in die Interessen seiner Nation hineinzuziehen, versäumte. Derselbe Fehler, den Stanley nach meinem Urteil auf dieser Expedition wiederholt begangen hat, wodurch das ganze Unternehmen einen so widerspruchsvollen und für Außenstehende fast unverständlichen Charakter erhält, worauf ich gelegentlich zurückkommen werde.

Inzwischen schrieb ich Briefe an König Muanga in Kiswahili, an Monseigneur Léon Livinhac in französischer und an die Herren Gordon und Walker in englischer Sprache. Da der

Inhalt in den drei Schreiben identisch war, so teile ich aus der Übersetzung des Briefes an Livinhac folgendes mit:

Monseigneur!

Ich habe die Ehre, Ihnen mitzuteilen, daß ich mit einer kleinen Expedition in dem Lande des Sultans Wachore eingetroffen bin. Als ich die Grenze dieses Landes überschritt, ist Ihr Diener Marko gekommen und hat mir gesagt, daß die Europäer, welche ich in Unjoro vermutete, sich in Uganda befinden, und daß er meine Briefe für dieselben an Sie gesandt hat. Außerdem hat er mir wichtige Neuigkeiten über den Abmarsch Emin Paschas mit Stanley nach Europa gegeben. Wenn diese Nachricht wahr ist, würde meine Expedition für Emin Pascha naturgemäß abgeschlossen sein.

Marko hat mir gesagt, daß der König Muanga sich sehr freuen würde, wenn wir in sein Land kämen. Monseigneur würde mich sehr verbinden durch eine kurze Benachrichtigung über die Ereignisse in der Äquatorialprovinz und den etwaigen Abzug Emin Paschas. Wenn diese Nachricht sich bestätigen würde, und der König Muanga mich einlädt, bin ich bereit, nach Uganda zu marschieren.

Im Falle, daß die Nachricht vom Abmarsch Emin Paschas sich nicht bestätigen würde, Sie mir indes schreiben, daß die Route durch Unjoro nicht durchführbar ist, wäre ich ebenfalls bereit, meine Route durch Uganda zu nehmen."

In dem Schreiben an Muanga und die Engländer fügte ich hinzu, daß ich bereit sei, mich mit meiner kleinen Macht in den Dienst der Zivilisation und des Christentums zu stellen, falls der König mich
darum ersuchte. Am Nachmittag ließ ich mir Marko von neuem kommen, übergab ihm die Briefe, welche am folgenden Tage nach Uganda abgingen, und teilte ihm meinen Entschluß in folgender Weise mit:

„Ich habe dir die Briefe gegeben, welche du nach Uganda schicken sollst. Ich werde inzwischen meinen Marsch auf Unjoro zu bis an die Nordwestgrenze von Wachores Land fortsetzen, um, für den Fall, daß ich auf meine Anfrage in Uganda keinerlei befriedigende Antwort bekomme, meinen Vormarsch entweder an dieser Seite des Nils oder aber durch Unjoro direkt hindurch wieder aufnehmen zu können. Falls du die Wahrheit gesagt hast, und Emin Pascha, was ich noch nicht glaube, aus dem Lande der Turkis fortgegangen ist, dann bin ich bereit, nach Uganda zu gehen, Krieg gegen Karema und die Araber zu machen und die Christen, meine Brüder, nach Uganda zurückzuführen. So schicke nun Boten an Wachore und teile ihm mit, daß ich morgen in sein Land und am nächsten Tage zu seiner Residenz kommen werde und daß ich mich bereits mit Muanga in freundschaftliche Beziehungen gesetzt habe."

Ein lautes Klatschen der Freude war die Antwort auf diese meine Mitteilung, und meine Befehle wurden auch sofort zur Ausführung gebracht. Je mehr ich über die Angaben Markos nachdachte, um so weniger war ich allmählich geneigt, ihre Tatsächlichkeit zu glauben. Ich vermutete vielmehr, Amdallah möge einer von den ägyptischen Offizieren Emin Paschas sein, welcher vielleicht eine Truppe von ägyptischen Soldaten unter Stanley zu kommandieren habe. Ich glaubte dies um so mehr, als mir Marko auf meine Frage: „Wer ist der Chef der ganzen Expedition, Stamuley oder Amdallah?" geantwortet hatte: „Stamuley". Dies schien sich doch mit der Stellung Emins, wie solche mir vorschwebte, kaum vereinbaren zu lassen.

In meinem Lager war jetzt ein munteres Treiben. Essen und Trinken war in Überfluß vorhanden, und den ganzen Abend rannten die Wasoga mit mächtigen Fackeln durch das Lager, um zum Trunk, zum Tanz und zum Spiel zu leuchten.

Am nächsten Morgen ging es in nördlicher Richtung, die Wißmannhügel immer zur Rechten behaltend, weiter. Wir begegneten großen Trupps von phantastisch aussehenden Wasogakriegern mit geschmackvollen aus Holz geflochtenen

Schilden, an den Seiten behangen mit Affen- und anderen Fellen. Sie zogen ostwärts in den Krieg gegen die Walundu.

Noch einmal war mir an diesem Tage ein Träger fortgelaufen, den ich nicht weiter verfolgen ließ, da das Schicksal der Expedition nunmehr auf ganz anderen Voraussetzungen beruhte. Durch Bananenfelder und reich angebautes Land ging es vorwärts, bis wir um 11 Uhr wieder in einer herrlichen Bananenpflanzung unser Lager aufschlugen.

Das Leben in Usoga war äußerst angenehm. Für den Marsch gab es Wegeführer, so daß ich selbst in ruhiger Betrachtung dahinziehen konnte. Warben wir irgendwo angelangt, so hatten die Eingebornen ohne weiteres ihre Häuser zu räumen, in welche meine Leute gelegt wurden, und alsbald war Essen in Fülle beigebracht, ohne daß irgend jemand daran dachte, Bezahlung von uns zu verlangen.

Ein weiterer Marsch führte uns südlich bis an die Residenz Wachores heran, und jetzt hatten wir nach Aussage der Eingebornen nur noch drei Märsche oder etwa sechs Expeditionsmärsche zum Nilsee Kioga. Von dort aus hätte ich eine leichte Verbindung mit Emin Pascha anknüpfen können, falls dieser noch in seinen alten Stationen stand. Mit seinen Stationen Kodji und Fauvera hatte ich unmittelbare Flußverbindung. Unter außerordentlichen Schwierigkeiten und Gefahren waren wir bis an die Grenzen der Äquatorialprovinz von Osten her herangezogen. Es kam jetzt nur noch darauf an, ob das Schicksal seinerseits uns den Lohn so vielen Kämpfens und Mühens gewähren wollte oder nicht. Ich hatte Marko noch wiederholt ausgefragt. Seine Aussagen widersprachen sich indes hin und wieder, und so gab ich mich von neuem der Hoffnung hin, daß Emin vielleicht doch noch in Wadelai stehe, und daß es mir am Ende trotz alledem vergönnt sein werde, außer dem Ziel auch den Zweck der deutschen Emin Pascha-Expedition zu erreichen. Traf ich Emin in Wadelai, dann wollte ich von dort aus es übernehmen, mich mit Muanga in Verbindung zu setzen, durch ein gemeinsames Vorgehen Unjoro niederzuwerfen und so unserm Landsmann freie Bahn über den Viktoriasee bis an die deutsch-ostafrikanische Küste zu schaffen, von wo aus Unterstützung für ihn schnell herbeigeschafft werden konnte. War dies gelungen, so konnten wir uns dann später, wenn ich die Verhältnisse an Ort und Stelle kennen gelernt hatte, das Mahdi-Problem etwas genauer ansehen, um festzustellen, ob nicht wenigstens der Versuch unternommen werden könne, das zur Ausführung zu bringen, was die Phantasie Europas im Sommer 1888 über die Bewegungen des „weißen Paschas" gefabelt hatte.

Inzwischen sah ich mir Land und Leute in Usoga mit einem gewissen erhöhten Interesse an. Dieses Land stellte bis dahin auf den Landkarten im wesentlichen noch einen Weißen Fleck dar. Vor uns war von Weißen noch keinerlei Kunde über dasselbe nach Europa gelangt, und doch lohnt es sich in der Tat, Usoga zur Kenntnis der weißen Welt zu bringen. Denn dasselbe ist von einer Üppigkeit und besitzt einen Grad der Kultivation, der wohltuend überrascht, wenn man von Osten hereinmarschiert, und der dem Lande ohne Frage eine große Bedeutung für die zukünftige Entwickelung des dunklen Weltteils sichert.

Akola ist ein Teil des gesamten Usoga, in dem es durch die Macht und Intelligenz seines Sultans Wachore die leitende Stelle einnimmt. Usoga scheint sich vom See bis 1 ½ nördl. Br. hinzuziehen. Seine westliche Grenze bildet der Nil, welcher hier Kiyira oder auch Nyiro genannt wird. Im Osten grenzen die Wißmannhügel das Land gegen die Walukuma und gegen die Walundu nordwestlich davon ab. Dieses ganze Ländchen gleicht, von einer Bergspitze aus gesehen, einer gewellten See, deren Wellenkämme im Winde zerstäubt sind. Die Hügelkamme sind meist mit Felsen oder Steinen gekrönt. Der Übergang über die Erhebungen vollzieht sich ohne Schwierigkeiten, in der Regel in Bananenhainen. Das ganze Hügelland wird in Usoga Namakoko wa Wachore genannt. Der Höhenunterschied zwischen Berg und Tal, welche langgestreckt und in unregelmäßiger Richtung sind, mag von 50 bis zu 100 m betragen. Erst wenn man sich dem Westen Usogas nähert, treten energische Bergketten, die von Süd-südwest nach Nordnordost streichen, auf. Sie scheiden das Niltal gegen Osten ab. Sie haben eine Breite von etwa drei Meilen und mögen Erhebungen bis zu 1800 in aufweisen. Nach Norden hin verloren sie sich in unabsehbare Ferne. Der südlichste und, wie mir schien, auch bedeutendste Berg in diesen Ketten, welcher sich bereits über den Nil erhebt, heißt Ndira Wera. (Wera heißt weiß. Ob Ndira wiederum mit Kyira oder Nyiro zusammenhängt, oder ob es vielmehr einfach „Weg" bedeutet, vermochte ich nicht zu ermitteln.). Ich habe diese Randketten „ Reichardketten" benannt.

Unter dem Ndira Wera lagerte ich am 17. Februar, genau auf dem Platze, wo Bischof Hannington vor 5 ½ Jahren mit seiner Kolonne ermordet worden war. Der Lagerplatz befindet sich eine Meile nordöstlich von Ukassa, und wir fanden noch eine Reihe von Schädeln und Knochen. Hier besuchte ich am Nachmittag zum ersten Male den Nyansa, von dem wir am Tage vorher bereits einen weit einschneidenden Creek gesehen hatten.

Etwa eine halbe Stunde von diesem Lagerplatz befand sich eine völlig abgeschlossene, etwa eine halbe Quadratmeile große Bucht, aus welcher drei schmale, lange Creeks landeinwärts schneiden. Diese Bucht steht durch einen stußartigen Kanal mit dem Nyansa, und zwar an der äußeren Seite vom Napoleongolf in Verbindung. Fischerhütten, malerisch in Bananenfeldern zerstreut, umrahmen den Strand. Ein langer Bergrücken, weithin nach beiden Seiten tagemärschelang sichtbar, trennt diese Bucht vom Napoleongolf nach Westen ab und verleiht ihr durchaus den Charakter eines großen Landsees. Ich weiß nicht, ob Stanley, an dessen Lagerplätzen wir einige Male schliefen, dieselbe gesehen hat. Auf den Karten finde ich sie nicht. Da sie für die Gestaltung dieses Teils von Usoga bemerkenswert ist, habe ich ihr einen Namen gegeben, und zwar nenne ich sie Arendtbucht, den Bergrücken, der sie nach Westen abschließt, Schroedersberg. Am 18. Februar lagerten wir endlich am Schroedersberge, und zwar etwa 12 Minuten vom Napoleongolf, den ich an diesem Tage zum ersten Male zu sehen bekam.

Dieses so abgegrenzte Ländchen Usoga, welches man in seinen inneren Teilen mit Thüringen vergleichen könnte, treibt in erster Linie Bananenkultur in größerem Umfang. Die Banane wird gebraten, gebacken, gekocht, roh gegessen und vor allem getrunken. Und zwar haben die Leute verschiedene Arten, ihre Getränke zu bereiten. Das limonadeartige Muenge wird ohne Gärung aus dem ausgedrückten Saft der reifen Frucht hergestellt. Daneben gibt es einen mit Mtama durchsetzten, stark berauschenden herben Trank, den sie Pombe schlechtweg nannten, und ferner ein mittleres Getränk, Mrissa genannt, in welchem der Mtamazusatz fehlt. Die Wasoga trinken oder saugen diesen Wein oder dies Bier von morgens früh bis abends spät. Schon um Mittag waren meine Freunde, die Sultane, in der Regel in einem Zustande erhöhter Heiterkeit. Neben diesen Bananengerichten werden viele Bataten genossen und auch verschiedene Getreidearten und Hülsenfrüchte. Außerdem ist das Land reich an Rindern, Schafen, Ziegen und allerlei Geflügel. Neben Hühnern speist man eine sehr delikate Art fetter Wachteln, die uns fast täglich in kleinen geflochtenen Körbchen gebracht wurden.

Überall sind die Wasoga ein liebenswürdiges, lebenslustiges Völkchen, bei dem der Biertopf nicht leer wird, und Trommel mit Flöte Tag und Nacht in Bewegung ist. Der Rasse nach gehören sie ganz und gar den Waganda an, Bantugrundlage mit einem starken Zusatz nordöstlicher Einwanderung, auf welche ich zurückzukommen habe. Aber sie sind sanfter von Gesichtsbildung und gehören unstreitig zu den hübschesten Rassen des östlichen Zentralafrika. Sie haben im Ausdruck ihrer Augen und der Weichheit ihrer Gesichtszüge etwas entschieden Weibliches, und demgemäß ist auch besonders der weibliche Teil der Bevölkerung hervorragend.

Ihre Kleidung besteht vornehmlich, wie bei den Waganda, in rötlichem Baumrindengewebe, welches um die Taille mit einem Gürtel zugeschnürt wird und den ganzen Körper bedeckt. Daneben sind aber auch bereits viele Baumwollstoffe eingedrungen, so daß eine Mannigfaltigkeit der Trachten zu bemerken ist. Als Schmuck lieben sie Perlen und Ringe, von denen sie sehr geschmackvolle Eisenarbeiten selbst verfertigen. Außerdem sind sie sehr geschickt in Holzflechtwerk und Matten. In der Tat zeigt sich in der ganzen Art ein bemerkenswerter Grad von Gefälligkeit und Geschmack.

Auch in ihrer Bewaffnung stellt sich der Übergang dieser Art aus einer primitiven in eine höhere Kulturstufe dar. Speer und Bogen scheint die ursprüngliche Volksbewaffnung gewesen zu sein, neben dem Schild aus Holzgeflecht, phantastisch mit Fellen geschmückt. Heute aber strebt jeder, der irgendwie mitzählen will, nach der Büchse, und zwar gilt bei den Vornehmeren der ursprüngliche Vorderlader schon keineswegs mehr für voll. In Usoga wie in Uganda kann man fast jede Art unserer Gewehrmodelle vertreten finden bis auf das neueste hin. Nur freilich hapert es in der Regel mit den Patronen, sowie neuerdings auch mit Pulver und Blei. Aber ich glaube kaum, daß es möglich sein wird, das Bedürfnis nach diesen Artikeln hier wieder auszurotten. Ebensowenig wie die Araber werden diese Stämme wieder dauernd zu einer Wildenbewaffnung zurückkehren.

Die Häuser sind wie große halbkugelartige Bienenkörbe oder auch mit First und einer Art Giebel gebildet. Das Innere ist mit Heu oder Stroh ausgelegt, reinlich und behaglich. Nahten wir irgendwo, so verstand es sich von selbst, daß die Bewohner ohne weiteres ihre Behausungen räumten, um unsern Leuten Platz zu schaffen.

Dieses Land nun zerfällt politisch in eine Reihe kleiner Sultanate, deren bedeutendstes Wachore in Akola ist. Wachore heißt eigentlich: die Leute van Akola oder Achove, was dasselbe ist. Es scheint, daß jeder Sultan dieses Landes den Namen Wachore trägt, der demnach kein Eigenname, sondern ein Titel sein würde. Alle diese Sultane stehen wieder in Abhängigkeit vom Mfalme, dem Könige von Uganda, dem sie alljährlich einen festen bestimmten Tribut an Elfenbein, Rindern,

Sklaven und anderen Artikeln entrichten müssen. Ich glaube, Wachore hätte die gegenwärtigen Unruhen in Uganda gern benutzt, um sich von diesem Verhältnis freizumachen, wenn er nur Pulver genug gehabt und sich auf alle seine eigenen Landsleute hätte verlassen können. Die Waganba in meiner Begleitung befürchteten in Wachoreland während zwei Nächten einen Angriff desselben, eine Befürchtung, welche mit ihrer sonstigen geringschätzigen Behandlung der Wasoga in einigem Widerspruch stand. Indes Wachore scheute am Ende auch Wohl einen Konflikt mit uns, die wir Freundschaft mit ihm gemacht hatten. Genug, der Angriff unterblieb beide Male, und vermutlich hat Wachore den Augenblick für immer verpaßt. Meine Beziehungen zu Wachore waren von vornherein sehr herzlicher Natur. Ich traf am 10. Februar im Süden seiner Residenz ein, und es ward mir sofort eine Bananenanpflanzung des Sultans als Lagerplatz für mich und meine Leute angewiesen. Der Sultan schickte mir gleich zwei schöne Milchkühe mit ihren Kälbern als fürstliches Geschenk und wies seine Felder und Bananen als Furagierungsobjekt für meine Leute an. Als Gegengeschenk legte ich einen indischen seidenen Schal, einen hübschen Turban, ein Fäßchen Pulver, sowie ein Hinterladergewehr mit 12 Patronen, Kaliber 12, zusammen. Ich ließ meine beiden Diener sich in ihre prächtigen roten mit Gold gestickten Livrees kleiden und übersandte das Ganze alsdann an Wachore. Dieser hatte sich indes inzwischen mit den Damen seines Harems und großem Gefolge in Bewegung gesetzt, um uns einen feierlichen Besuch abzustatten. .Meine Boten trafen ihn unterwegs, und er hatte sich bereits mit dem neuen Turban geschmückt, als er gegen 3 Uhr nachmittags bei uns einzog. Se. Hoheit waren etwas im Dampf. Vermutlich hatte er sich Mut antrinken wollen. Es waren nämlich die abenteuerlichsten Gerüchte uns vorangeeilt, welche uns, wenn nicht direkt zu Menschenfressern, doch zu etwas, was dem sehr nahe kam, abstempelten. Daß das eigentliche Geschäft der „Badutschi" das Morden von Menschen sei, war eine Ansicht, welche ich auch bei ganz intelligenten Waganda gefunden habe. Wie mir Marko erzählte, haben Engländer und Araber diese Art Mitteilungen am Viktoria-Nyansa verbreitet. Uns insbesondere stempelte die Mangatischlacht, vor allem aber die mitgeführte Massaiherde ab. Wachore ist ein Mann von etwa 40 Jahren mit ausnehmend intelligenten und einnehmenden Gesichtszügen. Eine tiefe Säbelnarbe im Gesichte beweist, daß er sich nicht den Gefahren des Schlachtgetümmels entzieht. Er hatte mächtige Krüge verschiedener Arten Weine und Biere mitgebracht, und wohl oder übel mußten wir ihm häufiger Bescheid tun, als es uns lieb war. Er sprach und lachte unausgesetzt, und wir waren bald gute Freunde. Seine Damen, schelmisch unter phantastischen, mit Affenfellen behängten Schildern, welche sie wagerecht über den Kopf hielten, hervorblickend, musterten inzwischen mit aufrichtigem Erstaunen die niegesehenen Gäste, das Zelt, die unbeweglich dabei stehenden Somalis mit ihrer stets malerischen Tracht. Ich ließ jeder von ihnen einen kleinen Spiegel überreichen, für welchen sie mit kokettem Lächeln dankten und deren Gebrauch sie als echte Evastöchter sofort verstanden.

Über seine Beziehungen zum König von Uganda ging Wachore mit einer gewissen diplomatischen Geschicklichkeit hinweg. Er nahm uns schlechtweg als Freunde Muangas und beschränkte sich seinerseits darauf zu erklären, daß er Freund von jedem sei, den Muanga als Freund anerkenne. Es fiel mir auf, daß Marko, ihn mit einer gewissen gewandten Freundlichkeit und Höflichkeit, aber doch mit einem, wenn auch unter verbindlichen Formen versteckten Grad von Selbstgefühl behandelte.

„Mein Land ist euer Land", sagte Wachore. „Wenn du irgend etwas wünschest, laß es mich wissen, und du sollst es sofort haben."

Um 4 ½ Uhr entfernte er sich endlich mit seinem Gefolge, und alsbald wurden große Körbe voll Hühner, Eier, Wachteln, daneben Schafe und Ziegen herangeschleppt als Beweise, daß es dem Sultan augenscheinlich in unserem Lager gefallen habe.

Kaum waren die Trommeln und Flöten Wachores gegen Norden hin verhallt, als mit einem Male aus Westen her die aus vielen Trommeln und Flöten gemischte Musik eines neuen Zuges sich meinem Lager näherte. Ich fragte Marko, was dies sei, und er erwiderte: „Dies ist der Große der Waganda (mkubwa)! Sei nicht freundlich gegen ihn, er ist schlecht und ein Lügner, und er kennt nicht die Worte Jesu Christi."

Mit aufrichtigem Erstaunen sah ich alsbald eine Persönlichkeit herankommen, welche ihrer Tracht nach wohl an einen orientalischen Hof zu passen schien, die in Zentralafrika zu erblicken ich indes nicht erwartet hatte. Ein dunkler mit Silber gestickter Kaftan fiel über himmelblaue, ebenfalls silbergestickte weite Beinkleider herab. Auf dem Haupte aber saß ein völlig aus kunstvoll verschlungenen Perlenketten verschiedener Farben hergestelltes Diadem, welches sich nach Art einer Krone emporhob. Der Träger dieses Schmuckes war Kamanyiro Kaüta, der Vetter des verstorbenen Königs Mtesa, der Onkel Muangas, zu dessen Partei er gehörte. Bei der Niederlage der Christen war er von den Arabern Karemas über den Nil gejagt und hielt sich jetzt in Usoga auf, indem er behauptete, dort als außerordentlicher Gesandter Muangas die Interessen seines Landes zu vertreten. Unter diesem Vorwande hatte er sich eine Menge von Gütern, unter anderm auch einen Harem von ausgewählt hübschen Mädchen zusammengebracht.

Laut kreischend kam er auf mich zu, um mich zu begrüßen, wozu seine Kapelle einen wilden Tusch blies. Ich nahm ihn dann an die Hand und führte ihn langsamen Schrittes vor mein Zelt, wo er auf einem selbst mitgebrachten Sessel Platz nahm, während ich mich gegenüber auf meinem eignen Sessel niederließ. Herr v. Tiedemann, der durch den Lärm aus seinem Zelt herbeigerufen wurde, war nicht wenig überrascht, diese neue Prozession bei uns zu finden.

Kamanyiro Kaütas Stimmung gegenüber Marko schien zu Anfang eine sehr gereizte zu sein. Wie mir Marko nachher mitteilte, hatte er ihn vorwurfsvoll gefragt, warum er nicht die große englische Expedition aus Kawirondo hergebracht hätte.

Kamanyiros Glanzzeit schien in den Tagen Mtesas gewesen zu sein und insbesondere in den Monaten, während deren Stanley in Uganda war. Er hatte demnach von Haus aus natürliche Sympathie mit den Engländern, welche er mir gegenüber wohl verbergen, aber tatsächlich niemals ganz verlieren konnte. Marko erstattete ihm indessen einen sehr ruhigen Bericht, in welchem er Wohl das altlateinische Wort behandelte: Ultra posse nemo obligatur. Da die Engländer nicht kommen wollten, hätte er sie doch unmöglich bringen können. Dann ging er zu einer Schilderung unseres Zuges über, wies auf die Herde hin, welche wir den Massais abgenommen hatten, und teilte mit, daß wir es gewesen wären, welche die Mangati am Nordosten vom Viktoriasee geschlagen hätten.

Laut kreischend sprang nach derartigen Sätzen der alte Herr immer von seinem Sessel auf, um mich in seine Arme zu schließen, jedesmal unter einem grellen Tusch seiner aus etwa 7 Künstlern bestehenden Kapelle.

Als Marko geendet hatte, sagte Kamanyira zu mir:

„Ich begrüße dich Deutscher, als Freund Muangas und als meinen Freund. Wir sind alle ganz dasselbe, und, was wir besitzen, ist deines, was du besitzest, ist unser."

Sodann brach der ganze aus etwa 70 Personen bestehende Zug wieder auf und war alsbald unter Trommelwirbel und Flötengekreisch wie eine grelle Fata Morgana wiederum verschwunden, und alsbald saß ich in dem süßen Frieden des vom Vollmond beleuchteten Bananenhaines allein.

Am folgenden Morgen machten wir dem Sultan Wachore unseren Gegenbesuch. Für derartige Besuche hatten wir uns eine Uniform angelegt, welche Herr v. Tiedemann erfunden hatte: Weiße Hosen, in Kniestiefeln steckend, mit breiten goldenen Streifen an den Seiten und weiße Jacketts mit roten goldgestickten Achselklappen und ebensolchen Ausschlägen auf den Ärmeln. Der Helm war ebenfalls mit Goldstreifen verziert, und ich trug außerdem noch eine schwarz-goldene Schärpe. Wie in Europa und mehr noch wirken in Zentralafrika Äußerlichkeiten, und es wäre sehr wenig geschickt, aus dieser Tatsache nicht Nutzen zu ziehen.

Wachore empfing uns in einer kugelartigen, an einer Seite offenen Halle, auf einem indischen Diwan zu ebener Erde liegend, mit einem schwarzen goldgestickten Kaftan bekleidet. Er rauchte eine Pfeife und hatte selbstverständlich einen großen Humpen mit Bananenwein zur Seite stehen, aus welchem er vermittelst eines Rohres das berauschende Naß einschlürfte.

„Wir sind gekommen, um dich zu begrüßen", sagte ich, als wir auf unsern mitgebrachten Sesseln vor ihm Platz genommen hatten, „um dir zu sagen, daß wir deine Freunde sind und auch Freunde mit dir zu bleiben gedenken".

„Jeder, welcher der Freund Muangas ist, ist mein Freund. Ich liebe die Weißen und freue mich insbesondere, mit den Deutschen, welche den Krieg kennen, Freundschaft zu haben."

„Hast du schon Weiße gesehen?"

„Früher einmal in Uganda."

„Nun wir hier bei dir gewesen sind, werden sicherlich viele Weiße in dein Land kommen."

„Sie alle werden nur willkommen sein, insbesondere die „Deutschen", erwiderte dieser.

So zog sich die Unterhaltung länger als eine Stunde hin, wobei fortdauernd Bananenwein kredenzt ward, und die Pfeifen von neuem gefüllt wurden. Über dem Sofa Wachores hingen einige Flinten. Es waren Hinterlader verschiedener Systeme, insbesondere ein Henry Martini, welchen Wachore herabnehmen ließ, um ihn uns zu zeigen. Derselbe war geladen und gespannt und ging Herrn v. Tiedemann plötzlich unter den Händen los. Die Kugel schlug einem von dem Gefolge Wachores durch den Kopf, so daß der Augapfel vor uns niederfiel und der Mann sofort tot war, schlug einem zweiten in die Backenknochen und zertrümmerte dieselben, so daß auch er hernach verstorben ist. Einen Augenblick war alles still, dann entschuldigte ich Herrn v. Tiedemann bei Wachore:

„Mein Freund weint sehr, daß ihm das Gewehr losgegangen ist." Plötzlich brach Wachore in ein schallendes Gelächter aus: „Das will gar nichts sagen, das war nur ein Sklave. Das hat dein Freund nicht getan, das Gewehr hat das getan, deswegen kümmert euch nicht."

Der ganze Hofstaat stimmte in dies ein wenig erzwungene Gelächter ein. Schnell war die Leiche weggezogen, Sand über die Blutlache gestreut, und sofort wurde der Bananenhumpen von neuem herumgereicht, genau, als wenn ein Tischgast in Europa ein wertvolles Geschirr zerbricht, und die höfliche Hausfrau beflissen ist, möglichst schnell über den peinlichen Zwischenfall hinwegzuhelfen. Das ist der Wert von Menschenleben in Afrika.

Als diese peinliche Szene gerade vorbei war, erschien Kamanyiro Kaüta mit seinem Gefolge, und nun verabredete ich mit ihnen, daß ich in langsamen Tagesmärschen dem Nil zu gegen Westen weiter marschieren wolle. Sobald die Antwort aus Uganda einträfe, welche den Abzug Emin Paschas bestätigte, werde ich bereit sein, mit den nach Usoga geflüchteten Waganda über den Nil zu ziehen und den Versuch zu unternehmen, Muanga und die christliche Partei ins Land zurückzuführen.

Wir waren kaum im Lager wieder eingetroffen, als Wachore schon an Herrn v. Tiedemann einen Korb voll Eier schickte, um ihm darzutun, daß er ihm den Zwischenfall beim Frühschoppen nicht weiter nachtrage. Ich meinerseits schickte dafür an Wachore einen zweiten goldgestickten Kaftan.

Meine Leute waren immer noch nicht ganz über das Schicksal, welches ihnen bevorstand, beruhigt. Um ihnen ein größeres Gefühl der Sicherheit zu verleihen, ließ ich von jetzt ab des Nachts an Stelle der bis dahin bestehenden vier Posten immer nur einen Posten aufziehen, weil ich ja genau wußte, daß, wenn wir in diesen Ländern überhaupt angegriffen würden, es ganz gleichgültig sei, wieviel Mann auf Posten standen. In diesem Falle waren wir unter allen Umständen doch verloren.

Meine Stimmung war in diesen Tagen ein wenig unruhig und bewegt im Hinblick auf die bevorstehende Entscheidung über den Endzweck der Expedition. Dieselbe sollte eher eintreffen, als ich erwartet hatte.

Der Verabredung gemäß setzte ich mich am folgenden Tage langsam nach Westen hin in Bewegung. Wir machten jetzt immer nur kleine Märsche, und zwar mit Trommeln und Pfeifen. Unser Lager schlugen wir regelmäßig in Bananenhainen auf. Das Leben war in jeder Beziehung angenehm, weil unmittelbare Aufgaben für die Expeditionsführung nicht vorlagen. Die Verproviantierung lag vollständig Wachore ob, und die Wegeführung ward durch Wasoga besorgt.

Am 13. Februar hatten wir gerade eine große Versammlung von Waganda und Wasoga in unserem Lager, die Kapelle Kamanyiros spielte auf, und das Bier floß in Strömen, als plötzlich einige Waganda zu mir herantraten und mir Briefe überreichten. Dieselben waren an die Herren der englischen Expedition gerichtet, und ich wollte sie gerade zurückgeben, als ich plötzlich wahrnahm, daß als Absender auf dem einen H. M. Stanley angegeben war. Mich durchzuckte bei diesen: Anblick die freudige Hoffnung, daß die Nachrichten vom Abzüge Stanleys nicht zuträfen, denn, wenn derselbe jetzt ein Schreiben nach Usoga schickte, so konnte er doch unmöglich vor 5 Monaten aus der Äquatorialprovinz abgezogen sein. Marko machte meiner Ungewißheit ein Ende, indem er den Brief aufriß und ihn mir zu lesen gab. Bei der Eigentümlichkeit meiner Lage glaubte ich mich hierzu im vollen Umfange berechtigt.

Und nun fiel der Schleier von dem verhüllten Bilde, und ich sah es in seiner ganzen Nacktheit vor mir. Das Schreiben lautete in Übersetzung folgendermaßen:

Kirchen-Missionsstation Makolo, 4. September 1889.

Herr H. M. Stanley und die Expedition für den Entsatz und die Befreiung Emin Paschas ist in der Station Makolo am Südende des Viktoriasees angelangt, begleitet von Emin Pascha, Signor Casati, 40 Ägyptern und etwa 400 Sudanesen.

Die Äquatorialprovinz ist demnach verlassen. Ladó, Mugi Geri und Dufile sind seit einigen Monaten in der Gewalt des, Mahdi. Nach Räumung von Wadelai und Nuguru-Station desertierten die meisten von den Truppen in Masse und gingen nach Makraka. Von einer kleinen Anzahl der Truppen hörte man zuletzt in Msua, aber alle die Soldaten, welche in der Provinz gefunden wurden, sind Rebellen gegen die ägyptische Regierung, und es kann ihnen von einem Europäer nicht getraut werden. Es wurde ein Brief an Mr. Stokes geschickt, welcher ähnliche Mitteilungen enthält.

Herr Stanley kam hier am 28. August 1889 an. In wenigen Tagen wird die Expedition von hier an die Küste aufbrechen via Mpuapua. H. M. Stanley.

So lautete der kühle und trockene Inhalt des Schreibens. Kein Gruß an seine Landsleute, kein Rat oder Vorschlag für Jackson und seine Herren! Obwohl ich den Inhalt dieses Schreibens seit mehreren Tagen hatte vermuten müssen, wirkte dasselbe doch auf mich geradezu niederschmetternd. Also während ich noch in Muina lag, war Emin Pascha bereits am Südende des Viktoriasees gewesen. Als ich in Kwayhubucht landete, mußte er seine Provinz längst verlassen haben. Dazu also alle Gefahren, Sorgen, Anstrengungen, um hier an den Toren der Äquatorialprovinz diese Nachricht zu empfangen! Welche Zwecke konnte die Vorsehung damit verfolgen, als sie uns bis hierher gelangen ließ, um uns erst jetzt deutlich zu machen, daß alles umsonst gewesen sei. „So will ich trotzdem nach Wadelai marschieren!" war mein erster Entschluß. „Vielleicht kommt dann Emin Pascha später einmal, um uns zu befreien", klang es höhnisch in mir nach. Aber dieses Gefühl des Trotzes mußte doch sofort vernünftigeren Erwägungen Raum geben.

Noch gab es ja, wie ich wußte, eine Möglichkeit, um die Expedition trotzdem nutzbar zu machen für die großen Gesichtspunkte, aus denen sie entstanden war. War Emin Pascha fort, die Äquatorialprovinz gefallen, dann lag die Entscheidung in dem großen Gegensatz zwischen Christentum und Arabertum nördlich des Viktoriasees in Uganda. Uganda mußte zum Bollwerk gemacht werden, um die muhamedanische Sturmflut vom Norden abzudämmen, und vielleicht zum Ausgangspunkt für die Wiedergewinnung dessen, was dort verloren war. Die beiden englischen Expeditionen im Westen und Osten hatten sich gescheut, in die Wirren dieses Landes mit einzugreifen. Gelang es der deutschen Emin Pascha-Expedition, hier zur Entscheidung im christlichen Sinne beizutragen, so durften wir uns sagen, daß die Mühen, welche uns bis zu Wachores Residenz geführt hatten, nicht umsonst gewesen seien. Die Expedition hatte dann einen greifbaren Endzweck gefunden, und wir konnten mit gutem Gewissen hernach unseren Auftraggebern gegenübertreten. Zu gleicher Zeit durfte ich hoffen, in Uganda in speziell deutsch-nationalem Interesse auch arbeiten zu können. Ich habe hernach erfahren, daß Uganda bereits vor Abmarsch meiner Expedition von der damaligen deutschen Regierung an England abgetreten war, aber hiervon war uns keinerlei Mitteilung gemacht worden. Man hatte eine große deutsche Expedition in diese Länder abziehen lassen, ohne es für notwendig zu halten, von dieser wichtigen Entscheidung ihr irgendwelche Kenntnis zu geben.

Am 13. Februar 1890 mußte ich annehmen, daß die Würfel über das Schicksal Ugandas in Europa noch nicht gefallen seien, daß der Kampfpreis noch da lag und dem Kühnsten zufallen müsse, daß jedenfalls die Monopolisierung des Landes für englische Sonderinteressen verhindert werden könnte. Diese Aussicht mußte verführerisch erscheinen und mein Wollen entflammen. Die Vorsehung hatte unsere Pläne auf Unjoro und den Norden vereitelt. Dagegen anzukämpfen lag außerhalb unseres Vermögens. Dafür wies sie uns deutlich und unverkennbar auf Südwesten, wo große Kulturinteressen auf dem Spiel standen. Also auf nach Uganda!

Eine halbe Stunde nach Empfang des Stanleyschen Briefes, den ich übrigens nach Kawirondo weiterschickte, gab ich Befehl an meine Kolonne, sich marschbereit zu halten, um am nächsten Morgen in der Frühe nach Uganda abzuschwenken. Ich war mir wohl bewußt, welches Risiko ich damit noch einmal auf mich nahm, aber ich darf aussprechen, obwohl ich einsah, daß ich jetzt in Ehren auf die englische Expedition in Kawirondo zurückziehen könnte, welche ich zum wenigsten nicht als feindlich gegen uns annahm, daß mir dieser Gedanke auch nicht eine Sekunde lang gekommen ist.

Am Abend saß ich länger als gewöhnlich in ernster Unterhaltung mit Herrn v. Tiedemann vor meinem Zelt. Das Dämmerlicht des Bananenhains zauberte groteske Gestalten vor unsern Augen empor, und ein leichter Nachtwind rieselte durch die beweglichen Blätter. In der Ferne erschallten die Trommeln, die Pfeifen, der Gesang der Wasoga. Im Lager war es still.

Als ich mich hernach zur Ruhe legte, überkam ein grenzenloses Gefühl der Verlassenheit und ein tiefes Mitleid mit mir selbst mein Herz. Meine Gedanken schweiften zurück in die Heimat, von welcher es zugelassen war, daß eine fremde Macht sich unterstehen durfte, uns der meisten Mittel, hier an Ort und Stelle mit Nachdruck auftreten zu können, zu berauben. Ich kam mir wie ein Ausgestoßener vor! In ein krampfhaftes Schluchzen löste der heftige Seelenschmerz sich auf. Draußen strich der Nachtwind durch die rauschenden Blätter des Bananenhains, die Wipfel des hohen Feigenbaums, unter dem mein Zelt aufgeschlagen war, beugten sich im Winde und erzählten seltsame Weisen. Die Seele ward endlich eingewiegt in ruhige Gefaßtheit, indem sie sich in Ergebenheit beugte unter die ewigen und unerforschlichen Pläne der Vorsehung.

Die aufgehende Sonne am nächsten Morgen fand uns auf dem Marsch in südwestlicher Richtung. Ich wollte den Nil bei Jinja oberhalb der Riponfälle überschreiten und schickte von neuem Briefe an Muanga mit der Bitte, mir Boote an die Grantbucht zu schicken, damit ich mich von dort aus über See mit der christlichen Partei vereinigen könne.

Der weitere Vormarsch durch Usoga vollzog sich in außerordentlich angenehmer Weise. Die Tagemärsche waren klein, da ich Rücksicht auf Kamanyiro und seine Umgebung nahm. Essen und Trinken war in Hülle und Fülle vorhanden, und die Nachmittage und Abende unterhielten uns die Tänze und Gesänge der Mädchen aus dem Harem Kamanyiros, zu denen wir regelmäßig nach dem Mittagessen eingeladen wurden. Oder es fand wohl eine Volksversammlung statt, in welcher Kamanyiro den Wasoga unsere Grüße verkündete und die zärtliche Freundschaft, welche ihn und uns verbände. Kamanyiro war gegen Nachmittag regelmäßig betrunken, aber, da er immer guter Laune war, trug er zur Unterhaltung der Expedition erheblich bei. In der Tat, ein außerordentlicher Gegensatz jetzt, wenn ich an die Zeiten dachte, wo wir über die Hochplateaus unter dem Kenia oder über die Angata na Nyuki gezogen waren. Die Trommler Kamanyiros und seine sonstigen Diener waren durchweg einäugig. Als ich diesen fragte, wie es zugehe, daß er lauter einäugige Leute angestellt hätte, machte er die Bewegung, als ob er mit dem Finger einem ein Auge ausreiße, schnappte den Finger zur Erde und sagte: „Eh, sieht besser aus!" Die Einäugigkeit war gewissermaßen die Livree der Kamanyiroschen Diener und sie war nicht durch Zufälligkeiten entstanden; sondern der alte Herr wußte selbst am allerbesten, woher sie kam.

Am 16. Februar erhielt ich endlich die Briefe aus Uganda, welche die Nachricht von Emins Abzug bestätigten und uns einluden, zur Unterstützung der christlichen Partei zu kommen. Freilich teilten die Franzosen uns mit, daß im Lande die Pest, Hungersnot und schwarze Pocken herrschten. Indes vermochte dies naturgemäß nicht auf meine Entschließungen einzuwirken.

Am 18. Februar lagerte ich, wie erwähnt, auf dem Platz, wo der Bischof Hannington seinerzeit die Hartnäckigkeit, mit welcher er den Marsch auf Uganda von Osten her unternahm, trotz der Warnungen, welche ihm in dieser Hinsicht von Franzosen und Engländern in eindringlichster Weise erteilt waren, mit seinem Tode gebüßt hatte. Der Sultan Duba, welcher die Todesstrafe an Hannington vollstreckt hatte, war vor dem Anmarsch unserer Expedition gestohlen und hielt sich vollständig von uns fern. Ich würde den Mord eines Weißen außerordentlich gern an ihm vergolten haben, wiewohl er in der Tat nur einen in der Residenz ausgesprochenen Richterspruch vollstreckte.

Die Waganda haben eine uralte Prophezeiung, wonach eine Expedition, welche von Osten herkommen wird, das Land „essen" und der Dynastie der Wakintu ein Ende machen soll. Deshalb ist der Einmarsch von Osten her von jeher verboten gewesen, und meine Expedition war die erste, welche von dieser Seite ins Land hineinkam. Muanga hatte Hannington deshalb verboten, von Kawirondo aus nach Uganda zu kommen, hatte ihm sogar Boote geschickt, welche ihn nach Usukuma und von dort aus nach Uganda bringen sollten. Der Bischof Hannington ist demnach keineswegs im Zusammenhang mit der später eintretenden Christenverfolgung gefallen, sondern aus ganz anderen Gesichtspunkten heraus, welche mit der Religion überhaupt nichts zu tun haben.

Am 19. Februar flimmerten plötzlich die Fluten des heiligen Nil zu meinen Füßen. Ich darf aussprechen, daß mich ein Gefühl stolzen Triumphes durchzuckte, als ich des Nils ansichtig wurde. Was noch keinem bis dahin gelungen war, hatte die kleine deutsche Emin Pascha-Expedition erreicht. Tana, Baringo, Nil! Mit einigen 60 Mann waren wir durch Gallas und Massais bis an die Ostgrenze Ugandas vorgedrungen. Was das Schicksal auch ferner über uns verhängen mochte, auf alle Fälle war die Ehre gerettet.

Ich bezog mein Jäger etwa 50 Schritt oberhalb des Flußufers. Hunderte von christlichen Waganda, insbesondere Mädchen und Frauen, drängten sich heran, um uns zu begrüßen. Sie bewillkommneten uns als Retter und Befreier, erklärten jedoch auf meinen Vorschlag, mit mir ans andere Ufer hinüberzugehen, daß sie gern dazu bereit seien, indes noch „zwei Tage" damit warten wollten. Die Anhänglichkeit und das Vertrauen dieser Leute hatte für mich etwas Rührendes und Herzbewegendes.

Als ich am andern Morgen den Übergang meiner Expedition nach Uganda leitete, war das ganze rechte Nilufer mit Hunderten dieser in braune Rindenstoffe gekleideten Gestalten bedeckt. Ich hatte meinen Stuhl auf einer Schulter des rechten Flußufers aufstellen lassen, um von hier aus das Übersetzen der Karawane zu leiten.

Unter mir war ein außerordentlich belebtes und munteres Bild, die phantastischen Wagandaboote mit ihren lang vorspringenden Schnäbeln, welche durch ein ausgesetztes Geweih, mit Perlen und Fellen behangen, geschmückt waren, drängten sich im Wasser, um meine Leute oder das Vieh aufzunehmen. Diese Boote sind aus zusammengenähten Planken gebildet, welche durch eine Reihe von festen Rippen verbunden sind. Über diese Rippen sind kleine Ruderbänke gelegt, auf denen, je nach der Größe, 14 bis 30 Ruderer sitzen, welche das Fahrzeug mit einer Art von Paddeln vorwärts bewegen. Auf einer der Bänke hinten steht der Sänger, welcher das Ganze leitet, und den die Ruderer im Chor mit ihren rhythmischen Gesängen begleiten. Am Bug sitzt der Steuerer. Das Ganze gewährt ein malerisches Bild. Die Fortbewegung, wenn die Leute tüchtig arbeiten, ist eine recht große, bis zu fünf englischen Meilen die Stunde. Das Fahrzeug hat eine Art von Kiel, vermittelst dessen es die Fluten schnell durchschneidet, und dessen vorderes verlängertes Ende der vorhin gekennzeichnete mächtige Schnabel ist. Das Ganze erinnert an Darstellungen, wie man sie wohl an ägyptischen Tempelbildern sieht. Aber man bedenke doch, welch eine Kraftvergeudung in diesem ganzen Bootsverfahren liegt. Um 6 oder 7 Passagiere oder 8 bis 10 Lasten über den Viktoriasee zu bringen, dazu gehören 25 bis 30 Leute! Man kann sich nicht wundern, daß die Arbeitsleistung bei einer derartigen Vergeudung von Kräften überhaupt in Afrika eine stets so geringfügige ist.

Inzwischen ging das Übersetzen meiner Mannschaften, meiner Lasten und der Herde schnell vor sich. Ladung um Ladung ward am andern Ufer abgesetzt, welches ich schon am Tage vorher besucht hatte. Als alles hinüber war, fuhr ich selbst mit der Flagge aufs linke Ufer, und alsbald marschierte ich mit meiner Kolonne in südlicher Richtung auf eine Plantage Kamanyiros, wo ich diesen Tag über zu lagern beabsichtigte.

Der Übergang war einige hundert Schritt oberhalb der Riponfälle vollzogen worden. Der Nil ist hier etwa 2000 m breit. Der Riponfall stürzt sich an der linken oder der Ugandaseite in einem Fall, an der rechten Seite in Schnellen gegen Norden. Der Fall mag 10 bis 12 m hoch sein. Auffallend ist die Menge von Fischen, welche in diesem Fall mit hinabgerissen wird. Die Waganda haben eine eigentümliche Methode, sie zu fangen. Sie reißen sie nämlich mit einem großen Haken ohne Köder unmittelbar an der Stelle unterhalb des Falles heraus. Vermutlich ist der Fisch, wenn er heruntergetaumelt ist, in einer Art von Betäubung und demnach leicht zu fangen. Ich sah, wie ein Mann in fünf Minuten neun oder zehn große Fischs heraufholte. Die Fische sind sehr schmackhaft. Es gibt sowohl Plattfische als auch Lachsarten, welche unserem einförmigen Menü eine sehr erfreuliche Abwechselung verschafften.

Gegen 12 Uhr war die Plantage Kamanyiros erreicht und das erste Lager auf dem Boden Ugandas bezogen. Als die letzten Boote, welche Kamanyiro und die Seinen zu uns hinübergesetzt hatten, nach Usoga zurückkehrten, beschlich mein Herz eine Art von Beklemmung. Wir standen scheinbar jetzt Gefahren gegenüber, welche alles das überboten, was hinter uns lag. Weder kannte ich Muanga und den Geist seiner Partei, noch auch war ich über die Stellung der Araber irgendwie unterrichtet. Wie, wenn die Boote, welche ich in der Grantbucht erwartete, nicht dort waren? Mußte ich dann nicht annehmen, daß die arabische Partei unter allen Umständen meine Vereinigung mit Muanga, mit Gewalt verhindern werde? Und wie konnte ich denken, daß ich in diesem Fall Hoffnung habe, dem Untergang mit meiner ganzen Expedition zu entgehen? Ich wußte ja genau, daß wir Karema, wenn er uns energisch angriff, nicht zu schlagen in der Lage warm. Sicherlich konnten wir unser Leben möglichst teuer verkaufen, aber an einen Sieg oder ein Entkommen im Falle eines Angriffs der arabischen Partei war nicht zu denken. So bot unsere Lage diesmal ein reines hazardartiges va banque.

Als wir mit fliegenden Fahnen unter Trommelschlag in die Plantage Kamanyiros einbogen, da waren meine Leute vergnügt und ausgelassen. Aber meine Empfindungen waren ernster als je, und drohend stand die nächste Zukunft vor meinem Geiste da.

X. Kapitel
In Uganda

> Das Alte stürzt, es ändert sich die
> Zeit, Und neues Leben blüht aus den
> Ruinen. (Schiller.)

Wenn mein Geist zum Aberglauben geneigt war, so hatte er gleich bei unserer Ankunft in Uganda Gelegenheit zu düsteren Betrachtungen. Ich hatte unter einem Baum Platz genommen und soeben an meinen Diener Rukua den Befehl erteilt, an einer von mir bezeichneten Stelle mein Zelt aufzuschlagen. Rukua stellte sein Lancaster Repetiergewehr gegen eine Bananenstaude und wollte sich daran machen, meinen Befehl auszuführen, als mit einem Mal ein Schuß knallte, und Rukua blutend vor meinen Füßen zusammenbrach. Die Kugel war ihm unmittelbar neben dem Rückgrat durch die Lunge geschlagen und unter dem linken Arm herausgedrungen. Ich glaubte im ersten Augenblick, Talabanga habe die Unvorsichtigkeit begangen, und riß schon meinen Revolver heraus, um denselben dafür zu bestrafen, als ich wahrnahm, daß Rukua durch seine eigene Büchse niedergeschmettert sei. Er hatte dieselbe trotz meiner wiederholten Warnung nicht nur geladen, sondern auch in gespanntem Zustande wiederum mitgeführt, sie war von der Bananenstaude abgeglitten und im Herabfallen losgegangen.

An ein Aufkommen des treuen Burschen war nicht zu denken. Wir legten schnell einen Verband an, aber der Atem pfiff bei jedem Zuge durch die Mundlöcher und trieb fortdauernd schwarze Blutwellen zur Erde. Er begann auch alsbald zu phantasieren, indem er abwechselnd meinen und den Namen seines Freundes und Landsmannes Selek ausrief. Ich ließ ihn auf meiner Bettstelle in eine benachbarte Hütte schaffen, aber bereits nach einer halben Stunde war er verschieden, und wir hatten nur noch die traurige Genugtuung, für ein anständiges

Begräbnis Sorge zu tragen. Ich verbot jetzt in der Expedition überhaupt geladene Flinten zu führen, da in der Tat das bloße Marschieren in derselben auch ohne feindlichen Angriff geradezu lebensgefährlich war.

Am Nachmittag kam Kamanyiro wie gewöhnlich zu mir und brachte mir die Meldung, die Boote, welche uns zu Muanga führen sollten, seien in der Grantbucht bereit.

Dorthin ging es also am nächsten Morgen. Wir zogen zu Anfang auf der großen Straße, welche von Usoga nach Mengo führt, bogen aber bald nach 9 Uhr von derselben links ab, um in weitem Bogen um die Bucht bis an deren südwestlichste Ecke zu ziehen. Hier langten wir gegen Mittag an, um zu finden, daß keine Boote zur Stelle waren. Dafür erhielt ich ein Schreiben von Mr. Gordon, welches mich einlud, auf dem Überlandweg nach Mengo zu marschieren.

(Übersetzung.)

Bulingogwe, den 18. Februar 1890.

Lieber Herr!

Muanga, König von Uganda, dankt Ihnen für Ihren Brief vom 14. Februar 1890. Er wünscht, daß wir Ihnen sagen, daß die Pest auf der Insel herrschte, wo wir alle zusammengedrängt lebten. Jene Insel verließen wir und wollen jetzt nach Mengo zurückgehen auf das Festland. Wir haben keine Furcht vor der Pest dort, denn es lebt dort kein Mensch. Der König sendet Ihnen einen Boten, namens Mika Sematimba, der Kiswahili kennt und Sie nach Mengo führen wird, wo Sie mit dem König sich treffen werden. Muanga ladet Sie ein, schnell zu kommen, und, wenn Sie über den See nach Usukuma gehen wollen, wird er Ihnen Kanoes geben.

Aufrichtig der Ihre   G. C. Gordon.

Der Briefverkehr mit Muanga wurde durch Boote auf dem Viktoriasee vermittelt.

Ich befand mich nunmehr in einer keineswegs erquicklichen Lage. Die Christen auf den Inseln forderten mich auf, über Land nach der Residenz zu ziehen, wo sie dann von der gegenüberliegenden Insel aus sich mit mir in Verbindung setzen wollten. Zwischen mir und dieser Residenz lag ein vollständig verwüstetes Gebiet, und von der Stellung der arabischen Partei hatte ich keinerlei genaue Kenntnis. Zwar wurde mir mitgeteilt, die Christen hätten die Araber vor kurzem vor Mengo zurückgeworfen, aber der Hof war auf diese Tatsache hin doch auf den Inseln geblieben, und die Boten teilten mir ausdrücklich mit, daß auch Karema noch im Norden Ugandas stehe. Wie konnte ich annehmen, daß derselbe den Versuch unterlassen werde, meine Verbindung mit der christlichen Partei zu hintertreiben!

Ich ließ am Abend Kamanyiro Kaüta kommen, dem ich sagte:

„Gestern hast du mir mitgeteilt, ich werde hier an der Grantbucht im Viktoriasee heute Boote finden. Nun, wo sind diese Boote?"

„Die Boote sind nicht da."

„Das weiß ich auch. Ich bin ein Deutscher, und wir Deutsche lieben es nicht, daß man uns Lügen sagt. Wenn hier keine Boote waren, warum sagst du mir gestern, daß ich solche hier finden werde?"

„Meine Leute hatten es mir gemeldet."

„Jawohl, deine Leute hatten es dir gemeldet. Ich glaube deinen Worten nicht und rate dir, in Zukunft eine derartige Handlungsweise mir gegenüber zu unterlassen. Ich teile dir jetzt mit, daß wir morgen früh aufbrechen werden, um nach Mengo zu marschieren. Aber ich werde jetzt nicht mehr nach der Art der Waganda, wie in Usoga, sondern nach der Art der Deutschen marschieren, d. h. wir werden von morgens vor Sonnenaufgang bis über den Mittag hinüber schnell vorwärts gehen, um sobald als möglich Mengo zu erreichen. Halte also deine Leute bereit, und, wer nicht imstande ist, schnell zu marschieren, den schicke einstweilen über den Nil zurück nach

Usoga. Vor allem rate ich dir, deine Weiber dorthin zurückzuschicken. Wenn du selbst nicht imstande bist, mit mir zu gehen, so magst du ebenfalls nach Usoga zurückkehren. Dies sind meine Befehle, und ich überlasse es nun dir, ob du dieselben befolgen willst oder nicht."

Diese Tonart war für den alten Uganda Großen, welcher noch am Tage zuvor ein ganzes Dorf hatte auspeitschen lassen, um uns einen Begriff von seiner Macht zu geben, einigermaßen ungewohnt. Ich darf auf die Schilderungen Emin Paschas und Stanleys verweisen, um darzutun, mit welcher Arroganz diese Großen früher gewohnt waren, Weißen gegenüberzutreten. Kamanyiro hatte bereits einmal in Usoga versucht, die alte Tonart auch mir gegenüber anzustimmen. Als ich eines Morgens das Signal zum Aufbruch gab, und mein Zelt niedergelegt ward, schickte er einen seiner Diener mit dem Bemerken, ich möge das Zelt nur wieder aufstellen lassen, wir marschierten heute nicht. Ich hatte ihn darauf kommen lassen und ihn ziemlich trocken gefragt, ob er der Meinung sei, daß ich diese Nacht meinen Verstand verloren habe, oder ob dies bei ihm selbst der Fall sei, worauf wir dann nach drei Minuten uns einträchtig zusammen auf dem Marsch befunden hatten.

Hier am Nil war die Provinz, in welcher Kamanyiro Gouverneur war, und der folgende Tag bereits sollte seine veralteten Ansprüche zum offenen Bruch mit den Anschauungen, wie wir sie gewohnt waren, auf der Expedition zu vertreten, bringen. An diesem Tage erklommen wir schon vor Sonnenaufgang den Rand, welcher den Viktoriasee gleich einer Kraterumwallung einzäunt. Uganda ist in seinem südwestlichen Teil weniger fruchtbar als Usoga. Man wird sagen können: in Usoga ist der größere Teil kultiviert, in Uganda der größere Teil Steppe. Das ganze Land parallel dem Viktoriasee wird eingerahmt durch eine tafelförmige Hügelkette, und ebenso zieht sich eine ähnliche Gebirgsbildung unabsehbar nach Norden den Nil entlang. Die Form der Berge ist eine ganz eigenartige, wie ich solche nirgends sonst gesehen habe, immer tischförmig, stach abgestumpft. Diese Hügel ziehen sich ununterbrochen bis an die Nordostecke des Sees, bis an die Mündung des Katonga nach Buddu hin. Gegen den See hin fallen die Berge, wie ich schon gesagt habe, meist schroff und kraterförmig ab. Da dieser in vielen Buchten ins Land einschneidet, und dem Lande eine Reihe von mehr oder weniger lieblicher Inselbildungen vorgelagert sind, so hat der Anblick von der Höhe aus etwas außerordentlich Liebliches und Malerisches. Läßt man dann das Auge nach rechts über die Tafelhügel hinaus gegen Norden schweifen, so dehnt sich eine weite Ebene aus, welcher nur hie und da durch aufgesetzte Hügel unterbrochen wird. An den Abhängen nach Norden hin liegen die Dörfer und Pflanzungen der Waganda, stets eingerahmt von immergrünen Bananenhainen, mit Getreide- und Batatenfeldern umgeben. Das Ganze gewährt einen fremdartigen, aber sehr anziehenden Eindruck.

Bis zu dieser äußersten Südwestecke Ugandas waren die Wogen des Krieges nicht gedrungen. Erst am zweiten Tage kamen wir in ein verwüstetes und niedergebranntes Gebiet. Hier befanden sich auch noch Leute, welche in stummer Scheu die große schwarz-weiß-rote Flagge anstaunten, welche durch uns zum ersten Male, unserer Expedition voran, nach Uganda hineingetragen ward.

Da ich genau wußte, daß ich gegenüber etwaigen arabischen Unternehmungen in erster Linie auf moralische Wirkungen angewiesen war, so hatte ich dafür Sorge getragen, daß uns unser Ruf voraneilte, und hatte mir vor allem schon von Usoga herüber eine Kriegstrommel-Kapelle mitgebracht, welche das Kriegssignal uns voran über die weitgestreckten Höhen erschallen ließ. Drei in der Quinte abgestimmte Trommeln, welche in Wirbeln geschlagen werden, dazwischen immer die große Pauke – das Ganze gewährt einen ernsten und drohenden Eindruck.

So ging es den ganzen Morgen über in westlicher Richtung, Ein Höhenzug nach dem andern ward überschritten, und in den Tiefen wurde eine Reihe von Stromläufen passiert, welche die Gewässer Ugandas in den Viktoria-Nyansa tragen. Ich lagerte an diesem Tage, den 22. Februar, in Tschioragoma, einer großen noch gut erhaltenen Plantage des Königs mit einem breiten, durchschneidenden Wege, dem entlang ich das Lager aufschlagen ließ.

Kamanyiro Kaüta erschien erst eine Stunde nach meinem Eintreffen, und zwar sehr ermüdet und stöhnend von der Anstrengung. Ich ging ihm einige Schritte entgegen und gratulierte ihm – ein wenig ironisch – zu seiner Tüchtigkeit im Marschieren. Ich nahm ihn dann an die Hand und führte ihn wie gewöhnlich zu dem Sessel vor meinem Zelt. Nun aber brach der alte Herr in eine Flut von Verwünschungen und Schimpfwörtern aus, welche ich zwar nicht alle verstand, da sie insbesondere an die in großen Haufen herumstehenden Waganda gerichtet waren, denen ich aber jedoch entnahm, daß sie sich gegen die Anmaßungen der Weißen richteten, welche sich einbildeten, jetzt in Uganda als Herren auftreten zu können. Er endete seine Ansprache mit der Mitteilung an mich, der König habe geschickt, ich solle jetzt drei Tage in Tschioragoma liegen bleiben. Ich erwiderte Kamanyiro sehr ruhig, er möge in Zukunft, wenn er einmal wieder Volksversammlungen abhalten wolle, sich einen anderen Ort als mein Zelt dazu aussuchen, im übrigen aber in meiner unmittelbaren Nähe nicht so schreien, da ich sehr gut hören könne. Was seine Mitteilungen anbetreffe, so glaube ich nicht, daß Muanga eine derartige Aufforderung für mich geschickt habe. Übrigens, falls dies auch der Fall sein sollte, würde ich trotzdem nicht in der Lage sein, ihr Folge zu leisten, da sie nicht meiner Art zu reisen entspräche.

„Du sagst, diese Art zu reisen sei eure Sitte in Uganda. Nun, da mögt ihr Waganda sie innehalten. Du kannst meinetwegen nicht nur drei Tage, sondern drei Jahre hier in Tschioragoma bleiben. Ich bin meinerseits ein Deutscher und pflege nicht den Sitten von Fremden, sondern meinen eigenen Sitten zu folgen."

Nun ergoß sich Kamanyiro in einer erneuten Flut von Verwünschungen. Er habe stets gesagt, die Weißen würden

Uganda noch „essen", das komme aber daher, daß man die Worte von Jesus dort jetzt dulde, und die alte Religion zugrunde gehen lasse.

Ich stand jetzt auf und sagte zu Kamanyiro:

„Nunmehr wünsche ich allein zu sein. Gehe jetzt zu deinen eigenen Häusern."

Und als dieser solcher Aufforderung nicht Folge leistete, ließ ich durch einige Somalis nachhelfen, was auf die Waganda einen geradezu Grauen erweckenden Eindruck machte. Wenn ich auch sehr geneigt war, dem verzogenen Eigensinn eines alten Ugandahäuptlings manches nachzusehen, so glaubte ich doch nicht, daß es den deutschen und insbesondere unseren eigenen Interessen entspräche, hier meinerseits die Rolle zu spielen, wie sie sich die alten Reisenden, vor allem Stanley hatte gefallen lassen. Stanley war, wie ich in Uganda erfuhr, sieben Monate geradezu in Gefangenschaft dort festgehalten worden, und auf ihn bezog sich auch Kamanyiro immer, wenn er mit Forderungen an mich herantrat. Aus diesem Grunde ergriff ich die Gelegenheit mit Freuden, dem alten Herrn klar zu machen erstens, daß ein Unterschied zwischen dem Jahre 1889 und der Zeit, wo Stanley in Uganda war, vorhanden sei, zweitens, daß es sehr verschieden ist, ob jemand an der Spitze einer bewaffneten Expedition zur Unterstützung des Königs von Uganda erscheint oder ob er, wie Stanley, allein, und zwar zum Besuch, im Lande eintrifft, drittens, daß, abgesehen von allen diesem, ich generell nicht geneigt war, die traditionelle Rolle der weißen europäischen Reisenden in diesem Teile von Afrika zu spielen.

Nachdem ich Kamanyiro hatte entfernen lassen, schrieb ich demnach den nachfolgenden Brief an Herrn Gordon:

(Übersetzung.) Tschioragoma, den 22. Februar 1890

Lieber Herr!

Kamanyiro Kaüta sagte mir heute, der König hätte ihm Nachricht geschickt, ich möchte hier drei Tage bleiben. Da dies in unmittelbarem Gegensatz mit Ihrem gest-

rigen Schreiben ist, kann ich nicht glauben, daß es wahr ist. Doch wie dem auch sein mag, so entspricht es auf alle Fälle nicht meinen Plänen und der Art meines Reisens, und ich werde demnach meinen Marsch auf Mengo fortsetzen. Ich werde morgen in Katente lagern und übermorgen in Wakarimbue. Bitte, fragen Sie den König, ob es in der Tat sein Wunsch ist, daß ich in einer Plantage an der Straße drei Tage liegen bleiben soll. Geben Sie mir eine kurze Antwort. Hier ist keine Nahrung für meine Expedition. Aufrichtig der Ihrige
    Carl Peters.

An Herrn E. C. Gordon.

Diesen Brief schickte ich alsbald an Kamanyira Kauta mit dem Ersuchen, ihn über See an den König befördern zu lassen. Kamanyiro, der dessen Inhalt wohl ahnen mochte, schickte darauf nach dem Frühstück den Vorsteher seines Harems, welcher unsere Nachmittagsunterhaltungen in Usoga zu leiten pflegte, mit dem Bemerken, er habe auf dem Marsch gesehen, daß meine Schafe nicht gut vorwärts kämen. Er fürchte, wenn ich in derselben Weise weiterziehe, daß ich dann sehr viel von meinen Schafen verlieren werde. Ich konnte mich in der Tat eines Lächelns nicht erwehren, schickte indes die beruhigende Antwort zurück, die Schafe wären vom Massailand her, wo ich sie im Krieg erbeutet hätte, noch ganz andere Märsche gewohnt gewesen. Im übrigen schade es nichts, wenn einige von ihnen eingingen. Sei die Herde zu Ende, so würde ich mir schon eine neue zu verschaffen wissen. – Darauf schickte Kamanyiro zurück: Ob ich wünschte, daß der Brief heute an den König abgehe oder morgen? – Ich erwiderte: „Heute, und zwar sofort."

Inzwischen war es gegen Abend geworden, und plötzlich hörte ich meinen alten Freund in großer Prozession zu mir herankommen. Er trieb mehrere Schlachtachsen heran, Hühner in Körben, sowie Bananen und Honig. Laut kreischend, wie es seine Gewohnheit war, versuchte er mich zu umarmen, woran ich ihn aber sehr kühl und trocken verhinderte. Dann nahm er neben mir vor meinem Zelt Platz, seine Verlegenheit vor den eigenen Leuten durch fortwährendes Schwatzen und Lachen verbergend. Er versuchte auch, nach alter Gewohnheit mir wiederholt zuzutrinken, was ich indes höflich ablehnte. Von meinem Abmarsch am nächsten Morgen sprach ich absichtlich nicht und war nun gespannt, ob Kamanyiro in Tschioragoma zurückbleiben oder sich mir anschließen werde.

Am nächsten Morgen, als wir aufbrachen, bemerkten wir schon seine Mädchen reisefertig, und als ich gegen Mittag in Katente mein Lager aufgeschlagen hatte, kam er wie eine geknickte Lilie heran, um mich zu begrüßen. Unterwegs hatte er Herrn v. Tiedemann sein Leid geklagt, er sei ein alter Mann und könne nicht so marschieren wie wir jungen Leute. Ich riet ihm infolgedessen, sich doch eine Tragbahre machen zu lassen und sich durch seine Sklaven tragen zu lassen, aber Kamanyiro lehnte dies ab. Er mochte wohl fürchten, daß seine Sklaven, welche ihn sämtlich aus tiefster Seele haßten, die Gelegenheit benutzen könnten, um ihn irgendeinen Abhang hinunterzustürzen. Wie dem auch sein mochte, von jetzt ab war unser Verhältnis auf die richtige Grundlage gesetzt worden, und dies ist später auch für meine gesamten Beziehungen zu den Waganda vorbildlich und entscheidend geblieben.

Von Katente aus kamen wir in vollständig verwüstetes Land. Nicht nur waren die Dörfer verbrannt, die Bananenhaine zerstört – Nein, die ganze Landschaft schlechtweg war niedergebrannt und stellte eine schwarze Fläche dar. An den Straßen lagen Skelette und noch in Verwesung begriffene Leichen, welche die Luft verpesteten. Der Sonnenschein, welcher über Usoga gelacht hatte, war verschwunden, der Himmel meistens mit grauem Gewölk bedeckt, und ein puffartiger Wind wirbelte entweder die schwarzen Aschenmassen in die Höhe, oder er goß kurze kalte Regenschauer auf die Expedition herunter. Nur die Aasgeier, welche sich an den Leibern der unbeerdigten Leichen gütlich taten, schienen dieses Land zu bewohnen. Jede

Spur von Menschen war verschwunden. Eine beklemmende Öde erfüllte das Herz. Denn, wenn solche Eindrücke auch nicht imstande waren, auf die Entscheidungen einzuwirken, so mußten sie die Stimmung doch in hohem Grade beeinflussen. Dumpf und fast gespensterhaft hallte der Trommelschlag von den Hügeln wieder, von welchen wir einen Zug nach dem andern überschritten. Kamen wir dann in die Tiefe, so galt es, einen Bach, einen Flußlauf zu überschreiten, dessen zerstörte Brücke das Bild der Verwüstung ringsum noch erhöhte. Und wer bürgte uns dafür, daß wir nicht hinter jedem dieser Hügelzüge von den Felsen aus, an denen wir vorbei zu marschieren hatten, plötzlich mit den Salven der arabischen Anhänger Karemas empfangen wurden? Wer hätte dafür gut stehen können, von fünf zu fünf Minuten, bei Tag oder bei Nacht, auch nur noch am Leben zu sein? So zogen wir gespannt und düster dahin, und freudelos war die Zeit im öden Lager, welches keinerlei Nahrung uns mehr bot. So ging es zwei weitere Tage an Kigogorro und Numurjango vorüber, bis am 25. Februar plötzlich die Straße wieder anfing, sich zu beleben. Zunächst bekam ich an diesem Tage die Antwort auf mein Schreiben von Tschioragoma, welche mir meldete, daß der König keinerlei Befehl gegeben habe, mich irgendwo aufzuhalten. Im Gegenteil wünsche er, daß ich sobald als möglich zu ihm komme.

Plötzlich biegt die Straße, welche sich auf dem letzten Teile der Strecke westnordwestlich um die Murchisonbucht herumgewendet hat, nach Süden ab. An dieser Ecke sind Soldaten Muangas aufgestellt, welche uns mit freudigen zurufen willkommen heißen, uns goldgelbe Bananen überreichen und den schäumenden Trunk aus mächtigen Humpen kredenzen. Wir nähern uns Kisallosallo, einer Plantage des Königs, etwa, eine Meile nördlich von der Residenz Rubaga-Mengo. Von allen Seiten eilen die Soldaten Muangas herbei, deren Vorpostenkette seit zwei Tagen bis Kisallosallo vorgeschoben ist. Wir sind in diese eingetreten und nun soweit in Sicherheit, als die gemeinschaftlichen Streitkräfte Muangas und die meinen imstande sind, uns den Arabern, Wanjoro und beziehentlich den Mahdisten von Norden her gegenüber zu behaupten.

Unser Lager schlugen wir in Kisallosallo auf, und ich schickte sofort Boten an den König, um ihm unsere Ankunft in der Nähe seiner Residenz zu melden. Ich erfuhr, daß ich Muanga morgen in Mengo treffen werde, und daß die französische Mission in der nächstfolgenden Nacht von Bulingogwe dorthin überzusiedeln gedenke. Am Abend traf die Trommel-Kapelle Muangas bei uns ein, um uns durch einen Zapfenstreich zu ehren und am nächsten Morgen feierlich in die Residenz zu geleiten.

Der grauende Morgen fand uns wie gewöhnlich auf den Marsche. Ein breiter Weg führte noch über zwei weitere Hügelrücken, immer jetzt in südlicher Richtung. Von allen Seiten eilten Menschenmassen herbei, um uns freudig zu begrüßen oder doch in respektvollem Schweigen vorüberziehen zu sehen. Rechts nahm ich eine Reihe von Bauten wahr, welche aus der Ferne wie Pyramiden sich ausnahmen, in Wirklichkeit aber Kegel darstellten. Ich erfuhr, daß es die Grabdenkmäler Mtesas und der Könige aus der Dynastie der Wakintu seien.

Plötzlich eilte ein geschmückter Diener Muangas an mich heran, murmelte einige Worte, um ebenso schnell wieder zu verschwinden. Marko teilte mir mit, daß er eine Botschaft Muangas ausrichte, welche die Sehnsucht seines Herrn ausdrückte, mich sofort zu sehen. Dies wiederholte sich noch drei- bis viermal.

Da taucht vor mir ein Hügel auf, wo ich einige Bauten wahrnehme. Es wird mir gesagt, dies ist Mengo. In der Tiefe vor diesem Hügel schwenkten wir selbst nach links ab, um in einen Bananenhain einzubiegen, wo eine geschmackvolle Plantage uns als vorläufiger Aufenthalt angewiesen, ward. Ich legte meine Soldaten in die Gebäude, ließ indes für uns selbst nach alter Gewohnheit die Zelte aufschlagen. Ich machte dann ein wenig Toilette und rasierte mich, um mich alsbald zum König zu begeben.

Von fünf zu fünf Minuten erschienen jetzt Boten desselben, immer nur die eine Bitte wiederholend, wir möchten sobald als möglich kommen, der König verzehre sich vor Sehnsucht, uns zu erblicken. Dies ist die Höflichkeit Ugandas, welche uns zum ersten Male entgegentrat. Wir kleideten uns um, und die Soldaten und einige ausgewählte Träger hatten anzutreten. Die Flagge voran, gingen wir langsam den breiten Weg nach Mengo hinauf, Muanga, den Mfalme, Kabaka von Uganda, zum ersten Male zu begrüßen.

Je weiter wir den Hügel emporschritten um so dichter wurde das Gedränge. Auf der Höhe befand sich eine mattenartige Umzäunung, in die wir durch ein Tor eintraten. Rechts und links waren die Soldaten Muangas mit präsentiertem Gewehr aufgestellt, Spalier bildend, zu einer provisorischen aus Rohr aufgeführten Empfangshalle. Auf europäischen Trommeln wurden Wirbel geschlagen, Trompeten wurden geblasen, während wir langsam grüßend durch die Reihen der Soldaten schritten. Vor dem Eingang der Halle faßten meine Somalis Posto, und wir traten ein in den dicht gedrängten Raum, gefüllt mit den Großen Ugandas, welche rechts und links an den Wänden saßen oder standen. Sowie wir in die Halle eingetreten waren, erhob sich am äußersten Ende ein noch junger Mann von einem Sessel in vollständig europäischer Tracht. Seine dunklen Augen blickten wohlwollend zu uns herüber. Ein dunkler Bart umrahmte ein Gesicht, welches einen fast europäischen Schnitt besaß. Die Nase und der Mund waren regelmäßig geformt, letzterer zwar ein wenig groß, aber ausgezeichnet durch tadellos weiße und schöne Zähne. Die ganze Erscheinung hatte auf den ersten Blick etwas Angenehmes und Sympathisches. Das war Muanga, Ugandas König, lange Zeit in der europäischen Presse bekannt als der „Bluthund" Muanga. Er trug einen schwarz und weiß karierten Anzug, Hose und Jackett, welcher seiner Erscheinung den Eindruck eines wohlsituierten europäischen Herrn in der Sommerfrische verlieh.

„Treten Sie näher", sagte er in fließendem Kiswahili („Karibu"), indem er einige Schritte vorging und uns die Hand drückte. „Wie geht es Ihnen? Nehmen Sie Platz", indem er auf zwei Sessel zeigte, welche zu seiner Rechten für uns aufgestellt waren.

In diesem Augenblick wurde ich in französischer Sprache von einem Herrn angeredet, den ich im ersten Augenblick nicht für einen Europäer gehalten hatte. Er war in ein langes Weißes Gewand gekleidet und trug auf dem Kopf ein rotes Käppchen.

„Je suis le père Lourdel et je vous ai envoyé des lettres."

Das war also der Superior der katholischen Mission in Uganda. Er teilte mir sofort mit, daß er erst in der vorhergehenden Nacht von Bulingogwe herübergekommen sei, und sie sich alle zunächst sehr notdürftig um Mengo herum eingerichtet hätten.

Gleich darauf erschienen zwei weitere Europäer am Eingang, welche uns in englischer Sprache begrüßten. Es waren die Herren Gordon und Walker. Bei dieser Empfangsfeierlichkeit hatte ich das Schauspiel, meinen guten alten Frennd Kamanyiro Kaüta auf allen Vieren herankriechen zu sehen, um den König in der alten Art der Waganda zu begrüßen. Dieser nahm jedoch die Begrüßung außerordentlich trocken und kühl auf.

„Ich freue mich, Muanga, den Kabaka von Uganda zu sehen", Hub ich unsere Unterhaltung an. „Ich bin von Osten den Tana aufwärts und am Kenia vorbei herangezogen, habe mit den Gallas. Massais und vielen anderen zu kämpfen gehabt und vernahm in Usoga, daß Emin Pascha, zu dem ich hermarschierte, mit Stanley abgezogen sei, und daß du der Hilfe der Europäer bedürftest. Deshalb bin ich über den Nil gekommen und durch dein Land hierher marschiert."

„Ich habe gehört, daß ihr die Massais geschlagen habt, und ich weiß, daß die Deutschen den Krieg kennen und alle Soldaten sind. Seid mir willkommen. Ich freue mich, daß gerade Deutsche zum Besuch in mein Land gekommen sind. Nun erzähle mir von deinen Kämpfen mit den Massais."

„Die Massais sind sehr wild", sagte ich, „und nicht Freunde der Weißen. Sie erlaubten sich Übergriffe gegen meine Expedition, aber wir haben sie viermal zurückgeschlagen und viele von ihnen getötet, ihnen auch viele Dörfer verbrannt und Herden weggetrieben."

Muanga lachte erfreut bei dieser Schilderung. „Überhaupt", fuhr ich fort, „liebt man im Osten deines Landes die Weißen nicht. Wir haben auch in Kawirondo die Mangati zu schlagen gehabt."

„Auch dies haben wir hier vernommen", antwortete Muanga. „Wo hast du denn dein Geschütz?"

„Mein Geschütz habe ich bei den Gallas zurückgelassen. Vielleicht kommt noch eine zweite Kolonne meiner Expedition nachmarschiert, und die wird dann hoffentlich das Geschütz mitbringen, welches ich in diesem Falle dir schenken werde."

„Danke sehr", sagte er. „Ich hoffe, du wirst auf die Zweite Kolonne hier bei mir warten. Was immer du haben willst in meinem Lande, das soll dir gehören. Sprich nur deine Wünsche aus und schicke direkt zu mir, wenn du irgend etwas haben willst. Ich beabsichtige, dir ein großes Haus, dicht neben dem meinigen, bauen zu lassen."

„Lange kann ich nicht bei dir bleiben, da ich weiter in die deutsche Kolonie an der anderen Seite des Sees hinüber muß. Wenn du mit mir Botschaft an die Küste schicken willst, und ich dir etwas nützen kann, so sage es mir, es wird ebenfalls geschehen."

„Eine Botschaft an die Küste möchte ich dir mitgeben, aber davon wollen wir heute noch nicht sprechen."

Alles, was Muanga sagte, gewährte den Eindruck einer ruhigen und bescheidenen Offenheit, und, als wir uns nach halbstündigem Besuch von ihm verabschiedeten, nahmen wir den allergünstigsten Eindruck von ihm fort. Den hatten wir uns allerdings ganz anders vorgestellt. Mr. Gordon und Mr, Walker begleiteten uns in unser Zelt, wo ich sie leider nur mit Tee und Kaffee bewirten konnte. Alsbald erschien auch Mr.

Lourdel, welcher noch blieb, als die Engländer bereits fortgegangen waren. Er hub sehr bald von der Lage in Uganda an zu sprechen und teilte mir Einzelheiten über die englischen Vorschläge mit, welche indes gescheitert seien, da Mr. Jackson nicht nur nicht selbst gekommen sei, sondern auch nicht einmal Munition und Pulver habe schicken wollen. Ich fragte, „wünscht denn der König überhaupt irgend ein, europäisches Protektorat?"

„Durchaus nicht. Selbst in den Tagen seiner Verbannung von Uganda haben wir ihn nur nach vieler Überredung bewegen können, sich auf derartige Verhandlungen einzulassen."

„Nun, so möge er sich doch an die europäischen Mächte wenden mit der Bitte, sein Land zu neutralisieren, genau wie dies mit dem Kongostaat der Fall ist. Wenn wir den oberen Nil neutralisiert bekommen könnten, so würde damit ja allen europäischen Mächten gleich sehr gedient sein. Nur würde sich Muanga dann entschließen müssen, gewisse, in Europa allgemein anerkannte völkerrechtliche Grundsätze für seine Gebiete seinerseits anzunehmen."

„Glauben Sie, daß ein solcher Vorschlag Muangas in Europa Anklang finden würde?"

„Das vermag ich nicht zu sagen. Sie wissen, ich bin von einem deutschen Privatkomitee ausgeschickt, um Emin Pascha zu unterstützen, dem ich ähnliche Vorschläge zu machen gedachte. Für Uganda habe ich keinerlei Aufträge von meinem Komitee. Einen offiziellen Auftrag von Deutschland habe ich überhaupt nicht. Aber, wenn Muanga bereit ist, derartige Vorschläge nach Europa gelangen zu lassen, so werde ich meinerseits gern einwilligen, dieselben dorthin zu überbringen. Vorweg aber müßte Muanga die Bestimmungen der Kongo-Akte für seine Gebiete annehmen und besonders auch den Mächten Garantien geben, daß der Sklavenhandel und die Sklavenausfuhr in seinem Lande unterdrückt werden soll."

„Dazu wird der König sicherlich gern bereit sein, da er die Araber haßt und das Wegschleppen seiner Untertanen ja auch keineswegs gern sehen kann. Bevor wir ihn von Usukuma nach Uganda zurückholten, haben wir in dieser Richtung bereits Rücksprache mit ihm genommen. Übrigens werden wir bei der Durchführung solcher Pläne mit den englischen Intrigen zu rechnen haben."

„Ich begreife nicht, welches Interesse England daran haben kann, hier gerade in Uganda ein Protektorat zu erklären."

„England wünscht das Handelsmonopol."

„Ein solches ist ja formell gar nicht möglich, da Uganda innerhalb der Zone des durch die Kongoakte festgesetzten Freihandels liegt. Das Protektorat ohne ein solches Monopol aber kostet den Engländern doch nur Geld. Wenn Muanga uns Deutschen das Protektorat über Uganda anböte, und ich um meine Meinung in Deutschland gefragt werden würde, so weiß ich nicht, ob ich nicht entschieden davon abraten würde, dasselbe anzunehmen. In ganz gleichem Falle befindet sich England."

Über die Grundlage unserer Arbeit verständigte ich mich mit Mr. Lourdel demnach bereits am ersten Morgen. Am Nachmittag waren Herr v. Tiedemann und ich auf der englischen Station zum Essen eingeladen. Dieselbe lag im Norden der Residenz und war naturgemäß, da all die ehemaligen Bauten durch die Aufständischen zerstört waren, noch sehr primitiv, aber das Gefühl, einmal wieder bei Europäern zu Gaste zu sein, hatte doch etwas außerordentlich Erfreuliches für uns.

Nach dem Essen erschien der Minister Muangas, dessen Titel Katikiro ist, um mit mir einige geschäftliche Verhandlungen zu pflegen. Derselbe ist, wie alle höheren Staatsbeamten in Uganda, ein noch sehr junger Mann mit sehr energischen und verschlagenen Gesichtszügen, welche einen nicht eben angenehmen Eindruck gewähren. Er fragte ganz offen:

„Welche Geschenke denkst du, dem König zu machen?"

„Ich will ihm 100–120 Pfund feines Jagdpulver geben, dazu ein Lancasterrepetiergewehr mit 50 Patronen, tausend Zündhütchen und eine Reihe von anderen Kleinigkeiten wie Seifen usw."

„Und wie lange denkst du hier zu bleiben? Wir hoffen doch wenigstens auf einen Besuch von 3–4 Monaten. Karema steht im Norden und kann jeden Augenblick die Residenz angreifen. Solange du hier bist, wird dies kaum geschehen, da er sich schon vor dem Heranrücken deiner Expedition weiter nach Norden weggezogen hat. Dann werden auch von allen Seiten die Flüchtlinge unserer christlichen Partei nach Uganda zurückkehren, und unsere Stellung wird sich dadurch wesentlich verbessern."

„Ich bedauere, daß ich 3–4 Monate unter keinen Umständen bleiben kann. Ich habe keinerlei Auftrag hier in Uganda zu verweilen, jeder Tag meiner Expedition kostet an 50 M. Löhnung für meine Leute. Ich bin bereit" (ich begann auszurechnen') „bis zum 16. März hier zu verweilen. Heute haben wir den 26. Februar, das macht drei Wochen."

„Heute haben wir nicht den 26., sondern den 25. Februar", sagten die englischen Missionäre.

„Entschuldigen Sie", sagte ich, indem ich mein Tagebuch ausschlug, „wir haben heute den 26. Februar."

„Ja, wir rechnen den 25. Februar", sagten die Beiden.

Es stellte sich hernach heraus, daß wir durch irgend ein Versehen in der Tat um einen Tag in der Zeitrechnung vorausgeeilt waren, und die Engländer Recht hatten. Ich habe in meinen vorhergehenden Darstellungen indes immer unsere Zeitrechnung beibehalten,weil sich nicht genau mehr bestimmen ließ, an welchem Tage das Versehen der Zeitverschiebung eingetreten war.

„Sei dem wie ihm wolle, wir wollen den 16. März als den Tag meiner Abreise von Uganda ein für allemal hinstellen. Ich habe nicht genug Munition, um dem König vorschlagen zu können, Karema und die Wanjoro im Norden anzugreifen und zu schlagen. Sollte dagegen Karema gegen den Süden vorrücken, so bin ich bereit, mit meiner ganzen Expedition Muanga zu unterstützen und, falls dieser es wünscht, auch das Kommando seiner Leute zu übernehmen. Damit ich das jedoch tun kann, muß ich ersuchen, daß es mir gestattet ist, seine Soldaten und vor allem die Offiziere seiner Truppen, von jetzt ab jeden Tag in Ausbildung nehmen zu können, damit sie sich an unsere Art des Kämpfens gewöhnen."

Nach längerer Beratung erklärte sich der Katikiro mit diesen Verabredungen einverstanden, welche gewissermaßen unter der Garantie der englischen Mission getroffen wurden und hernach auch von Muanga und der katholischen Partei angenommen sind. Bis zum 16. März, wurde mir fest versprachen, sollten die Boote zur Stelle sein, welche mich alsdann nach Usutuma über den Viktoriasee hinüberführen sollten.

Am nächsten Morgen war ein zweiter feierlicher Empfang bei Muanga, bei welchem ich ihm die Geschenke überreichte. Muanga war außerordentlich erfreut. Gaben ihm doch 100 Pfund Jagdpulver die Möglichkeit, 500 seiner Soldaten zu einem Gefecht wiederum mit Munition zu versehen, was unter Umständen die Behauptung seines Thrones bedeuten konnte.

Am Nachmittage machten Herr v. Tiedemann und ich in unserer Uniform einen Besuch auf der katholischen Mission. Hier lernten wir außer unserem Bekannten vom vorhergehenden Tage, dem Père Lourdel, auch den Pater Denoit kennen. Während Père Lourdel ein außerordentlich energisch aussehender Mann war mit robusten Zügen, so trat uns in Père Denoit, der 30 Jahre zählen mag, eine Art Johanneserscheinung entgegen, ein weiches und mildes Gesicht, umrahmt von einem dunklen Bart, mit schwärmerischen Augen und einem sehr weich geformten Mund. Beide gehörten der Mission d'Algers, den sogenannten „Weißen Brüdern" an, und Père Lourdel arbeitete bereits seit 10 Jahren hier in Uganda. Auf meine Frage, ob er nicht Sehnsucht habe, einmal nach Frankreich in seine Heimat zurückzukehren, erklärte er: „Wir sind hierher gekommen, um zu sterben, wir kehren niemals in die Heimat zurück."

Er ahnte damals wohl nicht, wie bald dieses sein Wort in Erfüllung gehen sollte. Er pflegte auch zu sagen: „Si nous sommes en bonne sonté nous ne voulons pas et si nous sommes malades nous ne pouvons pas retourner." (Wenn wir gesund sind, wollen wir nicht, und wenn wir krank sind, können wir nicht zurückkehren.)

Ich sprach ihm meine Bewunderung aus für den Opfermut seines Ordens. In den Jahren, wo derselbe an dem See gearbeitet hat, hat er 50 Prozent seiner Brüder durch Krankheiten verloren. Ich sagte zu Père Lourdel:

„Man spricht so viel von uns Reisenden, von Emin Pascha, Stanley und anderen; was Sie hier tun ist doch im Grunde weit heroischer, und Sie tun es ausschließlich für Ihre großen Ideale. Ihre Namen sind uns in Europa kaum genannt. Der Ehrgeiz, welcher andere treibt, kommt für Sie nicht in Frage."

„Unsere Belohnung erwarten wir nach dem Tode, wenn es dem Herrn gefällt."

Ich habe die Schöpfungen dieser katholischen Mission um den ganzen See herum, in Uganda, auf den Sesseinseln und in Usukuma kennen gelernt, und ich muß meine aufrichtige Bewunderung über die Leistungen dieser Männer aussprechen. Gerade, weil sie das Gelübde der Armut, des Gehorsams und der Keuschheit abgelegt haben, weil sie weder eigenen Besitz sammeln können, noch jemals dauernd in die Heimat zurückkehren, haben sie ein doppeltes Interesse, ihre Stationen möglichst bequem einzurichten; und, da sie von Europa aus wenig Unterstützung finden, sind sie gezwungen, die natürlichen Hilfsquellen des Landes nach Kräften zu entwickeln. Da die protestantischen Missionäre am Viktoriasee dort eigentlich immer nur vorübergehend arbeiten gegen Bezahlung, da sie das Verlangen haben, früher oder später nach England zurückzukehren, um dann auch ein kleines Vermögen in London vorzufinden, stecken sie weniger in die Missionsanlage selbst hinein, sie verwachsen, nicht so mit dem Lande und können dem Lande infolgedessen auch weniger nützen. Was ich von den englischen Anlagen gesehen habe, steht hinter den französischen auch in jeder Beziehung zurück. Die Katholiken haben überall große und bequeme Häuser, von weit vorspringenden Dächern überragt, welche Säulengänge bilden und die Möglichkeit bieten, sich vor der heißen Sonne zu schützen und auch im Regen sich körperliche Bewegung zu machen. Um diese Missionsanlagen fand ich an allen Plätzen, welche ich gesehen habe, Gärten, in denen nicht nur die Gemüse der Tropen, sondern auch alle Arten europäischer Gemüse gezogen wurden. Während die englischen Missionäre in Uganda wie die Eingebornen leben mußten, speisten hingegen die katholischen europäische Kartoffeln und Brot mit Butter, selbstgemachten Käse, aus Bananen gebrannten Schnaps, Kohlrabi, Rüben, Kohle aller Art, Ananas, Orangen und andere Früchte zum Nachtisch. Während die Engländer in schlechten Häusern leben, hat jeder katholische Père oder Frère sein eigenes kühles, weißgetünchtes Zimmer, und sie alle versammeln sich zu ihren Mahlzeiten in einem behaglichen Refektorium. Da sie europäische Arbeitskräfte nicht besitzen und doch in dem Lande behaglich sich einrichten wollen, sind sie gezwungen, was übrigens ja auch ihre Ordensregel ihnen schon vorschreibt, möglichste Sorgfalt in Heranziehung ihrer Leute zur Arbeit zu entwickeln. Wenn sie Tische, Stühle, Eßgerätschaften haben wollen, müssen sie sich solche von ihren Zöglingen machen lassen und haben demnach ein besonderes Interesse daran, daß diese solche Arbeiten korrekt anzufertigen lernen. Hierzu ist nun das System der frères, der dienenden Brüder, von denen jeder Station einer oder mehrere beigegeben sind, wiederum besonders praktisch. So bildet sich alsbald durch die katholisch Mission eine Niederlassung von fleißigen und geschickten Arbeitern, und auf diese Weise wirkt dieselbe segensreich für die weitere Umgebung, auf das ganze Land.

Freilich war am 27. Februar in Uganda von der katholischen Station nicht viel zu sehen. Dieselbe war von der arabischen Partei zerstört und stand nur noch in, ihren Grundmauern. Mons. Lourdel hatte sich wie alle anderen provisorisch einrichten müssen und empfing mich in einer von Zäunen umgebenen Halle. Wir nahmen hier unseren Tee ein, wozu Mons. Lourbel ein kleines Büchschen Sardinen in Öl spendete, ein für uns seltener Genuß, welcher in uns lebhaft die Erinnerung an die Heimat wachrief.

Von der katholischen Mission aus begaben wir uns unter der Führung Mons. Lourdels zu Muanga. Ich wollte versuchen, die Vereinbarungen, welche ich am Tage vorher mit Lourdel getroffen hatte, sobald als möglich in die Wirklichkeit zu übersetzen, und hatte mir zu diesem Behufe eine vertrauliche Besprechung mit dem König von Uganda ausgebeten. Wir fanden Muanga mit nur wenigem Gefolge allein in einem kleinen Zimmer seiner wie Pilze täglich mehr aus der Erde emporsteigenden Gebäude sitzen. Der Zugang zum Innern des Palastes wird labyrinthartig durch eine ganze Reihe von Höfen und Torwegen gebildet, in welchen die Soldaten Ugandas bei Tag und Nacht zu lagern Pflegen. Daneben sind Gebäude für die Frauen des Königs und für dessen sonstigen Hofstaat aufgebaut. Das Ganze gewährt den Eindruck, wie ich mir den Hofstaat Attilas in Ungarn vorzustellen pflegte. Alle Gebäude sind aus Rohholz aufgeführt, aber sie tragen wegen ihrer Geräumigkeit und ihrer großen Anzahl doch einen behäbigen und ansprechenden Charakter.

Als wir Muanga gegenübertraten, entfernte derselbe auf meinen Wunsch alle seine Diener und ließ auch, ohne daß ich ihn dazuauf»forderte, in den benachbarten Zimmern nachsehen, ob Leute, welche unsere Unterhaltung hören könnten, zugegen seien. Dann tuschelte ihm Père Lourdel meine Vorschläge in die Ohren, worauf Muanga das Ohr Lourdels ergriff, um ihm seine Antwort hineinzuflüstern. Das Resultat dieser etwas wunderlichen Audienz war die Erklärung Muangas:

„Wenn der Doktor meine Botschaft nach Europa übertragen will, so bin ich bereit, einen Vertrag mit ihm zu machen, wonach ich das Recht des Mfalme, daß die Leute in Uganda nur mit seiner Erlaubnis reisen und Handel treiben oder Häuser bauen dürfen, den Deutschen und den anderen Europäern gegenüber aufgebe. Ich bin ferner bereit, mein Elfenbein nur an die Deutsche Gesellschaft zu verkaufen, wenn diese mir Pulver und Munition dafür liefern will. Ich will keines Europäers Diener sein. Sie alle sollen gleiche Rechte in meinem Lande haben, aber Freundschaft möchte ich ausschließlich mit dem großen Sultan der Deutschen haben. Wenn der Doktor einen solchen Vertrag aufsehen will, so werde ich ihn unterzeichnen und will auch dafür sorgen, daß alle meine Großen ihre Namen darunter setzen."

Das war genau das, was ich erstrebte. Gelang es mir, den König von Uganda auf diese Versprechungen hin zu binden, so glaube ich der gesamten europäischen Sache sehr großen Dienst erwiesen zu haben. Jeder, welcher die Reisebeschreibungen aus Uganda liest, Weiß, welche Hemmungen der Bewegungsfreiheit von Europäern in diesem Lande stets entgegenstehen. Davon wissen Felkin und Stanley, Emin Pascha und Juncker zu erzählen. Wenn der König die Grundsätze der Kongoakte annahm, so war dies Band erst tatsächlich dem europäischen Verkehr eröffnet. Und das mußte allen an dem Seegebiete interessierten Nationen gleichmäßig zugute kommen. Ich begab mich sofort mit Mons. Lourdel in mein Zelt und schlug ihm die nachfolgende Fassung des Vertrages vor, welche wir nach einigen von Lourdel vollzogenen stilistischen Änderungen auch beibehalten haben. Den Vertrag setzten wir in französischer Sprache, in Kigandae und in Kiswahili auf, und in allen drei Sprachen ist er auch hernach unterzeichnet worden. Ich hänge ihn in französischer Sprache und im Kigandatext im Anhang an und gebe hier die wortgetreue deutsche Übersetzung:

Mengo, 28. Februar 1890.

Zwischen dem König Muanga, Kabaka von Buganda und dem Dr. Carl Peters ist der nachfolgende Präliminarvertrag vereinbart:

Der König Muanga nimmt die Bestimmungen des Berliner Vertrages (Kongo-Akte) vom Februar 1885 an, soweit sich, solche auf Buganda und seine tributären Länder beziehen. Er öffnet diese Länder allen Untertanen Sr. Majestät des Kaisers von Deutschland wie allen andern Europäern. Er garantiert den Untertanen seiner Majestät des Kaisers von Deutschland wie den anderen Europäern, welche davon Nutzen ziehen wollen, volle Freiheit des Handels, Freizügigkeit und Freiheit zur Ansiedelung in Buganda und allen tributären Ländern.

König Muanga tritt in Freundschaft mit Sr. Majestät dem Kaiser von Deutschland und erhält Freiheit des Handels, Freizügigkeit und freies Ansiedelungsrecht für seine Untertanen in allen Gebieten Sr. Majestät des Kaisers von Deutschland.

Dr. Carl Peters verpflichtet sich, die Ratifikation dieses Präliminar-Vertrages der deutschen Regierung vorzuschlagen.

Dieser Vertrag ist aufgesetzt in Kiganda, Kiswahili und Französisch. Im Fall von streitiger Auslegung soll nur der französische Text gültig sein.

Am folgenden Tage, den 28. Februar, stellten wir die drei Fassungen dieses Vertrages her, und am 1. März begab ich mich von neuem mit Mons. Lourdel zu Muanga, welcher mich in Kabinettssitzung empfing. Es waren bei ihm seine beiden Minister, der Hausminister Cyprian, Kaüta genannt, der eigentliche Staatsminister, Katikiro, und einige andere Großen. Ich legte ihnen die Grundzüge des Vertrages dar, indem ich erklärte, da Uganda christlich geworden sei, und die christliche Partei hier herrsche, sei es nötig, daß dasselbe sich auch in seinen allgemeinen Angelegenheiten auf die Grundsätze Europas stelle.

„Die europäischen Mächte", fuhr ich fort, „sind in einem Vertrage, welcher 1885 in Berlin abgeschlossen worden ist, über gewisse allgemeine Rechtsgrundsätze betreffend Afrika übereingekommen. Diese wünsche ich von den Waganda ebenfalls angenommen zu sehen, und ich habe demnach den nachfolgenden Vertrag", welchen ich in Kiganda-Sprache vorlesen ließ, „entworfen. Ich ersuche euch, ihn nun zu unterzeichnen."

Der König und Cyprian Kaüta unterzeichneten sofort, nachdem Muanga erklärt hatte, damit etwa in dasselbe Verhältnis zu den europäischen Mächten treten zu wollen, welches auch der Sultan von Sansibar zu denselben einnehme. Der Katikiro, Führer der englischen Partei in Uganda weigerte sich, seine Unterschrift zu vollziehen, indem er erklärte, er wolle sich zunächst mit den Herren Gordon und Walker über die Angelegenheit beraten. Damit trat die ganze Angelegenheit nunmehr in ihr zweites Stadium ein. Mit dieser Weigerung des Katikiro war ein Konflikt notwendig geworden, um den Vertrag zur allgemeinen staatlichen Anerkennung in Uganda zu bringen. Ihn durchzusetzen, war ich um so mehr entschlossen, als mir in Uganda die ganze große handelspolitische Bedeutung dieser Länder recht deutlich klar wurde. Nach Uganda strömt das Elfenbein in der Form von Tribut und auch als Handelsartikel in Austausch gegen Eßwaren und andere Dinge aus allen Ländern im Norden und Westen des Viktoriasees bis an den Albertsee hin zusammen, um von hier aus seinen Weg über den Viktoriasee nach Tabora und der Küste zu nehmen. In den Zöllen, welche die deutsche Gesellschaft an der Küste erhebt, steckt ein guter Teil des Ugandahandels mit drin, welches sich zwar nicht berechnen läßt, aber doch für jeden Kenner afrikanischer Verhältnisse aus der Tatsache ersichtlich ist, daß 60–80 Araber sich in diesem Lande niedergelassen hatten. Ferner spricht dafür die Tatsache der außerordentlich großen Anzahl europäischer Waffen und Munition, europäischer Stoffe und Eisenarbeiten, Gerätschaften usw. in Uganda. Denn alle diese Dinge sind doch in letzter Linie von der Küste und von Sansibar hergekommen und gegen Elfenbein eingehandelt worden. Die Araber in Uganda standen in engster Beziehung zu ihren Glaubensgenossen in Tabora und vermittelten das Tauschgeschäft von dort nach Uganda, ja bis über Uganda hinaus nach dem Norden. Wie ich festzustellen vermochte, ging durch die Vermittlung Kimbulus in Busiba (Karague) Pulver bis nach Unjoro, und, wie mir in Uganda gesagt ward, selbst bis zum Mahdi hin. So steckt in dem Tabora-Handel das ganze Viktoriaseegeschäft drin, und große handelspolitische Schwankungen in Uganda müssen sich demnach unmittelbar in dem Umsatz an der Küste und auch in den Zollerträgen von Bagamoyo und Dar es Salam fühlbar machen. Durch tausend Kanäle sickert das Uganda-Elfenbein, abgesehen von der direkten Versendung des aufgekauften Materials über den See hinüber nach Süden. Es ist das große Kaufgeld dieses Gebiets und geht vielleicht durch sechs, sieben und mehr Hände, bevor es nach Tabora oder Jrangi, wo die Araber ebenfalls sich niedergelassen haben, an die Küste und in den Welthandel kommt. Diesen Zwischenhandel treiben unter anderen auch die Bewohner der Insel Bukerebe, deren Handelskolonnen ich sowohl in Busiba als auch in Usukuma gesehen habe. Sie zahlen mit Fischen und auch Eisenarbeiten, die sie ihrerseits wieder in Usukuma eintauschen. Ich glaube, daß man bei der Beurteilung der ostafrikanischen handelspolitischen Verhältnisse diesen Zwischenhandel von Stamm zu Stamm immer viel zu wenig in Anrechnung bringt. In ihm liegt der Hauptprozentsatz des Sklavenhandels. Aber auch eine Reihe von anderen Produkten werden hier traditionell, wie es scheint, seit Jahrhunderten von Stamm zu Stamm getauscht. So liefert Usukuma Hacken und Eisenarbeiten für die Stämme bis nach Ugogo hin. Wir begegneten zuweilen eingebornen Karawanen, die vom Südosten kamen, als wir durch die Wembaeresteppe marschierten. Wenn ich fragte: „wohin"? so antworteten sie: „wir wollen nach Usukuma." – „Was wollt ihr dort?" – „Wir wollen Yembe (Hacken) kaufen."

Auf diese Weise entzieht sich der Handelsumsatz Ugandas nach der Küste hin jeder direkten Berechnung. Er wird sich eben nur in Uganda selbst feststellen lassen. Aber die Tatsachen, welche ich oben anführte, werden über seine Bedeutung im ganzen keine Zweifel belassen.

Da Uganda gegen Osten völlig abgesperrt war, so mußten die Erleichterungen des Verkehrs in Uganda, auf welche ich in meinen Ausmachungen mit Muanga in erster Linie drang, vornehmlich den Händlern aus dem deutschen Gebiete und damit dem Umsatz an unserer Küste zugute kommen, aber schließlich doch auch einer jeden Nation, welche sich auf Unternehmungen in diesen Ländern einlassen wollte. So unter anderen zunächst Mr. Stokes, dessen Agenten ich an verschiedenen Punkten um den See herum traf, und den englischen

Missionären, welche nach Ratifikation dieses Vertrages vor dem Schicksal bewahrt wurden, wie sie solches wiederholt durchgemacht hatten, daß ihnen nämlich der König Monate hindurch verbot, ihre Wohnungen zu verlassen, und selbst das Spazierengehen untersagte, wie das Mr. Gordon und Mr. Walker geschehen ist. Oder daß er sie plötzlich aus dem Lande auswies, wie das Mr. Mackay erleben mußte, und ähnliche Beschränkungen der persönlichen Freiheit!

Um so mehr war ich überrascht, als Mr. Walker und Mr. Gordon die am Abend des 1. März bei mir speisten, mir eröffneten, sie müßten Muanga das Recht absprechen, Verträge mit Dritten zu schließen, da er sich bereits unter britisches Protektorat gestellt habe. Dies gab mir allerdings auf der anderen Hand eine willkommene Veranlassung, die Angelegenheit in aller Form und endgültig zur Entscheidung zu bringen.

Ich schrieb nunmehr nämlich an den König eine formelle Anfrage: die Engländer hätten gesagt, er sei abhängig von der Britisch-Ostafrikanischen Gesellschaft und habe keinerlei Recht mehr, mit andern Verträge abzuschließen. Bevor ich in der ganzen Sache weitergehen könne, müsse ich erst wissen, wie es sich hiermit verhalte, da ich nicht beabsichtige, einen ungültigen Vertrag nach Europa mitzunehmen. Ich müsse bitten, daß nicht nur Muanga, sondern auch die Großen des Landes sich darüber äußerten, ob sie abhängig (Watuma-Sklaven) von den Engländern seien, oder ob er, Muanga, noch dasselbe Recht wie Mtesa besitze.

Am 2. März unterschrieben inzwischen die sämtlichen Großen und Provinzialgouverneure der katholischen Partei, welche die Mehrzahl im Lande ausmachten, den Vertrag im Hause des Mons. Lourdel und hernach in meinem Lager. Auf den Morgen des 3. März hatte Muanga eine Staatssitzung angesetzt, zu welcher sämtliche Großen des Landes und auch die Prinzessinnen des Hauses der Wakintu geladen waren, soweit sie den Mörderhänden Karemas entkommen waren. Ich war der Letzte, welcher erschien. Die beiden Engländer wußten gar nicht, um was es sich handle. Muanga erledigte erst eine

Reihe von kleineren Staatsgeschäften, Ernennungen zu Gouverneuren und ähnliches. Dann stand ich auf und sprach etwa folgendes:

„Ich bin auf euren Wunsch hierhergekommen, um euch gegen die Araber zu helfen. Ich bin der Freund Muangas und der eurige geworden. Wir alle sind Christen, wir alle kennen die Worte Jesu und lieben sie, die Weißen und die Waganda sind ganz dasselbe. Es ist demnach nötig, daß die Waganda uns Weißen gegenüber das für Recht anerkennen, was wir in unsern Ländern ihnen gegenüber als solches betrachten. Wenn Leute von Uganda nach Deutschland kommen wollen, können sie reisen und wohnen und Handel treiben, wo immer sie wollen, ebenso, wenn sie nach Frankreich oder nach England gehen. Ich verlange, daß ihr Waganda mir dasselbe Recht für uns Europäer einräumt, nicht für uns Deutsche allein, sondern für alle Europäer, zu welcher Nation sie auch gehören mögen. Muanga hat sich bereit erklärt, das Recht des Mtesa, den Weißen zu verbieten, in Uganda zu reisen oder Handel zu treiben, oder sie aus dem Lande zu weisen, wenn es ihm beliebt, aufzugeben. Er hat einen Vertrag hierüber mit mir abgeschlossen. In diesem Vertrage bittet er auch um die Freundschaft des großen Kaisers der Deutschen. Nun kommen die Engländer zu mir, welche hier neben mir sitzen, und sagen: Muanga und die Waganda haben gar kein Recht mehr, solche Verträge zu machen, sie erzählen mir, die Waganda sind Sklaven der Engländer geworden. Deshalb richte ich an euch, an die Waganda, die Anfrage: Haben die Engländer die Wahrheit gesagt? Dann will ich den Vertrag zerreißen. Oder haben sie die Unwahrheit gesagt? Dann erklärt es jetzt offen heraus."

Diese Worte riefen einen solchen Sturm der Entrüstung gegen die Engländer bei den sämtlichen Waganda hervor, daß ich einen Augenblick fürchtete, es werde zu gewaltsamen Szenen kommen. Da sprang Muanga von seinem Thronfessel auf und sagte, indem er sich insbesondere an Gordon und Walker wendete:

„Ihr habt gehört, was Dottore Patasi gesagt hat. Nun sagt mir selbst, ob seine Worte wahr sind, ob ihr wirklich zu ihm gegangen seid, um auszusprechen, was er mitteilte oder nicht."
Ein wenig verdutzt erklärte jetzt Mr. Gordon, daß allerdings ja der König die Flagge der Britisch-Ostafrikanischen Gesellschaft angenommen habe, und daß das ebensoviel bedeute, als wenn er das britische Protektorat angenommen hätte. Das sei allerdings ihre Auffassung, und das hatten sie mir gesagt."
Darauf Muanga:
„Ihr alle wißt, daß, als wir auf der Insel des Viktoriasees uns befanden, wir sowohl Boten an Stanley geschickt haben, als auch an Mr. Jackson: Kommt und helft uns, dann wollen wir die Flagge Englands annehmen und den Engländern das Handelsmonopol in Uganda einräumen. Der Engländer sollte allein in Uganda Handel treiben dürfen. Bringe mich zurück auf den Thron Mtesas, und es soll werden, wie ich geschrieben habe. – Was ist darauf geschehen? Stanley, der von Unjoro kam und mit Amdallemin, weigerte sich, den Bitten seiner christlichen Brüder Folge zu leisten, und zog in einem weiten Bogen um Uganda herum. Mr. Jackson, welcher mit vielen Soldaten lange in Kawirondo lag, ist nicht nur nicht selbst gekommen, um uns zu helfen, er hat auch nicht eine einzige Patrone oder eine Handvoll Pulver zu unserer Unterstützung geschickt, und jetzt behaupten die Engländer, weil mir Mr. Jackson in einem Paket seine Flagge sandte, deshalb müsse ich unter britischem Protektorat stehen. Gekommen zu unserer Hilfe ist nur der Doktor und die Deutschen (Badutschi). Wenn ich, mein Land unter irgend jemand stelle, so soll es der große Kaiser der Deutschen sein. Aber ich will bleiben, was Mtesa war, ich will keinem angehören. Sie alle sollen willkommen in Uganda sein. Wenn die Deutschen kommen wollen, so mögen sie kommen, wenn die Franzosen kommen wollen, so mögen sie kommen, wenn die Engländer kommen wollen, und dies könnt ihr Mr. Jackson schreiben, und wollen dasselbe Recht haben, wie die Deutschen, so sollen sie mir ebenfalls willkommen sein. Wollen sie aber mein Land „es-

sen", so werde ich Krieg mit ihnen machen, denn wir Waganoa wollen frei sein, und ich will bleiben, was Mtesa war!"

Das, was wir in Europa nennen würden „stürmischer Beifall", ging durch die gesamte Versammlung mit Ausnahme einiger weniger Führer der englischen Partei. Alles sprang auf und drängte sich zusammen und drückte Muanga die Hände.

Nun trat ich noch einmal auf:

„Ich habe deine Worte, o König, gehört, und ich sehe, daß deine Großen mit dir einverstanden sind, und weiß, daß du, wie auch alle Großen, den Vertrag unterzeichnen werden. Höre nun, was ich zu tun gedenke, um euch zu zeigen, daß ich wirklich der Freund der Waganda bin. Ich höre, Muanga, daß im Westen des Viktoriasees noch Feinde sitzen, welche mit Karema befreundet sind, und dir den Tribut zu zahlen verweigern, welchen sie dir schulden. Ich erfahre, daß in Busiba insbesondere Kimbulu sitzt, welcher deinen Feinden in Unjoro das Pulver von Unjanjembe vermittelt. Wenn du Krieg nach Norden haben willst, so mußt du zunächst den ganzen Süden in deiner Hand haben. Euch hierzu zu verhelfen, bin ich bereit. Gib mir Boote und einige Leute, und ich werde die Leute von Busiba zwingen, dich, Muanga, als ihren Herrn anzuerkennen, dir Tribut zu zahlen und Kimbulu aus dem Lande zu weisen. Auf diese Weise gedenke ich dir eine sichere Verbindung mit unserer deutschen Kolonie und den Christen an der Küste, deinen Freunden, zu schaffen."

Der König lachte vor Freude laut, als ich meine Ansprache beendigt hatte, und auch die übrigen Waganda, unter anderen Gabriel, der Chef der Waganda-Truppen, kamen, um mir für das Anerbieten zu danken. Dann stand Muanga noch einmal auf und wiederholte „daß alle es wissen":

„Ich bin der Sohn Mtesas, und, was Mtesa in Uganda war, das will auch ich bleiben, und gegen jeden, welcher dies nicht will, werde ich Krieg machen."

Dann drehte er sich plötzlich um und verschwand durch einen hinteren Ausgang der Halle in seine Privatgemächer, wodurch die Versammlung aufgehoben war.

Nun drängte sich die Flut, von Mons. Lourdel geführt, zu den Häusern des Katikiro und Führers der englischen Partei. Ich zog es vor, an dieser Versammlung, durch welche der Katikiro gezwungen werden sollte, seine Unterschrift zu vollziehen, nicht teilzunehmen, sondern begab mich in mein Lager zurück. Tatsächlich stellte die Masse jetzt an den Katikiro das Verlangen, entweder den Vertrag zu unterzeichnen oder aber abzudanken.

Am Nachmittag kamen die Herren Gordon und Walker zu mir und teilten mir mit, daß es in dieser Versammlung beinahe zu Tätlichkeiten gekommen wäre, und daß sie für den Abend eine Metzelei befürchteten, so erregt seien die Gemüter.

„Zeigen Sie uns den Vertrag, wir wollen ihn lesen und dann entscheiden, was wir zu tun haben."

Sie lasen nunmehr allererst den Wortlaut, und Mr. Walker war es, welcher zu Gordon sagte:

„Ich denke wirklich, wir veranlaßten unsere Leute, die Sache zu unterzeichnen."

Ich antwortete:

„Das müssen Sie wissen, wie Sie sich zu Verhalten haben. Ich lege kein Gewicht auf die Unterschrift der Großen, da der Name des Königs nach außen hin Uganda staatsrechtlich bindet. Übrigens biete ich Ihnen für den Fall eines Zusammenstoßes der beiden Parteien, den ich aufs äußerste bedauern würde und den zu hintertreiben ich entschlossen bin, Schutz in meinem Lager an. Auf die Partei, welche den ersten Schuß abfeuert, werde ich meinerseits schießen lassen." Ich schrieb dann sofort den folgenden Brief für Mons. Lourdel:

Mengo Rubaga, 4.Mars 1890

Bien cher Monsieur,

J'apprends que les deux parties chrétiennes vont faire guerre entre elle-memes. Je crois que ceci serait la fin de la dynastie, parce qu'il enforcerait à l'Angleterre ala nécessité d'une occupation et je suis sur que vous ferez tout ce qu'est dans votre pissance pour pacifer les coeurs de vos hommes et empecher

des actes de violence. J'expecte avec beaucuop d'intéret la réponse du roi sur ma proposition. Veuillez agréer bien cher monsieur kes sentiments les plus respectueux de votre serviteur
Carl Peters.

(Übersetzung.)
Mengo Rubaga, 4. März 1890.
Lieber Herr!
Ich erfahre, daß die beiden christlichen Parteien im Begriff stehen, Krieg untereinander zu machen.
Ich glaube, daß dies das Ende der Dynastie sein würde, weil England dadurch die Notwendigkeit einer Okkupation aufgezwungen werden würde. Ich bin sicher, daß Sie alles tun werden, was in Ihrer Macht steht, um die Herzen Ihrer Leute zu beruhigen und gewalttätige Szenen zu verhindern.
Ich erwarte mit vielem Interesse die Antwort des Königs auf meinen Vorschlag.
Genehmigen Sie, sehr lieber Herr, den Ausdruck der größten Hochachtung Ihres ergebenen   Carl Peters.

Noch am Abend dieses Tages kamen die sämtlichen Großen der englischen Partei, voran der Katikiro, und unterzeichneten den Vertrag. Auf der anderen Seite erhielt ich von Mons. Lourdel beruhigende Versicherungen: sie, die Missionäre, seien für die Werke des Friedens, nicht für den Krieg, und es verstehe sich von selbst, daß sie alles das, was in ihrer Macht stehe, aufbieten würden, um den Frieden zu sichern, der übrigens keinesfalls bedroht sei; kein Mensch denke an Gewalt. Der Schluß meines Briefes bezog sich auf einen Vorschlag, den ich noch am 3. März dem Könige gemacht hatte, mir nämlich seinen Admiral, den Djumba zu überlassen, um möglichst viele Boote für die in Aussicht genommene Expedition um den Westen des Sees auf den Sesseinseln zusammenzutreiben. Um der Sache mehr Nachdruck zu geben, wollte ich Herrn v.

Tiedemann ebenfalls nach Sesse schicken, Wo er in der französischen Mission bei Monseigneur Livinhac sicheren Aufenthalt finden konnte.

Zu gleicher Zeit verfaßte ich einen kurzen Bericht an das deutsche Generalkonsulat in Sansibar über die Vorgänge in Uganda und den von mir abgeschlossenen Vertrag, welchen ich auf einem, mir dazu vom König überlassenen, Boote direkt nach Usukuma schickte. Das Charakteristische für meine Stimmung in diesen Tagen gibt ein gleichzeitig an Dr. Arendt gerichtetes Schreiben, welches mit demselben Bericht über den Viktoriasee ging:

Rubahga in Uganda, 7. März 1890.
Lieber Arendt!

Ich vermute, Sie werden wohl die telegraphische Mitteilung erhalten haben, daß meine Expedition bis an die Grenzen des Gebietes von Emin Pascha vorgedrungen war, als ich noch zur rechten Zeit die Nachricht empfing, daß dieser abgezogen war, um südwestlich nach Uganda abbiegen zu können. Technisch hatte ich in Wachores Residenz meine Aufgabe völlig gelöst, denn, wie Emin Pascha mir bestätigen dürfte, war es gar keine Schwierigkeit mehr, von dort nach Fauvera vorzudringen, wo Emin früher eine Station hatte. Auch heute noch befinde ich mich nicht eben allzuweit vom Mwutan-Nzige und könnte jeden Augenblick dorthin spazieren, wenn daselbst nicht die Mahdisten oder die Rebellen der Äquatorialprovinz, sondern Emin Pascha noch stände. Auch dies wird mir Emin Pascha oder auch Stanley oder auch Dr. Felkin oder irgend ein Kenner der hiesigen Verhältnisse bestätigen. In jedem anderen Lande würde ich einer solchen Bestätigung entbehren können, da ich selbst am besten weiß, wie und mit welcher Nervenanspannung dieses Ergebnis erzielt wurde. In Deutschland wäre mir ein derartiges Zertifikat, daß ich meine Aufgabe wie ein anständiger Mensch gelöst habe, erwünscht.

Ohne Ihnen etwas Neues mitteilen zu wollen, kann ich auch noch folgendes aussprechen. Dreimal auf meiner Expedition haben sich mir die Engländer gestellt. Alle dreimal unter ganz verschiedenen Verhältnissen, bin ich so glücklich gewesen, es mit ihnen aufnehmen zu können. Das erstemal wollten sie mir den Zugang nach Witu sperren und hernach den Vormarsch am Tana hintertreiben. Ich habe in Oda-Boru-Ruwa den englischen Einfluß entfernt und dafür den deutschen an die Stelle gesetzt. Dann sollte ich nach Mr. de Wintons Prophezeiung am Baringo eine englische Expedition vorfinden. Die englischen Expeditionen mußten in den Steppen am oberen Tana umkehren, durch welche ich gedrungen bin, und am Baringo weht die deutsche Flagge. Schließlich hatten die Engländer nach Uganda bereits ihre Flagge geschickt, und alles war reif für das englische Protektorat. Die englische Flagge geht heute von hier zurück, und vom englischen Protektorat, oder vielmehr der Einwilligung dazu hat König Muanga sich neulich feierlichst öffentlich losgesagt, und ich bringe einen Handels- und Freundschaftsvertrag mit zurück.

Ich habe mich bei der Durchführung dieser Expedition nacheinander mit den Wagalla, Wandorobbo, Wadsagga, Watikuju, Massai, Wakamasi, Wa-Elgejo und Mangati zu schlagen gehabt. Keiner dieser Stämme hat meinen Vormarsch zu hindern vermocht, und sie alle haben die deutsche Flagge fürchten gelernt. Dies Resultat habe ich mit 15 Askaris und einigen 50 Trägern erreicht und mit Tauschartikeln, welche aus dem Ausschuß der Lagerbestände in Lamu zusammengesucht waren, und welche man uns als für den Tana bis Oda-Boru-Ruwa wohl genügend bezeichnet hatte. Dies, mein lieber Arendt, ist die deutsche Emin Pascha-Expedition von der Kwaihubucht zur Hauptstadt Ugandas : Tana-Baringo-Nil!

Die wirkungsvollste Leistung dieser Expedition ist

sicherlich die Ugandaaffäre. Es war wie 1884 nur in größerem Stil.

Diese Mitteilungen, mein lieber Arendt, mache ich Ihnen nicht aus Ruhmredigkeit, sondern weil ich doch meinen Standpunkt irgendwem gegenüber klarstellen möchte. Ich kann ja noch nicht wissen, ob ich zurückkomme, denn ich habe nunmehr die Aufgabe übernommen, dn Westen des Viktoria-Nyanza von Arabern zu säubern und werde, wenn meine Patronen soweit reichen, hernach auf Unjanjembe marschieren, um mir die Stellung Tipo- Tibs anzusehen.

Man hat mir die Mitarbeit an meinem alten Werke verwehren wollen. In wirklich großartiger Weise gibt mir das Schiksal seine Revanche. Gehe ich dabei unter, so soll das nicht weichmütig, sondern stolz geschehen, und die deutsche Flagge, die ich hierher getragen, soll meine letzte Decke abgeben. Ich bin bemüht gewesen, sie in meiner Art zu Ehren zu bringen. Daß ich mich in der Auffassung, wie dies zu geschehen hat, von der Mehrzahl meiner Landsleute unterscheide, ist nicht der letzte Grund gewesen, daß ich in Deutschland vielfach Gehässigkeit und Beschimpfung gefunden habe. Aber darum liebe ich das schwarz-weiß-rote Banner und unsere schöne Heimat nicht minder leidenschaftlich, übrigens liegt die Schuld auch Zum guten Teil an mir. Uganda, ein herrliches Land, ist jetzt niedergetrampelt vom Krieg.

Mit freundlichem Gruß
Ihr Carl Peters. Nachschrift am 8. März:

Eben sitzt ein ehemaliger Diener Emin Paschas an meiner Seite. Ich habe heute von Muanga das Verbot der Sklavenausfuhr aus seinem Land erzielt. C. P.

An die Engländer in Kawirondo schickte ich Abschrift des Vertrages in französischem Text mit einem Schreiben, das in deutscher Übersetzung lautet:

"Dr. Carl Peters erlaubt sich, die obige Abschrift für die Herren der B.E.A.A.-Expedition mit der Nachricht beizulegen, daß der König Muanga gestern in einer öffentlichen Versammlung, welcher die Herren der englischen Mission beiwohnten, sich frei von allen Verpflichtungen erklärt hat, welche die B.E.A.A. etwa auf Grund seiner an Mr. Jackson gerichteten Briefe beanspruchen könnte, da die Bedingungen, wie er glaubt, nicht erfüllt worden sind, welche er gestellt hat, um unter den Schutz der oben genannten Gesellschaft zu treten.

Dr. Carl Peters hält dies als für vollständig von den beiden Parteien abzumachen und glaubt nicht, daß sein Vertrag die Rechte irgend einer europäischen Nation verletzt."

Am 6. März empfing ich die Entscheidung des Königs, betreffend meinen Vorschlag über die Eintreibung der Boote auf den Sesseinseln. Er erklärte sich bereit, seinen Admiral dorthin zu entsenden und Herrn v. Tiedemann zu gestatten, auf demselben Boot mit auf die französische Mission zu fahren. Infolgedessen gab ich Herrn v. Tiedemann sofort den Auftrag, sich für den folgenden Morgen reisefertig zu halten. Indes erschien der Djumba an diesem Tage noch nicht, so daß Herr v. Tiedemann mit der Abreise noch einen Tag zu warten hatte.

Am 8. März des Morgens begab sich derselbe mit seinen Privatdienern an das Ufer des Viktoriasees gegenüber der Insel Bulingogwe, und schon am folgenden Tage empfing ich die Nachricht, daß er die Nacht in Bulingogwe geschlafen habe und in drei Tagen in Sesse einzutreffen gedenke.

Ich selbst siedelte am 8. März mit meiner ganzen Expedition in ein reizendes Landhaus über, welches mir der König am östlichen Abfall des Rubagahügels inmitten einer Bananenpflanzung geschenkt hatte. Das Haus bestand aus drei großen Zimmern, welche nach Art der indischen Bauten aus Rohr hergestellt waren. Küche und Dienerräume waren in Nebenhäusern untergebracht. Wie bei den Waganda üblich, bestand der Hof aus einer Anzahl von Karrees aus Rohrgeflecht. Vor dem Eingang zu diesen Höfen waren die Häuser für meine Kolonne, so daß ich alle meine Mannschaften beisammen hatte und doch vollständig ungestört und allein war. An dem Pfosten neben dem Haupttorweg flatterte die große deutsche Flagge. Ich erwähne nebenbei, daß ich auch in Uganda wiederum Tag und Nacht vier Posten um unser Lager aufgestellt hielt, immer nach dem Grundsatz, daß ich eine Überrumpelung, von welcher Seite sie auch kommen möge, geradezu für eine Schmach erachtet haben würde.

Am 9. März hatte ich die große Freude, die Bekanntschaft von Monseigneur Livinhac zu machen, welcher von den Sesseinseln zu einem Besuch der neu eingerichteten katholischen Mission gekommen war. Monseigneur Livinhac, wie so viele seiner Brüder in diesen Ländern, ist eine auffallend schöne und ehrwürdige Erscheinung mit einem großen langen schwarzen Vollbart. Ein mit Brillanten besetztes Kruzifix hängt über den Weißen Talar herab. Ich fand in ihm einen sehr feinfühlenden, durch und durch gebildeten und vorurteilsfreien Mann, begeistert für die Sache, welcher er diente, und zugleich mit einem weiten Blick für die großen Wandlungen, welche sich zurzeit in den afrikanischen Dingen vollziehen.

Am 8. März hatte ich zuerst die Freude, ihn zu sehen. Am Sonntag, dem 9. März hatten wir in der katholischen Mission ein gemeinschaftliches Essen, dessen Höhepunkt eine von Monseigneur Livinhac mitgebrachte Flasche algierischen Weines war, ein seltener Genuß, welcher, zusammen mit der anregenden Unterhaltung, eine fast europäische Stimmung in uns hervorrief.

In den nächsten Tagen begann ich nunmehr, eine zweite große Prinzipienfrage für Uganda in Angriff zu nehmen. Wenn Muanga und seine Partei in das europäisch-christliche System eintreten wollten, so war es für ihn durchaus nötig, sich prinzipiell auf den Standpunkt der Antisklavereibewegung zu stellen. Uganda, insbesondere wegen der hervorragend schönen Beymamädchen, war früher einer der großen Mittelpunkte des Sklavenhandels gewesen. In der Woche vom 9. bis 16. März vermochten Mons. Lourdel und ich den König, die nachfolgende feierliche Erklärung zu erlassen, welche diese Sache formell zur Erledigung brachte:

Moi, Muanga roi du Bouganda j'aiffirme en présence de Monsineur le docteur Carl Peters et de R. P. Siméon Lurdel que j'interdis la traite des esclaves dans le Bouganda et les pays qui en dépendent et que je ferai tout mon possible pour empécher l'exportation des seclaves de tous les pays qui me sont soumis. Mengo le 16 Mars 1890.Muanga, Kabaka du Bouganda.
Siméon Lourdel de miss. d'Algers, Supérieur de la mission catholique.Dr. Carl Peters.

Diese Erklärung wurde gleichzeitig in der Kigandasprache erlassen und in dieser den Großen des Landes in feierlicher Sitzung mitgeteilt.

Um den diesem Akt zugrunde liegenden christlichen Gedanken noch schärfer zum Ausdruck zu bringen, veranlaßte ich den König, in einer formellen Eingabe an die Unterzeichner der Kongoakte die Neutralisierung Ugandas und der Gebiete des oberen Nils nach Analogie des Kongostaates nachzusuchen und sich darin zu verpflichten, die christliche Religion zur alleinherrschenden in allen seinen Ländern zu machen. Der König ernannte mich zu seinem Bevollmächtigten für die Verhandlungen in diesem Sinne, falls ich in Europa zu der Überzeugung komme, daß solche Aussicht auf Erfolg hätten. Die christliche Religion wurde außerdem als Staatsreligion in aller Form proklamiert durch die Bestimmung, daß Staatsanstellungen nur von Christen bekleidet werden dürften, daß demnach alle Heiden, im Falle sie nicht übertreten wollten, ihre Ämter niederzulegen hätten. Dies ward in Uganda in vollem Umfange durchgeführt, und auf diese Weise verlor auch mein alter Freund Kamanyiro Kaüta seine Provinz. Die Königin-Mutter, die Witwe Mtesas, welche selbst Heidin geblieben war, trotzdem ich mit ihr auf einem sehr guten Fuß stand, war dennoch genötigt, ihre sämtlichen Hofbeamten, welche ebenfalls dem alten Glauben angehörten, zu entlassen und sich einen christlichen Hofstaat einzurichten, was ihr keineswegs angenehm war. Der Muhammedanismus als solcher ward einfach verboten und mit Todesstrafe belegt. Das Heidentum ist geduldet, aber die christliche Religion die allein in jeder Beziehung herrschende.

Ich arbeitete an allen diesen Angelegenheiten sehr eifrig mit, weil ich diese Einrichtungen den im Norden des Viktoriasees bestehenden Verhältnissen völlig entsprechend erachtete. Der Muhammedanismus erhielt seinen Hauptschlag durch das Verbot des Sklavenhandels. Er mußte in Uganda verboten werden, da er ausgesprochenermaßen auf die Vernichtung des Christentums hinarbeitete und, wenn man ihn überhaupt gestattete, bei der Nachbarschaft der muhammedanischen Mächte im Norden außerordentlich leicht die Herrschaft hätte wiedergewinnen können. Das Heidentum konnte man vom politischen Standpunkt aus dulden, wenn man ihm nur keine einflußreichen Stellungen im Lande ließ. Das letztere war deshalb gefährlich, weil in der alten heidnischen Religion die Dynastie selbst eine überirdische Verehrung gewonnen hatte, und demnach anzunehmen war, daß, trotzdem Muanga mit der katholischen Partei geht, im Herrscher immer noch eine starke Vorliebe für diese Religion besteht, welche der christlichen Entwicklung leicht gefährlich werden konnte, falls solche nicht die ganze Staatsgewalt in Händen hatte. Stellte man das Heidentum so hin, wie wir dies in Uganda taten, dann hatte es etwa die Stellung wie um die Mitte der römischen Kaiserzeit, und es ist gar keine Frage, daß es sehr bald in sich zerbröckeln muß.

Um der Partei Karemas einen Schlag zu versetzen, versuchte ich den König zu bestimmen, auf dessen Kopf einen Preis von 50 Frasilas Elfenbein zu setzen, für alle seine Anhänger aber, wenn sie den Muhammedanismus abschwören wollten, Amnestie und freie Rückkehr nach Uganda zu gestatten. Ich ließ jedoch diesen Antrag gegenüber der Einwendung Lourdels fallen, daß bei der allgemeinen Verlogenheit kein Mensch weder an die Auszahlung des für den Kopf Karemas ausbedungenen Preises noch auch an die Innehaltung der Amnestie glauben werde, daß demnach ein derartiger Erlaß unpraktisch sei. Daran hatte ich allerdings nicht gedacht.

Indes hatte ich auch trotzdem während dieser Wochen in Uganda die große Freude, das schnelle Aufblühen des Landes beobachten zu können. Im Norden von Mengo war alsbald unter mächtigen Bäumen der tägliche Markt wieder eröffnet worden, und massenhaft, mit jedem Tage mehr, strömten die christlichen Flüchtlinge von allen Seiten in ihre Heimat zurück. Fast wie die Blüten nach einem Frühlingsregen schössen auf allen Hügeln Häuser und Dörfer wieder empor. Die breiten schönen Wege, welche mit Gras überwachsen waren, waren bald wieder gereinigt und gewährten den netten Eindruck, welcher allen diesen Ansiedelungen eigen ist. Überall wurde geschaufelt und gepflanzt, und da merkwürdiger Weise mit unserem Einzug ins Land auch der Regen wieder gekommen war, so grünte und blühte es bald an allen Orten und Enden. Die Gemeinden beider Bekenntnisse gingen auch sofort an die Erbauung von Gotteshäusern. Das Symbol und der Segen des Kreuzes waren überall bemerkbar.

Dies ward für mich die größte Genugtuung, welche mir für die Gefahren und Sorgen der Reise überhaupt hatte werden können. Wenn ich mich öffentlich, immer mit einem gewissen Aufwand von Zeremoniell, sehen ließ, drängten sich Männer und Frauen an mich heran, um mich jubelnd zu begrüßen und mir zu danken für die Hilfe, welche ich ihnen gebracht habe. Es waren für mich tiefbewegte Stunden und Tage, wenn ich bedachte, was aus diesem von Gott so reich gesegneten Lande zu werden vermöge, wenn es unter europäischem Einfluß auf den Bahnen der Arbeit fortschreite, wie das in diesen Wochen so erfreulich sich äußerte.

Da ich so ganz allein war und meistens für mich lebte, so hatte ich neben den politischen Arbeiten, welche immer nur einige Stunden in Anspruch nahmen, Muße genug, um Land und Leute zu studieren und Sitten und Gebräuche kennen zu lernen.

Naturgemäß konnte ich in dieser Richtung nicht zu einem abschließenden Resultat kommen, aber gerade deshalb, weil ich Uganda unter so eigenartigen Verhältnissen sah, werden meine Beobachtungen immerhin nicht ganz ohne Interesse sein.

Wenn man die Völker in solche scheiden darf, welche berufen sind zu herrschen, und solche, welche zu dienen haben, so gehören die Waganda ohne Frage in die Reihe der ersteren. Stolz bis zur rachsüchtigen Empfindlichkeit, mutig und tapfer bis zur Grausamkeit, tragen sie in sich das instinktive Gefühl ihrer Überlegenheit über Dritte, welches die natürliche Vorbedingung der Herrschaft ist. Es ist noch nicht sehr lange her, daß der König von Uganda sich für den ersten Monarchen der Welt hielt und gleichmäßig auf Weiße und Araber hinabblickte. Mtesa hatte sogar die Naivität, um eine Tochter der Königin von England als Gemahlin anzuhalten, und glaubte Wunder, welche Ehre er dieser damit antue. Vorsichtiger Weise behielten indes die englischen Missionäre das betreffende Schreiben in Usumbiro. Aber auch der einzelne Mganda, so unbedingt er daheim der Despotie seines Mfalme Untertan ist, versteht sich nach außen hin vorzüglich aufs Befehlen. Ich hatte Gelegenheit, dies sowohl in Usoga als auch auf meiner Fahrt um den Viktoria-Nyansa zu beobachten. Ich hatte als Führer Stephano, einen jungen Diener des Katikiro, bei mir und freute mich, mit welcher Sicherheit dieser, der mir gegenüber wie ein Sklave sich benahm, Hunderten von Wasesse-Ruderern sowie als Einzelner den Stämmen des Westens befahl. Dies liegt dem Mganda gewissermaßen im Blut, und seine Überlegenheit wird nirgends bestritten. „Oderint dum metuant", für Afrika sicherlich der einzig praktische Wahlspruch, scheint auch sein Prinzip in der Behandlung Dritter zu sein.

Tatsächlich übertreffen in der Entwickelung des Verstandes die Waganda alle anderen afrikanischen Stämme. Die Missionäre haben es mir bezeugt, und ich hatte persönlich Gelegenheit, es zu beobachten, mit welcher Schnelligkeit sie auffassen und sich geistig zu eigen machen. Im Gegensatz zu allen andern Negern hat der Mganda das Bedürfnis des Fortschrittes. Unglaublich schnell ist das Christentum durchgedrungen, nachdem einmal die Überlegenheit der weißen Rasse begriffen war, und mit ihm ist die Kunst des Lesens und Schreibens eingezogen. Die Missionäre beider Konfessionen stimmen in der Schilderung des Eifers, mit welchem der Mganda sich zum Lernen herandrängt, überein. Wie ganz anders als der moralisch und geistig verlumpte Mwangwana an der Küste oder der stupide Msukuma und Mjamwesi! Im Mganda steckt Feuer, Temperament und Intelligenz, und ohne jede Frage hat diese Rasse eine Zukunft.

Freilich gehen mit diesen Vorzügen Hand in Hand eine Reihe von Fehlern. Die naive Unverschämtheit, über welche Emin Pascha klagt, habe ich nicht gefunden. Andere Zeiten, andere Sitten, und es ist sicherlich auch ein Unterschied, ob man als einzelner zu Mtesa oder an der Spitze einer kriegstüchtigen Expedition zu Muanga kommt! Im allgemeinen ist mit dem Christentum ein größerer Respekt gegen die weiße Rasse eingezogen, welche dasselbe gebracht hat. Die Überlegenheit unserer Rasse ist, wie gesagt, den Waganda klar geworden, und sie möchten von uns soviel als möglich lernen. Aber seine Sucht, etwas zu gelten, läßt ihn die gewöhnliche Roharbeit verschmähen, und, da er doch leben muß, greift er zum Bettel oder Diebstahl. In einem Lande, wo das persönliche Eigentum völlig der Laune des Herrschers anheimsteht, fehlt der Hauptansporn zum soliden ehrlichen Erwerb, und das gefährliche Glück, daß die dauerhafte Banane, welche kaum irgendwelcher Kultur bedarf, ihm alles gewährt, was er zur Leibesnahrung bedarf, hat den Hang zum Nichtstun naturgemäß verstärkt. Dieses glückliche Völkchen braucht sich nur Häuser zu bauen, wofür das Rohr des Landes bequemes Material bietet, und seine Kleiderstoffe, Mbugo, herzustellen, wofür die Rinde einer Art Feige gegeben ist, um seine Tage im dolce far niente, zu verjubeln. Die unreife Banane wird gedörrt und gibt gemahlen das feinste weiße Mehl, welches ich kenne. Ich ziehe das Ugali (Brei) aus Bananenmehl selbst dem aus Weizenmehl vor. Oder man röstet die grüne Banane, um ein Gericht nach Art der im Feuer mit der Schale gebackenen Kartoffel zu haben. Oder aber man kocht eine reife Bananenart mit der Schale in kochendem Wasser und man hat, nachdem die Schale abgezogen ist, ein Kompott, welches genau wie unsere eingemachten Birnen schmeckt. Als Dessert empfiehlt sich die reife Banane, abgezogen, in zwei Teile zerschnitten und in der Pfanne mit Zucker und Butter gebacken, was ein Gericht gibt, welches dem europäischen Äpfelpfannkuchen sicherlich nicht nachsteht. Es gibt noch andere Arten, die Bananen zuzubereiten, und dazu dann die verschiedenen moussierenden Getränke, welche aus dieser Frucht gewonnen werden, vom leichten champagnerartigen Muänge (tamotamo) bis zu den schweren berauschenden Pombearten! Wahrlich, eine wertvollere Gabe konnten die Götter diesen Ländern am Nordrand des Viktoria-Nyansa nicht geben, als seine unabsehbaren Bananenhaine, aus denen die Millionen sich in bequemer und angenehmer Weise ernähren. Aber, wie es auf den Südseeinseln der Fall sein soll, ist dieses Geschenk der allzuleichten Ernährungsmöglichkeit auch hier mit Gefahren verknüpft, über welche selbst der feurige Tatendrang dieser Rasse nicht immer hinweghilft. Wer in Uganda reist, möge auf seine Sachen achten, besonders auch des Nachts, und er möge sich abhärten gegen den Bettel der Großen und Kleinen. Er wird sonst nicht allzuviel aus diesem Lande herausbringen.

Die Begrüßungsform der Waganda ist munter und lebhaft. Begegnen sich zwei Bekannte, so sagt der eine, indem er die Hand des anderen ergreift: „otiano" – „eh" (grunzend) erwidert der andere, und nun geht es im Wechselgrunzen „éh" „éh" „éh" „éh" „éh" „éh" die Stimme immer schwächer werdend, wohl auch ein erneuertes otiano eingestreut. Eine Form des Dankens ist ein flaches Niederstürzen auf den Bauch, beide Hände werden mit der innern Fläche gegeneinander gelegt, schräg durch die Luft geschlagen wobei wiederholt: „Nianzig, nianzig, nianzig etc." gesprochen wird.

Entsprechend dem lebhaften sanguinischen Temperament ist die Vorliebe zur Musik bei diesem Volk stark entwickelt.

Stanley übersetzt Uganda mit Trommelland. Ich habe mich vergebens nach einer Berechtigung für diese Übersetzung umgetan. Vielmehr heißt Mganda im Kiganda der Bruder und Uganda demnach das „Bruderland", entsprechend unserem deutschen „Vaterland". Aber wenn die Stanleysche Übersetzung nicht etymologisch, so ist sie doch sicherlich sachlich zu rechtfertigen, denn ein Trommelland ist Uganda im wahrsten Sinne des Wortes. Das trommelt Tag und Nacht und aller Orten und Enden. Dazu ladet das hügelreiche Land mit seinen weitschallenden Höhen und echovollen Senkungen gewissermaßen ein. Von der Höhe von Mengo oder Rubahga vermag man das Land auf sicherlich eine Meile Umkreis mit Trommelsignalen zu beherrschen. Dies wird vom königlichen Hof aus im vollsten Umfang gehandhabt. Muanga hat ein ganzes Haus voll der verschiedenartigsten Trommeln. Vermittelst derselben sind die mannigfaltigsten Signale möglich, welche von der ganzen Umgebung sofort verstanden werden. Oft, wenn Gebriel, der Chef der Armee, bei mir war, stand er plötzlich auf und sagte: Die Tore werden geschlossen, oder: Der König will mich sehen, oder: Die Askaris sollen tanzen, oder sonst etwas. Und wenn ich fragte, woher weißt du das, so antwortete er lächelnd: „Ngoma" (Trommel). Besonders eindrucksvoll ist die Kriegstrommel, auch auf ein europäisches Gehör. Drei Trommeln, in der Quinte abgestimmt, werden in einem eigenartigen Wirbel geschlagen, was einen feierlich ernsten und zugleich drohenden Charakter trägt.

Neben der Trommel ist in Uganda die Gattung der Flöten zuhause, sowohl die Rohr- wie die Holzflöte von allen Größen und Gattungen. Komisch macht sich eine Uganda-Flötenkapelle. Sechs Herren oder auch mehrere mit außerordentlich ernsten und feierlichen Gesichtern, aber ohne jede Harmonie und ohne irgend welchen Rhythmus, spielen gegeneinander an, jeder sein eigenes Liedchen spielend und jeder eifrig bemüht, die anderen zu überspielen. Es scheint, daß die verschiedenen Flöten einer solchen Kapelle in einem gewissen Verhältnis abgestimmt sind, jedenfalls waren stets einige tiefere und andere höhere zu bemerken, aber das Ensemble gewährt ein Charivari, welches einem unwillkürlich die Hände an die Ohren treibt. Außerdem haben die Waganda Saiteninstrumente, Hörner und sogar kleine Holzpianofortes, von denen sich ein sehr klangvolles Exemplar in der Instrumentensammlung Muangas findet. Daneben tritt der Sänger auf. Er rezitiert zu der Trommel, welche er selbst als Begleitung schlägt. Er scheint Liebesliedchen oder auch Lobeslieder auf den Msungu oder einen anwesenden Großen vorzutragen. Bei den ersteren lächelt er verständnisvoll, oder begleitet sich auch wohl mit einer rhythmisch tanzenden Bewegung, ohne sich von seinem Platz zu bewegen. Im Chorus singen die Waganda nicht unmelodisch, bald ein wenig wehmutig, bald wild und kreischend. Man hat immer das Gefühl, sie haben, wie der Papagei, ein Stück zu einer Melodie, verstehen es aber nicht, die einzelnen getrennten Partien zu einer wirklichen und ganzen Melodie zu verschmelzen. Immer ein Ansatz, aber das Vollbringen fehlt. Es ist, als ob sie nach dem Ausdruck von etwas suchten, was sie aussprechen möchten, ohne einen dazu stimmenden Ausdruck zu finden. Übrigens habe ich Uganda in einer zu ernsten Zeit gesehen, um ein rechtes Urteil über die Lebensfrohes und die Gesangeslust dieser Rasse gewinnen zu können. Der Hunger weilte im Lande, und der Krieg stand auf der Schwelle. Da singt und tanzt es sich nicht eben lustig. Aber die Bevölkerung strömte doch mit jedem Tage mehr ins Land zurück, überall ward gebaut und der Acker bestellt, und alles in allem vermochte ich doch wohl den richtigen Eindruck von dieser Seite des Volkscharakters zu gewinnen.

Die Häuser der Wagandagroßen sind in hohem Maße geschmackvoll, meistens sind sie ganz aus Rohr reinlich aufgebaut und gleichen der indischen Bauart. Mein Haus bei Rubahga, welches, wie bereits erwähnt, ich in der zweiten Woche bezog, stellte nach vorn und hinten zwei offene halbkugelartige Hallen dar, in deren einer ich mich angenehm eingerichtet hatte. Den Mittelraum stellte ein großes halb-dunkles Zimmer dar, zu welchem von einer dritten Seite eine verschließbare Tür führte. Das niedliche Häuschen war von einer hohen mattenartigen Umzäunung im Quadrat umgeben, über welche nur die Bäume im Bananenhain hinüberragten, in dessen Nähe die Besitzung gelegen war. Dieser Hofraum war wiederum durch andere Matten-Zäune in mehrere Teile geteilt, in deren einem das Haus für die Küche lag. Drei Türen an drei Seiten führten aus der äußeren Umzäunung ins Freie. Vor einer dieser Türen in einer Entfernung von 10 bis 15 Schritt, lagen die Häuser für die Sklaven, in denen ich Askaris und Träger unterbrachte. Meine Diener und die Küche hatte ich in die kleinen abgetrennten Hofräume gelegt. So hatte ich alle meine Leute zur Hand und war doch selbst völlig einsam und ungestört. Sicherlich die angenehmste Bauart in diesen Ländern, welche sich denken läßt. Da die Hofräume aus gestampftem Ton bestanden, ließ sich dabei die penibelste Reinlichkeit durchführen.

Die Häuser der Sklaven und Armen bestehen wie bei den Bantu aus mehr oder weniger großen heuschoberartigen Hütten, in welche ein verschließbarer Eingang führt, und welche im Innern durch ein eigenartiges System von Pfeilern gestützt werden. Im Hausbau sind die Waganda äußerst geschickt. Drei, vier Tage, und ganze Dörfer standen plötzlich da, wo zuvor die Einöde gewesen war. Auf Mengo stiegen in einer Woche Empfangshallen von kolossalen Dimensionen, Hunderte von Häusern für die Wachen, die Trommler, die Sklaven des Königs, aus dem Nichts hervor.

Neben dieser Fertigkeit im Hausbau sind die Waganda, wie schon Emin Pascha hervorhebt, sehr geschickt in Schmiedearbeiten. Bei Rubahga gibt es eine solche Schmiede, welche ich einmal besuchte. Die Leute arbeiteten dort fast ausschließlich mit europäischen Instrumenten und ich glaube auch, fast mit europäischer Geschicklichkeit. Ich habe selbst mehrere Gewehre hier reparieren und unter anderem ein verloren gegangenes Teil an einem der Magazingewehre zum Herausschnellen der abgefeuerten Patronen ganz neu herstellen lassen. Alle Arbeiten wurden korrekt und nett hergestellt. Das

Handwerk steht hier aber auch noch in Ehren. Der Besitzer der Schmiede war erst gerade zu einem der Landeschefs ernannt worden. Das Eisen beziehen die Waganda entweder aus Unsoro oder aus Usagara im Westen des Sees oder in Form von Eisendraht von der Küste. In Uganda selbst wird keinerlei Mineral gewonnen.

Die von mir angeführten Tatsachen tun wahrscheinlich dar, daß wir in diesem lebhaften und temperamentvollen Volk einer aufsteigenden Rasse gegenüberstehen, welche für die Entwickelung Zentralafrikas ihre Zukunft haben wird. Wie die Thüringer leben sie in ihrem eigenartig gewellten, Hügellande dahin, sangesfroh und lebenslustig. Aber tiefer als dem deutschen Stamm sind hier die düsteren Züge der heißblutigen Rachsucht und brutalen Grausamkeit eingeprägt. Wir sind in Uganda im Bereich des finsteren zentralafrikanischen Despotismus. Man wundert sich über die Massen von einäugigen, ohren-, nasen-und lippenlosen Menschen, denen man begegnet. Aber die Missionäre wissen von ganz anderen Dingen zu berichten. Dem Herrscher allein gehört alles in diesem Lande. Er befiehlt, und man bringt ihm sofort Vieh, Töchter und Weiber. Er befiehlt: Hunderte seiner Untertanen werden zum Scheiterhaufen geschleppt und unter fürchterlichen Qualen hingemordet. Nacheinander werden die Glieder abgeschnitten, vor den Augen der Unglücklichen geröstet und diese dann gezwungen, selbst sie zu verspeisen. Man röstet alsdann den Rumpf langsam, und alles wird aufgewendet, die Qual so lange als möglich hinzuziehen. Dies haben Muhammedaner und Christen hier durchmachen müssen, und ganz neuerdings erst mit dem Christentum ist eine Wendung zum Bessern eingetreten.

Und doch ist dieses Land klimatisch und landschaftlich heiter und schön, daß man sich wundert, wie unter diesem Himmel solche bestiale Grausamkeit ihren Sitz haben konnte. In Uganda steigt nach Mitteilung des Père Lourdel das Thermometer in der heißesten Zeit, nämlich im Februar, niemals über 28° C. im Schatten, während es im Juli, der kältesten Periode, bis auf 13° C. des Nachts sinkt. Merkwürdiger Weise gehört Uganda seinen Jahreszeiten nach der südlichen Hemisphäre an, während es doch geographisch zur nördlichen gehört. Auch ist es nicht so scharf in eine feuchte und trockene Periode geteilt wie die andern Länder der Tropen, wenn auch stärkere Niederschläge als gewöhnlich in den Monaten März bis Mai stattfinden. Es regnet unregelmäßig zu allen Jahreszeiten, was der Einwirkung des Sees, zuzuschreiben ist. Und die Umarmungen des Himmels und der Erde sind hier außerordentlich feuriger Natur. Nirgends habe ich eine solche Anzahl und so energische Gewitter gefunden wie in und bei Uganda. Während der Gewitter, möchte man fast sagen, ist nicht die blitzlose Pause, sondern das Leuchten des Blitzes das häufigere. Das zuckt fortwährend wie eine Gasflamme, die vom Herbstwind bewegt wird. Daneben fortdauernd ein kurzer rollender Donnerschlag. Und wenn wir nicht selbst Gewitter über uns hatten, so stand doch allabendlich im März eine Seite, meistens die nordöstliche, des Horizontes in Flammen. Aber die Erde bezeugt sich hier auch dankbar genug für den himmlischen Segen. Alles grünt und blüht, und ich bin mit den Missionären überzeugt, daß der Boden hier imstande ist, schlechterdings alles hervorzubringen, was den Tropen und was der gemäßig'ten Zone angehört. Erwähnen will ich nur den vorzüglichen Ugandakaffee, den wir regelmäßig genossen, und der hier wild wächst. Herr v. Tiedemann kaufte 50 Pfd. für, glaube ich, 4 Armlängen Stoff. Ich finde keinen Unterschied zwischen ihm und dem Mokkakaffee. Außerdem erwähne ich den Tabak und das Zuckerrohr, den Manyok, das rote Sorgho, Erbsen, Bohnen, Bataten usw. Die katholische Mission zog auf ihrer Station jede Art von europäischem Gemüse. Dabei ist das Land äußerst gesund. Bis auf Monsieur Lourdel ist kein Missionär in Uganda gestorben, und für Lungenleidende dürfte dieses Land nicht minder als Madeira zu empfehlen sein.

An den Nachmittagen pflegte ich kürzere oder längere Spaziergänge mit Mons. Lourdel zu machen, oder es kamen auch wohl die Herren der englischen Mission, um den Abend bei nur zu verbringen. Die Nachmittagsstunden brachte ich sehr häufig bei Muanga zu, mit welchem ich ununterbrochen freundschaftliche Beziehungen unterhielt. Auch mit anderen Wagandagroßen verkehrte ich viel und gern. Nur mit dem Katikiro wollte sich kein Verhältnis gestalten. Zu Anfang versuchte er, mich durch plumpe Schmeicheleien zu gewinnen. Als ihm dies nicht gelang, glaubte er, die alte hochmütige Tonart des Premier Ministers von Uganda gegen Fremde mir gegenüber zur Anwendung bringen zu können. Alle Augenblicke erschien sein Diener Stephano: „Katikiro amekwita" (der Katikiro läßt dich rufen). Ich lehnte Zunächst unter Höflichkeitsformen ab. Schließlich ward mir die Sache Zu, viel: „Der Katikiro?" „Ja, du sollst sofort zu ihm kommen." „Frage den Katikiro, ob er verrückt geworden ist. Wenn er mich zu sehen wünscht, kann er zu mir kommen; will ich ihn sehen, gehe ich zu ihm. Aber ich will ihn nicht sehen. Damit hörten die Zudringlichkeiten auf; aber unsere Begegnungen bei Hofe trugen von nun ab einen sauer-süßlichen Charakter.

Ich hatte auch in Uganda auf der englischen Mission einige Bücher gefunden, den Shakespeare und Gibbons römische Geschichte, in denen ich zu lesen pflegte. Der 15. März, der Tag, welcher für meine Abreise festgesetzt war, kam heran, aber von den Booten war nichts zu sehen. Dr. Felkin sagt mit Recht, daß es leichter sei, nach Uganda hinein zu kommen, als wieder heraus. Wenn man die Geschichte der Reisenden in diesem Lande liest, wird man die Bestätigung finden.

Ich begab mich demnach am 16. März zum König Muanga und sagte ihm:

„Am heutigen Tage sollten die Boote für mich bereit sein. Wo sind sie?"

„Ich habe Nachricht bekommen", erwiderte er, „daß sie alle bei Sesse bereits versammelt und auf dem Wege nach Uganda sind."

„Da sie noch nicht hier sind, so ziehe ich es vor, auf dem Landwege durch Süduganda auf Bunjako zu marschieren, um so Sesse zu erreichen. Ich denke, am Montag von hier aufzubrechen."

„Warte noch eine Woche", erwiderte Muanga. „Sind die Boote dann nicht dort, so magst du abziehen, aber ich weiß, daß sie dann bestimmt hier sein müssen."

„Nun gut, so werde ich noch eine Woche warten."

Als ich nach Hause kam, empfing ich ein Schreiben von Herrn v. Tiedemann, welches mir die Mitteilung Muangas von dem Versammeltsein der Boote bestätigte.

Aber die nächste Woche verging, und wiederum war von den Booten nichts zu hören. In dieser Woche befreundete ich mich mit der Mutter Muangas, der Lieblingsfrau Mtesas, welche ich besuchte, und mit welcher ich allerlei Geschenke austauschte. Sie ist eine Frau, welche man in der Tat als Dame bezeichnen muß, etwa 40 Jahre alt, von noch jugendlicher Erscheinung und außerordentlich gewandtem Wesen.

Am 21. März erklärte ich Muanga, daß ich endgültig entschlossen sei, nach Bunjako gegenüber Sefse zu ziehen, und zwar werde ich gleich am Montag den 24. März aus meinem Lagerplatz aufbrechen. Am 22. März, als ich gerade zu Mittag gegessen hatte und meine Pfeife rauchte, schickte der König zu mir mit der Bitte, ich möge mich doch an den Hof bemühen. Ich' warf mich schnell in Uniform und machte mich auf den Weg, in der Hoffnung, daselbst endlich Nachrichten vom Eintreffen der Boote zu erlangen. Ich fand Mons. Lourdel und die Herren Walker und Gordon bereits versammelt. Mons. Lourdel teilte mir bei meinem Eintreffen mit, es seien Briefe Mr. Jacksons angekommen, die ich mir doch vom König einmal ausbitten solle. Muanga versuchte, aus welchem Motiv, weiß ich nicht, mich zunächst von der Lektüre des Briefes abzuhalten. Auf meine wiederholte Aufforderung indes gab er mir den Brief, indem er mir gleich sagte, ich solle mir nichts aus dessen Inhalt machen, derselbe habe keinerlei Bedeutung für ihn. Ich nahm das Schreiben Jacksons in die Hand, und wer beschreibt mein Erstaunen, als ich die nachfolgende Mitteilung dieses Herrn las. Er habe vernommen, daß Dr. Carl Peters mit Herrn v. Tiedemann auf dem Vormarsch zu Emin Pascha nach Uganda gekommen sei. Er halte es für seine

Pflicht, Muanga mitzuteilen, daß diese beiden Herren ohne Zustimmung ihrer Regierung in diesen Gegenden sich aufhielten. Er habe mit Zustimmung der deutschen und englischen Regierung den Auftrag übernommen, dieselben am weiteren Vormarsch zu verhindern und, wenn nötig, zu verhaften. Er ersuche nunmehr Muanga, seinen Freund, da er selbst entfernt sei, diese Verhaftung vorzunehmen, da die beiden bereits genug Schaden in Afrika angerichtet hätten. Im übrigen hoffe er selbst, Muanga alsbald zu sehen, er komme mit 500 Mann.

Der Brief war aus den ersten Tagen des März datiert und von Kawirondo aus gezeichnet. Ich habe im vorhergehenden erzählt, daß ich Mr. Jackson wiederholt freundschaftliche Kooperation in diesen Gegenden angeboten, daß ich ihm Mitteilungen über den Weg nach Uganda und loyalerweise auch über meine Verhandlungen mit dem Könige gemacht hatte. Darauf antwortete Mr. Jackson mit diesem Schreiben an den König von Uganda. Er selbst hatte sich gefürchtet, mit 500 Mann hineinzumarschieren, und kannte Muanga nur als den Mörder Hanningtons und den Verfolger der christlichen Partei. Jetzt forderte er eben diesen von ihm gefürchteten Herrscher Ugandas auf, Herrn v. Tiedemann und mich zu verhaften. Mr. Jackson mußte aus dem ganzen Gange meiner Expedition wissen, was eine derartige Aufforderung besagen wollte. Er mußte vor allem wissen, daß ich mich lebendig von keinem Menschen verhaften lassen werde, und daß umgekehrt Muanga, falls er dem Wunsche der Engländer nachkommen wollte, sicherlich keine Verhaftung, sondern der größeren Sicherheit wegen eine Niedermetzelung unserer Expedition anordnen werde. Dies hielt ihn nicht ab, einen derartigen Vorschlag nach Uganda zu senden. Ich muß gestehen, daß die erste Empfindung, welche ich nach Lektüre dieses Briefes hatte, ein Gefühl des Hohnes gegen die Engländer in Kawirondo war, die mir gerade die Leute danach zu sein schienen, die deutsche Emin Pascha-Expedition aufzuhalten oder uns gar zu verhaften. Mr. Jackson mit seinem pedantischen Expeditionsbetriebe und seinen ängstlichen Entscheidungen konnte mir gerade imponieren! Die zweite Empfindung war ein gewisser Seelenschmerz, daß ein Engländer es wagen durfte, sich hier in Uganda für Maßregeln gegen eine deutsche Expedition auf die Zustimmung einer deutschen Regierung zu berufen. Ich habe erst hernach feststellen können, daß Mr. Jackson hierzu berechtigt war. Am 22. März konnte ich Muanga nach Lektüre des Briefes aus voller Überzeugung kühl erwidern, daß diese Behauptung Jacksons eine Lüge sei.

„Man weiß ja, wie Mr. Jackson zu mir steht."

„Gewiß, gewiß", sagte Muanga, dem diese Auslegung außerordentlich plausibel erschien.

Nachdem wir uns sämtlich von Muanga verabschiedet hatten, kehrte ich später mit Mons. Lourdel dorthin zurück.

Muanga nahm jetzt das Schreiben Jacksons noch einmal zur Hand, spie auf dasselbe und warf es hinter sich über seine Schulter zurück. Sodann sagte er mir:

„Jackson ist mein Feind, und ich bin der Feind Jacksons. Nun bin ich dein Freund. Der Katikiro und die Engländer sind hier gewesen und haben mich gedrängt, Mr. Jackson noch einmal nach Uganda einzuladen. Wenn du willst, so nimm meine Soldaten und ziehe ihnen entgegen und tue mit ihnen, was dir gut scheint."

„Dies scheint mir weder in deinem Interesse noch in unser aller Vorteil zu sein," erwiderte ich. „Die Entscheidung über alles, was hier in Uganda werden soll, liegt in Europa, und es ist richtiger, wenn ich mich in meinem Abmarsch an den See nicht beirren lasse. Mr. Jackson pflegt sehr langsam zu marschieren, und wer weiß, wann er hier eintreffen wird und ob er überhaupt kommen wird. Es ist besser, ich schaffe dir zunächst die Länder im Westen vom See und gehe alsdann nach der Küste, um deine Angelegenheit dort zu betreiben."

„Dies scheint auch mir besser", sagte Muanga. „Ich habe Nachricht bekommen, daß die Boote bereits bei Ntebe angelangt sind. Wenn du willst, kannst du dorthin marschieren und sie besteigen."

Wie recht ich, mit meiner Vermutung hatte, daß Jackson wohl noch lange nicht nach Uganda kommen werde, zeigte sich in dem nächsten Monat. Er ist daselbst erst in der zweiten Hälfte des April eingetroffen.

In diesen Tagen fanden heftige Zänkereien zwischen Muanga und dem Katikiro statt. Muanga war zwar bereit, Jackson den Besuch von Uganda zu gestatten, blieb indes dabei, daß er aller Verpflichtungen gegen die Engländer ledig sei und auch gar nicht daran denke, solche von neuem einzugehen.

Ich gab nun Befehl, alles zum Aufbruch in den Stand zu setzen. Am Nachmittag des 23. März verabschiedete ich mich in aller Form von Muanga.

„Sage den Leuten von Europa," sagte Muanga, „daß ich, im Fall die Engländer sich mit ihren Freunden, den Arabern, verbinden wollen und mich angreifen, gegen jeden Akt der Gewalttätigkeit von ihrer Seite durch dich protestiere. Wenn die Engländer hier ihr Protektorat in Uganda einrichten wollen, so werde ich sie bekämpfen. Wenn ich geschlagen werde, so werde ich mit allen meinen Leuten auswandern und in ein anderes Land ziehen. Dies ermächtige ich dich, in Europa mitzuteilen, und komme du bald wieder, mein Freund. Ich weiß, daß du mein Freund bist, und bitte dich, dies auch euerm großen Kaiser zu sagen. Ich will allezeit Freund der Europäer, welche friedlich in Uganda wohnen wollen, bleiben, insbesondere Freund des Volkes der Deutschen. Dies schwöre ich bei Gott und Jesus Christus."

„Lebe Wohl, Muanga! Ich bin gern nach Uganda gekommen, als du mich riefst, und habe dir gern geholfen. Du weißt es gewiß, daß auch ich dein Freund bleiben und mich immer freuen werde, dir zu helfen."

Dann sagte er erwidernd:

„Nimm meinen Dank für das, was du mir und an den Waganda getan hast, und sage den Europäern und sage deinem Kaiser, daß sie dich wieder zu mir schicken sollen."

Gegen seine Gewohnheit begleitete mich Muanga bis an das äußerste Ausgangstor seines Palastes. Noch ein letzter

Händedruck, und ich schritt eilend den Hügel von Mengo herunter, meinem Lager zu.

Zwei Stunden darauf erschien ein Bote vom König bei mir mit der Meldung, Karema rücke von Norden heran, er habe eine Reihe von Dörfern verbrannt und möge in 1–2 Tagen vor Mengo stehen. Muanga warnte mich unter diesen Umständen, den Landweg über Ntebe anzutreten. „Warte noch einige Tage hier, bis wir genaue Nachrichten haben."

„Woher weiß dies Muanga?" fragte ich.

„Der Katikiro ist bei ihm und hat den Mann mitgebracht, welcher mit der Nachricht vom Norden gekommen ist."

„Dann sage Muanga, daß ich mich durch eine Meldung des Katikiro nicht abhalten lassen werde, unsere Verabredung zur Ausführung zu bringen, und demnach morgen früh abzuziehen gedenke."

Es war mir sofort klar, was sich auch einige Tage später als volle Wahrheit herausstellte, daß der Katikiro den Anmarsch Karemas als Finte benutzte, um den König zu bestimmen, Mr. Jackson zur Hilfe zu rufen, und dadurch der englischen Sache zu dienen. Ich war entschlossen, ihm durch diese Rechnung einen Strich zu machen.

Am nächsten Morgen begab ich mich mit meiner immer marschbereiten Kolonne zunächst in die katholische Mission, um weitere Aufklärungen zu erhalten. Ein starker Regenguß wurde die Veranlassung, meine Leute zunächst einmal in den Scheunen der Station unterzubringen und den Abmarsch, aufzuschieben. Mons. Lourdel teilte mir mit, daß auch von der katholischen Partei, welcher Muanga angehört, inzwischen Berichte von dem Heranmarsch Karemas gebracht worden waren, und bald darauf bekam ich auch ein flehendes Schreiben Muangas:

„Bleibe noch in Uganda, mein Freund. Karema und die Araber und Nanjoro ziehen heran, wir werden heute oder morgen Krieg haben. Verlaß mich nicht in dieser Lage, so wecke ich dir ewig dankbar sein!"

Damit war mein Entschluß gefaßt. Ich durfte unter keinen Umständen von Uganda fortgehen, bevor diese Sache nicht zur Entscheidung gebracht war. Da ich am Morgen des 24. März einen Kampf für unmittelbar bevorstehend hielt und erfuhr, daß die Boote inzwischen bei Kasi gegenüber Bulingogwe angelangt seien, so verlangte ich zunächst die Erlaubnis, die Weiber und die Invaliden der Expedition sofort absenden zu dürfen, um sie auf Sesse bei Herrn v. Tiedemann in Sicherheit zu bringen. Dies ward mir ohne weiteres zugestanden, und die Kolonne marschierte infolgedessen um 9 Uhr an den Viktoriasee ab. Ich selbst behielt nur 25 Mann in Uganda zurück, mit denen ich mein Lager wieder bezog, und schickte nunmehr zum König mit dem Ersuchen, sofort einen allgemeinen Kriegsrat der Armee und der Waganda-Großen zu berufen. Um 1 Uhr war ganz Mengo und Rubaga mit tanzenden und malerisch aufgeputzten Soldaten Muangas besetzt. Ich begab mich mit meinen Somalis in die Hofburg, wo bereits die Großen des Landes versammelt waren. Einen phantastischen und Kriegslust erweckenden Eindruck gewährte das Heranrücken der verschiedenen Trupps der Soldaten um den König. Ihre Gewehre über die rechte Schulter haltend, kam ein Zug nach dem andern angetanzt, feurige Lieder singend, in welchen sie Vernichtung der Feinde Muangas und Treue gegen ihren König gelobten. Als ich hereintrat, erhob sich die ganze Versammlung, und ich redete Muanga folgendermaßen an:

„ Nun, Muanga, Karema ist im anzug. Das ist ja schön, dann können wir die ganze Sache heute noch zu ende bringen."

Ein zustimmendes Lachen erscholl aus der weiten Halle, und ich fuhr fort:

„Wohlan, diese Sache muss erledigt werden. Wenn Karema im norden von Uganda steht un deine Dörfer niederbrennt und deine Untertanen wegtreibt, so laßt uns heute Nachmittag noch ausziehen und ihn schlagen und nach Unjoro zurückwerfen. Wenn ihr dies wollt, dann bin ich bereit, mit den

Leuten, welche ich noch habe, mich an die spitze der ganzen Truppe zu setzen, und will mich verpflichten, die Feinde zu Boden zu werfen."

„Die Nachrichten sind noch unbestimmt", erwiderte Muanga.

„Was hast du zu sagen Gabriel?"

Gabriel, der chef der wagandatruppe, mein ganz besonderer Freund, warf sich zu boden vor dem König und sagte:

„O Mfalme, der Weiße, der Doktori, hat recht. Laß uns ausziehen gegen Norden und Karema angreifen."

Darauf erhobt sich der Vertrauensmann des Katikiro und sagte:

„Wir Protestanten haben uns, als wir vor einigen Wochen mit dir nach Uganda zurückkehrten, nur verpflichtet, gegen Karema und die Araber zu kämpfen, wenn solche deine Residenz angreifen. Wir sind aber nicht verpflichtet, mit gegen den Norden zu marschieren und unsererseits Karema anzugreifen. Sage dem Doktori Patasi, er möge hier warten bis Karema uns in Mengo angreift; will er aber gehen, so soll er warten, bis Mr. Jackson und die englische Expedition gekommen sein wird, dann sind wir stark genug, um nicht nur Karema, sondern auch die Wanjoro zu schlagen."

Ich stand auf und sagte:

„Um Karema und die Wanjoro zu schlagen, dazu sind wir auch jetzt stark genug, wenn der Katikiro und seine Partei nicht mit ausziehen wollen, so laß uns allein gehen und Karema angreifen oder feststellen, ob er überhaupt in uganda ist. Wenn ihr auch das nicht wollt, so schickt Kundschafter aus und laßt Kunde von Norden holen. Steht Karema tatsächlich, wie der Katikiro behauptet, einen Tagesmarsch nördlich von Mengo, so können die Kundschafter bis morgen Mittag Bescheid bringen. Dies aber werde ich in Uganda abwarten.Falls es aber verneinend ausfällt, so werde ich hernach an den Viktoriasee zu meinen Booten marschieren, und euch alles weitere überlassen. Dies ist meine Entscheidung, und jetzt sprecht, ob sie gut ist oder nicht."

Muanga sagte:

„Du hast recht gesagt. Wenn der Katikiro und seine Partei nicht mitkämpfen wollen, so lassen uns Kundschafter ausschicken, welche bis morgen Nachmittag Bescheid bringen sollen. Melden Sie, daß Karema kommt, so kämpfe du mit uns gegen demselben, melden sie aber die Nachricht eine Lüge ist, so ziehe an den See, die Boote werden solange für dich bereit liegen bleiben."

Dieser Beschluß fand allgemeine Zustimmung und sollte, wie mir gesagt ward, auch sofort zur Ausführung gelangen. Ich begab mich infolgedessen in mein Lager zurück. Am abend erschien Mr. Walker von der englischen Mission, um mir mitzuteilen, daß er gar nicht glaube, daß überhaupt Kundschafter ausgesandt seien. Das Ganze scheine ihm jetzt bereits, laufe auf eine lüge hinaus.

Ich wartete nun bis zum folgenden Mittag, wo mons. Lourdel kam und sagte, er habe vertrauliche Nachrichten bekommen, daß Karema nicht im Lande sei und die ganze Nachricht nur erfunden sei aus der bereits von mir angeführten Vermutung, um muanga ängstlich zu machen und ihn zu veranlassen, nach einmal Jackson für Unterstützung das britische Protektorat anzubieten. Am Nachmaittag erhielt ich ein Schreiben Gabriels, welches ich noch besitze. Er sagte mir: Soeben kommen meine Kundschafter zurück, welche melden, daß weder der Mhadi, noch Karema, noch Wanjoro in Uganda sind, und daß alles eine Lüge ist. Wenn du willst, ziehe morgen ab, willst du dagegen hierbleiben, werden wir uns freuen." Ich befahl nun endgültig den Aufbruch für den nächsten Morgen. Den Abend brachte noch Gabriel bei mir an meinem Eßtisch zu, an welchen ich ihn mit Tee traktierte. Wir sprachen viel von Deutschland und Uganda, und er äußerte den Wunsch, mich einmal in Deutschland zu besuchen. Noch besser jedoch sei es, wenn ich bald nach Uganda zurückkomme, um alle Verhältnisse zwischen Deutschen und Engländern zu regeln. Ich darf aussprechen, das mir der Abschied von den vornehmen und ruhigen jungen Mganda in der Tat naheging, dem einzigen eingebornen Gentlemen, welchen ich in diesem Lande gefunden habe.

Am folgenden Morgen in der Frühe schon ging es nach alter Gewohnheit unter Trommelschlag gegen Süden ab. In der Nacht hatten Gewitterregen die Luft gereinigt, welche bis 6 Uhr morgens angedauert hatten. Nun war die Luft klar, und ein heller Sonnenschein leuchtete über die blühende Landschaft. Welches veränderte Bild heute von dem Tage, wo ich zum ersten Male in das verwüstete Uganda einmarschiert war! Überall wiederum breite gut gepflegte Wege , fröhliche Menschengruppen, überall der Segen der Arbeit auf Feldern und in Dörfern. Ein trostvolles Gefühl des Dankes überkam mein Herz, daß es mir vergönnt gewesen war, an solchen friedlichen Aufabu dieses Landes mitzuarbeiten, und eine freudige Hoffnung für die Zukunft zog bei mir ein. Die deutsche Emin Pascha-Expedition hatte somit doch segenvolles schaffen können, und wer konnte wissen, welche Folgen aus ihrem Eingreifen für die spätere Entwicklung Mittelafrikas sich noch ergeben würden!

So ging es freudigen Herzens durch das gut angebaute Land, immer in Südrichtung. Bald unterbrach ein parkartiger Wald die Felder, durch welchen eine breite Straße hindurchführte. Wir ziehen ein in die Hügel, die den Viktoriasee im Norden umragen. Da plötzlich leuchtet das Wasser links zu unseren füßen auf! Blau und flimmernd dehnt sich der See vor unserem staunenden Auge aus. Wir steigen den Abhang hinunter und ich frage:

„ Was für ein Land ist das dortdrüben, welches wir vor uns sehen?"

„ Das ist Bulingogwe", antwortete Marko.

Die Boote lagen in Kasi an der rechten Seite des äußersten Einschnitts von der Murchisonbucht. Bald waren die Wasesse von unsere Ankunft in Kenntnis gesetzt, und es dauerte kaum eine halbe Stunde, als die phantastischen Boote mit ihrem weit vorgreifenden Schnäbeln herüberkamen, um meine gesamte Kolonie aufzunehmen. In schneller Fahrt zischen wir durch die spiegelglatte Flut auf Bulingogwe zu. In zehn Minuten ist die Insel erreicht und ich befehle, das Lager auf einen malerischen Abhang, welcher den Ausblick auf die Murchisonbucht und den weiten See gegen Süden hin bietet, aufzuschlagen. Hinter uns liegt der Staub der Intrigen von Uganda, vor uns eine neue und große Aufgabe, welche wir lösen wollen. Im Winde flattert, zum ersten Mal wieder seit Wochen, die kleine Marschflagge der deutschen Emin Pascha-Expedition, welche den Kenia gesehen hat und uns in den Massaikämpfen vorausgetragen wurde.

Wonnetrunken schweift das Auge über die herrliche Bucht mit ihren waldgekrönten Abhängen, und eine stolze Freudigkeit zieht in die Seele ein. Zwar liegen noch schwere Aufgaben und ernste Hemmungen zwischen uns und der Heimat, aber zum ersten Male wird in diesen Augenblick das Schillersche Wort in uns lebendig: „ Denn dem väterlichen Herd sind die Schiffe zugekehrt, und zur Heimat geht es wieder!"

XI. Kapitel
Um den Viktoria- Nyansa nach Uskukuma

„Seele des Menschen,
wie gleichst du dem Wasser
Schicksal des Menschen,
wie gleichst du dem Wind."
(Goethe)

Den 26. März hatte ich auf der Insel Bulingogwe mit der Lektüre Friedrich des Großen von Carlyl hingebracht, als ich gegen Abend plötzlich durch zurufe über den Gebirgskamm, welcher die Insel in westöstlicher Richtung durchschneidet, aufmerksam gemacht ward. Ich trat aus dem Zelt, welches am westlichen Abhange von der Murchisonbai aufgeschlagen war, und sah Mons. Lourdel, von einigen Begleitern gefolgt, den Abhang heruntersteigen. Meine den Massais abgenommenen Esel hatte ich zur Hälfte den katholischen, zur Hälfte den englischen Missionären geschenkt. Mons. Lourdel erzählte mir er habe in Mengo vernommen, daß der Djumba uns nach Bulingogwe habe bringen lassen, die Boote indes zurückgezogen habe. Er habe sofort an eine List des Katikaros gedacht, welcher uns ja ganz in der Hand habe, sobald den Bootsführern Befehl erteilt werde, mit ihren Booten nach Sesse zurückzukehren. Deshalb sei er selbst noch am Abend auf einem der von mir geschenkten Esel hergeritten und wolle die Nacht bei mir zubringen. Ich danke Mons. Lourdel bestens und gab sofort Befehl, ein entsprechendes Abendessen herzurichten.Während desselben machte mir Mons. Lourdel einige Interessante Mitteilungen, die Wegführung emin Paschas durch Stanley betreffend. Es war mir schon in dem ersten Brief, welchen ich von den Franzosen in Usago bekam, aufgefallen, daß die Nachricht über den Aufstand der Truppen Emins in ziemlich skeptischem Tone mitgeteilt war.

„Wenn man gewissen Gerüchten glauben darf, so sollen die Truppen Emins gemeutert haben." Jetzt zum ersten Male teilte Mons. Lourdel mir ausdrücklich mit: „ Il n´a pas voulu, Stanley l´a pris comme un voleur", und wie unsere Leute in Ankore wahrgenommen haben, hat er Emin sehr schlecht behandelt." Da Mons. Lourdel nach Mitteilungen, die er von Dritten bekommen hatte, erzählt,konnte ich mich nicht recht entschließen,seinen Worten großes Gewicht beizulegen, da ich mir doch nicht denken konnte, daß Emin Pascha sich von Stanley wider seinen Willen aus einer Provinz, in der er Gouverneur war, habe entführen lassen. Erst in Mpuapua konnte ich feststellen,daß die Mitteilungen, die ich schon in Bulingogwe und mehr noch in Ukumbi später erhielt, noch nicht einmal die volle Wahrheit aussprach.

Stanley hat Emin Pascha nicht nur durch den bekannten Gewaltcoup vom 5.April 1889 gezwungen, mit ihm abzuziehen, sondern ihn auch geradezu durch unrichtige Mitteilungen veranlaßt,sich der Gewalt zu fügen. Er sagte Emin, er wolle ihn um den Viktoriasee herum nach Kawirondo führen und ihm dann von Mombas aus die Mittel schaffen, nicht nur seine alte Stellung in der Äquatorialprovinz, sondern auch Uganda und Unjoro, freilich unter Oberhohheit der Britischostafrikanischen Gesellschaft, wieder zu erobern. Diese Besprechungen hat er alsdann in Usukuma nicht gehalten, und dadurch Emin Pascha genötigt, gegen seinen Will mit an die Küste zu marschieren. Diese Haltung Stanleys ist um so unverständlicher, weil er durch dieselbe auch die Interessen seiner Auftraggeber, der Britisch-ostafrikanischen Gesellschaft, durchkreuzte. Der Plan, welchen Sir William Mackinon in seiner kühnen Wise entworfen har, um die Länder am oberen Nil englisch zu machen, muß in der Tat großartig genannt werden. Wenn derselbe vollständig gescheitert ist, so tritt die Schuld hiervon in erster Linie Stanley und nicht minder Jackson, denen es im rechten Augenblick an Ort und Stelle an der nötigen Entschlossenheit fehlte, um ihn zur Durchführung zu bringen. Dieser Gegenstand bildete den Stoff der Unterhaltung zwischen Mons. Lourdel und mir während unseres Abendessens, wobei Lourdel noch eianmal seiner Überzeugung Ausdruck gab, das England durch die Unentschlossenheit Jacksons die Gelegenheit zu einer friedlichen Besitzergreifung Ugandas endgültig verloren habe. Wir wurden plötzlich unterbrochen durch das Landen von Booten unterhalb meines Zeltes und das herannahen eines großen Zuges von Leuten. Es erschien der Djumba (Admiral) Muangas mit Ehrengeschenken für mich und mit Nugula, welchen er mir vorstelle als den Rabaka (Vertreter des Königs) bei der von mir zu befehligenden Uganda Expedition zur Säuberung der Westseite des Sees.

Rugula warf sich vor mir zur Erde und gelobte, mir in allem gehorsam zu sein. Die Flotill, welche bestimmt war, die Mannschaft zur Einsammlung des Tributs nach Bursiba, dem Vorlande von Karague im Süden des Ragera zu führen, war bei Sesse gesammelt, wohin ich von Bulingogwe in drei Tagen gelangen würde.

„Dort wirst du an hundert Boote finden. Morgen in der Frühe sollen bis 33 Boote, welche insbesondere für den Transport deiner Kolone bestimmt sind, in der Bucht sein, um uns zunächst nach Msoy zu bringen."

„Wo werde ich denn die Kranken finden, welche ich vor einigen Tagen nach Sesse abschickte?"

„Auch sie werden morgen hier wieder vor Bulingogwe sein. Sie haben vorgestern den Berge verloren und sind nach Ntebe marschiert. Als ich erfuhr, daß du heute selbst nach Sesse aufgebrochen bist, habe ich sofort Boote hinterhergeschickt, um sie zurückkommen zu lassen, und sie werden morgen wieder hier sein."

DA hatte ich wiedermal ein Beispiel von der Innehaltung von Versprechungen seitens der Waganda. Ich verabschiedete jetzt Djumba und Nugula, indem ich ihnen noch einmal befahl, morgen mit Sonnenaufgang die Boote klar zu halten. Mons. Lourdel begab sich dann in einer der Hütten unterhalb meines Zeltes am Strande, um auf einen Liegesessel eine sehr wenig angenehme Nacht durchzumachen, da alle diese Häuser von Ungeziefer geradezu wimmelten.

Am nächsten morgen wurde ich durch einen Platzregen nahezu aufgeweckt. Derselbe hörte erst 6 ½ Uhr auf, um welche Zeit Mons. Lourdel zum Frühstück erschien. Ich erwähnte bei dieser Gelegenheit, daß ich während der ganzen Expedition immer das Prinzip der drei Fleischmahlzeiten festhielt. Des Morgens in der Frühe vor Aufbruch der Kolonne wurde eine Tasse heißen Kaffee oder Kakao mit Milch genossen, zu welchem stets kaltes Fleisch und in der Regel auch ein Mehlbrei mit Honig zur Verfügung stand. Zwischen 10 und 11 Uhr auf dem Marsche ließ ich eine Viertelstunde lagern, und es wurde dann kaltes Fleisch, kalter Mehlbrei und Senf genossen. Nach Ankunft im Lager ward sofort eine kräftige Suppe gekocht und dann Fleisch gebraten, und dies wiederholte sich noch einmal des Abends gegen 6 Uhr. Kaffee, zu welchem durch die Herden, die wir trieben, in der Regel Milch vorhanden war, bildete stets den Abschluß der Mahlzeiten, und nach diesem wurde aus einer Eingebornenpfeife der Tabak des Landes geraucht.

Dieser Tabak ist in den einzelnen Ländern zwar sehr verschieden, erhebt sich jedoch bei den Gallas am Tana und in Kawirondo geradezu zu einem schmackhaften und aromatischen Genußmittel. Wir zog ihn wenigstens den aus Europa eingezogenen Tabak, welchen wir in Ukumbi vorfanden erheblich vor. Auf den See kam als angenehme Zutat zu unserer Küche hier und da ein guter Fisch hinzu. Außerdem gelang es mir , größere Posten geräucherter Heuschrecken, welche reinlich in Watte verpackt sind, zu erstehen, und ich gewann dadurch einen schmackhaften Vortisch. In Fett gebraten, schmecken sie fast wie frische Schweinsgrieben, und da es mir geglückt war, den drohenden Salzmangel durch das Erstehen von 10 Pfund Unjorosalz in Uganda zu begegnen, so konnten wir auch immer ohne Gewissensbisse ein wenig Salz dazu genießen. Da wir am See auch immer noch Bananen und andere Früchte erhielten, außerdem sehr oft erfrischende dicke

Milch bekommen konnten, so war unsere Ernährungsweise während der nächsten Wochen eine für afrikanische Verhältnisse geradezu erfreuliche, und infolgedessen auch der Gesundheitszustand ein guter.

Mons Lourdel und ich warten bis 7 ½ Uhr auf die Boote von der anderen Seite, aber die Sesseleute, welche ausschließlich die Bootsbemannung darstellten, rührten und regten sich nicht. Da auch der Djumba und Ngula an die andere Seite zurückgeholt waren, befanden wir uns tatsächlich in der Lage, welche Lourdel am Tage vorher für mich gefürchtet hatte. Wir gingen nun ans Ufer hinunter und signalisierten nach den Sesseleuten hinüber. Keine Antwort, kein Zeichen, daß man uns verstanden hatte oder aber, daß man geneigt sei, unseren Zurufen Folge zu leisten. Ich schlug Mons. Lourdel jetzt vor, mit mir auf die Insel zu gehen und zu versuchen, ob wir nicht irgendwo ein kleines Fischerboot aufzutreiben vermöchten, in welchen wir dann zu der Bootsflotille hinüberrudern wollten. In der Bucht zwischen Festland und Insel bewegten sich einige dieser kleinen Boote mit je einen oder zwei Insassen. Lourdel winkte solche jedoch wiederholt vergebens heran. Endlich kam auf seine Mitteilung, daß er im Namen des Königs befehle, eins bis an das Schilf der Insel, aber es weigerte sich, ganz zu uns zu kommen. Da verließ Lourdel die Geduld. Mit schnellen Sprunge war er im See, und ehe die Fischer davonrudern konnten, hatte er das Boot gefaßt, einen der Leute mit einem kräftigen Faustschlage über Bord geschleudert, war selbst ins Boot gestiegen und ruderte nun, naß wie er war, direkt allein auf die Bootsflotille auf der anderen Seite zu, indem er mir zurief, ich möge warten, er werde die Boote bringen. Kaum sahen die Sesseleute, daß wir wieder im Besitz eines Bootes gekommen waren, als sie mit einem Male ihre ganze Flotille klar machten und im Wetteifer zu uns herüberrudern begannen. Sie hatten also nicht den bösen Willen gehabt, uns im Stich zu lassen, sondern, ohne Kontrolle, wie sie waren, den bequemen dolce far niente hingegeben. Ich habe mich auf den See bald überzeugen müssen, daß meine Art von

Expeditionsbetrieb, vor Sonnenaufgang aufzubrechen, mit diesen Leuten überhaupt nicht durchzuführen war. Jeden Morgen hatte ich von neuem den Kampf gegen die Trägheit de Bootsleute aufzunehmen.

Die Sesse-Inseln sind das große Bootsarsenal und der Rekrutierungsplatz für die Seemannschaft des Königs von Uganda. Hier befinden sich Hunderte von Booten, welche auf einen Befehl des Königs sofort in dessen Dienst gestellt werden müssen. Mit dieser Flotte haben sich die Waganda die Herrschaft auf den ganzen Viktoriasee erobert. Alles, was sich von Booten anderer Stämme auf den See zeigt und sich nicht unterwerfen will, wird ohne weiteres angegriffen und zerstört. Auf diese Weise hat derselbe sich die ganzen Länder um den Norden und Westen des Nyansa herum bis nach Ukumi tributpflichtig gemacht.

Mons Lourdel kam gegen 10 Uhr noch vollständig durchnäßt nach Bulingogwe zurück. Ich gab ihn zwar sofort einen trockenen Anzug, aber ich fürchtete doch, daß er sich an diesen Morgen den Keim zum Fieber geholt, welchen er zu meinen schmerzlichen Bedauern, so bald erliegen sollte. Ich hatte den energischen und ruhigen Mann, welcher die Interessen seiner Kirche so nachdrücklich in Uganda zur Geltung brachte, sehr schätzen gelernt. Er war damals 39 Jahre alt, hatte seit 1879 in Uganda gearbeitet und alle Wechselfälle in diesem Land mit durchgemacht. Er hatte auch keinerlei Neigung, Uganda jemals wieder zu verlassen.

Jetzt nahm ich Abschied von ihm. Meine Krankenkolonne war richtig von Kasi bis an der andern Seite mit herübergebracht. Schnell waren auch meine Lasten und Leute auf den Booten verstaut, und nun nahm ich in dem größten derselben Platz. Vorn im Boot befindet sich ein freier Platz, auf welchen mein Lehnsessel gestellt wurde, in dem ich saß. Gegen das Überspritzen der Wellen schützte ich mich durch ein Antilopenfell, welches mir Mons. Lourdel noch im letzten Augenblick schenkte.

„Auf Wiedersehen, Mons. Lourdel, auf Wiedersehen in Europa oder in Uganda." rief ich ihm zum letzten Male vom Boote aus zu.

„Auf Wiedersehen in Uganda", antwortete er, „ so Gott will!" indem er sein Schnupftuch lebhaft zu Begrüßung schwenkte.

Ich erwiederte den Abschiedsgruß, und nun zischten die Boote in die blaue See nach Süden zu. Das war in der Tat ein herrliches Schauspiel, wie es einem selten geboten wird. Der Morgen war kühl nach dem Regenguß der Nacht, und die Sonne durch flockenartige vorrüberziehende Wolken abgedeckt. Rechts und Links die schwarfen Konturen der mit Wald oder Plantagen bestandenen Küste Ugandas aus der sich ausweitenden Murchisonbucht hinaus. Vor uns in weiter, weiter Ferne eine Inselbildung, von welcher nur zunächst die Berge über den Horizont sichtbar waren. Und da schossen sie dahin, die phantastischen Boote, gleich den Rossen des Meeres im Wettlauf miteinander ringend. Ein leichter Wind von Süden her erfrischte die Nerven und sinne. Er vermochte die Oberfläche des Wassers heute nur leicht zu kräuseln, noch verspürten wir nichts von dem ozeanartigen Wellenschlag, welcher auch bei nicht eben schwerem Wind den flachen Viktoriasee so schnell in Bewegung setzt.

Beweglich wie das Mienenspiel eines geistreichen Gesichts ist das Äußere des Viktoria-Nyansas. Heute schlägt er das blaue Auge findet zum tiefen Himmelsfirmament empor, in lieblicher Jugendfrische erstrahlend, die Seele zu heiterer Anschauung bewegend. Funkelnd im glänzenden Sonnenlicht erstreckt er sich vor uns ins scheinbar Unermeßliche hinein. Am Horizont schimmert eine grüne Insel oder auch die Bergkrone einer Insel gleich einer lieblichen Fata Morgana. Da haben wir die wahre Verwirklich der Insel der Seeligen vor uns. Auf der tiefblauen Flut bewegen sich weiße Schwäne oder auch Enten hin. Über der Oberfläche streifen Adler, welche auf Fischfang bedacht sind. In Scharen springen Fische empor, oder ein graubäuchiger Wels tummelt sich behaglich in der halbkühlen Flut. So im Sabbatsgewande liegt der Viktoriasee vor uns da, nur von Zeit zu Zeit gleich einer Erscheinung aus dem Traumgebildet zieht der Schatten einer Wolke phantastische darüber hin. Um Mittag tritt das östliche Ufer mehr und mehr zurück, wir halten uns an der westlichen Seite, an scharfgezeichneten Baumgruppen oder lieblich versteckten Dörfern vorüber. Die Flotille ist jetzt weit auseinandergezogen. Mein großes Fahrzeug, welches durch 26 Ruderer dahingetrieben wird, mit der großen schwarz-weiß-roten Flagge darauf, schießt voran, den übrigen den Weg weisend.

Um 3 Uhr erreichten wir eine flache Insel, welche der Murchisonbucht gerade im Süden vorgelagert ist. Wir laufen hier an, um den Leuten ein wenig Ruhe zu gönnen und die auseinandergestreute Flotille von neuem zu sammeln. Aber nicht lange hält es mich hier. Schon nach einer Viertelstunde gebe ich das Signal zur Fortsetzung der Fahrt nach der Insel Msoh, gerade den Kap Ntebe gegenüber, wo wir diese Nacht schlafen wollen. Wir wenden uns jetzt nach Westen herum, die charakteristischen Ufer Ugandas bleiben nördlich von uns liegen. Vorwärts geht es in beschleunigter Fahrt, hoch zischt der Schaum am Bug des Bootes. Von Zeit zu Zeit spritzt eine Welle herüber, deren Tropfen an meinem Antilopenfell herabrollen. Der See, welcher am Morgen spiegelglatt, fast schmachtend das Himmelsgewölbe an sich zog, ist jetzt von einen leichten Abendwinde gekräuselt. Wie wenn die Stirn in sinnend ernster Betrachtung sich ein wenig zusammenzieht, so erscheint die Oberfläche in einen nunmehr völlig veränderten Lichtreflex. Fern im Südwesten tauchen alsbald geheimnisvolle Bildungen über den Horizont auf. Man weiß zunächst nicht, sind es eigenartige Fahrzeuge, oder was mag es sonst sein. Marko, welcher hinter mir Platz genommen hat, belehrt mich, daß es die westlichen Ausläufer der Sesse-Inseln sind. Immer tiefer sinkt die Sonne. Gleich einer lodernden Feuermasse flammt der See gegen Westen hin. Schnell schießt mein Fahrzeug durch die Fluten. Ich blicke mich um und finde, daß wir allein sind; nur in der Ferne am Horizont einzelne Punkte ! Das sind die vordersten meiner nachfolgenden Boote.

Vor uns immer schärfer steigt Land auf, auf welches unser Kurs direkt gesetzt ist. Ich erkundige mich und erfahre, daß dies die Umrisse der Insel Msoh seien. In gewundenen Buchten schlingt sich die Küste Ugandas dahin. Jetzt macht sie eine starke Ausbiegung nach Norden, um halbinselartig in den See zu springen, den Inseln entgegen, auf die wir zuhalten. „ Das sei Ntebe", erklärt Marko.

Die Sonne im Westen ist versunken, das Abendrot aufgeflammt und verglüht, und nun liegt der Viktoriasee im bleichen Scheine des Vollmonds da. Die Inseln im Südwestens ind nicht mehr sichtbar. Vor uns erhebt sich düster und hart das Eiland, welches vulkanisch schroff ins Wasser abfällt, mit knorrigen und oft bizarren Wald bäumen bestanden. Man fragt sich unwillkürlich, wie es möglich, sein wird, hier einen Landungsplatz zu finden. Beim Näherkommen nahm ich wahr, daß sich ein Kanal ins Land hineinzieht, in den wir einhalten, und daß wir die Insel Mfoh im Südwesten anzulaufen haben. Während die Ufer nach Osten hin schroff abfallen, erstrecken sie sich in Süden und Westen stark ins Wasser hinein. Das Ufer bildet hier eine weite Bucht, und hier endlich, es ist bereits 7 Uhr abends geworden, soll unsere heutige Bootsfahrt ihr Ende finden. Bald knirscht das Boot auf dem flachen Sande, die Sesseleute springen ins Wasser, um es noch eine weite Strecke hinanzuziehen. Ich werde auf die Schultern genommen und den Rest ans Land von zwei kräftigen Burschen getragen. In acht- bis neunstündiger Fahrt haben wir Mfoh erreicht, aber jetzt gilt es noch, die übrigen Boote zu erwarten, um die Zelte aufschlagen zu können und ein Abendessen zu bereiten.

Es dauerte ein halbe Stunde, ehe das nächste Boot eintraf, und nachts um 12 Uhr, als ich zum letztenmal revidierte, standen immer noch einige aus. Glücklicherweise waren die Zeltlasten in eins der vorderen Boote geraten, so daß ich um 8 Uhr mein Zelt unmittelbar am Strande des Sees aufgeschlagen hatte. Mein Abendessen erhielt ich erst gegen 10 Uhr, aber der Mond schien hell, und fast gespensterhaft hoben sich die Umrisse der Inseln aus dem See empor. Meine Leute waren in Häusern auf verschiedenen Teilen der Insel untergebracht, und ich hatte bis spät in die Nacht hinein mit dem Postendienst zu tun, um die Boote genügend unter Bewachung zu bringen. Ich befürchtete m diesen Tagen immer noch Intrigen von Uganda her. Wenn einmal in der Nacht die Flottille verschwand, so waren wir aller Wahrscheinlichkeit nach, ausgesetzt auf einer Insel des Viktoriasees, sämtlich dem Untergange verfallen. Spät legte ich mich nieder, aber ich sollte an diesem Tage von Schlaf nicht allzuviel bekommen.

In der Nacht zog ein Gewitter herauf, wie ich mich kaum erinnere, ein solch großartiges überhaupt jemals erlebt zu haben. Blitz zuckte auf Blitz, und daß ich mich mitten drin in dem elektrischen Austausch befand, wurde mir aus der Tatsache klar, daß Blitz und Donner unmittelbar zusammenfielen. Dazu zischte der Regen geradezu auf das Zelt und in den See hernieder. Es war, als ob die Schleusen des Himmels sich zu einer zweiten Sindflut geöffnet hätten, und als ob diese Erde verschlungen werden sollte von dem tobenden Element. Der Sturm heulte und pfiff. Da mein Zelt mit seinen eisernen Spitzen der höchste Punkt in der Gegend war, so war meine Lage geradezu lebensgefährlich. Aber aufzustehen, dazu hatte ich doch keine Lust, bis endlich, wie es schien, die Vorsehung selbst ein Einsehen hatte. Der Sturmwind, welcher die Wogen des Viktoriasees aufwühlte, daß sie fast gegen meine Zelttür schlugen, hatte mein Zelt hin und her gewiegt, so daß ich alle Augenblicke das Zusammenbrechen desselben vermutete. So mochte ich eine halbe Stunde gelegen haben, als meine Vermutung plötzlich in Erfüllung ging. Die Taue, welche das Dach an der einen Seite festhielten, gaben nach, und ich lag unter der Zeltlast begraben. Zu gleicher Zeit schlug der Blitz in die Flaggenstange, welche sich vor dem Zelte befand, ein, so daß ich die Erschütterung in allen meinen Nerven fühlte. Ich entdeckte am andern Morgen, daß die Lanzenspitze auf dem Flaggenmast verbogen und halb zerschmolzen war, und daß dieser selbst zertrümmert am Boden lag. Für mich war die Entscheidung jetzt sehr einfach. Bloß mit einem Hemd bekleidet, lief ich auf gut Glück den Hütten zu, in welchen, wie ich wußte, die Somalis untergebracht waren. Ich fand diese auch um ein Feuer herumsitzen, entkleidete mich sofort meines vollständig durchnäßten Hemdes und hüllte mich in eine wollene Decke. Außerdem nahm mich Jama Ismael in seine Arme, so daß ich sehr bald wieder warm wurde und dadurch die gefährlichen Folgen des unfreiwilligen Sturzbades vermied.

Inzwischen graute der Morgen, und es gelang mir, meines Dieners habhaft zu werden und einen trocknen Anzug aus meinen Koffern zu erlangen. Nachdem ich mich rasiert und Toilette gemacht hatte, erholte ich mich durch ein kräftiges Frühstück von den Leiden der Nacht. Das Unwetter war vorüber, aber die Wellen des Viktoria-Nyansa zeigten eine hohle Dünung mit weißen Köpfen, so daß meine Sesseleute erklärten, wir würden auf die weitere Fahrt für heute verzichten müssen. Inzwischen traf hier in Ntebe Stephano bei mir ein, welchen der Katikiro geschickt hatte, um Briefe nach der englischen Station in Usumbiro zu befördern und zu gleicher Zeit die offiziellen Besorgungen für meine Expedition zu betreiben. Er überbrachte mir ein heuchlerisches Schreiben des Katikiro, welches lautete: „Gruß und nochmals Gruß und wiederum Gruß, mein Freund! Weshalb bist du gegangen, mein Freund, weshalb läßt du uns in Sehnsucht zurück, uns, deine Freunde in Uganda? Was wirst du an der Küste sagen, wenn deine Brüder dich fragen: hast du die Araber aus Unjaro verjagt, und weshalb bist du eher aus Uganda weggegangen, bevor dies geschehen ist? Gruß und nochmals Gruß und abermals Gruß!"

Ich antwortete dem Katikiro zwei Tage später von Sesse aus: „Gruß und nochmals Gruß und wiederum Gruß! Deinen Brief habe ich erhalten und ohne Vergnügen gelesen. Ich bin gern von Uganda weggegangen, weil mir deine Streitereien mit Muanga nicht gefielen. Du fragst mich, was ich an der Küste sagen werde, wenn meine Brüder mich fragen, weshalb ich von Uganda weggegangen bin? Ich werde meinen Brüdern mitteilen, daß du ein Lügner bist, und daß du und deine Freunde Uganda ruiniert. Gern will ich zurückkommen, und zwar mit Soldaten und Kanonen, um Muanga zu helfen, der Herr seiner schlechten Untertanen zu werden, an deren Spitze du dich befindest. Gruß und nochmals Gruß und abermals Gruß!"

Trotzdem der See den ganzen Morgen über hoch ging, befahl ich um 11 Uhr die Abfahrt nach der Insel Buvoy, wo wir heute zu lagern gedachten. Der Viktoriasee hatte heute den Wellenschlag der Ostsee, man erkannte ihn nicht wieder, wenn man sich seiner vom vorhergehenden Tage erinnerte. Mit außerordentlicher Mühe nur arbeiteten sich meine Leute gegen den Südwind vorwärts. Das Boot wurde hin und hergeschleudert, so daß ich von Zeit zu Zeit befürchtete, es werde umschlagen. Fortwährend schlugen die Wellen vorn über die Wände hinüber, und wir alle waren bald vollständig durchnäßt.

Die Sesselleute pflegten die Ruderarbeit ziemlich ununterbrochen durch rhythmische Gesänge zu begleiten. Auf einer der hinteren Ruderbänke steht der Vorsänger. Er singt etwa folgendes: Hei hei Heia! Hei hei hei hei hei Heia! Oder es werden auch verwickeltere Sachen vorgetragen. Er erzählt lange Räubergeschichten vom See, Liebesanekdoten, immer in einer rhythmischen Form, in welche der Chorus in regelmäßigen Refrains einfällt, oder es tritt einer der Waganda auf und singt Preiserhebungen auf Muanga und seinen Freund, den Msungu, Kupanda Scharo genannt, ein Lied, welches meine Leute aufgriffen und hernach zwischen dem Viktoriasee und der Küste fast jeden Morgen zum besten zu geben pflegten:

„Eh! Buana mkubua etu kupanda scharo?"
Chorus: „scharo?"
Solo: „ia scharo!"

Chorus: „scharo?"
Solo: „ia scharo!"
Chorus: „scharo?"
Solo: „Eh! Buana mkubua etu kupanda scharo!".
(„Eh!" (lang gezogen!) „ist nicht unser Führer der Stürmer der Städte?"
Chorus: „Städte?"
Solo: „ja Städte!" usw.
„Ja, unser Führer ist der Stürmer der Städte!")
Heute versuchten sie, durch dumpfer gehaltene Lieber den Sturm zu beschwichtigen, was ihnen indes nicht glückte. Erst gegen 4 Uhr nachmittags traf ich mit meinem Boote auf der Insel ein. Ich hatte heute die Vorsicht geübt, meine Zeltlast und all mein Privatgepäck in meinem Boote mitzubringen, so daß ich von den zurückgebliebenen soweit unabhängig war und sofort daran gehen konnte, am Südrande der Insel, wieder in einer Bananenpflanzung, mein eigenes Zelt aufzuschlagen. Mein Gesicht war von der Sonne des vorhergehenden Tages und dem Winde des heutigen so vollständig verbrannt, daß sich überall kleine Blasen bildeten, und ich beinahe schwarzrot aussah. In Zukunft wurde ich vorsichtiger, insofern ich in den Stunden des mittleren Tages mein Gesicht vollständig mit Leinen verhüllte, so daß ich in dem Boote vorn mich ausnahm wie das verschleierte Bild zu Sais. Dadurch verlor die Fahrt erheblich von ihrem Reize, aber ich entging dadurch der Gefahr des Sonnenstiches.

Meine kleine Flottille war in dem Sturm verschlagen worden, und auch am Morgen des 29. März waren noch nicht alle Boote zusammen. Ich beschloß, trotzdem auf Sesse weiterzufahren. Hier mußte ich doch einen oder mehrere Tage lagern, um die große Flotte zusammenzuziehen. Ich sehnte mich nach der behaglichen Station der Franzosen und nach dem Verkehr mit europäischen Landsleuten. Ich ließ demnach einige Waganda zurück, um auf die noch fehlenden Boote zu pirschen, und brach gegen 10 Uhr auf, immer der uns gerade gegenüberliegenden Insel Sesse parallel fahrend. Spiegelglatt lag heute der Viktoriasee wiederum da, sein dunkelblaues Auge dem tiefen Himmel öffnend. Lieblich beschien die Sonne die waldreichen Ufer von Sesse, an deren Buchten wir pfeilschnell vorbeiglitten. Im Nordwesten vor uns tauchte scharf und bestimmt die Einmündung des Katonga auf, wo das Land nach Süden umspringt. Während der Norden des Viktoriasees ein tafelförmiges Hügelland darstellt, ist die Küste im Westen zunächst vollständig flach. Ich fragte: „Welches Land ist das dort?" „Buddu", antwortete Marko.

Die Erfahrung der vorhergehenden Tage hatte mich belehrt, daß es nützlich sei, einen tüchtigen Vorrat von Proviant mit an Bord zunehmen. So hatte ich mich mit Fleisch und Bananen reichlich versehen, und dies trug erheblich dazu bei, die Reise angenehmer zu gestalten. Auch gab es Interessantes genug zu sehen. Die Buchten von Sesse waren reich an Wasservögeln aller Art, und wenn sie es auch nicht gewesen wären, so war es schon ein herrlicher Genuß, die glanzvolle Pracht der tropischen Welt auf Sinne und Herz wirken zu lassen. Die Seele schlürfte die wunderbare Schönheit der Landschaft gewissermaßen in sich hinein, und in verklärter Anschauung lag der Geist in Entzücken da. So ging es bis gegen 4 Uhr nachmittags immer noch in westlicher Richtung. Da war die Nordwestecke von Sesse erreicht, und nun bogen die Boote gegen Süden um. Alsbald trat der Vorsprung deutlich hervor, wo Sesse sich dem Festlande von Buddu am meisten nähert. Hier lag, wie mir erzählt ward, die französische Mission. In gleichmäßigem Takt arbeiteten die Ruderer, und eilend schoß das Fahrzeug an dem grünen Ufer entlang. Da tauchte in dem Gebüsch die Gestalt eines Weißen auf mit einem Diener. „Buana mdogo", „der junge Herr", (wörtlich: der kleine Herr) riefen meine Diener. Richtig, es war Herr v. Tiedemann! Auch sein Begleiter hatte die schwarz-weiß-rote Flagge und uns erkannt, und freudig feuerte Herr v. Tiedemann zu unserer Begrüßung seine Flinte ab. Ich erwiderte den Schuß, bald knirschte das Boot auf dem Strande, und mit Händedruck begrüßten Herr v. Tiedemann und ich uns nach mehrwöchentlicher Trennung von neuem. Derselbe war sehr freudig überrascht, als er erfuhr, daß die ganze Karawane unterwegs sei.

Nach Sesse waren die Nachrichten von den Ugandawirren gedrungen, und Monseigneur Livinhac hatte gemeint, ich werde wohl in absehbarer Zeit von dort nicht fortkommen. Um so freudiger war die Stimmung meines Reisebegleiters, als er jetzt erfuhr, daß wir ohne vielen Aufenthalt von Sesse nach Süden weitergehen würden. Wir schritten den kleinen Pfad vom Landungsplatze hügelan, wo die behäbige französische Station lag. Zur Rechten, wenn man hinauf»geschritten war, lag ein langes Wohnhaus, vor uns die Kapelle und ringsherum die Häuser der Gemeinde, alles sauber und nett gehalten, das Ganze war von Gartenanlagen umrahmt, an welche sich im weiteren Hintergrunde der dunkle Wald anschloß. Monseigneur Livinhac begrüßte mich aufs herzlichste und beglückwünschte mich zu dem unerwartet schnellen Aufbruch von Uganda, welcher, wie er sagte, einzig in der Geschichte der Ugandareisen dastehe. Ich ward in das Refektorium hineingeführt und alsbald mit einem Glase Wein und mit Kaffee traktiert. Zu meinem Bedauern erfuhr ich, daß einer der Pères, namens Schankmerl, hoffnungslos an einer Leberentzündung darniederliege. Der Gleichmut, mit welchem diese Tatsache von den Kameraden des hoffnungslos Erkrankten aufgefaßt wurde, hatte für mich etwas geradezu Erhebendes. „Wir sind hier, um zu sterben", war die einfache, bescheiden gegebene Antwort. Da war kein unnützes Klagen, keine sentimentalen Betrachtungen, da war männliche Ergebenheit in den Ratschluß der Vorsehung. Das Abendessen, in dem Refektorium der Mission geschmackvoll zubereitet und in europäischer Weise aufgetischt, dazu von Kerzenlicht erhellt, hatte für mich geradezu etwas Feierliches. Das Niveau unserer Lebensbedingungen war so sehr heruntergedrückt, daß die Tatsache, bei Beleuchtung essen zu können, als ein unerhörter Luxus erschien.

Nach dem Abendessen spielte sich eine Szene ab, welche so romanhaft klingt, als ob sie in einem Drama sich zugetragen hätte. Wir sprachen über die Ugandaverhältnisse, über den Haftbefehl Jacksons und die Ereignisse der letzten Tage und kamen dabei naturgemäß auf den Führer der englischen Partei in dieser Gegend, Mr. Mackay, zu sprechen. Ich erwähnte den großen Einfluß, welchen dieser in Uganda zu haben scheine, was mir Monseigneur Livinhac auch vollständig bestätigte. Ich hatte bereits früher erfahren, daß Mr. Mackay geäußert haben soll, er hoffe doch noch, sein Programm, Afrika englisch zu machen vom Tafelberge bis zum Atlas, durchzusetzen, wobei er seiner Ansicht dahin Ausdruck gab, daß die deutschen Gesellschaften, welche dort arbeiteten, gar keinen eigentlichen Rückhalt bei der deutschen Regierung hätten. Wenn die Zeit gekommen sei, werde er die Araber gegen die Deutschen loslassen, und dann solle man einmal sehen, wie schnell die ganze Unternehmung dort in sich zusammenbrechen würde. Ich warf die Frage hin, ob Deutschland einem solchen Manne gegenüber nicht berechtigt sei, mit Ausweisungsdekreten vorzugehen, da dies ja geradezu hochverräterische Pläne seien.

„Ich bin gern bereit, Mr. Mackay zunächst einmal mit an die Küste zu nehmen. Übrigens", fuhr ich fort, „Monseigneur, wann werden Sie wohl einmal wieder nach Europa zurückkehren?"

„Jamais! Ich werde hier beiden bis zu meinem Ende."

„Das ist sehr schade, denn ich würde mich außerordentlich freuen, Sie als Reisebegleitung mitnehmen zu können."

In demselben Augenblick trat ein Mann ins Zimmer, fiel vor Monseigneur auf die Knie und küßte dessen Hand. Er sprach mit ihm und teilte ihm einiges in der Sprache der Wasukuma mit, was ich nicht verstand. Ich glaubte, zu bemerken, daß Monseigneur Livinhac ein wenig erbleichte, und sah ihn erwartungsvoll an.

„Mr. Mackay ist gestorben", sagte er kurz, „und man ruft mich nach Europa zurück."

Da anzunehmen war, daß Monseigneur Livinhac nach Empfang so wichtiger Nachrichten gern allein sei, verabschiedeten wir uns alsbald, und ich machte Herrn v. Tiedemann darauf aufmerksam, daß, wenn diese soeben erlebte Szene sich auf der Bühne zugetragen hätte, man sicherlich den Dichter der Unwahrscheinlichkeit bezichtigen würde.

Der nächste Morgen zog heiter und sonnig herauf, wie der Tag zuvor. Ich hatte am vorhergehenden Tage Nugula zu den kleineren Sesse-Inseln geschickt, um die große Flottille zusammenzubringen, mit welcher ich Busiba angreifen wollte.

Am 30. März, einem Sonntage, blieb ich in der französischen Mission, um meine eigene Expedition dort zu sammeln. Ich hatte mein Zelt unter einem mächtigen Baume aufschlagen lassen, und da der Père Schankmerl heute leidender als je war, so nahmen wir, Monseigneur, Herr v. Tiedemann und ich, unsere Mahlzeiten in diesem Zelte ein. Es war noch in der Nacht zuvor eine Flottille Muangas von Usukuma heraufgekommen, welche Pulver und Munition für den König und Lasten für die katholische Mission dorthin herausbrachte. Ich bewog den Führer dieser Expedition, mir einige seiner größten Boote gegen kleinere meiner Flotille umzutauschen, was er nach Rücksprache mit Monseigneur Livinhac auch tat. Stephano ließ ich mir in Gegenwart Monseigneurs kommen und eröffnete ihm, daß von jetzt ab die Intrigen Ugandas ein Ende haben müßten, ich wisse wohl, daß er zur englischen Partei gehöre.

„Von nun ab aber bin ich wieder der Chef in der Expedition und weiter niemand, und jeder in der Expedition hat mir zu gehorchen. Wenn du dies in jeder Beziehung genau und willig tust, wirst du in Usukuma Geschenke von mir erhalten; bemerke ich ein einziges Mal, daß du mir widerstrebst, im geheimen oder öffentlich, dann wirst du in Ketten gelegt und ausgepeitscht werden. Daran magst du dich halten."

Wenn diese Worte gegenüber dem offiziellen Vertreter des Königs auch ein wenig hart waren, so taten sie doch ihre volle Wirkung. Ich habe auf der weiteren Expedition keinerlei Grund gehabt, mit Stephano unzufrieden zu sein.

Am Nachmittage erschienen die letzten der am Freitag versprengten Boote bei mir, und ich erhielt am Abend noch die Nachricht, daß auch die große Flottille zusammen sei. Für Nugula ließ ich den Befehl in Sesse zurück, mir mit der ganzen Flotte umgehend zu folgen und solche mir in Sango, im Norden der Kageramündung, zuzuführen, von wo aus wir dann am folgenden Tage auf Busiba vorgehen wollten. Meiner Flotte befahl ich, alles für Montag morgen zum Aufbruch bereit zu halten, da auf Sesse die Lebensmittel knapp waren, und ich auch sonst ungeduldig war, dem Ort der Handlung näher zu kommen. So ging es am Montag, den 3^. März, bereits von Sesse weiter in südlicher Richtung. Bevor wir abfuhren, begrüßten wir uns init Monseigneur Livinhac und besprachen mit demselben die gemeinsame Rückkehr von Usukuma nach der Küste. Monseigneur wollte uns nacheilen, sobald er in den Besitz des Schreibens aus Europa gelangt sei, welches ihn von Afrika zurückrief. Dieses Schreiben erwartete er noch an demselben Tage, da ihm von den Booten gemeldet war, daß vier französische Missionäre von Usukuma aufgebrochen seien, um ihre Brüder in Uganda zu verstärken. Er meinte, wir müßten ihnen heute oder morgen auf dem Viktoriasee begegnen.

Es war ein wunderbar schöner Morgen. Am Strande tummelten sich unsere Leute und die Waganda, welche von Süden heraufgekommen waren. In einer halben Stunde waren die Boote zur Abfahrt klar. Ich bestieg das größte derselben, welches die deutsche Flagge führte. Ein nochmaliger Abschied von Monseigneur, „auf Wiedersehen" hieß es, und munter ging es in die See hinaus. Sobald wir durch den Kanal hindurch waren, welcher Sesse vom Festlande trennt, machte sich ein ozeanartiger Wellenschlag fühlbar. Die Klippen wimmelten von Möven und anderen Vögeln. Klatschend schlug fortwährend die hohe Dünung gegen dieselben an. Alle unsere Boote zeigten sich derselben gewachsen. So oft sie auch in den Wellentälern verschwanden, immer wieder erschienen sie auf dem Gipfel, und bald verlor sich das unbehagliche Gefühl einer möglichen Kenterung. Rührig arbeiteten die Leute unter rhythmischem Gesang, und wenn die Fortbewegung auch durch den Südmonsum und die gegenströmende Dünung verzögert ward, so kamen wir trotzdem schnell genug vorwärts und verloren gegen Nachmittag den größeren Teil der Boote außer Sicht. Ich ließ demnach etwas langsamer arbeiten, um wenigstens die Hälfte der Boote an mich heranzuziehen. Zwischen 2 und 3 Uhr nachmittags tauchte ein Segel auf, das konnten nur die erwarteten französischen Missionäre sein. Ich befahl, auf das Segel zu halten, und schickte einige Boote voraus.

In der Tat war es das Boot der französischen Missionäre, welche keine Ahnung hatten, daß wir es sein konnten. Meine Leute veranlaßten sie, die Segel fallen zu lassen, und nun schoß ich selbst mit meinem großen Boote heran:

„Bonjour, messieurs! Dr. Peters" rief ich ihnen zu."

„Comment, Dr. Peters? Vous n´etes pas mort? Nous avons lu la nouvelle de votre mort."

„Non, messieurs, je ne suis pas mort du tout. N´avez-vous pas quelque bouteilles de Cognac pour nous ? „

„Malheureusement pas! „

Nun lagen wir längsseits, und ich erfuhr, daß wir nach den Nachrichten aus Europa von den Massais oder Somalis niedergemacht sein sollten.

„Wie sieht es in Europa aus? Gibt es dort Krieg oder Frieden?" fuhr ich fort.

„Keinen Krieg."

„Ist irgend etwas von Wichtigkeit in Europa passiert?"

„Nicht, daß wir wüßten."

„Wie sieht es in der ostafrikanischen Kolonie aus?"

„Die Straße nach Bagamoyo ist frei, soweit die Araber in Frage kommen, und nur bedroht durch räuberische Banden. Unsere letzte Post ist uns zwischen Usongo und Massali überfallen worden, und so sind wir fast ganz ohne Nachrichten von der Küste."

„Wie sieht es in Usukuma aus?"

„In Usukuma ist Essen vorhanden, aber die Araber von Marago bedrohen die Europäer."

„Haben Sie Nachrichten von den Arabern in Karague, zu denen wir jetzt gehen?"

„Nein, wir haben immer auf den Inseln gelagert aus Besorgnis vor ihren Angriffen."

„Wir wollen diese Nacht in Baale schlafen. Wollen die Herren nicht mit dorthin gehen, so daß wir ein gemeinsames Lager beziehen können?"

„Wir bedauern sehr, aber wir müssen heute noch nach Sesse, da wir für Monseigneur wichtige Nachrichten bringen."

„So ist es also wahr, daß Monseigneur nach Europa zurückkehrt?"

„Ja, wir bringen ihm die Rückberufungsordre."

„Nun, dann werde ich ja mit ihm zusammen reisen können. Ich werde ihn in Nyayesi erwarten."

Die Unterhaltung wurde bei sehr bewegter See halb schreiend geführt. Ich ließ nunmehr mein Boot frei machen, um Herrn v. Tiedemann Gelegenheit zu geben, noch einzelne Fragen an die Herren zu richten. Noch weitere 10 Minuten, und wir beendeten diese originelle Unterhaltung auf dem Viktoriasee.

„Grüßen Sie die Herren in Sesse und in Uganda."

„Grüßen Sie unsere Brüder in Usukuma."

Das Segel wurde aufgezogen, und alsbald entfernten wir uns voneinander gegen Norden und gegen Süden zu. Die Sonne begann zu sinken und färbte die Buchten im Westen mit einem glühenden Rot. Wir fuhren nunmehr an Plätzen vorüber, von denen Rauch ausstieg. Ich befahl, an Land zu gehen, aber es ward mir gemeldet, daß Baale nicht mehr weit sei, und wir nur dort Essen finden würden.

So ging es denn bei Mondenschein weiter. Um 8 Uhr knirschten die Boote auf dem Sande. Wie überall am Viktoriasee erstreckt sich das Ufer flach und langsam ins Wasser, so daß die Leute immer gezwungen sind, ins Wasser hineinzuspringen und das Boot eine weite Strecke zu ziehen. Überhaupt ist der Viktoriasee, welcher etwa die Größe des Königreichs Bayern hat, ziemlich flach, wodurch die schnelle Wellenbildung bei jeder aufspringenden Böe sich erklärt. Das Ganze ist vulkanisches Terrains Die Inselgruppen im Süden sind in der Regel nichts weiter als Ränder von Kratern. Derartige Kraterränder sollen zum Teil auch unter der Oberfläche sich befinden und dadurch Untiefen bilden, welche der Schiffahrt gefährlich werden. Aus diesem Grunde empfehlen sich für den Viktoriasee flachgehende und kiellose Dampfer, welche jedoch durch ein Verdeck zu sichern sind und regelmäßig gebaut sein müssen, um den plötzlich aufspringenden Böen und dem Wellenschlag Stand halten zu können.

Ich hatte nach Ankunft in Baale im ganzen nur 11 Boote, der Rest derselben hatte gegen die See nicht aufkommen können und war, wie ich später erfuhr, in Bujaju nördlich liegen geblieben. Ein Weg von fünf Minuten Dauer brachte uns durch Wald und Maisfelder vom Strande fort nach dem Dorf Baale, wo ich die Zelte aufschlagen ließ und den Leuten die Hütten überwies. Bei den Booten stellte ich, wie alle Abende, einige Posten auf. Schnell waren einige Hühner herangeschafft und in den Kochtopf getan, so daß wir gegen 10 Uhr noch eine warme Mahlzeit einnehmen konnten. Die Verpflegung war jetzt für uns immer noch recht angenehm, da wir von Uganda Reis mit uns führten, und Bananen überall zu haben waren. Ich hatte meinem Somalichef Hussein die Kunst des Kochens beigebracht. Derselbe verstand es, gute Suppen zu beschaffen und auch Fleisch nach meiner Art zu braten. Bei den Somalis brauchte man jedenfalls keinerlei Unreinlichkeit zu befürchten, sie sind von einer musterhaften Sauberkeit. Ich wollte am folgenden Tage eigentlich in Baale liegen bleiben, um den Rest der Boote zu erwarten. Als mir jedoch gegen Mittag gemeldet ward, man habe diese Boote am Horizont in südlicher Richtung vorbeifahren sehen, gab ich den Befehl zum Aufbruch, um an diesem Tage, dem 1. April, Dumo zu erreichen, einen Ort, welcher aus Stanleys Reisebeschreibung bekannt ist, und an welchen Stanley, wie er erzählt, auch diesmal bei seiner Rückkehr vom Albertsee gedacht hatte. Stanley hätte ohne Besorgnis dorthin marschieren können. Hier herrschte süßer Friede, und, da die christliche Partei immer im Besitz von Booten war, hätte er es wahrscheinlich erreichen können, ebenfalls eine Flottille zusammen zu bringen, um über den See nach Usukuma zu gelangen.

Wir kamen in Dumo bei untergehender Sonne an. Der Ort liegt an einer kleinen Bucht inmitten von Feldern, zu denen man, wie bei Vaale, über ein sumpfiges und waldbestandenes Terrain gelangt. Dumo ist klein und war am 1. April verlassen, was mir einen wehmütigen und etwas niederdrückenden Eindruck machte. Aber der Abend, an welchem wir bei Mondenschein im Freien unsere Mahlzeit einnahmen, verlief uns in angeregter Unterhaltung, und ein tiefer Schlaf erquickte uns für den nächsten Tag. Am Morgen desselben war der Viktoriasee hochgehend, die Wellen zeigten weiße Köpfe, und meine Sesseleute hatten keine Lust, in See zu gehen. Trotzdem befahl ich es ihnen, und, wenn auch sehr durchnäßt, erreichten wir bereits am Nachmittag 3 Uhr den Ort Sango, welcher malerisch auf dem Gipfel eines weithin sichtbaren Hügels nördlich von der Einmündung des Kagera gelegen ist, von wo aus man einen vorzüglichen Überblick über die Berge von Ankore oder Busagalla hat. Hier mußte ich meine ganze Flotte zusammenziehen, weil der nächste Tag uns bereits nach Busiba bringen sollte. Ich hatte auch von dem Rest meiner eigenen Leute seit drei Tagen nichts mehr gesehen und begann ein wenig Unruhe über die Sache zu empfinden. Indes richteten wir uns behaglich in einem mit Bananen durchsetzten Hochwalde in unseren Zelten ein. Essen wurde in Menge herangebracht, und wir konnten es uns Wohlsein lassen. Zu meiner großen Freude trafen unter gewaltigem Hallo am Abend die von Nugula herausgeführten Boote ein, und es wurde mir gemeldet, daß auch meine sämtlichen Leute im Anzuge seien.

Am Strande unterhalb des Hügels van Sango, welcher ein wenig landeinwärts gelegen ist, entwickelte sich nunmehr ein buntes und munteres Treiben. Im ganzen lagen jetzt 93 Boote hier beisammen, welche von mehr als 2000 Mann besetzt waren. Die Reihe von Lagerfeuern glich fast den Laternen einer Stadt. Überall wurde nach Essen gesucht, munterer Gesang erscholl bald von einem, bald vom andern Lagerfeuer, und ich sah mit gespanntem Interesse den Ereignissen des folgenden Tages entgegen.

Schon in der Frühe ließ ich aufbrechen, um noch womöglich in der Mitte des Tages in Tabaliro, einer dem Festlande vorgelagerten Insel von Busiba im Süden der Kageramündung, anzulangen. Wir hatten einen schönen Ausblick auf den Kagera, welcher sich breit und mit großen Wassermassen hier in den See ergießt. Es traten an dieser Stelle eine Reihe von seltsamen Steinkegeln aus dem Wasser empor, welche jedoch nur von Wasservögeln beiwohnt sind. Die größte dieser Inseln ist das fruchtbare und dicht bewohnte Tabaliro, welches wir um zwei Uhr erreichten. Die Bewohner dieser Insel hingen Karema an und standen unter dem Einflüsse Kimbulus.

Hier sollte meine Arbeit beginnen. Ich ließ alsbald die Häuptlinge des Stammes zu einer Beratung entbieten, als ich, meiner Flotte voran, mit etwa 20 Booten gelandet war. Sie sind eine von den Waganda im Norden völlig verschiedene Rasse. Die Männer sind mit Röckchen aus Stroh bekleidet und tragen kurze Speere, kurze Lanzen und Pfeil und Bogen, die Frauen sind mit langen Unterkleidern aus Stroh bedeckt und sehen aus wie wandelnde Besen. Die Leute tragen den entschiedenen Charakter von echten Wilden. Sie interessierten mich um so mehr, als wir hier zum ersten Male auf unserer Expedition in das eigentliche Gebiet der deutschen Interessensphäre hineingekommen waren. Ich ließ ihnen mitteilen, wer wir seien und was wir wollten.

„Ich komme im Namen Muangas, des Königs von Uganda. Ihr sollt ihn als Mfalme von Uganda anerkennen und ihm den Tribut zahlen, den ihr ihm schuldig seid. Ihr sollt die

Araber aus eurem Lande treiben. Sobald ihr dies tut, sollt ihr Frieden haben; falls ihr es nicht wollt, werde ich Krieg mit euch machen."

Es fiel mir auf, daß die Leute nicht so unterwürfig waren, wie ich dies gewohnt war. Ich schickte sie fort mit dem Befehl, am nächsten Morgen sich zu einer großen Versammlung einzufinden, wo wir über die Dinge beraten wollten.

Als mehrere meiner Boote am Horizont auftauchten, begab ich mich in das Dorf, in welchem ich mich nach Ausweisung der Bewohner häuslich einzurichten gedachte. Alsbald aber erfuhr ich, daß sich die Einwohner zu einem Angriff auf uns für die Nacht rüsteten. Infolgedessen zog ich es vor, ein gemeinsames Lager mit meinen Leuten unmittelbar am Strande bei den Booten aufzuschlagen, und wir gingen dahin zurück. Die Zelte waren bald aufgeschlagen, und lustig flatterte die deutsche Flagge hier auf deutschem Grunde zum ersten Male im Winde über der herrlichen Bucht vor uns, wo Boot- um Bootgeschwader landete, so daß der ganze Strand alsbald mit den langgeschnäbelten Fahrzeugen bedeckt war. Um den Leuten von Busiba zu zeigen, daß es nicht unsere Gewohnheit sei, uns von den Schwarzen Hinhalten zu lassen, ließ ich sofort alles, was an Viehherden in Sicht war, zusammentreiben und in Besitz nehmen und drohte ihnen, falls sie sich nicht noch am Abend unterwürfen, ihnen die benachbarten Dörfer anzustecken.

„Ich habe erfahren, daß ihr uns diese Nacht Krieg machen wollt, und glaube wohl, daß ihr so töricht seid, aber ihr sollt uns kennen lernen. Wenn ihr den Krieg mit uns vorzieht, so wird keiner von euch mit dem Leben davonkommen. Ihr seht, schon habe ich eure Herden in meinem Besitz, und bald werdet ihr auch die Flammen von den Dächern der Häuser emporlodern sehen. Also entscheidet euch! Wollt ihr Muanga als euren König anerkennen oder wollt ihr sterben?"

„Wir wollen Muanga und dich als unsern Herrn anerkennen, von den Arabern wollen wir nichts wissen", war die Antwort, aber ' den ganzen Abend über erhielt ich widersprechende Nachrichten von Nugula und den anderen Waganda. Bald hieß es, die Wasiba würden uns angreifen, bald wieder, wenn ich losschlagen wollte, wurde ich beschwichtigt, ich möchte bis zum nächsten Morgen warten. Somit ließ ich in der Nacht scharfe Wacht halten und erwartete den nächsten Morgen. In der Frühe schon kam Nugula mit den Ältesten des Stammes und der Meldung, daß alles zwischen ihnen abgemacht sei. Die Wasiba hätten sich Muanga unterworfen und wollten den Tribut zahlen, welchen derselbe verlange, und zwar wollten sie noch im Verlaufe des Morgens das Erforderliche beitreiben. Kimbulu und Mtemboa, die englischen Führer auf dem gegenüberliegenden Festlande, seien schon vor einigen Tagen, als sie die Meldung von unserm Anzug bekommen hatten, geflohen. An einen Kampf sei also nicht zu denken, und er, Nugula, sei jetzt bereit, in Tabaliro, falls ich es wolle, das Weitere allein zu machen.

Diese Mitteilung wurde mir am folgenden Tage in einem andern Teile Busibas bestätigt durch ein dort eintreffendes Schreiben Mons. Lourdels, vom 31. März datiert. In demselben hieß es in deutscher Übersetzung folgendermaßen:

Sehr lieber Herr!

König Muanga beauftragt mich, Sie zu benachrichtigen, daß Mtemboa, einer der tributpflichtigen Häuptlinge, bei welchen Sie durchziehen müssen, sich mit einem Teil seiner Leute aus Furcht vor Ihrem Durchzuge geflüchtet hat. Der König Muanga bittet Sie, mitten durch das Land Mtemboas hindurchzuziehen, um die Leute dieses Landes mehr in Furcht zu versetzen. Ich glaube, daß Sie nichts bei dem Durchzuge durch Usiba zu befürchten haben werden.

Sie werden gut daran tun, die Hauptstadt Mtemboas zu verbrennen und ihn selbst verschwinden zu machen und einen seiner Söhne an seine Stelle zu setzen."

Dies war eine für uns sehr willkommene Wendung der Dinge, da sie uns der Notwendigkeit enthob, hier an der Westseite des Viktoriasees für immerhin doch fremde Interessen noch einmal kämpfen zu müssen gegen Gegner, deren Stärke zu übersehen wir nicht in der Lage waren. Hätte ich das Schreiben Mons. Lourdels noch in Sesse erhalten, so würde ich allerdings mich dem Wunsche Muangas, die Hauptstadt des geflüchteten Mtatemboa zu verbrennen, nicht entzogen haben, aber ich empfing es erst in Bukoba, als diese Landschaft bereits hinter uns lag, und da mir bestätigt wurde, daß die gesamte arabische Partei des Landes sich vor unserer Annäherung überall aus dem Staube gemacht habe, so nahm ich von einer Verfolgung in den mir unbekannten Westen hinein im Hinblick auf meine geringen Munitionsa-Massen und das, was in der deutschen Kolonie noch vor mir liegen mochte, Abstand und beschränkte mich mit der wörtlichen Erfüllung des für mich in Uganda übernommenen Auftrages, nämlich die Wasiba zum Gehorsam gegen Muanga zurückzuführen und den Tribut für diesen einzusammeln. Dies geschah im Verlauf des 4. April zu Tabaliro und hernach in Bukoba, wo ich wiederum einen Tag zu diesen Zwecke liegen blieb. Ich sah von dem Abenteuer eines Zuges in den mir unbekannten Westen um so eher ab, als ich in Tabaliro auch das nachfolgende Schreiben von Monseigneur Livinhac empfing mit Nachrichten über die Verhältnisse im Süden des Sees, aus denen ich entnehmen mußte, daß die deutsche Emin Pascha-Expedition auch dort zu kämpfen haben werde. Ich gebe das Schreiben in Übersetzung:

Sehr lieber Doktor!

Es ist wahr, daß ich von meinen Oberen nach Europa zurückberufen worden bin. Ich werde mein Möglichstes tun, um mit Ihnen im Süden des Sees zusammenzutreffen, und von dem gütigen Anerbieten, welches Sie mir gemacht haben, unter dem Schutz Ihrer Flagge zu reisen, Gebrauch machen. Der Bote, welcher unsere letzten Briefe gebracht hat, ist zwischen Usongo und Masali überfallen worden. Fast alle unsere Briefe und Zeitungen sind verloren gegangen, wodurch wir fast ganz ohne Nachrichten sind. Pater Schynse schreibt mir aus Sansibar. Die Karawane Stanley-Emin ist gegen Ende November glücklich dort angelangt. Der Weg ist frei, und die deutsche Fahne weht überall von Mpuapua bis nach Sansibar.

Ich bitte Sie, sich in Nyagesi aufzuhalten, wo Sie ein großes Haus finden werden, in welchem Sie und Ihre Leute bequem wohnen können. Von dort bis nach Ukumbi sind nur drei Stunden Wegs. Die wenigen Araber, welche sich in Masawza (Speke-Golf) befinden, tun alles, was in ihren Kräften steht, um die Bevölkerung gegen die Weißen aufzureizen. Ihre Ankunft, hoffe ich, wird sie gesitteter machen. Ich freue mich, Sie bald wiederzusehen und mit Ihnen zu reisen.

Indem ich diesem Vergnügen entgegensehe, bitte ich Sie, den Ausdruck meiner vorzüglichsten Hochachtung entgegenzunehmen, mit welcher ich verbleibe
Ihr ergebener
Lèon Livinhac
Sup. Des Miss. d`Alger.

Wenn man erwägt, daß ich für die Repetiergewehre kaum noch 40 Patronen pro Mann hatte, und daß die Munition meiner Vorderlader sowie der Hinterlader ebenfalls außerordentlich zusammengeschrumpft war, wird man verstehen, weshalb ich mich gegenüber diesen Nachrichten auf die einfache Erfüllung des übernommenen Auftrages beschränkte.

Nachdem am 4. April alles geregelt war, und Nugula erklärte, daß ich ihm das Weitere überlassen könne, fuhr ich abends 8 Uhr von Tabaliro ab, um, weiter nach Süden gehend, auch das Festland von Busiba Muanga untertänig zu machen.

Solche Nachrichten auf dem Viktoriasee haben außerordentliche Vorzüge vor der Fahrt im grellen Sonnenlicht, wo der Reflex der Sonnenstrahlen vom Wasser her erbarmungslos die Haut verbrennt, und die Hitze, wenn man sich hiergegen durch Decken schützt, unerträglich wird. Des Nachts ist es kühl, man kann den lästigen Tropenhelm entfernen und sich demnach gemütlich in den Sessel zurücklehnen. Am Himmel steht der milde Mond, welcher das Land zur Rechten und die geheimnisvolle Wasserfläche mit mildem Scheine verklärt. Fern im Osten stehen gleich einer starren Mauer schwarze Gewitterwolken am Himmel, in denen es unausgesetzt zuckt und leuchtet. Aber über uns ist es klar, und nur gleich Traumgebilden zieht von Zeit zu Zeit eine leichte Wolke an der Mondscheibe vorüber. In süßer Ruhe liegt die ganze Natur um uns da, und ahnungsvoll versenkt sich die Seele In das große Mysterium des Weltalls. Gleich den schnaubenden Rossen bei einem Rennen zischen die Boote pfeilschnell nebeneinander her an dunklen Buchten und phantastisch vorspringenden Ecken der Küste entlang, welche starr und steil bis zum See herabfallen, mit Urwaldbäumen bestanden. Die Mannschaft liegt im Schlummer, man hört nur das Keuchen der Bootsleute und den rhythmischen Takt der Ruder. Unwillkürlich schweifen die Gedanken zur Heimat zurück, man denkt der Lieben in Deutschland, die Nacht überbrückt die Schranken des Raumes. So geht es die ganze Nacht durch bis gegen den Morgen hin. Von Zeit zu Zeit stiegen wir an einer kleinen Insel vorüber, welche sich links im Wasser emporhebt.

Ich wollte eigentlich in dieser Nacht bis nach Bukoba fahren, aber gegen 3 Uhr zogen die Wetterwolken vom Osten über uns empor, ein puffartiger Wind setzte ein, und wir mußten froh sein, durch Anspannung der äußersten Kräfte der Bootsleute die Bucht von Makonga zu erreichen, gerade bevor das Wetter auf uns herniederprasselte. Schnell waren die Zelte aufgeschlagen und die Lasten in dieselben geworfen. Während die Blitze zuckten, der Donner rollte, und ein dicker Regen herunterschlug, machte ich es mir in einem der Häuser des Ortes bequem, in welchem meine Somalis sich einquartiert hatten. Für meine Kolonne verfügte ich immer über 33 Boote, die kleineren, welche weiter zurückgeblieben waren, hatten an beliebigen Stellen an der Küste Unterschlupf gesucht und gingen in den Morgenstunden uns voraus an Makonga vorüber direkt nach Bukoba, für welches der Marschbefehl der Fahrt lautete.

Ich hatte, bevor ich eben dahin aufbrach, ein kleines Strafgericht über meinen Diener Buana Mku zu verhängen. Ich hatte mir am Abend vorher ein halbes Huhn von meinem Abendessen aufbewahrt, welches ich jetzt von ihm forderte, um es zu verzehren.

„Das halbe Huhn?" sagte Buana Mku. „Das hast du ja schon gestern abend gegessen", erwiderte er mit dreister Stirn, indem er vermutete, daß ich den Tatbestand bereits vergessen habe.

Ich gönnte meinen Dienern gern ein halbes Huhn, da es uns am Essen nicht fehlte, aber diese Frechheit, mir ins Gesicht zu lügen, veranlaßte mich doch, Buana Mku wieder einmal darzutun, daß unter allen Umständen die Wahrheit das Vorzuziehende im Leben ist. 25 Peitschenhiebe veranlaßten ihn, sich ebenfalls dieser Überzeugung mehr und mehr zuzuwenden.

Dann ging es nach Bukoba ab, wo wir bereits in 2 bis 3 stündiger Fahrt eintrafen. Zur Linken liegt, der Bucht von Bukoba gegenüber, die kleine Insel Bukerebe, welche sich malerisch über der Wasserfläche erhebt. Im Süden liegen einige andere kleine Inseln vorgelagert. Sie alle sind verlassen. Nachdem die Waganda sich des ganzen Sees bemächtigt haben, ziehen die Einwohner es vor, landeinwärts sich anzusiedeln, anstatt den fortwährenden Belästigungen der vorbeifahrenden Ugandaflotten ausgesetzt zu sein. Bukoba ist der Hauptpunkt des südlichen Busiba. Von hier aus erreicht man, wie mir gesagt wurde, in drei Märschen Karague. Ich ließ das Lager auf einer grünen Wisse etwa 20 m über der Wasserfläche mit einem herrlichen Ausblick über die Bucht ausschlagen. Die Wiese war im Hintergrunde durch Hochwald eingeschlossen. Das ganze war landschaftlich von hervorragender Schönheit und lud seiner ganzen Eigenart nach gerade zur Anlegung einer Station ein. Ich habe diesen Platz hernach in Mpuapua für diesen Zweck Emin Pascha empfohlen. Er ist insbesondere auch für eine Station geeignet, weil Essen in Hülle und Fülle in der Nachbarschaft vorhanden ist, und der Hafen einen guten Ankerplatz für die Boote gewährt.

Ich schickte sofort nach Ankunft Soldaten und Stephano an den Sultan des Landes, den ich zu einer Beratung befahl. Derselbe hatte keine Lust, sich mit uns auf Feindseligkeiten einzulassen, und schickte alsbald ein sehr anständiges Tributgeschenk für unsere Leute und uns selbst. Ich schickte ihm darauf am Abend ein Gegengeschenk an Pulver und Zeugstoffen, auch einige Fingerringe und erhielt am folgenden Tage noch einmal drei Schlachtochsen und eine Reihe von Schafen und Ziegen, auch Milch und Honig in Menge. Der Sultan, welcher mir zur Bewillkommnung seine Söhne am ersten Tage geschickt hatte, erschien am zweiten Tage, einem Sonntage, persönlich bei mir, um sich zu unterwerfen. Er versprach mir in bündigster Form, den Tribut an Muanga zu bezahlen, sobald Nugula mit den Booten, dazu bei ihm eintreffen werde. So war auch hier meine Aufgabe erfüllt, und ich verbrachte einen schönen Sonntagnachmittag am 6. April.

Es war der Ostersonntag, und Osterfeier zog auch in unsere Seelen ein. Am Abend hatten, wir Vollmond, und eine lange Unterhaltung hielt uns bis in die Nacht hinein wach vor meinem Zelte.

In der Frühe wurden wir durch einen Platzregen aufgeweckt, welcher den ganzen Morgen über andauerte und das Auslaufen bis um die Mittagszeit verhinderte. Um 1 Uhr brach die Sonne durch, und nun lief ich aus, um die Insel Bumbide (von Stanley Bumbire genannt) noch am Abend zu erreichen. Hier hatte Stanley seinerzeit den sog. „Schreckenstag von Bumbire" erlebt, an welchem die Eingebornen ihn an den Ohren aus seinem Boote herausziehen wollten und ihn mit dem Tode bedrohten, welchem er sich nur durch schnelle Flucht entzog. Er eilte von hier nach Süden zurück auf die sog. Zufluchtsinsel, wie er sie benannte (Banderema-Refuge Island) gegenüber Soswa.

Ich war sehr gespannt, diesen wilden Volksstamm kennen zu lernen, welcher einem Stanley einen derartigen Schrecken eingejagt hatte.

Gegen Abend um 7 Uhr lagen die hohen Ufer von Bumbide unmittelbar vor uns. Wir fuhren nun eine Stunde an ihnen entlang in südlicher Richtung. Um 8 Uhr gingen wir an Land, einen steilen Abhang hinauf, an welchem die Dörfer zerstreut lagen. Wer beschreibt mein Erstaunen, als ich ein harmloses, schüchternes Völkchen entdeckte, welches sich beeilte, allen unseren Wünschen zuvorzukommen, schleunigst die Häuser für uns räumte, beim Aufschlagen der Zelte mit Hand anlegte und Essen heranbrachte, so viel als auf der Insel zu haben war. Ich hatte das Gefühl, die Leute müssen sich doch außerordentlich geändert haben, seit Stanley sie besucht hat, und diese Empfindung ist auch während des weiteren Aufenthaltes auf der Insel nach keiner Richtung hin verändert worden.

Der folgende Morgen war wie gewöhnlich wiederum regnerisch, und auch diesmal konnte ich erst um die Mittagszeit abfahren, um am Abend die südlichste der drei Bumbide-Inseln zu erreichen. Hier mußten wir das Lager am Strande auf dicht gedrängtem Raum aufschlagen, was unangenehm war, da ich doch immer 890–900 Mann beisammen hatte. Die Abende waren für uns jetzt sehr behaglich, weil wir über Leuchtmaterial verfügten, wie ich solches in Uganda hergestellt hatte, ein mächtiger Tontopf mit Fett gefüllt, drei bis vier Dochte hineingesenkt, welche angesteckt wurden und die Dunkelheit mit flackerndem Licht erhellten. Dies war um so behaglicher, als der Mond, auf den wir sonst immer angewiesen gewesen waren, jetzt von Abend zu Abend wiederum mehr verschwand.

Am 9. April, des Morgens, bestieg ich den steilen Abhang von Bumbide, um einen Überblick über den See und über die Landschaft zu gewinnen. Ganz fern im Südosten wurde mir ein Pünktchen gezeigt, welches mir als Soswa, das Ziel unserer heutigen Fahrt, bezeichnet ward. Im Süden dehnte sich ein ganzer Inselkranz aus, welcher die Südwestseite des Viktoriasees ein wenig verschleierte, jedoch nicht so, daß wir nicht dahinter dem Uferrande genau folgen konnten. Das war das Land Ufindja, wie mir meine Leute sagten, welches sich im Südwesten des Sees ausstreckt. In froher Stimmung kehrte ich ins Lager zurück, sollte doch heute die Südrichtung aufhören und die Umbiegung nach Osten beginnen.

Etwa um 8 Uhr brachen wir auf, und nun ging es weiter zunächst noch immer in südlicher Richtung. Dann, als wir die Insel Nubili erreicht hatten, wo ein Teil der Leute bereits hoffte, lagern zu dürfen, ließ ich gegen Osten umdrehen auf Soswa zu. Es war ein wunderschöner Nachmittag. Klar war die Luft, welche den Blick in die weite Ferne zog. Der Inselkranz, den wir im Süden ließen, und dessen kreisartige Ergänzung nach Norden hin die Bumbide-Inseln bildeten, war malerisch, oft bizarr und zog den Geist zu Betrachtungen auf seine Entstehungsgeschichte hin.

Die Sonne sank, aber Soswa wurde immer noch nicht erreicht. Unsere Flottille war längst hinter uns zurück gesunken, nur das Boot Herrn v. Tiedemanns, das meinige und ein drittes hielten gleiche Fahrt. Es wurde 9 Uhr abends, ehe wir an der ersten der Soswa-Inseln entlang schössen. Sie war mit Urwald bestanden, und der Wind, welcher aufgesprungen war, machte die Wellen des Sees unheimlich gegen die Felswand klatschen. Wir fuhren an mehreren Inseln vorüber durch eine Art Kanal, bis wir endlich, es war bereits nachts 10 Uhr, die Landung an einem steinigen und unwirtlichen Strande im Süden einer der Inseln vornahmen. Durch struppiges Gebüsch gelang es, einen freien Abhang zu gewinnen, auf welchem die Zelte aufgeschlagen wenden konnten. Die Leute brachte ich unten in zerfallenen Hütten unter, welche die Waganda sich überall für die Nachtlager auf ihren Bootsfahrten eingerichtet haben. Es sind primitive Strohhütten, welche jedoch vor den Unbilden der Witterung schützen. Viele von meinen Leuten, die sämtlichen Somalis, waren auf der Seefahrt erkrankt. Hätten wir jetzt zu kämpfen gehabt, so würde es sehr schlecht um uns gestanden haben.

Auch in dieser Nacht wiederum zog ein heftiges Gewitter herauf mit Sturm und Platzregen, welches unter dem weit vorspringenden Zeltdach zu einer wahren Lebensgefahr wurde,und dessen Windstöße jeden Augenblick dasselbe wegzufegen drohten. So kamen wir nicht viel zum Schlafen, aber am folgenden Morgen, als wir erwachten, lachte die Sonne wieder goldig über dem herrlichen See, dessen Südufer wir nunmehr vor Augen hatten, und die Stimmung wurde eine froh gehobene, als mir um 8 Uhr gemeldet ward, ein Teil der am vorigen Abend zurückgebliebenen Boote sei schon in den Morgenstunden an Soswa vorübergerudert auf Bandelundo zu, wo wir heute zu lagern gedachten. Schnell befahl auch ich den Aufbruch der auf Soswa lagernden Boote, von denen in der Nacht wiederum 11 eingetroffen waren.

War der Aufenthalt auf Soswa unwirtlich und unbehaglich, so wurden wir in Bandelundo reichlich entschädigt. Hier konnten wir das Lager auf flacher Erde unter dem Schatten eines mächtigen Baumwollbaumes aufschlagen. Die Sonne schien freundlich. Essen war für uns genügend zur Stelle, da wir immer noch Schafe von den Massaiherden mit uns führten, und auch noch Getreide von Sesse vorhanden war.

So verbrachten wir einen schönen Nachmittag und Abend auf Bandelundo, verklärt durch das Bewußtsein, daß die Seefahrt, welche allmählich anfing, sehr lästig zu werden, nunmehr, so Gott wollte, in zwei Tagen ihr Ende erreicht haben werde.

Alle diese kleinen Inselchen gewähren einen sehr bizarren Eindruck, da sie außerordentlich steinig sind und oft seltsame Formen bilden. Sie ragen meistens scharf und weiß aus der blauen Flut empor und regen besonders im Mondschein den Geist zu phantastischem Gaukelspiel an. Wir fuhren jetzt fortdauernd an ganzen Gruppen oder auch einzelnen dieser Felsinselchen vorüber, und der Geist hatte somit Veranlassung zu Betrachtungen aller Art. Aber der Reiz der Neuheit war der Fahrt genommen, in der Regel pflegte ich alsbald den Sonnenschirm aufzuspannen und irgend ein noch nicht allzu häufig gelesenes Buch unserer kleinen Bibliothek vorzunehmen, in welchen: ich las. Hier in diesen Tagen las ich Bulwers „Letzte Tage von Pompeji" noch einmal, und wahrlich, eine geeignetere Szenerie, um die Handlung in dem sonnig hellen Pompeji zu veranschaulichen, als der Viktoria-Nyansa am hellen Tage kann nicht gedacht werden.

Wir liefen an diesem Tage nach der Insel Kuru, welche Kome gegenüberliegt, deren Bewohner allein imstande gewesen sind, den Waganda Trotz zu bieten, und demnach in erbitterter Feindschaft mit ihnen leben. Auf Kome sahen wir Herden und den Rauch von Hüttenfeuern. Da das Getreide für meine Leute anfing, knapp zu werden, so hätte ich gern hinübergeschickt, um Essen von dort zu holen, aber Stoffe, um solches zu bezahlen, hatte ich nicht, und es widerstand mir, einen Stamm anzugreifen, den ich wegen seines unabhängigen Sinnes und seiner Tapferkeit gegenüber den gefürchteten Waganda insgeheim doch anerkannte und bewunderte.

Das Ufer von Kuru, an welchem wir lagerten, ist sehr steinig, und es hatte schwer gehalten, Plätze für das Zelt Tiedemanns und für das meinige zu bekommen. Wir wußten, daß wir am folgenden Tage Nyagesi, die Station für die französische Mission, erreichen konnten, und waren demnach in sehr bewegter Stimmung, als wir beim Tee nach dem Abendessen vor meinem Zelte, erleuchtet von unserer primitiven Lampe, da saßen. In Nyagesi sollte ein schönes Wohnhaus vorhanden sein, sogar ein Zimmer im ersten Stockwerk war uns in Aussicht gestellt. Wir hatten ferner in Sesse gehört, daß es dort europäischen Tabak gebe und daß wir seit Monaten wieder einmal uns den Genuß eines Glases Kognak und Wasser hingeben konnten. Das alles regte unsere Phantasie zu freudiger Betrachtung an, und in gehobener Stimmung begaben wir uns erst 11 Uhr abends zu Bett.

Früh morgens ging es weiter. Zunächst an der Insel Kome entlang, dann am Festland, welches im Südwest immer schärfer und deutlicher hervortrat. Das Wetter war wiederum herrlich, und um 12 Uhr fuhren wir an der Insel Djuma vorüber, wo

Stephano mir vorschlug, noch einmal das Lager aufzuschlagen, was ich indes ablehnte. Jetzt bogen wir in südöstlicher Richtung ein, und nunmehr traten auch die Ufer links, welche in den Creek von Ukumbi hineinführen, immer deutlicher hervor. Wir konnten entschieden wahrnehmen, daß wir uns dem Ende der Seefahrt jetzt näherten, aber es dauerte doch den ganzen Nachmittag, bevor wir an den Eingang des Sundes gelangten. Halb 6 Uhr etwa fuhren wir an der merkwürdig geformten Südwestecke der Einfahrt vorüber und nahmen auch links diese eigentümlichen granitenen Steinkegel und Basaltformationen wahr, welche der Küste von Usukuma einen so eigenartigen Charakter verleihen. Mitten in dem Sunde liegt eine kleine, schroff geformte, mit Urwald bestandene Insel, welche wir rechts liegen ließen. Wir näherten uns jetzt immer mehr der östlichen Seite des Sundes, wo die Niederlassungen und Feuer der Wasukuma ersichtlich waren. Die Ruderer waren aufs äußerste erschöpft durch die Anstrengungen der letzten Tage, aber jetzt nahmen sie alle ihre Kräfte noch einmal zusammen, und unter fröhlichem Gesänge näherten wir uns der Stelle, wo mir in der Dämmerung die Umrisse der katholischen Mission von Nyagesi gezeigt wurden. Ich stand vorn im Bug des Bootes, erwartungsvoll der Ankunft und des Zusammentreffens mit den Brüdern der Mission harrend. An wunderlichen Steinbildungen vorüber näherten wir uns dem Strande. Das Boot lief an, ich sprang heraus, und aus der Dunkelheit ward ich begrüßt mit den freilich in stark elsässischem Akzent gesprochenen Worten:

„Grüß Gott, meine Herren! Ich bin überrascht, Sie schon zu sehen. Sie sind mir durch ein Schreiben Monseigneur Livinhacs bereits angemeldet. Ich bin Monseigneur Hirth und vermute, Herrn Dr. Peters vor mir zu haben."

Erfreut rief ich aus:

„Guten Abend! Ich bin freudig überrascht, hier in deutscher Sprache begrüßt zu werden. Herr v. Tiedemann muß auch sofort kommen, sein Boot kommt unmittelbar hinter dem meinen."

Dies ging auch sofort in Erfüllung, und nunmehr schritten wir durch Maisanlagen und Gartenfelder auf den Weiten, von Gebäuden eingefaßten quadratartigen Hof, zu dessen Linken die hell erleuchteten Zimmer des Herrenhauses der Missionsstation Nyagesi uns gastlich entgegenschimmerten. Wir beschritten einen langen Säulengang, und Monseigneur Hirth führte Herrn v. Tiedemann sowohl wie mich in je eins der für ums eingerichteten Schlafzimmer. Ein wenig Toilette, und wir begaben uns in das Wohnzimmer Monseigneur Hirths, wo Père Guyaud und der Frére der Station uns vorgestellt wurden. Ich übergab die Schreiben aus Uganda, welche Monseigneur Hirth las, worauf er uns noch einmal willkommen hieß. Dann wurden wir ins Refektorium geführt, wo eine nach unseren Begriffen geradezu königliche Mahlzeit uns erwartete. Da gab es eine nach französischer Art zubereitete Gemüsesuppe, da gab es Fisch, Kartoffeln, Brot, Kohlrabi, Rüben und Kohl mit Hammelbraten und Hühnerfrikassee, da gab es zum Schluß Käse, Butter und Obst, und dazu wurde kühler Bananenwein geschenkt und das ganze durch ein Gläschen klaren Bananenschnapses abgeschlossen. Wer mag es uns verdenken, wenn unsere Stimmung eine sehr angeregte und fröhliche war! Hinter uns lagen die Gefahren und Unbequemlichkeiten des Viktoria-Nyansa, und in Wahrheit befanden wir uns jetzt auf Grund und Boden der deutsch- ostafrikanischen Kolonie. Die Rückkehr zur Küste und zur Heimat, welche bis dahin doch immer nur in nebelhafter Ferne gelegen hatte, sie wurde mit dem heutigen Tage zu einer Tatsache, mit welcher wir praktisch wiederum rechnen konnten, und mit einem Schlage war das Nachdenken daher wieder auf die Zukunft angewiesen. Zwar waren der Sorgen für mich noch viele vorhanden. Bei der Behandlung, welche ich seit Beginn der Expedition erfahren hatte, mußte ich darauf gefaßt sein, neuen Schwierigkeiten in dieser Richtung gegenüberzustehen, sobald ich das Küstengebiet erreichte. Aber die Nerven waren gestählt durch das, was hinter uns lag, und ich hatte mich längst gewöhnt, das alte Wort auf uns anzuwenden, wenn irgendwelche neue Schwierigkeiten und Gefahren uns entgegentraten: „Ich denk, als Männer tragen wir auch das!"

In Feiertagsstimmung erwachte ich am nächsten Morgen in einem weiß getünchten Schlafzimmer. Ich hatte in Nyagesi eine Reihe von deutschen und französischen Zeitschriften, welche freilich nur bis zum vergangenen August reichten, in der Bibliothek des Père Schynse gefunden, unter ihnen die deutsche Kolonial-Zeitung und das Mouvement géographique aus Brüssel, in denen wir, wenn auch in sehr entstellter und unrichtiger Form die ersten Berichte von unserer Landung in Kwayhubucht lasen. Ich stand nach meiner Gewohnheit schon vor 6 Uhr auf und setzte mich im stillen Frieden des heranziehenden Sonntags in den Säulengängen der Station zu friedlicher Betrachtung nieder. Um 6 Uhr läutete die Glocke der Mission zum Gebet, und auch ich beugte mich in meiner Seele demütig vor Gott, welcher uns aus allen Gefahren und Schwierigkeiten bis hierher geführt hatte. Dann vereinigte uns ein festliches Frühstück im Refektorium, und hernach schrieb ich Berichte nach Deutschland, welche bereits am nächsten Morgen durch Eilboten, meine beiden Träger Farialla und Pemba moto, an die Küste abgehen sollten. Es drängte mich um so mehr, diese Berichte so schnell dorthin gelangen zu lassen, als ich in Nyagesi noch weitere Details über unseren vermeintlichen Zusammenbruch erfahren hatte, und ja nicht wissen konnte, ob unsere Angehörigen in Deutschland durch nachträgliche Berichtigungen bereits beruhigt waren. So schrieb ich einen längeren Bericht an das deutsche Emin Pascha-Komitee und an die deutsche Kolonial-Gesellschaft. Da der erstere dieser beiden Berichte für die Stimmung dieses Tages charakteristisch ist, so gebe ich ihn auch hier wieder, obwohl er bereits im Auszug vor einiger Zeit in der „Deutschen Kolonialzeitung" veröffentlicht worden ist:

„Ich erfahre hier bei meiner Ankunft in Usukuma, daß man in Europa unsere Expedition für gescheitert und mich selbst für tot erklärt hat. Man hat daran die Betrachtung geknüpft, daß man dies ja vorausgesagt habe, alle Welt habe gewußt, daß man mit einer Expedition wie die meinige nicht durch die Massais gehen könne; ich sei freiwillig in mein eigenes Unglück gerannt usw usw. Das verehrliche Komitee wolle mir gestatten, dazu folgendes ganz ergebenst zu bemerken:

1. Zunächst war ich an Ort und Stelle wohl mehr in der Lage, als unsere Kritiker in Europa oder an der Küste, die Frage der Möglichkeit oder Nichtmöglichkeit für die Durchführung meiner Expedition mit den mir zur Verfügung stehenden Mitteln beurteilen zu können. Es ist niemals meine Absicht gewesen, das Leben von mir ergebenen Leuten wie ein Unsinniger aufs Spiel zu setzen. Wenn ich trotzdem mit meiner kleinen Kolonne vorwärts ging, so geschah dies, weil mir die Schwierigkeiten, die vorlagen, trotz allen Geredes eben nicht unüberwindlich schienen, und der Erfolg hat mir auch vollständig recht gegeben.

2. Der Unterschied zwischen der Auffassung der vorliegenden Schwierigkeiten seitens anderer und meiner eignen ist kurz dahin zu charakterisieren, daß ich im allgemeinen der Initiative der Araber und Afrikaner sehr wenig Achtung schenke und demnach immer überzeugt bin, mit einer gewissen Verbindung von Vorsicht und schnellen Entschließungen durchzukommen. Die Gefahren der Massailänder haben mir nicht imponieren können. Die Reisenden, welche darüber berichteten, Thomson und Dr. Fischer, haben niemals eine entschlossene Haltung gegen diese etwas unverschämten Söhne der Steppe angewendet und konnten demnach auch gar nicht maßgebend für die Beurteilung der Gefahren dieses Marsches sein. Tatsächlich sind diese Gefahren keineswegs so fürchterliche, wie man sagt und denkt, und mein Marsch durch diese Gebiete, obwohl ich nur 60 bis 79 Mann im ganzen hatte, ist keineswegs ein Hexenkunststück gewesen, obwohl er seine Schwierigkeiten hatte und an einzelnen Tagen sich einigermaßen bedenklich gestaltete. Ich hoffe aufrichtig, daß unser Beispiel, wenn es befolgt wird, die sogenannte „Massaigefahr" in sehr kurzer Zeit überhaupt verschwinden

lassen wird. Jedenfalls kann keine Rede davon sein, daß ich unser Leben leichtsinnig eingesetzt habe, weil ich die Gefahren ziemlich richtig erkannte und, wie der Erfolg gezeigt hat, auch nicht unterschätzte.

3. Überhaupt scheinen mir in bezug auf Afrikareisen eine Reihe von Vorurteilen zu bestehen, welche im Interesse der Erschließung dieses Erdteils möglichst schnell beseitigt werden müssen. Dahin gehört vor allem der Glaube, daß man mit einer übermäßig großen Masse Tauschartikel und Träger ausziehen müsse, um nach Zentralafrika kommen zu können. Da jeder Träger im Monat durchschnittlich 1 ½ Doti Stoff verzehrt, läßt sich ja leicht genug berechnen, bis zu welchem Zeitpunkt er seine eigene Last aufgegessen haben wird. Und wenn man glaubt, daß die große Menge die Widerstandsfähigkeit erhöht, so kann ich darauf hinweisen, daß in dieser Beziehung alles auf die Organisierung ankommt, welche bei einer kleinen Truppe leichter durchzuführen ist, als bei einer großen. Der eigentliche Mgwagwana ist feig und reißt durch sein schlechtes Beispiel die besseren Elemente einer Expedition mit fort. Beispiele dafür sind die Tausende starken Araberexpeditionen, welche von den Massais geschlagen wurden. Die englischen Expeditionen in Ostafrika, welche gleichzeitig mit mir vorgingen und nach vielen Hunderten zählten, waren, wie ich fest überzeugt bin, durchaus nicht so schlagfertig und widerstandsfähig als die meinige, in welcher ich jeden Mann kenne, und welche von einem einheitlichen Geist beseelt ist. Viele Lasten Tauschartikel aber führen zu der Gefahr, daß man sich etwaige Kämpfe mit einem Tribut abkauft, wodurch das Ansehen der Weißen Rasse nur leidet und die naive Arroganz der Afrikaner immer noch vergrößert wird. Es wird mich freuen, wenn man aus einer Vergleichung der deutschen Emin Pascha- Expedition mit anderen erkennen wird, daß ich mich dieses Kardinalfehlers niemals schuldig gemacht habe. Auch hat der Erfolg gelehrt, daß unsere Expedition in allen Ländern so angesehen gewesen ist, wie dies der Würde unserer europäischen Rasse entspricht. Selbst in diesen Ländern hier ziehen

es die feindlichen Parteien vor, bei unserm Anmarsch die Flucht zu ergreifen, wie z. B. im Westen des Nyansa der mächtige Araber Kimbulu, der über 100 Elefantenjäger hat, mit seinem ganzen Anhange, den ich aus dem Lande zu weisen übernommen hatte. Die Stämme, welche mit uns Frieden halten wollten, sind dabei stets gut gefahren; wir haben uns bei allen Kämpfen ohne Ausnahme in berechtigter Notwehr befunden.

4. Auf diese Weise hat unsere Expedition, obwohl leider Emin vorher sein Land verlassen mußte, was stets zu bedauern sein wird, doch in dem Geiste arbeiten können, welcher uns hierhergeführt hat. Der deutschen Emin Pascha-Expedition war es vergönnt, das ganze Tanagebiet und andererseits Usoga zu erforschen. Wir konnten Muanga mit seiner christlichen Partei nach Uganda zurückführen und dadurch im Norden des Nyansa ein christliches Bollwerk gegen den Islam schaffen, Uganda durch Annahme der Kongoakte und des Prinzips des Sklavenhandelverbotes den halbzivilisierten Ländern Afrikas, wie Sansibar, angliedern und den Westen des Viktoria-Nyansa von arabischen Einflüssen reinfegen. Dies war im wesentlichen das Ziel, welches von unserer Bewegung für die oberen Nilländer angestrebt wird, wodurch wir auf die kulturelle Entwicklung Mittelafrikas, als deren Vorkämpfer wir mit Recht Emin Pascha betrachteten, einzuwirken hofften. Ich glaube, man wird in Europa geneigt sein, die Bedeutung dieser Emin Pascha-Expeditionen weit zu unterschätzen. Aber vielleicht wird der Einsichtige doch die moralische Einwirkung würdigen, welche das Heranrücken so vieler Expeditionen zur Rettung eines hervorragenden Weißen über ganz Mittelafrika hin hervorrufen mußte. Dies hat uns in diesen Ländern als eine vornehme Rasse gekennzeichnet und das ist für alle Zeiten unverloren. Ehre sei Stanley, dem es vergönnt gewesen ist, Emin Pascha der weißen Welt zurückzuführen. Aber auch wir haben dazu beitragen dürfen, daß in den Gemütern der Menschen das Aufgeben der Position am oberen Nil nur als eine Episode erscheint, und daß das „Tutarudi" (wir werden zu-

rückkehren) in aller Herzen lebendig ist. Will Europa diese Überzeugung über die ganze nordöstliche Seite des Erdteils ausdehnen, so wird sich die Aussendung einer starken Expedition durch die Somali-und Gallaländer empfehlen, um auch diesen trotzigen Stämmen das Gefühl unserer Überlegenheit beizubringen, und endlich die Ermordung von der Deckens zu rächen. Die Erforschung des gesamten Jubagebietes würde die geographische Ausbeute dieser Expedition sein, welche tatsächlich ein Erfordernis unserer Zeit ist. Eine solche Expedition von ganz anderen ethischen und geographischen Ausgangspunkten würde naturgemäß auf die Gesichtspunkte und vielleicht auch auf das geographische Endziel der Emin Pascha-Expeditionen zurückführen müssen; und damit würde der letzte Teil des mysteriösen Schleiers, welcher Ostafrika verhüllt, gelüftet sein.

5. Es erscheint mir aus der Perspektive unserer eigenen Unternehmung heraus der große Entscheidungskampf um Ostafrika, welcher dort zwischen Europäern und Arabern geführt wurde, nunmehr für uns entschieden zu sein. Das Arabertum auf der ganzen Linie ist geschlagen. Dies hat in erster Linie die deutsche Reichsaktion unter Hauptmann Wißmann geleistet. Aber doch auch Stanley, Graf Teleki und wir konnten dazu beitragen. Stanley, indem er die Stämme zwischen Kongo und Mwutan Nzige, die Wanyoro und Wanera schlug, Teleki, indem er Wakikuju und Wasuk niederwarf, wir, indem wir nacheinander den Wagalla, Wadsagga, Wakikuju und Massais, von kleineren abgesehen, die Überlegenheit der europäischen Waffe klarmachten, indem wir die christliche Partei in Uganda unterstützten und den arabischen Einfluß im Westen des Nyansa brachen, haben mit an der Christianisierung Ost- und Zentralafrikas gearbeitet. So stellen alle diese Unternehmungen im letzten Grunde ein großes gemeinschaftliches Ganzes dar, und aus diesem geistigen Zusammenhange muß auch die deutsche Emin Pascha-Expedition verstanden werden. Wenn man sie so auffaßte, würde vielleicht manche vormalige Gegnerschaft gegen dieses Unternehmen aufhören,

und man wird zugeben, daß, wenn sie auch scheinbar ihren Zweck verfehlt hat, sie doch nicht umsonst gewesen ist im Dienst der großen sittlichen Gedanken, welche gerade im Augenblick in Afrika nach ihrer Verwirklichung ringen.

Ich habe die Ehre, mich zu zeichnen mit unveränderlicher Hochachtung eines verehrlichen Ausschusses
stets ergebenster
Carl Peters.

P.S. Ich denke, Ende Juni in Sansibar zu sein, und bringe mit uns Monseigneur Livinhac, der zum Supsrieur der Mission von Algier ernannt ist. D. O.

Nachdem diese Berichte fertiggestellt und auch einige Privatbriefe geschrieben waren, entzückte mich am Abend ein Spaziergang mit Monseigneur Hirth durch, die Anlagen der Mission, welcher mir bewies, was bei treuer Arbeit hier aus diesem Lande gemacht werden kann. Verschiedene Arten von europäischem Gemüse wuchsen hier. Ein großes Terrain war urbar gemacht und mit Bananen bepflanzt, welche von Uganda eingeführt waren. Überall reges Schaffen und segensvolle Arbeit!

Wir waren gerade noch in diese Betrachtung versunken, als plötzlich ein Lärm vom Strande unsere Aufmerksamkeit an sich zog, und uns gemeldet wurde, der Nest meiner Boote, welcher am vorhergehenden Abend nicht eingetroffen war, komme heran. Wir gingen ans Ufer, und richtig, da zählten wir mehr als 20 Boote, welche auf etwa gleicher Höhe hinter der von uns am Abend vorher passierten Insel hervorkamen. Als sie das Ufer zu Gesicht bekamen, ordneten sie sich in einer Reihe und begannen Schwenkungen zu machen und andere Manöver auszuführen. Dann liefen sie das Ufer an, und bald war ich umringt von meinen noch fehlenden Leuten, die ich seit Bumbide nicht mehr gesehen hatte. Schnell teilte ich noch am Abend Zeugstoffe an dieselben aus, so daß sie sich reichlich mit Nahrung versehen konnten. Sie wurden in den Häusern der Mission untergebracht, und bald herrschte ein fröhliches Treiben unter der Mannschaft, welche jetzt ebenfalls sicher war, woran sie so oft gezweifelt hatte, daß sie zur Heimat zurückgelangen würde.

Am 14. April beschloß ich, mit einem Teil meiner Leute nach Ukumbi überzusiedeln, welches drei Stunden südlich von Nyagesi liegt. Herr v. Tiedemann wollte auf einige Tage ebenfalls dorthin, und zwar zog er es vor, zu Boot weiterzugehen. Da die Araber von Margo die deutsche Oberhoheit noch nicht anerkannt hatten, schien es mir wichtig, in Ukumbi alsbald die deutsche Flagge aufzuziehen und das Land durch Vertrag unter den deutschen Schutz zu bringen, um so mehr, als die französische Mission mich geradezu darum ersuchte.

Am Morgen des 14. April hatte der Père Guyaut zunächst eine photographische Aufnahme unseres Lagers und unserer Askaris gemacht. Nach dem Mittagessen brach ich mit Hussein Fara und einigen anderen Somalis sowie meinen Privatdienern auf, um gegen Abend Ukumbi zu erreichen. Es hatte wiederrum stark geregnet um die Mittagszeit, und das Land gewährte demnach einen sehr frischen und grünen Eindruck. Zwar waren die Wasser, welche auf den Wegen standen, für die Fortbewegung recht unbequem, aber eine tropische Landschaft gewinnt doch stets durch das feuchte Element. Die eigenartigen Basaltkegel und Granitformationen, welche ich schon von dem Boote aus wahrgenommen hatte, kennzeichneten, wie ich jetzt sah, in der Tat diesen ganzen Teil von Usukuma. Immer an solchen vorbei führt der Weg, von welchem aus hin und wieder die Bucht des Viktoriasees zur Rechten sichtbar wird. Als ich an einem Dorf, etwa in der Mitte zwischen Nyagesi und Ukumbi, angelangt war, begegnete mir der Esel, welchen Monscigncur Hirth, der am Morgen schon hinübergegangen war, liebenswürdigerweise uns entgegenschickte, und so verlief der Rest des Marsches in sehr bequemer Weise. Durch einen breiten Sumpf hindurch ging es wiederum langsam bergan, durch Dörfer, welche von breiten Wegen zwischen grünenden Hecken durch» schnitten waren, durch Mtama - und Maisfelder, als plötzlich links vor uns am

Abhänge eines der, vorhin gekennzeichneten Steinkegel die behäbige Missionsstation von Ukumbi vor uns aufstieg.

Die Sonne war im Sinken, als wir uns dieser näherten, und gerade läuteten die Glocken der Kirche zur Abendvesper. Durch ein Torgewölbe schritten wir in einen mit Gebäuden umspannten quadratförmigen Hof. Auf der Veranda erschien Monseigneur Hirth, welcher die Treppe hinunterstieg, um mich willkommen zu heißen.

Die Glocken erklangen feierlich durch die Abenddämmerung, als mich Monseigneur in sein Studierzimmer führte, in welchem ein Schreibtisch mit einem Bücherbrett darüber mir sofort klar machte, daß ich mich hier an einem Orte befand, welcher einen Sitz der Bildung und geistigen Arbeit Europas im Herzen von Afrika darstellt.

XII. Kapitel
Vom Viktoriasee zur Heimat

Nach ewigen eh'rnen, Großen Gesetzen müssen
wir alle Unseres Daseins Kreise vollenden,
(Goethe.)

Die Station Nyagesi war auf Veranlassung Mons. Lourdels insbesondere für die nach Usukuma geflüchteten Waganda angelegt worden. Sie wurde jetzt von Ukumbi aus mit verwaltet. In der Regel ging Père Guyaut am Sonnabend hinüber, um Sonntags dort Gottesdienst zu halten, und kehrte am Montag nach Ukumbi zurück. In den Wochen, während deren wir in dieser Gegend lagen, war Père Guyaut mit einem Frére dauernd in Nyagesi in Erwartung des Monseigneur Livinhac. Der Superior von Ukumbi und Nyagesi war bis dahin Monseigneur Hirth gewesen, welcher indes jetzt gerade an Stelle des nach Europa zurückberufenen Monseigneur Livinhac zum Chef der gesamten katholischen Mission um den Viktoriasee ernannt worden war. Monseigneur Hirth ist eine hohe magere Erscheinung mit einem leichten Vollbart und goldener Brille. Er hat durchaus den Charakter eines deutschen Gelehrten und ist in der Dogmatik seiner Religion in hervorragendem Maße bewandert. Er spricht und schreibt ein ganz gutes Deutsch, wenn auch ersteres mit stark elsässischem Akzent. Unsere Unterhaltung wurde abwechselnd in Deutsch und Französisch geführt, und manchen langen Abend haben wir uns über die Unterscheidungslehren unserer beiden Kirchen unterhalten.

Gleich nach meinem Eintreffen stellte mir Monseigneur Hirth den Père procureur der Station, Monseigneur Hautecoeur vor, einen sehr interessanten und aufgeweckten kleinen Mann, welcher lange Jahre in Unjanjembe gelebt hatte und mir viele wichtige Mitteilungen über das Treiben der Araber daselbst machen konnte. Da Monseigneur Hautecoeur auch ein starkes

Verständnis für Witz besaß, trug er zur Belebung unserer Unterhaltung an der Tafel in hervorragendem Maße bei. Er besorgt alle die geschäftlichen Angelegenheiten der Station und ist geschickt in allen möglichen Arbeiten, vom Drechslern und Tischlern an bis zur Verfertigung von Patronen und Reparieren von Gewehren. Ich pflegte gern in den Nachmittagstunden in seine Wohnung hinüberzugehen, um ihm bei seinen Arbeiten zuzusehen.

Neben diesen beiden befand sich noch ein dienender Bruder in Ukumbi, welcher jedoch leider bald nach meiner Ankunft daselbst an Dysenterie erkrankte und im Verlaufe meines Aufenthalts verschied. Dieser hatte sich ein großes Verdienst um die Station durch die Anlage eines Gartens erworben, in welchem er allerlei europäische Gemüse und auch Früchte von der Küste zog, wie z. B. Orangen. Dieser Garten befand sich unterhalb der Gebäude und war durch einen abgeleiteten Gebirgsbach bewässert.

Die ganze Niederlassung war aus Gesundheitsrücksichten auf die Höhe an der östlichen Seite des weit einschneidenden Creeks ausgebaut, was sie jedoch vor den Fiebermiasmen immer noch nicht genügend schützte. Die Landschaft Usukuma, im Gegensatz zu Uganda leidet unter großer Dürre und sieht während acht Monaten des Jahres, wie mir gesagt wurde, sehr verbrannt aus. Dies wird der Landwirtschaft oft sehr nachteilig, und so kommt es denn, daß die Einwohner sich vornehmlich! auf Viehzucht geworfen haben. Das Vieh wird während der Trockenzeit, wie man erzählte, in die Wälder getrieben, aber ich habe doch nicht recht verstehen können, wie die Leute es möglich machen, diese Myriaden von Rindvieh das ganze Jahr hindurch zu ernähren. Als ich Usukuma sah, was während der großen Regenzeit statthatte, glich das ganze Land freilich einer frisch grünenden Weide. Auf den Feldern grünte und reifte Mais und Mtama heran, dazu überall Bataten und grünende Bohnenfelder, so daß ich lebhaft an unsere niederdeutschen Marschen erinnert wurde, wenn ich über die stachen Ebenen hinblickte, welche nur durch die bereits im vorigen Kapitel gekennzeichneten Steinkegel besetzt sind. Auch die Bewohner dieses Landes besitzen den Charakter von Marschbewohnern, sie sind schwerfällig und dösig, aber, wie es scheint, zuverlässig und solid. Alles in allem ist Usukuma für uns ein wertvoller Besitz, da die Wasukuma ohne Frage die besten Träger und in jeder Beziehung ein tüchtiges Arbeitermaterial liefern. Sie haben einen starken Drang zu Beziehungen mit der Küste und der weißen Rasse und werden ohne Frage in Zukunft unsere brauchbarsten Untertanen sein. Ich schätze sie noch höher als die Wanjamwesi, besonders auch deshalb, weil diese seit Jahrhunderten mehr unter arabischem Einflüsse gestanden haben, denen die Wasukuma durchaus abgeneigt sind. Diese schlössen sich bald sehr an mich an, und von allen Seiten kamen Bitten und Gesuche um Verleihung der deutschen Flagge, denen ich nur deshalb nicht nachkommen konnte, weil ich nicht mehr im Besitz von Flaggen war.

In feierlicher Form hißte ich die Flagge am Morgen des 16. April ln Ukumbi, damit für Deutschland Besitz ergreifend von der Südseite des Viktoriasees. Durch Vermittelung des Monseigneur Livinha: hatte ich zunächst mit dem Sultan von Ukumbi einen Vertrag abgeschlossen, in welchem derselbe die deutsche Oberhoheit anerkennt und um die Flagge bittet. Dann wurde solche in dessen Residenz an einer erhöhten Stelle feierlichst gehißt und durch Salutsalven von uns begrüßt, weithin sichtbar auch für die Boote, welche von Norden ins Creek hineinfahren.

Die Araber von Margo hatten sich vor Annäherung unserer Expedition in die Wälder geflüchtet, wie ich von Monseigneur Hirth erfuhr, mit sehr vielem Elfenbein, und allgemein war man der Ansicht im Süden des Nyansa, daß sie nach Hissung der deutschen Flagge dauernd aus der Gegend verschwinden würden. Ihr Reichtum an Elfenbein reizte schon damals die Leute der Gegend zu Raubgelüsten gegen dieselben. Ich lehnte derartige Anerbietungen jedoch ab, weil ich die Gegend nicht genügend kannte und im Hinblick auf den zusammengeschmolzenen Vorrat an Munition jeden unbesonnenen Schritt zu vermeiden gezwungen war. Wie nachträglich nach Europa gemeldet ward, haben sich die Wasukuma inzwischen allein daran gemacht, die Araber tot zu schlagen, und wahrscheinlich deren Elfenbein sich selbst angeeignet.

Herr v. Tiedemann begab sich bereits am Tage nach der Flaggenhissung nach Nyagesi zurück, da die Räumlichkeiten in Ukumbi doch ein wenig beschränkt waren, und nun fingen einige höchst eigentümliche Wochen ruhigen Daseins für unsere durch Abenteuer allerlei Art hierher gelangte Expedition an. In Ukumbi befand sich eine Niederlassung von Mr. Stokes, wo mehrere Wangwana und eine ganze Reihe von Sklavinnen sich befanden. Hier vergnügten sich meine Leute bei Tage und des Nachts, wobei der Biertopf nicht alle wurde. Das Selbstgefühl der Leute war ein stark angespanntes. Wenn ich sie, aufgeputzt mit allem möglichen Flitterkram, hoch erhobenen Hauptes durch die Eingebornen schreiten sah, welche sie kaum eines Blickes würdigten, oder, wenn sie beim Pombetopf ums Feuer lagerten und von Massais und Waganda den gruselnden Zuhörern erzählten, dann konnte ich mich, eines Lächelns kaum enthalten. Jetzt erhielten sie eigentlich zum ersten Male auf der ganzen Expedition regelmäßig Poscho, da die katholische Mission mir gegen Scheck auf Sansibar genügend Zeug verkaufen konnte. Sie konnten sich ihren Lebensunterhalt erstehen, aber nach alter Gewohnheit versuchten sie in der ersten Zeit doch immer noch einfach zuzugreifen, ohne sich der Mühe des Handels zu unterziehen, und waren sehr überrascht, als ich in Erwiderung darauf die Flußpferdpeitsche energisch zur Anwendung bringen ließ. Erst allmählich gewöhnten sie sich daran, in den Wasukuma deutsche Untertanen und Schutzgenossen zu respektieren.

Mein eigener Tageslauf verlief in Ukumbi sehr ruhig und idyllisch. Ich bewohnte ein gemütliches kleines Zimmer, in welchem ich des Morgens zu lesen oder auch zu schreiben pflegte. Um 6 Uhr erhob ich mich vom Lager und nahm den Appell meiner Leute entgegen, welche mich in Reih und Glied vor der Veranda zu erwarten hatten. Dann wurde das Frühstück im Refektorium eingenommen, und hernach saßen wir ein Stündchen gemeinschaftlich auf der kühlen Veranda, eine Pfeife europäischen Tabaks rauchend. Hernach pflegte ich die Somalis zu besuchen, welche in einem Zelt rechts von der Missionsstation untergebracht waren. Dann schrieb ich Berichte oder ich las auch wohl bis 12 Uhr, wo zum zweiten Frühstück die Glocke ins Refektorium rief. Da gab es Suppe, Braten, Gemüse, Kartoffeln, Brot und Butter mit Käse, und ein Glas Kognak mit Wasser zur Belebung der Stimmung bei. Nach dem Frühstück wurde wieder eine Pfeife geraucht und der Kaffee genommen. Dann zog sich jeder in sein eigenes Zimmer zurück, ich, um zu lesen, oder ich besuchte auch Monsieur Hautecoeur. Bald nach 4 Uhr holte ich Monseigneur Hirth oder Monsieur Hautecoeur zum Spaziergang in die Umgegend ab. Wir durchstreiften die Landschaft nach allen Richtungen, oder wir gingen auch Wohl an den See, um einen Fisch zu erstehen, oder ins Dorf, um Honig zu kaufen. Um 6 Uhr war Vespergottesdienst, und um ¾ 7 Uhr versammelten wir uns zur Hauptmahlzeit des Tages wiederum im Refektorium, an welche sich hernach mehr oder weniger lange Unterhaltungen im Zimmer oder, wenn die Moskitos nicht zu gefährlich waren, auch auf der Veranda anschlössen.

Man wird mir zugeben, daß eine solche Lebensweise in Innerafrika angenehm genug ist, und wird sich vielleicht wundern, wenn ich mitteile, daß mich bereits nach einer Woche kaum zu bändigende Unruhe ergriff, welche mich antrieb, irgend etwas zu unternehmen, sei es, die Araber von Margo anzugreifen, oder die feindlichen Bewohner an der andern Seite des Creek zurückzuschlagen. Das Wollen war eben zu sehr angespannt, als daß es sich so schnell auf das Niveau ruhigen Lebensgenusses hätte hinabstimmen lassen. Dann kamen wieder Stunden, in denen der Geist, wie eine großenteils entladene elektrische Batterie, geneigt war, träumerischen Grübeleien und phantasievollem Nachdenken sich hinzugeben. Jede Willensregung trat zurück, und die Seele ward ganz zum „anschauenden Weltenauge" Schopenhauers. Die großen

Probleme des Seins traten in ihrer ganzen Schärfe hervor, und wie in früheren Jahren rang der Geist nach ihrer Lösung. Zuweilen auch nahm ich an dem Gottesdienst der Katholiken teil. Wenn des Abends um 6 Uhr die Glocke zum Gebet läutete, dann überkam das Herz das Sehnen der Kindheit. Ich begab mich in die Kapelle, welche von Kerzen erleuchtet war und von Weihrauch duftete. In dieser Kapelle war ein Harmonium aufgestellt, auf welchem Monseigneur Hirth in geradezu meisterhafter Weise zu spielen pflegte. Und, wenn dann die Kinder beim Klange dieses Instruments in wohltönender Harmonie ihre lateinischen Hymnen sangen, löste sich auch die Seele in Wehmut auf. Als ich das erstemal wieder so den Tönen der Musik lauschte, durchdrang mich ein heftiges Gefühl der Wehmut und des Mitleids mit mir selbst. Das ganze leidenschaftliche Ringen und Kämpfen der letzten Monate trat nur vor die Seele; ich mußte meine Hände ans Gesicht pressen, um ein krampfhaftes Schluchzen zu unterdrücken.

In solchen Lagen treten die Unterscheidungslehren des Bekenntnisses aus dem Bewußtsein zurück. „Gefühl ist alles, Name ist Schall und Rauch", und die Musik, nach Schopenhauer, die unmittelbare Abspiegelung des menschlichen Wollens, wühlt das Empfinden tiefer noch als auf den Parketts von Europa, in den drohenden Umgebungen afrikanischen Lebens empor.

So verliefen die Tage in einförmiger und sinniger Weise. Von Monseigneur Livinhac traf keinerlei Nachricht ein. Die Regenzeit hatte jetzt mit voller Kraft eingesetzt, alltäglich gössen Ströme vom Himmel herunter, meist unter Blitz und Donner. Von Usukuma und auch von Usumbiro kamen Meldungen von großen Überschwemmungen, welche die Wege zur Küste zurzeit unpassierbar machen sollten. Unter meinen Leuten rissen eine Reihe von Erkrankungen ein, und am April erkrankte auch Herr v. Tiedemann heftig am Fieber. Am April verlor ich den tüchtigen kleinen Musa aus Dar es Salam, welcher nach Nogolas Tode der alleinige Älteste der Träger gewesen war. Er war mit zwei seiner Kameraden aus Dar es

Salam an eine Bucht des Nyansa gegangen, um zu baden. Hassan, nebenbei bemerkt der Bruder Musas und einer seiner beiden Gefährten, welcher am Ufer stand, bemerkte plötzlich, wie ein Krokodil sich den Badenden näherte. Schnell versuchten die beiden durch Schwimmen das Ufer zu erreichen, was Maniumku, dem andern Gefährten, auch gelang. Aber ehe Musa das Ufer erreichen konnte, war das Krokodil herangekommen, packte den Ärmsten beim Genick, und, ohne daß er überhaupt noch einen Schrei ausstoßen konnte, verschwanden beide in der Tiefe.

Wir saßen gerade beim Nachtisch des Mittagessens, als Hassan und Maniumku laut heulend ins Zimmer traten mit der Meldung:

„Musa ist vom Krokodil aufgefressen!"

Ich sprang auf, setzte meinen Helm auf und warf die Büchse über, in der Hoffnung, wenigstens noch das Krokodil bestrafen zu können. Aber dieses war mit seiner Beute wohl an irgend eins der Inselchen im Creek geschwommen und ließ sich nicht mehr blicken. Ich erfuhr von den Pères, daß die Krokodile des Viktoriasees ganz besonders gefährlich sind. Sie werfen die kleinen Fischerboote um, um die Insassen zu fangen, und greifen auch zuweilen die Leute, welche am Uferrande stehen, an. Sehr viele Wasukuma sollen auf diese Weise ihr Leben verlieren. Ich bedauerte den armen Musa sehr und verbot jetzt unseren Leuten das Baden überhaupt, aber eines solchen Verbots hätte es nunmehr kaum noch bedurft.

Da die Nachrichten aus Nyagesi ein wenig bedenklich lauteten, begab ich mich am 27. April dorthin, um Herrn v. Tiedemann zu besuchen. Er fürchtete am Nachmittag dieses Tages, daß er an Hepathie leide, was sich jedoch glücklicherweise als ein Irrtum herausstellte.

Ich blieb am 28. und 29. in Nyagesi, wo wir am Nachmittage eine gemeinschaftliche Löwenjagd anstellten, an welcher auch Herr v. Tiedemann teilnehmen konnte. Der Löwe griff Nachmittag um Nachmittag ein Stück aus der Schafherde der Mission. Wir stellten uns auf den Anstand in der Nähe der

Herde, aber der freche Bursch mußte uns wohl gewittert haben, denn er schlug an diesem Nachmittage ein Schaf aus einer dicht hinter uns weidenden andern Herde. Wir hörten ihn unmittelbar in der Nähe aufbrüllen, als mein Diener Mabruk ihn aufscheuchte, bekamen ihn indes nicht zum Schuß.

Am 31. April ging ich beruhigt über Herrn v. Tiedemanns Befinden nach Ukmnbi zurück. In, der Nacht blieben wir lange auf, weil ich die Grille gefaßt hatte, die Walpurgisstunde wachend erwarten zu wollen. Ich hatte mir am 30. April, da ich das Schlafen im geschlossenen Räume nicht mehr ertragen konnte, mein Zelt auf dem Hofe der Mission wiederum aufgeschlagen, in welches ich mich nach Mitternacht zurückzog.

Aber dieses lange Aufbleiben sollte mir verhängnisvoll werden. Nach dem Frühstück am 1. Mai verspürte ich plötzlich, ein leichtes Frösteln und hatte auch sofort das Verlangen, mich zu Bett zu legen. Eine Stunde darauf lag ich im heftigsten Fieber, und zwar war das regelrechte Sumpffieber oder die Malaria bei mir ausgebrochen. Das Eigentümliche dieser Krankheit ist, daß sie sich in erster Linie auf das Nervensystem wirft und die Willenskraft lähmt. Die Stimmung wird ungemein heruntergedrückt, und man leidet sofort an allerhand ängstlichen Wahnvorstellungen. Man klappert entweder vor Frost ober man stöhnt halb verschmachtend in trockener Gluthitze. In diesem Zustande glaubt man, den Tag nicht überleben zu können. Ich meinte bestimmt, ich würde sterben, und ich kann aussprechen, daß der Gedanke etwas außerordentlich Beseligendes für mich hatte, erlöst zu sein aus all dem stürmischen Ringen und Kämpfen und am Gestade des Viktoriasees zu ruhen.

Aber die Vorsehung hatte es anders bestimmt. Starke Dosen von Brechpulver erleichterten den Organismus, und dann verordnete mir Père Hautecoeur, der mich in Behandlung genommen, hatte, regelmäßige Gaben Chinin, welche das Fieber nach dreitägigem Delirium endlich brachen. Aber was hatte dieser Anfall aus meinem Körper gemacht! Noch vor drei Tagen war ich frisch und kräftig gewesen wie in Europa, jetzt war ich zusammengefallen und schwach, so daß ich mich kaum aufrecht zu erhalten vermochte, um von dem Missionshaus die 20 Schritte bis zu meinem Zelt zurückzulegen. Ich erwähne dies, um anzudeuten, welcher Art die Malaria am Viktoria-Nyansa ist.

Während ich vom Fieber geschüttelt wurde, war der Frére der Station gestorben und beerdigt worden. Am 4. Mai war mein Fieberanfall gebrochen, und am 5. konnte ich mich zum ersten Male wieder in meinen Lehnsessel setzen. Inzwischen lauteten auch die Nachrichten über Herrn v. Tiedemann beunruhigend. Auch er wurde von Wahnvorstellungen verfolgt. Er hatte in einer Nacht die ganze Station geweckt durch Revolverschüsse, welche er auf eingebildete Gegner abfeuerte. Mit dieser Meldung kam Père Guyaut am 6. Mai noch Ukumbi.

Jetzt gab es für mich nur eine Möglichkeit. Ich mußte es aufgeben, auf Monseigneur Livinhac, von welchem immer noch keine Nachricht gekommen war, länger zu warten. Blieben wir in dieser Fiebergegend, so mußten sich die Anfälle ohne Frage wiederholen und schließlich verhängnisvoll für uns werden. Also fort von Ukumbi, so schlaff wir uns auch fühlten, fort in andere Gegenden; nur der Klimawechsel konnte uns heilen!

Am 6. Mai schrieb ich Herin v. Tiedemann, daß wir am 8. nach der Küste aufbrechen würden. Am . traf derselbe in Ukumbi ein, wo ich inzwischen alle Vorbereitungen zum Abmarsch getroffen hatte.

Ich hatte zwölf neue Träger engagiert und mir Stoffe, welche für den Unterhalt meiner Kolonne bis an die Küste ausreichen konnten, von der Mission gekauft. Außerdem hatte ich mich aus Vorräten, welche Herr Dr. Hans Meier durch Mr. Stokes an den See geschafft hatte, für unsere eigenen Bedürfnisse ein wenig verproviantiert. Ich nahm 11 Flaschen Kognak mit und auch einige Kistchen voll Biskuits. Außerdem hatte ich mir zwei Lasten mit Reis verschafft.

Am Abend des 7. Mai waren wir doch wieder so weit hergestellt, um an dem gemeinschaftlichen Abendtisch in der

Mission teilnehmen zu können. Ich erholte mich außerordentlich schnell von den Folgen des Fieberanfalls und war am Morgen des 8. Mai schon wieder völlig auf den Beinen. Heftige Regenschauer verzögerten den Abmarsch bis gegen 11 Uhr. Wir saßen noch auf der Veranda vor meinem Zimmer in ernster Unterhaltung mit Monseigneur Hirth. Dann klärte sich der Himmel auf. Nunmehr ließ ich das Trompetensignal zum Aufbruch geben. Ein stürmischer Zuruf von allen unseren Leuten bewies mir, mit welcher Sehnsucht auch sie diesem Zeitpunkte des Abmarsches entgegengesehen hatten. Die Trommel wurde geschlagen. Begleitet von Monseigneur Hirth und Monsieur Hautecoeur, stellte ich mich an die Spitze des Zuges. Wir verließen den Hof der Mission und wendeten uns rechts, und dann ging es über die Schulter der die Mission im Rücken abschließenden Höhen in südlicher Richtung zunächst immer dem Creek des Viktoriasees parallel.

Der Marsch an diesem Tage war ziemlich beschwerlich, aber uns alle erhob das Bewußtsein, wieder unterwegs zu sein. Wiederholt hatten wir sumpfartige Wasserflächen und Pfützen zu passieren. So wurde es fast 6 Uhr, bevor wir noch unserm heutigen Lagerplatz, nach Ndinga kamen. In Ndinga war großes Volksfest. Fortwährend zogen tanzende und singende Gruppen an dem freien Platze des Dorfes vorüber, auf welchem ich die Zelte aufschlagen ließ, bis ich mir den Lärm verbat.

Es war ein köstliches Gefühl, nach der Ruhe der letzten Wochen sich wieder in Bewegung zu wissen, und in freudiger Stimmung saßen wir seit langer Zeit zum ersten Male wieder gemeinschaftlich am Abend in meinem Zelt. Leider wurde die Freude nach dem Abendessen gestört durch einen Fieberanfall, welcher Herrn v. Tiedemann wiederum ergriff und ihn veranlaßte, sich niederzulegen. Am nächsten Morgen in der Frühe ging es weiter, immer an wohl erhaltenen reinlichen Dörfern vorüber und durch fruchtbares, gut angebautes Land. Der Gegensatz des Reifens hier in der deutschen Interessensphäre zu dem in den wüsten Steppen im Norden machte sich mit aller Stärke fühlbar. Ich pflegte zu sagen, daß wir den Weg vom See bis an die Küste wie Ballettmädchen dahintanzten. Die Ernährung war vollständig geregelt, wir hatten jeden Tag Wegeführer, welche die Wasserverhältnisse des Landes kannten, und ich hatte eigentlich keine weitere Arbeit als die, welche eben in dem Marschieren selbst lag. Von Ukumbi schlossen sich mir drei Wangwana, welche im Dienste von Mr. Stokes standen, unter der Führung Salims aus Pangani an, die Land und Leute genau kannten, und welche ich von jetzt ab zur Vermittlung meiner Beziehungen mit den Eingebornen benutzte. Außerdem stießen an diesem zweiten Marschtage an 100 Wasukuma zu meiner Expedition, um unter dem Schütze derselben auch mit an die Küste zu gehen. Dieselben trieben Viehherden mit, welche sie in Bagamoyo verkaufen wollten.

Die Wasukuma sind ein reiselustiges Volk, und bei dem Viehreichtum des Landes, welcher sie in den Stand setzt, von der Küste die so sehr gesuchten Baumwollstoffe einzuhandeln, wird sich der Verkehr zwischen diesem Lande und den Küstenplätzen schon in den nächsten Jahren ganz unberechenbar steigern, um so mehr, wenn durch einen Dampfer auf dem Viktoriasee auch der Handel zwischen den Ufern im Norden und Süden ein lebhafterer wird, wodurch die Waganda in den Stand gesetzt werden, ebenfalls direkt nach der Küste hin zu handeln.

Die Landschaft Usukuma nach der großen Regenzeit macht ganz den Eindruck niederdeutscher und holländischer Marschebenen. Sie ist flach wie ein Teller, vollständig grün und nur gekennzeichnet durch die bereits beschriebenen Steinkegel. Dazwischen trifft der Blick mächtige Herden von Rindvieh, welche nach vielen Tausenden zählen und an Massaiverhältnisse erinnern. Dieser Viehreichtum hatte für uns die sehr erfreuliche Nebenwirkung, daß wir über große Vorräte von Milch verfügen konnten, welche besonders in der Form von dicker Milch eine erquickende Nahrung darstellte. Ich führte jetzt auch immer ans den Märschen in einer großen Kürbisflasche Buttermilch mit mir, ein Getränk, das ebenso erquickend wie ernährend ist und meine vom Fieber herabgeminderten Körperkräfte schnell wiederherstellte.

Das Unangenehme an den ersten Marschtagen bestand in der morastigen Beschaffenheit des Bodens. Das Schicksal schien uns auf dieser Expedition keine der Beschwerlichkeiten afrikanischen Reisens ersparen zu wollen. Im Norden hatten wir mit dürrem Urwald und Buschsteppen zu tun gehabt, jetzt lernten wir die erheblich empfindlichere Beschwerlichkeit, stundenlang durch Wasser oder Schlamm stampfen zu müssen, kennen, wo bei jedem Schritt Gefahr war, die Stiefel einzubüßen, da wir oft bis über die Knie einsanken und jeder Tag die Gefahr erneuter Malaria-Erkrankung brachte; denn diese Schlammpfützen sind die beliebtesten Herde für den Malaria-bazillus.

Am 9. Mai lagerten wir inmitten eines sehr reichen und gut angepflanzten Dorfes namens Kabila, welches, besonders durch die Massen seiner Herden sich auszeichnet. Am Nachmittage überfiel uns ein heftiger Platzregen, was uns mit trüben Ahnungen für den Marsch am folgenden Tage erfüllte.

An diesem Tage sollten wir durch die Überschreitung eines Baches in das eigentliche Land Nera hineinkommen, wo wir auf die Stanley-route stoßen, mußten. Wir zogen schon in der Frühe von Kabila aus, um bald in einen unendlichen Dreck hineinzugeraten, in welchem die Fortbewegung sich Schritt um Schritt in langsamstem Tempo vollzog. Wir trafen an der Furt des in den Viktoriasee sich ergießenden Zustromes ein, aber alle Versuche, hinüberzugelangen, mußten als fruchtlos aufgegeben werden. Die Strömung war reißend, und das Wasser ging den Leuten bis über die Köpfe. Was tun? Die Wegeführer schlugen vor, nach Kabila zurückzukehren. Dies lehnte ich ab. Da ich erfahren hatte, daß der Fluß etwas oberhalb durch das Zuströmen zweier Bäche gebildet war, beschloß ich, zu versuchen, ob ich nicht erst einen und dann den andern zu überschreiten vermöge. Wir stampften also langsam gegen Osten, und es glückte auch, in dem von Nordosten kommenden Zustrom eine breite Stelle zu entdecken, wo den

Leuten das Wasser nur bis an die Brust ging, und wo wir demnach übersetzen konnten. Nun also auf den südlicheren Fluß zu! Aber jeder Versuch, hier einen Platz zum Übersetzen zu finden, war vergeblich, und da die Sonne den Zenith bereits überschritten hatte, mußte ich mich Wohl oder übel entschließen, einen Punkt in der schlammigen Ebene ausfindig zu machen, wo das Lager aufgeschlagen werden konnte. Ein solcher wurde gefunden unterhalb eines her für Usukuma kennzeichnenden Steinhügel, gerade nördlich von der Stelle am Fluß, wo wir uns befanden, und wohin ich die ganze Karawane führte. „Das Wasser hier wird morgen schon wieder abgelaufen sein", meinte der von Ukumbi mitgenommene Wegeführer, „falls es nicht wieder regnet".

In der Lebensweise der Expedition war auch insofern eine Änderung eingetreten, als ich mir von Ukumbi ein Paket Kerzen mitgenommen hatte, und wir es uns demnach jetzt am Abend im Zelte bequem machen konnten. Eine Kerze mußte für vier Abende reichen, aber das gab uns doch jeden Abend Zwei Stunden Licht, und, da Herr v. Tiedemann jetzt abends meistens lag, so konnte ich meinerseits mich in den Stunden nach dem Abendessen bei einer Pfeife Tabak der Lektüre von Büchern widmen. Dies mehr als alles andere nahm unserer Lebensweise das Handwerksburschenartige des Hineinmarsches.

Am nächsten Morgen kehrten wir an den Fluß zurück, und siehe da, der Wegeführer hatte recht behalten, das Wasser war so weit abgelaufen, daß wir das lästige Hindernis zu nehmen vermochten und, wenn auch eine Stunde lang im Schlamm noch watend, das Land Nera, und zwar ein großes reiches Dorf erreichten.

Von Ukumbi aus hatte ich mir in diesem Dorfe zwei Esel bestellt, um auch in dieser Beziehung Herrn v. Tiedemann und mir eine angenehme Abwechselung der Fortbewegung zu ermöglichen. Die Esel wurden am Nachmittage herbeigetrieben, und, wenn sie auch noch nicht zugeritten waren und besonders in der ersten Zeit eine genaue Bewachung erforderten, da sie alle Augenblicke die Tendenz hatten, in das dornige Gebüsch durchzugehen, so sind sie uns doch auf dem Marsche bis Mpuapua hin außerordentlich nützlich gewesen. Ich pflegte jetzt meinerseits derart zu reisen: des Morgens ½ 6 Uhr wurde das erste Signal zum Aufstehen gegeben, und zwar wurde dies gegeben, nachdem ich mich vorher gewaschen und angekleidet hatte. Sofort mußten die Leute an ihre Lasten und vor allem auch an die Zelte eilen, welche im Nu umgelegt waren. Nach zwei Minuten wurde ein zweites Trompetensignal gegeben, während wir, meistens bei der Küche stehend, einen Trunk heißen Kaffee, einen Mehlbrei und jetzt von Ukumbi aus auch eine Zeitlang einige Biskuits genossen. Wiederum etwa zwei Minuten, und das dritte Signal wurde gegeben, der Trommelschlag erschallte, und wir setzten uns in Bewegung, indem die Kolonne sich hinter mir, da ich mit den Wegeführern und der Fahne voranmarschierte, schnell zusammensetzte. Dann pflegte ich die beiden ersten Stunden zu gehen und ließ mir etwa um 8 Uhr den Esel heranbringen, auf welchem ich ohne Unterbrechung eine Stunde lang ritt. Von 9–11 Uhr marschierte ich wieder und machte dann eine Pause von einer Viertelstunde, um zu frühstücken. Das Frühstück bestand regelmäßig aus kaltem Fleisch und meistens auch aus Mehlbrei. Dann wurde weitergezogen je nach der Entfernung des Lagerplatzes bis zum Mittag oder auch bis über Mittag hinaus. Mußte über Mittag hinaus marschiert werden, so pflegte ich die Zeit zwischen 12 und 1 Uhr zu pausieren und ließ dann in der Regel für Herrn v. Tiedemann und mich Kakao oder Tee kochen. In diesem Falle fiel die erste Pause dann ganz fort. Die letzte Strecke ritt ich meistens wieder.

Auf diese Weise absolvierten wir täglich, je nachdem, 2–4 Meilen. Die Durchschnittsstrecke auf der Rückreise betrug wohl täglich 2 ½ deutsche Meilen. Hier in Nera war es, wo Salim und seine Begleiter zu uns stießen, und unter ihrer Führung ging es am nächsten Morgen jetzt in südlicher Richtung in das Land weiter hinein. Hier in Nera hatte vor einem halben Jahre Stanley zu kämpfen gehabt. Ich finde, daß Stanley in seinem Reisebericht seiner Lage in Nera einen viel zu bedrohlichen Charakter verleiht. Die Neraleute haben von alters her die Tendenz, gegen Karawanen frech zu sein, aber wenn jemand, wie Stanley, über etwa 1000 Mann und ein Maximgeschütz verfügt, so stellen diese Frechheiten sich ungefähr so dar, als wenn eine Fliege einen Elefanten belästigt. Hier in allen diesen Ländern besteht – ich darf wohl sagen – das Laster der Tributforderung an den Reisenden, eine Unsitte, die um so unberechtigter ist, als die eingebornen Häuptlinge auch nicht das Geringste für Straßenbau oder auch nur für die Sicherheit der Wege tun. Trotzdem hatten alle Reisenden, voran auch Mr. Stanley, sich dazu herbeigelassen, diesen Tribut zu erlegen. Ich habe das prinzipiell niemals getan und ganz besonders auf dem Rückwege nicht mehr, weil wir uns hier auf deutschem Gebiete befanden, und es doch geradezu eine Umkehrung des natürlichen Verhältnisses gewesen wäre, wenn wir als die Herren des Landes an die Untergebenen Tribut hätten Zahlen sollen. Dies führte eines Tages in diesem Lande zu einem kleinen Scharmützel mit den südlichsten Bewohnern, den Wasekke. Diese Leute haben die Taktik, wenn ich so sagen darf, die Karawanen durch Trillern und Johlen einzuschüchtern. Wie ich von meinem Diener Selek, einem Landesangehörigen, erfuhr, ist es aber gar nicht ihre Tendenz, Menschen zu töten, sie tun nur so und erreichen es auch in der Regel, daß die Träger die Lasten wegwerfen, die alsdann den Eingebornen zur willkommenen Beute wenden. Als sie versuchten, auch unsere Expedition aus diese Weise wegzutrillern, kamen sie allerdings an die Unrechten, Wir feuerten dazwischen, und vier von ihnen hatten ihre Torheit mit dem Leben zu bezahlen. Ich streckte drei nieder, und Herr v. Tiedemann einen. In zwei Minuten war der ganze Spuk verschwunden. Ich nehme ja an, daß in Stanleys Phantasie selbst sich die Gefährlichkeit solcher Lagen lebhafter darstellt als in meinem niedersächsischen Gehirn, aber derartige Reiseschilderungen haben doch den Nachteil, daß sie Nachkommende von vornherein in eine gewisse ängstliche Stimmung versehen und dadurch veranlassen, den unberechtigten Unverschämtheiten der Eingebornen mehr nachzugeben, als sich im Interesse der Erschließung dieser Länder empfiehlt. Tatsächlich sind die Afrikaner in kriegerischer Beziehung nicht eben sehr furchtgebietend und am allerwenigsten die Bantustämme im deutschen Schutzgebiet oder gar das Wangwanagesindel an der Küste. Die einzigen, die in dieser Beziehung noch zu imponieren vermögen, sind die Massais auf den Hochplateaus.

Vom 12. Mai an befand ich mich auf der Route, die Stanley und Emin Pascha genommen hatten. Wir gingen am 13. bei Muamara über den Wami, einen Zustrom zum Viktoria-Nyansa, und erreichten am 14. die Landschaft Sekke, wo wir in der geschilderten Weise uns am nächsten Morgen ein wenig zu schlagen hatten. Mit Sekke hatten wir das letzte Land von Usukuma erreicht und zogen nun in vier-stündigem Marsche durch einen außerordentlich wildreichen Busch, wo mir insbesondere die Menge von Giraffen und Zebras auffielen, nach Unjamwesi hinein. Die Wasekke hatten uns noch eine Strecke in den Urwald verfolgt, sich indes scheu außer dem Bereiche unserer Flinten gehalten. Schließlich gaben sie die nutzlose Verfolgung auf, und wir zogen nunmehr wie in früheren Tagen einsam und allein durch die Wildnis. Um 1 Uhr erreichten wir das erste Unjamwesikraal Sijanga, wo wir von der Bevölkerung mit großer Herzlichkeit aufgenommen wurden.

In dieser Gegend betreibt Mr. Stokes, ein ehemaliger Angehöriger der englischen Mission in Usumbico, sein Geschäft. Derselbe hat seine Hauptniederlassung in Usongo, von wo aus er jedoch hauptsächlich den Handel nach dem Viktoria-Nyansa betreibt. Ich erwähnte bereits, daß ich seine Agenten in Uganda und im Westen des Sees traf, wo sie Elfenbein einkauften. Stokes, als geriebener Irländer, hat genau das Richtige getroffen, indem er das Aufkaufgeschäft im Innern betreibt, welches in der Tat diejenige Branche ist, bei welcher noch Geld verdient werden kann. Das Aufkaufgeschäft an der Küste, wo der Europäer mit den Indiern zu konkurrieren hat, und wo die Preise vollständig von Europa abhängig sind, bietet für einen großen Gewinn keinen Spielraum mehr. Aus diesem Grunde habe ich von vornherein auch in der Deutsch-Ostafrikanischen Gesellschaft den Gesichtspunkt vertreten, daß dieselbe den Schwerpunkt ihrer Handels-Unternehmungen ins Innere verlegen müsse, wo das Elfenbein noch ohne festen Geldpreis ist, und praktisch demnach nur die Transportkosten seinen Preis an der Küste bestimmen. Diesen Weg hat die Gesellschaft neuerdings auch beschritten, und es ist zu erwarten, daß sie nicht nur selbst gewinnt, sondern auch zur Erschließung und Zivilisierung Innerafrikas ganz anders eingreifen wird, als wenn sie sich darauf beschränkt hätte, Handelsfaktoreien an den Küstenplätzen anzulegen. Auch die Britisch-Ostafrikanische Gesellschaft ist von vornherein als ganz selbstverständlich von diesem Gesichtspunkte ausgegangen. Das erste, was William Mackinnon tat, war die Anlegung englischer Stationen den Tana aufwärts, in Miansini am Naiwascha-see und in Kwasundu am Viktoria-Nyansa. Durch die Anlage von Mr. Stokes ist Usongo, das vier bis fünf Tagereisen von Tabora liegt, recht eigentlich zum Zweiten handelspolitischen Mittelpunkt von Uniamwesi geworden und steht als solcher in einem gewissen Gegen-sah zu Tabora,

Die Folge davon war, daß der Verkehr vom Viktoriasee an die Küste sich daran gewöhnt, den Umweg über Usongo auf der sogenannten Ndjia Stokisi zu machen. Weil Stokes Karawanenverkehr von Usongo an den Viktoriasee unterhalten mußte und von Usongo andererseits seine Waren an die Küste schickte, gingen auch andere Karawanen diesen Weg, so u. a. Stanley mit seiner Expedition. Nun zeigt aber ein Blick auf die Karte, daß diese Route einen erheblichen Umweg darstellt. Mit einem gewissen Unbehagen empfand ich manchen Morgen, daß wir uns in südsüdwestlicher Richtung fortbewegten, anstatt gegen Südosten hin, wo doch unser Marschziel lag. Monseigneur Livinhac hatte mir schon in Uganda den Gedanken nahegelegt, ob ich im Interesse der Erschließung des Verkehrs von der Küste bis zum Viktoriasee nicht versuchen wollte, einen direkten Weg von Ukumbi oder gar vom Spekegolf nach Bagamoyo zu erschließen. Ich beschloß, dieser Anregung wenigstens teilweise entgegenzukommen, und faßte bereits in Sijanga ins Auge, nicht den Umweg durch Unjamwesi zu nehmen, sondern direkt auf Ugogo zuzuhalten und demnach die Wembaeresteppe zu durchqueren. Zwar versuchte Salim, mir diesen Entschluß auszureden, indem er mich auf die drohende Massaigefahr aufmerksam machte, welche auch Stanley veranlaßt habe, den Umweg durch Unjamwesi zu machen. Ich erwiderte ihm: „Die Massais kennen wir und fürchten wir nicht. - Wer die Massais fürchtet, möge durch Unjamwesi nach Ugogo ziehen. Ich, will den nächsten Weg dorthin benutzen und muß mir daher Wegeführer für die Wembaeresteppe beschaffen."

Leider konnte ich diese Entscheidung nicht sofort zur Ausführung bringen. Ich hatte in Sijanga mein Zelt inmitten des Dorfes aufgeschlagen. Als ich am Nachmittag aus der Tür ins Freie trat, wurde ich plötzlich durch einen leichten Schwindelanfall stutzig gemacht. Ich trat schnell zurück, setzte mich auf meinen Stuhl und nahm eine starke Dosis Chinin. Trotzdem brach in der Nacht eine Wiederholung meines Ukumbifiebers aus, genau 14 Tage nach dem ersten Anfall. Infolgedessen ließ ich in den nächsten Tagen kleine Märsche machen, indem ich das Lager an jedem Tage etwa um eine Meile weiter gegen Süden aufschlagen ließ. Wir lagerten am 16. in Lindilindi, am 17. in Sai und erst am 18. Mai, wo mein Fieber vollständig gebrochen war, stieß ich in einem starten Tagesmarsch in östlicher Richtung vor, auf Busiha zu.

Busiha ist die äußerste in die Massaisteppen vorgeschobene Bantu-Ansiedelung. Hier herrscht derselbe Sultan Kelekesa, welchen ich vor einem Jahre bereits in Bagamoyo gesehen hatte. Die Wasiha haben sich andauernd gegen die räuberischen Massaistämme zu verteidigen. Infolgedessen hat sich hier ein kriegerischerer Geist entwickelt.

Zu Keletesa führte mich ein Wegeführer, der gerade von der Küste heimgekehrt war. Das Ideal eines Usukumadandys! Europäische Beinkleider und ein europäisches Hemd zierten den jungen Gentleman; sein feierlich bewegtes Haupt beschützte der europäische Tropenhelm gegen die Strahlen der für seiner organisierte Gehirne so gefährlichen Sonne. Doch dies genügte für unsern Freund nicht. Wie er es in Bagamoyo gesehen hatte, spannte er, wenn die Sonne gegen 8 Uhr höher stieg, einen Sonnenschirm auf und zog sich zum Schütze seiner zarten Hände ein Paar Wollhandschuhe, Nr. 13, an. Mitleidig blickte er auf unsern abgerissenen Zustand und mit würdigem Ernst nahm er die wohlverdiente Huldigung, insbesondere des weiblichen Teils seiner Landsleute entgegen.

Kelekesa hatte nicht sobald von meiner Ankunft vernommen, als er in seiner Residenz die deutsche Flagge aufzog, welche er von Bagamoyo mitgebracht hatte, und dann selbst erschien, um uns freundschaftlich zu begrüßen. Er zeigte mir auch einen Brief aus Bagamoyo, welcher von Herrn Hauptmann Richelmann unterzeichnet war, das erste deutsche Aktenstück, welches ich seit einem Jahre etwa wieder zu Gesicht bekam.

Unter einem weithin schattenden Baume schlug ich mein Zelt auf, und meine Leute legten sich in die Häuser der Wasiha, welche uns gastlich zur Verfügung gestellt wurden. Freude und Tanz zogen in die Kraale ein, und Kelekesa hielt mit mir zwei längere Beratungen. Ich fragte ihn:

„Wenn du nach Bagamoyo gehst von hier, welchen Weg pflegst du dann zu nehmen?"

„Ich gehe durch die Wembaeresteppe nach Usure in sieben Tagen; von Usure nach Muhalala lind Ugogo alsdann ebenfalls in sieben Tagen."

„Ist denn in der Wembaeresteppe Wasser für eine Karawane zu finden?"

„Wasser ist jetzt genug da. Wenn die Flußläufe trocken sind, so grabt nur den Sand auf, und ihr werdet Wasser in der Tiefe finden."

„Willst du mir Wegeführer geben, um mich durch die Steppe hindurchzubringen?"

„Wegeführer kann ich dir nicht stellen, weil sie allein nicht zurückkommen könnten. Der Weg führt immer dicht an den Massais entlang, und du mußt sorgfältig aufpassen, daß sie deine Expedition nicht angreifen. Wenn du Wegeführer haben willst, mögen einige bis Mpuapua mitgehen und warten, bis deine Expedition hierher zurückkommt, aber du kannst den Weg gar nicht verfehlen, wenn du immer den Spuren nachgehst, welche ich mit meinen Leuten zurückgelassen habe. Dann wirst du auch an jedem Tage einen Lagerplatz von mir finden, in welchem deine Leute schlafen können. Es gibt nur einen Weg durch die Wembaeresteppe."

„Also Wasser werde ich jeden Tag finden?"

„Jeden Tag viel Wasser", sagte er. „Aber du solltest noch einige Tage hier bleiben und dich verproviantieren, da du Lebensmittel in der Steppe nicht findest."

„Ah, dazu brauche ich nicht mehrere Tage hier zu bleiben, meine Leute haben Poscho bis nach Mpuapua hin."

Ich rief dann Musehe, den jetzigen Trägerältesten und Hussein und befahl ihnen, den Mannschaften zu sagen, daß jeder für sieben Tage Essen kaufe, da wir durch die Wembaeresteppe ziehen würden.

Am folgenden Morgen in der Frühe brachen wir auf, zunächst immer noch an einigen Ansiedelungen vorüber. Links in der klaren Morgensonne dehnte sich unübersehbar die weiße Steppe aus. Als wir die letzten Ansiedelungen der Wasiha hinter uns hatten, traten wir in eine wirklich außergewöhnlich öde Landschaft hinein, in ein graues und schmutziges Buschland, überall gleichmäßig vertrocknete Bäume. Jeder Schritt wirbelte Sandstaub empor, welcher die ganze Kolonne einhüllte. So schleppten wir uns bis über Mittag immer in südsüdöstlicher Richtung. Na tauchte vor uns ein Flußlauf auf. „Das ist der Fluß Janguke", sagte Salim, „er fließt zum Manonga, an dem wir morgen schlafen. Da wir an dem ganzen Morgen noch nicht gerastet hatten, so beschloß ich hier, einen kurzen

Halt zu machen, um dann am Nachmittage bis zum ersten Lagerplatze Kelekesas weiter zu ziehen. Ein solcher Marsch durch öde Steppen wirkt beklemmend auf die Seele, und ziemlich niedergeschlagen ließ ich mich am Flußrande nieder, um meine Kolonne zu erwarten.

Herr v. Tiedemann war weit zurückgeblieben. Als er herankam, meldete er mir sehr niedergeschlagen, daß die Dysenterie von neuem bei ihm ausgebrochen sei, und daß er heute unmöglich weitermarschieren könne. Demzufolge machte ich mich auf die Suche, um einen Lagerplatz in der Nähe zu finden. Es war dies ziemlich schwierig, da der Boden in der Nähe des Wassers schlammig und augenscheinlich fieberhaltig, die Steppe aber durch hartes und dorniges Gestrüpp gesperrt war.

Endlich, etwa 20 in nördlich von dem Wasserlauf, fand ich einen etwas freieren Raum, welchen ich mit der Axt reinigen ließ. Der Janguke mit dem, Manonga gehört bereits zu der Strombildung des Wembaere. Wir lagerten jetzt jeden Tag an einem Zufluß zu diesem Strom, welchen wir erst einige Tage später selbst überschritten. Wohin derselbe sich wendet, habe ich nicht erkunden können. Salim behauptete, er gehöre in letzter Linie zum System des Rusidschi, eine Behauptung, welche ich indes für vollständig ungerechtfertigt erachte. Es scheint, daß er sich in die Wembaeresteppe gegen Nordosten hinein wendet und vielleicht den Oberlauf eines im Spekegolf einmündenden Zuflusses zum Viktoriasee darstellt.

Wir verlebten einen ziemlich melancholischen Nachmittag in dieser Steppe. Ich ließ für Herrn v. Tiedemann mit Hilfe seiner Bettstelle eine Tragbahre zurechtmachen, um ihn von nun ab durch einige Wasukumaträger in dieser Weise weiter befördern zu lassen. Sicherlich ist das Marschieren für Dysenterie-Kranke durchaus zu vermeiden.

So ging es am nächsten Tage in südöstlicher Richtung weiter. Die Landschaft veränderte sich ein wenig zu ihren Gunsten, insofern das Laub einen etwas frischeren Eindruck gewährte, und auch, einige Wildspuren sichtbar waren. Besonders zeigten sich sehr viele Strauße in der Steppe, von denen wir jedoch, keinen zum Schuß bekamen. Die Träger, welche Herrn v. Tiedemann beförderten, blieben weit zurück, daß ich schon sehr besorgt über sein Schicksal wurde und Leute zurückschickte, um nach ihm zu sehen. Etwa eine Stunde nach meinem Eintreffen im Lager am Manonga, welches ich um 2 Uhr erreicht hatte, langte jedoch Herr v. Tiedemann an. Er klagte, daß die Tragbahre, welche ihn der grellen Sonne aussetzte und jeden Augenblick in Gefahr brachte, hinuntergeworfen zu werden, den Marsch geradezu zu einem fürchterlichen für ihn gemacht habe. Der Wirkung der Sonne mußten wir es zuschreiben, daß Herr v. Tiedemann am Nachmittage von einem Herzklopfen befallen würde, welches schreckenerregend war und mich mit trüben Besorgnissen erfüllte. Indes befand er sich am nächsten Morgen erheblich besser und konnte an diesem Tage wieder marschieren.

Vor unserm Horizont erhob sich jetzt ein scharf abgegrenztes Bergland, welches mir auf meine Frage von Salim als Iramba bezeichnet wurde. Nach links schweifte der Blick immer über ein kahles oder auch mit kurzem Busch bestandenes Steppenterrain hin, die eigentliche Wembaersteppe, welche ins Land der Massais führt. Zuweilen kam auch ein kleiner Bestand von Hochwald vor, wo im Schatten der Bäume sich eine frischere Flora entwickeln konnte. Hier weideten große Rudel von Giraffen und Zebras, von denen ein Stück zu erlegen, mir jedoch niemals gelang. Die Märsche dauerten jetzt regelmäßig bis über Mittag hinüber, da wir uns der Wassersorge wegen peinlich an die Lagerstätten Kelekesas zu halten hatten. Hier fanden die Leute in der Regel kleine Strohhütten der Wasiha, in welchen sie sich einrichteten, und wir konnten allemal sicher sein, Wasser in der Nähe zu finden. Alles in allem fesselte dieser erneuerte Marsch durch die Wildnis nach dem langen Aufenthalt in zivilisierten Ländern am Viktoriasee mich ungemein, die Erinnerung an den Einmarsch am Oberlauf des Tana wurde lebendig in mir, und die Seele konnte sich wiederum zu innerer Betrachtung sammeln.

Auf einer solchen afrikanischen Expedition hat man ja mehr Gelegenheit als irgendwo sonst zum Nachdenken und zur Sammlung in sich selbst. Man ist fast den ganzen Tag allein, fernab liegt das Geräusch und das Getriebe der Welt, und nur die großen Eindrücke der reinen unverfälschten Natur wirken auf die Phantasie. Ernst und frei von dem leidenschaftlichen Lärm Europas fließt das Sein dahin, und der Geist wendet sich mit Notwendigkeit von selbst dem Großen und Ewigen zu. So gewinnt das Leben hier an innerer Tiefe und Reinheit des Wollens, und dies gerade ist es, was einem Rückblick auf solche Wachen hernach von der Zivilisation Europas aus etwas von einem sehnsuchtsvollen Verlangen nach der Lauterkeit und Unschuld des Paradieses verleihen kann. Aus den Zuckungen des gierigen Strebens und Ringens in der Zivilisation hinaus sehnt sich der Geist nach den großen Eindrücken und Empfindungen der Wildnis, wo die Gottheit selbst aus ihren Werken uns näher tritt, und die Ewigkeit in ihren gewaltigen Worten zu uns zu sprechen scheint.

Der Steppenmarsch nahm bereits am 23. Mai sein Ende. Dieser Tag war einer der unangenehmsten auf der ganzen Expedition. Wir zogen am Morgen in südlicher Richtung, immer den schroffen blauen Abfall des Irambaplateaus in der klaren Morgensonne vor Augen. Da tauchte vor uns frisches Grün auf, welches ich geneigt war, für eine schöne Wiese zu nehmen. Aber es ging mir damit wie den Grenadieren Friedrichs des Großen in der Schlacht bei Prag. Es wurde mir alsbald klar, daß die vermeintliche Wiese einen infernalen Sumpf darstellte. Ich versuchte zunächst, denselben zu umgehen, aber nach einer halben Stunde mußte ich einsehen, daß er sich unübersehbar vor uns ausdehnte und demnach durchwatet werden mußte. Nun gings los. Von morgens ¾ 10 Uhr bis über Mittag hinaus immer bis an die Hüften, bis an den Bauch im Wasser durch Schilf und zähen Schlamm watend. Von Zeit zu Zeit war ich gezwungen, mir einige Leute zu rufen, weil meine Stiefel tatsächlich im Schlamme stecken blieben. Mit unendlicher Mühe erreichten wir eine Erhöhung innerhalb des Sumpfes, wo wir eine Zeitlang ausruhen konnten. Dann fing die Sache von neuem an, bis endlich die Ursache der Versumpfung sich ergab, nämlich der Wembaerefluß, welcher über seine Ufer getreten war, und den wir, zum Schluß bis an die Brust im Wasser watend, zu überschreiten hatten. Uns allen stand noch das Schicksal Musas vor Augen, und die Erinnerung und der Gedanke, daß ein hungriges Krokodil die schöne Gelegenheit zur Erlangung eines kräftigen Frühstücks vielleicht benutzen könne, trug natürlich nicht dazu bei, das Waten gemütlicher zu gestalten. Erschöpft und naß stiegen wir aus dem Schlamm endlich auf höheres Terrain, wo wir uns nur schnell umzogen, um nicht noch zum Überfluß uns ein tödliches Fieber zuzuziehen. Vor uns sahen wir weidende Herden und auch Hirten, welche sich indes schleunigst davon machten, als ich versuchte, mit ihnen in Verbindung zu treten.

Aufs äußerste erschöpft lagerte die Kolonne um 12 Uhr im Schatten einiger Bäume, um einen Bissen Essen einzunehmen, aber noch bis nach 3 Uhr hatten wir zu marschieren, bevor wir den Lagerplatz Kelekesas erreichten. Ich beschloß, hier einen Tag auszuruhen, um die Kolonne für den erneuerten Steppenmarsch, welcher zwischen Iramba und Ugogo vor uns lag, neu zu verproviantieren. Am Nachmittage bereits schickte ich zu dem Sultan Kilioma mit dem Ersuchen, er möge sich zu mir bemühen, um mit mir über unser Verhältnis in Verhandlungen zu treten. Er möge auch den Tribut für mich nicht vergessen; ich wünschte einige Esel und einige Schafe zu haben. Die Leute in Iramba gehören, wie es scheint, derselben Rasse an wie die Wagogo, eine Mischung von Bantu und Massaiblut. Es seien gefürchtete Leute, welche ihrerseits vorbeiziehende Karawanen anfallen, um sie zur Tributzahlung zu zwingen. Jedoch seien die Leute im nördlichen Iramba mit den Wasiba Kelekesas befreundet, erzählte mir Salim.

Am Nachmittage des 24. kam der Sultan mit einem großen Gefolge, unter dem mir besonders eine Reihe von jungen Mädchen auffielen, welche ausschließlich mit kleinen Röckchen von Perlen bekleidet waren, was sich in der Tat recht anmutig ausnahm. Ich legte dem Sultan den Zweck dar, welcher mich veranlaßt habe, ihn rufen zu lassen.

„Ich weiß sehr wohl, daß du hier dicht bei den Massais wohnst, welche kommen und dir deine Dörfer verbrennen, deine Leute morden und deine Viehherden rauben. Nun bin ich, der Feind der Massais, mit denen wir wiederholt gekämpft haben, und alle Feinde der Massais sind meine Freunde. Der nächste Weg vom Nyansa nach der Küste führt durch dein Gebiet, und ich nehme an, daß in Zukunft viele Deutsche hier durchziehen. Deshalb will ich dir unsere Flagge geben, diese wird vielleicht die Massais abschrecken. Vor allem aber werden deine Brüder, wenn sie hier durchziehen, gleich wissen, daß du unser Freund bist. Du wirst ihnen Essen bringen, und sie werden dir dann auch Geschenke geben, und, wenn sie Wegeführer haben wollen, wirst du ihnen auch Wegeführer nach Busiha geben. Bist du bereit, solche Freundschaft mit mir zu machen?"

„Dazu bin ich sehr gern bereit. Die Massais sind noch vor einem halben Jahre hier gewesen und haben mir meine Rinderherden weggetrieben, und ich weiß, daß sie wiederkommen, sobald sie sehen, daß meine Rinderherden wieder groß geworden sind. Deshalb werde ich mich freuen, wenn die Deutschen oft durch mein Land kommen, und ich bitte dich, gib mir deine Flagge, dann will ich der Diener der Deutschen sein."

„Sehr gut. Hier hast du unsere Flagge, die meine Soldaten heute noch bei dir aufziehen sollen, und hier gebe ich dir deinen Brief. Aber wisse wohl, daß ich jetzt auch von dir verlange, daß du allen Expeditionen unter deutscher Flagge deine Unterstützung zuwendest. Nachdem du die deutsche Flagge hast, bist du gehalten, ihnen alles zu geben, was sie von dir verlangen, sonst werden wir Krieg gegen dich machen und euch alle vernichten. Wenn du aber zuverlässig und treu gegen uns bist, werden meine Brüder, welche vielleicht kommen, immer gern bereit sein, dir auch ihrerseits Geschenke zu machen."

Nach einer Stunde verließ mich der Sultan, und ich schickte einige Somalis mit, welche auf einem erhöhten Punkte die schwarz-weiß-rote Flagge hißten. Dieses Land hat seine Bedeutung für den Karawanenverkehr eben in dem Umstände, daß es zwischen zwei Steppen liegt und demnach als Stützpunkt für die Reise gar nicht umgangen werden kann.

Am 25. Mai setzten wir unsern Marsch in südlicher Richtung, immer das Irambagebirge zur Linken haltend, fort. Ich sah, wie sich das Gebirge in der Ferne abflachte, und beschloß, seinen südlichsten Ausläufer zu überschreiten. Dahinter sollten wir eine zweite fruchtbare Ansiedelung, nämlich Usure treffen, wo wir uns für den Steppenmarsch nach Uweri-Weri auszurüsten vermochten. Das Iramba-Plateau ist mit schönem Hochwald bestanden, in welchen die Plantagen der Leute hineingearbeitet sind. Es war uns in Nord-Iramba gesagt, daß wir mit den Leuten im Süden zu kämpfen haben würden, und ich vollzog demnach den Vormarsch an diesem Tage in derselben umsichtigen Weise wie dereinst in den Massai-ländern. Aber die Wa-Iramba hatten augenscheinlich keine Lust, sich mit uns zu messen. Wir fanden in dem Walde, durch welchen unser Weg führte, wiederholt Holzfäller, welche uns auf unsere Frage nach dem Wege bereitwillig Auskunft gaben. Von feindlichen Gelüsten war nichts zu verspüren, und bald lagen auch die Spuren dieser Ansiedelung hinter uns, und wieder umgab uns die weite und öde Buschsteppe. In dieser verloren wir die Spur der Karawane Kelekesas und hatten uns unsern Weg allein zu suchen. Indes trafen wir um Mittag auf Wasser, und es gelang den Wangwana Salims, von hier aus die Spur Kelekesas von neuem aufzufinden, so daß wir gegen 4 Uhr dessen Lagerplatz an einem moorartigen Wassertümpel glücklich erreichten.

Ich hatte in der Nacht vorher das Mißgeschick gehabt, von einem Hundertfuß in meinem Bett aufgesucht zu werden, welcher mich in einen Finger biß, so daß mein Arm in den nächsten Tagen schmerzhaft gereizt und fast erstarrt war. In der folgenden Nacht, als wir um 9 Uhr zu Bett gegangen waren, hatte ich eine Zweite unangenehme Überraschung. Mein Diener hatte das Waschbecken, welches aus einem wasserdichten Beutel, der in einem dreifüßigen Gestell hing, bestand, mit dem Wasser für den nächsten Morgen dicht neben meinem Bett aufgestellt. In der Nacht erhob sich wie gewöhnlich ein wenig Wind, welcher das Zelt hin und her bewegte und das Umstürzen des Waschbeckens veranlaßte, das seinen Inhalt über meine wollene Decke und über meinen Körper ausgoß. Ich rief meinen Diener, aber ich konnte mich doch nicht entschließen, aufzustehen, sondern blieb in den feuchten Decken liegen. Die Folge davon war, daß ich den ganzen folgenden Tag das unbehagliche Gefühl eines heranziehenden Fiebers empfand.

An diesem Tage hielten wir den Kurs der Expedition auf die südliche Abdachung des Irambaplateaus zu. Der Boden wurde mehr und mehr gewellt und war infolge seiner Feuchtigkeit mit reicherer Flora bestanden. Mächtige Farnkräuter wie dermaleinst am Tana, ragten im Schatten von Urwaldbäumen empor, und an den jetzt freilich ausgetrockneten Flußrinnen entwickelte sich ein frischer Graswuchs. So ging es von 10 Uhr an immer höher, bis schließlich zwischen 11 uud 12 Uhr eine sehr steile und unbequeme Bergwand erklommen werden mußte. Ich kam oben um etwa 12 Uhr an und machte Halt, um die zurückgebliebene Kolonne zu erwarten. Wir nahmen ein, wenig Frühstück, und dann ging es auf der Höhe des Plateaus weiter bis gegen 3 Uhr nachmittags. Da öffnete sich der Wald, und wir sahen mit einem Male ein Maisfeld vor uns. Ein Marsch von einer halben Stunde führte uns durch die Getreidefelder, und dann tauchte auf einem Hügel vor uns ein mit roten Lehmwällen befestigter Platz auf, welcher lebhaft an Kabaras und Kwa Tindi erinnerte.

In diesen Gegenden ist es Sitte, daß eine heranziehende Karawane, um ihre friedlichen Absichten zu bekunden, mit Trommelschlag sich den Plätzen nähert. Ich wußte dies nicht, und so kam es, daß die Bevölkerung zunächst wie ein Bienenschwarm durcheinanderfuhr, insbesondere als sie der deutschen Flagge ansichtig wurde. Die Leute befürchteten, wir würden den Ort angreifen und ausplündern. Ich stellte indes durch Salim schnell freundschaftliche Beziehungen mit der Bevölkerung her und erfuhr, daß wir uns nunmehr beim Orte Makongo, in der Nähe von Uschore, befanden. Unter einem großen Baume an der linken Seite der Umwallung ließ ich die Zelte aufschlagen und verbot auf Bitten der Ältesten meinen Leuten, ihr Lager innerhalb der Umwallung des Ortes anzulegen. Es komme sonst leicht zu Streitigkeiten, meinten die Ältesten.

Mein Versuch, mit dem Sultan des Ortes selbst freundschaftliche Beziehungen anzuknüpfen, mißlang mir allerdings. Seine Verwandten kamen, alsbald, mich um, Entschuldigung zu bitten, daß er überhaupt noch nicht erscheinen könne, aber er sei total betrunken. Auf meinen Vorschlag waren sie bereit, ihn mit Wasser zu begießen, so daß er vielleicht am Abend kommen könne. Als ich am Abend schickte, sie möchten jetzt den Sultan bringen, wurde mir geantwortet, das Wassergießen habe nichts geholfen, er sei noch immer betrunken, er werde aber am nächsten Morgen um 5 Uhr kommen. Auch am nächsten Morgen jedoch war der Rausch noch immer in aller Stärke da. Man versuchte, ihn zu bringen, aber taumelnd brach er am Tore zusammen. So schickte denn sein Bruder mir zum Zeichen ihrer freundschaftlichen Gesinnung zwei Schlachtochsen, mit denen ich mich über die mißglückte Freundschaftsschließung zwischen mir und dem Sultan zu trösten hatte.

Von Makongo ging es in südöstlicher Richtung weiter, wobei die südliche Abdachung des Irambaplateaus jetzt im Norden von uns liegen blieb. Wir kamen bald aus den Anpflanzungen wieder hinaus in den Buschwald.

Ich hatte an diesem Morgen im Gestrüpp den Unfall, daß mein Esel plötzlich ohne einen ersichtlichen Grund mit mir in das dornige Dickicht abging, wobei mir die Haut meiner linken Hand unbarmherzig zerfetzt wurde. Infolgedessen nahm ich die von Herrn v. Tiedemann stets befolgte Methode auch für mich an, nämlich, meinen ungeschälten Esel, wenn ich darauf saß, bescheidentlich durch einen Somali führen zu lassen, was zwar nicht gerade einen glänzenden Anblick darbot, aber doch bequem und sinnig war.

Um 11 Uhr öffnete sich der Urwald, und wir sahen vor uns wiederum Anpflanzungen, und zwar die Felder des Sultanats Usure. Indes zog ich an den ersten Dörfern vorüber, da ich die Residenz erreichen wollte, wo eine Sultanin das Zepter schwingt. Wir trafen bei dieser Residenz, welche ebenfalls mit festen Mauern umgeben war, erst nach 1 Uhr ein. Leider erfuhren wir sofort nach Eintreffen, daß Ihre Hoheit die Sultan sehr bedauere, uns nicht empfangen zu können, da sie und ihr ganzer Hofstaat betrunken seien. Es war die Zeit der Ernte gewesen, wo, wie ich feststellen konnte, die getreidebauenden Stämme Afrikas mehr oder weniger Tag für Tag betrunken sind. Die Bewegung, welche glaubt, durch Verhinderung der Schnapseinfuhr dem Alkoholgenuß in Afrika überhaupt ein Ende machen zu können, ist ja deshalb im Irrtum, weil die Eingebornen seit Jahrtausenden sich ihre Getränke selbst zubereiten und sich so lange berauschen, als noch von irgend einer Seite gelbes Getreide aufzutreiben ist. Freilich sind die eingebornen Pombe-Arten leichter als der europäische Branntwein, und, da die Eingebornen stets gewöhnt sind, große Massen zu vertilgen, kann es leine Frage sein, daß der Branntwein erheblich gefährlicher ist für sie als der einheimische Alkohol.

Ich mußte also auch hier in Usure für diesen Tag auf den persönlichen Verkehr mit der Sultanin, übrigens einer ehemaligen Freundin Dr. Fischers, verzichten. Indes erschien ihr erster Minister, welcher ganz in Rot gekleidet war, wiederholt bei mir, erkundigte sich nach unseren Wünschen und brachte auch bereitwilligst Essen aller Art für uns heran.

Das Fieber, welches ich am Tage vorher vorgefühlt hatte, brach an diesem Tage bei mir aus. Zwar war es nur ein schwacher Anfall, welcher auch am folgenden Tage wieder vorüberzog, indes immer unbequem genug, da er die gerade aufgesammelten Körperkräfte von neuem aufzehrte.

Auch in Usure beschloß ich, einen Unterwerfungsvertrag mit der Sultanin zu machen und unsere Flagge zu hissen. Dies geschah am 29. Mai 1890. Weithin sichtbar wurde hier gegen Abend die schwarz weiß-rote Flagge gehißt und von drei Salven dreier Somalis begrüßt.

Die Bedeutung Usures für die Entwickelung des von mir erschlossenen Karawanenweges ist eine ähnliche wie die Nord-Irambas; Karawanen, die von der einen oder andern Seite kommen, vermögen sich hier von den Strapazen des Steppenmarsches zu erholen und neu zu verproviantieren.

Als wir gerade abmarschieren wollten, wurde mir gemeldet, daß Mandutto verschwunden sei. Als Grund erfuhr ich, derselbe habe vor einigen Tagen seine Frau, ein junges sehr schönes Gallaweib, mit dem Messer in den Oberschenkel gestoßen. Dieselbe sei infolgedessen nicht imstande gewesen, weiter mitzumarschieren, und Mandutto habe sie nicht im Stich lassen wollen. Die Neger hängen alle sehr treu an ihren Fraun und Geliebten, wie ich auf der ganzen Reise feststellen konnte. Was Mandutto betraf, so tat es mir leid, daß er sich nicht mit mir in Verbindung gesetzt hatte, ich würde ihm sonst gern seinen wohlverdienten Lohn ausgezahlt haben, da ich über Trägerkräfte jetzt im Überstuß verfügte. Es war ein großes Opfer, welches der intelligente Mensch brachte, indem er den ganzen Lohn fahren ließ, bloß um bei seinem kranken Weibe bleiben zu können.

Am 31. Mai ging ich von Usure aus van neuem in die Buschsteppe hinein. Die Sultanin hatte mir drei Ochsen geschenkt, welche ich. mittreiben ließ und von denen ich alle zwei Tage einen schlachten lassen wollte. Außerdem ließ ich für uns 18 Hühner in Körben mittragen und auch mehrere Schafe treiben. Ich erwähne nebenbei, daß in der nun vor uns liegenden Steppe für diese Hühner das Futter ausging. Ich griff zu dem etwas eigentümlichen Mittel, um uns nur einen Teil zu erhalten, täglich zwei Hühner als Futter für die übrigen schlachten, kochen und kleinhacken zu lassen, wodurch der Vorrat zwar schnell, zusammenschrumpfte, indes während des

Steppenmarsches vorhielt. Ebenso wurden die Hühner auch wohl mit den Abfällen von Hammelkoteletts gefüttert.

An diesem Tage mußte ich den Marsch bei einem Wassertümpel, welcher im Walde gefunden ward, unterbrechen, da Herr v. Tiedemann von neuem ernstlich erkrankte. Wiederum brach Dysenterie bei ihm aus, welche besonders am ersten Tage einen geradezu bedrohlichen Charakter annahm, so daß ich das Schlimmste befürchtete. Herr v. Tiedemann hatte alle Gefahren und Strapazen der Expedition treu mit mir durchgemacht. Ich mochte den Gedanken nicht ausdenken, wenn ich, ihn nun noch auf der letzten Strecke hätte verlieren sollen.

Am 1. Juni blieb ich, um ihm etwas Ruhe zu gönnen, im Walde liegen. Ich erholte mich in diesen Tagen vollständig von meinem letzten Fieberanfall, indem ich geradezu Tag und Nacht schlief. Am 1. Juni schlief ich von 24 Stunden volle 19 Stunden, die übrigen fünf wurden mit allem Nachdruck der Ernährung gewidmet.

So brach ich am 2. Juni in voller Frische wieder auf, aber Herr v. Tiedemann war so matt, daß er kaum der Expedition zu folgen vermochte. Infolgedessen ließ ich am Abend durch Salim und die Wangwana eine bequeme Hängematte für ihn herstellen, und veranlaßte ihn, dieselbe von nun ab bis auf weiteres zu benutzen, indem ich ihm vier kräftige Wasukuma als Träger überwies. Dank seiner kräftigen Konstitution, welche die Krankheitsfälle immer wieder überwand, besserte sich unter diesen Umständen seine Gesundheit allmählich wieder, so daß er ziemlich hergestellt in Mpuapua eintraf, wo Emin Pascha ihm wirksamere Mittel verordnete.

So zogen wir durch die trockene Steppe immer in südlicher Richtung weiter. Wir hatten stets bis über Mittag hinaus zu marschieren, um zum Wasser zu gelangen, aber wir fanden doch an jedem Tage solches, wenn wir auch hin und wieder gezwungen waren, es aus der Erde zu graben. Drei oder vier Brunnen auf dieser Strecke würden vollständig genügen, solche das ganze Jahr über gut passierbar zu machen, und dies würde eine Verkürzung des Weges von der Küste nach dem

Viktoriasee von etwa neun Tagen bedeuten. Der Weg ist eben und gut, wenn auch hin und wieder ein wenig durch Gestrüpp erschwert, und auch Lasttiere finden Futter genug. So glaube ich, daß diese Route ihre Zukunft haben wird.

Am 6. Juni trafen wir endlich nach einem starken Tagemarsche in der Landschaft Uweri-Weri ein, welche Dr. Fischer im Jahre 1886 noch in blühendem Zustande angetroffen hatte, die jetzt aber durch die Massais vollständig verwüstet war. An die Stelle blühender Niederlassungen war wiederum öde Wildnis getreten, die ehemaligen Getreidefelder waren bereits wieder durch Busch überwuchert. Von den Dörfern waren nur noch elende Überreste zu sehen, und kein Mensch bewohnte das zerstörte Land. Dieselbe Empörung, welche mich auf der Angata na Nyuki erfüllt hatte, regte sich auch jetzt wieder gegenüber diesen Barbaren der Hochplateaus, und ich bedauerte aufrichtig, daß unsere alten Freunde nicht noch einmal hier den Versuch machten, sich mit uns zu messen. Ich bezog das Lager unterhalb eines Hügelrückens, von wo aus jedoch der Ausblick auf die öde Massaisteppe offenstand. Der Tag war grau und öde, ein unangenehmer Wind strich über die Steppe, und ich saß in trüber Stimmung inmitten der Verwüstung um uns herum. Wasser war nur in schmutzigen Tümpeln vorhanden. Ich ließ die Zelte aufschlagen und war sehr erfreut, daß nach einer Stunde auch Herr v. Tiedemann eintraf, welcher in seiner Hängematte die Strapazen des Tages besser überstanden hatte, als ich geglaubt.

Seit mehreren Tagen nahmen wir zum ersten Male wieder ein gemeinsames Abendessen ein. Als ich nach demselben aus dem Zelte trat, um einige Anordnungen zu treffen, nahm ich wahr, daß der Himmel im Westen von einer ganz eigentümlichen Röte bedeckt war, welche zu so später Stunde kaum noch von der Sonne herrühren zu können schien. Ich rief Herrn v. Tiedemann heraus, welcher mir jetzt erzählte, er glaube, am Nachmittag wiederholt Kanonenschüsse vom Westen herüber vernommen zu haben. Dies regte die Phantasie zu allerlei Vermutungen an. Sollte der Kampf Zwischen unseren Landsleuten und den Arabern sich bereits so weit nach Westen ausgedehnt haben, sollte man dazu geschritten sein, was wir bereits am Viktoriasee durchaus als Notwendigkeit erkannt hatten, Tabora zu besetzen, um dem Arabergesindel auch dort ein Ende zu machen? Hussein, welchen ich über die rote Färbung des Himmels befragte, zerstörte jedoch die Illusion, indem er nüchtern erwähnte, das komme von der Sonne, was allerdings nach 7 Uhr abends recht ungewöhnlich, aber doch immerhin möglich war.

Von Uweri-Weri zogen wir am nächsten Morgen immer durch buschiges Terrain weiter gegen Süden und trafen Zwischen 10 und 11 Uhr in Kabaragas beim Stamme der Wakimbu ein. Der Ort liegt in einer Senkung, und die Leute liefen neugierig aus den roten Lehmwällen heraus, als wir den Abhang hinunterstiegen. Schnell war die Freundschaft zwischen uns hergestellt, das Lager im Westen des Ortes aufgeschlagen, und Nahrung jeder Art beschafft. Seit acht Tagen zum ersten Male wieder fremde Menschen! Die Leute erzählten nur alsbald: „Vor acht Tagen sind hier drei Boten der Badutschi von Mpuapua auf der Usongastraße vorbeigezogen, welche Briefe an den Weißen, der von Uganda kommt, tragen sollen". Diese Nachricht ist mir hernach in Mpuapua bestätigt worden. Die Herren der Station hatten mir einen freundlichen Willkommen und auch Nachrichten aus Europa zuschicken wollen. Leider verfehlten mich indes die Nachrichten, da ich, was man in Mpuapua nicht vermuten konnte, anstatt durch Uniamwesi durch die Wembaeresteppe marschiert war. Ich habe die Briefe erst nach mehreren Monaten in Deutschland empfangen. Dies war um so bedauerlicher, als sie mir manche Sorge, welche mich noch in Ugogo bewegte, in bezug auf unseren Empfang an der Küste genommen haben würden.

Am 8. Juni trafen wir endlich in der Landschaft Ugogo ein. Gegen 1 Uhr erreichten wir den Ort und die Landschaft Muhalala 5° 47' s. Br. noch immer 1058 in über dem Meeresspiegel. Wenn man von Norden heranzieht, liegt diese Landschaft anmutig ausgedehnt in der Tiefe. Vor uns im Süden erheben sich die Berge von Bunduko, nach links hinüber steigen andere dunkle Bergzüge auf. Es sind die Bachiberge. Nach den Karten zu urteilen, sollte man meinen, ganz Ugogo sei ein flaches Savannenplateau. Dies kommt vermutlich daher, weil jeder Reisende denkt, Ugogo ist so bekannt, daß es nicht nötig ist, hier noch Eintragungen zu machen. Die Folge hiervon ist, daß gerade die Karte dieses Landes ganz besonders ungenau ist.

Ich schlug an diesem Tage das Lager in einer Umzäunung am nördlichen Abhange oberhalb der Dörfer auf. Wir hatten einen herrlichen Ausblick über die ganze Gegend. Kaum hatte ich! mich behaglich in meinem Zelte eingerichtet, als Salim herankam mit der Mitteilung, „unten in Muhalala lagern zwei Deutsche, welche von Tabora nach Mpuapua gehen." Ich sandte sofort einen Brief an diese gemeldeten Weißen, mit welchem ich einige Somalis abschickte. Dieselben kamen in etwa einer Stunde zurück und meldeten: „Unten befindet sich nur ein Reisender, nicht zwei, und dieser ist auch nicht mit einer Expedition, sondern allein da, ist kein Europäer, sondern ein Araber, geht auch nicht nach Mpuapua, sondern nach Irangi." Wieder einmal eine Probe, welchen Wert man im allgemeinen den Mitteilungen von Schwarzen beilegen kann.

Tatsächlich war der betreffende der Araber Mohammed Bin Omari, einer der großen Tavora-Araber, welcher auch Handelsniederlassungen in Irangi besaß und jetzt seiner Karawane dorthin folgte, um das dort aufgestapelte Elfenbein dann später an die Küste zu führen.

Aus allem, was ich in diesen Tagen über Irangi gehört habe, muß ich annehmen, daß dieses Land vielleicht eine Zukunft haben wird. Es scheint, wie Iramba, eine feuchte Oase in der wasserarmen Steppe darzustellen, und mir würbe mitgeteilt, die Leute dort seien „gut", was darauf schließen läßt, daß dort keine Massais wohnen. Es ist Wohl dieselbe Rasse, welche wir in Iramba fanden und welche mit den Wagogo nahe verwandt ist.

Mohammed Bin Omari erschien nach dem Frühstück bei mir, um seinen Respekt zu beweisen und um mir Tribut zu bringen.

„Tritt näher", sagte ich zu ihm, als er am Eingänge meines Zeltes mit einigem Gefolge erschien. „Du kommst von Tabora?"

„Ich komme von Tabora", erwiderte er, „und will nach Irangi."

„Nun, wie sieht es in Tabora aus? Wollt ihr Araber dort den Krieg mit uns Deutschen oder zieht ihr den Frieden vor?"

„Wir Araber von Tabora wünschen den Frieden und haben diese Botschaft auch bereits an die Küste geschickt."

„Nun, das ist ja schön. Ich glaube auch, daß dies durchaus euren Interessen entspricht, denn ihr werdet wohl eingesehen haben, daß ihr nicht imstande seid, die Deutschen zu bekämpfen. Die Nachricht, daß meine Brüder Buschiri geschlagen haben, werdet ihr kennen. Wir unsrerseits haben die Stämme im Norden geschlagen, die Gallas und die Massais, und kommen von Uganda herunter."

„Was für Nachrichten bringst du aus Uganda?"

„In Uganda sind die Araber ebenso geschlagen wie im Osten, sie sind sämtlich getötet oder haben nach Unjoro fliehen müssen. In Uganda herrschen die Christen, und, wenn die Araber dort wieder Handel treiben wollen, werden sie sich auch dort den Christen zu unterwerfen haben. Der Krieg ist zu Ende, ihr seid an allen Punkten geschlagen und werdet hoffentlich nicht wieder so töricht sein, den Kampf gegen die Badutschi aufzunehmen."

„Der Krieg ist zu Ende", wiederholte Mohammed Bin Oman, „und wir alle wollen den Frieden. Mache du doch unsern Frieden mit Uganda. Deine Kunde ist bereits zu uns nach Tabora gedrungen, und wir wissen, daß du uns auch am Viktoriasee Frieden, verschaffen kannst."

„Darüber muß ich zunächst die Befehle des großen Sultans der Badutschi kennen. Wenn dieser es will, dann bin ich gern bereit, auch euern Frieden mit Uganda zu machen."

„Willst du mir dann nicht einen Brief geben, daß ich der Freund der Deutschen bin und Frieden mit ihnen haben möchte?" „Gern will ich dir einen solchen Brief geben. Aber wisse, es hängt nur von deinem eigenen Verhalten ab, ob du dauernd Freund der Deutschen bist oder nicht. Unsere Augen sind scharf, und wir erkennen es bald, ob jemand es ehrlich mit uns meint oder uns hintergehen will."

Mohammed Bin Oman schenkte mir nunmehr einige Schafe, Reis, Milch und Honig und fragte:

„Ist da irgend etwas, was du noch sonst von mir verlangst? Sage es mir, ich will dir alles geben, was du verlangst. Willst du vielleicht Stoffe haben oder Perlen?"

„Ich danke; Stoffe habe ich nicht nötig und Perlen auch nicht, aber gib mir genaue Auskunft über die Verhältnisse von Ugogo. Wieviel Tage haben wir bis nach Mpuapua?"

„Bis Mpuapua find es neun oder zehn Tage, wenn du gut marschierst."

„Werden wir Krieg haben auf der Strecke bis nach Usagara?"

„Krieg nicht, wenn du Tribut an Makenge bezahlst."

„Ich bin ein Deutscher und bezahle keinen Tribut. Ich habe auch den Massais keinen Tribut bezahlt und will von Makenge hoffen, daß er nicht etwa mit Tributforderungen uns gegenübertritt."

„So lebe Wohl!"

Als wir am nächsten Morgen den Abhang hinunterstiegen und an Muhalala vorbeimarschierten, stand Mohammed Bin Omar mit seinem Gefolge am Wege, um uns noch einmal zu begrüßen und mir weitere Geschenke an Reis, Zucker, Milch und Schafen zu überreichen. Man muß es den Arabern lassen, daß sie außerordentlich höfliche und verbindliche Lebensformen haben und ohne Frage mehr Zartgefühl in ihrem Auftreten beweisen als der Durchschnitt der weißen Rasse.

In östlicher Richtung vollzog sich nunmehr der Vormarsch. Um 10 Uhr öffnete sich plötzlich vor meinen erstaunten Blicken tief unter uns liegend eine weite Landschaft, welche im fernen Osten von blauem Gebirge umrandet war. Das war das eigentliche Land Ugogo, und der Felsenabfall, vor welchem wir standen, nichts als der südliche Ausläufer der Mau-Umrahmung, welche wir vor Monaten bei Elgejo erklommen hatten. Entzückt schweifte das Auge über das in der Tiefe liegende stäche Land, welches gleich einem mit Eis und Schnee bedeckten Meere vor uns sich ausdehnte.

Nun galt es, einen Abstieg zu finden. Aber die umstehenden Wagogo zeigten den Weg, und, wenn auch mit einiger Mühe, gelang es, im Verlaufe einer Stunde die ganze Kolonne und die Lasttiere glücklich an den Fuß des Abhanges zu bringen. Dieser Bergrand heißt in Ugogo Kilima Tindi. Die Bergzüge, welche bläulich am fernen Horizont im Osten schimmerten, gehörten bereits der Marenga Mkali oder der westlichen Umwallung von Mpuapua an. Dies alles teilte mir der landeskundige Salim mit. Die Truppe meiner Wanjanwesi und Manyema brach in lauten Jubel aus, als sie das ihnen so wohlbekannte Ugogo vor sich liegen sah.

In östlicher Richtung ging es nunmehr in den Mittag hinein. Heiß brannte die Sonne auf uns hernieder. Stanley nennt Ugogo einen Garten und bedauert, daß er nicht dazu beitragen könne, ihn auch als solchen zu beackern. Er würde wahrscheinlich eine außerordentliche Enttäuschung erleben, wenn er dies versuchen wollte. Mehr als irgendein anderes Land Ostafrikas ist dieser vermeintliche Garten nichts als eine trockene Savanne, in welcher die Flußläufe nur in der kurzen Regenzeit selbst Wasser führen, und wo selbst die Expeditionen, welche, wie wir, unmittelbar nach der Regenzeit das Land durchziehen, fortwährend mit der Dürre zu kämpfen haben.

Der Fluß Bubo, welcher von Norden nach Ugogo einströmt und zum Stromgebiet des Rusidschi gehört, war schon um Mitte Juni vollständig ausgetrocknet, und wir hatten das Wasser in demselben zu graben. Aus einem solchen Lande läßt sich kein Garten machen, hier ist nur Viehzucht möglich und Mais und Getreidekultur nur auf kleinen, ganz bestimmten Strecken. Von allen Ländern, die wir durchzogen haben, ist

Ugogo das häßlichste, ich möchte sagen, das Widerlichste, und entsprechend dem Charakter des Landes ist auch der Geist der Bewohner. Die Wagogo sind ihrer Grundlage nach ein Bantustamm, aber augenscheinlich stark mit Massaiblut durchsetzt. Wie diese sind sie frech und diebisch. Fremde betrachten sie ohne weiteres als Feinde, und, da seit Jahrtausenden der Verkehr durch ihr Land geht, haben sie sich ein System räuberischer Tributforderung angewöhnt, unter welchem die sämtlichen Handelskarawanen schwer zu leiden haben. Stanley klagt in etwas sentimentaler Weise, „Im dunkelsten Afrika", Band II, S. 401: „Es gärt dort von Schwierigkeiten und Aufruhr. Die Gegend ist ein Wirrsal von kleinen Ärgernissen, welche den Reisenden, solange er sich dort befindet, Tag für Tag quälen. Keine anderen Gingebornen verstehen es so gut, wie die Reisenden zu ärgern und zu belästigen sind. Man sollte fast glauben, es müßte sich irgendwo in Ugogo eure Schule befinden, um die Häuptlinge, die von fuchsartiger Verschlagenheit sind, in gemeinen Schlichen und böslicher Malice zu unterrichten. Vor 19 Jahren betrachtete ich dieses Land und seine Bevölkerung mit verlangenden Blicken und sah in ihnen ein Feld, dessen Gewinnung einige Anstrengung wert sei. Ich war überzeugt, daß Ugogo in sechs Monaten zu einem anmutigen, geordneten Lande und ohne große Kosten und Mühen zu einem Segen für die Bewohner und für Fremde gemacht werden könnte. Ich hätte es gern zu einer angenehmen Hochstraße für den Verkehr der Menschen mit weit entfernten Völkern gemacht, zu einem Lande, das Reichtum für die Bewohner und Annehmlichkeit für die Karawanen geboten hätte. Bei der Ankunft in Ugogo erfuhr ich, daß mir diese Hoffnung für immer abgeschnitten sei. Es wird die Bestimmung der Deutschen sein, dies alles auszuführen, und ich beneide sie darum. Für mich ist es eine sehr schlimme Nachricht, daß ich nie in der Lage sein werde, diese Kloake lasterhafter Leidenschaften zu entleeren, die Frechheit der Wagogohäuptlinge zu unterdrücken und das Land reinlich, gesund und sogar von Aussehen schön zu machen. Wenngleich meine besten Wünsche die

Bestrebungen der Deutschen begleiten, beschleichen meine Seele doch Zweifel, ob Ugogo jenes schöne Land der Ruhe und freundlichen Aufnahme werden wird, zu welchem ich es in meinen Träumen gemacht hatte."

Wie schade für Ugogo, daß Stanley seine Pläne für dieses Land nicht zur Ausführung bringen kann! Es würde in der Tat für ganz Ostafrika ein außerordentlicher Vorteil sein, wenn die Karawanen, anstatt durch eine vollständig trockene Savanne dort hinter Usagara durch einen blühenden und grünenden Garten marschieren könnten. Freilich, die „Frechheit der Wagogohäuptlinge zu unterdrücken", dazu würde Mr. Stanley auch bei seinem letzten Durchzuge durch dieses Land eine schöne Gelegenheit gehabt haben, von welcher es nur zu bedauern ist, daß er sie sich so gar nicht zunutze gemacht hat.

Wir standen am 9. Juni im westlichsten Teile das Landes von Makenge, und zwar schlug ich das Lager an diesem Tage in Mtive auf, wiederum in einem Lager van Mr. Stokes. Er, Makenge, hatte, als Stanley vor dreiviertel Jahren durch sein Land marschiert war, sofort zu diesem geschickt mit dem Ersuchen, er möge Tribut bezahlen. Stanley, an der Spitze von 1000 Mann und mit einem Maximgeschütz bewaffnet, hätte dies ja nun als vortreffliche Gelegenheit benutzen können, „die Frechheit der Wagogo zu unterdrücken", denn ein derartiges Ansinnen um Tribut gegenüber einer so starken Expedition, Welche obendrein von neun Weißen befehligt wird, ist dach in der Tat als eine Frechheit zu bezeichnen.

Stanley jedoch schickte, anstatt daran zu gehen, „diese Kloake lasterhafter Leidenschaften zu entleeren", an Malenge den für Karawanen üblichen Tribut. Aber Makenge war damit nicht zufrieden. Er sandte den einfachen Tribut zurück und forderte nunmehr von Stanley, derselbe möge seine sämtlichen Leute zum Frondienst' schicken. Er wünsche, daß Stanley ihm ein befestigtes Lager bauen lasse.

Das war die zweite Gelegenheit für Mr. Stanley, die „Frechheit des räuberischesten aller Wagogohäuptlinge zu unterdrücken". Er war über die Forderung Makenges auch empört genug, aber, anstatt sie Zurückzuweisen und das Weitere abzuwarten, gab er als der Klügere nach und schickte diesem nunmehr das Vierfache des gewöhnlichen Tributs, womit Makenge sich denn auch liebenswürdigerweise zufrieden erklärte.

Diese kleine Episode des Stanleyschen Aufenthaltes in Ugogo erzählt derselbe in seinem Reisewerke nicht, und ich führe dieses auch nur an, um die nachfolgende Darstellung verständlicher zu machen.

Es mußte nämlich auf der Hand liegen, daß, wenn eine Expedition von der Stärke der Stanleyschen in Ugogo sich dazu herbeiließ, Tribut zu zahlen, man dann von diesen Leuten nicht eben große Achtung und entsprechende Bescheidenheit gegenüber der weißen Rasse erwarten durfte. Es darf demnach auch keineswegs auffallen, was uns in diesem Lande zustieß.

Wir saßen noch beim Frühstück, als sich flegelhafte Wagogo vor unserm Zelt drängten, und einer sich frech an den Eingang meines Zeltes stellte. Auf mein Ersuchen, sich davonzuscheren, grinste er dreist, blieb aber stehen. Da sprang Herr v. Tiedemann, welcher der Zelttür zunächst saß, auf, packte den Burschen und schleuderte ihn abseits. Ich sprang ebenfalls auf und rief Hussein zu, ihn zu greifen und ihm eine Lektion mit der Flußpferdpeitsche zu erteilen. Dieselbe wurde unter Wehegeheul vollzogen, während die Wangwana meldeten, daß der betreffende der Sohn des Sultans des Landes sei. Während dies sich noch vollzog, erscholl vom Norden des Lagers her das uns sehr wohl bekannte Schlachtgeheul der Wagogo. Dieselben hatten meine Leute von dem Wasser vertrieben, weil ich keinen Tribut bezahlt hätte, und kamen nun gegen das Lager herangestürmt. Ich begab mich sofort an die Nordseite desselben und sah, wie die Wagogokrieger, Meistens jeder mit zwei Lanzen bewaffnet, herangetanzt kamen und zum Kampfe aufforderten.

Da sie anfingen, mit Pfeilen zu schießen, feuerte ich dazwischen und streckte einen von ihnen nieder, während ich einen zweiten durch den Arm schoß. Nun fuhren sie in wilder Flucht zurück, und alsbald kamen einige von den Ältesten, um Friedensverhandlungen mit uns anzuknüpfen. Den ganzen Nachmittag über wurde verhandelt und -am Abend endlich ausgemacht, daß Boten an den Sultan Makenge geschickt werden sollten, in dessen Residenz wir am nächsten Tage zu marschieren hatten, um ihm die Sache zur Entscheidung zu überlassen.

Ich ließ das Lager in der Nacht durch zwölf Posten bewachen und marschierte am nächsten Morgen unter Trommelschlag an großen Haufen der Wagogo vorüber nach Osten weiter. Der Weg führte durch einen ziemlich ausgetrockneten Fluß ins Land Unjanguira hinein. Um 11 Uhr kamen wir an ein schön angebautes Gebiet, welches mich lebhaft an die Landschaft am Mörissee bei Alexandrien erinnerte. Es fiel mir auf, baß große Trupps Menschen hinter den Maisfeldern herumliefen, und ferner berührte mich unangenehm das andauernde hyänenartige Geheul der Wagogo, welches ich ganz genau als Kriegsgeschrei kannte.

Als wir durch die Maisfelder im Osten der Dörfer hindurchgedrungen waren, bemerkte ich plötzlich mehrere hundert Wagogokrieger mit angelegtem Pfeil und Bogen und kampfbereiten Langen kniend zur linken Seite des Weges sitzend, und einer der Häuptlinge kam auf uns zugelaufen mit der in frecher Sprache ausgeschrienen Forderung nach Tribut. (Mahongo Mahongo!) Meine Verachtung gegen das Gesindel war durch, den vorhergehenden Tag noch gesteigert. Ich gab meinem Diener meine Büchse, nahm meinen langen Knotenstock und ging mit diesem auf die Wagogo zu, indem ich ihnen zurief:

„Schert euch hier weg und nehmt euch in acht!"

Sie standen sämtlich auf und gingen langsam abseits.

Ich marschierte nunmehr bis zu einem Lagerplätze im Süden von Makenges Residenz. Alsbald schickte ich eine Botschaft an den Sultan mit dem Ersuchen, er möge sich mit mir in Verbindung setzen, weil ich wissen wolle, ob er Krieg wünsche oder Frieden.

Die Botschaft kam unterrichteter Sache zurück. Eine in der Nähe lagernde Waniamwesikarawane hatte sie gewarnt, in die Residenz des Makenge zu gehen, wo Tausende von Kriegern versammelt seien, um uns anzugreifen. Um für diesen Fall gerüstet zu sein, da meine Vorderlader fast munitionslos waren, ließ ich mit allem Eifer die einzige Last Draht, welche ich auf der Expedition mitgeführt hatte, zerfeilen und die Stücke an die Leute austeilen. Dann setzten wir uns zum Frühstück nieder, bei welchem Abgesandte der Waniamwesikara'wane erschienen, um mit uns Freundschaft zu machen.

Während ich mit ihnen verhandelte, kamen plötzlich Boten von Makenge:

„Unser Sultan läßt dir sagen, er wünscht den Frieden mit dir. Er wünscht der Freund der Deutschen zu sein, und du sollst keinen Tribut in seinem Lande bezahlen."

„Sagt eurem Sultan", erwiderte ich, „wenn er Freund der Deutschen und unser Freund sein will, so möge er Geschenke mit mir austauschen. Er möge mir Getreide und Honig schicken, und ich werde ihm alsdann Pulver und Stoffe geben."

Während sie sich« noch unterhielten, erscholl plötzlich Flintengeknatter im Westen von unserm Lager, und zwar wiederum am Wasser. In wilder Eile kamen meine Leute von jener Seite ins Lager gestürmt. Ich ergriff meine Doppelbüchse und trat aus dem Zelte, rufend:

„Wo sind die Wagogo?"

„Dort und dort und dort, von allen Seiten kommen sie heran!" wurde mir geantwortet. In der Tat sah ich von allen Seiten dichtgedrängt die Wagogo herantanzen.

Dieser Anblick erregte meinen Zorn in einer Weise, daß ich meinen Leuten zurief:

„Dererah Somal! (Kämpft Somalis!) Zur Büchse, Söhne von Uniamwesi, Söhne von Usukuma und Söhne von Maneyma! Vorwärts! Nieder mit den Wagogo!"

Schnell waren die Anordnungen getroffen, ein Teil der Somalis hatte die östliche und nördliche Seite des Lagers zu decken. Gegen Westen und Süden, von wo der Hauptangriff kam, stürmte ich mit etwa 20 Mann dem Feinde entgegen. Herr v. Tiedemann war zunächst an meiner Seite, alsdann beorderte ich ihn nach der östlichen Seite zurück.

Die Wagogo griffen, nach Tiedemanns Schätzung, in einer Stärke von 2 bis 3000 Mann an und führten auch zum Teil Vorderlader. Das Fatale für mich war, daß meine Leute mit dem zerfeilten Draht nur auf kurze Distanzen schießen konnten, und daß dadurch die Überlegenheit unserer Feuerwaffen ein wenig aufgehoben wurde. Dagegen wirkten meine Doppelbüchse und die Repetiergewwhre der Somalis in alter bewährter Vorzüglichkeit. Nach der alten Massaitaktik ließ ich einige Male feuern, um erst mehrere von den Kriegern niederzumachen. Dann ging es mit Hurrah vorwärts, jedoch derart, daß während dieses Vorgehens die Bewegungen der Gegner immer genau beobachtet wurden, und, falls sie stehen blieben, auch wir stehen blieben, um wieder Zu schießen.

Die Sonne schien glühend heiß, aber in einer halben Stunde waren die Wagogo gegen Süden und Westen vom Lager zurückgedrängt, und nunmehr schickte ich Botschaft an Herrn v. Tiedemann, er möge im Jäger bleiben und dasselbe bewachen. Ich würde jetzt gegen die Dörfer in einer Entfernung von etwa einer Vietelstunde im Süden von uns vorgehen, und die Wagogo dort meinerseits angreifen. Als ich diese Entscheidung ausführte und im Vorgehen auf die Dörfer war, kam mit einem Male eine Botschaft Makenges.

„Der Sultan wünscht Frieden mit dir, er will dir Tribut zahlen an Elfenbein und Ochsen."

Ich sagte: „Der Sultan soll Frieden haben, und zwar den ewigen Frieden. Ich will den Wagogo zeigen, was die Deutschen sind."

So ging es gegen das erste Dorf, in welchem die Wagogo sich zunächst zu verteidigen suchten. Als indes mehrere von ihnen hier niedergestreckt waren, ergossen sie sich in wilder

Flucht aus dem südlichen Tore, und das Dorf war in unseren Händen.

„Plündert das Dorf und werft Feuer in die Häuser hinein, zerschlagt alles, was nicht brennen will!"

Leider stellte sich alsbald heraus, daß die Wagogodörfer selbst nicht gut brennen, da sie Holzbauten mit Lehm beworfen darstellen, welche nach außen ringartig abgeschlossen sind. Ich ließ große Massen trockenen Holzes in die Häuser hineinlegen und systematisch Feuer anzünden. Zu gleicher Zeit arbeiteten die Äxte, welche ich aus dem Lager nachholen ließ, um die Wände einzuschlagen, so daß das erste Dorf alsbald zerstört war. Ich deckte diese Arbeiten mit drei Somalis gegen Süden hin, indem ich die Horden der Wagogo durch meine Schüsse zurückscheuchte.

Inzwischen schickte ich zu der benachbarten Wamamwesikarawane, mit welcher wir vorher Freundschaft gemacht hatten: „Kommt und helft uns. Wenn wir die Herden der Wagogo bekommen, sollt ihr einen Teil der Beute erhalten."

Das war zwischen 2 und 3 Uhr nachmittags. Indes, die Waniamwesi waren der Sache doch wohl noch nicht ganz sicher, sie erschienen erst um 5 Uhr auf dem Schauplatz des Gefechts. Da rief mir Hussein zu: „Herr, komm, die Wagogo greifen das Lager an!"

Ich antwortete: „Ich werde euch zeigen, wie man die Wagogo vom Lager wegbringt."

Wir schlichen uns in dem Maisfeld heran und fingen plötzlich an, auf die Horden, welche von Osten herandrängten, in der Seite und im Rücken zu schießen. In wilder Flucht stoben dieselben auseinander. Meine Verachtung gegen die Wagogo war so groß, daß ich, in diesem Einzelgefecht wiederholt meinen Leuten sagte: „Ich will euch zeigen, welche Art Gesindel wir vor uns haben. Bleibt alle stehen, ich will ganz allein die Wagogo beiseite werfen." Ich ging auf die Wagogo bot, rief Hurrah, und Hunderte von ihnen stoben beiseite.

Ich erwähne dies nicht, um unser Vorgehen als irgend etwas Heldenartiges hinzustellen, sondern zu zeigen, welcher

Art dieses ganze Afrikanertum ist, und welche übertriebenen Anschauungen in Europa in bezug auf die Kriegstüchtigkeit derselben und auf die zu ihrer Unterwerfung erforderlichen Mittel im Gange sind. Die Wagogo gelten für einen der gefürchtetsten der Stämme im ganzen deutsch-ostafrikani-schen Schutzgebiete, vor denen die Wangwana von der Küste zittern, wenn sie in dieses Land hineinziehen; und doch waren wir bei schlechter Munition mit 20 Mann imstande, Tausende von diesen auseinanderzujagen.

Von 3 Uhr an ging ich gegen die weiteren Dörfer im Süden vor. Überall dasselbe Schauspiel. Nach kurzem Widerstände stoben die Wagogo auseinander, Feuerbrände wurden in die Häuser geschleudert, die Äxte arbeiteten, um zu zerschlagen, was nicht zu verbrennen war. So -wurden bis ½ 5 Uhr zwölf Dörfer verbrannt, aber gegen die Herden, welche weiter im Süden an einem Bergabhange weideten, vermochte ich nicht vorzugehen, weil ich in der Regel nur 6--10 Mann in meiner unmittelbaren Umgebung hatte und vermuten mußte, daß die Wagogo hier energischer kämpfen würden.

Da, gegen 5 Uhr, sah ich große Massen von der Gegend meines Lagers eilig herankommen. Ich glaubte zunächst, es seien Wagogo, und wollte anfangen, auf sie Zu schießen. Aber meine Leute schrien mir zu: „Die Wanjamwesi kommen!"

Nun rief ich den Waniamwesi zu: „Hcran Waniamwesi! Vorwärts auf die Ochsen der Wagogo! Dort hinten sind sie! Hurrah!"

Fort ging es in wildem Laufe gegen die Ochsenherden an mehreren Dörfern vorüber. Die Wagogo versuchten, ihre Herden schnell abseits zu treiben, aber es gelang doch 2 bis 300 Stück von diesen zu greifen und die Hirten, soweit sie nicht flohen, niederzumachen. Vom vielen Schießen war meine Büchse so heiß geworden, daß ich sie kaum noch zu halten vermochte. Ich hatte persönlich das Schießen an diesem Tage besonders deshalb betreiben müssen, weil ich Ziemlich der einzige gewesen war, welcher noch über hinreichende Massen

Munition verfügte. Meinen glühenden Durst konnte ich von Zeit zu Zeit durch erbeutete saure Milch stillen.

Die Sonne sank im Westen hernieder, als ich schließlich den Rückzug befahl. Meine Leute waren ebenfalls so sehr vom Gefechtseifer ergriffen, daß ich sie kaum bewegen konnte, zurückzukommen. Sie plünderten in den verschiedenen Dörfern oder höhnten die Wagogo, die immer noch in großen Massen im Hintergrunde standen oder lagen. Um ½ 6 Uhr trat ich den Rückzug an. Die Herde wurde mitgetrieben, und in scheuer Entfernung folgten uns die Wagogo, immer noch auf uns feuernd, bis in die Nähe des Lagers. Aber kein Stück ihres Viehs vermochten sie wiederzubekommen. Sie haben dann am andern Morgen als die Zahl ihres Verlustes an diesem Nachmittage „mehr als fünfzig" angegeben.

Als wir uns dem Lager näherten, kamen Herr v. Tiedemann und die 'dortigen Leute uns freudig entgegen.

„Nun, Herr v. Tiedemann, ich denke bis Mpuapua reicht es", sagte ich, auf die Herde zeigend.

Wir schüttelten uns die Hände und gingen dem Lager zu. Meine Leute tanzten Kriegs- und Freudentänze um das Vieh herum. Sobald ich in mein Zelt getreten war, löschte ich wiederum meinen Durst durch Kognak und Wasser, teilte dann sofort den Rest des Pulvers und des Drahtes aus und stellte die Posten um das Lager herum. Ich empfand eine eigentümliche Schwere in meinem Kopfe von dem vielen Laufen in der Sonne. Wie sich schon in derselben Nacht herausstellte hatte ich mir eine Affektion des Gehirns zugezogen, welche sich in den nächsten Tagen sowohl in Taubheit als auch in erhöhter Temperatur und allgemeinem Melbefinden äußerte.

Bevor ich von den Dörfern der Wagogo zurückgekehrt war, hatte ich ihnen zugerufen:

„Jetzt kennt ihr Kuanda Scharo und die Deutschen ein wenig besser als heute morgen, aber ihr sollt sie noch in ganz anderer Weise kennen lernen. Ich bleibe jetzt bei euch in diesem Lande, solange als noch ein Mensch! von euch lebt, solange als noch ein Dorf von euch dasteht, und ein Stück Vieh von such zu erbeuten ist!"

Im Lager ging jetzt ein gewaltiges Schlachten los, überall war eine freudig bewegte Stimmung um die Lagerfeuer herum, an welchen auch die Waniamwesi, welche bis zum Abend zum Besuch waren, sich niederließen.

Um 9 Uhr schickte Makenge seine Sühne. Dieselben brachten einiges Elfenbein, welches einen Reinwert von etwa 1000 Mark darstellte, als ersten Tribut und verlangten, meine Friedensbedingungen zu wissen.

„Sagt eurem Sultan, daß ich mit ihm keinen Frieden will. Die Wagogo sind Lügner und müssen vernichtet werden von der Oberfläche der Erde. Wenn der Sultan aber der Sklave der Deutschen werden will, so können er und die Seinen leben. Dann schicke er mir morgen als Zeichen eurer Unterwerfung Tribut an Rindern und Schafen und Ziegen, er schicke mir Milch, und Honig, dann wollen wir weiter verhandeln."

In der Nacht fiel ich in einen festen Schlaf, aus welchem ich indes schon vor Sonnenaufgang durch das Gebrüll von Rindern geweckt wurde. Makenge hatte 38 Schlachtochsen geschickt und außerdem eine Anzahl von Kleinvieh. Im Verlaufe des Tages kamen noch Milch und Honig und andere Einzelheiten hinzu. Nunmehr ließ ich mich dazu herbei, ihm einen Vertrag zu bewilligen, durch welchen er unter die deutsche Oberhoheit gestellt wurde. Die Flagge versprach ich zu schicken, sobald ich Mpuapua erreicht habe.

Die große Wanjamwesikarawane, welche in der Nähe lag, schickte an diesem Nage ihre Abgeordneten und sagte: „Sei du unser Führer, wir wollen deine Leute sein". Diese Karawane war über 1200 Mann stark und verfügte u. a. über eine große Anzahl von Trommlern.

Nachdem so am 11. Juni alles geregelt war, ging es am 12., die schwarz-weiß-rote Flagge lustig im Morgenwinde flatternd, unter lebhaftem Trommelschlag nach Osten weiter, die Herde der Wagogo voran. Kein Mgogo ließ sich in der ganzen Landschaft erblicken.

Wir lagerten an diesem Tage am Buboflusse, welcher in nordsüdlicher Richtung strömt, aber zurzeit, wie ich schon erwähnte, Wasserleer war. Ich konnte mich kaum fortbewegen und ließ mir demnach an diesem Tage ebenfalls eine Tragbahre herstellen, auf welcher ich mich am folgenden Tage befördern lassen wollte. Wir erreichten durch einen Marsch von 3 ½ Meilen am 13. Juni Ungombe. Das Wasser, welches hier in kloinen Teichen stand, war so vollständig durch die getränkten Rinderherden verunreinigt, daß wir es nicht einmal zur Suppe brauchen konnten.

An diesem Tage schickte der Sohn Makenges, welcher hier Gouverneur war, unaufgefordert Zwanzig weitere Schlachtochsen als Tribut. Wie fanden hier eine große arabische Karawane liegen, welche ebenfalls mit den Wagogo um Tribut noch verhandelte. Es war die Karawane von Mohammed Bin Omari, den ich in Muhalala getroffen hatte. Kaum hatte dieselbe von unserer Ankunft vernommen, als eine Deputation zu mir kam mit der Aufforderung, ich möge auch ihr Führer werden, sie wollten meine Leute sein, wenn ich sie sicher aus Ugogo hinausführen werde. Ich nahm diesen Vorschlag an und befehligte somit über mehr als 2000 Menschen.

In der Nacht brach bei mir ein wohltuender Schweiß aus, welcher mir Erleichterung von meinem sonnenstichartigen Leiden verschaffte, aber die Taubheit dauerte auch am 14. Juni noch an. An diesem Tage ließ ich erst am Nachmittag aufbrechen, ein Verfahren, welches sich überall da empfiehlt, wo man nicht hoffen kann, in einem Marsche Wasser zu erreichen. Die Leute können auf dem alten Lagerplätze noch abkochen, das Vieh kann für den Tag getränkt werden, und man erreicht alsdann am zweiten Tage wiederum Wasser.

Am 14. Juni wandten wir uns aus der östlichen Richtung ein wenig gegen Ostnordost, um die sogenannte Lindibergkette zu umgehen. Nachdem wir einige Stunden durch Wald und Busch marschiert waren, kamen wir um 5 Uhr an eine offene Glasfläche, welche indes trocken war. Hier wurde das Lager aufgeschlagen. Es war ein unfreundlicher Abend. Der Wind pfiff stark, und ziemlich fröstelnd saßen wir in meinem Zelte. Ich legte mich sehr traurig zu Bett, indem ich an meine Taubheit dachte. Alle möglichen Sorgen schössen durch mein Gehirn. Ich dachte, wenn ich nun zu der Taubheit auch noch blind würde, was für ein trauriges Los ich dann in Zukunft haben würde. Spät schlief ich ein und wachte gegen zwei Uhr auf, meinen Diener rufend, er möge mir ein wenig zu trinken geben. Ich hatte für Herrn v. Tiedemann und mich Wasser mitgeführt. Wer beschreibt mein freudiges Erstaunen, als ich bei der Antwort Buana Mkus wahrnahm, daß meine Taubheit vollständig fort sei, und ich wieder so hell hören konnte wie zuvor. In freudiger Stimmung brach ich demnach am nächsten Morgen in der Frühe ans und gelangte, die Lindiberge vollständig hinter uns lassend, nach Matako. Von hier bis zum nächsten Wasserplatze Msango sollte es 12 Stunden Marsch sein. Ich beschloß demnach, die Taktik des Vorgehens wiederum abzuändern, insofern ich befahl, des Nachts um 12 Uhr abzumarschieren, um am nächsten Tage um Mittag in Msango anzukommen. Freilich verschliefen wir die Mitternachtsstunde, so daß wir erst um 3 Uhr morgens von Matako fortkamen, aber es stellte sich andererseits heraus, daß die Marschentfernung nach Msango tatsächlich nur 10 Stunden betrug, so daß wir doch noch etwas nach Mittag an unserm Endziel eintrafen.

Diese nächtlichen Märsche haben das Angenehme, daß man sich behaglich, auf der Tragbahre befördern lassen kann, wozu ich bei Tage, auch wenn ich mich schlecht befand, niemals die Geduld hatte. Wenn dann der Morgen graute, ließ ich in der Regel an einem Lagerplatze Halt machen und die Strohhütten anstecken, an denen wir uns wärmten und in deren Schein wir unser Frühstück einnahmen. Dann kam erst der eigentlich schöne Marsch von einigen Stunden, worauf die Esel benutzt wurden, und, da die Landschaft hier in der Tat in der Nähe der westlichen Umrandung von Ugogo anfing, üppiger und schöner zu werden, so gehört dieser Marschtag nach Msango zu einem der lieblichsten auf der ganzen Rückreise.

In Msango fanden wir eine große Waniamwesikarawane, die von Mpuapua kam. Die Chefs kamen alsbald zu mir, um mich zu begrüßen. Sie führten die deutsche Flagge und gaben einige, wenn auch verworrene Nachrichten von der Küste.

„Wir hatten gehört, daß du die Massais geschlagen hast, und jetzt warten die Deutschen in Mpuapua auf dich. Dort ist auch Min Pascha, welcher Lasten für dich gebracht hat, und mit dem du nach dem Nyansa zurückkehren sollst."

„Wollt ihr sagen, daß Emin Pascha in Mpuapua ist?"

„Ja, in Mpuapua ist Emin Pascha, und sie haben Vieh wie Sand. Dort ist ein großes Haus von Stein."

Diese Nachrichten waren so außerordentlich überraschend, daß sie unsere Phantasie und unsere Unterhaltung den ganzen Tag über lebendig erhielten, und zwar war ich im Grunde meiner Seele nicht geneigt, sie zu glauben. Ich nahm an, es werde sich Wohl wie gewöhnlich als ein Irrtum herausstellen. Darin freilich sollte ich mich diesmal täuschen.

Der 17. Juni brachte uns nur einen kurzen Marsch, und zwar dringen wir jetzt in das Land Mahamba hinein, nach einem Orte, welcher nach dem Sultan Aagallo genannt wird. Kwam-Aagallo liegt am Südwestabhang der Pamedaberge, welche das eigentliche Ugogo von der Marenga Mkali abtrennen, und die wir im Süden zu umgehen hatten. Hier fanden wir eine Reihe von Karawanen, die unter der deutschen Flagge vom Osten herangezogen waren. Das Lager wurde an einem Wasserlaufe aufgeschlagen, dessen Inhalt zwar ein wenig brackig, aber doch genießbar war. Mareuga Mkali heißt salziges Wasser und hat seinen Namen von dem Natrongehalt des Wassers in diesem Landstrich.

Unsere Zelte Waren kaum aufgeschlagen, als mit einem Male meine Leute meldeten: „Massais, Massais!"

Nichtig, an der andern Seite des Lagers trieben die Massais ihre Herden an den Fluß heran, um sie dort zu tränken. Da waren sie also endlich wieder, unsere guten alten Freunde, allerdings ein wenig schmuddliger als die stolzen Söhne vom Leikipia! Die Massais hier im Norden von Ugogo treiben auch Ackerbau und find sicherlich ein klein wenig durch Bantublut degeneriert, aber in ihrer äußeren Erscheinung, vor allem in ihrer Bewaffnung, glichen sie doch ihren Verwandten im Norden.

„Kommt herüber auf diese Seite des Flusses", rief ich ihnen zu.

„Bringt mir Geschenke mit, dann sollt ihr auch von mir Geschenke haben."

„Wer bist du?" antworteten sie.

„Ich bin Kupanda Scharo, und wir haben die Massais vom Leikipia geschlagen."

„Nein, bleibe du auf jener Seite, wir wollen auf dieser Seite bleiben, wir fürchten uns, hinüberzukommen."

Ein Helles Gelächter von Seiten unserer Leute beantwortete diese offene Mitteilung, und, so verlockend die großen Herden der Massais den Somalis und auch Wohl uns selbst erscheinen mochten, so sah doch auch ich meinerseits davon ab, die Massais am andern Ufer anzugreifen. Um 2 Uhr waren sie mit ihren Herden wieder in die Steppe abmarschiert.

In dieser Nacht ließ ich tatsächlich bald nach Mitternacht auf«brechen. Es ging in die Marenga Mkali hinein, und wir hatten eine gute Strecke hinter uns gebracht, bevor der Morgen graute. Nachdem wir gefrühstückt hatten, ging es wieder vorwärts, und wir traten nunmehr in die Gebirgslandschaft ein, welche Ugogo von Usagara trennt, schön geschwungene Formen mit bequemen Paßübergängen, durch welche sich der Weg ununterbrochen windet. Wiederholt begegneten wir Waniamwesikarawanen, die von Osten kamen und uns mit respektvollem „Jambo" oder „Morgen" begrüßten. Zuweilen war der Ausblick nach links geöffnet in die Steppe der Massais hinein. Einmal wurde mir auch am fernen Horizont im Nordosten eine Erhebung gezeigt, welche Salim als Kilimandscharo bezeichnet. Ich muß es dahingestellt sein lassen, ob er hiermit recht hatte.

Den ganzen Morgen ging es durch herrliches Gebirgsland. Die Luft war kühl, weil fortdauernd ein Windzug in den Tälern uns erfrischte. Große Rudel von Wild zeigten sich, Giraffen und Zebras. So ging es bis Mittag hin. Da windet sich der Weg an einem zur linken Hand sich ausdehnenden Bergabhange hin. Wir biegen nach Norden ab und sehen vor uns einen engen Gebirgspaß, am Berge liegen Mais- und Mtamafelder. Wir sind in Kampi, die Marenga Mkali liegt hinter uns, und wir haben jetzt nur noch einen kleinen Tagesmarsch bis zur deutschen Station in Mpuapua. Auch hier fanden wir wiederum Karawanen lagernd. Der Verkehr auf dieser ganzen Strecke ist überhaupt ein ganz außerordentlicher. Ich kenne keine deutsche Landstraße, wo ein so regelmäßiger ununterbrochener Personen und Warenverkehr sich hin- und herbewegt als auf dieser Karawanenstraße von Ugogo nach der Küste. Dieser muß nach vielen Hunderttausenden von Menschen das Jahr hindurch zählen.

In Kampi angelangt, war das erste, was ich tat, ein Schreiben „an die Herren der Station in Mpuapua" zu verfassen und sofort durch einige Boten abzuschicken, in welchem ich mitteilte, daß ich am nächsten Morgen um 10 ¾ Uhr dort eintreffen werde.

Das Wasser war von unserm Lagerplätze über eine Stunde entfernt, und so währte es bis zum Abend, bevor wir an diesem Tage eine Mahlzeit erhielten. Nach dem Abendessen erhob sich ein so starker Wind von Osten her das Tal hinauf, in welchem wir lagen, daß das Zelt sich alsbald zur Seite beugte und zweimal zusammenbrach. Da keinerlei Aussicht war, daß der Wind im Verlaufe der Nacht nachlassen werde, mußte ich mich entschließen, mein Feldbett im Freien, nur durch etwas Gebüsch gedeckt, aufzustellen und mich so zum Schlafe anzuschicken, der jedoch dadurch nicht weniger fest und tief wurde, da ich infolge der Strapazen der letzten Nacht und des Tages in der Tat sehr erschöpft war.

Und nun zog der letzte Marschtag herauf bis zu unserm Zusammentreffen mit deutschen Landsleuten. In bewegter Stimmung brachen wir auf, um zunächst den Bergpaß vor uns zu erklimmen, von wo aus nach der andern Seite sich das Tal von Mpuapua öffnen sollte. Ich eilte mit einigen Leuten der Kolonne voran. Der Abstieg war ein bequemer. Der Buschwald verwandelte sich allmählich in Hochwald, und so ging es immer weiter gegen Osten. Mit einem Male begegneten uns Soldaten in Uniform der deutschen Schutztruppe, welche uns begrüßten. Wir mußten also ganz in der Nähe der Station sein. Da — noch eine Biegung, und auf den Zinnen Mpuapuas erblickten wir die schwarz-weiß-rote Flagge.

Höher schlug das Herz bei diesem Anblick, und in freudiger Aufregung folgten wir dem Pfade, welcher jetzt sich an der Nordseite der Station herumwand. Wir mußten inzwischen dort erblickt worden sein, und richtig, da traten einige Herren aus dem Tore.

Bald sprengte einer von ihnen auf einem Esel eilends mir entgegen, er sprang herunter, nahm den Hut ab und begrüßte mich. Es war Herr Janke. Dahinter eilten zwei Herren zu Fuß heran, es waren der Chef der Station, Herr Leutnant v. Bülow, und Herr Leutnant Langheld. „Emin Pascha ist auch hier." Da kam ein Herr unter Mittelgröße herangegangen in einfacher blauer Uniform und mit dem Helm bekleidet. Ein schwarzer Vollbart umrahmte ein Gesicht, dessen Furchen von angespannter geistiger Arbeit zeugten. Das war Emin Pascha!

„Exzellenz, darf ich Ihnen Herrn Dr. Peters vorstellen?" sagte Herr v. Bülow.

„Ich freue mich sehr, Sie zu sehen", sagte Emin Pascha, indem er meine Hand ergriff und sie streichelte. „Ich weiß gar nicht, wie ich Ihnen danken soll für alles das, was Sie für mich getan haben."

Ich war von dem Begegnen mit Landsleuten und von dem mich doch immerhin überraschenden Zusammentreffen mit Emin Pascha so ergriffen, daß ich kaum zu sprechen vermochte. Ich begnügte mich demnach einfach damit, Emin Pascha die Hand zu drücken.

„Was für eine Expedition haben Sie hinter sich!" fuhr dieser fort. „Wir alle haben es nicht für möglich gehalten, daß

Sie durchkommen könnten. Aber nun kommen Sie in mein Zelt."

„Wo ist denn Herr v. Tiedemann?" fragte Herr v. Bülow, der ein alter Kamerad von ihm aus dem Kadettenkorps war.

„Herr v. Tiedemann kommt nach mit der Karawane", erwiderte ich.

„So will ich ihm ein wenig entgegenreiten", sagte Herr v. Bülow, indem er sich, verabschiedete.

Ich ging inzwischen Hand in Hand mit Emin Pascha nach dessen Zelt. An der Nordseite von Mpuapua war unter mächtigen Bäumen das Lager Emin Paschas aufgeschlagen. Munter flatterten die Wimpel auf dem Zelte, welche zu meinem Erstaunen mit demselben P. E. P. E. (Peterssche Emin Pascha-Expedition) gezeichnet waren wie unsere eignen. Emin Pascha erklärte mir lächelnd:

„Sie sehen, auch wir führen die Zeichen Ihrer Expedition."

Er hatte die von mir in Sansibar zurückgelassenen Zelte übernommen.

Vor dem Zelte Emins wehte die große schwarz-weiß-rote Flagge und zu beiden Seiten war je ein Geschütz aufgefahren. Seine sudanesischen Soldaten waren aufgestellt und salutierten uns mit präsentiertem Gewehr.

„Aber nun, mit welcher Art von Erfrischungen kann ich Ihnen dienen? Trinken Sie ein Glas Rotwein, Portwein, ein Glas Bier oder ? Herr Dr. Stuhlmann", rief er einem jetzt heranschreitenden, leidend aussehenden Herrn entgegen, „wir haben hier Dr. Peters!"

Ich begrüßte Herrn Dr. Stuhlmann, den ich von Sansibar her kannte, und welcher gerade von einem schweren Fieberanfall aufgestanden war.

„Nun Herr Doktor, nicht wahr, nun lassen Sie uns eine Flasche Sekt haben", sagte Emin zu Di-. Stuhlmann.

Emin, Pascha hatte sein Zelt außerordentlich geschmackvoll eingerichtet, indem er sein Bett in den Hinteren Teil gerückt und im Vordergründe einen Tisch und Stühle aufgestellt hatte. Der Tisch war mit Schreibmaterial bedeckt, auch lagen Bücher zur Hand. Über dem Tisch hingen sorgfältig präparierte Vogelbälge. Das Ganze gewährte fast den Eindruck einer deutschen Gelehrtenstube.

„Und nun, Herr Dr. Peters", fuhr Emin Pascha fort, „was Sie zunächst interessieren wird, Fürst Bismarck ist nicht mehr Reichskanzler."

„Wie? Fürst Bismarck ist nicht mehr Reichskanzler? Ist er gestorben?"

„Nein, er ist nicht gestorben, er ist von seinem Posten zurückgetreten."

„Und wer ist sein Nachfolger?"

„General v. Caprivi", sagte er. „Ich darf Ihnen mitteilen", sagte er, „daß Se. Majestät der Kaiser das allerlebhafteste Interesse für unsere koloniale Sache zu haben scheint. Aus diesem Interesse heraus hat er mich beauftragt, eine Expedition ins Seegebiet zu führen, um dort den deutschen Einfluß aufzurichten. Über die Ausführung dieses Auftrages denke ich noch mit Ihnen eingehend mich zu besprechen, da Sie doch im Augenblick derjenige sind, welcher die Verhältnisse an dem See von uns allen am besten kennt. Aber davon sprechen wir morgen, und nun fragen Sie, was Sie weiter zu wissen wünschen".

„Was ist aus Graf Herbert Bismarck geworden?"

„Er ist mit seinem Vater zurückgetreten, und an seiner Stelle ist Freiherr v. Marschall Staatssekretär des Äußern geworden, überhaupt werden Sie die Verhältnisse in Europa und auch die Stimmung gegen Ihre Expedition sehr verändert finden. Wir alle arbeiten mit neuem frischen Eifer in gutem Vertrauen auf die Zukunft unserer Sache", sagte Emin.

Ich erzählte jetzt Emin Pascha meine Abmachungen mit Uganda. Derselbe unterbrach mich wiederholt, indem er, mit einem freundlichen Lächeln zu Dr. Stuhlmann gewendet, die Worte „reizend, reizend!" hineinwarf.

Inzwischen trat auch Herr v. Tiedemann heran, welcher ebenfalls von Emin Pascha auf das herzlichste begrüßt wurde. Ich teilte Herrn v. Tiedemann die soeben vernommene Nachricht mit, Fürst Bismarck sei nicht mehr Reichskanzler.

„Weiß schon", sagte Herr v. Tiedemann trocken, „schon vollständig orientiert."

Sein Freund Bülow hatte ihm bereits die überraschende Neuig'keit erzählt.

Etwa drei Viertelstunden saßen wir so in angeregtem Geplauder im Zelte Emins. Ich befahl, daß meine Expedition ihr Lager dicht neben dem seinen aufschlage, und so wehten in der ganzen Senkung zwischen dem Hügel von Mpuapua und dem Gebirgsabfall im Norden die deutschen Flaggen und Wimpel.

„Meine Herren, es ist Zeit zum Essen", sagte Herr v. Bülow. „Darf ich bitten, sich in die Station zu bemühen. Ich habe auch die beiden Herren von der französischen Mission, den Père Schynse, einen Deutschen, und einen französischen Pater eingeladen, und so haben wir heute eine große Tafel. Ich, werde Sie jetzt mit den Herren bekannt machen."

Wir erhoben uns, und Emin Pascha blieb noch eine Weile zurück, um Toilette zu machen. Inzwischen kamen die beiden Herren von der französischen Mission heran, mit welchen wir ebenfalls bekannt gemacht wurden. Sobald der Pascha fertig war, schritten wir einen Pfad hinauf in die Station Mpuapua. Dieselbe ist außerordentlich solid aus Felssteinen aufgeführt und hat einen Turm von 2 m Dicke. Herr v. Bülow ließ auch, gerade einen Brunnen innerhalb der Station ausgraben, an welchem rüstig gearbeitet wurde.

In der Tat ist diese Anlage eine sehr achtunggebietende Leistung. Man darf wohl aussprechen, daß Mpuapua jedem Angriff, der ohne Geschütze unternommen wird, gegenüber vollständig uneinnehmbar ist, wenn es richtig verteidigt wird. Ich glaube auch, daß die Gegend gesund ist. Zwar ist es in Mpuapua sehr windig, und man muß sich demnach vor Erkältungen in acht nehmen, bei hinreichender Vorsicht jedoch wird man sicherlich gesunder bleiben als in der feuchten und schweren Luft der Küste. Wir sahen uns sämtliche Bauten an und traten bald in ein solid gebautes Speisezimmer, wo eine nach afrikanischen Begriffen lukullische Mahlzeit uns erwartete, lukullisch, weil wir europäische Gemüse mancherlei Art fanden. Und daneben kräftige Fleischgerichte von erbeuteten Rinderherden und europäische Delikatessen! aus Konserven. Dazu hatten die Herren aus der Station die Liebenswürdigkeit gehabt, alles, was sie noch von Getränken besaßen, schon wochenlang für unsere Ankunft aufzusparen, so daß wir m dieser Beziehung eine Auswahl hatten, wie sie kaum in Europa bei ähnlichen Gelegenheiten größer ist.

Als wir den ersten Hunger gestillt hatten, erhob sich Emin Pascha, schlug an sein Glas und begrüßte uns mit herzlichen Worten, indem er auf die Nachrichten von unserm Untergang hinwies und noch einmal ausführte, daß er es nicht für möglich gehalten habe, vom Osten her seine Provinz zu erreichen.

Ich dankte Emin Pascha, indem ich seine Arbeit am oberen Nil hervorhob und darlegte, daß wir alle Mühen und Gefahren gern ertragen hätten, in der Hoffnung, unserm großen afrikanischen Landsmann von Nutzen sein zu können. Herr v. Tiedemann toastete auf den Chef der Station, Herrn v. Bülow, und so verlief die Mahlzeit, zum erstenmal seit einem Jahre wieder unter Landsleuten, in sehr gehobener und angeregter Stimmung. Lange blieben wir zusammen sitzen, und die Sonne war schon im Sinken, als ich mit Emin Pascha einen Spaziergang durch das Lager machte, um nachzusehen, ob meine Leute alle gut untergebracht seien. Auch dies war der Fall, und sie alle schwelgten in dem Vollgefühl, das starke Bollwerk der Badutschi erreicht zu haben. Nun sei alle Not und alle Sorge dahin, die deutsche Emin Pascha-Expedition tatsächlich beendigt.

Der Abend fand uns alle wieder an gemeinschaftlicher Tafel, die Unterhaltung des Mittags wurde fortgesetzt, und ich hatte insbesondere mehr als am Morgen Gelegenheit, auch den Père Schynse kennen zu lernen, mit welchem ich noch lange aufblieb, als die übrigen Herren sich bereits zur Ruhe in ihre Zimmer zurückgezogen hatten.

Am nächsten Morgen begab ich mich schon vor 6 Uhr ins Lager von Emin Pascha, um mit demselben sachliche Verabredungen zu treffen. Wir nahmen unter freiem Himmel in Gesellschaft des Herrn Leutnant Langheld unser Frühstück ein, und ich zog mich alsdann mit Emin Pascha zu näheren Beratungen in sein Zelt zurück. Ich legte ihm zunächst alle meine Verträge aus Uganda und vom Viktoriasee vor, von denen er nachher Abschrift nehmen ließ. Ich machte ihn darauf aufmerksam, daß die englische Partei in Uganda vielleicht versuchen werde, mit Hilfe Jacksons Muanga zu zwingen, diese Abmachungen umzustoßen und andere im britischen Interesse zu treffen. Um die deutschen Interessen bis zur Entscheidung durch Se. Majestät den Kaiser in Uganda zu sichern, entschloß sich Emin Pascha, sofort Boten dorthin zu schicken, dem Könige mitzuteilen, daß er auf Befehl Sr. Majestät des Deutschen Kaisers an den Viktoriasee ziehen werde, und ihn zu ermahnen, bis die Entscheidung des Kaisers vorliege, keine neuen Abmachungen irgend welcher Art, die im Gegensatz zu den von mir mitgebrachten Verträgen ständen, zu treffen. Der Bote mit diesem Briefe ging bereits am folgende Tage nach Ukumbi ab.

Nachdem dies geschehen war, sprachen wir über die Verhältnisse der Kquatorialprovinz. Emin Pascha wies darauf hin, daß er sich jetzt im Dienste des Deutschen Reiches befinde, baß er dagegen bereit sei, wenn er später durch irgend welche Umstände wieder in sein altes Land zurück gelange, dann für solches dieselben Verpflichtungen, zu übernehmen, welche Muanga für Uganda auf sich genommen habe, und im Sinne dieser Gesichtspunkte am oberen Nil zu arbeiten. Bevor er in dieser Richtung irgend etwas entscheide, müsse er natürlich zunächst die Stellungnahme der Kaiserlichen Regierung kennen und hoffe, womöglich mich selbst von neuem in Afrika zu sehen.

Auch hierüber wurde ein Aktenstück aufgenommen und vollzogen.

Als dritten Punkt berieten wir über den vorliegenden Zweck der Expedition Emin Paschas. Er erbat sich von mir genaue Auskünfte über die Länder im Westen und fragte mich um meinen Rat über das, was er zunächst wohl zu tun haben werde, um den von Sr. Majestät ihm gestellten Auftrag zur Ausführung zu bringen. Ich konnte ihm nach bestem Wissen und Gewissen nur raten, bevor er irgend etwas anderes tue, zunächst Tabora oder einen geeigneten Platz in der Nähe von Tabora zu besetzen.

„Also dies ist auch Ihre Ansicht", sagte Emin Pascha. „Das deckt sich ganz mit meinen eignen Anschauungen und mit dem, was Père Schynse mir sagt."

Ich erwiderte: „Ich bin sogar in der Lage, Ihnen im Namen von Monseigneur Hirth anzubieten, daß, falls Sie Tabora besetzen wollen, dann die katholische Mission Ihnen ihre dortige Station Kipallpalla gern für Ihre Zwecke zur Verfügung stellen wird. Über die Frage der Zweckmäßigkeit, zunächst Tabora zu besetzen, braucht gar nicht lange beraten zu werden. Tabora ist der Mittelpunkt des ganzen arabischen Einflusses für das Seegebiet. Gerade wegen seiner zentralen Lage ist es zum Hauptsitz des Arabertums geworden. Wer Tabora beherrscht, hat damit den Schlüssel zu den drei Seen in der Hand, und deshalb ist das erste, was deutscherseits zu geschehen hat, die Besetzung Taboras. Wenn Sie sich entschließen sollten, vorher eine Station an einem der Sem zu machen, würden Sie dadurch immer nur örtliche Wirkungen erzielen. Mit Tabora wirken Sie auf alle drei Seen zusammen zurück."

„Ich freue mich sehr", sagte Emin Pascha, „daß wir so vollständig über diesen Punkt übereinstimmen, und ich bin entschlossen, in diesem Sinne jetzt auch vorzugehen. Ich werde, da Sie in Ugogo, wie es scheint, doch sehr schwer zu kämpfen gehabt haben, Herrn v. Bülow ersuchen, mit einem Teil seiner Mannschaft sich meiner Expedition ins Innere anzuschließen. Sie würden mich verbinden, wenn Sie mir nunmehr einige Auskünfte über die Verhältnisse Ugogos im besondern geben wollen."

„Ich werde mir erlauben, Ihnen ein ganz genaues Routenverzeichnis auszuarbeiten, in welchem speziell die eigenartige Wasserfrage dieses Landes behandelt sein wird.

„Und Welche Orte am Viktoriasee", fuhr Emin fort, „würden Sie mir für eine Stationsanlegung empfehlen?"

„Ich würde raten, daß sich Ew. Exzellenz dafür einmal Bukoba im Süden des Kagera ansehen. Der Südrand des Sees ist flach und ungesund, der Westen fruchtbar und, wie ich glaube, gesünder, da er höher gelegen ist. Bukoba scheint mir alle Bedingungen für eine Stationsanlegung zu bieten."

Emin Pascha notierte sich alle diese Einzelheiten sehr sorgfältig, und es war nach-10 Uhr geworden, als wir zusammen in die Station hinaufgingen, wo wir sofort mit Hilfe der übrigen Herren dazu schritten, die wichtigen Verabredungen des Morgens zu Papier zu bringen. Ich schrieb hernach Briefe an Monseigneur Hirth und Mons. Lourdel in Uganda, und so hatten wir ein recht schönes Tagewerk hinter uns, als wir uns gegen 1 Uhr zum Frühstück niederließen. Während desselben erschien ein englischer Missionär aus der nahe gelegenen englischen Missionsstation von Kisokwe, ein liebenswürdiger bescheidener Herr, welcher sich sehr angelegentlich nach unseren Erlebnissen im Norden erkundigte. Er blieb den ganzen Nachmittag über bei mir sitzen, als sich die übrigen Herren zu einer kurzen Mittagsruhe zurückgezogen hatten. Das war der zweite Tag.

Nach 4 Uhr begab ich mich zu Emin Pascha, welcher mir jetzt eine Reihe von Einzelheiten über seine Expedition und Stanleys Auftreten am oberen Nil mitteilte. Zu meinem großen Erstaunen erfuhr ich hier die volle Bestätigung dessen, was ich gerüchtweise schon hin und wieder am Viktoriasee vernommen hatte, daß nämlich Stanley Emin Pascha geradezu durch Gewalt aus der Äquatorialprovinz fortgeführt habe.

Emin Pascha erzählte mir: „Als Stanley zum ersten Male an den Albertsse kam, würde er verloren gewesen sein, wenn Casati und ich nicht zu ihm gekommen wären. Stanley ist nicht zu uns gekommen, sondern wir zu ihm. Er hat die Äquatorialprovinz ebensowenig erreicht wie Sie. Als er zuerst in Kiwalli ankam und keine Nachricht von uns fand, da wagte er nicht, den Vorstoß den Albertsee entlang nach Wadelai vorzunehmen, sondern ging vier Monate zurück, um ein Boot heranzuholen. Dann kam die Expedition wieder, und nun suchten wir sie auf, brachten ihnen Lebensmittel und Kleidung, und auf diese Weise wurde die Expedition vom Untergänge bewahrt."

Ganz in demselben Sinne äußerte sich einige Monate später Signore Casati mir gegenüber.

„Dann fing Stanley an, in mich zu dringen, meinen Posten aufzugeben. Er teilte mir mit, der Khedive habe ihn eigens zu dem Zweck hergeschickt, um mir den Befehl zu überbringen, ich möge die Äquatorialprovinz räumen. Stanley gab zu verstehen, er sei nötigenfalls ermächtigt, mich mit Gewalt aus der Provinz fortzubringen. Damals aber war meine Lage am oberen Nil noch derart, daß, falls ich noch Munition und Zeugstoffe gehabt hätte, ich mich dauernd dort hätte behaupten können. Erst später, und zwar, wenn nicht direkt durch die Intriguen, so doch durch das Auftreten der Engländer veranlaßt, widersetzten sich meine Leute gegen mich, und zwar lediglich aus dem Grunde, weil sie eben nicht aus ihrer Provinz abziehen wollten. Ich bin überzeugt, wenn ich jetzt mit Ausrüstung dorthin zurückkehrte, würden sie mich alle jubelnd wieder willkommen heißen. Aber, wenn Stanley den Auftrag vom Khedive hatte, mich von dort wegzuführen, so ist er dem Khedive gegenüber jedenfalls nicht loyal gewesen, denn einige Tage später kam er plötzlich mit dem Angebot des Königs der Belgier, ich möge die Flagge des Kongostaates in der Äquaturialprovinz aufziehen, König Leopold biete mir für die Unkosten der Verwaltung 1000 Pfund für den Monat Zuschuß. Mein eigenes Gehalt solle ich Stanley nennen, es sei ohne weiteres bewilligt. Auch diesen seinen zweiten Vorschlag, welcher mit dem ersten doch geradezu in Widerspruch stand, vertrat Stanley nicht loyal. Nach einiger Zeit riet er mir, ich solle mich doch nicht auf solchen Antrag einlassen; der Kongostaat, von welchem er gerade komme, befinde sich in einem Zu« stand großer Verwirrung und Zerrüttung. Außerdem sei Emin doch bekannt, wie König Leopold ihn, Stanley, seinerzeit behandelt habe. Stanley könne ihm nicht dazu raten, dessen Antrag anzunehmen, sondern er biete ihm nunmehr ein drittes an. Von Mombas aus wolle eine Britisch-Ostafrikanische Gesellschaft auf den oberen Nil zuarbeiten. Stanley schlage Emin vor, in den Dienst dieser Gesellschaft zu treten. Emin sollte mit seinen sämtlichen Truppen unter Stanleys Führung um den Viktoriasee herumziehen, nach Kawirondo. Dort wollten sie eine geeignete Insel auf dem Viktoriasee ausfindig machen, auf welcher Emin Pascha sich befestigen könne. Dann wolle Stanley nach Mombas zurückeilen, um Unterstützung für ihn heranzuführen. Jeder Offizier Emin Paschas und alle seine Mannschaften treten mit demselben Gehalt, welches sie unter Ägyptens Regierung hatten, in den Dienst der Britisch-Ostafrikanischen Gesellschaft ein. Emin Pascha möge über sein Gehalt mit der Gesellschuft in London selbst verhandeln."

Ich habe, nachdem ich' nach Europa zurückgekehrt war, naturgemäß mit lebhaftem Interesse die Stanleysche Erzählung dieser Vorschläge gelesen, sie finden sich auch in dessen Buch: „Im dunkelsten Afrika", aber in anderm Zusammenhange und vor allem mit anderer Motivierung. Insbesondere sagt Stanley, diesen letzten Vorschlag habe er Emin Pascha nicht im Namen der Britisch-Ostafrikanischen Gesellschaft, sondern nur als Vorschlag seinerseits gemacht.

Im Gegensatz hierzu hat Emin Pascha in Mpuapua auf das bestimmteste wiederholt versichert, Stanley habe für den Fall, daß Emin geneigt sei, diesen Vorschlag anzunehmen, einen Vertrag aus London mitgebracht, von den Gründern der Britisch-Ostafrikanischen Gesellschaft unterschrieben, notariell ausgefertigt und mit Siegel versehen, unter den Emin nur seinen Namen zu schreiben gehabt haben würde, um die Sache perfekt Zu machen. Dieser Eminschen Erzählung ist in dieser Hinsicht unbedingt Glauben zu schenken, da er gar keinen

Grund hatte, Unrichtiges mitzuteilen, während es verständlich ist, daß die Britisch-Ostafrikamsche Gesellschaft nachträglich, als Emin in deutsche Dienste getreten war, Grund hatte, auch die Tatsache eines Vorschlages an Emin für sich abzuweisen.

„Indes", so fuhr Emin fort, „auch diesen letzten Vorschlag, dessen Annahme Stanley, halb durch Drohungen, erzwang, hat derselbe nicht zur Ausführung gebracht. Als wir im Süden des Viktoriasees angekommen waren, hatte er plötzlich keine Lust, mich um den See herumzuführen und nach Kawirondo zu bringen, von wo aus, wie ausdrücklich ausgemacht war, ich mit den von Stanley heranzubringenden Hilfstruppen mein Gebiet Unjoro und Uganda zurückerobern sollte; sondern er erklärte jetzt plötzlich, ich müsse mit ihm an die Küste gehen, um die Sache perfekt zu machen. Ohne ausdrücklichen Befehl der Königin von England könne er sich in die Ugandawirren überhaupt nicht einmischen. Auf diese Weise bin ich gezwungen worden, während ursprünglich nur von einer Verlegung meines Hauptquartiers vom Albertsee an den Viktoriasee die Rede gewesen war, mit an die Küste zu marschieren."

„In Uganda einzugreifen", das war Emins Meinung, die er wiederholt aussprach, „wagte Stanley nicht, wie er überhaupt in seiner Expeditionsführung, für welche ich in ihren Einzelheiten die größte Bewunderung habe, durch oft große Umwege den Stämmen, welche er für kriegerisch hielt, aus dem Wege zu gehen pflegte. Daher die merkwürdigen Ausbiegungen und Ecken in seiner Expeditionsroute."

Wie ich erst in Mpuapua erfuhr 'st das Stanleysche Unternehmen es gewesen, welches unsere eigenen Pläne für die Äquatorialprovinz fruchtlos machte. Emin Pascha hat mir bestätigt, daß wir auch mit den geringen Kräften, welche wir besaßen, ihm wesentlich hätten nützen können, insofern wir nämlich, wie ich schon ausgeführt habe, ihm seine Verbindung mit Uganda und dadurch mit der deutsch-ostafrikanischen Kolonie geschaffen hätten. Wäre Stanley in den Sümpfen am Aruwimi stecken geblieben, so würde Emin Pascha heutigen Tages, menschlicher Berechnung nach, in völlig gesicherter

Stellung noch in Wadelai stehen. Das ganze Gebiet im Norden des Viktoriasees wäre ein geschlossenes Bollwerk unter christlichem Einfluß, welches mit der Zeit nilabwärts gegen das Mahditum Schritt um Schritt hätte vergrößert werden können, während nunmehr das Arabertum sich bis an die Nordgrenze von Uganda erstreckt, und Uganda selbst von den Wirren des Parteikampfes zerrissen ist und in seiner Entwicklung in unberechenbarer Weise gestört wird. So wird man ausstechen müssen, daß die Stanleysche Unternehmung für die allgemein menschlichen und auch für die englischen Sonderinteressen in ihren Wirkungen geradezu schädlich ausgefallen ist.

Es läßt sich verstehen, daß derartige Betrachtungen, wie wir sie naturgemäß bei unserm Zusammensein im Mpuapua anstellten, für Emin Pascha und auch für mich immer mit schmerzlichen Nebenempfindungen verknüpft sein mußten, aber wir einigten uns doch in dem Entschluß, wenn auch vieles dort verloren war, dennoch am dem Gedanken festzuhalten, das Verlorene so oder so gemeinschaftlich zurückzugewinnen. Wir gaben uns der Hoffnung hin, hierfür die Sympathien nicht nur der kontinentalen Mächte, sondern schließlich auch der englischen Regierung gewinnen zu können. Wir kannten eben in Mpuapua den Inhalt der neuen Abmachungen zwischen Deutschland und England noch nicht, welche alle diese Dinge im Norden des Viktoriasees wesentlich verschoben haben.

Inzwischen hatte ich Gelegenheit, auch die rein menschlichen Eigenschaften Emin Paschas in den Tagen unseres Zusammenseins etwas näher kennen zu lernen, sowohl seine echt deutsche Sorgsamkeit bei seinen wissenschaftlichen Arbeiten, denen er unausgesetzt nachging, als auch die natürliche Herzensgute, welche aus seinem ganzen Wesen spricht. Oft, wenn wir über die wichtigsten Dinge sprachen, brachte sein Vogelschütze, der immer in Arbeit war, ihm einen erlegten Vogel, den Emin mit einer Art von Hast in seine Hände nahm, genau untersuchte, registrierte und für die Ausbalgung beiseite legte. Alle seine Arbeiten, auch seine Itinerare, zeugten von der größten Sauberkeit der Beobachtung und Genauigkeit der Eintragung. Seine fürsorgliche, fast väterliche Herzensgute uns gegenüber zeigte sich in einer Reihe von geradezu rührenden Zügen. Trotzdem wir an die Küste eilten, er dagegen auf unübersehbare Zeit ins Innere zog, ruhte er nicht, bis wir eine Reihe von Geschenken für die Bequemlichkeit des Daseins von ihm angenommen hatten. Kleider, Wäsche, Parfüms, Getränke, dies alles wurde uns geradezu aufgedrängt, und zwar immer in einer sehr zarten Weise und mit freundlichem Lächeln. Man merkte es dem Manne an, welches Vergnügen er selbst im Wohltun empfand. Trotzdem sein Reitpferd gefallen war, wurde er fast unwillig, als ich mich längere Zeit sträubte, einen seiner schönen Maskatefel als Geschenk anzunehmen. Noch im letzten Augenblick, als ich von ihn: Abschied nahm und mich nach einem Stock für den Esel umsah, drängte er mir seine eigene Reitpeitsche auf, und als ich bemerkte: „Aber Exzellenz, dann haben Sie ja keine", sagte er: „Oh, ich werde mir schon helfen, ich werde schon etwas finden".

Für alles, was wir dagegen ihn: tun konnten, war er von einer geradezu herzbewegenden Dankbarkeit. Ich überließ ihm einige wissenschaftliche Instrumente und auch einige Bücher, u. a. einige Bände von Artur Schopenhauer, die ihm ganz besondere Freude zu machen schienen.

Ich bin in den wenigen Tagen nicht imstande gewesen, mir ein Urteil über Emin Pascha als Politiker oder Organisator zu machen, dafür müssen seine Taten selbst sprechen. Aber den Menschen Emin Pascha haben sowohl Herr v. Tiedemann wie ich aufrichtig liebgewonnen, und an ihn werden wir stets in dankbarer Erinnerung zurückdenken. Über den Tagen von Mpuapua ruht ein Hauch gemütvoller Innigkeit, welcher immer den Wunsch wieder wachruft, derartige Stunden und Tage im Leben noch einmal zu genießen.

Am Nachmittage des 21. Juni ließen wir in einer Gesamtgruppe sowohl, wie Emin Pascha und ich allein, uns zusammen durch Herrn Janke vor Emins Zelt photographieren. Für den folgenden Tag war der Aufbruch festgesetzt worden. Wir wollten weiter gegen Osten an die Küste zurück, und Emin

Pascha wollte seinen Vormarsch auf Ugogo beginnen. Der Abend verlief noch einmal in gemütvoller Weise. Am nächsten Morgen 6 Uhr befanden wir uns allseitig in unseren Lagern, den Abmarsch betreibend.

Um ½ 7 Uhr, zu gleicher Zeit, marschierten die beiden Expeditionen mit wehenden Fahnen unter Trommelschlag in entgegengesetzter Richtung voneinander ab. Ich hatte Emin Pascha am Tage zuvor noch 27 Träger aus meinen Wasukuma verschaffen können, für ihn sehr willkommen, da ihm ein Teil seiner Leute von der Küste ausgerissen war. Wir dagegen schieden von Mpuapua wohl ausgerüstet mit allerlei neuen Genußmitteln, vor allem mit Brot und Gemüsen. Die Herren blieben noch eine halbe Stunde zusammen, dann gings ans Lebewohl. Herr v. Tiedemann hatte von Herrn v. Bülow einen Reitochsen geschenkt bekommen, ich bestieg den Weißen Esel Emin Paschas. „Grüße nach Deutschland und Grüße zum Viktoriasee und auf baldiges Wiedersehen", die Hände wurden gedrückt, und ohne viel weitere Worte ritt ich in schnellem Trabe meiner vorausziehenden Kolonne gegen Osten nach. An einer Biegung des Weges blickte ich noch einmal um, noch einmal ruhten meine Augen auf der kleinen, so eigenartigen Erscheinung Emin Paschas. Die Hüte werden geschwenkt, und hinter mir, wie ein schöner Traum, sinkt Mpuapua und, was ich an Empfindungen dort durchlebt habe, in den Schoß der Vergangenheit zurück.

Über den weiteren Marsch bis an die Küste darf ich kurz hinweggehen, die Route von Mpuapua nach Bagamoyu ist bekannt. Ich folgte dem südlichen Wege durch Usagara. Offen gestanden, wollte ich mir den letzten Teil der Reise nach Möglichkeit bequem machen, Gefahren waren nicht mehr zu bestehen, und es lag mir daran, nicht allzu erschöpft an der Küste zu erscheinen, wo die Gefahr von Fieberanfällen besonders stark ist. Die nördliche Strecke über Mamboya ist schroffer, aber einige Tage kürzer, der südliche Weg ist lieblicher und bequemer. Jeder Marschtag war jetzt gewissermaßen ein Feiertag für uns. Essen und Trinken war reichlich vorhanden, und schon in Tubugue, unserm ersten Lagerplatze, bekamen wir Schreiben von der Küste, welche besagten, daß sieben weitere Lasten mit europäischen Leckerbissen, insbesondere auch Wurst, Konserven und Champagner, von unseren Freunden aus Sansibar uns entgegengeschickt seien, welche wir jeden Tag erwarten könnten. Wenn wir dieselben auch erst sieben Tage vor der Küste empfingen, sogar doch die Erwartung selbst schon ein Genuß. So materiell wird der Mensch, wenn er viele Monate hindurch auf die allernotwendigsten Bedürfnisse des Lebens zurückgewiesen war.

Vom zweiten Lagerplätze, von Mlale aus, schickte ich meinen letzten Bericht und ein Telegramm für Europa nach Sansibar voraus, in welchem ich insbesondere das Gefecht in Ugogo und mein Zusammentreffen mit Emin Pascha schilderte.

Am Mittag des 25. Juni, von dem Höhenplateau im Norden des Mkondoguasflusses fiel mein Blick zum ersten Male wieder entzückt auf das herrliche Usagara hinunter, und in der Herzensbewegung stiegen mir Tränen in die Augen, wenn ich bedachte, daß es uns vor sechs Jahren vergönnt gewesen war, diese Landschaft für Deutschland zu erwerben. Meine Gedanken schweiften zurück an die Stunden, welche ich im Mkondoguatale mit meinem Freunde Jühlke verlebt hatte, und an die Welt von Ereignissen und Empfindungen, welche zwischen den Dezembertagen von 1884 und dem Juli 1890 für mich lagen.

In langsamen behaglichen Tagemärschen ging es jetzt das liebliche Mkondoguatal hinunter, welches, wie vor sechs Jahren, mich wiederum sehr lebhaft an den Rhein oder an den Neckar erinnerte.

Am 26. marschierte ich an Nuinin-Sagara vorüber. An allen möglichen Ecken wehte jetzt die deutsche Flagge, die Leute kamen heraus aus den Toren und behaupteten, mich noch von meinem letzten Aufenthalt her zu kennen, was ich ihnen jedoch nicht glaubte. Wir lagerten wieder an denselben Stellen, wo meine erste Expedition gelagert hatte. Am 27. Juni, als ich in Mkondogua einzog, bereiteten uns die dort ansässigen Araber einen feierlichen Empfang. Sie kamen uns insgesamt entgegen, führten uns nach der Barasa, brachten uns Obst und Milch, und, als wir von dem ersten Araber uns verabschiedet hatten, mußten wir noch zu einem zweiten, einem gewissen Buana Sani, um ein Frühstück einzunehmen, welches die katholischen Missionäre von Longa uns entgegengeschickt hatten. Der Père Horne, dem ich von Kidai aus unsere Ankunft angemeldet hatte, schickte uns nach Mkondogua Missionszöglinge voraus, welche uns ein großes Bukett überreichten und einen herzlichen Willkommenbrief mit einer Einladung brachten. Auf leinen Fall dürften wir an Longa vorbeiziehen, ohne die Gastfreundschaft der Mission genossen zu haben.

So ritten wir noch am Nachmittag des 27. Juni mit einigen Leuten nach Longa, wo wir einen warmen Empfang und eine Reihe von Nachrichten aus Europa fanden. Ich habe Zu bemerken vergessen, daß wir in Tubugue auch unsere europäische Post bekommen hatten, Mitteilungen vom deutschen Emin Pascha-Komitee und Briefe von unseren Lieben aus der Heimat, deren immer wiederholte Lektüre diesen letzten Tagen der Expedition noch eine besondere Weihe verlieh.

Den 28. Juni, einen Sonnabend, verbrachten wir gemütlich in der lieblichen Station Longa, welche schmuck und reinlich am Longabache auf einem Bergabhange aufgebaut ist, und den Ausblick auf die Berge von Ukami eröffnet. Da saßen wir stundenlang in der schattigen Veranda, von unserer Expedition erzählend oder von Europa vernehmend bei einem Glas Rotwein und Wasser, über die entzückend schöne Landschaft hinblickend. Pater Horne ist ein Deutscher, wenn ich nicht irre, ein Hesse, ein gediegener und liebenswürdiger Mann. Am 29. nahmen wir unser Mittagessen noch in der Mission ein. Als ich gerade den Befehl zum Aufbruch der Expedition nach Farhani geschickt hatte auf Koberenga zu, wurde Herr v. Tiedemann von einem Fieberanfall ergriffen, so daß ich ihm riet, in Longa zu bleiben, bis dieser vorüber sei. Ich würde in Mrogro, einer andern Mission der Katholiken, auf ihn warten!.

Ich mußte abmarschieren, weil die Expedition schon unterwegs war. So hatte ich jetzt vier Marschtage durch die Mkata-Ebene bis nach Mrogro hin allein zu machen. Als ich einen Tagemarsch vor Mrogro in Wiansi lagerte, erfuhr ich, daß eine deutsche Expedition in der Nähe liege. Ich schickte Hussein hin mit der Meldung, daß ich in Wiansi sei, und, als ich am Abend bereits im Bett lag, kam Herr de la Frémoire, der Chef der Expedition, welche für Mpuapua bestimmt war, noch zu Pferde angesprengt. Er brachte eine Flasche Champagner und eine Flasche Wermut mit, und wir verblieben bis in die späte Nacht hinein in angeregter Unterhaltung. Am nächsten Morgen frühstückten wir zusammen unter freiem Himmel, und dann marschierte ich weiter nach Mrogro, über den Lugerengere setzend. Massenartig hebt sich von dieser Seite aus das Gebirgs-Plateau von Ukami ab, an dessen Abhang malerisch die schönste aller Stationen, welche ich kennen gelernt habe, Mrogro, liegt. An diesem Morgen erhielt ich die sieben Lasten mit europäischen Leckerbissen dicht vor Mrogro, und, da auch ich körperlich etwas herunter war, so beschloß ich, hier in dem schönen Mrogro noch eine Unterbrechung der Reise von sieben Tagen zu machen, um vollständig frisch an der Küste anzulangen und die schönen Sachen in den Lasten, u. a. auch Wurst und Konserven, in Gemütsruhe zu genießen. Die Wertschätzung dieser Sachen war eine so ganz andere, als wie man sie in Europa kennt. Wir vergaßen es ganz, daß wir, wenn wir erst einmal in Sansibar oder Europa waren, wahrscheinlich in der Lage sein würden, uns Wurst und Schoten, Karotten und Kohl jeden Tag zu kaufen.

Auch in Mrogro, bei Père Karst und dem Bruder Basilid, zwei Lothringern, welche das Deutsche vollständig fließend sprechen, fand ich die herzlichste Aufnahme und verlebte in den geradezu europäischen Anlagen dieser Station eine ruhige und sinnige Woche.

Am 5. Juli traf Herr v. Tiedemann wohlbehalten ein. Wir hatten eine ganz vorzügliche Küche, welche Bruder Basilid selbst besorgt, die Küste dicht vor Augen und fanden auch einige neue Lektüre, u. a. auch europäische Zeitschriften in der Station. Besonderes Interesse hatte ich für die Kaffeeanlagen des Platzes, die der Bruder Basilid mit Benutzung eines rauschenden Bergbaches angepflanzt hat. Sie versorgten nicht nur schon die Station selbst, sondern auch die sämtlichen übrigen katholischen Missionshäuser mit Kaffee und werden, wie Basilid meint, sehr bald auch einen Handelsüberschuß ergeben. Jedem, der in Ostafrika Anpflanzungen anlegen will, kann ich empfehlen, sich eine Zeitlang nach Mrogro zu begeben, um dort zu lernen. Mrogro ist wirklich ein Muster für das deutsch-ostafrikanische Gebiet.

Am 10. Juli brach ich endlich wieder auf, um nunmehr in starken Märschen den letzten Rest der Reise zurückzulegen. Mit mir nahm ich noch Herrn Neuhaus, einen Krankenwärter aus der Schutztruppe, welchen Emin Pascha fieberkrank dort zurückgelassen hatte, und welchen ich mit mir an die Küste tragen ließ. Wir zogen auf der bekannten Route auf Bagamayo zu. Unser Gesundheitszustand war vorzüglich, und das Bewußtsein, in einigen Tagen alle Strapazen und Gefahren dieser Expedition, aus welchen wir viele Monate lang nicht geglaubt hatten, lebendig herauszukommen, hinter uns zu haben, machte unsere Herzen höher schwellen.

Am 15. Juli lagerte ich in Pigiro, etwa eine Stunde von der Fähre über den Rufu entfernt. Ich erfuhr, daß hier ein deutscher Beamter stationiert sei, und schickte sofort meinen Diener Selek und den Somali Mohammed Ismael dorthin, um unsere Ankunft anzumelden. Sie kamen mit der Antwort zurück, der Weiße habe an diesem Tage Fieber, schicke aber Grüße und einige Hühner.

Am nächsten Morgen ging es in der Frühe auf Mtoni zu. Der Weg führte durch frisches Gras, welches vom Regen der letzten Nacht noch feucht war. Nach einstündigem Marsche schimmerte der mir so wohlbekannte Rufu zur Rechten. Am gegenüberliegenden Ufer fiel mir ein mächtiger Schuppen und ein europäisches Zelt auf. Ich ließ einen Schuß abfeuern, und alsbald erschienen einige Bootsleute, welche das Boot an der

Kette zu uns herüberzogen, und gleich darauf auch ein Weißer vor dem Zelte. Ich stieg mit einigen Leuten ins Boot, und, als wir in der Mitte des Flusses waren, rief der Weiße von der andern Seite:

„Sind Sie Herr Dr. Peters?"

Ich antwortete: „Jawohl, und wer sind Sie denn?"

„Ich bin Bohndorf.",

„Das freut mich ja außerordentlich, daß Sie gerade der erste sind, den ich hier sehe."

Herzlich begrüßte mich Herr Bohndorf, den ich vor anderthalb Jahren in Ägypten kennen gelernt und hernach auch in Bagamoyo wiedergesehen hatte. Er führte mich in sein Zelt und öffnete eine Flasche Champagner, welche, wie er sagte, für unsere Ankunft dorthin geschickt war. Herr v. Tiedemann, der nachher eintraf, fand uns schon in lebhafter Unterhaltung über unsere Expedition und die Ereignisse an der Küste. Leider befiel meinen Reisebegleiter noch einmal ein Fieberanfall, so daß er es vorzog, bei Herrn Bohndorf einige Stunden auszuruhen, und ich allein die kurze Strecke, welche noch bis Bagamoyo übrigblieb, zurücklegen, mußte. Herr Bohndorf teilte mir mit, die Herren hätten eigentlich die Absicht gehabt, uns in Mtoni zu empfangen, und ich würde sie wohl auf dem Wege dahin finden. So legte ich mit klopfendem Herzen den Rest des Weges zurück, zunächst durch Gestrüpp, dann durch die Anpflanzungen von Kokosnußpalmen, welche bereits zu Bagamoyo gehören. Plötzlich trat der Platz vor uns her» vor. Rechts immer am Kokospalmenhain entlang marschierten wir unter Trommelschlag. Als wir der deutschen Station ansichtig wurden, ließ ich von meinen Soldaten drei Salven abfeuern. Da öffneten sich die Tore und die sämtlichen Herren kamen uns entgegengeschritten, voran Herr v. Paerbrand, welcher hier den Stationschef, der auf einer Expedition zurzeit abwesend war, vertrat. Vor freudiger Bewegung vermochte ich kaum zu sprechen, als ich die Herren begrüßte. Meine Soldaten wurden in Schuppen untergebracht, und ich wurde in den Salon der Station geführt. Auf dem Wege dorthin teilte mir Herr Paerbrand die Bestimmungen des deutsch-englischen Abkommens mit, durch welche die Errungenschaften unserer Expedition im Norden des 1.° südl. Br. an England abgetreten seien, wofür Deutschland Helgoland empfangen habe. Es sei an England ferner das Protektorat über Sansibar eingeräumt, wogegen Deutschland die deutsch- ostafrikanische Küste tatsächlich abgetreten erhalte.

Über die Empfindung, welche diese Nachrichten in mir wachriefen, gehe ich hinweg. Ich zog mich zwei Stunden in den Salon zurück, um solche mit mir selbst abzumachen, und bat die Herren, über den ganzen Gegenstand nicht weiter zu sprechen. Hier auf dem Zimmer fand ich eine ganze Menge von Telegrammen aus Europa, welche mich Zu meiner Rückkehr beglückwünschten, und auch wiederum Briefe von meinen Angehörigen und Freunden.

Solche Telegramme empfing ich vom deutschen Emin Pascha-Komitee, von der Deutschen Kolonialgesellschaft, von Karl v. d. Heydt, von Wißmann, von mehreren Abteilungen der Kolonialgesellschaft, von der Deutsch-Ostafritanischen Gesellschaft, wie von Fritz Krupp und anderen lieben Freunden und Bekannten.

Als ich die Bewegung, in welche ich durch die empfangenen Berichte und die Lektüre dieser Beweise der Teilnahme verseht war, ein wenig überwunden hatte, erschien Herr v. Paerbrand von neuem, um mich zu einem Bankett abzuholen, zu dem die sämtlichen deutschen Herren in Bagamoyo, u. a. auch der österreichische Konsul aus Bombay, ein sehr liebenswürdiger und sympathischer Herr, der zum Besuch in Bagamoyo war, und meine Freunde von der Mission, Père Etienne und Bruder Oskar, die sämtlichen Offiziere und Beamten der Schutztruppe und der Deutsch-Ostafrikanischen Gesellschaft eingeladen waren. Unter anderen war auch Herr v. Sievers, der Chef der Seeabteilung des Reichskommissariats erschienen, welcher mit Herrn Donarsky von Sansibar herübergekommen war, um mir die „München" zu meiner überfahrt nach Sansibar liebenswürdigerweise zur Verfügung zu stellen.

Hoch ging es bei der Tafel her, der Wein wurde nicht gespart, und die Stimmung war eine freudige.

Am Nachmittage erschien Herr v. Tiedemann, welcher zu meiner Freude völlig wiederhergestellt war und an dem Abendessen teilnehmen konnte. Da er ein alter Freund des Herrn v. Paerbrand war, so beschloß er, einige Tage in Bagamoyo zu bleiben. Wir verabredeten, daß wir mit der französischen Postlinie zusammen nach Europa fahren wollten, und ich verabschiedete mich am nächsten Morgen um 9 Uhr herzlich von den sämtlichen Herren, um auf der „München", dessen Kommando Herr von Sievers an diesem Tage selbst führte, nach Sansibar überzusetzen. Ich nahm meine ganze kleine Karawane, welche bis auf 36 Mann zusammengeschrumpft war, mit hinüber an Bord, außerdem den österreichischen Konsul und Herrn Donarsky. Auch die Gräfin Blücher, die Vorsteherin des Frauenbundes, war am Bord, so daß wir eine angenehme Fahrt über den Sansibarkanal hatten. Es war für mich ein erhebender Augenblick, als das Festland von Afrika, auf welchem ich genau 1 Jahr, 1 Monat und 1 Tag mit der Durchführung der Expedition beschäftigt gewesen war, am westlichen Horizont zurückzusinken begann. Fast wie eine gewaltige Kluft lag es zwischen mir und meinem vorhergegangenen Leben in Europa. Das Jahr 1889/90 war so reich an Empfindungen und Eindrücken jeder Art, daß es einen Inhalt von vielen Jahren, ja fast eines ganzen Lebens zu umfassen schien. Es kam mir vor, als sei ich ein ganz anderer als der, welcher im Juni 1889 von Bagamoyo nach Süden abgefahren war, um die Emin Pascha-Expedition anzutreten. Dämmernd sank das Festland von Afrika zurück, und bald tauchte die Insel Sansibar vor uns auf. Da erkannte ich alle die alten Plätze wieder, die ich im Jahre 1887 so oft besucht hatte. Dann erschienen die Masten der Schiffe vor uns, die Häuser, dann die Flaggen der Konsulate. Wir fuhren an den deutschen Kriegsschiffen, der „Carola" und der „Schwalbe", vorüber, wo wir von den Herren freundlich begrüßt wurden. Der Anker fiel, wir stiegen in die Boote, und bald standen wir auf dem altbekannten Platze neben dem Hause Oswalds auf festem Grund und Boden. Ich begab mich sofort zum deutschen Reichskommissariat, wo der damalige Vertreter, Herr Hauptmann Richelmann, mich aufs liebenswürdigste willkommen hieß und mich einlud, an der Mittagstafel teilzunehmen. Der Zufall wollte es, daß ich, bei Herrn Hauptmann Richelmann und Herrn v. Sievers wohnend, mich wieder in demselben Hause befand, welches ich vor Aufbruch der Expedition innegehabt hatte. Aber auch in diesen Räumen erkannte ich mich kaum als denselben wieder; so tief und nachdrücklich hatten die Eindrücke des Jahres auf mein Seelenleben eingewirkt.

In Sansibar verlebte ich dann einige schöne Tage in der deutschen Kolonie. Da ich Nachrichten von Berlin empfing, welche mein baldiges Erscheinen daselbst wünschenswert machten, und Herr Kapitänleutnant von der Groeben, den ich an Bord der „Schwalbe" kennen lernte, mir mitteilte, daß die neuen englischen Dampfer, welche bis Neapel liefen, sehr behaglich eingerichtet seien, bat ich Herrn Generalkonsul Michahelles, mit dem britischen Generalkonsulat in Verbindung zu treten, um mir die Garantie einer ungehinderten, Heimreise auf der englischen Dampferlinie zu verschaffen. Aber auch hier schien sich die Stimmung verändert zu haben, die Engländer kamen uns auf das Verbindlichste entgegen, und somit trat ich am Dienstag an Bord des britischen Dampfers Madura in Gesellschaft des Kapitänleutnants von der Groeben die Heimreise nach Europa an, während Herr v. Tiedemann es vorzog, doch die französische Post zu benutzen. Am 9. August war ich in Neapel, wurde am 13. in Mailand namens des Emin Pascha-Komitees von Herrn Oskar Borchert begrüßt, am 18. traf ich in Wildbad wieder auf deutschem Grund und Boden ein und wurde am 25. August vom deutschen Emin Pascha-Komitee und meinen Freunden in Jüterbock und am Anhalter Bahnhof nach einer Abwesenheit von genau auf den Tag 1 ½ Jahren herzlich willkommen geheißen.

Am Abend vor meiner Abfahrt von Sansibar, als ich nach einem Spaziergang vor dem Tore des Deutschen Klubs stand, hatte ich die Freude gehabt, Admiral Fremantle noch einmal zu sehen. Derselbe ging mit einem der britischen Kapitäne zur See vorüber, als er meiner ansichtig wurde. Er ging einige Schritte weiter, kehrte dann um, kam auf mich zu und sagte:

„Wie geht es Ihnen, Dr. Peters? Ich möchte Ihnen meinen Glückwunsch aussprechen für die glückliche Durchführung Ihrer Expedition."

„Danke vielmals."

„Sie haben ein großes Werk hinter sich. Sie haben viel Energie und Mut nötig gehabt."

„Vielen Dank; ja."

„Sie haben viele Schwierigkeiten gehabt?"

„Besonders an der Küste."

„Ja, ich weiß."

Ende

www.ingramcontent.com/pod-product-compliance
Lightning Source LLC
Chambersburg PA
CBHW021229300426
44111CB00007B/482